门户网站

HAIGUAN ZONGSHU MENHU WANGZHAN
2020 NIANDU ZAIXIAN FANGTAN

海关总署办公厅／编

2020 年度在线访谈

中国海用出版社有限公司

·北京·

图书在版编目（CIP）数据

海关总署门户网站 2020 年度在线访谈／海关总署办公厅编 . —北京：中国海关出版社有限公司，2021. 10
ISBN 978-7-5175-0521-1

Ⅰ. ①海…　Ⅱ. ①海…　Ⅲ. ①海关管理—概况—中国　Ⅳ. ①F752. 55

中国版本图书馆 CIP 数据核字（2021）第 192757 号

海关总署门户网站 2020 年度在线访谈
HAIGUAN ZONGSHU MENHU WANGZHAN 2020 NIANDU ZAIXIAN FANGTAN

作　　者：海关总署办公厅
责任编辑：叶　芳　杨　升
出版发行：中国海关出版社有限公司
社　　址：北京市朝阳区东四环南路甲 1 号　　　　邮政编码：100023
网　　址：www. hgcbs. com. cn
编 辑 部：01065194242 - 7528（电话）　　　　01065194231（传真）
发 行 部：01065194221/4238/4246（电话）　　01065194233（传真）
社办书店：01065195616（电话）　　　　　　　01065195127（传真）
　　　　　www. customskb. com/book（网址）
印　　刷：北京鑫益晖印刷有限公司　　　　　　经　　销：新华书店
开　　本：710mm×1000mm　1/16
印　　张：43. 75　　　　　　　　　　　　　　字　　数：700 千字
版　　次：2021 年 10 月第 1 版
印　　次：2021 年 10 月第 1 次印刷
书　　号：ISBN　978-7-5175-0521-1
定　　价：120. 00 元

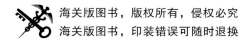

编 委 会

总 策 划： 黄冠胜

策 　 划： 江　林　周　群

主 　 编： 周　群

执行主编： 魏　薇

访谈编辑： 魏　薇　方　敏　张军勇　朱文尧

　　　　　　孟德富　许晓飞

网站编辑： 李　俊　刘欣棉

CONTENT 目录摘要

2020

解读五部门《关于进一步加强国境卫生检疫工作 依法惩治妨害国境卫生检疫违法犯罪的意见》

◎ 主　　题：解读五部门《关于进一步加强国境卫生检疫工作　依法惩治妨害国境卫生检疫违法犯罪的意见》

◎ 时　　间：2020 年 3 月 26 日　15：00

◎ 地　　点：海关总署新闻发布厅

◎ 嘉　　宾：时任海关总署政法司司长　王　军

◎ 主持人：海关总署办公厅　周　群

导语

为贯彻落实中央全面依法治国委员会第三次会议审议通过的《中央全面依法治国委员会关于依法防控新型冠状病毒感染肺炎疫情、切实保障人民群众生命健康安全的意见》，最高人民法院、最高人民检察院、公安部、司法部、海关总署3月16日联合发布《关于进一步加强国境卫生检疫工作 依法惩治妨害国境卫生检疫违法犯罪的意见》（以下简称《意见》）。《意见》以习近平新时代中国特色社会主义思想为指导，贯彻落实习近平总书记关于新型冠状病毒感染肺炎疫情防控工作的系列重要指示批示精神，根据《中华人民共和国刑法》（以下简称《刑法》）、《中华人民共和国国境卫生检疫法》（以下简称《国境卫生检疫法》）等法律法规和司法解释有关规定，结合公安、检察院、法院、司法和海关职能，针对当前疫情防控工作中的主要问题和实际需要，对进一步加强国境卫生检疫工作，依法惩治妨害国境卫生检疫违法犯罪提出明确要求。

身临其境　看看我们曾经聊过的

主持人嘉宾交流

🎤 **周群：** 各位网友，大家好！这里是中国海关门户网站在线访谈栏目，我是主持人周群。众所周知，海关总署会同最高人民法院、最高人民检察院、公安部、司法部于 3 月 16 日联合发布《关于进一步加强国境卫生检疫工作　依法惩治妨害国境卫生检疫违法犯罪的意见》。《意见》的发布引起了社会的广泛关注，央视、《人民日报》、新华网等国内各大主流媒体对《意见》进行了宣传报道；海关总署政法司司长王军代表海关总署参加了国务院联防联控机制新闻发布会，围绕依法防控境外疫情输入，就《意见》有关问题回答了中外记者提问。为使社会各界全面了解《意见》的出台背景、主要内容及重点问题，我们特别邀请了海关总署政法司司长王军对《意见》进行解读，欢迎广大网友就大家关心的有关话题，与我们一起在线交流。

关于进一步加强国境卫生检疫工作
依法惩治妨害国境卫生检疫违法犯罪的
意见

为贯彻落实中央全面依法治国委员会第三次会议审议通过的《中央全面依法治国委员会关于依法防控新型冠状病毒感染肺炎疫情、切实保障人民群众生命健康安全的意见》，五部门联合发布《关于进一步加强国境卫生检疫工作　依法惩治妨害国境卫生检疫违法犯罪的意见》。

🎤 **周群**：下面我们先请王军司长介绍一下《意见》的出台背景。

🎤 **王军**：大家好！很高兴有机会与大家一起讨论这个话题。众所周知，目前新型冠状病毒肺炎（以下简称"新冠肺炎"）国内疫情防控形势持续向好，但境外疫情却在加速扩散。世界卫生组织总干事已经将全球新冠肺炎疫情称之为"大流行病"。境外疫情输入风险持续加大，疫情防控形势异常严峻，"外防输入"已成为当前我国疫情防控的重中之重。

有效防控境外疫情输入，一方面要从正面监管角度健全完善管控措施；另一方面要明晰与正面管控相关联的法律责任，综合运用行政执法和刑事司法等手段，依法惩治相关违法犯罪行为，给遵纪守法者以提醒，给企图试法者以警示，给恣意违法者以惩戒，为防控境外疫情输入提供法治保障。《意见》正是为了适应这一形势而出台的，可以说是正当其时。

《意见》解读

目前新冠肺炎国内疫情防控形势持续向好，但境外疫情却在加速扩散。"外防输入"已成为当前我国疫情防控的重中之重。
有效防控境外疫情输入，一方面要从正面监管角度健全完善管控措施；另一方面要明晰与正面管控相关联的法律责任，综合运用行政执法和刑事司法等手段，依法惩治相关违法犯罪行为，给遵纪守法者以提醒，给企图试法者以警示，给恣意违法者以惩戒，为防控境外疫情输入提供法治保障。《意见》正是为此而出台。

🎤 **周群**：我们都知道近期随着境外新冠肺炎疫情的加速扩散，我们防疫的重点已经转移到口岸，此前也发生过入境旅客不如实填写"中华人民共和国出/入境健康申明卡"（以下简称"健康申明卡"），隐瞒有关情节等且被确诊患有新冠肺炎的情形，为我国的疫情防控造成严重危害。刚才王军司长讲《意见》的出台正是针对这些问题，那么请王军司长介绍一下《意见》的主要内容。

🎤　**王军**：《意见》根据《刑法》《国境卫生检疫法》等法律法规和司法解释有关规定，同时结合公安、检察院、法院、司法和海关职能，针对当前疫情防控工作中的主要问题和实际需要，对进一步加强国境卫生检疫工作，依法惩治妨害国境卫生检疫违法犯罪提出明确要求。主要包括以下三个方面的内容：

一是提高政治站位。充分认识加强国境卫生检疫对于防控疫情跨境传播、维护公共卫生安全的重要意义。

二是准确适用法律。明确了"妨害国境卫生检疫罪"有关法律适用问题，列举了六类妨害国境卫生检疫行为；实施这些行为，如果引起新冠肺炎等检疫传染病传播或者有传播严重危险的，依照《刑法》以"妨害国境卫生检疫罪"定罪处罚。

三是完善工作机制。从做好行刑衔接、加快案件侦办、强化检察职能、加强沟通协调、坚持过罚相当、维护公平正义六个方面提出明确要求，确保依法规范公正文明办案。

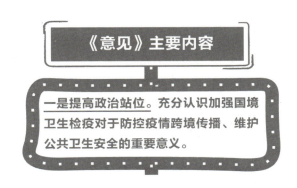

《意见》主要内容

一是提高政治站位。充分认识加强国境卫生检疫对于防控疫情跨境传播、维护公共卫生安全的重要意义。

二是准确适用法律。 明确了"妨害国境卫生检疫罪"有关法律适用问题，列举了六类妨害国境卫生检疫行为；实施这些行为，如果引起新冠肺炎等检疫传染病传播或者有传播严重危险的，依照《刑法》以"妨害国境卫生检疫罪"定罪处罚。

三是完善工作机制。 从做好行刑衔接、加快案件侦办、强化检察职能、加强沟通协调、坚持过罚相当、维护公平正义六个方面提出明确要求，确保依法规范公正文明办案。

🎙 **周群：** 刚才王军司长为我们介绍了《意见》的主要内容，您也谈到《意见》明确了《刑法》"妨害国境卫生检疫罪"的法律适用问题，列举了六类可能定罪入刑的妨害国境卫生检疫行为。如果给《意见》划重点，这绝对是一个"硬核"，相信广大网友都很关注，请您再介绍一下这方面的情况。

🎙 **王军：** 《意见》在强调进一步加强国境卫生检疫行政执法工作的同时，结合国境卫生检疫执法实践，梳理出六类可能定罪入刑的妨害国境卫生检疫行为，明确细化了"妨害国境卫生检疫罪"有关法律适用问题。这六类行为属于违法情节比较严重、对公共卫生安全危害性较大的行为。这六类行为中，与广大进出境旅客关系密切的也是此前备受社会关注的，就是有些入境人员拒绝执行健康申报制度、体温监测或者不如实填报"健康申明卡"。这次疫情发生后，海关全面启动健康申报制度。但一些入境人员抱有侥幸心理，采取各种手段拒绝申报或者不如实申报健康状况，不配合体温监测；还有一些入境人员明知自己已出现染疫症状，故意隐瞒发病情况、境外旅行史等，或者采取吃退烧药等方式降低体温，掩盖发热症状，在国境卫生检疫环节蒙混过关，入境后被确诊为新冠肺炎，导致与其密切接触者被感染或者被隔离观察，给公共卫生安全带来风险。依照《刑法》和《意见》，上述行为如果造成新冠肺炎疫情传播或者有传播严重危险的，就可以依照《刑法》第三百三十二条规定，以"妨害国境卫生检疫罪"定罪处罚。

利用今天这个机会，我再次提醒广大出入境旅客，为了维护公共卫生安全和您本人的健康，在出入境时一定要如实、完整、准确填报"健康申明卡"，并配合海关做好体温监测、医学巡查等卫生检疫措施。不如实申报健康状况不仅要承受全社会舆论谴责，还可能面临牢狱之灾。

妨害国境卫生检疫行为

入境人员拒绝执行健康申报制度、体温监测或者不如实填报"健康申明卡"。

上述行为如果造成新冠肺炎疫情传播或者有传播严重危险的，就可以依照《刑法》第三百三十二条规定，以"妨害国境卫生检疫罪"定罪处罚。

在出入境时一定要如实、完整、准确填报"健康申明卡"，并配合海关做好体温监测、医学巡查等卫生检疫措施。

🎤 **周群**：感谢王军司长的详细解读，《意见》明确了《刑法》第三百三十二条规定的"妨害国境卫生检疫罪"有关法律适用。同时我们也注意到除了这些内容，《意见》还对各级公安、检察院、法院、司法机关和海关提出了相关要求，请王军司长介绍一下这方面的内容。

🎙 **王军**：正如主持人所说，《意见》要求各级公安、检察院、法院、司法机关和海关要提高政治站位，始终将人民群众的生命安全和身体健康放在第一位，充分认识加强国境卫生检疫对于防控疫情跨境传播、维护公共卫生安全的重要意义，将疫情防控作为当前压倒一切的头等大事，综合运用行政执法和刑事司法手段，依法及时、从严惩治妨害国境卫生检疫各类违法犯罪行为。

此外，《意见》还从做好行刑衔接、加快案件侦办、强化检察职能、加强沟通协调、坚持过罚相当、维护公平正义六个方面，对于公安、检察院、法院、司法机关和海关在行政执法和刑事司法领域，完善工作机制、依法规范公正文明执法、惩治有关违法犯罪行为提出具体要求。

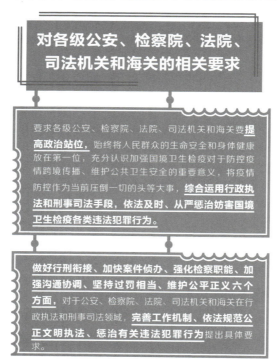

🎤 **周群**：通过王军司长的详细介绍，相信广大网友对于《意见》的出台背景以及主要内容都有了更深入的了解，我想广大网友可能对于海关在防控境外疫情输入方面主要采取了哪些措施，《意见》出台后在这方面又会发挥怎样的作用这个问题也是比较关注的，那么请王军司长再介绍一下这方面的情况。

🎤 **王军**：新冠肺炎疫情发生以来，海关总署在党中央、国务院的坚强领导下，依法采取严格的口岸防控措施，内防输出、外防输入，坚决遏制疫情跨境传播。针对近期境外疫情快速扩散并通过口岸向境内蔓延的严峻形势，海关总署坚决贯彻落实中央决策部署，在法律授权和海关职责范围内，切实采取措施防范境外疫情输入，主要包括：

一是进一步加强境外疫情监测和风险分析研判。密切跟踪疫情严重国家（地区）形势和发展态势，多渠道、全方位收集疫情信息，持续开展风险分析和评估研判，通过有效筛查高风险旅客，分类施策、精准检疫。修订下发6版口岸防控技术方案和两版操作指南，分级分类指导全国口岸做好防控工作。

二是严格执行健康申报制度。要求所有出入境人员必须进行健康申报，严格排查申报有无肺炎类似症状、有无14天之内相关旅行史或接触史。为方便填写，我们将"健康申明卡"翻译成10多种语言，并专门开发了海关旅客指尖服务小程序，出入境人员在到达口岸前就可以提前用手机填报，生成二维码，在口岸扫码验放，实现"网上报、码上通"。

三是切实落实"三查、三排、一转运"检疫措施。这是当前口岸防控疫情输入的一种有效模式。"三查"就是100%查验健康申报、全面开展体温监测筛查、严密实施医学巡查；"三排"就是对"三查"发现的有症状、来自疫情严重国家（地区）或接触过确诊病例的人员，严格实施流行病学排查、医学排查和实验室检测排查；"一转运"就是对"三排"判定的确诊病例、疑似病例、有症状人员和密切接触者"四类人员"，一律按照有关规定落实转运、隔离、留观等防控措施，做到早发现、早报告、早隔离、早治疗。

四是加强交通工具卫生检疫。对 14 日内来自疫情严重国家和地区的交通工具实施登临检疫。督促交通工具运营者落实交通工具隔离区域设置、途中/在港异常情况报告、工作人员健康管理、"健康申明卡"填报全覆盖、检疫广播宣传等要求。

五是强化联防联控机制。在国务院联防联控机制的统一领导下，海关与各成员单位密切配合、通力协作，进一步健全信息共享机制和联合处置机制，构建起多层次、全链条、立体化防控体系，严防疫情输入。

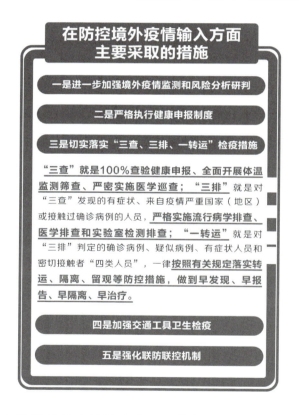

《意见》在防控境外疫情输入方面，能够与上述措施实现同频共振，发挥叠加效应。一方面，拒绝执行上述措施中的"健康申报"、不如实填

报"健康申明卡"或者不予配合"三查、三排、一转运"检疫措施等行为，已被《意见》明确为可能定罪入刑的妨害国境卫生检疫行为，在加大惩治力度、提高违法成本的同时，也增强了《刑法》的威慑力，有利于保证这些措施的落实到位。同时，《意见》进一步强化了人民法院、人民检察院、公安机关、司法行政机关、海关在国境卫生检疫领域的联防联控机制，使其能够更加高效顺畅的开展协作配合，实现资源共享和优势互补，在防范境外疫情输入、依法惩治违法犯罪方面增强执法合力，提高管控效能，促进疫情防控体系化治理。

🎤 **周群：** 刚才听了王军司长的介绍，我们对《意见》已经有了比较详尽的了解。现在我们看到，在网站上，有很多网友在关注今天的访谈，也向我们提出了一些问题。我们来看一下。

网友提问摘录

🌐 **网友：** 我们通过新闻报道得知近期先后发生了一些人员回国入境，未按规定如实填报健康状况，隐瞒疫情和症状，入境后被确诊为新冠肺炎病例，公安机关以涉嫌"妨害传染病防治罪"立案侦查。请问，"妨害传染病防治罪"与"妨害国境卫生检疫罪"有何区别？司法实践中两个罪名如何衔接适用？

🎤 **王军：** 按照我国传染病防控管理体制，国务院卫生行政部门依照《中华人民共和国传染病防治法》（以下简称《传染病防治法》）负责国内传染病防控工作，海关总署依照《国境卫生检疫法》管理国境口岸卫生检疫工作，两个部门分工协作，各有侧重。《刑法》第三百三十条、第三百三十二条分别规定了"妨害传染病防治罪"和"妨害国境卫生检疫罪"。

两者虽然都是关于传染病的犯罪，但存在以下不同。一是犯罪主体不同。"妨害国境卫生检疫罪"的犯罪主体是检疫传染病染疫人和染疫嫌疑人；"妨害传染病防治罪"的犯罪主体是传染病病人和疑似传染病病人。

二是侵犯客体不同。"妨害国境卫生检疫罪"侵犯的是国境卫生检疫的管理制度;"妨害传染病防治罪"侵犯的是国家关于传染病防治的管理制度。三是违法行为发生地点不同。"妨害国境卫生检疫罪"所涉违法行为发生在国境卫生检疫监管领域,妨害了海关依照《国境卫生检疫法》实施的检疫措施;"妨害传染病防治罪"所涉违法行为发生在国境卫生检疫领域外的其他领域,妨害了卫生防疫机构依照《传染病防治法》实施的防控措施。

因此,"妨害国境卫生检疫罪"和"妨害传染病防治罪"是两个独立的犯罪行为。如果入境人员入境申报时未按规定如实填报"健康申明卡",隐瞒疫情和症状,入境后又拒绝执行卫生防疫机构依照《传染病防治法》采取的防控措施,而且该人员最终被确诊为新冠肺炎病例,就可能分别构成"妨害国境卫生检疫罪"和"妨害传染病防治罪",司法机关将根据《刑法》适用有关原则定罪处罚。

🌐 **网友:** 我们知道在出入境人员中有很多外国公民,近期一些新闻也报道了一些外籍人士不配合我国有关防治措施的事例,大家对此也有很多议论。请问海关实施卫生检疫时对外国人是否有特殊对待?如果外国人有违法犯罪行为,是否同样会被处罚?

🎤 **王军:** 国境卫生检疫的对象是所有出入境人员,检疫措施没有国籍的差别,只会因出入境人员健康状况、旅行史等不同而采取不同的检疫措施。对外国人和中国人一视同仁,平等对待,无差别执行《国境卫生检疫法》规定的检疫措施。海关在对外国人实施卫生检疫过程中,会充分照顾其合理关切,尊重其宗教和风俗习惯,确保其合法权益不受侵犯。如果外国人违反《国境卫生检疫法》的规定,尚不构成犯罪,海关将依法给予行政处罚;构成犯罪的,根据我国《刑法》的属地管辖原则,除法律有特别规定的以外,可依照《刑法》第三百三十二条规定,以"妨害国境卫生检疫罪"定罪处罚。

🌐 **网友：** 2020 年 2 月，最高人民法院、最高人民检察院、公安部、司法部联合发布了《关于依法惩治妨害新型冠状病毒感染肺炎疫情防控违法犯罪的意见》。近日，五部门又联合发布了我们今天讨论的《意见》，请问，这两个意见之间有什么关系？

🎙 **王军：** 新冠肺炎疫情发生以来，有关单位和部门密集出台疫情防控政策举措。关于依法惩治妨害疫情防控相关违法犯罪的意见，除了您提到的 2020 年 2 月 6 日出台的最高人民法院、最高人民检察院、公安部、司法部《关于依法惩治妨害新型冠状病毒感染肺炎疫情防控违法犯罪的意见》之外，国家卫生健康委员会（以下简称"国家卫健委"）、最高人民法院、最高人民检察院和公安部在 2 月 7 日还联合发布了《关于做好新型冠状病毒肺炎疫情防控期间保障医务人员安全维护良好医疗秩序的通知》（以下简称《通知》），强调要依法严厉打击疫情防控期间涉医违法犯罪行为。加上最新出台的《意见》，虽然这三个文件的发文主体、形式内容不同，但制定目的是一致的，就是要加大对相关违法犯罪行为的惩治力度，健全完善工作机制，为疫情防控提供法治保障。

海关总署将会同最高人民法院、最高人民检察院、公安部、司法部切实抓好《意见》的贯彻落实，使各项部署和举措真正落实到位，取得实际效果。

🌐 **网友：**《意见》列举了六类可能定罪入刑的妨害国境卫生检疫行为，如果这些行为发生在《意见》出台以前是否也可以按"妨害国境卫生检疫罪"追究刑事责任？这和《刑法》的"不溯及既往"原则是否有冲突？

🎙 **王军：**《意见》列举的六类行为，是对《刑法》规定的"妨害国境卫生检疫罪"具体适用情形的明确，并不是创设了新的违法行为类型。这六类行为不论是在《意见》出台前还是出台后，都属于"妨害国境卫生检疫罪"的具体表现形式。对于《意见》出台前发生的此类行为，只要引起新冠肺炎等检疫传染病传播或者有传播严重危险，且没有超出追诉时效的，都可依法以"妨害国境卫生检疫罪"定罪处罚。

🌐 **网友**：《意见》中提到，海关要做好行政执法和刑事司法的衔接。请问实践中，海关如何把握行政责任和刑事责任的认定标准？两者分别承担的法律后果是什么？

🎙 **王军**：《国境卫生检疫法》第二十条、《中华人民共和国国境卫生检疫法实施细则》（以下简称《国境卫生检疫法实施细则》）第一百零九条规定了违反国境卫生检疫规定，应当给予行政处罚的行为，包括：逃避检疫，向海关隐瞒真实情况；入境人员未经海关许可，擅自上下交通工具，或者装卸行李、货物、邮包等物品，不听劝阻；伪造或者涂改检疫单、证，不如实申报疫情等。对于这些行政违法行为的法律责任，《国境卫生检疫法》及其实施细则规定了给予警告或者最高 3 万元罚款的行政处罚。

根据《国境卫生检疫法》第二十二条和《刑法》第三百三十二条规定，违反国境卫生检疫规定，引起检疫传染病传播或者有传播严重危险的，处三年以下有期徒刑或者拘役，并处或者单处罚金。

执法实践中，对当事人的违法行为是追究行政责任还是移交司法机关追究刑事责任，要结合违法行为的社会危害性及其危害程度来进行综合考量（包括当事人的主观恶性程度、危害行为以及造成的危害后果等）。对于违反国境卫生检疫规定，实施《意见》所规定的六类行为，引起新冠肺炎等检疫传染病传播或者有传播严重危险的，海关将依法及时将有关案件移送公安机关；不构成犯罪的，海关将依照《国境卫生检疫法》及其实施细则的规定，给予行政处罚。

🌐 **网友**：《意见》是否仅针对新冠肺炎疫情，对其他现有的检疫传染病是否适用？如果今后出现了类似新冠肺炎的新的传染病，《意见》有关规定是否同样有效？

🎙 **王军**：与此前最高人民法院牵头出台的《关于依法惩治妨害新型冠状

病毒感染肺炎疫情防控违法犯罪的意见》和国家卫健委牵头制发的《通知》，主要惩治新冠肺炎疫情期间有关违法犯罪行为不同，《意见》在这方面采取了开放性的制度设计，不仅针对新冠肺炎疫情，而且还适用于《国境卫生检疫法》规定的鼠疫、霍乱、黄热病等检疫传染病。今后如果出现新的类似新冠肺炎这样的传染病，只要被国务院确定和公布为检疫传染病，《意见》的有关规定就同样适用。

🌐 **网友**：我们注意到《意见》中强调坚持过罚相当原则，要把握宽严相济政策，请问何种情形可以从轻、减轻处罚呢？

🎙 **王军**：《中华人民共和国行政处罚法》明确规定了有关从轻、减轻处罚的规定，《刑法》《中华人民共和国刑事诉讼法》也规定了有关从轻、减轻以及不追究刑事责任的情形，在办理具体案件过程中，海关将坚持过罚相当原则，实施宽严相济政策。对于行政违法行为，会在综合考量当事人悔过态度以及违法行为危害后果的基础上，确定处罚种类和幅度。例如，当事人在海关发现其违法行为之前向海关主动报明、积极配合海关调查、主动消除违法行为危害后果等，海关会依法予以从轻或减轻处罚。

🌐 **网友**：请问"妨害国境卫生检疫罪"的法定刑是多少？

🎙 **王军**：根据《刑法》第三百三十二条规定，"妨害国境卫生检疫罪"的法定刑是：三年以下有期徒刑或者拘役，并处或者单处罚金；单位犯罪的，对单位判处罚金，并对其直接负责的主管人员和其他直接责任人员定罪处罚。

🌐 **网友**：请问《意见》中提到的"染疫人"和"染疫嫌疑人"分别指的是什么？海关如何认定"染疫人"和"染疫嫌疑人"？

🎙 **王军**：根据《国境卫生检疫法实施细则》第二条规定，"染疫人"是指正在患检疫传染病的人，或者经卫生检疫机关初步诊断，认为已经感染检疫传染病或者已经处于检疫传染病潜伏期的人；"染疫嫌疑人"指接触过检疫传染病的感染环境，并且可能传播检疫传染病的人。

⊕ **网友**：请问目前有以"妨害国境卫生检疫罪"立案的案例吗？

🎙 **王军**：3 月 14 日，宁夏中宁县公安局发布警情通报，对 2 月下旬自伊朗返回国内确诊新冠肺炎的丁某某，以涉嫌"妨害国境卫生检疫罪"予以立案。这是新冠肺炎疫情发生以来，我国首例以"涉嫌妨害国境卫生检疫罪"予以立案的案例。我们将持续关注该事件的动态。

⊕ **网友**：请问新冠肺炎属于哪一类传染病？法律上都是怎么给它定性的呢？

🎙 **王军**：2020 年 1 月 20 日，国家卫健委发布公告，经国务院批准，将新冠肺炎纳入《传染病防治法》规定的乙类传染病，并采取甲类传染病的预防、控制措施；同时纳入《国境卫生检疫法》规定的检疫传染病管理。因此，此次爆发的新冠肺炎，其性质在法律上被定义为：《国境卫生检疫法》所称的"检疫传染病"以及《传染病防治法》所称的"乙类传染病"。按照《国境卫生检疫法》的规定，海关作为国境卫生检疫机关，可以采取健康申报、体温监测、医学巡查、流行病学调查、医学排查、采样等卫生检疫措施，或者隔离、留验、就地诊验、转诊等卫生处理措施。

⊕ **网友**：请问出入境人员填写的"健康申明卡"在疫情口岸防控中发挥着什么样的作用？

🎙 **王军**：《国境卫生检疫法实施细则》规定，海关有权要求入境、出境的人员填写"健康申明卡"，出入境人员必须如实填报。如实填写"健康申明卡"非常重要。首先，"健康申明卡"可帮助海关精准识别高风险旅客。其次，"健康申明卡"有助于海关及时了解旅客健康状况，采取科学有效的口岸防控措施。海关工作人员通过"健康申明卡"填报内容，结合体温检测，判定是否需要进行流行病学调查和医学排查。最后，"健康申明卡"有助于对重点人员的追踪溯源。旅客入境后海关会将旅客"健康申明卡"及时传至地方卫生行政部门。地方卫生行政部门根据"健康申明卡"信息，及时采取相关医学措施。因此，健康申报制度既有利于早发现、早隔离、早治疗，也有利于后续疫情防控工作。

🌐 **网友**：您好，我女儿在英国读书，近期准备回国，听说入境人员应当填写"健康申明卡"，请问都需要填哪些内容？可以提前进行申报还是必须入境以后现场申报呢？

🎤 **王军**：3 月 17 日，海关启用了第五版"健康申明卡"，包括五大方面的信息：一是旅客个人信息和联系方式；二是居住和旅行信息；三是接触人员情况；四是个人身体状况；五是接受过新型冠状病毒检测的结果。您可以让您的孩子提前准备相关材料。同时提醒您一定要让孩子如实、完整、准确填写"健康申明卡"。为方便出入境人员申报，除纸质版"健康申明卡"外，海关还专门开发了旅客指尖服务小程序，出入境人员在到达口岸前就可以使用手机进行网上填报，通过网上填报后生成的二维码，出入境人员到达口岸后即可扫码验放。

🌐 **网友**：我是一名留学生，打算近期回国。听说海关加严了口岸卫生检疫。那么在抵达后，海关会对我们做哪些工作呢？

🎤 **王军**：首先，您要如实向海关进行健康申报，填写"健康申明卡"。你可以通过海关开发的旅客指尖服务小程序，在到达口岸前就使用手机进行网上填报，通过网上填报后生成的二维码，到达口岸后即可扫码验放，也可以在口岸向海关索要纸质版"健康申明卡"填写。海关接受申报，在验核信息完整无误后，会根据情况对您进行体温监测、医学巡查、医学排查以及流行病学调查工作。对经流行病学排查、医学排查及实验室检测排查后判定的确诊、疑似病例，有症状人员，密切接触者，海关会按照有关规定，通过联防联控机制，转送地方落实隔离治疗或医学观察等防控措施。

🌐 **网友**：请问单位是否会成为"妨害国境卫生检疫罪"的主体？

🎤 **王军**：根据《刑法》第三百三十二条的规定，单位可以成为"妨害国境卫生检疫罪"的主体。《意见》中列举的有关妨害国境卫生检疫的行为，如出入境交通工具上发现有检疫传染病"染疫人"或者"染疫嫌疑人"，但拒绝接受卫生检疫或者拒不接受卫生处理的，有可能是单位行为，如果单位的相关行为引起疫情传播或有传播严重危险的，也会涉嫌"妨害国境卫生检疫罪"承担刑事责任。

🌐 **网友**：请问王军司长，怎样把握"染疫嫌疑人"这个概念？

🎤 **王军**：根据《国境卫生检疫法实施细则》第二条规定，"染疫人"是指正在患检疫传染病的人，或者经卫生检疫机关初步诊断，认为已经感染检疫传染病或者已经处于检疫传染病潜伏期的人；"染疫嫌疑人"指接触过检疫传染病的感染环境，并且可能传播检疫传染病的人。

🌐 **网友**：《意见》中有关"运输工具负责人"包括哪些人？

🎤 **王军**：依据《中华人民共和国海商法》《中华人民共和国民用航空法》等法律法规，负责人主要是指：出入境船舶的船长、航空器的机长、列车的列车长以及其他车辆负责人，可能是中国公民，也可能是外国人。

🌐 **网友**：最近一段时间，防控境外疫情输入形势非常严峻，海关在这方面承担着巨大的压力，请问海关在口岸疫情防控工作中面临的最大困难是什么？

🎤 **王军**：一部分旅客感染后尚未出现症状，自己也不清楚是否感染了，也有一小部分旅客感染后在境外或途中自行服药，通关时故意隐瞒真实情况，人为增加了口岸现场的排查发现难度，而口岸通关时间和排查条件是相对有限的，这些都是现实困难和挑战。下一步，防止疫情输入的工作将更加重要，难度也会进一步提升，特别是在无症状感染人员和隐瞒情况人员的排查方面。海关将在国务院联防联控机制的领导下，与相关部门开展密切合作，强化部门间信息互通和措施联动，加强风险评估和研判，持续加大针对入境人员的宣传引导，筑牢国门防线。

海关是联防联控全链条防控中的一环，实施"三查、三排、一转运"是防止境外疫情输入的首道防线，我们相信通过与联防联控机制其他部门、其他环节的无缝对接，将有效扩大这道防线的纵深，最大限度降低境外疫情传入的风险。

🌐 **网友**：《意见》规定了六类妨害国境卫生检疫行为或被追责，"妨害国境卫生检疫罪"是过失犯罪还是故意犯罪？

🎙 **王军**：根据《刑法》规定：过失犯罪，法律有规定的才负刑事责任。《刑法》第三百三十二条规定的"妨害国境卫生检疫罪"，没有规定为过失犯罪，因此该罪属于故意犯罪，过失造成传播或传播危险的不构成犯罪。

🌐 **网友**：我看《刑法》第三百三十二条规定中关于"妨害国境卫生检疫罪"的构成要件中有"引起检疫传染病传播或者有传播严重危险"的规定，请结合新冠肺炎疫情，介绍一下如何理解上述规定？

🎙 **王军**：《刑法》的上述规定包含"引起检疫传染病传播"和"引起检疫传染病传播严重危险"，对应新冠肺炎疫情，就是"引起新冠病毒传播"和"引起新冠病毒传播严重危险"。前者是指造成他人被确诊为新冠肺炎病人、病原携带者的情形。后者是指虽未造成他人被确诊为新冠肺炎病人、病原携带者，但引发了传播的严重危险。引起传播风险要结合具体案件的事实、证据予以综合考量。

🌐 **网友**：海关在疫情防控方面，开展了哪些国际合作？

🎙 **王军**：疫情没有国界，必须加强国际合作，开展国际联防联控。围绕口岸疫情防控，我们主要做了以下工作：

一是加强与世界卫生组织合作。新冠肺炎疫情发生以来，我们基于世界卫生组织通报的病例信息，积极开展病例溯源，取得积极成效。

二是加强与其他国际组织的合作，减少疫情对国际贸易的影响。向世界贸易组织相关委员会通报中国防控疫情的最新情况，呼吁各成员遵守世贸规则，不采取不必要的贸易限制措施，共同维护国际贸易正常开展。加强与世界海关组织的沟通，呼吁各成员海关为疫情防控物资提供通关便利，加强合作。

三是加强双边国境卫生检疫合作，促进联防联控。截至目前，已与多个国家（地区）签署国境卫生检疫合作文件，推动开展信息交换、技术交流、个案合作、联动处置，为双方共同防控疫情跨境传播奠定了重要基础。

🌐 **网友：** 请您介绍一下海关帮助企业复工复产的有关情况。

🎙 **王军：** 为深入贯彻习近平总书记关于统筹推进新冠肺炎疫情防控和经济社会发展工作的重要讲话精神，加快建立同疫情防控相适应的经济社会运行秩序，海关总署在确保口岸疫情防控到位的同时，充分发挥海关职能，用好各项政策措施工具，简化通关手续，降低港口、检验检疫收费，陆续出台了一系列措施，包括减免滞报金和滞纳金，延期办理加工贸易核销、结转、内销业务等，降低进出口环节通关成本，积极推动企业复工复产，全力以赴促进外贸稳增长。

🌐 **网友：** 请问如何区分"妨害公务罪"和"妨害国境卫生检疫罪"？两者都有的时候，该如何定罪？

🎙 **王军：** 如果行为人在海关卫生检疫过程中有妨害海关卫生检疫行为，可能涉嫌"妨害公务罪"，有可能同时构成"妨害公务罪"与"妨害国境卫生检疫罪"，按照《刑法》有关处罚原则追诉。

🌐 **网友：** "妨害国境卫生检疫罪"罪名由何警种管辖？缉私警察？

🎙 **王军：** 该罪由地方公安机关负责立案侦查。

🌐 **网友：** 请问目前有国境卫生检疫监管领域刑事案件立案追诉标准了

吗？海关在实践中如何判断哪些违法行为应当移交公安部门追究刑事责任呢？

王军：《意见》重点就是明确"妨害国境卫生检疫罪"的刑事立案追诉标准和该罪的具体适用情形，海关将依据法律规定和《意见》，将符合刑事立案追诉标准的妨害国境卫生检疫行为移送公安机关追究刑事责任。

网友：拒绝海关实施国境卫生检疫的入境人员需承担什么法律责任？

王军：根据《国境卫生检疫法》及其实施细则和《刑法》有关规定，拒绝海关实施国境卫生检疫的入境人员将承担行政法律责任乃至刑事法律责任。

网友：面对现场有危害国境卫生检疫人员安全的行为，尤其是高危"染疫嫌疑人"，一线检疫人员是否要承担现场执法的工作？人身安全（防护工作）如何保障？

王军：海关根据《国境卫生检疫法》在口岸负责国境卫生检疫工作，海关已经为现场执法人员配备了防护设备，做好关员的个人防护。

网友：请问漏报了境外一段旅行地，在一般旅客根本无法判断其是否为重点国家（地区）的情况下，这算不如实申报吗？现场的检疫人员如何判断旅客不如实申报？查护照吗？据知，护照应该是出入境管理部门查的。

王军："健康申明卡"上的所有项目都要如实填报，不得遗漏。对于旅客申报事项是否真实准确，海关有多种方式和手段进行验核，包括通过联防联控机制与相关管理部门共享数据信息。

网友：我想给国外的中国留学生寄口罩，可以寄吗？数量有限制吗？

王军：向国外寄送物品的，按照海关监管规定进行管理。

网友：请问旅客出入境时除健康申报外还应向海关提供哪些证件？

🎙 **王军**：请您按照海关关于健康申报的要求配合海关做好国境卫生检疫工作。

🌐 **网友**：海关在对待拒不配合现场检测执法的人员，有法律授权的一些强制性手段吗？

🎙 **王军**：根据《国境卫生检疫法实施细则》的规定，拒绝接受检疫、拒不接受卫生处理的，依法应受到相应的行政处罚。涉嫌犯罪的，依照《刑法》应当受到相应的刑事处罚。

🎙 **周群**：好的，感谢王军司长的解答，谢谢网友的热情提问。

🎙 **王军**：再次感谢广大网友的热情提问！从大家的提问当中，我深切感受到全社会对于五部门联合发布的《关于进一步加强国境卫生检疫工作 依法惩治妨害国境卫生检疫违法犯罪的意见》的高度关注！更感受到海关作为防控疫情境外输入"第一道防线"责任重大！因为时间有限，对有些问题没有办法一一答复。下一步，我们会组织全国海关广泛开展"防控疫情法治同行"专项法治宣传活动，利用更多途径，在更多场合回应社会对于海关依法战"疫"的关注。大家也可以通过海关 12360 热线，就一些具体问题进行咨询。谢谢大家！

后 记

2020 年 3 月 26 日，海关总署举办在线访谈，全面介绍海关总署会同最高人民法院、最高人民检察院、公安部、司法部联合发布的《关于进一步加强国境卫生检疫工作 依法惩治妨害国境卫生检疫违法犯罪的意见》，就相关问题进行深入解读，并在线解答网友提出的问题。访谈访问量 71 万余次，独立 IP 1883 个，实时答复 31 个问题。

坚守"疫"线防输入　国门安全我守护

◎ 主　题：坚守"疫"线防输入　国门安全我守护
◎ 时　间：2020 年 3 月 27 日　14：30
◎ 嘉　宾：时任北京海关党委委员、副关长兼海关总署税收征管局
（京津）局长、一级巡视员　高瑞峰
上海海关党委委员、副关长　蒋　原
广州海关党委委员、副关长　孟传金
◎ 主持人：海关总署办公厅　周　群

导语

　　新冠肺炎疫情被认为是新中国成立以来，传播速度最快、感染范围最广、防控难度最大的重大突发公共卫生事件。疫情发生以来，海关总署党委把疫情防控作为首要的政治任务和当前最重要的工作，坚决贯彻落实习近平总书记关于疫情防控的重要指示批示精神，认真落实中央应对疫情领导小组各项工作部署。全国海关坚定信心、同舟共济、科学防治、精准施策，迅速采取最全面、最严格、最彻底的防控措施，上下一心、连续奋战，筑起了牢固的国门检疫防线，全力以赴为打赢疫情防控的人民战争、总体战、阻击战贡献力量。

身临其境　看看我们曾经聊过的

主持人嘉宾交流

🎤 **周群：** 大家好！这里是中国海关门户网站在线访谈栏目，我是主持人周群。2020 年的新春，注定在很多人的人生中留下记忆深刻的一页。安静的城市，空荡的大街，无人的商场……

坚守"疫"线防输入
国门安全我守护

新冠肺炎疫情被认为是新中国成立以来，<u>传播速度最快、感染范围最广、防控难度最大的重大突发公共卫生事件</u>。疫情发生以来，海关总署党委把疫情防控作为首要的政治任务和当前最重要的工作，坚决贯彻落实习近平总书记关于疫情防控的重要指示批示精神，认真落实中央应对疫情领导小组各项工作部署。全国海关坚定信心、同舟共济、科学防治、精准施策，迅速采取最全面、最严格、最彻底的防控措施，上下一心、连续奋战，筑起了<u>牢固的国门检疫防线</u>，全力以赴为打赢疫情防控的人民战争、总体战、阻击战贡献力量。

　　新冠肺炎疫情的暴发，改变了我们的日常。疫情发生后，全国海关迅速行动，坚决贯彻落实习近平总书记重要指示精神和中央应对疫情工作领导小组各项部署，筑起国门口岸卫生检疫坚强防线。今天，我们邀请到北京海关副关长高瑞峰、上海海关副关长蒋原、广州海关副关长孟传金参加今天的访谈。首先，有请三位嘉宾和我们的网友打个招呼！

🎙 **高瑞峰**：主持人好，各位网友好！

🎙 **蒋原**：主持人好，各位网友好！

🎙 **孟传金**：主持人好，各位网友好！

🎙 **周群**：感谢三位嘉宾参加今天的在线访谈。北京、上海、广州都是全国"外防输入"的重要城市。广大网友都非常关心海关筑牢口岸检疫防线，坚决遏制疫情跨境传播的工作情况。今天我们的访谈形式很特别，在疫情特殊时期，嘉宾无法到达现场，我们通过视频连线三位嘉宾，解答网友的问题。这是在线访谈首次使用网络连线的方式进行交流对话，希望广大网友能踊跃参与，对我们的在线访谈提出意见和建议。

　　我们连线了解一下北京海关的情况。高瑞峰副关长，这次新冠肺炎疫情在境内外传播速度非常快，作为驻守首都国门屏障的北京海关，请问你们是什么时候开始行动的？建立了什么样的指挥和运行机制？

🎙 **高瑞峰**：疫情发生后，北京海关迅速行动，严格落实海关总署党委、北京市委的各项疫情防控工作部署，以最坚决的态度、最迅速的行动、最有力的措施、最可靠的保障，坚决扛起疫情防控责任。

　　我们把疫情防控作为当前最重要的政治任务。1 月 19 日全面部署防控工作，1 月 22 日成立疫情应对工作领导小组，后改设为防控工作指挥部，由北京海关关长任总指挥、北京海关党委委员任副总指挥，强化对疫情防控工作的统一领导、统一指挥。指挥部下设 7 个工作组，建立健全工作协商、部门协调、专家咨询、督导检查、信息报告、培训演练和专项值班等工作机制，零距离、全方位调度指挥口岸一线防控工作。同时，我们还组建督查组、口岸疫情防控应急工作专班、疫情内部防护工作专班，强化对北京海关疫情防控工作各个方面的监督检查，发现问题及时纠正，推动疫情防控工作各项部署要求落到实处，并有针对性地加大应急处置和内部防护的工作力度。同时，不定期召开专项工作组会议，听取近期完成的工作情况，并及时布置下一步工作。

北京海关的行动、建立的指挥和运行机制

疫情发生后，北京海关迅速行动，以最坚决的态度、最迅速的行动、最有力的措施、最可靠的保障，坚决扛起疫情防控责任。

1月19日全面部署防控工作，1月22日成立防控工作指挥部，强化对疫情防控工作的统一领导、统一指挥。

建立健全工作协商、部门协调、专家咨询、督导检查、信息报告、培训演练和专项值班等工作机制，零距离、全方位调度指挥口岸一线防控工作。

组建督查组、口岸疫情防控应急工作专班、疫情内部防护工作专班，强化对北京海关疫情防控工作各个方面的监督检查，发现问题及时纠正，推动疫情防控工作各项部署要求落到实处，并有针对性地加大应急处置和内部防护的工作力度。

不定期召开专项工作组会议，听取近期完成的工作情况，并及时布置下一步工作。

🎤 **周群**：据北京市新型冠状病毒肺炎疫情防控工作新闻发布会上公布的数据，2 月 29 日至 3 月 19 日，首都机场海关检疫转地方医疗机构筛查的人员累计 2417 人，北京口岸卫生检疫工作有力、有序、有效。能否给网友们介绍一下北京口岸防疫工作的整体运行情况呢？

🎤 **高瑞峰**：北京海关科学制定疫情重点防控地区人员检疫排查处置措施，统一口岸操作规范，加强重点航班及出入境人员卫生检疫，严格落实健康申报、排查处置、采样检测、卫生监督、卫生处理等措施，与地方政府、卫生健康委员会（以下简称"卫健委"）、出入境边防检查（以下简称"边检"）等部门构建联防联控机制，形成防控合力。北京口岸防疫工作有几个突出特点：

一是前置防控关口，做到"不等一步"。发挥联防联控机制合力，及时与各部门互通风险信息，巩固强化与各航空公司间的信息通报机制，提前掌握风险航班信息，第一时间获知高风险旅客姓名、座位等详细信息，将检疫关口前置到航班到达前。

二是强化现场处置，做到"不漏一人"。风险航班 100% 登临检疫，所有旅客实施 100% 查验健康申报，做到两个"百分之百"。对所有旅客进行廊桥和卫生检疫（以下简称"卫检"）现场"两次测温"，对发现异常的旅客做到 100% 拦截。加大现场采样力度，提高采样比例，协调 8 辆送样车辆集中送样。

三是做好安全管控，做到"不留一患"。严格排查后，疑似病例一律使用负压隔离舱监护至急救车后转运地方卫健委妥善处置。处置工作结束后，严格规范开展消杀作业，对风险旅客经过的路径实施消毒处理。设专人现场督导，及时纠正防护不到位和作业不规范的情况。

北京口岸防疫工作的整体运行情况

统一口岸操作规范，加强重点航班及出入境人员卫生检疫，严格落实健康申报、排查处置、采样检测、卫生监督、卫生处理等措施，与地方政府、卫健委、边检等部门构建联防联控机制，形成防控合力。北京口岸防疫工作有几个突出特点：

一是前置防控关口，做到"不等一步"

发挥联防联控机制合力，及时与各部门互通风险信息，巩固强化与各航空公司间的信息通报机制，提前掌握风险航班信息，第一时间获知高风险旅客姓名、座位等详细信息，将检疫关口前置到航班到达前。

二是强化现场处置，做到"不漏一人"

风险航班100%登临检疫，所有旅客实施100%查验健康申报，做到两个"百分之百"。对所有旅客进行廊桥和卫检现场"两次测温"，对发现异常的旅客做到100%拦截。加大现场采样力度，提高采样比例，协调8辆送样车辆集中送样。

三是做好安全管控，做到"不留一患"

严格排查后，疑似病例一律使用负压隔离舱监护至急救车后转运地方卫健委妥善处置。处置工作结束后，严格规范开展消杀作业，对风险旅客经过的路径实施消毒处理。设专人现场督导，及时纠正防护不到位和作业不规范的情况。

🎤 **周群**：许多网友对于海关"三查、三排、一转运"措施比较关注。请高副关长再帮我们详细介绍一下好吗？

🎤 **高瑞峰**：海关在检疫筛查环节严格落实"三查"，即严格100%查验健康申报、开展体温筛查、实施医学巡查；在检疫排查环节落实"三排"，即严格实施流行病学排查、医学排查、实验室检测排查；在检疫处置环节落实"一转运"，即对疑似病例一律按照联防联控机制转运地方卫健委妥善处置。确保所有出入境人员一个不遗漏、"健康申明卡"一份不缺少、有症状人员一个不放行。

海关在检疫筛查环节严格落实"**三查**",即严格100%查验健康申报、开展体温筛查、实施医学巡查;

在检疫排查环节落实"**三排**",即严格实施流行病学排查、医学排查、实验室检测排查;

在检疫处置环节落实"**一转运**",即对疑似病例一律按照联防联控机制转运地方卫健委妥善处置。确保所有出入境人员一个不遗漏、"健康申明卡"一份不缺少、有症状人员一个不放行。

🎤 **周群**:目前,首都国际机场每天都有不少进境航班,想请高副关长介绍一下北京海关在风险预警方面开展了哪些工作?

🎤 **高瑞峰**:目前,首都国际机场入境的航班每日有 30 余架次。对于各个国家和地区的入境航班，北京海关严格落实海关总署发布的公告和警示通报，强化风险研判工作，精准施策、精准检疫。同时，我们密切跟踪疫情发展，每日汇总最新境内外疫情风险信息和工作动态，及时开展风险分析评估和研判，适时调整策略和重点，防患于未然，随着境外疫情的发展变化，当前已实行"以外防输入为重点，内防输出不放松"的防控模式。

在重点航班抵达北京口岸之前的准备工作环节，北京海关会根据航空公司申报信息，提前掌握了解旅客舱单数据，获取旅客人员身份、座位号等详细信息，确定重点旅客名单。提前将救护车停至指定位置，通知消毒人员在飞机下待命。登临检疫的关员按照海关总署要求实施个人防护，对重点旅客和非重点旅客分别实施相应的卫生检疫措施。

北京海关在风险预警方面开展的工作

北京海关严格落实海关总署发布的公告和警示通报，强化风险研判工作，精准施策、精准检疫。

密切跟踪疫情发展，每日汇总最新境内外疫情风险信息和工作动态，及时开展风险分析评估和研判，适时调整策略和重点，防患于未然，随着境外疫情的发展变化，当前已实行"以外防输入为重点，内防输出不放松"的防控模式。

在重点航班抵达北京口岸之前的准备工作环节，北京海关会根据航空公司申报信息，提前掌握了解旅客舱单数据，获取旅客人员身份、座位号等详细信息，确定重点旅客名单。

提前将救护车停至指定位置，通知消毒人员在飞机下待命。登临检疫的关员按照海关总署要求实施个人防护，对重点旅客和非重点旅客分别实施相应的卫生检疫措施。

🎤 **周群**：目前，境外疫情输入风险持续加大，请问北京海关如何进一步应对？

🖐 **高瑞峰**：针对当前形势，北京海关密切跟踪研判境外疫情的发展，根据研判的结果，及时调整检疫查验的重点国家和地区；进一步严格查验"健康申明卡"，最大限度地发挥申明卡对高风险人员的精准识别作用；加强体温筛查，现在已经实施两道体温筛查，有效排查高风险人群；加强对来自疫情严重国家和地区的交通工具查验，全部实施登临检疫，做到输入风险早发现、早控制；加强卫生处理，严格实施入境交通工具消毒，切断传播途径；进一步加强与边检、卫健委、公安等部门的协调配合，及时掌握入境重点关注人员的相关信息，实现精准防控。

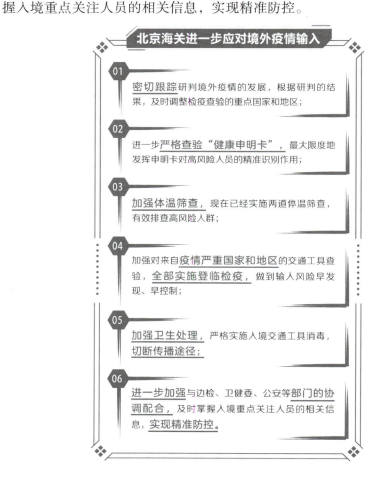

🎙 **周群**：在疫情防控当中，北京海关在科技保障方面开展了哪些工作？

🎙 **高瑞峰**：自1月22日起，北京海关组建科技保障组，设定的主要职责是：做好应对疫情变化的技术准备，为疫情防控提供信息化和实验室技术支撑；组建专家库为应对工作提供技术指导；研究实验室检测技术或快速检测方法；加强实验室活动的生物安全管理。为强化设备设施的互联互通，目前科技保障组主要开展的工作有：一是做好北京海关监控指挥中心以及相关现场视频监控系统维护工作，确保信号质量稳定，传输畅通；二是负责做好视频会议系统保障工作，确保与海关总署、北京市政府以及关区各隶属单位视频会议畅通；三是负责为口岸单位使用的信息化设备提供相关技术支持，并开展协调、联络工作；四是负责组织新型冠状病毒快速检测装备和配套试剂研发工作；五是进一步加强实验室活动的生物安全管理。

北京海关在科技保障方面开展的工作

自1月22日起，北京海关组建科技保障组，设定的主要职责是：

01 做好应对疫情变化的技术准备，为疫情防控提供信息化和实验室技术支撑；

02 组建专家库为应对工作提供技术指导；

03 研究实验室检测技术或快速检测方法；

04 加强实验室活动的生物安全管理。

为强化设备设施的互联互通，目前科技保障组主要开展的工作有：

一是做好北京海关监控指挥中心以及相关现场视频监控系统维护工作，确保信号质量稳定，传输畅通；

二是负责做好视频会议系统保障工作，确保与海关总署、北京市政府以及关区各隶属单位视频会议畅通；

三是负责为口岸单位使用的信息化设备提供相关技术支持，并开展协调、联络工作；

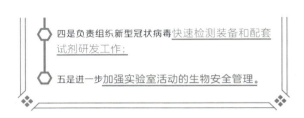

四是负责组织新型冠状病毒快速检测装备和配套
试剂研发工作；

五是进一步加强实验室活动的生物安全管理。

🎙 **周群**：我了解到从 3 月 10 日零时起，首都国际机场将 T3 航站楼 D 区划设为专区（以下称"T3 - D 专区"），集中停靠疫情严重国家和地区的入境航班，机上旅客全部在专区内完成卫生检疫、体温筛查、信息查验、进港中转等流程，与其他抵京旅客实现空间上的物理隔离。那么北京海关是如何做好 T3 - D 专区建设的相关工作的呢？

🎙 **高瑞峰**：北京海关参与了专区的实地勘察、方案规划和流程研讨，推动合理设置作业区域、优化卫生检疫流程，在 T3 - D 专区的东、西两侧分别设置入境旅客卫生检疫场所，紧急安装调试红外测温仪、负压隔离单元及微机电脑等办公设备，在 72 小时内完成了作业现场改造、设施安装调试、监管区域设置、检疫流程优化、现场人员配置、配套物资调配等一系列任务，并协助航站楼管理部搭建通道围挡 300 余个，制作、修改图稿 10 余次，全力保障 T3 - D 专区有效运转。

在 T3 - D 专区东、西两侧的卫生检疫工作区域，均配有双通道，可同时进行"两次测温"。通过设置流行病学调查与医学排查区域，实现入境旅客的有效分流和及时处置。同时将检疫关口前置到航班到达前，通过加强风险分析与信息共享，提前掌握风险航班信息，第一时间获知风险旅客姓名、座位等详细信息，对风险航班实施 100% 登临检疫，确保分类施策、精准到位。目前，北京海关已在 T3 - D 专区的卫生检疫现场投入人力 700 余人，配置 16 套红外测温设备和 11 台负压隔离舱。

做好T3-D专区建设的相关工作

北京海关参与了专区的实地勘察、方案规划和流程研讨，推动合理设置作业区域、优化卫生检疫流程，在T3-D专区的东、西两侧分别设置入境旅客卫生检疫场所，紧急安装调试红外测温仪、负压隔离单元及微机电脑等办公设备，在72小时内完成了作业现场改造、设施安装调试、监管区域设置、检疫流程优化、现场人员配置、配套物资调配等一系列任务，并协助航站楼管理部搭建通道围挡300余个，制作、修改图稿10余次，全力保障T3-D专区有效运转。

在T3-D专区东、西两侧的卫生检疫工作区域，均配有双通道，可同时进行"两次测温"。通过设置流行病学调查与医学排查区域，实现入境旅客的有效分流和及时处置。同时将检疫关口前置到航班到达前，通过加强风险分析与信息共享，提前掌握风险航班信息，第一时间获知风险旅客姓名、座位等详细信息，对风险航班实施100%登临检疫，确保分类施策、精准到位。目前，北京海关已在T3-D专区的卫生检疫现场投入人力700余人，配置16套红外测温设备和11台负压隔离舱。

🎙 **周群**：现在一线人员工作强度非常大，请问北京海关是如何加强人力资源调配和管理的？

🎙 **高瑞峰**：我们采取多项措施增援机场口岸防疫一线。一是迅速组建疫情防控应急力量支援队。经认真组织和广泛动员，广大干部职工特别是党员领导干部和具有专业背景、一线监管经验的人员踊跃报名充实旅检一线，有效缓解了现场人力资源缺口。二是组建专业力量保驾护航。及时梳理我关的专业人才情况，建立了具有医学、卫生检疫等教育背景的专家人才库，为保障口岸现场监管储备智力支持。三是做好监管人力资源动态调整。北京西站口岸临时关闭后，我们及时调研和协调，将北京车站海关监管人员调配到其他口岸支援工作。截至目前，北京海关累计组织 420 人次加入北京海关应急力量支援队，累计 1125 名关员奋战在机场口岸一线，占全关人员总数的 40%。

🎙 **周群**：请问在疫情期间，北京海关是如何做好广大干部职工的个人防

护工作？

🎤 **高瑞峰**：我们将关员自身防护工作作为第一要务和疫情防控工作的重中之重，严上加严、细上加细，制发关区内部防护工作标准，规范办公区域、公共场合以及个人防护；制定外地返京等 4 类关员隔离计划，严格执行上班期间全体干部职工佩戴口罩，购置 80 把手持测温枪，所有办公区域入口实施测温；最大限度减少人员聚集，以电视电话、视频会议代替现场会议，调整就餐方式，推行"食堂打餐＋错峰就餐"方式，防止人员聚集和交叉感染；建立全员健康情况排查报告制度，力保全体干部职工"零感染"。

🎤 **周群**：新冠肺炎疫情防控工作中涌现出来很多先进典型。"90 后"的关员正迅速成为抗疫一线的主力军。我了解到，最近首都机场海关有一个

"90 后"关员荣立个人二等功，能讲述一下她的故事吗？

🎙 **高瑞峰：** 您说的"90 后"关员是北京海关所属首都机场海关旅检一处的谢丽惠。她于 1990 年出生，医学硕士，疫情发生以来一直坚守在疫情防控一线。1 月 26 日，经她在首都机场海关出境现场组织拦截的 1 名旅客被北京市卫健委公布确诊为新冠肺炎，是全国空港口岸首例排查确诊病例。3 月 9 日，海关总署对新冠肺炎疫情防控工作中表现突出的集体和个人予以奖励，谢丽惠被记个人二等功。

谢丽惠于 2020 年 1 月 28 日提交入党申请书，2 月 21 日被确定为发展对象。鉴于她的突出表现，北京海关机关党委研究批准谢丽惠火线入党。谢丽惠同志在向党组织汇报思想状况时，这样说："在防控新型冠状病毒感染的肺炎疫情的关键时刻，无数党员干部不畏艰险、冲锋在前，筑起了一道坚固的生命防线，让党旗在疫情防控斗争第一线高高飘扬，构成一组最美群像。我羡慕他们的一呼百应，我也想成为他们中的一员！"

"90 后"关员的故事

"90 后"关员是北京海关所属首都机场海关旅检一处的<u>谢丽惠</u>。

她于 1990 年出生，医学硕士，疫情发生以来一直坚守在疫情防控一线。

<u>1 月 26 日，</u>经她在首都机场海关出境现场<u>组织拦截的 1 名旅客被北京市卫健委公布确诊为新冠肺炎，是全国空港口岸首例排查确诊病例。</u>

 <u>3 月 9 日，</u>海关总署对新冠肺炎疫情防控工作中表现突出的集体和个人予以奖励，谢丽惠被记<u>个人二等功。</u>

<u>谢丽惠于 2020 年 1 月 28 日</u>提交入党申请书，<u>2 月 21 日</u>被确定为发展对象，北京海关机关党委研究批准谢丽惠火线入党。

> 谢丽惠同志在向党组织汇报思想状况时，这样说："在防控新型冠状病毒感染的肺炎疫情的关键时刻，无数党员干部不畏艰险、冲锋在前，筑起了一道坚固的生命防线，让党旗在疫情防控斗争第一线高高飘扬，构成一组最美群像。我羡慕他们的一呼百应，我也想成为他们中的一员！"

🎤 **周群**：好的，谢谢高副关长，由于时间关系，我们和北京海关的连线先告一段落。接下来我们要连线的是上海海关。据我了解，上海浦东国际机场的年度出入境人数已连续 17 年位居全国空港口岸首位，所以此次上海口岸疫情防控责任也十分重大。那么我们现在连线上海海关副关长蒋原了解一下目前上海口岸疫情防控的基本情况。

🎤 **蒋原**：主持人好！各位网友好！上海海关有 5 个旅检监管现场、7 个货轮停靠口岸，2019 年日均监管进出境人员达 13 万人次。作为我国较大的经济中心城市，上海同时也是世界级的大型交通枢纽、主要旅游目的地和特大型口岸，口岸疫情防控任务十分艰巨。疫情发生以来，全关干部职工把疫情防控作为当前最重要的任务，奋战在国门"第一线"。自 1 月 22 日以来，截至 3 月 24 日，上海海关共检疫航空器 22024 架次，登临检疫航空器 3616 架次；检疫进出境人员 209.6 万人次。同时，积极做好亚洲最大邮轮母港疫情防控，提前分析研判，及时建议地方政府和运营单位暂停邮轮业务，有效实现了邮轮母港"零输入、零输出、零感染"。

🎤 **周群**：目前浦东国际机场出入境客流量处于什么水平？

🎤 **蒋原**：2019 年，浦东国际机场口岸全年日均进出境旅客 10.55 万人次，最高峰时可达 12 万余人次。受疫情影响，2020 年春运期间，1 月 31 日前日均进出境旅客约为 7 万人次至 8 万人次。自 2020 年 3 月以来，浦东国际机场日均进出境旅客为 1 万余人次。

上海口岸疫情防控的基本情况

上海海关有5个旅检监管现场、7个货轮停靠口岸，2019年日均监管进出境人员达13万人次。

自1月22日以来，截至3月24日，上海海关共检疫航空器22024架次，登临卫生检疫3616架次，检疫进出境人员209.6万人次。

积极做好亚洲最大邮轮母港疫情防控，提前分析研判，及时建议地方政府和运营单位暂停邮轮业务，有效实现了邮轮母港"零输入、零输出、零感染"。

浦东机场出入境客流量水平

2019年，浦东国际机场口岸全年日均进出境旅客10.55万人次，最高峰时可达12万余人次。

受疫情影响，2020年春运期间，1月31日前日均进出境旅客约为7万人次至8万人次。

自2020年3月以来，浦东国际机场日均进出境旅客为1万余人次。

🎤 **周群**：著名主持人白岩松前几天说过一句话，"现在有两个战场，一个是武汉，一个是海关"。海关的战"疫"任务之重，可见一斑。请问上海海关在从严从紧防范境外疫情输入风险方面，采取了哪些措施？

🎤 **蒋原**：上海已经对所有来自或途经重点国家和地区的入境来沪人员实行 100% 隔离。为了进一步加强口岸防控，除集中隔离人员外，上海将对所有来自非重点国家和地区的入境来沪人员实施 100% 新冠病毒核酸检测。上海海关严格落实海关总署、上海市委市政府关于严防境外疫情输入的各项部署要求，进一步强化口岸与地方联防联控，对空港口岸所有入境人员实行全面集中管控、封闭管理。

🎤 **周群**：能具体介绍一下吗？

🎤 **蒋原**：一方面对 24 个重点国家（地区）的航班及入境人员，在地方联防联控机制整体部署下在口岸实行错位管理，实施更为严格的 100% 登临检疫、100% 体温监测和 100% "健康申明卡"审核。对登临检疫、体温监测等环节中查发的有发热等症状的入境人员，同步开展医学排查，对有明确症状的旅客立即启动"120 模式"，直接由 120 车辆转运至指定医疗机构诊疗；对症状不明显但有旅居史、风险较大的旅客启动"130 模式"，直接转运至指定隔离点，集中采样，根据检测结果，再做后续处置。重新调整通道空间布局，合理调控入境人员等候排队间距，实现在相对独立空间实施通道测温、"健康申明卡"审核。严格落实"两次测温"。全面加强法律宣传，引导提升"健康申明卡"如实申报率。同时，加大对"健康申明卡"的审核力度，大力推广"健康申明卡"电子申报，实现相关信息可追溯。

另一方面对非重点国家（地区）的航班按照"早发现、早报告、早隔离、早诊断、早治疗"的原则，严格实施登临检疫、流行病学调查、体温监测以及"健康申明卡"审核，第一时间筛查分离有症状或存在较高风险的重点人员，按照刚才介绍的"120 模式""130 模式"开展分类处置，有效管理传染源，阻断传播途径，避免交叉感染，防止疫情扩散。

对境外疫情输入风险方面采取的具体措施

上海已经对所有来自或途经重点国家和地区的入境来沪人员实行100%隔离。

除集中隔离人员外，上海将对所有来自非重点国家和地区的入境来沪人员实施100%新冠病毒核酸检测。

进一步强化口岸与地方联防联控，对空港口岸所有入境人员实行全面集中管控、封闭管理。

一方面对24个重点国家（地区）的航班及入境人员，在地方联防联控机制整体部署下在口岸实行错位管理，实施更为严格的100%登临检疫、100%体温监测和100%"健康申明卡"审核。

- 对登临检疫、体温监测等环节中查发的有发热等症状的入境人员，同步开展医学排查，对有明确症状的旅客立即启动"120模式"，直接由120车辆转运至指定医疗机构诊疗；

- 对症状不明显但有旅居史、风险较大的旅客启动"130模式"，直接转运至指定隔离点，集中采样，根据检测结果，再做后续处置。

- 重新调整通道空间布局，合理调控入境人员等候排队间距，实现在相对独立空间实施通道测温、"健康申明卡"审核。严格落实"两次测温"。

- 全面加强法律宣传，引导提升"健康申明卡"如实申报率。

- 加大对"健康申明卡"的审核力度，大力推广"健康申明卡"电子申报，实现相关信息可追溯。

另一方面对非重点国家（地区）的航班全力实施100%登临检疫，对入境人员实施100%体温监测、100%流行病学调查和100%"健康申明卡"审核。

按照"早发现、早报告、早隔离、早诊断、早治疗"的原则，通过严格实施登临检疫、流行病学调查、体温监测以及"健康申明卡"审核，第一时间筛查分离有症状或存在较高风险的重点人员，对有明确症状的旅客立即启动"120模式"，直接由120车辆转运至指定医疗机构诊疗；

对症状不明显但有旅居史、风险较大的旅客启动"130模式"，直接转运至指定隔离点，集中采样，根据检测结果，再做后续处置。

通过"120模式""130模式"，有效管理传染源，阻断传播途径，避免交叉感染，防止疫情扩散。

🎙 **周群：** 上海海关是上海市新冠肺炎疫情防控领导小组"口岸与交通组"的组长单位。上海海关在加强与地方政府部门的联防联控方面，有哪些做法？

🎙 **蒋原：** 上海海关作为上海市新冠肺炎疫情防控领导小组"口岸与交通组"组长单位，牵头上海市公安局、卫健委、交通委员会等有关部门和边检总站等口岸单位，制订上海空港口岸入境人员分流通关大流程等一系列防控方案、预案，将口岸各项防控举措有机嵌入地方联防联控全链条，对空港口岸所有入境人员实行全面集中管控。当前，重点加强四方面工作全面强化入境人员信息闭环管理：一是加强对航空公司报送旅客舱单信息的审核和应用，有效甄别和捕捉高风险旅客；二是加强与边检等部门的信息共享，有效排查搭乘非重点国家（地区）航班中转入境的重点人群，提升口岸防控精准度；三是健全与上海市卫健委的信息交互机制，实现即时推送，同步强化信息反馈，及时掌握分流处置人员的后续状态；四是加强与长三角地方政府、海关之间数据对接和信息互换，联合开展风险信息研判，根据研判结果采取针对性措施，实现科学、精准防控。

加强与地方政府部门的联防联控

上海海关作为上海市新冠肺炎疫情防控领导小组"口岸与交通组"组长单位，牵头上海市公安局、卫健委、交通委员会等有关部门和边检总站等口岸单位，制订口岸封闭分流通关大流程方案，打通空港口岸自登临检查、入境检疫、边防检查、行李通关、出关分流至转运各环节，严格实施落地后专用通道分流排查、"直通车"接送转运、属地社区"三个闭环"管控，搭建中转旅客信息闭环，实现全流程封闭管理。

重点加强四方面工作全面强化入境人员信息闭环管理：

1 一是加强对航空公司报送旅客舱单信息的审核和应用，有效甄别和捕捉高风险旅客；

2 二是加强与边检等部门的信息共享，有效排查搭乘非重点国家（地区）航班中转入境的重点人群，提升口岸防控精准度；

3 三是健全与上海市卫健委的信息交互机制，实现即时推送，同步强化信息反馈，及时掌握分流处置人员的后续状态；

4 四是加强与长三角地方政府、海关之间数据对接和信息互换，联合开展风险信息研判，根据研判结果采取针对性措施，实现科学、精准防控。

🎙 **周群**：刚才您介绍，现在的浦东国际机场日均进出境旅客有 1 万余人次，看来海关工作量还是挺大的，上海海关在人力资源配备方面情况怎么样？

🎙 **蒋原**：1 月 22 日，上海海关建立疫情应对组织架构，成立工作领导小组。1 月 24 日，上海海关新冠肺炎疫情应对工作临时指挥部正式开始运作。上海海关党委第一时间向全体党员发出动员令，切实形成关区疫情防控的强大合力。截至 3 月 24 日，上海海关从全关范围紧急调配关员支援空港一线，由原编制在岗的 500 人增加到了 1339 人，24 小时不间断运作，全面强化口岸现场的检疫力量。同时，上海海关还根据境外疫情形势变化和上海口岸疫情防控需要，着力做好后续增援人员储备与调配工作，视防控需要，随时调配到岗。

上海海关的人力资源配备

1月22日，上海海关建立疫情应对组织架构，成立工作领导小组。

1月24日，上海海关新冠肺炎疫情应对工作临时指挥部正式开始运作。上海海关党委第一时间向全体党员发出动员令，切实形成关区疫情防控的强大合力。

自3月22日起，在浦东机场海关设立口岸疫情防控工作现场指挥部，从全关范围紧急调配关员支援空港一线。截至3月24日，上海海关全面强化口岸现场的检疫力量，由原编制在岗的500人增加到1339人，24小时不间断运作。同时，上海海关还根据境外疫情形势变化和上海口岸疫情防控需要，着力做好后续增援人员储备与调配工作，视防控需要，随时调配到岗。

🎤 **周群：**海关承担着口岸疫情防控的重大职责，每天面对数以万计的进出境旅客，我们的关员是如何做好自身防护，减少染疫风险的呢？

🎤 **蒋原：**一线关员自身的健康安全，是海关忠实履职的保障。我们在春节假期后，全面梳理排查关里重点地区的返沪人员、有症状人员、有接触史人员和其他地区的返沪人员，实现全覆盖。对不同地区城市的返沪人员，实行分类管理，明确居家隔离观察时间和返岗标准。加强对办公场所，特别是旅检通道、报关大厅、食堂、电梯等重点区域的消毒通风，严格做好进出办公区域人员的测温检查等工作。加强口岸一线人员防护物资供应，为全关干部职工购置口罩、消毒液、洗手液等防护用品。开设内部防疫和保健服务点，面向全关干部职工和家属提供防疫排查、心理疏导。截至目前，全关 11379 名干部职工"零感染"。

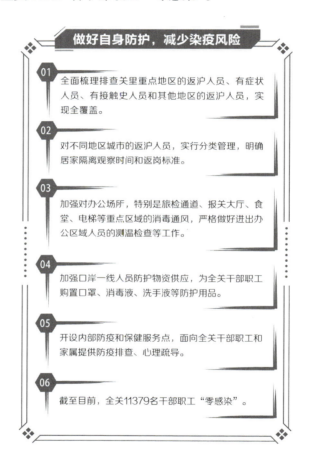

🎙 **周群**：在疫情防控期间，有没有哪些让您印象深刻的故事？

🎙 **蒋原**：印象较深的是 2020 年 2 月上海市卫健委通报的一起旅行团聚集性疫情案例。1 月 28 日，浦东机场海关关员对一架来自法国巴黎的航班开展登临检疫，航班上载有一个 14 天内自武汉出发的旅行团。初步排查发现，除预报的 1 名发热旅客符合疑似病例判断标准外，其他团组旅客体温检测正常，未申报不适，"健康申明卡"填写均无异常。但登临关员考虑到聚集性传染风险较大，经请示后决定再开展一次深入排查。很快，一条重要信息引起关员高度警觉：该团中有父亲、母亲、女儿和女婿一家四口出游，但回国的只有母亲和女婿，父亲由于肺部感染合并发热在法国住院，女儿留在法国陪护。登临关员立刻对母亲和女婿再次进行流行病学调查，综合身体状况、旅行史和接触史，明确建议将上述 2 名旅客参照疑似病例处置。其他团组旅客则按照当时的联防联控机制经机坪直接转运至集中隔离点进行医学观察。1 月 29 日，法国媒体公布该家庭的父亲、女儿为法国第四例、第五例确诊病例。该家庭母亲、女婿随后也在上海医院被确诊为新冠肺炎。医学观察期间，该旅行团又有 3 名成员先后被确诊。

疫情防控期间的故事

1月28日，浦东机场海关关员对一架来自法国巴黎的航班开展登临检疫，航班上载有一个**14天内自武汉出发的旅行团**。

初步排查发现，除预报的 1 名发热旅客符合疑似病例判断标准外，其他团组旅客体温检测正常，未申报不适，"健康申明卡"填写均无异常。

但登临关员考虑到聚集性传染风险较大，经请示后决定再开展一次深入排查。很快，一条重要信息引起关员高度警觉：该团中有父亲、母亲、女儿和女婿一家四口出游，但回国的只有母亲和女婿，父亲由于肺部感染合并发热在法国住院，女儿留在法国陪护。

登临关员立刻对母亲和女婿再次进行流行病学调查，综合身体状况、旅行史和接触史，明确建议将上述2名旅客参照疑似病例处置。其他团组旅客则按照当时的联防联控机制经机坪直接转运至集中隔离点进行医学观察。

1月29日，法国媒体公布该家庭的父亲、女儿为法国第四例、第五例确诊病例。该家庭母亲、女婿随后也在上海医院被确诊为新冠肺炎。医学观察期间，该旅行团又有3名成员先后被确诊。

🎙 **周群**：从这个案例中，我们看到了关员们高度的责任感和职业敏感性，"多看一眼""多问一句"就意味着"少一层风险"。当前，境外疫情输入风险持续增大，关员们的"火眼金睛"是不是显得更加重要？

🎙 **蒋原**：是的。除了浦东国际机场外，虹桥国际机场也是上海口岸疫情防控的重要"战场"。3月10日，虹桥机场海关旅检一科得到报告，一名从美国始发经中国香港中转入境的中国籍旅客填写的电子健康卡引发警报。旅检一科关员迅速对该名旅客进行流行病学调查，经检测，体温正常，无症状。但关员分析，该旅客虽然是从纽约始发，当时纽约还未列入高风险疫区名录，且目前无症状，但经历了近24小时的密闭空间行程，辗转了大半个地球，可能在旅途中产生接触史，又要返回辽宁，还将经历长时间的旅行，一旦携带病毒将产生不可估量的后果，于是对其进行咽拭子采样。3月11日，该名旅客的新冠病毒核酸测试结果为阳性，这是虹桥机场海关查获的首例输入性病例。

境外疫情输入，关员们的"火眼金睛"

3月10日，虹桥机场海关旅检一科得到报告，一名<u>从美国始发经中国香港中转入境的中国籍旅客</u>填写的电子健康卡<u>引发警报</u>。

旅检一科关员迅速对该名旅客进行<u>流行病学调查</u>，经<u>检测，体温正常，无症状</u>。但关员分析，该旅客虽然是从纽约始发，当时纽约还未列入高风险疫区名录，且目前无症状，但经历了近24小时的密闭空间行程，辗转了大半个地球，可能在旅途中产生接触史，又要返回辽宁，还将经历长时间的旅行，一旦携带病毒将产生不可估量的后果，于是<u>对其进行咽拭子采样</u>。

3月11日，该名旅客的新冠病毒<u>核酸测试结果为阳性</u>，这是虹桥机场海关查获的<u>首例输入性病例</u>。

🎙 **周群：** 听上去还真有点儿惊心动魄。打赢疫情防控阻击战，不仅要靠一线关员的严防死守，也要依靠科学防控的有力支撑。请问上海海关在科学防控方面有哪些突出表现？

🎙 **蒋原：** 这方面，我想讲讲上海海关核酸检测团队领头人——上海国际旅行卫生保健中心副主任田桢干的故事。

田桢干是国务院特殊津贴获得者，国家重点研发计划生物安全项目负责人和海关总署科技委员，承担过 2003 年 SARS、2009 年甲流、2015 年寨卡等重大疫情防控任务。此次疫情防控期间，他不仅制订了上海海关新冠肺炎采送样和实验室检测等相关技术方案和工作指引，推动实施"新型冠状病毒快速检测方法"等 6 个研究项目立项，还联合复旦大学研发"一步法"核酸免抽提恒等温快速检测新型冠状病毒试剂盒，目前，该试剂盒已通过专家评估和第三方验证，即将在口岸现场推广应用。3 月 4 日晚，他带着检测人员成功检测出了 4 例核酸阳性样本，是上海首次检出的输入性阳性样本，后均被确诊为境外输入性病例。截至 3 月 10 日，他所率领的检测团队共检测样本 2119 份，检出阳性 5 例，后均被确诊。

🎤 **周群**：谢谢。我们刚才已经了解了北京、上海两地的情况。大家都知道，广东尤其是珠三角地区开放程度高、华侨数量多、国际交流交往频繁，广州白云国际机场作为国内三大航空枢纽之一，国际及地区航点近 90 个，年出入境旅客近 1800 万人次。广州海关副关长孟传金，能为我们介绍一下广州口岸疫情防控形势吗？

🎤 **孟传金**：广州海关辖区共有货运现场 64 个、旅检口岸 7 个，当前与海关总署已发布警示通报的境外疫情防控重点国家（地区）通航的旅检口岸主要是广州白云国际机场。目前白云国际机场每周往返日本航班 28 架次、韩国 36 架次、伊朗 4 架次、法国 4 架次、美国 14 架次、德国 12 架次，近期将有来自境外疫情防控重点国家（地区）的包机入境。广东又毗邻中国香港、澳门，还有大量旅客通过中国香港、澳门中转入境。目前广州白云国际机场每天入境旅客为 5000 人左右，入境旅客来源地、路线复杂，疫情防控压力较大。

目前白云国际机场每周往返**日本航班28架次、韩国36架次、伊朗4架次、法国4架次、美国14架次、德国12架次**，近期将有来自境外疫情防控重点国家（地区）的包机入境。

目前广州白云国际机场每天**入境旅客为5000人左右**，入境旅客来源地、路线复杂，疫情防控压力较大。

🎙 **周群：** 针对广州白云国际机场入境旅客的特点，广州海关主要有哪些针对性检疫措施？

🎙 **孟传金：** 广州海关把此次疫情防控工作作为一项极端重要的政治任务，以"守土有责、守土负责、守土尽责"的态度，第一时间落实海关总署各项"外防输入"工作部署，按照科学防控、精准施策的要求，建立口岸疫情防控全流程"责任表"，抓紧抓实抓细新冠肺炎疫情防控工作。

坚持分类施策、精准检疫。加强境外疫情风险研判，全方位收集疫情信息，准确甄别14天内来自重点防控国家（地区）旅居史的入境旅客，对重点防控国家（地区）的交通工具实施100%登临检疫。率先实行"分区分级分类"管控，实施差异化、精准化管控和分级管理。泰国、菲律宾暂时还未被列入疫情防控重点国家（地区）名录，但广州海关根据掌握的统计资料进行分析，发现很多疫情严重国家（地区）的旅客通过泰国中转，而且从菲律宾输入的感染者较多。对此，我们加强了对来自泰国、菲律宾航班的检疫，相继筛查出多个病例。

严格实施"三查、三排、一转运"。建立"专用廊桥、专区检疫"模式，重点防控国家（地区）航班入境时安排专用机位、廊桥和通道。严格执行健康申报制度，在卫生检疫专用区域对所有入境人员进行"健康申明卡"核验及体温监测，设置电子申报自助扫描设备，着力提升电子申报率。扩建流行病学调查室及医学排查室，加大采样检测力度。优化属地转运，与地方指挥部"点对点"对接，协调救护车驻场保障，切实做好确诊病例、疑似病例、密切接触者、有发热等症状旅客、无症状但有流行病学意义人员的处置。

推动完善联防联控机制。与地方指挥部、相关部门分工配合，落实口岸分级分流处置，对所有有流行病学意义的有症状人员转院处理，相关同行人在入境口岸指定地点隔离 14 天；对有密切接触史人员实施 14 天集中隔离医学观察；我们可以做到在一小时内迅速回溯核酸阳性人员的密切接触者，及时向地方指挥部共享进境人员信息、风险评估成果等，进一步健全信息共享和联合处置机制，构建起多层次、全链条、立体化的防控体系，织密织牢防控网；选派工作人员进驻关区各地指挥部、专班、卫健委、疾病预防控制中心（以下简称"疾控中心"），紧密关地合作。

广州海关主要的针对性检疫措施

广州海关把此次疫情防控工作作为一项极端重要的政治任务，以"守土有责、守土负责、守土尽责"的态度，第一时间落实海关总署各项"外防输入"工作部署，按照科学防控、精准施策的要求，建立口岸疫情防控全流程"责任表"，抓紧抓实抓细新冠肺炎疫情防控工作。

坚持分类施策、精准检疫

加强境外疫情风险研判，全方位收集疫情信息，准确甄别 14 天内来自重点防控国家（地区）旅居史的入境旅客，对重点防控国家（地区）的交通工具实施100%登临检疫。率先实行"分区分级分类"管控，实施差异化、精准化管控和分级管理。加强了对来自泰国、菲律宾航班的检疫，相继筛查出多个病例。

严格实施"三查、三排、一转运"

建立"专用廊桥、专区检疫"模式，重点防控国家（地区）航班入境时安排专用机位、廊桥和通道。**严格执行健康申报制度**，在卫生检疫专用区域对所有入境人员进行"**健康申明卡**"**核验及体温监测**，设置电子申报自助扫描设备，着力提升电子申报率。扩建流行病学调查室及医学排查室，**加大采样检测力度**。优化属地转运，与地方指挥部**"点对点"对接**，协调救护车驻场保障，切实做好确诊病例、疑似病例、密切接触者、有发热等症状旅客、无症状但有流行病学意义人员的处置。

推动完善联防联控机制

与地方指挥部、相关部门分工配合，落实口岸分级分流处置，对所有流行病学意义的有症状人员转院处理，相关同行人在入境口岸指定地点隔离14天；对有密切接触史人员实施14天集中隔离医学观察；我们可以做到在一小时内迅速回溯核酸阳性人员的密切接触者，及时向地方指挥部共享进境人员信息、风险评估成果等，进一步健全信息共享和联合处置机制，构建起多层次、全链条、立体化的防控体系，织密织牢防控网；选派工作人员进驻关区各地指挥部、专班、卫健委、疾病预防控制中心（以下简称"疾控中心"），紧密关地合作。

🎤 **周群**：您刚才提到广州白云国际机场空港口岸率先实行"分区分级分类"卫生检疫新模式。这项举措在全国海关当时可以说是先行先试吧？

🎤 **孟传金**：是的。我们的"分区管控"将海关工作区分为五大区域，以航站楼医学排查室、采样室等"高风险区"为中心向外辐射，"中高风险区"主要包括初步排查区，"中低风险区"主要包括健康申报区域和测温通道，"低风险区"主要包括其他海关监管区，"极低风险区"则主要包括行政办公区。"分级管理"强调不同风险区域的对应等级防护和与专业资质紧密挂钩的门禁管理。非卫生检疫专业资质人员严禁进入"高风险区"对有症状待排查的人员开展医学排查、采集咽拭子样品等工作。人员和物品从"低风险区"向"高风险区"流动也有明确的防护要求和流转路线，严格消毒处置流程。"分类处置"注重运用风险分析，将海关监管资源向重点监管对象倾斜，提升精准检疫效能。综合运用智慧卫生检疫、风险控制等系统，对确诊病例、疑似病例、密切接触者、其他有症状患者等不同染疫风险的出入境人员进行甄别。发挥空中健康异常申报、部门联防联控机制，对高风险旅客实施登临检疫和负压排查室医学排查，避免口岸疫情传播。针对不同区域的废弃物，严格做好场所消毒和垃圾处置，全力织密口岸疫情防线。

🎙 **周群**：网上一些入境旅客说看到海关卫检人员检疫排查工作量很大、也很辛苦，护目镜因为出汗都模糊了，关员的手长时间戴着手套发白起皱。可否介绍一下现场采样工作的情况？

🎙 **孟传金**：我们与地方相关部门反复沟通协调，发挥双方各自优势，创立疫情防控"一线海关精准检疫，后续政府兜底跟进"的联防联控模式，会同口岸所在地指挥部建立合作机制，明确分工、相互配合，对所有防控对象均稳妥高效地实施核酸检测，做到"全覆盖"。为了提升现场检疫效率，我们 T1、T2 两个航站楼的流调和采样工位共增加至 71 个，在配置海关专业检疫人员的基础上，广东省有 300 名医护人员支援海关旅检一线。在提高采样效率的同时，我们实验室送检发车频率加快到一小时发车一次，确保尽快获得核酸检测结果，为下一步处置提供依据。

现场采样工作的情况

与地方相关部门反复沟通协调，发挥双方各自优势，创立疫情防控"一线海关精准检疫，后续政府兜底跟进"的联防联控模式，会同口岸所在地指挥部建立合作机制，明确分工、相互配合，对所有防控对象均稳妥高效地实施核酸检测，做到"全覆盖"。

为了提升现场检疫效率，设置专用"检疫等待区"，扩建"临时检疫采样区"，提升流行病学调查及样本采集工作效率。T1、T2两个航站楼的流调和采样工位共增加至71个，在配置海关专业检疫人员的基础上，广东省有300名医护人员支援海关旅检一线。

在提高采样效率的同时，实验室送检发车频率加快到一小时发车一次，确保尽快获得核酸检测结果，为下一步处置提供依据。

🎙 **周群**：我留意到此前关于广州海关技术中心生物安全三级实验室（P3实验室）的一些报道，广州海关的实验室技术力量很强，您能详细介绍一下吗？

🎙 **孟传金**：广州海关充分配置资源，自主研发新冠病毒荧光 RT－PCR 检测方法并应用于口岸检测，推进口岸新冠病毒快速检测方法验证，对初筛疑似阳性的样本使用多种试剂交叉检测复核。目前通过组织本关4个实验室、协调地方疾控中心等单位及委托第三方检测机构等方式，每天可检测样本4万个以上。值得一提的是，我关生物安全三级实验室（P3实验室）是全国海关系统唯一成熟运行的生物安全三级实验室，也是广东省内第一个获批开展新型冠状病毒相关实验活动资质且目前唯一能开展动物感染实验的实验室。

🎙 **周群**：据我了解，目前广州白云国际机场入境旅客呈增长态势，近几日每天增长率在10％左右，广州海关在加强口岸检疫的同时，如何保证通关顺畅？

🎙 **孟传金**：广州海关注重加强联防联控，与广东省、广州市建立起多层次、多途径、多渠道的关地联防联控机制。以白云机场口岸为例，我们在口岸现场成立了"1＋9"现场指挥部，由海关、口岸、机场、边检以及铁路运输部门等参与，确保 24 小时有专员驻场、专车接送。从 3 月 17 日开始，根据旅客目的地不同，白云国际机场进境旅客实施"红色、黄色、橙色、绿色"四色标签管理，进一步优化旅客分流效率。我们进一步优化作业流程，在加大信息化技术应用上下功夫，在机场国际到达大厅搭建 126 个 AR 人脸识别摄像头，叠加 AI 技术对重点旅客实现"无死角视频捕捉、智能跟踪管控"，预警信息自动推送到关员的手腕平板、智能眼镜等智能穿戴设备，确保精准拦截处置。进出境旅客在飞行途中，机组人员就提前为旅客派发"健康申明卡"，提醒旅客尽量使用"海关旅客指尖服务"微信小程序提前进行健康申报。在保证防控效果的同时，旅客通关比较顺畅，目前入境旅客疏散时间平均在 3～4 小时。

加强口岸检疫并保证通关顺畅

广州海关注重加强联防联控，与广东省、广州市建立起多层次、多途径、多渠道的关地联防联控机制。以白云机场口岸为例，我们在口岸现场成立了"1＋9"现场指挥部，由海关、口岸、机场、边检以及铁路运输部门等参与，确保24小时有专员驻场、专车接送。

从3月17日开始，根据旅客目的地不同，白云国际机场进境旅客实施"红色、黄色、橙色、绿色"四色标签管理，进一步优化旅客分流效率。

3月23日起，标签分类简化为红标、黄标。黄标为在机场内直接中转旅客，在海关进行完流行病学调查和核酸检测采样后，由机场工作人员直接带至指定的中转区域候机。红标为需要离开机场的其他入境旅客，集中引领至旅客集散区进行快速分流转运。

进一步优化作业流程，在加大信息化技术应用上下功夫，在机场国际到达大厅搭建126个AR人脸识别摄像头，叠加AI技术对重点旅客实现"无死角视频捕捉、智能跟踪管控"，预警信息自动推送到关员的手腕平板、智能眼镜等智能穿戴设备，确保精准拦截处置。进出境旅客在飞行途中，机组人员就提前为旅客派发"健康申明卡"，提醒旅客尽量使用"海关旅客指尖服务"微信小程序提前进行健康申报。在保证防控效果的同时，旅客通关比较顺畅，目前入境旅客疏散时间平均在3～4小时。

🎙 **周群**：我在《人民日报》《广州日报》等媒体客户端上看到反映广州海关一线关员的"丑照"，关员们在岗位坚守一天后脱下防护服、摘下口罩，脸上留下了深深的口罩、护目镜勒痕，非常震动。"丑照"不丑，"丑照"最美，从这些"战"痕中，我看到一线关员的坚守和奉献，十分感动。

🎙 **孟传金**：是的，海关关员可以说是日夜坚守口岸一线。疫情发生伊始，广州海关党委发出支援一线的号令，全体干部职工积极响应，许多同志主动请缨要求去一线，有将妻儿留在老家独自赶回广州的人，有50多岁参加过防控非典、埃博拉、中东综合呼吸征疫情的"抗疫老兵"，也有年仅22岁的海关新生力量，他们都是坚守国门、保护老百姓生命健康安全的卫士。广州白云国际机场海关副关长杨杰吃住在单位，爱人心脏病发作住院了她才知道。我们支援机场一线干部朱军的妻子是重症医学科医生，作为抗击疫情医疗队的一员支援武汉，他本人则毅然支援白云机场海关旅检一线，医院和海关都是"战场"，一对夫妻并肩战斗。我们很多可亲可敬的海关关员，他们是新时代最可爱的海关人。目前，我关继续集中力量加强口岸一线人员配备，在前期统筹调配725人的基础上，再次调配113名关员支援一线。

🎙 **周群**：这些关员的故事让人动容。能和我们说一下组织对他们的激励关爱吗？

🎙 **孟传金**：广州海关全面落实海关总署党委印发的《进一步激励关爱疫

情防控一线党员干部职工担当作为的十一条措施》要求，关心关爱激励全身心投入疫情防控工作一线的干部职工。第一时间启动疫情防控奖励，做到"应奖尽奖、按绩施奖"，树立一线导向，目前组织各隶属海关单位报送各类奖励，涉及集体 61 个、个人 617 人次。及时发放疫情防控人员临时性工作补助，建立疫情防控专项基金，向坚守疫情防控一线的干部职工及有直系亲属前往湖北参加疫情防控工作的关员发放慰问金，"一对一"征集支援干部职工意见建议，专人定期跟踪、了解其工作生活困难，积极协调解决。

周群：谢谢各位参加访谈的嘉宾。相信通过本期访谈，大家都感受到了海关人在抗击疫情防输入方面的措施和感人故事。好的，现在已经有不少网友提问。接下来的时间，我们留给网友，看看他们都有些什么问题。

网友提问摘录

⊕ **网友**：我是一名留学生，现在在加拿大，由于学校停课了，我准备回国。如果我乘航班到达浦东国际机场，是否会被隔离？

🎤 **蒋原**：根据上海市疫情防控工作领导小组新闻发布会信息，为进一步防控境外疫情输入风险，从 3 月 20 日零点起，所有中外人员，凡在进入上海之日前 14 天内，有过加拿大等 24 个国家（地区）旅行或居住史的，一律实施居家或集中隔离健康观察，一律隔离 14 天。同时，上海将根据全球疫情发展趋势，及时动态调整疫情防控重点国家和地区名录。相关信息，请关注"上海发布"微信公众号。

⊕ **网友**：我的孩子过几天要从英国回沪，如果机上有确诊病例患者，那是怎样安排隔离？是整架飞机上的人员都要隔离还是机场的防疫部门来安排？

🎤 **蒋原**：根据上海市疫情防控工作领导小组新闻发布会信息，为进一步防控境外疫情输入风险，所有中外人员，凡在进入上海之日前 14 天内，有过英国等 24 个国家（地区）旅行或居住史的，一律实施居家或集中隔离健康观察，一律隔离 14 天。同时，上海将根据全球疫情发展趋势，及时动态调整疫情防控重点国家和地区名录。因现场具体情况较为复杂，现场隔离措施实施，将由专业人员根据现场因素综合判定。

⊕ **网友**：为了保障口岸安全，上海海关是不是可以对所有自上海口岸入境的人员进行隔离观察？

🎤 **蒋原**：上海海关严格落实海关总署、上海市委市政府关于严防境外疫情输入的各项部署要求，不断强化口岸与地方联防联控。入境旅客需要进行隔离观察的人员范围，请向上海市相关部门咨询了解。

⊕ **网友**：在上海被隔离观察的话，隔离费用需要自负吗？费用标准是多少？

🎤 **蒋原**：根据微信公众号"上海发布"消息：集中隔离的重点国家（地区）入境人员需自理住宿费和餐费。口岸入境后相关管理问题等建议咨询 12345。

🌐 **网友**：疫情防控情况下，机场的通关速度非常慢，经常要等好几个小时，海关可以加快通关速度吗？

🎤 **蒋原**：由于近期新冠肺炎疫情防控原因，现场需对每位入境人员核验"健康申明卡"、测温，开展流行病学调查等，上述工作需要一定时间，给您带来的不便敬请谅解。为了您和家人的健康，希望您对海关工作予以理解和配合。

🌐 **网友**：现在在机场入境时要测温、调查什么的，人员比较密集，会不会有感染的风险？

🎤 **蒋原**：上海海关正不断优化检疫流程，调整通道空间布局，合理调控入境人员等候排队间距，努力实现在相对独立空间实施通道测温、"健康申明卡"审核。同时，增加流行病学调查柜台数量，在确保安全的前提下，尽可能加快入境通关速度。

🌐 **网友**：上海海关如何判定有症状者、密切接触者及其他患者类别？

🎤 **蒋原**：上海海关将依据海关总署相关技术文件，结合入境人员的体温监测情况、个人申报情况、流行病学调查情况等对旅客进行综合判定。

🌐 **网友**：目前，每天从上海口岸入境的旅客大概有多少？

🎤 **蒋原**：根据上海市疫情防控工作领导小组部署，从 3 月 20 日零点起，本市疫情防控重点国家（地区）由 16 个调整为 24 个。当日，上海海关共监管入境人员 11298 人，其中有重点国家（地区）旅居史的入境人员共计 7544 人，占入境人员总数的 67%。

🌐 **网友**：出入境旅客在填制"健康申明卡"时，有哪些注意事项呢？

🎙 **蒋原**：填报"健康申明卡"的注意事项：应使用中文或英文填写，如需使用其他语种需征得现场海关关员同意；填报时应确保填报信息真实、完整，字迹清晰易辨认；"国名""地名""职业"等栏目，应使用规范的通用名称；"出/入境口岸"应填写起始或目的地口岸名称；"出入境目的地"应填写出入境后最终到达的城市名称；"境内外有效手机号或其他联系方式"应填写能在中国境内及时联系到申明人本人的手机、座机号码，最好能填多个可联系方式；"其他境内有效联系人及联系方式"应填写出入境人员的亲属、朋友、同事及其他联系人等有效手机或座机号码，以确保在中国境内能及时联系到申明人本人。

"此后 14 日内的住址"入境旅客应填写自入境后 14 日内的详细居住地址，地址应具体到街道、社区及门牌号或宾馆地址，如停留多地，应逐一列明；"过去 14 日内的旅行史和居住史"中境内部分应填写国内省（自治区、直辖市）以及具体地级市，境外部分应填写国家或地区及具体城市，如 14 日内旅居多地，应按照时间顺序逐一填写完整。"过去 14 日内的接触史"应逐项勾选"是"或"否"，不可有空选或两者同时选择的情况。

🌐 **网友**：在网上填报"健康申明卡"的有效时间是多少？

🎙 **蒋原**：出入境旅客可在获取航班信息、座位号等需填报信息后，提前 24 小时完成电子申明卡填报。旅客在网上递交申明后的 24 小时内在出入境现场向海关提供申报码，即可进行申报。

🌐 **网友**：如果在飞机上发现发烧的旅客，上海海关会如何处置？

🎙 **蒋原**：上海海关对重点国家（地区）的航班严格实施 100% 登临检疫，对登临检疫、体温监测等环节查发的有发热等症状的入境人员，同步开展医学排查，并立即安排通过 120 车辆转运至指定医疗机构。

🌐 **网友**：我在网上看到有消息称，全国的国际航班将全部由上海入境，情况属实吗？

🎤 **蒋原**：航班调整不属于海关职责范围，建议向其他相关部门咨询。

🌐 **网友**：我在电视上看到海关现在的防控任务很重，现场关员工作很辛苦，向你们致敬！目前，有多少上海海关的关员奋战在机场防疫一线？

🎤 **蒋原**：为严格落实海关总署、上海市委市政府关于严防境外疫情输入的各项部署要求，进一步强化口岸与地方联防联控，上海海关对空港口岸所有入境人员实行全面集中管控、封闭管理。截至 3 月 24 日，上海海关已从全关范围紧急调配关员支援空港一线。由原编制在岗的 500 人增加到了 1339 人，24 小时不间断运作，全面强化口岸现场的检疫力量。同时，上海海关还根据境外疫情形势变化和上海口岸疫情防控需要，着力做好后续增援人员储备与调配工作，视防控需要，随时调配到岗。

🌐 **网友**：上海海关如何调配人力资源，确保对所有的对非重点国家（地区）航班的入境人员实施 100% 流行病学调查？

🎤 **蒋原**：上海海关目前在浦东国际机场设置了流行病学调查柜台 160 个，流行病学调查人员 327 人，医学排查人员 67 人，采样及检测人员 24 人，其他岗位辅助人员 428 人，实现流行病学调查 100% 全覆盖。

🌐 **网友**：目前，上海已经查发了多少例境外疫情输入病例？

🎤 **蒋原**：根据上海市卫健委通报，截至 3 月 23 日 24 时，累计报告境外输入性确诊病例 75 例，现有 20 例境外输入性疑似病例正在排查中。

🌐 **网友**：考虑到目前国外新冠肺炎疫情蔓延情况，许多留学生都想回国，请问回国过程中要注意什么？广州海关对此有什么建议？

🎤 **孟传金**：为了自己和他人的生命健康，回国旅程中要注意戴好口罩，与他人保持距离，避免聚集，注意卫生，严格做好个人防护，同时要注意了解出发地最新疫情情况和最新采取的措施，遵守当地实施的规章、制度，动态跟踪航班运行情况以及中转国转机过境的规定和做法，避免因无法过境造成损失，还要考虑到自己的健康状况是不是可以支持长途旅行等。由于存在交叉感染风险等因素，应谨慎考虑长途旅行，如已有疑似症状，不要进行长途旅行，避免增加疫情扩散风险。

🌐 **网友**：疫情防控期间，广州海关对旅客在出入境时有哪些要求？

🎤 **孟传金**：出入境人员必须向海关进行健康申报，并配合做好体温监测、医学巡查、医学排查等卫生检疫工作。

🌐 **网友**：经常在媒体上看到健康申报，健康申报就是口头申报健康情况吗？

🎤 **孟传金**：不是。是出入境人员填写"健康申明卡"进行健康申报。

🌐 **网友**："健康申明卡"是出入境时由广州海关人员发放，然后书面填写的吗？

🎤 **孟传金**：出入境人员可通过"海关旅客指尖服务"微信小程序线上申报或填写纸质"健康申明卡"现场申报。为便于快速通关，建议选择"海关旅客指尖服务"微信小程序线上申报。线上申报可入境前 24 小时内进行。

🌐 **网友**：不如实申报健康情况，会承担法律责任吗？

🎤 **孟传金**：最高人民法院、最高人民检察院、公安部、司法部、海关总署 3 月联合发布《关于进一步加强国境卫生检疫工作 依法惩治妨害国境卫生检疫违法犯罪的意见》，不如实申报将承担法律责任。

🌐 **网友**：对于妨害国境卫生检疫，还有哪些情形要承担法律责任？

🎤 **孟传金**：最高人民法院、最高人民检察院、公安部、司法部、海关总署 3 月联合发布《关于进一步加强国境卫生检疫工作 依法惩治妨害国境卫生检疫违法犯罪的意见》，实施妨害国境卫生检疫行为，如果引起鼠疫、霍乱、黄热病以及新冠肺炎等国务院确定和公布的其他检疫传染病传播或者有传播严重危险的，将依照《刑法》第三百三十二条规定，以"妨害国境卫生检疫罪"定罪处罚。

妨害国境卫生检疫行为包括：检疫传染病"染疫人"或者"染疫嫌疑人"拒绝执行海关依照《国境卫生检疫法》等法律法规提出的健康申报、体温监测、医学巡查、流行病学调查、医学排查、采样等卫生检疫措施，或者隔离、留验、就地诊验、转诊等卫生处理措施的；检疫传染病"染疫人"或者"染疫嫌疑人"采取不如实填报"健康申明卡"等方式隐瞒疫情，或者伪造、涂改检疫单、证等方式伪造情节的；出入境交通工具上发现有检疫传染病"染疫人"或者"染疫嫌疑人"，交通工具负责人拒绝接受卫生检疫或者拒不接受卫生处理等。

🌐 **网友**：在国外坐飞机回国途中，如果有咳嗽、发热的症状怎么办？

🎙 **孟传金**：入境人员若在交通工具运行途中发生发热、咳嗽、呼吸困难等不适症状，要及时告知交通工具乘务人员，交通工具负责人应向旅客提供个人防护用品，并及时向入境口岸海关报告。

🌐 **网友**：新版的"健康申明卡"有什么变化？

🎙 **孟传金**：为了防控疫情跨境传播，根据口岸疫情防控形势和相关判定标准变化，海关总署印发了第五版"健康申明卡"，并于 2020 年 3 月 17 日正式启用。第五版"健康申明卡"增加"因公来华或归国邀请方、接待方"；申报的症状具体要求为"过去 14 日内或出/入境时"，同时增加了寒战、鼻塞、流涕、呕吐、腹痛等 10 个症状申报；服药时间由"过去 72 小时内"改为"过去 14 日内"，并增加了"是否服用止咳药"；病毒检测结果由"阳性、阴性、结果未知"三个选项改为"是否为阳性"一个选项。

🌐 **网友**：填报"健康申明卡"要注意些什么？

🎤 **孟传金**：为确保"健康申明卡"信息准确，请广大出入境人员多花几分钟耐心填写：一是字迹要求工整，不可草率填写。二是信息要求完整，每一项都必须仔细填写，尤其是居住地址，要求具体到街道、门牌号或宾馆地址。如果没有境内手机号，请填写境内亲友联系方式。三是内容要求真实，如实申报是应尽的法律义务。

🌐 **网友**：填报"健康申明卡"，广州海关还有什么需要提醒的吗？

🎤 **孟传金**：海关提醒，根据日前最高人民法院、最高人民检察院、公安部、司法部、海关总署联合发布的《关于进一步加强国境卫生检疫工作依法惩治妨害国境卫生检疫违法犯罪的意见》，除强调进一步加强国境卫生检疫行政执法工作外，还明确了《刑法》第三百三十二条规定的"妨害国境卫生检疫罪"有关法律适用问题，其中就包括，检疫传染病"染疫人"或者"染疫嫌疑人"采取不如实填报"健康申明卡"等方式隐瞒疫情，或者伪造、涂改检疫单、证等方式伪造情节等。为了自己和他人的健康，请认真、如实地填写"健康申明卡"。真实准确的健康申明信息将有助于海关及时了解您的健康状况，采取科学有效措施，控制疫情跨境传播。

🌐 **网友**：入境广州要隔离观察吗？

🎤 **孟传金**：随着疫情形势变化，广州市升级入境防控措施。自 3 月 21 日零时起将入境人员健康管理服务对象扩大为三类：从外国经广州口岸入境的旅客；从中国港澳台地区经广州口岸入境且入境前 14 天内有国外旅居史的旅客；从中国内地其他城市口岸入境来广州且入境前 14 天内有国外旅居史的旅客。目前，广州对境外疫情输入的防控措施已实现全覆盖，对上述旅客提供专车接送全覆盖、免费核酸检测全覆盖、14 天隔离观察全覆盖（居家或集中隔离医学观察）。

🌐 **网友**：如果我有亲戚要从白云国际机场入境，请问机场通关快吗？

🎤 **孟传金**：为了使旅客有序快速分流，尽量减少在机场滞留时间，广州积极采取措施，便利旅客通关，优化转运流程。整合航班保障资源。各部门协调配合，按照入境旅客情况动态调整白云机场 T1、T2 航站楼的海关监管和检验检疫力量，及时将旅客分流至人数较少的航站楼，避免旅客滞留。加密转运车辆班次。目的地为广州以及省外的旅客，由广州市统一安排转运车辆，24 小时不间断穿梭运行，每小时或每满 20 人发车，目前已经在多个时段实现即来即走。省外的中转旅客分散到各区，安置在指定中转酒店，核酸检测为阴性后由目的地接返或由广州专人专车送至离开广州的交通工具上。目的地为省内外市的旅客，由各地市在白云国际机场 24 小时驻点，每天接返。

🌐 **网友**：咽拭子采集是怎么做的？会感觉特别难受吗？

🎤 **孟传金**：鼻咽拭子和口咽拭子取样的路径不一样，经口取样是口咽拭子，经鼻取样为鼻咽拭子。

鼻咽拭子的采集开始后，医护人员折弯拭子在鼻咽黏膜上捻转并停留 10~15 秒，最后取出。其间，被检测人员会感到较强烈的酸痛感。口咽拭子的采集，通过一根长长的棉签与上颚平行伸入咽喉部，轻轻拭擦，停留 5 秒吸附分泌物，被检测人员会短时间感觉到咽部不适。

🌐 **网友**：核酸检测收取费用吗？

🎤 **孟传金**：所有入境人员核酸检测免费。

🌐 **网友**：入境人员隔离、医疗，需要交费吗？

🎤 **孟传金**：所有集中隔离观察人员 14 天的隔离期食宿费用自理。医疗费用方面，参加了医疗保险或者购买商业保险的人员，按照有关规定，治疗期间可以申请报销或理赔；没有参加医疗保险或购买商业保险的人员，治疗期间医疗费用由本人承担。考虑到特殊情况，确实有困难的，经过本人申请，有关部门谨慎认定，根据相关规定可以给予医疗救助。

🌐　**网友**：哪些属于疫情严重国家（地区）？听说有 25 个国家（地区）被列入疫情防控重点国家（地区）名录。

🎙　**孟传金**：该名录根据国际疫情形势变化一直在动态调整，广东地区的该名录可关注由广东省人民政府新闻办公室负责管理的微信公众号"广东发布"，留意最新推送。

🌐　**网友**：入境检疫时，广州白云国际机场的排队通道有无区分疫情严重国家（地区）和非疫情严重国家（地区）？

🎙　**孟传金**：按照不同航班到达时间，分别停靠不同廊桥，广州海关对来自部分疫情严重国家（地区）的国际航班指定专用廊桥、通道进行检疫。广州白云国际机场会在旅客到达后，针对不同旅客实际情况分贴不同颜色贴纸的方式进行分流，详情可关注"广东发布"微信公众号的相关内容。

🌐　**网友**：我是广州市民，我比较关心在机场以及在集中隔离点如果发现有入境旅客出现了感染症状，是就地治疗还是遣送其回来源地？在机场和在集中隔离点发现的有感染症状的旅客，对他们是否会采取不同的措施？

🎙　**孟传金**：海关依据《国境卫生检疫法》，在口岸发现有症状的人员，海关将严格采取"三查、三排、一转运"的卫生检疫措施，在完成必要的卫生检疫工作后，对其做好个人防护的前提下，海关按照属地联防联控工作机制，及时移交地方进行后续转院、隔离等处置。具体后续处置信息可以拨打 12345 广州市政府服务热线了解。

🌐　**网友**：有些入境人员在入境前已经有了症状或者已经被确诊了，但是他们在旅程中隐瞒了自己的病情，对机组人员以及同行乘客造成了一定的感染风险。对于这类人有什么处罚措施？如果可以定罪入刑的话，量刑的尺度有多大？

🎙　**孟传金**：2020 年 3 月，海关总署快速联合最高人民法院、最高人民检察院、公安部、司法部一起出台了《关于进一步加强国境卫生检疫工

作 依法惩治妨害国境卫生检疫违法犯罪的意见》，检疫传染病"染疫人"或者"染疫嫌疑人"采取不如实填报"健康申明卡"等方式隐瞒疫情，或者伪造、涂改检疫单、证等方式伪造情节的，以"妨害国境卫生检疫罪"定罪处罚，处三年以下有期徒刑或者拘役，并处或者单处罚金。

🌐 **网友**：广州白云机场日均进境旅客大概有多少？是否能做到全部核酸检测？

🎤 **孟传金**：广州白云机场日均进境旅客大概有 3000～5000 人，广州海关联合地方联防联控机制，已实施入境入粤人员 100% 核酸检测。

🌐 **网友**：我想问一下广州海关，现在疫情严重，我网上海淘的邮包进境安全吗？

🎤 **孟传金**：我们在进出境邮递物品监管领域全面推行"邮路分类""场所分区""防护分级"的疫情防控新举措。"邮路分类"指根据邮件来源地的疫情轻重程度和管控情况实施精准管控。海关按照"高、中、低"风险邮路，根据分类采取不同消毒措施，邮件"先消毒后进场"，特别对"高风险邮路"邮件采取专区留置消毒、采样送检等方式，最大限度降低邮件在转运过程中受污染的可能。

"场所分区"则根据与邮件接触程度、病原微生物感染风险，将海关监管现场分为"高风险红色区域""中风险黄色区域""低风险绿色区域"。不同等级区域之间设置缓冲区，配置防护用品，实行正向畅通流动、逆向严格消毒的场所分区管理，减少病原微生物扩散风险。

"防护分级"根据岗位接触染疫风险情况将现场作业人员分级管理，设置"一、二、三"级个人防护等级，明确不同岗位施行不同等级的防护装备和装备使用规则，最大限度保障人员防护安全。

通过以上措施守护千家万户的安全，也为邮政企业复工复产解除了后顾之忧。

🌐 **网友**：有很多医护工作者也支援海关旅检一线，参与了口岸疫情防控工作，他们的情况如何？

🎙 **孟传金**：广东省有 300 多名医护人员支援海关旅检一线。他们和海关人并肩战斗，为我们打赢这场口岸疫情防控战提供有力的支持。

🌐 **网友**：据说现在好多外国人来中国，想知道你们能做有效沟通吗？能问清楚他们来中国前的行踪吗？

🎙 **孟传金**：我们在卫生检疫的岗位上安排了具有外语特长的关员，基本的交流沟通是没有问题的。此外，协调相关部门选派 20 名广东外语外贸大学的外语志愿者到机场支援，目前意大利语、日语、韩语、波斯语、俄语等方面的翻译人员都已具备。

🌐 **网友**：出境应怎样进行健康申报？

🎙 **孟传金**：可通过"海关旅客指尖服务"微信小程序线上申报或填写纸质"健康申明卡"现场申报。

🌐 **网友**：我有亲戚要从国外回来，听说在白云机场需要排队，担心排队过程中不安全，怎么做好防护呢？

🎙 **孟传金**：广州联防联控部门积极采取措施，便利旅客通关，优化转运流程。各部门协调配合，按照入境旅客情况动态调整白云机场 T1、T2 航站楼的海关监管和检验检疫力量，及时将旅客分流至人数较少的航站楼，避免旅客滞留。目前航班的保障时间（机上等待流调采样时间）已经缩短至 127 分钟，最短仅耗时 31 分钟。

🌐 **网友**：疫情输入的压力那么大，2020 年的广交会还会如期召开吗？

🎙 **孟传金**：3 月 23 日下午，在广东省政府新闻办召开的发布会上，省商务厅表示，考虑目前全球疫情发展态势，第 127 届春季广交会确定不会在 4 月 15 日如期举办，具体的情况会综合评估疫情形势，积极向国家有关部门提出建议。

🌐 **网友**：我想知道怎么能准确、快速地获取最新的出入境方面的防疫措施？

🎤 **孟传金**：广东地区可关注由广东省人民政府新闻办公室负责管理的微信公众号"广东发布"，留意最新推送。

🌐 **网友**：北京海关在高风险航班抵达机场前是如何提前准备的？

🎤 **高瑞峰**：在准备工作环节，北京海关根据航空公司申报的信息，能够提前掌握旅客舱单数据，获取旅客人员身份、座位号等详细信息，确定重点旅客。提前将救护车停至指定位置，通知消毒人员在飞机下待命。登临检疫的关员按照海关总署要求，实施相应的个人防护。

🌐 **网友**：北京海关在开展现场登临检疫工作时，分为哪些步骤？

🎤 **高瑞峰**：航班停靠在指定机位后，关员会在机舱门口与机组做好对接工作，收验该航班的总申报单，向机组询问机舱旅客情况。在舱门口逐一对重点旅客进行测温，开展初步排查。关员将重点旅客带到航站楼卫检现场做进一步排查，其他旅客按照正常流程下机前往旅检现场。随后对重点旅客途经区域进行消毒处理。

🌐 **网友**：在进入 T3－D 专区的卫检现场后，北京海关对重点旅客会进行哪些检查？

🎤 **高瑞峰**：北京海关会对重点旅客进行排查，收取"健康申明卡"，进行体温复测、流行病学调查、医学排查，视情采样。采样后，将重点旅客视排查结果转运至指定医疗机构或者移交有关单位。

🌐 **网友**：北京海关对非重点旅客会采取什么卫检措施？

🎤 **高瑞峰**：非重点旅客进入旅检现场后会经过两道红外测温，北京海关收验"健康申明卡"并核查无异常后准予办理入境通关手续。

🌐 **网友**：除了对旅客进行卫生检疫以外，北京海关还会开展哪些卫生处理工作？

🎙 **高瑞峰**：针对入境旅客的处置工作结束后，北京海关会严格按照消杀作业要求，对防护服、防护用具等进行消毒，医疗垃圾按照规定要求规范处置。航班排查结束后，下达"检疫处理通知单"，要求对该航空器进行消毒处理。

🌐 **网友**："健康申明卡"能帮助海关及时了解旅客健康状况，采取科学有效的口岸防控措施？

🎙 **高瑞峰**：海关工作人员通过"健康申明卡"填报内容，结合体温检测，判定是否需要进行流行病学调查和医学排查。如3月6日入境的确诊病例李某，仅有咳痰症状，但申报有疫情严重国家意大利旅行史，现场关员根据其"健康申明卡"填报内容，对其进行了细致的排查、采样后转运至指定医院，目前已经确诊。

🌐 **网友**："健康申明卡"有助于对重点人员的追踪溯源？

🎙 **高瑞峰**：旅客入境后海关会将旅客的"健康申明卡"及时传至地方卫生健康部门，并建立信息通报机制。地方卫生健康部门根据"健康申明卡"信息，及时采取相关医学措施。

🌐 **网友**：如果发现正在通关的旅客有发热或染病症状，海关会采取什么样的措施？

🎙 **高瑞峰**：除按照海关总署的要求，对所有出入境人员严格实施"三查、三排、一转运"的检疫措施以外，如果在健康申报、体温监测、医学巡查中发现有症状人员，现场关员将立即给予医用防护口罩和一次性乳胶手套，并指导其规范佩戴，引导至口岸医学排查室实施进一步排查。在开展体温复测、流行病学调查和医学检查后，对具有疫情流行区旅行史、病例接触史等流行病学史的人员，还将进行现场咽拭子或血样的采集，根据怀疑传染病的种类进行现场快速检测或送国际旅行卫生保健中心实验室检测。对排查无法排除传染病感染嫌疑的，将通过 120 急救车转送指定医院进一步诊治。

⊕ **网友**：目前大兴机场国际航班已全部转至首都机场，T3 – D 专区需要承接所有的国际及中国港澳台地区进港航班，进境人流随之增多，海关如何有效应对口岸检疫压力？

🎙 **高瑞峰**：北京海关在 T3 – D 专区东西两侧分别设置了卫生检疫工作区域，均配备有双通道可同时进行"两次测温"，设置流行病学调查与医学排查区域，实现入境旅客的有效分流和及时处置。同时将检疫关口前置到航班到达前，通过加强风险分析与信息共享，提前掌握风险航班信息，第一时间获知风险旅客姓名、座位等详细信息，对风险航班实施 100% 登临检疫，确保分类施策、精准到位。目前，北京海关已在 T3 – D 专区卫生检疫现场投入人力 700 余人，配置 16 套红外测温设备、11 台负压隔离舱。

⊕ **网友**：机场海关对于航站楼的卫生监督有哪些措施？

🎙 **高瑞峰**：自疫情防控工作开始以来，首都机场海关按照海关总署《新型冠状病毒肺炎口岸防控技术方案》和相关国家卫生标准，有针对性地进行一氧化碳、二氧化碳、可吸入颗粒物等项目监测，在 3 座航站楼内设置了空气质量监测点位，督促机场相关单位加强公共区域的清洗消毒，严格执行疫情航班固、液体废弃物的无害化处理。

北京大兴国际机场海关依托布放在航站楼内的空气质量与微小气候实时监测系统，对航站楼主体以及人员密集场所实施 24 小时不间断的连续监测，确保航站楼主体及各人员密集场所空气质量与微小气候符合国家强制标准要求。该关从传播途径入手，切实避免新冠肺炎以及其他冬春交替季节多发、易发的呼吸道传播疾病，经由空调系统进行播散，有力维护口岸地区公共卫生安全。

🌐 **网友**：北京海关是如何对航班进行风险评估的？

🎙 **高瑞峰**：北京海关紧密关注疫情动态，强化与交通工具运营方的沟通协调，综合运用地方政府、口岸联检部门、机场当局等信息数据资源，根据国内外疫情发展态势及人员、交通工具流动等特点，动态开展风险评估，做到"精准检疫、科学防控"。根据疫情发展，由最初的"以防输出为重点"逐渐转移到"以外防输入为重点，内防输出不放松"的防控模式，指导首都机场海关、北京大兴国际机场海关及时调整工作重点，确保防控严密到位。

🌐 **网友**：疫情期间，北京海关是如何保障境外邮件快速通关的？

🎙 **高瑞峰**：因受疫情影响，大量至北京的国际航班停航减班，空运运能下降，造成大批防疫物资类邮件无法按航空邮路运抵北京。为了解决境外空运邮路受阻问题，尽快将防疫物资和生产生活用品送达我国居民手中，北京邮局海关根据海关总署下达的疫情期间临时邮路监管工作要求，主动与郑州海关、威海海关、福州海关及邮政企业协商配合，用包机、货机代运、海运等方式临时改变原邮路，开辟中英、中韩、中国大陆与中国台湾地区三条联运邮路新通道，构建疫情防控物资通关"应急通道"，以最快速度完成对境外积压邮件的清理和验放。

除此之外，北京邮局海关在转关手续、监管方案方面与当地海关进行密切沟通，确保监管到位、运作高效。每批转关邮件运抵前，均详细了解该批邮件的总体数量、商品构成等相关信息，并提前做好国际邮件互换局接收转关邮件、海关快速验放以及邮政企业快速分拨投递等资源调配工作。

🌐 **网友**：现场关员是如何做好个人防护的？

🎙 **高瑞峰**：北京海关根据工作岗位和作业程序的要求，严格执行最新版《口岸新型冠状病毒肺炎卫生检疫操作指南》中的"个人防护作业指引"，选择口罩、防护服、护目镜等设备，可根据疫情形势及作业场景的变化进行相应调整。

🌐 **网友**：一张被朋友圈刷屏的图片"守护希望"，请问反映的是什么工作场景？

🎙 **高瑞峰**：这张图片中的背影是北京海关关员陆颖，在大兴机场海关工作的她作为第三批应急支援力量紧急支援首都机场 T3 - D 专区业务现场，拍摄者是她同一个班次的大兴国际机场海关的同事。T3 - D 专区，是北京集中停靠入境航班的专区，是目前疫情最严重的海关现场。拍这张照片的时候，是凌晨 4 点左右，那个时候陆颖已经连续工作了 12 个小时。当时下一轮入境旅客还没有到达机场海关的检疫现场，大家抓紧这段短暂的时间进行休整，马上投入新一轮战斗。

🌐 **网友**：海关如何判定有症状者、密切接触者及其他患者类别？

🎙 **高瑞峰**：北京海关严格执行海关总署《新型冠状病毒肺炎口岸防控技术方案》（第六版）的规定，按照有症状者、疑似病例、确诊病例、无症状感染者、无症状但有流行病学史的人员、密切接触者和一般接触者的定义，对出入境人员进行甄别判断。

🌐 **网友**：3 月 18 日有媒体称，北京部分国际航班改为从天津、呼和浩特、太原入境，北京首都国际机场还有航班通航吗？

🎙 **高瑞峰**：我们也了解到，3 月 19 日，由民航局、外交部、国家卫健委、海关总署、移民局联合发布的《关于目的地为北京的国际客运航班有关事宜的公告》，决定调整目的地为北京的部分国际航班从指定第一入境点入境。目前来看，除了公告中指出的调整的部分国际始发客运航班以外，其余的还是从北京首都国际机场入境。

⊕ **网友**：谢丽惠查到的旅客是全国空港口岸首例排查确诊病例，能说说具体情况吗？

🎤 **高瑞峰**：1 月 23 日 11 时，一名中国籍旅客在通过北京首都国际机场 T3 航站楼出境卫生检疫通道时触发红外测温仪高温报警，谢丽惠同志高度警觉，凭借其扎实的专业素养和长期积累的工作经验，通过耐心细致的询问，对该旅客及其亲属展开流行病学调查和医学排查工作，并严格按照海关总署防控技术方案对"染疫嫌疑人"进行场内的直接转院。1 月 26 日，北京市卫健委公布该名旅客被确诊为新冠肺炎，成为全国空港口岸首例排查确诊病例。

⊕ **网友**：看到网上有介绍首都机场海关的疫情指挥部，是怎么运行的呢？

🎤 **高瑞峰**：首都机场海关疫情防控指挥中心设置于首都机场海关大楼内，重点开展实时关注疫情发展形势和国家决策动态、24 小时在线收集一线防控的各类突发问题、与口岸相关单位建立合作机制、协调解决业务衔接障碍和作业流程冲突等工作，充分发挥上传下达、内外协作、应急值守、减负基层的职能作用。

⊕ **网友**：请问广州海关面对疫情防控压力，如何从人员、制度、设备方面进行保障？

🎤 **孟传金**：疫情发生至今，广州海关持续集中力量加强口岸一线人员配备，在前期统筹调配 725 人的基础上，再次调配 113 名人员支援一线，目前已累计调配 838 名人员支援广州白云国际机场空港口岸疫情防控一线。在广州海关的积极协调下，广东省先后派遣 360 名医护人员支援广州海关疫情防控一线。

在制度方面，广州海关已更新出台广州海关新冠肺炎疫情口岸防控工作方案至第五版，疫情发生至今，广州海关累计出台各类疫情防控工作指引 11 份，为一线检疫工作提供充足的依据和制度保障。广东省已出台第八版防控疫情输入工作指引，在今天早上 6 点正式实施，广州海关将按照相关要求做好口岸疫情防控工作。

在设备方面，广州海关在口岸一线增设红外测温仪、血常规分析仪、负压排查室、负压隔离单元等设备，在实验室配备核酸检测仪器、抗体胶体金等检测设备，加大科技投入，确保检测结果快速准确，为后续处置提供科学依据。

🌐 **网友**：北京海关派员参加社区支援工作吗？

🎤 **高瑞峰**：2 月 27 日，北京海关按照北京市委、市直机关工委关于党员干部要下沉社区，参与疫情防控工作的紧急通知，第一时间联系朝阳区委组织部，按照区委统一安排，仅用 3 个小时就完成了 10 名党员干部与 2 个社区的对接，10 名党员即日起下沉到八里庄街道远洋天地、红庙 2 个社区协助开展疫情防控工作。

🌐 **网友**：什么时候开始调整进京国际航班入境方式？都有哪些地方被设为第一入境点？

🎤 **高瑞峰**：根据民航局、外交部、国家卫健委、海关总署、移民局联合发布《关于目的地为北京的国际航班从指定第一入境点入境的公告（第 2 号）》，决定自 3 月 23 日零时开始，所有目的地为北京的国际始发客运航班均须从天津、石家庄、太原、呼和浩特、上海浦东、济南、青岛、南京、沈阳、大连、郑州、西安 12 个指定的第一入境点入境。

🌐 **网友**：为何调整赴京国际航班入境点？有什么作用吗？

🎤 **高瑞峰**：据民航局介绍，北京作为国际交流中心，已经成为防控境外疫情输入的主战场。北京首都国际机场作为我国重要的国际航空枢纽，每周有 200 余班国际客运航班分别通航美国、韩国、法国、德国、西班牙等33 个国家（地区），北京首都国际机场的口岸面临前所未有的输入性风险。

经国务院批准，五部委联合发布公告，决定调整目的地为北京的国际航班从指定第一入境点入境。这将有利于严控境外疫情向首都北京持续输入，有利于提升国际航班进京旅客的安全健康保障能力。同时，也有利于提升入境旅客的通关效率，在严格做好防疫工作的同时，更加便利旅客。

🌐 **网友**：北京海关是如何参与联防联控机制工作的？

🎙 **高瑞峰**：一是认真贯彻落实国务院联防联控机制决策部署，全面落实国家卫健委、海关总署关于口岸卫生检疫的各项措施，严格执行海关总署《新型冠状病毒肺炎口岸防控技术方案》（第六版），依法科学采取严格措施做好口岸疫情防控工作。二是认真落实北京市联防联控机制和首都严格进京管理联防联控协调机制工作部署，尽最大可能切断传染源。北京海关选派精兵强将参加北京市近期成立的首都联防联控空港口岸应急工作组现场指挥部，筑牢疫情防控一线战斗堡垒，严防疫情输入。

🌐 **网友**：北京海关对企业采取了什么措施助推经济发展？

🎙 **高瑞峰**：在2月13日，北京海关发布了《关于支持新冠肺炎疫情防控帮扶企业复工复产有关措施的公告》（北京海关公告2020年第6号），出台24条措施，从保障防疫物资通关"零延时"、加大惠企帮扶力度、深入优化口岸营商环境三个方面，帮扶北京关区重点行业和外贸企业尽快恢复正常生产，促进首都经济社会稳定发展。

🌐 **网友**：首都机场海关面对这么大的防疫压力，是如何开展心理疏导、解压工作的？

🎙 **高瑞峰**：首都机场海关作为抗击疫情的一线，现场关员保持强大的抗压能力是开展防疫工作的重中之重。为切实做好心理疏导工作，首都机场海关搜集整理相关心理材料，分享给大家调试身心，例如专业培训机构制定的《新冠肺炎疫情突发事件下公务人员心理防疫调适与行动八项原则》，公布北京市总工会职工心理援助热线电话、"首都职工心理发展"等公众号。同时，各党支部加强与关员的沟通交流，多渠道保障首都机场海关广大职工身心健康。

🌐 **网友**：广州白云国际机场是广东的重要口岸，请问广州海关是如何加强境外疫情防控的呢？

🎤 **孟传金**：全面落实海关总署各项"外防输入"工作部署，按照科学防控、精准施策的要求，建立口岸疫情防控全流程"责任表"，抓紧抓实抓细新冠肺炎疫情防控工作。

坚持分类施策、精准检疫。加强境外疫情风险研判，全方位收集疫情信息，准确甄别有 14 天内来自重点防控国家（地区）旅居史的入境旅客，对重点防控国家（地区）的交通工具实施 100% 登临检疫。率先实行"分区分级分类"管控，实施差异化、精准化管控和分级管理。虽然前期海关总署和地方政府没有将泰国、菲律宾列入重点防控国家（地区）名单，但广州海关根据掌握的统计资料进行分析，发现很多疫情严重国家（地区）的旅客通过泰国中转，而且从菲律宾输入的感染者较多。对此，我们加强了对来自泰国、菲律宾航班的检疫，相继查获了多个病例。

严格实施"三查、三排、一转运"。建立"专用廊桥、专区检疫"模式，重点防控国家（地区）航班入境时安排专用机位、廊桥和通道。严格执行健康申报制度，在卫生检疫专用区域对所有入境人员进行"健康申明卡"核验及体温监测，设置电子申报自助扫描设备，着力提升电子申报率。扩建流行病学调查室及医学排查室，加大采样检测力度。优化属地转运，与地方指挥部"点对点"对接，协调救护车驻场保障，切实做好确诊病例、疑似病例、密切接触者、有发热等症状旅客、无症状但有流行病学意义人员的处置。

推动完善联防联控机制。与地方指挥部、相关部门分工配合，落实口岸分级分流处置，我们可以做到在一小时内迅速回溯核酸阳性人员的密切接触者，及时向地方指挥部共享进境人员信息、风险评估成果等，进一步健全信息共享和联合处置机制，构建起多层次、全链条、立体化的防控体系，织密织牢防控网；选派工作人员进驻关区各地指挥部、专班、卫健委、疾控中心，紧密关地合作。

🌐 **网友**：北京现在还有没有出境的航班呢？

🎙 **高瑞峰**：截止到 3 月 26 日，北京口岸还有 30 余个航班出境。

🎙 **网友**：现在航班减少了，国内口罩还能通过北京邮局寄出去吗？

🎙 **高瑞峰**：口罩可以正常邮寄。

🌐 **网友**：北京大兴国际机场还有国际航班吗？

🎙 **高瑞峰**：北京大兴国际机场所有国际航班已于 3 月 15 日转场至北京首都国际机场运行。

🎙 **高瑞峰**：感谢广大网友对北京海关工作的关心和支持，北京海关将一如既往积极做好口岸疫情防控工作，坚决筑牢首都口岸检疫防线。

🎙 **蒋原**：感谢海关总署办公厅组织了本场发布会，感谢广大网友的参与和支持，让我们有机会较为全面地介绍上海口岸防范境外疫情输入的最新政策和海关的全流程"闭环"防控举措。上海海关一定会坚决贯彻党中央决策部署，认真落实好海关总署和上海市的工作要求，全力以赴、攻坚克难，坚决守好国门防线，请党和人民放心。

🎙 **孟传金**：感谢各位网友对广州海关疫情防控工作的关心、理解和支持，我们将继续按照"科学防控、精准施策"的要求，严格实施口岸卫生检疫，与地方联防联控部门快速联动，形成口岸抗疫严密"天网"，筑牢口岸检疫防线。

🎙 **周群**：感谢网友的热情提问，谢谢三位嘉宾。欢迎大家继续关注中国海关门户网站在线访谈栏目。

后 记

　　2020 年 3 月 27 日，海关总署举办主题为"坚守'疫'线防输入 国门安全我守护"的在线访谈，访谈邀请北京、上海、广州海关相关负责人参加，首次使用网络视频连线方式，与网友交流并解答问题。访谈访问量 57 万余次，独立 IP 1649 个，网友提问354 个，实时答复 71 个问题。

统筹口岸疫情防控和通关便利化 50 条
多措并举稳外贸

◎ 主　题：统筹口岸疫情防控和通关便利化50条　多措并举稳外贸
◎ 时　间：2020 年 3 月 30 日　10：00
◎ 地　点：海关总署新闻发布厅
◎ 嘉　宾：海关总署综合业务司司长　金　海
◎ 主持人：海关总署办公厅　周　群

导语

　　2020年伊始，一场没有硝烟的战"疫"骤然打响。突如其来的新型冠状病毒肺炎疫情，打乱了人们正常的生产、生活节奏，严重威胁到广大人民群众的身体健康和生命安全。疫情就是命令，防控就是责任。海关总署迅速贯彻习近平总书记重要讲话精神，坚决落实党中央、国务院决策部署，迅速行动、持续用力，自2020年1月以来，先后出台多项政策措施，全力服务疫情防控大局，支持企业复工复产。

　　今天，我们在海关总署新闻发布厅邀请了海关总署综合业务司司长金海，讲解海关近期出台的支持复工复产有关新举措，探讨海关部门怎样做好严防疫情输入和支持复工复产等工作。

身临其境　看看我们曾经聊过的

主持人嘉宾交流

🎤 **周群：** 大家好！这里是中国海关门户网站在线访谈，我是主持人周群。今天我们在海关总署新闻发布厅和大家一起围绕"统筹口岸疫情防控和通关便利化 50 条　多措并举稳外贸"这一主题开展互动交流。今天我们邀请到的嘉宾是海关总署综合业务司司长金海。金司长，请先和网友们打个招呼吧。

🎤 **金海：** 主持人、各位网友，大家好！非常高兴参加中国海关门户网站在线访谈，感谢网友们一直以来对海关工作的关注和支持，希望通过这次在线访谈活动，让广大网友进一步了解海关总署近日出台的统筹做好口岸疫情防控和通关便利化工作 50 条举措的内容，了解疫情发生以来全国海关在严防疫情输入和支持复工复产等方面所做的有关工作情况，让更多的进出口企业了解海关新举措、用好海关新举措，享受新举措带来的红利。同时，希望通过我们今天的在线互动，进一步加深海关与企业之间的相互了解，共同为复工复产出谋划策、贡献力量。

🎤 **周群：** 好的。我们了解到，自新冠肺炎疫情发生以来，海关总署先后出台了包括保障防疫物资快速通关、稳外贸稳外资、支持对外开放平台等在内的多项政策措施，这次又出台了"统筹口岸疫情防控和通关便利化 50 条措施清单"，着力为复工复产提供政策支持，请金司长介绍一下这些政策措施出台的背景和目的吧。

🎤 **金海：** 好的。自疫情发生以来，海关总署迅速贯彻习近平总书记重要讲话精神，坚决落实党中央、国务院决策部署，根据国内外新冠肺炎疫情防控形势的发展和变化，结合海关自身职责，针对保障防疫物资通关、促外贸稳增长、支持复工复产等党中央在不同阶段关心关注的重要方面和重点环节，先后出台了多项新政策新举措，全力服务疫情防控和经济社会发展大局。这些新政策新举措包括：

　　1 月 25 日发布第 17 号公告，明确防控疫情的进口捐赠物资实施快速验放，设立专门窗口和绿色通道。1 月 27 日，印发《海关总署关于全力保障涉及新型冠状病毒感染的肺炎疫情物资快速通关的通知》，要求全国海关确保疫情防控物资通关"零延时"。2 月 16 日，出台《关于应对疫情影响促进外贸稳增长的十条措施》。2 月 24 日，印发《海关支持中欧班列发展的措施》，共 10 条措施，服务中欧班列战略通道。2 月 25 日，印发《海关支持综合保税区发展措施的通知》，提出支持综保区建设的 6 条措施，充分发挥综保区在稳外贸稳外资中的作用。

1月25日，发布第17号公告。
1月27日，印发《海关总署关于全力保障涉及新型冠状病毒感染的肺炎疫情物资快速通关的通知》。
2月16日，出台《关于应对疫情影响促进外贸稳增长的十条措施》。
2月24日，印发《海关支持中欧班列发展的措施》。
2月25日，印发《海关支持综合保税区发展措施的通知》。
3月6日，印发《关于统筹做好口岸疫情防控和通关便利化工作措施清单》。

在上述新举措新政策的基础上，为进一步落实好习近平总书记 2 月 23 日在统筹推进新冠肺炎疫情防控和经济社会发展工作部署会议上的重要讲话精神，海关总署于 3 月 6 日印发《关于统筹做好口岸疫情防控和通关便利化工作措施清单》（以下简称《50 条措施清单》），一方面进一步细化落实上述已出台的措施，强化相关政策的针对性、实效性；另一方面，适应当前疫情防控和复工复产工作新形势，推出一系列新举措，充分发挥政策叠加效应。

🎤 **周群**：感谢金司长的介绍！近期海关总署出台的这些新政策新举措，紧跟党中央、国务院的各项决策部署，在服务疫情防控大局的同时，也为广大企业和老百姓带来了多方面实实在在的利好。金司长刚才提到的《50 条措施清单》主要包括哪些方面的内容，您能给我们介绍一下吗？

🎤 **金海**：好。《50 条措施清单》主要包括 4 个方面的内容：

一是强化监管，严防境外疫情输入（13 条）。将严防疫情输入工作的起点前推，密切关注新冠肺炎疫情在全球的发展情况，广泛搜集疫情信息，加强风险研判，提高疫情风险的甄别能力。实行严格的口岸防疫措施，加强入境健康申报和体温检测，坚决防止疫情输入。加强对国外动植物疫情信息的关注和防控，防止疫情叠加。同时，坚决打击不合格进口防疫物资和非法贸易。

二是简化手续，促进通关便利化（16 条）。疫情期间，我们简化了相关通关手续，推进验核材料电子化，企业在进出口申报环节可免予提交有关随附单证和证明，实施"货主可不到场"查验，改革部分商品检验模式，减少锚地检疫，推进口岸快速提离，保障货物快速通关。实施防疫物资、生产急需物资通关优先查验，放开转关限制。优化跨境电商申报、查验、出口退货模式，加大对跨境电商贸易的支持力度。

《50条措施清单》主要内容

01 一是强化监管，严防境外疫情输入（13条）。

将严防疫情输入工作的起点前推，密切关注新冠肺炎疫情在全球的发展情况，广泛搜集疫情信息，加强风险研判，提高疫情风险的甄别能力。实行严格的口岸防疫措施，加强入境健康申报和体温检测，坚决防止疫情输入。加强对国外动植物疫情信息的关注和防控，防止疫情叠加。同时，坚决打击不合格进口防疫物资和非法贸易。

02 二是简化手续，促进通关便利化（16条）。

疫情期间，我们简化了相关通关手续，推进验核材料电子化，企业在进出口申报环节可免予提交有关随附单证和证明，实施"货主可不到场"查验，改革部分商品检验模式，减少锚地检疫，推进口岸快速提离，保障货物快速通关。实施防疫物资、生产急需物资通关优先查验，放开转关限制。优化跨境电商申报、查验、出口退货模式，加大对跨境电商贸易的支持力度。

03 三是优化服务，降低进出口环节成本（6条）。

我们放宽了减免滞报金、滞纳金范围，受疫情影响且符合条件的企业，可申请减免滞报金、滞纳金，减轻了企业损失。采取线上作业等方式，减少现场稽核查作业，推进检验检疫证书信息电子化和电子证书国际合作联网核查，有利于企业集中精力开展生产经营活动。完善"单一窗口"对企服务功能，规范口岸进出口环节收费清单，进一步降低企业合规成本。

04 四是保障外贸产业链、供应链畅通运转（15条）。

细化支持中欧班列发展、支持综合保税区发展的有关措施，进一步发挥其作为稳外贸稳外资重点平台的作用。支持农产品、食品扩大进出口，促进生活必需品进口，简化生产物资查验手续，保障国内外有关产业链、供应链流通顺畅。加强对国外贸易政策的监测和预警，指导企业应对国外技术贸易和不合理贸易措施，维护我国企业正当利益。

随着这些政策的进一步实施，广大企业和人民群众将会有更多实实在在的获得感。

　　三是优化服务，降低进出口环节成本（6条）。我们放宽了减免滞报金、滞纳金范围，受疫情影响且符合条件的企业，可申请减免滞报金、滞纳金，减轻了企业损失。采取线上作业等方式，减少现场稽核查作业，推进检验检疫证书信息电子化和电子证书国际合作联网核查，有利于企业集中精力开展生产经营活动。完善"单一窗口"对企服务功能，规范口岸进出口环节收费清单，进一步降低企业合规成本。

　　四是保障外贸产业链、供应链畅通运转（15条）。细化支持中欧班列发展、支持综合保税区发展的有关措施，进一步发挥其作为稳外贸稳外资重点平台的作用。支持农产品、食品扩大进出口，促进生活必需品进口，简化生产物资查验手续，保障国内外有关产业链、供应链流通顺畅。加强对国外贸易政策的监测和预警，指导企业应对国外技术贸易和不合理贸易措施，维护我国企业正当利益。

　　随着这些政策的进一步实施，广大企业和人民群众将会有更多实实在在的获得感。

🎙 **周群**：谢谢金司长的讲解。我们都知道，防疫物资的质量事关重大，关乎人民群众的身体健康和生命安全。金司长能否介绍一下海关在严把进境防疫物资质量方面采取了哪些措施，取得了哪些成效？

🎙 **金海**：好的。海关在保障防疫物资快速通关的同时，加大了对不合格进境防疫物资的口岸拦截和打击力度。《50条措施清单》明确，进一步优化风险布控规则，适时调整有关重点商品的查验率；开展防疫物资质量安全专项行动，针对不合格进境物资以及医疗垃圾入境等风险实施精准布控和快速查验，妥善处置不符合我国强制性标准的防疫物资，确保人民生命安全和身体健康。据统计，自疫情发生以来，全国海关共查获并销毁或退运不合格进口口罩、防护服等超过35万件。

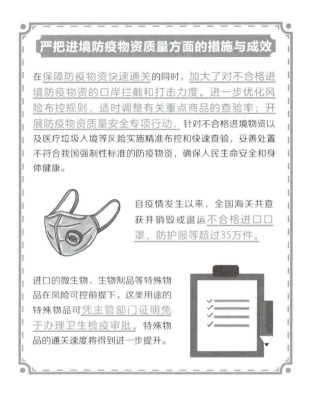

严把进境防疫物资质量方面的措施与成效

在保障防疫物资快速通关的同时，加大了对不合格进境防疫物资的口岸拦截和打击力度。进一步优化风险布控规则，适时调整有关重点商品的查验率；开展防疫物资质量安全专项行动，针对不合格进境物资以及医疗垃圾入境等风险实施精准布控和快速查验，妥善处置不符合我国强制性标准的防疫物资，确保人民生命安全和身体健康。

自疫情发生以来，全国海关共查获并销毁或退运不合格进口口罩、防护服等超过35万件。

进口的微生物、生物制品等特殊物品在风险可控前提下，这类用途的特殊物品可凭主管部门证明免于办理卫生检疫审批。特殊物品的通关速度将得到进一步提升。

🎤 **周群：** 好的，感谢金司长的介绍。我们了解到，治疗防控新冠肺炎，可能涉及一些进口的微生物、生物制品等特殊物品，这类物品对周围环境要求非常高，时间一长容易变质。金司长能否介绍一下，海关在保证用于疫情防控的特殊物品快速通关方面有哪些做法？

🎤 **金海：** 好的。疫情期间，对以新冠肺炎疫情防控为目的，用于预防、治疗、诊断新冠肺炎的特殊物品，除享受一般防疫物资通关便利政策外，《50 条措施清单》进一步明确，简化特殊物品出入境的卫检审批。在风险可控前提下，这类用途的特殊物品可凭主管部门证明免于办理卫生检疫审批。相信随着这一举措的出台，特殊物品的通关速度将得到进一步提升。

🎤 **周群：** 感谢金司长的介绍，这对于相关医疗研发企业和医疗机构真是个好消息。刚才您也提到了，《50 条措施清单》在简化进出口申报单据方面推出新举措，您可以详细介绍一下吗？

🎤 **金海：** 好的。出台这些举措的目的，都是为了在疫情期间最大限度地方便广大企业，支持进出口贸易发展。《50 条措施清单》明确，减少进出口申报随附单证和证明，简化相关申报单据。主要包括：进口申报环节免予提交合同、装箱单，出口申报环节免予提交合同等商业单证。取消知识产权海关保护备案时提供的"合法行使知识产权的货物及其包装的照片"等证明。此外，对于向海关办理业务时须验核纸质材料的，可通过拍照、扫描等方式先行提供电子文档，随后补交纸质材料。比如，深圳海关隶属福强海关采取先邮件报备，后通过"互联网＋海关"补交正式单证的方式，全程在线办理免税科研设备流动监管手续，先后为清华大学国际研究生院、深圳大学等高等院校进口的用于新冠病毒研究的"快速蛋白纯化仪""微孔板清洗机"等仪器设备办理减免税手续，保障相关设备第一时间投入使用。

又比如，广州海关隶属荔湾海关积极引导企业通过网上办理业务，实现全程无纸化、与报关企业"零接触"，帮助复工企业尽快恢复生产。据了解，目前该关已经实现全部数据通过网上发送，有效降低了面对面人接人的疫情传播风险，提高了办事效率，同时全程跟踪，随报随放，实现"零延迟"当天通关放行。自 2 月以来，该关为经批准复工的进出口企业共办理了出口种苗花卉、中药、糕点、观赏鱼等货物便利通关。

🎤 **周群：** 感谢金司长的介绍。对于企业来说，这些举措确实能使他们节省出不少的时间和精力。疫情期间，大家出行不便，对于企业来说，如果货物涉及查验，货主能否不到现场或委托其他人代为到场？请金司长介绍一下。

🎤 **金海：** 好的。您说的这个问题，其实我刚才在介绍《50 条措施清单》时提到过了一句，叫作"货主可不到场"查验。这是我们监管部门在疫情期间推出的一项方便进出口收发货人的特殊措施，之前已经开始实施，这里我们又做了进一步细化，主要措施为：对于涉及需要查验的货物，进出

简化进出口申报单据

《50条措施清单》明确，减少进出口申报随附单证和证明，简化相关申报单据。

主要包括：进口申报环节免予提交合同、装箱单，出口申报环节免予提交合同等商业单证。

取消知识产权海关保护备案时提供的"合法行使知识产权的货物及其包装的照片"等证明。

对于向海关办理业务时须验核纸质材料的，可通过拍照、扫描等方式先行提供电子文档，随后补交纸质材料。

"货主可不到场"查验，这是我们监管部门在疫情期间推出的一项方便进出口收发货人的特殊措施。

对于涉及需要查验的货物，进出口收发货人可委托监管作业场所经营人、运输工具负责人等到场，或通过电子邮件、电子平台等方式告知海关不到场实施查验。这项措施将一直延续到疫情结束。

浦东海关运用"提前申报""两步申报"开辟进口"绿色通道"，采用"无陪同"方式对价值17万美元的关键零件实施查验，并在1个工作日内完成了全部申报、查验、放行作业。

口收发货人可委托监管作业场所经营人、运输工具负责人等到场，或通过电子邮件、电子平台等方式告知海关不到场实施查验。这项措施将一直延续到疫情结束。比如，上海海关隶属浦东海关针对辖区某芯片制造企业部分进口零配件到港延期导致供应链压力大的情况，积极指导企业运用"提前申报""两步申报"等海关便利化通关改革举措，开辟进口"绿色通道"，在企业人员因疫情原因无法到场的情况下，采用"无陪同"方式对一批价值 17 万美元的关键零件实施查验，并在 1 个工作日内完成了全部申报、查验、放行作业，为企业化解了燃眉之急。

🎤 **周群**：嗯，感谢金司长的解读。随着国内疫情防控形势的好转，企业复工率不断提升。如果因为疫情，导致企业没有按时办理海关手续，请问海关有什么具体的支持措施？请金司长介绍一下。

🎤 **金海**：对于企业因受疫情影响导致未及时缴纳税费或办理有关海关手续的，《50 条措施清单》明确了有关减免费用或延期办理的措施。包括：对企业因受疫情影响导致收货人无法在规定期限内申报，可向申报地海关申请减免滞报金；对企业因受疫情影响无法按期缴纳税款的（包括凭担保放行的汇总征税货物），可向申报地海关申请，予以减免滞纳金（最长 3 个月）。据统计，自 1 月 24 日以来，海关对受疫情影响的进口货物，累计减免滞报金超过 3400 万元。延长汇总征税报关单电子支付时限，惠及企业 1569 家，涉及税款 164 亿元；延长税款缴纳书缴税期限，惠及企业 106 家，涉及税款 6.4 亿元。

此外，加工贸易企业因延迟复工造成手（账）册超期核销的，或深加工结转、内销征税等业务超过规定时限的，凭企业说明予以延期。比如，兰州海关指导兰州某重型装备公司海关申请加工贸易手册延期，并向外方作出说明并提供了不可抗力证明。外方表示理解，同意延期出口且不需该公司承担违约金，不仅留住了客户，还留住了该合同预期可实现的约 100 万元收益。

企业没有按时办理海关手续的支持措施

《50条措施清单》明确了有关减免费用或延期办理的措施。包括：

对企业因受疫情影响导致收货人无法在规定期限内申报，可向申报地海关申请减免滞报金；

对企业因受疫情影响无法按期缴纳税款的（包括凭担保放行的汇总征税货物），可向申报地海关申请，予以减免滞纳金（最长3个月）。

自1月24日以来，海关对受疫情影响的进口货物，累计减免滞报金超过3400万元。延长汇总征税报关单电子支付时限，惠及企业1569家，涉及税款164亿元；延长税款缴纳书缴期限，惠及企业106家，涉及税款6.4亿元。

加工贸易企业因延迟复工造成手（账）册超期核销的，或深加工结转、内销征税等业务超过规定时限的，凭企业说明予以延期。

🎤 **周群**：我们注意到，受疫情的影响，海关开展稽核查工作方式也作出了相应的调整，金司长能否介绍一下具体有哪些举措呢？

🎤 **金海**：这是个很好的问题，同时也是广大进出口企业关心、关注的一个问题。《50 条措施清单》明确：疫情期间，海关企业管理部门可根据企业申报的盘点数据办理保税手（账）册核销，由企业留存相关资料备查，海关工作人员一般不下厂盘点。对具备条件的企业，海关采用远程视频连线、电子数据传输等非现场方式实施稽核查，减少下厂的次数；对暂不具备条件的，海关则阶段性地选取企业，通过函询、电话问询、采信企业自查结果等形式开展稽核查作业。

比如，厦门海关在获悉外贸企业复产复工后，第一时间实行"不见面稽查""网络稽查"，通过电话、邮箱、QQ、快递等方式交流沟通、报送材料，实现远程作业，在确保稽查业务零停滞和保质保量的同时，减少了对企业生产经营活动的影响。

通过创新稽核查方式，利用互联网等渠道，采取"不见面"审核数据资料，实施非现场核查，减少下厂次数，作业周期压缩至实地核查的三分之一，可最大限度减少对企业复工复产的影响，便于企业集中精力复工复产。据统计，目前全国海关已办结核查项目中通过网上核查的数量达291起，约占办结总数的一半。

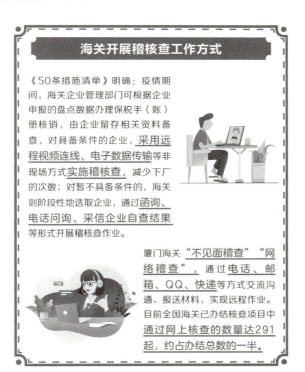

海关开展稽核查工作方式

《50条措施清单》明确：疫情期间，海关企业管理部门可根据企业申报的盘点数据办理保税手（账）册核销，由企业留存相关资料备查，对具备条件的企业，采用远程视频连线、电子数据传输等非现场方式实施稽核查，减少下厂的次数；对暂不具备条件的，海关则阶段性地选取企业，通过函询、电话问询、采信企业自查结果等形式开展稽核查作业。

厦门海关"不见面稽查""网络稽查"，通过电话、邮箱、QQ、快递等方式交流沟通、报送材料，实现远程作业。目前全国海关已办结核查项目中通过网上核查的数量达291起，约占办结总数的一半。

🎤 **周群：** 我们都知道，"单一窗口/互联网＋海关"是海关面向社会、服务广大企业的一个重要窗口平台。近年来，海关也一直致力于不断完善"单一窗口"功能，努力提升服务质量和用户的体验感。请问《50 条措施清单》在这方面有没有新举措？

🎤 **金海**：正如您所说，"单一窗口/互联网＋海关"既是企业办理进出口业务的重要工具，也是海关与企业实现信息交互的重要平台。随着国际贸易形势变化和海关业务改革的不断深入，如何为企业提供更加便捷、高效的服务，是摆在我们面前的一项长期课题，而"单一窗口"正是我们抓好对外服务的重要手段。比如，黄埔海关大力推行"互联网海关"服务，将海关窗口综合业务统一调整至"互联网海关"一体化网上办事服务平台，90% 的窗口业务可在该平台线上办理，企业无须现场办理，足不出户实现复工复产。企业和关员可分别在"互联网海关"平台的企业端、海关端对相应单证发起处置要求及反馈处置结果。2020 年 2 月 12 日至 3 月 16 日，该关累计接受进出口报关单申报超过 38000 份，线上办公累计处置单证超过 5000 份，解决了至少 5000 人次现场递单办理业务往来问题，有效缓解保障通关需求与降低人员聚集风险的矛盾，既保证了效率，也减轻了企业的负担。

《50 条措施清单》明确，近期主要更新或逐步推出"单一窗口"以下两个方面的功能：一是实现物流信息共享。依托国际贸易"单一窗口"实现海关查验通知推送功能和铁路物流状态等信息共享机制。二是推出对企服务的有关功能。通过"单一窗口"向企业提供预录入报关单订阅推送、货物运抵信息推送、国际航行船舶转岗申报数据共享复用、报关单自助打印等服务。相信随着上述功能的实现，广大企业办理业务时能够更加方便、高效。

🎤 **周群**：谢谢金司长的介绍。统筹推进新冠肺炎疫情防控和经济社会发展，很重要的一点就是要保障外贸产业链、供应链畅通运转。您刚才在介绍《50 条措施清单》时也提到了海关在保障外贸产业链、供应链畅通运转方面的有关举措，请金司长为我们具体介绍一下。

🎙 **金海：** 好的。大家都知道，我国拥有全球规模最大、门类最全、配套最完备的制造业体系，在全球产业链、供应链中占据着重要地位。随着国内疫情防控形势持续向好，生产生活秩序加快恢复。《50 条措施清单》关于支持我国产业链、供应链畅通运转的新举措，既能加快国内企业复工复产、化解企业的燃眉之急，又能维护全球产业链、供应链的安全。

例如，要求各地海关对防疫物资或企业复工复产急需物资进口，取消转关限制；对企业生产急需的机器设备、原材料进口，采取在卸货和设备安装过程中实施顺势监管，如需送实验室检测的，企业可凭有资质的第三方认证、检测报告或企业质量安全自我声明，海关降低送检比例。

又如，支持农产品食品扩大进口，保障市场供应。在重点口岸开辟农产品、食品进口绿色通道，实行 24 小时预约通关，优先检查、优先检测。经统计，自 2 月 1 日以来，海关总署新增 7 个国家的鱼油鱼粉、饲料添加剂等共 14 种进口动植物产品的审批；新批准美国、哥斯达黎加、巴基斯坦等国家的肉类、水产品、乳品等 13 种食品进口，600 多家企业在华注册登记。进口乳品 36.7 万吨，同比增长 38.3%；进口猪、牛、羊肉等肉类 70.7 万吨，同比增长 115.5%；进口种猪 4352 头、种牛 66127 头、种禽 16640 羽。

再如，要求各地海关扩大加工食品市场采购出口监管试点范围，对疫情期间出口农产品生产、加工单位注册登记采取文件审核方式考核，即时注册。进一步优化中欧班列通关模式，拓展中欧班列业务范围。支持综合保税区发展，推出便利内销、AEO 认证、信用培育等细化措施。全面复制推广跨境电商出口退货监管措施。

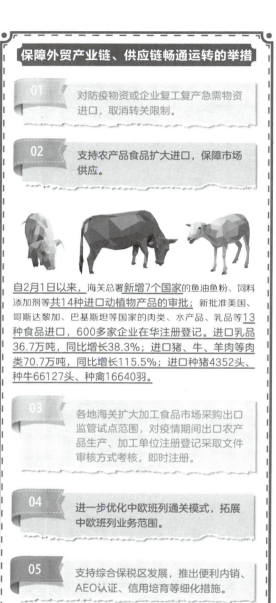

保障外贸产业链、供应链畅通运转的举措

01 对防疫物资或企业复工复产急需物资进口，取消转关限制。

02 支持农产品食品扩大进口，保障市场供应。

自2月1日以来，海关总署新增7个国家的鱼油鱼粉、饲料添加剂等共14种进口动植物产品的审批；新批准美国、哥斯达黎加、巴基斯坦等国家的肉类、水产品、乳品等13种食品进口，600多家企业在华注册登记。进口乳品36.7万吨，同比增长38.3%；进口猪、牛、羊肉等肉类70.7万吨，同比增长115.5%；进口种猪4352头、种牛66127头、种禽16640羽。

03 各地海关扩大加工食品市场采购出口监管试点范围，对疫情期间出口农产品生产、加工单位注册登记采取文件审核方式考核，即时注册。

04 进一步优化中欧班列通关模式，拓展中欧班列业务范围。

05 支持综合保税区发展，推出便利内销、AEO认证、信用培育等细化措施。

06 全面复制推广跨境电商出口退货监管措施。

🎙 **周群**：相信大家和我一样，能够从金司长的讲解中深刻地感受到，海关确实拿出了支持外贸产业链、供应链畅通运转的"真招"和"实招"。相信随着这些政策的进一步落地实施，广大企业能够获得更大实惠和便利。您提到了支持中欧班列发展，能给我们详细介绍一下吗？

🎙 **金海**：有媒体报道，中欧班列近期复工率已达 90% 以上，2020 年以来开行量实现逆势增长。在《50 条措施清单》出台前，海关总署已经出台了促进中欧班列发展的措施。2 月 24 日，海关总署党委印发《海关支持中欧班列发展的措施》，从优化通关模式、减低报关成本、提升运输便利化、支持拓展业务、加强信息共享等方面，提出支持中欧班列发展的 10 条措施，要求全国海关积极指导有关地方和企业充分利用中欧班列这一战略通道，努力化解疫情对外贸进出口的不利影响，促进中欧班列持续健康发展。在此基础上，《50 条措施清单》进一步细化了有关举措。主要包括：实施舱单归并申报，升级铁路舱单管理和运输工具管理应用；推动中哈"关铁通"项目实施；以铁路运输方式进出境的货物一般不在进出境地口岸开箱查验；支持中欧班列运输与国际陆海贸易新通道建设对接；支持以总运单形式办理跨境电子商务商品转关手续；建设中欧班列枢纽站点或集结中心，允许开展组货业务及内外贸货物混编运输业务；优先安排中欧班列枢纽站点或集结中心进境肉类、粮食、种苗、水果指定监管场地立项、验收；等等。

各地海关结合实际，努力落实支持中欧班列发展的具体措施。例如，重庆海关创新优化中欧班列（重庆）监管方式，保时捷品牌汽车进口企业表示，通过中欧班列（重庆）铁路运输以后，全程时间在 25 天左右，缩短了 50% 以上的时间，而物流成本基本与海运持平。又如，深圳海关隶属蛇口海关将中欧班列"起点"延伸至前海湾保税港区。疫情期间，针对停靠我国的货运航班、班轮被大幅缩减或取消，国际贸易货物受到不同程度的影响等情况，前海湾保税港区通过海关特殊监管区域之间的货物流转、多式联运，进一步打通国际物流通道，打破了深圳西部港区在铁路运输方面的局限性，支持企业复工复产。截至 2 月 21 日，园区 37 家物流企业率先实现特殊监管区域企业 100% 复工，在疫情最严重的两个月里，前海湾保税港区进出口贸易额依然保持快速增长。

支持中欧班列发展

有媒体报道，中欧班列近期复工率已达90%以上，2020年以来开行量实现逆势增长。在《50条措施清单》出台前，海关总署就已经出台了促进中欧班列发展的措施。

2月24日，海关总署党委印发《海关支持中欧班列发展的措施》，从优化通关模式、减低报关成本、提升运输便利化、支持拓展业务、加强信息共享等方面，提出支持中欧班列发展的10条措施。

《50条措施清单》进一步细化了有关举措。主要包括：

★ 实施舱单归并申报，升级铁路舱单管理和运输工具管理应用；

★ 推动中哈"关铁通"项目实施；

★ 以铁路运输方式进出境的货物一般不在进出境地口岸开箱查验；

★ 支持中欧班列运输与国际陆海贸易新通道建设对接；

★ 支持以总运单形式办理跨境电子商务商品转关手续；

★ 建设中欧班列枢纽站点或集结中心，允许开展组货业务及内外贸货物混编运输业务；

★ 优先安排中欧班列枢纽站点或集结中心进境肉类、粮食、种苗、水果指定监管场地立项、验收。

重庆海关保时捷品牌汽车进口企业，通过中欧班列（重庆）铁路运输以后，全程时间在25天左右，缩短了50%以上的时间；蛇口海关将中欧班列"起点"延伸至前海湾保税港区。

截至2月21日，园区37家物流企业率先实现特殊监管区域企业100%复工，在疫情最严重的两个月里，前海湾保税港区进出口贸易额依然保持快速增长。

🎙 **周群**：谢谢金司长的介绍。我们都知道，综合保税区是开放型经济的重要平台，在发展对外贸易、吸引外商外资、促进产业转型升级等方面发挥着重要作用。请金司长介绍一下近期海关在支持综保区发展方面有哪些新举措？

🎙 **金海**：2019 年年初，海关总署推动出台了《国务院关于促进综合保税区高水平开放高质量发展的若干意见》（国发〔2019〕3 号），一年来综合保税区发展成效明显。2020 年 2 月 25 日，海关总署党委印发《海关支持综合保税区发展措施的通知》，提出支持综保区建设的 6 条措施，要求全国海关积极指导企业用足用好综保区政策，帮扶企业复工复产、渡过难关，努力化解疫情对综保区发展的冲击，进一步发挥综保区在稳外贸稳外资中的作用。在此基础上，《50 条措施清单》进一步细化了有关举措。主要包括：综保区内货物内销一般不实施查验；加快区内企业 AEO 认证；试点开展网上稽核查；运用企业画像系统开展区内企业信用培育；对境内入区、在区内消耗使用、不离境、合理数量的货物、物品，免予填报报关单或备案清单等手续，免予提交许可证件等。

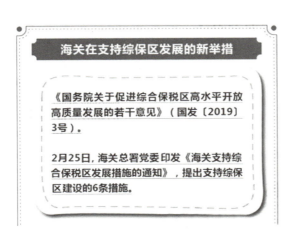

海关在支持综保区发展的新举措

《国务院关于促进综合保税区高水平开放高质量发展的若干意见》（国发〔2019〕3号）。

2月25日，海关总署党委印发《海关支持综合保税区发展措施的通知》，提出支持综保区建设的6条措施。

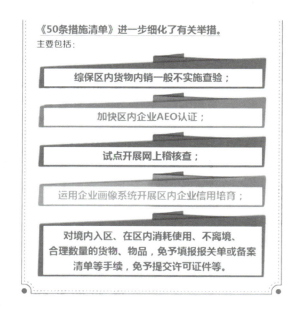

🎙 **周群**：国务院要求，疫情防控要保障生活必需品供给，维护市场稳定。农产品、食品等生活必需品的生产和供应情况关系着人民群众的日常生活。请金司长介绍一下海关在支持农产品、食品进口方面的举措主要有哪些？

🎙 **金海**：农产品、食品进口是生活必需品保障供给的重要内容，确实很重要。《50 条措施清单》对此提出多项措施，支持农产品、食品等生活必需品进口，主要包括：一是加快农产品准入进程，加快与相关国家农产品检疫准入磋商，简化境外农产品企业注册；二是加快食品准入进程，加快与友好国家相关食品准入磋商，增加食品准入国别和已获准入国家食品的品种范围，加快评估进程；三是加快境外食品企业注册；四是加快农产品、食品检疫审批，进一步授权各直属海关办理进境动植物检疫审批，对符合要求的进口食品相关检疫审批事项随到随批，缩短办理时间；五是在重点口岸开辟农产品、食品进口"绿色通道"，实行 24 小时预约通关，优先检查、优先检测。例如，新西兰动植物检疫标准非常严苛，经过长期的磋商谈判，我国新鲜生姜才能够出口新西兰。济南海关隶属潍坊海关，开通疫情期间出口验放"绿色通道"，指定专人进行现场作业，不到 1 小时就完成了我国出口新西兰的首批生姜全部检验检疫放行手续，有力提振我国出口企业的信心，增强了产品在国际上的声誉和影响。

周群：说到农产品与食品，我国是农产品贸易大国，不光是重要的进口国，也是有影响力的出口国。疫情期间，海关在支持农产品、食品扩大出口方面，是不是也有一些支持措施呢？

金海：正是如此。疫情期间，为支持农产品、食品扩大出口，《50 条措施清单》提出了一系列措施，包括：一是加快出口农产品企业注册，对出口农产品生产、加工单位申请注册登记，在疫情期间，可依据企业承诺，采取文件审核方式考核，对符合条件的立即予以注册，并及时对外推荐；二是支持农产品企业扩大出口。调研、收集、整理农产品企业出口需求及疫情对企业出口的负面影响，作为对外技术磋商重点；三是支持食品企业扩大出口。积极了解进口国相关要求，指导帮助企业扩大出口范围。扩大加工食品市场采购出口监管试点范围，积极促进食品出口。

此外，根据当前国内外疫情防控和经济形势的阶段性变化，近期，海关对防控疫情相关医疗物资的出口也加大了支持力度。对于有生产能力的企业按市场化原则对接的国外商业进口需求，以及抗击疫情的援外物资，海关同样设立了"绿色通道"，保障相关物资的出口便利化通关。

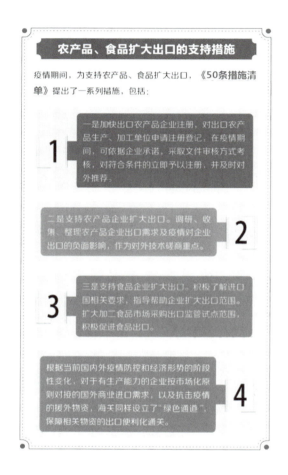

🎙 **周群**：谢谢金司长的讲解。说到出口，我们注意到，新冠肺炎疫情发生以来，我们出口到一些国家的部分货物遇到了阻碍或不顺畅的情况，海关有哪些帮助企业的举措？金司长能否介绍一下。

🎙 **金海**：好的。《50 条措施清单》要求海关主动发挥职能作用，利用对外沟通渠道，搜集、分析国外相关政策，加大对国内企业的指导力度，积极维护其正当利益。主要包括：

一是加强外贸统计监测预警。监测分析主要贸易伙伴对我国采取贸易限制措施后产生的影响。加大对企业复工复产中原辅料、零配件、中间品供给量、匹配度等问题的统计分析，为地方政府与企业提供参考，积极做好进出口数据对外发布和解读工作。

二是主动应对境外不合理贸易措施。密切关注境外国家疫情防控措施，就有关国家因新冠肺炎疫情对我国出口食品、农产品、工业品采取的限制措施积极交涉，表达中方诉求，最大程度降低新冠肺炎疫情对出口贸易的影响。疫情发生以来，海关总署先后与17个国家的有关部门开展了沟通和交涉，促使相关国家取消、调整或澄清了有关限制措施，帮助企业顺畅出口。

三是指导企业应对技术贸易措施。面向企业开展国外技术贸易措施专项培训，指导企业根据贸易伙伴国的限制性措施或强化的检疫、隔离等要求，提前应对、有序安排生产。比如，深圳海关隶属布吉海关凭借多年的食品、农产品安全监管经验，建立起了从果园到餐桌的出口水果安全监管链条，对加工厂开展注册果园及供货证明验证、水果外观检测等专题培训，确保出口水果100%源自注册果园，并通过"企业单证把控海关风险监测"的模式严格把关质量安全。2020年以来，该关已送检出口水果72批，检测项目超过1300项，风险监测合格率达100%，真正做到了"既快速又安全"。

帮助企业的举措

《50条措施清单》要求海关主动发挥职能作用，利用对外沟通渠道，搜集、分析国外相关政策，加大对国内企业的指导力度，积极维护其正当利益。主要包括：

01　一是加强外贸统计监测预警。

监测分析主要贸易伙伴对我国采取贸易限制措施后产生的影响。加大对企业复工复产中原辅料、零配件、中间品供给量、匹配度等问题的统计分析，为地方政府与企业提供参考，积极做好进出口数据对外发布和解读工作。

> **02** **二是主动应对境外不合理贸易措施。**
>
> 密切关注境外国家疫情防控措施，**就有关国家因新冠肺炎疫情对我国出口食品、农产品、工业品采取的限制措施积极交涉，表达中方诉求，最大限度降低新冠肺炎疫情对出口贸易的影响。**疫情发生以来，海关总署先后与17个国家的有关部门开展了沟通和交涉，促使相关国家取消、调整或澄清了有关限制措施，帮助企业顺畅出口。
>
> **03** **三是指导企业应对技术贸易措施。**
>
> 面向企业开展国外技术贸易措施专项培训，**指导企业根据贸易伙伴国的限制性措施或强化的检疫、隔离等要求，提前应对、有序安排生产。**

🎙 **周群**：好的，谢谢金司长。我们一起来看一下网友的问答。

网友提问摘录

🌐 **网友**：请问《50 条措施清单》我们从哪里能查到？

🎙 **金海**：感谢您的关注！《50 条措施清单》出台后，全国海关开展了广泛的宣传，相关媒体也进行了专门报道，如果您想进一步了解有关政策的具体内容，可关注"海关发布"或拨打 12360 热线咨询。

🌐 **网友**：海关支持综合保税区建设的措施有哪些？

🎙 **金海**：综合保税区是开放型经济的重要平台，在发展对外贸易、吸引外商外资、促进产业转型升级等方面发挥着重要作用。2019 年年初，海关总署推动出台了《国务院关于促进综合保税区高水平开放高质量发展的若干意见》，一年来综合保税区发展成效明显。2020 年 2 月 25 日，又印发《海关支持综合保税区发展措施的通知》，提出支持综保区建设的 6 条措施，要求全国海关积极指导地方政府和企业用足用好综保区政策，帮扶企业复工复产、渡过难关，努力化解疫情对综保区发展的冲击，进一步发挥综保区在稳外贸稳外资中的作用。在此基础上，《50 条措施清单》进一步细化了有关举措。主要包括：综保区内货物内销一般不实施查验；加快区内企业 AEO 认证；试点开展网上稽核查；运用企业画像系统开展区内企业信用培育；对境内入区、在区内消耗使用、不离境、合理数量的货物、物品，免予填报报关单或备案清单等手续，免予提交许可证件等。

🌐 **网友**：严防境外疫情输入，防得住吗？

🎤 **金海**：《50 条措施清单》第一部分内容就是强化监管，严防境外疫情输入，将严防疫情输入工作的起点前推，密切关注新冠肺炎疫情在全球的发展情况，广泛搜集疫情信息，加强风险研判，提高疫情风险的甄别能力。实行严格的口岸防疫措施，坚决防止疫情输入。加强对国外动植物疫情信息的关注和防控，防止疫情叠加。

🌐 **网友**：金司长您好，目前进出中国的国际航班资源紧张，中欧铁路的国际运输需求比较突出。2 月 24 日海关总署印发了支持中欧班列发展的 10 条措施。我想咨询一下，以前因为中欧铁路涉及海关申报信息二转（从边境口岸转到班列站点再转到企业属地海关）问题，一体化申报时系统不能自动核注舱单，不知道目前是否已经能够操作？

🎤 **金海**：感谢您的关注，我们目前正在对有关系统的功能和流程进行完善。

🌐 **网友**：海关支持企业复工复产，怎么支持？有没有具体的政策？

🎤 **金海**：感谢您的关注！海关总署坚决落实党中央、国务院决策部署，自疫情发生以来，先后出台多项政策措施，全力服务疫情防控大局，支持企业复工复产。例如，2 月 16 日，出台《关于应对疫情影响促进外贸稳增长的十条措施》，提出应对疫情、稳外贸的 10 条措施；2 月 24 日，印发《海关支持中欧班列发展的措施》，提出支持中欧班列发展的 10 条措施，促进中欧班列持续健康发展；2 月 25 日，印发《海关支持综合保税区发展措施的通知》，提出支持综保区建设的 6 条措施，充分发挥综保区在稳外贸稳外资中的作用；在这些举措的基础上，3 月 6 日，又印发了《50 条措施清单》，要求全国海关严防境外疫情输入，聚焦支持企业复工复产，将各项措施抓实抓细抓落地。如果您想了解这些政策的具体内容，请关注"海关发布"或拨打 12360 热线咨询。

🌐 **网友**：请问，当前海关对加工贸易企业的生产和经营有什么具体促进和支持措施？

🎙 **金海**：加工贸易企业因延迟复工造成手（账）册超期核销的，或深加工结转、内销征税等业务超过规定时限的，凭企业说明予以延期。

🌐 **网友**：3 月 31 号之后，进口防疫物资减免税政策还有吗？

🎙 **金海**：《50 条措施清单》明确：对企业因受疫情影响导致收货人无法在规定期限内申报，可向申报地海关申请减免滞报金。对企业因受疫情影响无法按期缴纳税款的（包括凭担保放行的汇总征税货物），可向申报地海关申请，予以减免滞纳金（最长 3 个月）。

🌐 **网友**：金司长好，因为疫情影响，企业没法按时完成申报，请问对于这种情况海关能否对因此产生的滞报金进行减免？

🎙 **金海**：我们放宽了减免滞报金、滞纳金范围，受疫情影响且符合条件的企业，可申请减免滞报金、滞纳金，以减轻企业损失。

🌐 **网友**：疫情期间可以简化进出口申报单据，为何平时不能直接简化？

🎙 **金海**：我们将继续按照国务院简政放权的要求，进一步简化通关手续，方便企业。

🌐 **网友**：金司长，您好！关于进口食品口岸通关有什么新的政策吗？

🎙 **金海**：《50 条措施清单》提出多项措施，支持食品进口，主要包括：一是加快食品准入进程，加快与友好国家相关食品准入磋商，增加食品准入国别和已获准入国家食品的品种范围，加快评估进程；二是加快境外食品企业注册；三是加快食品检疫审批，进一步授权各直属海关办理进境动植物检疫审批，对符合要求的进口食品相关检疫审批事项随到随批，缩短办理时间；四是在重点口岸开辟食品进口绿色通道，实行 24 小时预约通关，优先检查、优先检测。经统计，自 2 月 1 日以来，海关总署新增 7 个国家共 14 种进口动植物产品的审批；新批准相关国家包括肉类、水产品、乳品等 13 种食品进口，600 多家企业在华注册登记。进口乳品 36.7 万吨，同比增长 38.3%；进口猪牛羊等肉类 70.7 万吨，同比增长 115.5%；进口种猪 4352 头、种牛 66127 头、种禽 16640 羽。上述货物进口既增加了生活必需品市场保障，又促进了外贸稳增长。

⊕ **网友**：为企业减免的滞纳金，如何申请？

🎙 **金海**：具体的流程和相关手续，可以咨询当地海关。

⊕ **网友**：金司长，您好，我很想了解刚刚您提到的"取消转关限制"的具体内容，能介绍一下吗？谢谢！

🎙 **金海**：《50 条措施清单》明确：放开防疫物资进口转关限制。对进口防疫物资可以不受《关于规范转关运输业务的公告》（海关总署公告 2017 年第 48 号）的转关范围限制，允许办理转关手续。这项措施将会实施到疫情结束。

⊕ **网友**：现在好多航空、海运的物流都受限制了，我们打算改用中欧班列铁路运输方式，请问海关总署在支持中欧班列运行发展方面有哪些措施？

🎙 **金海**：在《50 条清单措施》出台前，海关总署已经出台了促进中欧班列发展的措施。2 月 24 日，印发《海关支持中欧班列发展的措施》，从优化通关模式、减低报关成本、提升运输便利化、支持拓展业务、加强信息共享等方面，提出支持中欧班列发展的 10 条措施，要求全国海关积极指导有关地方和企业充分利用中欧班列这一战略通道，努力化解疫情对外贸进出口的不利影响，促进中欧班列持续健康发展。在此基础上，《50 条措施清单》进一步细化了有关举措。主要包括：实施舱单归并申报，升级铁路舱单管理和运输工具管理应用；推动中哈"关铁通"项目实施；以铁路运输方式进出境的货物一般不在进出境地口岸开箱查验；支持中欧班列运输与国际陆海贸易新通道建设对接；支持以总运单形式办理跨境电子商务商品转关手续；建设中欧班列枢纽站点或集结中心，允许开展组货业务及内外贸货物混编运输业务；优先安排中欧班列枢纽站点或集结中心进境肉类、粮食、种苗、水果指定监管场地立项、验收；等等。

🌐 **网友**：现在国外很多国家对中国产品出口设置了很多限制性措施，请问海关有没有扶持企业应对的举措？

🎙 **金海**：对于企业因受疫情影响导致未及时缴纳税费或办理有关海关手续的，《50 条措施清单》明确了有关减免费用或延期办理的措施。包括：对企业因受疫情影响导致收货人无法在规定期限内申报，可向申报地海关申请减免滞报金；对企业因受疫情影响无法按期缴纳税款的（包括凭担保放行的汇总征税货物），可向申报地海关申请，予以减免滞纳金（最长 3 个月）。据统计，自 1 月 24 日以来，海关对受疫情影响的进口货物，累计减免滞报金超过 3400 万元。延长汇总征税报关单电子支付时限，惠及企业 1569 家，涉及税款 164 亿元；延长税款缴纳书缴税期限，惠及企业 106 家，涉及税款 6.4 亿元。

🌐 **网友**：目前，原产地签证需去大厅办理，疫情期间有什么便利措施？

🎙 **金海**：您好，可以通过网上办理。

🌐 **网友**：请问金司长，疫情防控期间，对于跨境电商出口退货方面有什么支持举措吗？

🎙 **金海**：关于跨境电商出口退货方面的有关政策，请查阅海关总署近日发布的《关于全面推广跨境电子商务出口商品退货监管措施有关事宜的公告》（海关总署公告 2020 年第 44 号）、《关于跨境电子商务零售进口商品退货有关监管事宜的公告》（海关总署公告 2020 年第 45 号）。

🌐 **网友：** 金司长，您好，刚刚您提到了"加快农产品、食品检疫审批"，能介绍一下具体内容吗？谢谢！

🎙 **金海：**《50 条措施清单》明确：加快农产品、食品检疫审批。海关总署进一步授权各直属海关办理进境动植物检疫审批，缩短办理时间。各直属海关对符合要求的进口食品相关检疫审批事项随到随批，压缩食品检疫审批时长。

🌐 **网友：** 金司长您好！请问海关在完善"单一窗口"功能方面有哪些新举措？

🎙 **金海：**"单一窗口/互联网＋海关"既是企业办理进出口业务的重要工具，也是海关与企业实现信息交互的重要平台。随着国际贸易形势变化和海关业务改革的不断深入，如何为企业提供更加便捷、高效的服务，是摆在海关面前的一项长期课题，而"单一窗口"正是海关抓好对外服务的重要手段。例如，黄埔海关大力推行"互联网＋海关"服务，将海关窗口综合业务统一调整至"互联网＋海关"一体化网上办事服务平台，90% 的窗口业务可在该平台线上办理，企业无须现场办理，足不出户实现复工复产。企业和关员可分别在"互联网＋海关"平台的企业端、海关端对相应单证发起处置要求及反馈处置结果。自 2020 年 2 月 12 日至 3 月 16 日，该关累计接受进出口报关单申报超过 38000 份，线上办公累计处置单证超过 5000 份，解决了至少 5000 人次现场递单办理业务往来问题，有效缓解保障通关需求与降低人员聚集风险的矛盾，既保证了效率，也减轻了企业的负担。

　　《50 条措施清单》明确，近期主要更新或逐步推出"单一窗口"以下两个方面的功能：一是实现物流信息共享方面，依托国际贸易"单一窗口"实现海关查验通知推送功能和铁路物流状态等信息共享机制；二是将逐步推出对企服务有关功能，通过"单一窗口"向企业提供预录入报关单订阅推送、货物运抵信息推送、国际航行船舶转岗申报数据共享复用、报关单自助打印等服务。相信随着上述功能的实现，广大企业办理业务时能够更加方便、高效。

🎤 **周群**：好的，感谢金司长的介绍。今天，金司长为我们详细讲解了《50 条措施清单》，解读了海关支持复工复产、严防境外疫情输入的有关举措，相信大家听完之后收获很多，也有不少问题需要进一步咨询。请问金司长，可以通过哪些渠道进行咨询？

🎤 **金海**：大家可以向各地海关进行现场咨询，也可登录海关总署官方网站、微信公众号查询，或者拨打 12360 热线咨询，我们的工作人员将为您作详细解答。

🎤 **周群**：好的，感谢金司长百忙之中能够参加我们的在线访谈节目。谢谢！

🎤 **金海**：谢谢主持人和各位网友，感谢大家对我们工作的支持和理解！再见！

后 记

2020 年 3 月 30 日，海关总署举办在线访谈，介绍海关总署发布的《关于统筹做好口岸疫情防控和通关便利化工作措施清单》，就海关严防境外疫情输入、支持企业复工复产、多措并举稳外贸等工作措施进行解读，并在线解答网友提问。访谈访问量 35.5 万余次，实时答复 18 个问题。

上下一心　关企同心　战"疫"必胜

◎ 主　题：上下一心　关企同心　战"疫"必胜

◎ 时　间：2020 年 4 月 2 日　15：00

◎ 嘉　宾：武汉海关党委委员、副关长　沈建明

上海海关党委委员、副关长　柳　波

广州海关党委委员、副关长　许广安

顺丰速运有限公司国际业务首席执行官　孙　逊

湖北锦江报关公司总经理　彭　敏

复星集团高级副总裁　李海峰

上海欣海报关有限公司董事长　葛基中

中国南方航空广州白云国际物流有限公司总经理　林道为

◎ 主持人：海关总署办公厅　周　群

导语

　　新冠肺炎疫情发生以来，在党中央统一领导、统一指挥下，各地各部门各司其职、协调联动，紧急行动、全力奋战。海关总署认真贯彻落实党中央决策部署，全国海关戮力同心、紧密协作，全力保障进出口疫情防控物资的快速通关和全国统一调度，为打赢疫情防控阻击战贡献了力量。上下同欲者胜，同舟共济者赢。今天，就让我们来听一听武汉、上海、广州三地海关，在疫情的特殊时期，上下一心、关企同心保障抗"疫"物资通关的故事。

身临其境　看看我们曾经聊过的

主持人嘉宾交流

🎤 **周群**：各位网友，大家好，这里是中国海关门户网站在线访谈栏目，我是主持人周群。新冠肺炎疫情发生以来，在以习近平同志为核心的党中央坚强领导下，全国海关认真贯彻落实坚定信心、同舟共济、科学防治、精准施策的总要求，迅速采取最全面、最严格、最彻底的防控措施，上下一心、连续奋战，筑起了国门检疫防线。同时，各地海关众志成城、爱心接力，在确保质量安全的前提下，做好疫情防控物资快速通关各项工作，为打赢疫情防控人民战争、总体战、阻击战做出贡献。今天，我们网络连线武汉、上海、广州三地海关，了解疫情发生以来，海关全力保障进出口防疫物资快速通关，奔赴支援国内和国外防疫一线的有关情况。

参加此次访谈的嘉宾有：武汉海关党委委员、副关长沈建明，上海海关党委委员、副关长柳波，广州海关党委委员、副关长许广安。此次访谈不仅联动武汉、上海、广州三地海关，还邀请到顺丰速运有限公司国际业务首席执行官孙逊、湖北锦江报关公司总经理彭敏、复星集团高级副总裁李海峰、上海欣海报关有限公司董事长葛基中、中国南方航空广州白云国际物流有限公司总经理林道为参加。参加人员之众，在"在线访谈"历史上史无前例，也充分体现了全国各行各业上下一心、关企同心、共同战"疫"的决心。

下面有请各位嘉宾和我们的网友打个招呼：

🎤 **沈建明**：主持人好，各位网友好！

🎤 **柳波**：主持人好，各位网友好！

🎤 **许广安**：主持人好，各位网友好！

🎤 **孙逊**：主持人好，各位网友好！

🎤 **彭敏**：主持人好，各位网友好！

🎤 **李海峰**：主持人好，各位网友好！

新冠肺炎疫情发生以来，在党中央统一领导、统一指挥下，各地各部门各司其职、协调联动，紧急行动、全力奋战。海关总署认真贯彻落实党中央决策部署，全国海关戮力同心、紧密协作，全力保障进出口疫情防控物资的快速通关和全国统一调度，为打赢疫情防控阻击战贡献了力量。上下同欲者胜，同舟共济者赢。

　　葛基中：主持人好，各位网友好！

　　林道为：主持人好，各位网友好！

　　周群：各位嘉宾好，欢迎参加今天的在线访谈。新冠肺炎疫情发生以来，处在疫情防控最前沿的湖北，成为举国上下牵挂与关注的焦点，有一句话说得好，"武汉胜则湖北胜，湖北胜则全国胜"，武汉作为抗疫主战场的重要地位由此可见。湖北是进口防疫物资最主要的目的地。请武汉海关沈副关长，首先介绍一下武汉海关在保障疫情防控物资通关方面的总体情况。

　　沈建明：好的，武汉海关作为全国抗"疫"战的主战场，按照海关总署各项工作部署，第一时间成立武汉海关新冠肺炎疫情防控指挥部，关领导靠前指挥，各单位部门一把手现场值班，以"特事特办、从快从简、第一时间放行"为原则，有效保障捐赠物资快速通关，同时切实做好回国包机监管、复航航班准备等工作，帮助企业复工复产、解决难题，争取疫情结束后立即全面开展促外贸稳增长工作，全力打好湖北保卫战、武汉保卫战。

　　截至3月25日，武汉海关验放疫情防控物资232批次5306.25万件，总价值2.13亿元。疫情防控工作期间，湖北的疫情防控得到了全国关心和支持，坚定了我们战胜疫情的信心和决心。

　　周群：疫情发生以后，大批进口捐赠物资纷纷涌向湖北。据了解武汉海关很早就向湖北省人民政府和疫情防控指挥部提出设立对接社会捐赠专门机构的建议，打通捐赠物资通关瓶颈。能给我们介绍一下当时的情况吗？

　　沈建明：全国各地的捐赠物资驰援湖北。我们在捐赠物资进境通关实践中发现，不少企业和个人虽有捐赠意愿，但不知道如何捐赠，针对这一

情况，我们第一时间主动向湖北省人民政府和疫情防控指挥部报告，提出"明确主体、先办后补、联系配合"等 3 项建议。指挥部采纳武汉海关的意见，增设"社会捐赠组"，24 小时专门受理捐赠。2 月 1 日，我们组织宣讲并落实进一步扩大受赠主体范围的新政策，目前湖北省内受赠机构增加到 54 家。

设立对接社会捐赠机构，打通捐赠物资通关瓶颈

在捐赠物资进境通关实践中发现，不少企业和个人虽有捐赠意愿，但不知道如何捐赠，针对这一情况，第一时间主动向湖北省人民政府和疫情防控指挥部报告，提出"明确主体、先办后补、联系配合"等3项建议。

发布通告明确湖北省红十字会、湖北省慈善总会、湖北省青少年发展基金会等3家为受赠主体；

指挥部下增设"社会捐赠组"，24小时专门受理捐赠。

2月1日，我们组织宣讲并落实进一步扩大受赠主体范围的新政策，目前湖北省内受赠机构增加到54家。

🎙 **周群：** 疫情初期，很多同胞反映，他们想为祖国捐赠物资，尤其想捐给武汉，但是"不知捐什么、不知捐给谁、不知怎么捐"。武汉海关搭建了一个平台快速地解决了这个问题，先后打通了10多条捐受线路，覆盖美国、韩国、日本等境外捐赠地。您能给我们详细介绍一下吗？

🎙 **沈建明：** 我们第一时间以公告形式，对外公布了两位经办同志的电话号码，专人负责捐赠物资通关的疑难解答。建立"武汉海关捐赠清关咨询"微信群，短短两天时间，该群就从武汉海关单向答疑模式，转变成湖北省海外捐赠物资的服务对接平台，处理的事务也从海关通关领域拓展为"医院提需求——海外团体组织对接捐赠——受赠主体接受捐赠——物流企业接力运输——报关公司办理手续——海关全程指导服务"的"全流程、一条龙"对接服务。在这个平台上，境外捐赠方、国内受赠方以及物流企业等"有事入群、办完退群",群内始终动态保持 700 人的规模,来自全国海关的同志 24 小时不间断解答疑难,公布须知、清单、流程、指南等,日交流信息 6000 余条,快速有效地解决了通关中的各种"疑难杂症"。

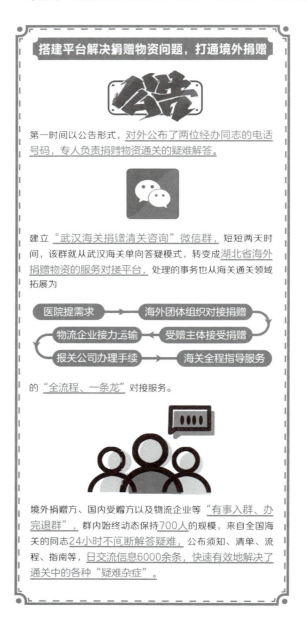

🎙 **周群**：维系这么一个体量巨大的信息群常态化、不间断地运作，非常不容易。武汉海关还采取了哪些具体措施保障物资快速验放呢？

🎙 **沈建明**：面对严峻的疫情防控形势，武汉海关高度重视，确定"特事特办、从快从简、第一时间通关放行"的原则，在工作中做到"五个零"，全力保障防疫物资的通关验放。一是安排部署零延时。武汉海关自1月23日就着手研究进口捐赠物资通关事宜，1月25日凌晨，在全国率先发布《武汉海关关于用于新型冠状病毒肺炎疫情防控和治疗的进口捐赠物资办理通关手续的公告》，明确办理事宜。公告发出后，人民日报微信公众号、湖北官方新闻政务客户端、"长江云"等中央和地方媒体当日即进行了报道，迅速引发社会广泛关注。二是靠前服务零等待。针对进境包机航班时间不确定，进境物资信息不完整等困难，武汉海关实行"一机一方案""一批一辅导"，在每批物资进口前，均逐一联系航空公司、捐赠人及受赠人等，主动收集信息、核实相关情况、全程予以指导，为不同类型的防疫物资量身定制通关方案，高效优质的通关服务受到各方高度赞誉，目前已收到来自法国领事馆、欧盟使团、航空公司等各方的感谢函，树立了良好的国门形象。三是通关验放零停歇。捐赠物资进境的高峰期恰逢武汉"封城"、交通管制、人员禁止流动的紧急时期，且在天河机场进境的捐赠物资中，约有70%为深夜甚至凌晨时段抵达。为了全力保障捐赠物资的快速通关，从大年初一首批物资进境开始，武汉天河机场海关就采取了"长住机场不回家"的驻场模式，关员们工作生活"一站化"，以沙发为床，以办公室为家，吃住在货站，全时段值守，全天候保障，从货物监装监卸、运输到库、清点、验核、登记放行，对天河机场入境的56个包机航班的捐赠物资实现了"即到、即检、即放"。四是优化模式零距离。除了灵活采取"企业免到场查验""口岸查验和目的地查验合并实施"等模式之外，为了方便各受赠医院尽快提取急需的防护物资，武汉海关主动提出"线上分配、线下直配"和联合查验的建议，确保了救命物资火速抵达救援一线。五是协同监管零障碍。武汉海关与地方部门密切配合，确保既能通得快，又要管得住，就进口试剂等特殊物品、医疗器械、医用口罩等医用防护物资与湖北省药品监督管理部门、质量监督管理部门实时联动，简化手续，快速验放；同时加强质量安全监管，劝返进境不合格食品两批，暂扣不合格物资两批，有效防止存在安全隐患的防疫物资流入防疫一线。

武汉海关保障物资快速验放的具体措施

确定"特事特办、从快从简、第一时间通关放行"的原则，在工作中做到"五个零"，全力保障防疫物资的通关验放。

01　一是安排部署零延时。

自1月23日，就着手研究进口捐赠物资通关事宜；1月25日凌晨，率先发布《武汉海关关于用于新型冠状病毒肺炎疫情防控和治疗的进口捐赠物资办理通关手续的公告》，明确办理事宜。公告发出后，人民日报公众号、湖北官方新闻政务客户端、"长江云"等中央和地方媒体当日即进行了报道，迅速引发社会广泛关注。

02　二是靠前服务零等待。

针对进境包机航班时间不确定，进境物资信息不完整等困难，武汉海关实行"一机一方案""一批一辅导"，在每批物资进口前，均逐一联系航空公司、捐赠人及受赠人等，主动收集信息，核实相关情况、全程予以指导，为不同类型的防疫物资量身定制通关方案。

03　三是通关验放零停歇。

捐赠物资进境的高峰期恰逢武汉"封城"、交通管制、人员禁止流动的紧急时期，且在天河机场进境的捐赠物资中，约有70%为深夜甚至凌晨时段抵达。
为了全力保障捐赠物资的快速通关，武汉天河机场海关采取了"长住机场不回家"的驻场模式，关员们工作生活"一站化"，以沙发为床，以办公室为家，吃住在货站，全时段值守，全天候保障，从货物监装监卸、运输到库、清点、验核、登记放行，对天河机场入境的56个包机航班的捐赠物资实现了"即到、即检、即放"。

04　四是优化模式零距离。

灵活采取"不见面查验""不到场查验""双查指令合并实施"等模式。

提出"线上分配、线下直配"和联合查验的建议，由慈善总会、红十字会在网上拟定分配方案，由海关、货站、受赠人三方联合清点，运输企业按单配送给定向的受赠医院，部分物资由各医院在机坪或货站直接提离，节省了受赠人（慈善总会、红十字会）拆板装车、运送至指定仓库，清点入出库、二次分拨等环节，确保了救命物资火速抵达救援一线。

05　五是协同监管零障碍。

武汉海关我关与地方部门密切配合，确保既能通得快，又要管得住，就进口试剂等特殊物品、医疗器械、医用口罩等医用防护物资与湖北省药品监督管理等部门、质量监督管理部门实时联动，简化手续，快速验放；

加强质量安全监管，劝返进境不合格食品两批，暂扣不合格物资两批，有效防止存在安全隐患的防疫物资流入防疫一线。

🎙 **周群**：武汉封城以后，很多进口捐赠物资主要从上海、广州、深圳等口岸入境，再从这些口岸转运到武汉，所有海关人众志成城，确保通关"零延时"，这是一场牵动全国海关人的"爱心接力"。跨区域的防控物资是如何确保第一时间运达湖北各地的呢？

🎙 **沈建明**：在海关总署的统一协调指挥下，武汉海关和北京、上海、杭州、厦门、长沙、广州、深圳等海关建立联动机制，保障物资快速通关，第一时间送达医疗一线。对需要办理报关手续的，口岸海关可直接对照湖北受赠人清单目录，凭湖北慈善机构出具的受赠人接受防控物资证明、分配使用清单验放；对属于医用物资的，凭湖北省药品监督管理局关于医疗器械出具的证明函办理通关手续；对于邮递渠道的物品，在自用合理数量范围内适度从宽掌握。

武汉海关联合上海、广州、长沙、重庆等海关成立疫情防控物资验放应急协调组，24 小时在线，防疫物资货到即登记放行，后补申报和免税手续。同时针对进口防疫物资转运、查验等问题，各成员海关负责与辖区监管作业场所经营人、运输工具负责人对口联系指导，保障进口防疫物资物流顺畅。

自 1 月 25 日起，湖北省通过异地口岸进口捐赠防疫物资 3300 多批次，涉及 15 个直属海关，都是即到即放，给予湖北疫情防控工作巨大的支持，有效缓解疫情防控一线防护物资"紧平衡"的状况。在此，我谨代表武汉海关向全国海关的大力支持表示衷心的感谢！

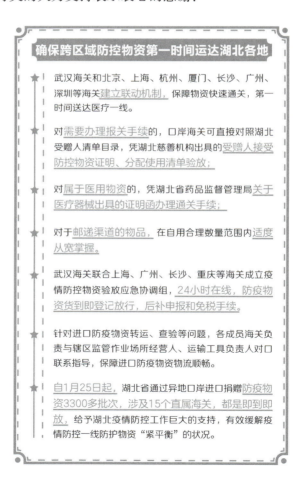

🎙 **周群**：可以给我们举一个这方面的例子吗？

🎙 **沈建明**：2月27日，武汉海关接到由北京海关转来的一批目的地检验的防疫物资，该批物资就是在首都国际机场报关，其中16台体外膜肺氧合治疗设备须立即送往武汉雷神山、火神山及同济、协和等医院用于救治危重新冠肺炎病人，考虑到该批物资为急需用于疫情防控的医疗设备，且数量较少，经采购人申请并提供自主验收合格报告，武汉海关与北京海关加强联系配合，寻求海关总署支持，特事特办，从简从快，第一时间对防疫物资通关放行，并及时掌握物流信息，主动上门15分钟完成现场查验，保证防疫物资快速投入抗疫一线。

🎙 **周群**：我们欣慰地看到，根据最新公布的数据，湖北连续多天无新增确诊病例。我们也看到，心存大爱的湖北人，积极向外伸出援手对外援助。请问武汉海关在保障对外援助物资出口方面有什么动作？

🎙 **沈建明**：武汉海关落实海关总署关于"为疫情防控物资的出口提供快速通关保障"的要求，主要做好四方面工作。一是调研防疫物资出口企业复工复产及港口码头交通、装卸环节情况，帮助解决存在的困难。二是提高效率，对需要办理出口审批手续的，落实海关总署的要求，能免办的给予免办，需要办理的通过网上办理、及时办理提高效率。三是成立专班，加强与口岸海关的协调，帮助企业解决在防疫物资出口方面遇到的问题和困难。四是加强指引，先后发布口罩和防护服出口海关技术性贸易措施指南，帮助企业扩大出口。截至3月16日，武汉海关共为华大生物科技（武汉）有限公司办理新型冠状病毒核酸检测试剂盒出境卫生检疫8次、5000多万份。

保障对外援助物资出口

武汉海关落实海关总署关于"为疫情防控物资的出口提供快速通关保障"的要求，主要做好四方面工作。

1 一是调研防疫物资出口企业复工复产及港口码头交通、装卸环节情况，帮助解决存在的困难。

2 二是提高效率，对需要办理出口审批手续的，落实海关总署的要求，能免办的给予免办，需要办理的通过网上办理、及时办理提高效率。

3 三是成立专班，加强与口岸海关的协调，帮助企业解决在防疫物资出口方面遇到的问题和困难。

4 四是加强指引，先后发布口罩和防护服出口海关技术性贸易措施指南，帮助企业扩大出口。

截至3月16日，武汉海关共为华大生物科技（武汉）有限公司办理新型冠状病毒核酸检测试剂盒出境卫生检疫8次、5000多万份。

🎤 **周群：**海关总署为了帮助企业应对疫情影响出台了促进外贸稳增长的"十条措施"。湖北作为疫情影响最严重的地区，武汉海关在支持湖北企业发展方面有哪些举措？

🎤 **沈建明：**一是迅速组织研究落实海关总署"十条措施"，从确保防疫物资快速通关、优化流程提高通关效率、服务企业助力复工复产、宽严相济依法办案、深化改革优化口岸营商环境等5个方面，细化制定《武汉海关战疫情助复工稳外贸二十条措施》。

二是及时发布境外技术性贸易措施风险提示。收集整理疫情期间部分国家和地区采取的技术性贸易措施，及时在"武易通关"微信公众号上发布，2 月 28 日在武汉海关门户网站发布了疫情期间境外技术性贸易措施风险信息提示，包括口岸、货物、交通、邮政等 4 个方面管制措施 127 条风险信息。

三是积极落实海关总署滞报金减免惠企政策。疫情防控期间截至 3 月 6 日，武汉海关受理滞报金减免申请 62 份，减免滞报金 18 万元，涉及进口货值 2205 万元。通过电话、微信和报纸等载体，让好政策广为人知，直通直达快通快达。企业可通过微信群，"零接触"递交申请，随递随办，即办即减免，事后补办审批手续。统一作业流程，推动实现"应减尽减，应免尽免"，对重大项目、重点企业开展"牵手行动"，指定专人担任企业协调员，实施"一地一策""一企一策"，量身定制优质的个性化服务措施。

四是对外发布疫情防控期间保障企业进出口货物快速通关的公告。各隶属海关主要负责人在岗带班、专人 24 小时值班，开辟"绿色通道"，设立专门窗口，安排专人负责接受企业咨询和办理通关事务。

五是通过关税技术手段支持企业复工复产。针对湖北省公布延长复工时间的实际情况，武汉海关及时请示海关总署，获批同意对湖北省延长汇总征税缴款期限。省内共有 39 家汇总征税企业可享受延期政策，预计可延期缴纳税款 4.07 亿元。联系中国平安财险湖北分公司和中银保险湖北分公司，推出无门槛关税保证保险，提供担保放行便利化服务，为企业快速通关保驾护航。

除了这些，武汉海关还依据海关总署党委关于支持综保区发展的 6 条措施，结合湖北实际，研究出台武汉海关支持湖北省综保区发展的 11 条措施，在抗疫同时支持建设五大中心，推动湖北外向型经济再上新台阶。

🎤 周群："全国有两个战场，一个在武汉，一个在海关"。你们又恰好是在武汉的海关。疫情防控过程中，武汉海关肯定涌现出许多感人的故事。能给我们讲讲他们的故事吗？

武汉海关在支持湖北企业方面的举措

一是迅速组织研究落实总署"十条措施"，从确保防疫物资快速通关、优化流程提高通关效率、服务企业助力复工复产、宽严相济依法办案、深化改革优化口岸营商环境等5个方面，细化制定《武汉海关战疫情助复工稳外贸二十条措施》。

二是及时发布境外技术性贸易措施风险提示。收集整理疫情期间部分国家和地区采取的技术性贸易措施，及时在"武易通关"微信公众号上发布，2月28日在武汉海关门户网站发布了疫情期间境外技术性贸易措施风险信息提示，包括口岸、货物、交通、邮政 4个方面管制措施127条风险信息。

三是积极落实总署滞报金减免惠企政策。疫情防控期间截至3月6日，武汉海关受理滞报金减免申请62份，减免滞报金18万元，涉及进口货值2205万元人民币。通过电话、微信和报纸等载体，让好政策广为人知，直通直达快通快达。企业可通过微信群，"零接触"递交申请，随递随办，即办即减免，事后补办审批手续。统一作业流程，推动实现"应减尽减，应免尽免"，对重大项目、重点企业开展"牵手行动"，指定专人担任企业协调员，实施"一地一策""一企一策"，量身定制优质的个性化服务措施。

四是对外发布疫情防控期间保障企业进出口货物快速通关的公告。各隶属海关主要负责人在岗带班、专人24小时值班，开辟绿色通道，设立专门窗口，安排专人负责接受企业咨询和办理通关事务。

五是通过关税技术手段支持企业复工复产。针对湖北省公布延长复工时间的实际情况，武汉海关及时请示海关总署，获批同意对湖北省延长汇总征税缴款期限。省内共有39家汇总征税企业可享受延期政策，预计可延期缴纳税款4.07亿元人民币。联系中国平安财险湖北分公司和中银保险湖北分公司，推出无门槛关税保证保险，提供担保放行便利化服务，为企业快速通关保驾护航。

武汉海关依据总署党委关于支持综保区发展的6条措施，结合湖北实际，研究出台武汉海关支持湖北省综保区发展的十一条措施，在抗疫同时支持建设五大中心，推动湖北外向型经济再上新台阶。

🎙 **沈建明**：现任武汉海关所属武汉天河机场海关副关长王锐同志，以岗为家，坚守机场一个多月，疫情暴发以来就未曾见到过父母和女儿，同事劝他休息，他总笑着说："人在，阵地在！"全程参与旅检一线检疫工作，危急时刻连续现场值守16个通宵。"80后"准新娘凌小力，学医5年，又有3年卫生系统工作经验，2019年武汉举办世界军人运动会，旅检岗位的她同家里商量延期了婚礼，这一次接到防疫命令，她又一次推迟婚礼，火速返回工作岗位在一线默默奉献。

大战如大考。全体党员争先表率，勇于担当，敢打硬仗，全关干部放弃休假纷纷请战，站到抗击疫情最前线，真正做到了关键时刻共产党员站得出来。

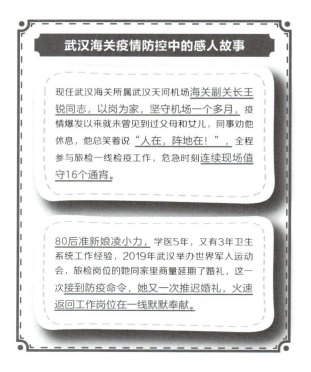

武汉海关疫情防控中的感人故事

现任武汉海关所属武汉天河机场海关副关长王锐同志，以岗为家，坚守机场一个多月，疫情爆发以来就未曾见到过父母和女儿，同事劝他休息，他总笑着说"人在，阵地在！"，全程参与旅检一线检疫工作，危急时刻连续现场值守16个通宵。

80后准新娘凌小力，学医5年，又有3年卫生系统工作经验，2019年武汉举办世界军人运动会，旅检岗位的她同家里商量延期了婚礼，这一次接到防疫命令，她又一次推迟婚礼，火速返回工作岗位在一线默默奉献。

🎤 **周群**：其实，国内物资保障从最初的供不应求，到现在的大批支援国外，不仅仅是海关在努力做到"更快一点"，广大企业更是保障流通的主力军。在疫情暴发之初，物流行业濒临停滞，有一家物流企业坚持活跃在武汉空港口岸和湖北的大街小巷，这就是大家所熟知的顺丰速运。下面，我们请孙逊先生给大家介绍一下顺丰速运在疫情防控物资通关方面的相关情况。

🎤 **孙逊**：好的，供应链就是社会的"生命链"。作为国内物流行业的领军企业，1 月 24 日除夕当天，顺丰航空紧急开通"深圳至武汉""杭州至武汉"航班，第一时间送去首批共 32 吨防疫物资。同时，顺丰国际全力承运来自海外企业、组织和中国企业，以及个人发往国内的医疗防疫物资，开通"成田至武汉""仁川至北京"等航线。我们利用海内外优势网络，不分昼夜加快物资运输，在海关"绿色通道"和各联检单位的支持下，实现全国多个口岸47万票进口防疫物资的通关"零延时"。1月24日至3月11日，顺丰航空累计执行驰援航班190个，运输防疫物资超过4600吨；顺丰国际累计运抵国内的来自日本、新加坡、韩国、马来西亚、美国及澳大利亚等地的海外防疫物资超过1200吨；顺丰陆运开行1800多个车次，累计运输超过9800吨；顺丰全网合计运输超过1亿件包裹至湖北。随着国外疫情形势严峻，防疫物资持续紧缺，顺丰迅速调整物流走向，3月上旬向39个国家及地区运送口罩、防护服、手套等医疗物资108吨。

顺丰速运在疫情防控物资通关方面的相关情况

1月24日除夕当天，顺丰航空紧急开通"深圳至武汉""杭州至武汉"航班，第一时间送去首批共32吨防疫物资。

利用海内外优势网络，不分昼夜加快物资运输，在海关"绿色通道"和各联检单位的支持下，实现全国多个口岸47万票进口防疫物资的通关"零延时"。

1月24日至3月11日，顺丰航空累计执行驰援航班190个，运输防疫物资超过4600吨；顺丰国际累计运抵国内的来自日本、新加坡、韩国、马来西亚、美国及澳大利亚等地的海外防疫物资超过1200吨；顺丰陆运开行1800多个车次，累计运输超过9800吨；顺丰全网合计运输超过1亿件包裹至湖北。3月上旬向39个国家及地区运送口罩、防护服、手套等医疗物资108吨。

🎙 **周群**：感谢顺丰为支援湖北抗疫所作的贡献。数量众多的湖北本地企业在战"疫"中发挥着不可替代的作用。请湖北锦江报关公司的彭敏给我们介绍一下物资通关情况。

🎙 **彭敏**：身为武汉一员，我感受到"同心协力、共克时艰"的感人力量。1 月 22 日、23 日，武汉疫情局势非常严峻，很多医院都急需口罩和防护服。我接到武汉海关希望配合清关工作的电话后，马上组织线上开会，公司全体人员无条件投入加班。当时武汉海关通关热线第一时间建立了微信咨询群，海外捐赠者、货代、报关公司纷纷进群，两天内微信群功能完善成为一个海外捐赠物资服务对接平台；通关热线负责同志跟我一起梳理发布免税清关流程和资料，指导大家开展工作；武汉海关"受理咨询 24 小时零间断、验放物资 24 小时零停歇、靠前服务零等待、强化联动零障碍"，关员全天候坚守岗位，这给了我定心丸。很多物资都是半夜到港，海关关员跟我们一起等待飞机到达，然后马上通关验放。我有时想问点工作上的事，也经常是凌晨一点才有时间打电话咨询。海关同志们无论多晚，都随时接听、随时答复。大家目的都很单纯：第一时间将这些物资送到医院，让医生有保障地去工作救人。截至 2020 年 4 月 1 日，我们已办理捐赠审批 400 余份，价值超过 1 亿元。

🎙 **周群**：好的。我们将目光转向上海。上海作为我国最大的进出口口岸，在这次疫情防控物资通关的"大会战"中发挥了重要的作用。请柳副关长介绍一下上海海关全力保障防疫物资通关的总体情况。

🎙 **柳波**：1 月 25 日，上海海关对外发布《上海海关关于全力保障肺炎疫情防控物资快速通关的通知》，明确物资通关有关事宜，为疫情防控物资进口快速通关提供规范化的指引。我们第一时间成立物资通关保障组，组织协调各业务职能部门、各隶属海关加强疫情防控相关物资的通关保障。在各通关现场开通防疫物资受理专窗和"绿色通道"，优先办理防控物资进口通关，确保疫情防控物资通关从快从简，即到即提，实现"零延时"。

截至 3 月 29 日，共验放进口防疫物资 15552 批次，货值 20.5 亿元。

周群：为应对疫情，社会各界紧急从上海口岸进口大量口罩、防护服和医疗设备等疫情防控物资。据统计，自上海进口的防疫物资占全国防疫物资进口总量的四分之一。上海海关采取了哪些措施来确保物资快速"零延时"？

柳波：疫情发生后，上海海关第一时间启动应急通关保障机制，按照"快速、安全"的原则，全力以赴确保上海口岸防疫物资"零延时"。全关26 个通关现场开通"绿色通道"和受理专窗，24 小时接受申报。建立由货主、海关、航空公司、货运代理等多方参与的协调机制，对每一批物资量身定制通关物流方案，做到"一货、一企、一策"。对外发布《上海海关疫情防控物资进口通关指南》，引导企业叠加应用两步申报、提前申报等

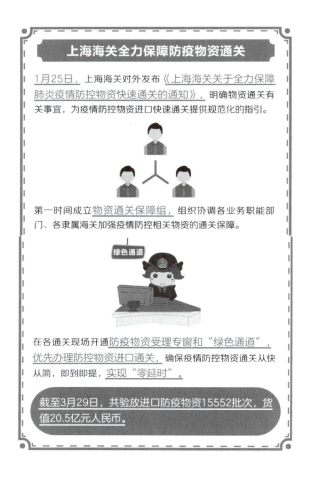

改革举措，最大限度地简化手续、压缩通关时间。协调上海市相关管理部门对捐赠和上海市联防联控统筹进口的医疗器械，实施"先放行、后检测、再使用"。我们还协调上海市民政部门、红十字会在通关现场与海关联合办公，简化捐赠物资的认定和通关手续；主动加强与武汉等重点地区和长三角地区海关单位对接，建立应急联动机制，共同打好疫情防控阻击战。此外，我们还对个人携带、寄递进境的防疫物资监管流程进行了优化，提供相应的通关便利。

🎤 **周群：**上海海关立足口岸一线，在保障物资快速通关方面下足了功

上海海关确保物资快速"零延时"的措施

上海海关第一时间启动应急通关保障机制，按照<u>"快速、安全"的原则</u>，全力以赴确保上海口岸防疫物资<u>"零延时"</u>。

★ 全关26个通关现场开通<u>"绿色通道"和受理专窗，24小时接受申报</u>。

★ 建立由货主、海关、航空公司、货运代理等多方参与的协调机制，对每一批物资量身定制通关物流方案，做到<u>"一货、一企、一策"</u>。

★ 对外发布<u>《上海海关疫情防控物资进口通关指南》</u>，引导企业叠加应用两步申报、提前申报等改革举措，最大限度地简化手续、压缩通关时间。

★ 协调上海市相关管理部门对捐赠和上海市联防联控统筹进口的医疗器械，实施<u>"先放行、后检测、再使用"</u>。

★ 协调上海市民政部门、红十字会在通关现场与海关<u>联合办公</u>，简化捐赠物资的认定和通关手续；

★ 主动加强与武汉等重点地区和长三角地区海关单位对接，<u>建立应急联动机制</u>，共同打好疫情防控阻击战。

★ 对个人携带、寄递进境的<u>防疫物资监管流程进行了优化</u>，提供相应的通关便利。

夫。那么在通关时效问题解决后，对于大量进口的医疗器械，我们是如何去保证其使用安全的呢？

🎤 **柳波**：疫情发生以来，上海海关严格把好涉及民生领域与消费者生命健康安全息息相关的防疫物资质量安全关，防止不合格的防护用品入境。在紧急情况下，对于本市医疗机构使用、暂未取得注册证的医疗器械，实施"先放行、后检测、再使用"，海关先予放行，后续由市卫健委、药监局负责检测和使用。上海海关梳理了需提供医疗器械注册证的商品目录，并指导各业务现场对是否为医用产品、规格型号和医用标准等加强审核，通过信息搜集、精准布控、快速查验和实验室检测等手段构建完整管理链条。以浦东机场海关为例，已拦截疑似不合格口罩等防疫物资 38 批次。我们还重拳打击进口侵权防疫物品行为，构筑起"现场重点巡查风险精准布控"相结合的立体化侵权防控体系。3 月 12 日，上海海关立案调查了全国海关进口货运渠道首起侵权口罩案件，涉及 N95 口罩 8000 个。

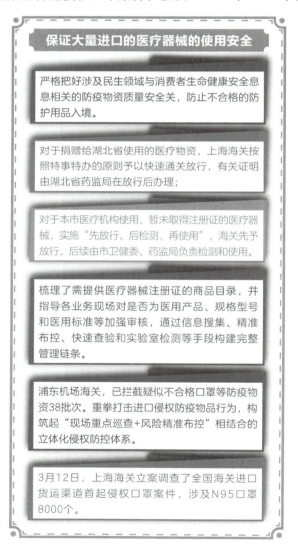

保证大量进口的医疗器械的使用安全

严格把好涉及民生领域与消费者生命健康安全息息相关的防疫物资质量安全关，防止不合格的防护用品入境。

对于捐赠给湖北省使用的医疗物资，上海海关按照特事特办的原则予以快速通关放行，有关证明由湖北省药监局在放行后办理；

对于本市医疗机构使用、暂未取得注册证的医疗器械，实施"先放行、后检测、再使用"，海关先予放行，后续由市卫健委、药监局负责检测和使用。

梳理了需提供医疗器械注册证的商品目录，并指导各业务现场对是否为医用产品、规格型号和医用标准等加强审核，通过信息搜集、精准布控、快速查验和实验室检测等手段构建完整管理链条。

浦东机场海关，已拦截疑似不合格口罩等防疫物资38批次。重拳打击进口侵权防疫物品行为，构筑起"现场重点巡查+风险精准布控"相结合的立体化侵权防控体系。

3月12日，上海海关立案调查了全国海关进口货运渠道首起侵权口罩案件，涉及N95口罩8000个。

🎙 **周群**：众所周知，上海作为一个国际化大都市，众多的涉外机构在上海驻点。2 月 18 日，波兰驻沪总领事馆专程来到上海海关，感谢在波兰一批防疫物资进口过程中给予的大力协助。请给我们介绍一下，上海海关是如何为这些机构提供防疫物资通关服务，树立我国良好对外形象的呢？

🎧 **柳波**：上海身处对外开放的最前沿，有 78 个国家在上海设立了领事馆。上海海关全力保障驻沪外交机构有关捐赠物资、防疫物资进境。2 月初，一批混装有捐赠给波兰领事馆和波兰在中国合作企业的口罩抵达上海浦东国际机场，针对这票货物中既有一般贸易进口货物又有外交物品的复杂情况，上海海关专门优化了通关衔接和舱单核注等作业流程，确保了这

提供防疫物资通关服务，树立我国良好对外形象

有 78 个国家在上海设立了领事馆。上海海关全力保障驻沪外交机构有关捐赠物资、防疫物资进境。

2 月初，一批混装有捐赠给波兰领事馆和波兰在中国合作企业的口罩抵达上海浦东机场，针对这票货物中既有一般贸易进口货物又有外交物品的复杂情况，上海海关专门优化了通关衔接和舱单核注等作业流程，确保了这批防疫物资第一时间顺利通关。

上海海关为韩国驻沪领事馆分三批紧急进口的防疫物资外交邮袋提供了快速通关服务；解答俄罗斯领事馆有关从邮递渠道进口口罩的通关手续的咨询；协助法国使馆和挪威驻沪领事馆做好疫情期间有关物资的通关安排等。

批防疫物资第一时间顺利通关。上海海关还为韩国驻沪领事馆分三批紧急进口的防疫物资外交邮袋提供了快速通关服务；解答俄罗斯领事馆有关从邮递渠道进口口罩的通关手续的咨询；协助挪威驻沪领事馆做好疫情期间有关物资的通关安排等。

🎤 **周群**：当前，国内疫情形势向好，国际疫情日趋严峻，自上海口岸出口的防疫物资数量不断增长。我国援助意大利的首批专家团队和随行医疗物资就是从上海出发的。想了解一下，上海海关目前采取哪些措施来保障对外援助物资的出口？

🎤 **柳波**：在新冠肺炎疫情呈多国蔓延趋势、国内防疫物资生产供应逐渐恢复正常的情况下，上海海关及时研判形势，将物资通关保障重点逐步转向出口环节。沿用进口防疫物资通关中"一企、一货、一策"等成熟机制，加强与各国驻华领事馆、主要企业的联络协调和对接合作，"点对点"提供通关全流程指引，协助设计最优出口通关方案，在出境航班受限和运力紧张的情况下，主动联系航空公司预定舱位，协调各方做好通关准备，最大限度缩短通关时间。同时，对于以一体化方式申报的报关单，依托跨关区协调联动机制，第一时间获取相关物资出口信息，实现优先办理、快速验放。3 月 12 日，应意大利政府和红十字会的请求，由我国政府派遣的专家组一行 9 人和 31 吨物资搭乘东方航空包机飞往罗马，为意大利提供紧急医疗援助和技术支持，上海浦东国际机场海关开辟"绿色通道"，为救援物资紧急出境提供通关便利。上海海关已保障商务部、国家卫健委、上海市政府等向巴基斯坦、意大利、韩国、日本等国的多批捐赠物资顺利通关出口。

上海海关保障对外援助物资出口的措施

沿用进口防疫物资通关中"一企、一货、一策"等成熟机制，加强与各国驻华使领馆、主要企业的联络协调和对接合作，"点对点"提供通关全流程指引，协助设计最优出口通关方案。

对于以一体化方式申报的报关单，依托跨关区协调联动机制，第一时间获取相关物资出口信息，实现优先办理、快速验放。

3月12日，应意大利政府和红十字会的请求，由我国政府派遣的专家组一行9人和31吨物资搭乘东方航空包机飞往罗马，为意大利提供紧急医疗援助和技术支持，上海浦东国际机场海关开辟"绿色通道"，为救援物资紧急出境提供通关便利。

上海海关已保障商务部、国家卫健委、上海市政府等向巴基斯坦、意大利、韩国、日本等国的多批捐赠物资顺利通关出口。

🎤　**周群**：作为我国的经济中心之一，疫情发生以后，上海在支持企业复工复产，促进外贸稳定增长方面，也走在全国前列。上海海关在其中发挥了怎样的作用？

🎙 **柳波**：上海海关认真贯彻习近平总书记关于统筹推进疫情防控和经济社会发展的重要指示精神，落实海关总署促进外贸稳定增长有关部署精神，研究制定了 13 条措施，帮助企业渡过难关、复工复产、创新发展。

一是全力提升复工复产急需物资和民生物资通关速度。将防疫物资"绿色通道"扩大到原材料、零部件等复工复产急需物资和肉类、水果等民生物资，累计快速验放物资逾 20 亿元。动植物检疫随报随批、即到即检，全项目检测周期压缩至 2 个工作日。把好进口商品质量安全关，拦截口罩等不合格产品近 40 批次。

二是严格落实减税降费政策为企业纾困解难。免除企业因疫情产生的滞报金 566 万元。延长缴税期限和汇总征税支付日期，预计为企业节省担保费用和滞纳金 3700 万元。为防疫物资减免税款近 8700 万元。

三是瞄准企业难点提供精准帮扶。对重点企业提供"一企一策"个性化支持措施，为企业量身定制通关物流方案，确保各类进口物资及时投入生产。协助快件企业加快单证处理，应对因航线停运、人力不足导致的快件滞留。为企业开展外发加工、深加工结转等业务提供便利，支持关区内加贸企业复工复产。

四是大力支持战略性新兴产业发展。为中芯国际、中航商发等 7 个上海市重大工程的 150 批次、1.9 亿美元的进口设备提供通关便利，助力半导体、集成电路、航空发动机等高端制造业复工复产。加强对区块链、数字生活等新技术、新业态的海关制度创新研究，推动"数字清关"，2 月以来共试点 6600 余票，货值 160 余万元。

五是优化海关作业方式推动贸易便利化。推进"互联网＋海关"关企互动平台建设，推广不见面审批、企业免到场查验和在线稽核查。疫情期间通过视频连线方式对大豆、航空煤油等加工存放场所进行远程验收，对 117 家企业实施非现场、非侵入式核查，作业周期缩短至实地核查的三分之一。

下一步，上海海关将根据疫情最新发展态势，进一步采取针对性举措，持续优化口岸营商环境，畅通国际物流战略通道，全力做好产业链、供应链的稳链、补链工作，支持企业扩大进出口、把握新机遇、培育新动能，全力稳增长促发展，为统筹推进疫情防控和经济社会发展贡献海关力量。

支持企业复工复产，促进外贸稳定增长

认真贯彻习近平总书记关于统筹推进疫情防控和经济社会发展的重要指示精神，落实海关总署促进外贸稳定增长有关部署精神，研究制定了13条措施，帮助企业渡过难关、复工复产、创新发展。

01　一是全力提升复工复产急需物资和民生物资通关速度。

将防疫物资"绿色通道"扩大到原材料、零部件等复工复产急需物资和肉类、水果等民生物资，累计快速验放物资逾20亿元。动植物检疫随报随批、即到即检，全项目检测周期压缩至2个工作日。把好进口商品质量安全关，拦截口罩等不合格产品近40批次。

02　二是严格落实减税降费政策为企业纾困解难。

免除企业因疫情产生的滞报金566万元。延长缴税期限和汇总征税支付日期，预计为企业节省担保费用和滞纳金3700万元。为防疫物资减免税款近8700万元。

03　三是瞄准企业难点提供精准帮扶。

对重点企业提供"一企一策"个性化支持措施，为企业量身定制通关物流方案，确保各类进口物资及时投入生产。协助快件企业加快单证处理，应对因航线停运、人力不足导致的快件滞留。为企业开展外发加工、深加工结转等业务提供便利，支持关区内加贸企业复工复产。

04　四是大力支持战略性新兴产业发展。

为中芯国际、中航商发等7个上海市重大工程的150批次、1.9亿美元的进口设备提供通关便利，助力半导体、集成电路、航空发动机等高端制造业复工复产。加强对区块链、数字生活等新技术、新业态的海关制度创新研究，推动"数字清关"，2月以来共试点6600余票，货值160余万元。

> **05** 五是优化海关作业方式推动贸易便利化。
>
> 推进"互联网+海关"关企互动平台建设，推广不见面审批、无陪同查验和在线稽查核查。疫情期间通过视频连线方式对大豆、航空煤油等加工存放场所进行远程验收，对117家企业实施非现场、非侵入式核查，作业周期缩短至实地核查的三分之一。
>
> 根据疫情最新发展态势，进一步采取针对性举措，持续优化口岸营商环境，畅通国际物流战略通道，全力做好产业链、供应链的稳链、补链工作，支持企业扩大进出口、把握新机遇、培育新动能，全力稳增长促发展，为统筹推进疫情防控和经济社会发展贡献海关力量。

🎙 **周群**：在疫情防控的紧要关头，众多国际化企业纷纷发挥自身资源优势，从国外采购调拨了大批的防疫物资，源源不断地运往国内抗疫一线。复星集团就是这些企业中的先行者。现在，请李海峰先生给我们介绍一下防疫物资"国际调度"的具体情况。

🎙 **李海峰**：疫情发生后，复星党委、董事会积极响应党中央、国务院各项决策部署，第一时间调动全球资源，从 23 个国家和地区紧急筹措 296.3 万件医疗防护物资，包括防护服 112 万件、口罩 155 万只等，均及时运送到湖北等防疫一线。上海海关为复星提供了"提前申报""汇总申报"等便捷通关模式，让数据多跑路，让我们的物流清关人员少跑腿甚至不跑腿，在提升通关速度的同时，最大限度地帮助了一线业务人员。海关同志 24 小时在线沟通，加班加急研究处置措施，确保了已到港物资"零延时"通关。近期，海外疫情迅速蔓延，复星积极筹备向海外捐赠医疗物资，但碰到了捐赠资质、产品认证、国际航线中断等一系列问题。上海海关再次发挥"店小二"的精神，发挥联防联控体系优势，提供一条龙指导和服务，支持复星公益基金会向意大利、日本、韩国、印度等重点国家（地区）调配援助医疗防护物资 252.3 万件。

🎤 **周群**：谢谢李海峰的介绍，也对复星集团为共抗疫情所做出的努力表示衷心的感谢。我们知道，在疫情的特殊情况下，大量捐赠物资的收发货人此前从未有过进出口通关方面的经验，而报关企业则在紧要关头提供了及时而专业的服务。让我们请葛基中先生介绍一下上海的报关行业在此次疫情中的表现。

🎤 **葛基中**：疫情发生后，上海欣海报关有限公司（以下简称"欣海"）在上海海关的协调下，逐个联系企业，确定作业流程，尽可能配合海关加快通关速度，为防疫物资驰援武汉争取宝贵时间。春节假期，上海海关有一对青年关员夫妻在迪拜旅游，得知当地华人筹集大批物资准备捐赠国内，但不知道该如何办理捐赠和进口手续。两位关员当即牵线搭桥，在上海嘉定海关和欣海的共同努力下，2月1日，迪拜华人援助的7万多只口罩、2万副防护手套等防疫物资顺利进境，并急速发往湖北。

上海的报关行业在此次疫情中的表现

欣海在上海海关的协调下，逐个联系企业，确定作业流程，尽可能配合海关加快通关速度，为防疫物资驰援武汉争取宝贵时间。春节假期，上海海关有一对青年关员夫妻在迪拜旅游，得知当地华人筹集大批物资准备捐赠国内，但不知道该如何办理捐赠和进口手续。两位关员当即牵线搭桥，在上海嘉定海关和欣海的共同努力下，2月1日，迪拜华人援助的7万多只口罩、2万副防护手套等防疫物资顺利进境，并急速发往湖北。

🎤 **周群**：感谢上海海关和企业代表介绍。广州作为华南地区的国际物流枢纽，无疑也是保障进口战"疫"物资通关的"南大门"。"没有一个春天不会到来，没有一批防疫物资会被耽误"。据我所知，1 月 19 日至 3 月 26 日，广州海关累计验放进口的口罩、防护服、护目镜等疫情防控物资 14.3 万批次、5.1 亿件。在短期内要保障这么多防疫物资不滞留不滞压，许副关长可否给我们介绍一下广州海关都做了哪些保障防疫物资快速通关的措施？

🎙 **许广安**：广州海关在疫情发生之时就提出要坚决确保各类救援防控物资便利通关，要在解决国内防疫物资缺口上发挥更大的主观能动性。关里多次召开党委会议对疫情防控物资通关工作进行全面部署。关党委成员亲临一线指挥工作，深入广州白云机场海关、广州邮局海关、天河海关、广州车站海关和南沙海关等基层单位开展现场督导。我们在关区 23 个有通关业务的隶属海关单位设立 35 个进口疫情防控物资快速通关专用窗口，专人

广州海关保障防疫物资快速通关的措施

多次召开党委会议对疫情防控物资通关工作进行全面部署。

关党委成员亲临一线指挥工作，深入广州白云机场海关、广州邮局海关、天河海关、广州车站海关和南沙海关等基层单位开展现场督导。

23 个有通关业务的隶属海关单位设立 35 个进口疫情防控物资快速通关专用窗口，专人专岗、7×24 小时通关，确保"绿色通道"全时守候，全力保障疫情防控物资及时提离，投入疫情防控使用。

对外发布防疫物资进口通关服务、减免税手续办理等指引指南，通过现场办事窗口、12360 咨询热线等为捐赠人、受赠人、进出口企业、政府部门、社会各界答疑解惑。可以说，抗疫物资在广州海关的通关是"即到即放""零等待"。

专岗、7×24 小时通关，确保"绿色通道"全时守候，全力保障疫情防控物资及时提离，投入疫情防控使用。同时，广州海关对外发布防疫物资进口通关服务、减免税手续办理等指引指南，通过现场办事窗口、12360 咨询热线等为捐赠人、受赠人、进出口企业、政府部门、社会各界答疑解惑。可以说，抗疫物资在广州海关的通关是"即到即放""零等待"。

🎤 **周群**：疫情期间，为了控制疫情传播，很多进出口企业复工复产面临着困难，一些员工都选择在家办公，这个有没有对关区防疫物资的进出造成影响？

🎤 **许广安**：广州海关为了推动海关手续办理"零跑动"、人员"不聚集"，一是出台应对新型冠状病毒肺炎疫情助力企业复工复产相关措施，内容涵盖绿色通关、税费减免、快速检疫、质量认证、"无接触"办理等多方面，全力支持关区内受疫情影响的各类企业复工复产、办理进出口通关手续。二是依托关区智能化便捷通关立体监管改革成果，应用"AR + AI"技术实施远程视频监控作业，降低实地核查频次，提高通关效率。依托 136 项线上服务，助力逾 9 万家企业在线办理海关业务。三是应用"互联网 + 海关"开展"查验交互"，关区口岸全面实施"查验时收发货人可免于到场"模式，无须进出口企业派员到场，企业人员在家就可远程办理通关手续。四是对进口疫情防控物资，紧急情况下实施先登记放行后补办相关手续的做法，保障物资快速通关。对通关一体化进口的疫情防控物资，凭属地海关联系确认，作先登记放行后补办手续。目前，共有 104 批货物作先登记后补申报手续，2203 票货物作先登记放行后补办减免税手续。

🎤 **周群**：疫情刚暴发的时候，很多到我国的进境航班缩减，但是很多海外华人捐赠、国内企业采购的防疫物资急需回国。在这个背景下，广州海关是怎样想方设法保障防疫物资进境呢？

> **复工复产困难，对关区防疫物资的进出的影响**
>
> 广州海关为了推动海关手续办理"零跑动"、人员"不聚集"：
>
> ★ 一是出台应对新型冠状病毒肺炎疫情助力企业复工复产相关措施，内容涵盖绿色通关、税费减免、快速检疫、质量认证、"无接触"办理等多方面，全力支持关区内受疫情影响的各类企业复工复产、办理进出口通关手续。
>
> ★ 二是依托关区智能化便捷通关立体监管改革成果，应用"AR+AI"技术实施远程视频监控作业，降低实地核查频次，提高通关效率。依托136项线上服务，助力逾9万家企业在线办理海关业务。
>
> ★ 三是应用"互联网+海关"开展"查验交互"，关区口岸全面实施"查验时收发货人可免于到场"模式，无须进出口企业派员到场，企业人员在家就可远程办理通关手续。
>
> ★ 四是对进口疫情防控物资，紧急情况下实施先登记放行后补办相关手续的做法，保障物资快速通关。对通关一体化进口的疫情防控物资，凭属地海关联系确认，作先登记放行后补办手续。目前共有104票作先登记放行后补办手续。

🎙 **许广安**：在直飞广州的国际航班减少的情况下，抗疫物资进口确实面临困难。相信大家都看过一段网上流行的视频，就是客运飞机旅客座位上坐着的，是整齐摆放的进口防疫物资。这在我们广州白云国际机场，是确实存在的。除制定相应工作方案确保 7×24 小时通关便利之外，我们还对货运渠道的进境防疫物资提供"停机坪快速验放"模式。对邮递渠道防疫物资激增的情况，联合中国港澳邮政、广东省邮政，利用港澳邮政进口 e 特快"一点清关"，为海外侨胞通过港澳地区转运的防疫物资搭建快速通道，支持邮政企业开辟新邮路。同时，我们还搭建进境防疫物资"空海联运"快速通道，依托香港国际机场至莲花山客运港的客船，承运到达香港国际机场的防疫物资随船进境。

🎤 **周群**：我们看到很多海外华人华侨和留学生纷纷在当地购买口罩等防疫物资并且邮寄回国。请问对于邮寄、跨境电商渠道进来的防疫物资，广州海关的保障措施都有哪些？

🎤 **许广安**：我们应用大数据智能分析和全流程视频跟踪锁定，对防疫物资邮件精准定位、优先处置。和邮政企业建立抗疫服务专窗、邮政服务专岗、物流服务专线"三专"绿色通道，对邮寄、跨境电商渠道进境防疫物资提供"最高优先级"待遇。同时，为确保"海淘"包裹快速安全通关，进出境邮递物品监管领域全面推行"邮路分类""场所分区""防护分级"疫情防控新举措，在守护千家万户的安全的同时，为邮政企业复工复产解除了后顾之忧。

对于邮寄、跨境电商渠道的防疫物资的保障措施

应用大数据智能分析和全流程视频跟踪锁定，对防疫物资邮件精准定位、优先处置。

和邮政企业建立抗疫服务专窗、邮政服务专岗、物流服务专线"三专"绿色通道，对邮寄、跨境电商渠道进境防疫物资提供"最高优先级"待遇。

为确保"海淘"包裹快速安全通关，进出境邮递物品监管领域全面推行"邮路分类""场所分区""防护分级"疫情防控新举措，在守护千家万户的安全的同时，为邮政企业复工复产解除了后顾之忧。

🎙 **周群**：很多在国外旅游的中国人回国减少行李，尽量装一些口罩等国内急用的物资。这些都是非常规的，那么对于旅客带回来的防疫物资，海关是怎样保障快速通关的？

🎙 **许广安**：进境旅客携带个人物品中涉及疫情防控物资的，在自用合理数量范围内适度从宽予以放行。对于信息明确的需货物报关的防疫物资，凭行李客票信息在始发站提前发送数据，实现通关手续前移、人到快查快放。对于旅客到达现场后不了解海关通关流程、未准备通关文件的情况，协调广州穗海国际、广州博腾国际等 3 家代理报关公司建立联络员机制，"全天候、零等待"轮班在航站楼驻点保障报关，确保不会因为手续问题让旅客为难。此外，在微信小程序"旅客指尖服务""关邮 e 通"平台中开发上线了分运行李"线上办"服务，旅客可以用分运行李的形式把物资寄回来。此外还协调广州市红十字会提供 24 小时服务，形成合力推进防疫捐赠物资"零延迟"通关。

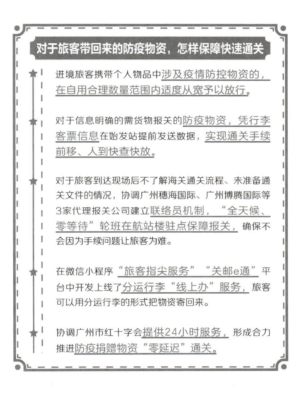

对于旅客带回来的防疫物资，怎样保障快速通关

★ 进境旅客携带个人物品中涉及疫情防控物资的，在自用合理数量范围内适度从宽予以放行。

★ 对于信息明确的需货物报关的防疫物资，凭行李客票信息在始发站提前发送数据，实现通关手续前移、人到快查快放。

★ 对于旅客到达现场后不了解海关通关流程、未准备通关文件的情况，协调广州穗海国际、广州博腾国际等3家代理报关公司建立联络员机制，"全天候、零等待"轮班在航站楼驻点保障报关，确保不会因为手续问题让旅客为难。

★ 在微信小程序"旅客指尖服务""关邮e通"平台中开发上线了分运行李"线上办"服务，旅客可以用分运行李的形式把物资寄回来。

★ 协调广州市红十字会提供24小时服务，形成合力推进防疫捐赠物资"零延迟"通关。

🎤 **周群：**刚才听您说海关协调广州市红十字会，我们都知道此次防疫物资工作牵涉到多个政府部门和组织的联系配合。请问这方面工作是如何开展的？

🎤 **许广安：**保障防疫物品进出口并不是海关一家单打独斗，涉及很多部门，各部门要拧成一股绳，才能发挥合力。我们一方面加强与省、市商务部门沟通，及时了解重点进口商和接受捐赠单位疫情防控物资通关情况，提前指导办理海关手续。另一方面，搭建与慈善机构的联系沟通通道，为广东省慈善总会、广东省侨界仁爱基金会、广州市红十字会等 14 家慈善机构加急办理临时报关单位注册编码和电子口岸业务卡。针对慈善部门难以在进口通关环节提供发票的实际情况，只要认定属于疫情防控进口捐赠物资，特事特办，快速验放。

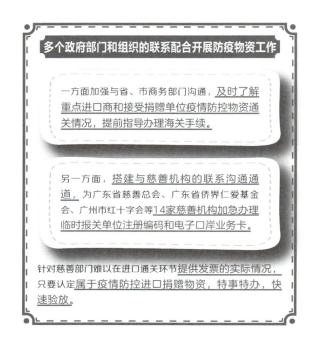

🎤 **周群**：随着国内疫情得到控制，企业逐步复工复产。广东出现了企业改装生产线制造防疫物资，支援国内市场和海外市场的报道。对于向海外市场出口防疫物资这一点，广州海关有什么帮扶做法？

🎤 **许广安**：在疫情发生初期，我们帮助很多企业在海外采购口罩，保障企业尽快克服困难、复工复产，对企业复工复产所需的机器设备、原材料，我们实施快速验放，提高机检比例，减少开箱检查，支持企业快速复工复产，增加产量。我们欣喜地看到，很多国内企业的生产速度上来得很快。现在无论是国内向海外的捐赠，还是国内企业的生产出口，海关都给予了大力支持。防疫物资出口方面，我们加强与报关企业和物流企业的联系配合，提前掌握物资航班、清单等信息，实施报关"预审核"、监管条件"预确定"，为物资顺利出口做好充分准备。积极对接货站，指导制定物资快速调度方案，确保货物运抵货站后快速完成理货、装载手续，减少物资通关的停留时间。

广州海关帮扶企业向海外市场出口防疫物资

帮助很多企业在海外采购口罩，保障企业尽快克服困难、复工复产，对企业复工复产所需的机器设备、原材料，我们实施快速验放，提高机检比例，减少开箱检查，支持企业快速复工复产，增加产量。

防疫物资出口方面，加强与报关企业和物流企业的联系配合，提前掌握物资航班、清单等信息，实施报关"预审核"、监管条件"预确定"，为物资顺利出口做好充分准备。

积极对接货站，指导制定物资快速调度方案，确保货物运抵货站后快速完成理货、装载手续，减少物资通关的停留时间。

🎤 **周群**：全球疫情愈演愈烈，意大利、伊朗、塞尔维亚等国先后向我国提出援助请求。据了解，疫情发生以来，有 42 个单位、组织向广州海关发来感谢信，不乏一些国家的领事馆。请问广州海关在对外援助物资通关服务方面有什么做法？

🎙 **许广安**：3 月 19 日，广州海关收到了伊朗驻广州总领事馆致广州海关感谢信，对广州海关发扬国际人道主义精神，对运往伊朗的防疫物资予以快速通关表示感谢。疫情发生以来，我们先后收到以色列驻广州总领事馆、伊朗伊斯兰共和国驻广州总领事馆、英国广西联谊会、桂林市归国华侨联合会等很多单位的感谢信。海外疫情蔓延，我们高度重视防疫物资出口的快速通关工作。为相关单位提供"一对一"的指导，为防疫物资出口搭建特殊通道，提供先登记放行后补办手续的通关便利。

3 月 5 日，广东省红十字会紧急联系广州海关，他们要在 3 月 7 日派出医学专家小组和一批防疫物资为伊拉克提供紧急人道主义援助。援助物资 19.9 万件，数量多、种类复杂，广东省红十字会表示来不及完成报关资料整理。为此，广州海关在紧急请示海关总署同意后，现场关员"一对一"及时提供"绿色通道"通关便利。3 月 19 日凌晨 3 点，马云公益基金会防疫物资从广州白云国际机场出境飞往卢旺达，我们也是启用"绿色通道"快速办理通关手续，该基金会对海关的快速验放表示感谢，称随后还将从广州白云国际机场向伊朗、西班牙等疫情严重国家运送防疫物资。

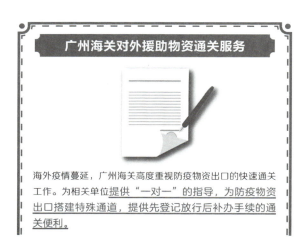

广州海关对外援助物资通关服务

海外疫情蔓延，广州海关高度重视防疫物资出口的快速通关工作。为相关单位提供"一对一"的指导，为防疫物资出口搭建特殊通道，提供先登记放行后补办手续的通关便利。

3月5日，广东省红十字会紧急联系广州海关，他们要在3月7日派出医学专家小组和一批防疫物资为伊拉克提供紧急人道主义援助。援助物资19.9万件，数量多、种类复杂，广东省红十字会表示来不及完成报关资料整理。在紧急请示海关总署同意后，现场关员"一对一"及时提供"绿色通道"通关便利。3月19日凌晨3点，马云公益基金会防疫物资从广州白云国际机场出境飞往卢旺达，也是启用"绿色通道"快速办理通关手续，该基金会对海关的快速验放表示感谢，称随后还将从广州白云国际机场向伊朗、西班牙等疫情严重国家运送防疫物资。

🎙 **周群：** 抗疫战斗分秒必争，航空运输的快速便捷优势明显。我们从网上看到，疫情暴发以来，南方航空执行运送医疗人员航班任务 111 班，紧急运送救援人员共 1.23 万人，执飞 15 个包机航班，将滞留国外的 2629 名同胞接回了祖国，让人们感受到了祖国的强大。请中国南方航空（以下简称"南航"）广州白云国际物流有限公司总经理林道为为我们介绍一下防疫物资运输方面的情况。

🎙 **林道为：** 疫情防控阻击战打响以来，南航第一时间制订了应急预案，出台符合条件救援物资免费运输政策，发挥空运高效运输优势，迅速建立起空地对接、国内国际联动的支援抗疫运输网络。针对境外救援物资进口需求，我们做好航班安排、运力调配和机组资源备份，保障国际航线不断航，24 小时不间断保持防疫救援物资"绿色通道"顺畅。在海关的大力支持下，我们的所有货机正班航线 2 月中旬全面恢复，南航 777 全货机和 747 全货机每周执行 50 班，南航海内外各单位共 65 个站点承运援助物资 18.4 万件，重 2328 吨。

中国南方航空广州白云国际物流有限公司防疫物资运输

疫情防控阻击战打响以来，南航第一时间制定了应急预案，出台<u>符合条件救援物资免费运输政策</u>，发挥空运高效运输优势，迅速建立起空地对接、国内国际联动的支援抗疫运输网络。

针对境外救援物资进口需求，<u>做好航班安排、运力调配和机组资源备份，保障国际航线不断航，24小时不间断保持防疫救援物资"绿色通道"顺畅。</u>

在海关的大力支持下，所有货机正班航线2月中旬全面恢复，<u>南航777全货机和747全货机每周执行50班，南航海内外各单位共65个站点承运援助物资18.4万件，重2328吨。</u>

🎙 **周群**：据了解，疫情发生以来，国际航班数量减少，这方面的压力应该比较大，请问南航是怎么高效运转、保障救援物资航空运力？

🎙 **林道为**：受疫情影响，部分国际航班取消，舱位变得紧张。为了确保境外救援物资第一时间运送回国，我们一方面重新编排货机航班，另一方面利用客机腹舱加大救援物资运力保障，甚至用上了空余的客舱。我们和广州海关共同摸索出了很多压缩货物通关时间的经验。2月15日，南航和广州海关、机场股份公司对一批进口救援物资实施"停机坪快速验放"，大幅节省货物在停机坪、货站、仓库和海关查验区之间的转运时间，不足1小时就可办结通关手续，节省整体通关时间约2.5小时。

高效运转、保障救援物资航空运力

一方面重新编排货机航班；

另一方面利用客机腹舱加大救援物资运力保障，甚至用上了空余的客舱。

和广州海关共同摸索出了很多压缩货物通关时间的经验。

2月15日，南航和广州海关、机场股份公司对一批进口救援物资实施"停机坪快速验放"，大幅节省货物在停机坪、货站、仓库和海关查验区之间的转运时间，不足1小时就可办结通关手续，节省整体通关时间约2.5小时。

🎤 **周群**：听了上面各位嘉宾的介绍，想必正在关注我们本期访谈节目的朋友们一定对今天的主题"上下一心　关企同心　战'疫'必胜"有了更深层次的理解和共鸣。下面，我们就进入网友提问环节，看看大家对于防疫物资通关方面还有哪些问题和感受。

网友提问摘录

🌐 **网友**：上海海关是否会像国外一样出台禁止出口口罩等规定？对这些防疫物资的监管规定是什么？

🎙 **柳波**：目前，商务部未对口罩设置贸易管制要求，海关总署也无针对防护物资的监管证件口岸验核要求。

🌐 **网友**：我公司准备从境外进口一批防疫物资到国内，包括口罩，耳温枪，防护服和试剂等，请问现在进口的话与以往相比，有什么不同的规定？

🎙 **柳波**：为确保防疫物资快速通关，上海海关在各业务现场均开通了防疫物资受理专窗和"绿色通道"，确保通关从快从简，即到即提。按照海关总署统一部署，海关对防疫物资通关进一步采取了应急措施：对涉及监管证件的防控物资，可以凭相关管理单位的证明，先予放行，后补证件；对境外捐赠的防控物资免征关税和进口环节增值税，紧急情况下可以先予放行，后补免税证明。

🌐 **网友**：进口口罩、防护服、护目镜等防疫物资，报关时需要提供哪些单证？

🎙 **柳波**：进口口罩、防护服、护目镜等防疫物资时，企业可以根据药监部门公布的《医疗器械分类目录》进行比对，对于属于医疗器械的物资，进口报关时需提供医疗器械注册/备案证明；未在我国注册/备案的医疗器械，可凭药监部门的证明材料进行申报。紧急情况下，可凭相关主管部门的证明先予放行。

🌐 **网友**：出口口罩、防护服等防疫物资，报关时有无对企业、产品的特殊要求？

🎙 **柳波**：出口口罩、防护服等防疫物资，海关总署没有对企业的特殊资质要求。口罩、防护服为出口非法检产品，无须实施出口检验检疫。根据我国政府与相关国家签订的政府间检验协议，对出口伊朗等少数国家的产品需按规定进行装运前检验。对于出口口罩、防护服，商务部也没有设置贸易管制要求，海关总署也没有针对防护物资的监管证件口岸验核要求。

⊕ **网友**：请问疫情防控期间海关查验时收发货人必须到场吗？

🎤 **柳波**：为共同抗击新冠肺炎疫情扩散，加快进出境货物验放，减少查验现场人员聚集，上海海关于2月11日发布《上海海关关于优化陪同查验制度的公告》。公告指出，增加两种陪同查验的方式。进出口收发货人或其代理人在收到海关货物查验通知后，可以选择"不陪同查验"或"委托监管场所经营人陪同查验"方式。选择上述两种方式的，收发货人均无须到场协助海关实施货物查验。同时根据公告要求，在预约平台功能完善的同时，接受电子邮件、电子平台、特殊属性货物查验前声明等多种形式的申请。

⊕ **网友**：请问在疫情时期，针对捐赠用于疫情防控的进口物资，还需要交进口关税和进口环节增值税、消费税吗？

🎤 **柳波**：2月1日，财政部、海关总署、税务总局发布《关于防控新型冠状病毒感染的肺炎疫情进口物资免税政策的公告》，对相关税收政策进行了进一步的明确。其中捐赠物资的范围、捐赠人、受赠人的范围都进行了扩大。海关对于捐赠物资，可以先登记放行，后续免税手续可以由上海市内的受赠人或其代理人进行办理。同时，一些已经申报进口的、但是符合免税条件的疫情防控物资，已征收的应免税款可以向海关申请退还。需要补充的是，上海市民政局为了便于疫情物资捐赠手续快速办理，在上海浦东国际机场的候机楼及通关服务中心都设立了办事点。

⊕ **网友**：在网络社交媒体上，我看到部分不明真相的群众指责，声称有企业或个人从国外采购进口用于捐赠或自用的口罩、防护服等物资在上海口岸被扣留或征用，请问是真的吗？

🎤 **柳波**：上海海关认真贯彻落实习近平总书记关于做好新型冠状病毒感染的肺炎疫情防控工作重要指示精神，按照海关总署和上海市委市政府部署要求，依法全力保障防护用品、医疗设备等疫情防控物资快速通关。经上海口岸进口的每一票疫情防控物资，无一被上海海关扣留、截留或者征用。

⊕ **网友**：我想出口一批口罩到欧洲，请问在申报时有哪些注意事项？

🎤 **柳波**：除特殊情况外，绝大部分口罩应归入税号 63079000。请按照规范申报要求填写商品名称、成分含量；如物资非中国生产，原产国按照实际生产国填写。个人防护口罩的欧盟标准是 EN149，按照标准将口罩分为 FFP1、FFP2 和 FFP3 三个类别。所有出口欧盟的口罩必须获得 CE 认证证书。

⊕ **网友**：如果要出口一批防护服到美国，有哪些注意事项？

🎤 **柳波**：目前，商务部未对防护服设置贸易管制要求，海关总署也无针对防护服物资的监管证件口岸验核要求。防护服必须要取得美国食品和药物管理局 FDA 注册认证，才可以在美国本土市场进行销售。

⊕ **网友**：我们是一家在内地的生产企业，在上海口岸出口通关的时候，遇到查验的话派员参与比较不方便，有时需要专门去上海跑一趟。请问海关在这方面有什么便利举措吗？

🎤 **柳波**：在疫情防控工作期间，为了优化陪同查验制度，上海海关已经对外发布公告，进出口收发货人或其代理人在收到海关货物查验通知后，可以选择"不陪同查验"或"委托监管场所经营人陪同查验"方式。选择上述两种方式的，收发货人均无须到场协助海关实施货物查验。具体的作业流程，可向相应现场海关的查验部门咨询办理。

⊕ **网友**：对于属于法定检验检疫的心脏起搏器，海关有没有一些便利或者简化办理流程的措施？

🎤 **柳波**：根据海关总署的统一部署，海关已取消了对进口心脏起搏器的逐台检测要求，仅对首次进口或者实施风险预警的心脏起搏器实施抽样检测。同时，海关还对相关检测的工作模式进行了调整，将由上海海关机电中心承接相关检测，且不再向企业收取相关费用。基于上述举措，预计每年可为上海地区心脏起搏器进口企业节约检测成本近 1000 万元。

　🌐　**网友：**我们是一家服装进口企业，受疫情影响，我们公司在春节过后无法正常上班。在 2 月中旬到港的一批货物无法办理申报手续。请问海关能否给予申报方面的特殊对待？

　🎙　**柳波：**根据海关总署对于疫情防控期间滞报金减免的有关规定，因为疫情影响导致企业无法及时办理进口货物报关手续，企业可向相关海关提出相关减免申请。此外，对企业因疫情影响无法按期缴纳税款的，可向申报地海关申请，减免最长 3 个月的滞纳金。滞纳金和滞报金的减免，具体可向申报地海关或所在地海关咨询办理流程。

　🌐　**网友：**我们是一家宠物食品的生产企业，商品出口到欧美多个国家。疫情发生以后，很多国家对中国出口的商品实施了一些限制性管制措施，我们的业务受到了一定影响。请问，海关会统一发布各国的限制性措施，帮助我们获取信息，给我们提供一些政策指导吗？

　🎙　**柳波：**海关的有关部门，自 1 月 25 日起已连续开展了境外国家因疫情而启动的防控措施关注，对我国出口食品、农产品、工业品等采取的不合理的贸易限制措施进行整理，并通过有关途径进行交涉、表达相关诉求。同时，海关也开展了多方面的技术性贸易措施影响调研和专项培训，指导企业根据各贸易国的入境限制、检疫、隔离等要求，提前应对、有序安排生产和运输，助力出口企业稳步恢复生产经营，尽最大可能消除疫情影响。

　🌐　**网友：**我公司是从事跨境电商出口业务的，听说海关为电商出口退货出台了新政策，可以详细介绍一下吗？

　🎙　**柳波：**为进一步优化营商环境、促进贸易便利化，帮助企业积极应对新冠肺炎疫情的影响，使跨境电子商务商品出得去、退得回，推动跨境电子商务出口业务健康快速发展，海关总署决定全面推广跨境电子商务出口商品退货监管措施。跨境电子商务出口企业、特殊区域〔包括海关特殊监管区域和保税物流中心（B 型）〕内跨境电子商务相关企业或其委托的报关企业（以下简称"退货企业"）可向海关申请开展跨境电子商务零售出口、跨境电子商务特殊区域出口、跨境电子商务出口海外仓商品的退货业务。申请开展退货业务的跨境电子商务出口企业、特殊区域内跨境电子商务相关企业应当建立退货商品流程监控体系，应保证退货商品为原出口商品，并承担相关法律责任。退货企业可以对原《中华人民共和国海关出口货物报关单》《中华人民共和国海关跨境电子商务零售出口申报清单》（简称《申报清单》）或《中华人民共和国海关出境货物备案清单》所列全部或部分商品申请退货。跨境电子商务出口退货商品可单独运回也可批量运回，退货商品应在出口放行之日起 1 年内退运进境。退货企业应当向海关如实申报，接受海关监管，并承担相应的法律责任。

🌐 **网友**：我公司是一家消毒用品生产企业，随着新冠肺炎疫情在世界范围内的蔓延，疫情防护用品需求量大增。请问消毒用品出口方面海关有哪些监管要求？

🎤 **柳波**：按照我国《危险化学品目录》（2015 版）和《关于危险货物运输的建议书规章范本》的规定，大部分消毒剂既是危险化学品又是危险货物，海关根据《中华人民共和国进出口商品检验法》及其实施条例及《危险化学品安全管理条例》等法律法规要求，对出口属于危险化学品的消毒剂按照出口危险化学品和出口危险货物包装的要求进行管理。

🌐 **网友**：请问在出口消毒剂报关时需要提供哪些资料呢？

🎤 **柳波**：报关时除相关法规要求的单据外，还应提供以下材料：出口危险化学品生产企业符合性声明；"出入境货物包装性能检验结果单"（散装产品除外）；危险特性分类鉴别报告；危险公示标签、安全数据单样本，如是外文样本，应提供对应的中文翻译件。对需要添加抑制剂或稳定剂的产品，提供实际添加抑制剂或稳定剂的名称、数量情况说明。

🌐 **网友**：我公司在出口消毒剂时，海关对货物的包装方面有什么要求吗？

🎙 **柳波**：为出口消毒剂生产包装容器的企业应向所在地海关申请出口危险货物包装性能检验，并提交以下材料：企业厂检结果单、企业声明以及包装容器生产商与使用单位的加工合同、订货协议复印件。检验周期内申请办理"出入境货物包装性能检验结果单"的还应提供周期检测报告复印件。

出口消毒剂的生产企业应向所在地海关申请出口危险货物包装使用鉴定，并提交以下材料：危险货物包装使用企业出具的厂检单；"出入境货物包装性能检验结果单"；首次使用塑料容器、塑料复合容器及有涂（镀）层的容器，还应提供《相容性试验报告》或相容性自我声明。

🌐 **网友**：海关对于检测试剂盒的出口方面有哪些监管要求？

🎙 **柳波**：新冠病毒检测试剂是特殊物品，属于海关严格检疫监管的对象，出口试剂前需要申请出入境特殊物品卫生检疫审批，并取得"入/出境特殊物品卫生检疫审批单"。以疫情防控为目的，用于预防、治疗、诊断新冠肺炎的疫苗、血液制品、试剂等特殊物品，可凭省级药监部门出具的特别批准文件，免于办理出入境特殊物品卫生检疫审批。新冠病毒检测试剂是出口法检货物，需要实施出境卫生检疫。发货人应在"单一窗口"使用"入/出境特殊物品卫生检疫审批单"进行申报，经出口检验监管综合评定合格后，获得电子底账。在"单一窗口"申报报关，报关时需填写电子底账账号，其他的规范申报要求和口罩、防护服的相同。

🌐 **网友**：武汉海关在生活物资保障供给方面做了哪些工作？

沈建明：受疫情影响，武汉关区各个口岸到港的进口货物较少，但武汉海关严格落实海关总署关于加快进口肉类产品通关验放相关工作要求，保障肉类供应，防止新冠疫情叠加非洲猪瘟，从而对人民群众生活造成困难，主要工作有：一是准确掌握关区肉类产品进口申报、放行、提离、库存等情况；二是严格落实进口肉产品优先查验、优先检测的监管便利措施，保障口岸通关效率，避免长期滞港等问题；三是在海关总署的支持下，天河机场肉类口岸以最短的时间、最快的速度被批复，为下一步全面复工复产后的肉类进口做了提前准备。

网友：防疫封城期间，武汉海关如何采取措施，减少人员接触，支持出口企业办理出口原产地签证业务？

沈建明：防疫封城期间，为最大程度保障出口企业原产地签证需求，武汉海关积极采取措施，实施原产地签证"不见面申领"：一是将原产地实地调查调整为书面调查，企业在出口原产地系统中上传相关产品生产流程等图片；二是对符合自助打印条件的原产地证书实行企业自助打印；三是通过快递邮寄原产地证书，实施原产地证书全程"零见面"。

网友：防疫封城期间，武汉海关对高资信企业办理签证有何便利？

沈建明：武汉海关实施出口原产地签证高资信企业管理办法，对高资信企业给予提前发放经海关签章的空白原产地证书的便利，相关企业无须往返海关窗口办理签证业务。

网友：哪些单位能够享受捐赠进口的新冠肺炎防疫物资的免税政策？

沈建明：湖北省目前共有 54 家单位具备享受进口捐赠物资免税资质，包括省慈善总会、省红十字会、省青少年发展基金会、湖北陈孝平科技发展基金会、湖北卓尔公益基金会以及 49 家市级慈善总会和红十字会。物资实际使用人可联系上述 54 家单位作为减免税申请人，按照注册地向主管海关申请办理减免税手续。

🌐　**网友**：防疫封城期间，武汉海关如何采取措施，减少人员接触，支持捐赠进口防疫物资办理免税手续？

🎤　**沈建明**：减免税申请人可以通过无纸申报或邮寄办理方式，向注册地主管海关发送减免税申请。在湖北省内小区封闭管理期间，为便于出行，减免税申请人可以先与武汉海关联系人预约办理时间。武汉海关已将减免税手续办理联系人名单和联系方式通过门户网站对外公布。

🌐　**网友**：已缴税进口的捐赠防疫物资能不能退税？

🎤　**沈建明**：纳税人在 2020 年 1 月 1 日至 3 月 31 日期间征税进口的、符合财政部、海关总署、税务总局《关于防控新型冠状病毒感染的肺炎疫情进口物资免税政策的公告》免税政策规定的疫情防控物资，已缴纳的应免税款和对其中原产于美国的物资所加征的关税以及相关进口环节增值税，可以申请退还。捐赠物资纳税人可以联系湖北省具备免税资质的受赠人补办捐赠和免税手续，凭"进出口货物征免税证明"和主管税务机关出具的"防控新型冠状病毒感染的肺炎疫情进口物资增值税进项税额未抵扣证明"或增值税进项税额已抵扣说明，向缴纳税款地海关申请办理相应的税款退还手续。退税手续办理截止日期为 2020 年 9 月 30 日（含当日）。

🌐　**网友**：我们公司 1 月汇总征税的报关单，还需要 2 月前 5 个工作日缴税吗？因疫情防控，无法办理缴税手续怎么办？

🎤　**沈建明**：关于疫情期间汇总征税缴税期限问题，武汉海关已向海关总署专项请示，并获得延长缴税期限的政策支持。2020 年 1 月，汇总征税报关单可以在湖北省按照党中央、国务院疫情防控工作部署所确定并公布的复工日期后 5 个工作日内，完成应纳税款的汇总电子支付。

🌐　**网友**：防疫封城期间，关税保证保险单如何办理，保险公司无法出具纸质保险单，能凭电子版通关吗？

🎤　**沈建明**：武汉海关已经与平安财险湖北分公司、中银保险湖北分公司联系，上述两家保险公司已和"单一窗口"完成数据对接，企业可以在"单一窗口"的保险模块中选取保险公司，进行线上投保。同时，为服务企业疫情期间复工复产，企业可以凭保险公司出具的电子保险单（包括照片）到武汉海关业务现场办理通关手续，待湖北省正式复工后再补充纸质保单正本。

🌐 **网友**：我们公司要从美国进口原材料，请问最近有减免加征关税的政策吗？

🎤 **沈建明**：2020 年 2 月 24 日，海关总署发布《关于对美加征关税商品市场化采购排除通关事项的公告》（海关总署公告 2020 年第 36 号），就开展对美加征关税商品市场化采购排除工作进口通关手续事宜进行了明确，该公告规定，自 2020 年 3 月 2 日起申报进口的报关单可以适用市场化采购排除措施。

🌐 **网友**：对美加征关税市场化采购排除事项如何操作？

🎤 **沈建明**：3 月 2 日起，符合减免税政策并需要出具"进出口货物征免税证明"的原产于美国商品，免除加征对美 301 措施反制关税，按原有减免税政策手续和申报规定办理。其他不需要申请出具"进出口货物征免税证明"的享受减免税政策货物、低值货物类快件（C 类快件）和已公布实施的排除商品将通过通关系统自动排除，无须填报排除编号。

🌐 **网友**：对于 3 月 2 日以后申报进口但企业暂未领取到排除编号的货物，是否可以担保放行？

🎤 **沈建明**：自 3 月 2 日起，申报进口涉及加征对美 301 措施反制关税商品报关单，如收货人暂未取得税委会核准的 18 位"排除编号"，企业可就市场化采购排除事项申请凭税款担保先予放行货物。

🌐 **网友**：民用的隔离衣（PPE）需不需要医疗器械产品注册证书出关？

🎙 **彭敏**：商务部、海关总署和国家药品监督管理局于 3 月 31 日发布《关于有序开展医疗物资出口的公告》，列入加强管理的只有出口新型冠状病毒检测试剂、医用口罩（包括一次性医用口罩、医用防护口罩、医用外科口罩）、医用防护服、呼吸机、红外体温计五类产品，对于酒精、免洗洗手液、普通口罩民用的防护服等非用于医用的产品不在此列。

🌐 **网友**：疫情期间，境外国家和地区出台了哪些针对性的贸易措施？武汉海关有没有相关渠道供我们查询？

🎙 **沈建明**：日前，武汉海关收集整理了疫情期间部分国家和地区采取的技术性贸易措施，先在"武易通关"微信公众号上发布，2 月 28 日，又在武汉海关门户网站发布了疫情期间境外技术性贸易措施风险信息提示，包括口岸、货物、交通、邮政等 4 个方面管制措施 127 条风险信息。大家可以通过这 2 个渠道进行了解。下一步，武汉海关会在搜集汇总后进行更新。

🌐 **网友**：疫情防控期间，武汉关区货物通关是否受限？

🎙 **沈建明**：武汉海关第一时间通过互联网门户网站对外发布疫情防控期间保障企业进出口货物快速通关的公告，所属各隶属海关均已实行主要负责人在岗带班、专人 24 小时值班制度，开辟"绿色通道"，设立专门窗口，安排专人负责接受企业咨询和办理通关事务，公布联系人电话，确保通关不耽误。

🌐 **网友**：我们公司是一家武汉物流企业，有票货物担保延期需要纸质审批，但现在交通管制出不了门，怎么办呢？

🎙 **沈建明**：疫情防控期间，武汉海关推行"无接触"网上远程办公方式，企业将电子材料发给企业所在地辖区海关联系人（联系人电话可以在武汉海关互联网门户网站进行查询），海关业务现场进行电子审批，等正式复工后再补交纸质材料，解决企业不能出门的难题，足不出户但通关不断。

⊕ **网友**：疫情防控期间，武汉海关如何办理企业备案业务？

🎤 **沈建明**：企业注册、备案和注销业务，可通过"互联网＋海关"、"多证合一"系统、"注销便利化"系统、"进口食品化妆品进出口商备案"系统、"出口食品生产企业备案管理"系统、"海关行政相对人统一管理子系统——企管特定资质项目"等系统网上办理。对于无法上传至系统的资料（如报关单位情况登记表、进口食品化妆品进口商备案所需资料），可以将纸质文件加盖公章扫描后以电子邮件发送至武汉海关各主管海关（联系方式可通过武汉海关门户网站通知公告查找）。

⊕ **网友**：我们公司名称有变化，目前如何办理？

🎤 **沈建明**：办理变更企业名称，可以通过电子邮件等形式向主管海关提出申请，企业无须到海关现场办理。企业法定代表人（负责人）、住所、性质等注册登记信息发生变更的，可暂不办理变更手续，待疫情结束后再行办理。

⊕ **网友**：疫情期间，武汉海关对境外捐赠物资如何进行监管？

🎤 **沈建明**：武汉海关在对境外捐赠物资实际监管中，发现一些不符合医用防护要求，甚至少数质量不合格的情况，这些防护物资一旦流入抗疫一线，后果不堪设想。武汉海关采取的措施有：一是形成合力，如对属于医疗器械管理范畴的商品，如医用口罩、医疗设备等，主动对接药品监督等主管部门，形成联合研判机制，协同配合，确保高效。二是严密监管，对每批捐赠防护物资均进行抽查，重点核实包装是否完好、标识是否规范、是否在有效期内等，严把质量关。三是分类处置，对符合防护要求的，第一时间快速放行；对质量合格但达不到医用防护等级的，及时告知受赠人，仅可作为非医用用途使用；对质量不合格甚至是医疗垃圾的，及时报告市防控指挥部、联系受赠人告知情况并按规定做后续处置。

⊕ **网友**：请问通过 EMS 寄邮包多久可以寄到湖北？

🎤 **沈建明**：就目前情况来看，受航空公司大面积取消航班影响及境外邮政投递受限等因素影响，国际 EMS 邮件的全程时限较平时有较大程度延迟，请登录 www. ems. com. cn 或致电 11183 客服电话跟踪邮件的运递情况。

🌐 **网友**：请问口罩寄到国外有啥限制和要求？

🎤 **沈建明**：目前，疫情较为严重的国家（地区）对个人合理自用范畴的口罩寄递没有特别限制。寄递口罩等防疫物品要保证产品质量，产品标准符合相关国家（地区）和组织要求，内件价值要符合进口海关对邮政渠道寄递物品的限值要求。

🌐 **网友**：请问个人可以邮寄哪些防疫物资给国外亲友应急？

🎤 **沈建明**：个人自用合理范围内的口罩、手套、护目镜、防护服、药品等防疫物资可邮寄出境。同时根据《关于调整进出境个人邮递物品管理措施有关事宜》（海关总署公告 2010 年第 43 号）规定，个人寄往中国港澳台地区的物品，每次限值为 800 元；寄往其他国家和地区的物品，每次限值为 1000 元。酒精、消毒液等液体类、粉末类及其他危害航空安全的物品不得邮寄。

🌐 **网友**：个人想邮寄防疫用的中药给国外亲友有哪些注意事项？

🎤 **沈建明**：根据《中华人民共和国海关对旅客携带和个人邮寄中药材、中成药出境的管理规定》，个人邮寄中药材、中成药出境，寄往中国港澳台地区的，总值限人民币 100 元；寄往国外的，限人民币 200 元。目前，各国对进境药品要求不同，建议寄件人邮寄前要确认目的国海关相关规定。

🌐 **网友**：我公司逐步复工复产，有大量进口成套设备近期需到厂安装，目前在口岸和目的地均可能命中布控指令需进行查验，请问有无便利措施简化流程？

🎤 **沈建明**：对关区内同时有"口岸事中""目的地事中"双查指令的进

口货物，除必须在口岸完成检验检疫作业要求外，允许经目的地海关确认的企业自主选择在口岸或目的地一次性合并实施。对于成套设备，进口企业可向主管海关提出申请，将口岸查验和目的地检验合并在目的地完成，以缩短通关时间，降低滞港成本。

🌐 **网友**：我公司为危化品生产企业，刚刚复工复产，有批国外订单急需出口交货，但涉及危险货物运输需要获得商检出具的危包证，以往需要联系海关关员实施现场检验，但疫情尚未结束，交通不便，会不会对危包现场检验造成影响，耽误船期？

🎤 **沈建明**：出口危险货物进行包装使用鉴定是确保危险货物运输安全的重要手段。目前武汉海关已搭建"互联网远程视频"的出口危险货物包装监管平台，对大部分危险货物包装使用鉴定实施远程无接触检验监管。企业可联系当地主管海关，按照施检关员相关指令完成远程视频检验，不受交通困难和场地限制，方便快捷，保证复工复产的化工企业及时办理出口危险货物包装相关证单。

🌐 **网友**：请问《关于调整进口棉花监管方式的公告》（海关总署公告 2020 年第 43 号）将现行由海关对进口棉花逐批实施抽样检测调整为依企业申请实施，如果企业申请品质抽样检测需要另外收取品质检测费用吗？

🎤 **沈建明**：不需要另外收取品质检测费用。

🌐 **网友**：外贸企业出口消毒洗手液需要哪些资质？

🎤 **孙逊**：海关对出口防疫物资的外贸企业没有经营资质限制，任何企业都可以出口。消毒液要看具体成分，一般属于航空危险品，要先提供航空运输条件鉴定报告才允许上飞机。

🌐 **网友**：请问《关于调整进口棉花监管方式的公告》实施后，如果企业不申请品质抽样检测，进口棉花还需要现场查验吗？

沈建明：此次调整只是调整了进口棉花品质检测监管方式，其他方式未做调整，因此进口棉花现场检疫及货物查验，仍然是按照现行的方式实施，即海关关员会根据系统布控指令执行现场查验项目，查验合格后即可放行。

网友：疫情期间，进口报关单目的地查验如何办理？

沈建明：武汉海关采取多种便利措施助力企业复工复产。明确疫情防控期间，命中报关单目的地查验的货物，企业可选择集中查验、远程视频等多种方式，高效便捷办理目的地查验通关。

网友：疫情期间，进口医疗设备目的地查验如何办理？

沈建明：武汉海关出台针对性的便利措施开辟"绿色通道"。明确疫情防控期间进口的防疫医疗设备，可采取登记放行方式，填写医疗设备目的地检验登记表，即可第一时间投入使用。

网友：疫情期间，暂时进出境货物无法按期复进出口，能否申请延期？

沈建明：可以。

网友：疫情期间，对于进境或者出境 ATA 单证册有效期和暂准进/出口期限均将届满的该怎么办？

沈建明：持证人应尽快通过中国国际贸易促进委员会 ATA 单证册业务平台申请办理续签单证册。申领续签 ATA 单证册后，持证人应尽快向主管地海关通过线下或者"互联网＋海关"一体化网上办事平台提交延长复运进境的申请。

网友：口罩出口有什么资质要求？

沈建明：自 4 月 1 日起，出口新型冠状病毒检测试剂、医用口罩、医用防护服、呼吸机、红外体温计的企业向海关报关时，须提供书面或电子声明，承诺出口产品已取得我国医疗器械产品注册证书，符合进口国（地区）的质量标准要求。海关凭药品监督管理部门批准的医疗器械产品注册证书验放。上述医疗物资出口质量监管措施将视疫情发展情况动态调整。

🌐 **网友**："单一窗口"能否开发查询报关单信息和舱单运抵状态功能？

🎤 **沈建明**：2020 年 4 月 1 日，"单一窗口"标准版报关单、舱单运抵报告状态订阅推送功能上线运行。

🌐 **网友**：目前，已报关的空运出口货物因疫情原因滞留在机场仓库的怎么办？

🎤 **沈建明**：仓库出具在库证明后，报关公司可以申请删除报关单后退库。

🌐 **网友**：对于已经办理过 3 次延期，受疫情影响无法按期复运进出境的暂时进出境货物该怎么办？

🎤 **沈建明**：可向主管地海关申请办理不超过 6 个月的延期手续。

🌐 **网友**：哪里可以查询商品市场化采购排除后使用的关税税率？

🎤 **沈建明**：登录系统网址 http：//hg. qdcdc. com/Qdcdc. AgreementRate. web 或者关注"青岛海关 12360 热线"微信公众号，选择"查询服务"，点击"对美加征关税查询"。

🌐 **网友**：对美加征关税市场化排除有哪些商品无须申请？

🎤 **沈建明**：符合进口减免税政策项下自美进口的商品，或通过新版快件系统自美进口商品（低值货物类快件），自动予以排除并免于申请。已经按照《对美加征关税商品排除工作试行办法》（税委会公告〔2019〕2 号）规定纳入对美加征关税商品排除清单、且在排除期限内的商品，也无须进行申请。

🌐 **网友**：进口新冠肺炎防治药品在报关时是否需要特殊的审批和单证？

🎤 **许广安**：海关对新冠肺炎防治药品实施快速通关，企业无须办理"药品通关单""特殊物品卫生检疫审批单"，凭药监部门或省级新冠肺炎疫情指挥部特批证明予以审核放行。

🌐 **网友**：我是一名留学生，计划 2020 年夏天回国。我很想知道如果需要带回国的东西多，有什么办法能多带一些行李通关呢？

🎤 **许广安**：您可以通过微信小程序"旅客指尖服务"或者"关邮 e 通"平台办理行李分运，在线进行分运行李申报，"非接触、线上报"分运行李通关手续。

🌐 **网友**：我们公司想出口口罩，请问怎么征税的？有出口退税吗？

🎤 **许广安**：如果出口物资为贸易性质，征免性质申报为一般征税，征免方式申报照章征税；如为捐赠性质，境内发货人为贸易代理商、慈善机构等，征免性质可不填，征免方式申报全面。口罩的出口退税率为 13%。

🌐 **网友**：因为疫情影响，我们到港的进口货物没有及时申报，产生了不少滞报金，可以申请减免吗？

🎤 **许广安**：进口货物滞报金起征日在 2020 年春节假期内的，顺延至相应的省、自治区、直辖市人民政府公布的复工日期。特殊情况经海关批准的，可减免滞报金。

🌐 **网友**：我们公司在广州，以前只做国内市场，现在在保障国内有余力的情况下，也想做出口，需要什么资质呢？

🎤 **许广安**：一是向市场监管部门取得营业执照，增加经营范围"货物进出口、技术进出口、代理进出口"；二是向商务部门取得进出口权，可直接在商务部业务统一平台网上申请和提交材料；三是向国家外汇管理局申请取得开设外汇账户许可；四是办理进出口货物收发货人海关注册登记。

🌐 **网友**：我们公司是一家广州的企业，请介绍一下怎么办理海关注册登记？

🎙 **许广安**：企业可以通过"中国国际贸易单一窗口"网站申请办理，也可以通过广州海关的"互联网＋海关"关区特色服务（广州）申请，全程无纸化办理。对于在工商部门首次办理注册登记，同时需要备案的进出口货物收发货人，可以通过广东省政务服务网"多证合一"专题"一次申请"，同时办理工商和海关的注册。

🌐 **网友**：我们公司是一家广州生产出口防疫物资的加工贸易企业，由于国内防疫物资紧缺，企业准备将加工贸易成品转为国内使用，该怎么办理海关手续呢？

🎙 **许广安**：企业如果想要将成品在国内使用，有以下方式可以选择：企业已经具有集中内销资质的，可以先在国内销售使用成品，次月 15 日前办理征税手续；如果企业不具备集中内销资质，企业可以直接申请办理内销征税手续后将成品在国内销售使用，也可以向主管海关申请集中内销资质，再按照集中内销的方式销售使用成品。

🌐 **网友**：广州的进出口疫情防控物资可以优先通关吗？

🎙 **许广安**：广州海关在关区 23 个有通关业务的隶属海关单位设立了 35 个疫情防控物资快速通关专用窗口。实行 7×24 小时通关，全天候保障物资零延时通关，第一时间响应企业需求，保障疫情防控物资及时提离。建立了报关企业联络员制度，提前掌握物资航班、清单等信息，实施报关"预审核"、监管条件"预确定"，为物资顺利出口做好充分准备。设置专人专岗主动联系跟进全流程出口通关状况，对涉及出口法检的物资，优化出口审批流程。

⊕ **网友**：为了尽快复工复产，我公司急需进口一些疫情防控物资以及生产原料，广州海关能否保障验放速度？

🎤 **许广安**：为保障防疫物资快速验放，海关建立了进口疫情防控物资、企业生产急需进口的机器设备、原材料的快速验放机制，对于需查验的防疫物资，海关优先实施查验检验。例如，广州海关在空运口岸启用"停机坪快速验放"模式，货物转运至停机坪临时查验区域后海关随即实施监卸和开箱查验，有效节省货物在停机坪、货站、仓库和海关查验区之间的转运时间。

⊕ **网友**：我们公司部分报关员尚未复工人手不足，能否在网上远程办理广州海关查验业务？

🎤 **许广安**：海关总署于 2020 年 2 月 11 日发布了《关于新型冠状病毒肺炎疫情期间海关查验货物时收发货人可免于到场的公告》（海关总署公告 2020 年第 24 号），按照海关总署统一部署要求，广州海关全面实施"免于到场"查验新政，收发货人可以委托监管作业场所经营人、运输工具负责人等到场，或通过线上海关"查验交互"服务事项、电子邮件等方式告知海关不到场实施查验，实现"不出门"即可办理查验业务。截至 3 月 26 日，广州海关共为 1017 票申请"免于到场"查验的进出口货物办理快速验放手续，保障防疫物资快速通关。

⊕ **网友**：我们公司计划从境外进口一批医疗器械等防疫物资，请问海关有何监管要求？

🎤 **许广安**：已取得我国医疗器械注册/备案证明的医用防控物资，验证后可以直接放行，确保进口疫情防控物资通关"零延时"。对现场查验未发现有明显质量安全问题的医用防控物资，可以凭当地医疗器械主管部门出具的证明予以放行。

⊕ **网友**：我公司有一批防疫物资，希望从中国香港通过陆路运输方式经深圳口岸进口到广州，请问能否以转关方式办理业务？

🎤 **许广安**：疫情期间，海关总署研究制定了一系列通关便利化措施，其中就包括了放开防疫物资进口转关限制的举措，明确进口防疫物资可以不受《关于规范转关运输业务的公告》（海关总署公告 2017 年第 48 号）的转关范围限制，允许办理转关手续。

🌐 **网友**：我们公司是佛山的一家进口企业，2020 年 1 月底我们进口了一批货物，由于疫情影响，缴纳税款比较滞后，产生了滞纳金，广州海关有出台相关措施予以减免吗？

🎤 **许广安**：纳税企业受疫情影响无法在规定缴款期限内缴纳税款，可在疫情结束后 3 个月内补缴税款，海关依企业申请减免税款滞纳金。广州海关还将积极推动汇总征税、关税保证保险等多元化税收担保模式应用，实现低成本多类海关业务担保额度高效循环使用。对企业提出延期缴纳税款的诉求，在政策范围内，最大限度帮助企业渡过难关。

🌐 **网友**：我们公司是一家消毒剂、消毒液生产企业，现在海外疫情日趋严重，我们准备对外出口消毒液等防疫物资，请问对于出口消毒液，海关有什么监管要求？

🎤 **许广安**：目前，消毒液一般含有酒精或次氯酸钠等《危险化学品目录》（2015 版）中列明的危险化学品。出口时按照《关于进出口危险化学品及其包装检验监管有关问题的公告》（国家质量监督检验检疫总局公告 2012 年第 30 号）的要求办理相关出口手续，同时该类产品的包装应按照《中华人民共和国进出口商品检验法》及其实施条例的有关规定实施性能鉴定和使用鉴定，合格后方可出口。海关总署对出口危险货物实施"产地检验，口岸查验"的监管模式，保障出口危险货物安全。另外，对于国外驻华使馆接受捐助的日常消费类危险化学品需要出口的，可凭提交的质量安全符合性声明，免予检验监管。

🌐 **网友**：我公司是一家机电生产企业，由于疫情我们已经停工停产两个多月，现在已逐步复工复产，请问广州海关有什么便利措施？

🎤 **许广安**：为全力支持关区企业复工复产，海关总署《关于应对疫情影响促进外贸稳增长的十条措施》规定，对企业生产急需进口的机器设备、原材料做到快速验放，对于需要送实验室检测的，可凭第三方认证、检测报告或企业质量安全自我声明快验快放，进一步降低送实验室检测比例。广州海关对生产急需进口的机电产品实施快验快放，属于广州海关关区实施第三方检验结果采信商品范围内的机电产品，按采信工作要求采信第三方检测报告，原则上不再实施抽样送检。已获得医疗器械注册备案的进口医疗器械、已获得3C认证的进口机电产品原则上不再实施抽样送检。

🌐 **网友**：我公司是一家钢铁生产企业，急需进口铁矿等矿产品，请问广州海关在疫情期间对于进口资源类大宗商品有什么通关便利措施？

🎤 **许广安**：广州海关针对进口大宗商品创新监管方式，优化监管流程，提高进口大宗商品通关效率。一是调整进口大宗商品重量鉴定方式，对企业无须重量证书的进口大宗商品免于实施登轮鉴定，简化作业；二是优化登临作业流程，实现登轮鉴定、船舶检疫和海关登轮检查"一次登临"作业，加快通关速度；三是推进进口矿产品"先放后检"检验监管模式改革，对进口铁矿等五类矿产品在口岸完成放射性等必要项目查验后直接在口岸放行。

🌐 **网友**：我是一家棉纺企业的负责人，现在我们企业复工复产，急需采购棉花生产原料。请问现在海关对进口棉花品质检验监管有什么优化措施？

🎤 **许广安**：为深入推进"放管服"改革，进一步改善口岸营商环境，提升贸易便利化水平，海关总署发布《关于调整进口棉花监管方式的公告》（海关总署公告2020年第43号），对进口棉花品质检测监管方式进行优化。公告自2020年4月5日起施行。这里主要有几点变化：一是海关对棉花进口逐批实施抽样检测调整为依企业申请实施，必要时，海关可实施监督检验；二是进口棉花收货人或代理人需海关出具棉花品质证书的，向海关提出申请，海关依申请实施品质检测；三是进口棉花收货人或代理人不需要海关出具棉花品质证书的，海关在对进口棉花实施现场检验检疫合格后放行。

🌐 **网友**：我们公司于 2019 年 9 月自德国暂时进口科研仪器 1 台，原定复运出境时间为 2020 年 3 月。但受疫情影响，科研任务尚未完结，请问如何办理延期？

🎤 **许广安**：因特殊情况需要延长期限的，持证人、收发货人应当向主管地海关办理延期手续，延期最多不超过 3 次，每次延长期限不超过 6 个月。延长期届满应当复运出境、复运进境或者办理进出口手续。国家重点工程、国家科研项目使用的暂时进出境货物以及参加展期在 24 个月以上展览会的展览品，在前款规定的延长期届满后仍需要延期的，由主管地直属海关批准。目前，为支持帮助企业应对新冠肺炎疫情影响，3 月 13 日，海关总署发布《关于延长受疫情影响的暂时进出境货物期限的公告》（海关总署公告 2020 年第 40 号），对已办理过 3 次延期、受疫情影响无法按期复运进出境的暂时进出境货物，主管地海关可凭暂时进出境货物收发货人、ATA 单证册持证人的延期办理材料，办理不超过 6 个月的延期手续。暂时进出境货物收发货人、ATA 单证册持证人无须到现场，通过"互联网 + 海关"全国一体化在线政务服务平台便可在线办理延期手续，在疫情防控期间真正实现"少跑腿、好办事"。

🌐 **网友**：我们公司于 2018 年 3 月自南非暂时进口测量关节臂 1 台，用于进口汽车零配件参数测量。由于测量工作量大，经 3 次延期后原计划于 2020 年 3 月复运出境。但受疫情影响，航线取消货物无法按期复运出境。我们现在应该怎么办？

🎤 **许广安**：根据 3 月 13 日海关总署发布的《关于延长受疫情影响的暂时进出境货物期限的公告》（海关总署公告 2020 年第 40 号）第一点，已办理过 3 次延期的暂时进出境货物，受疫情影响无法按期复运进出境，收发货人、ATA 单证册持证人仍可向海关办理延期手续，主管地海关即可办理；无论是暂时进出境货物还是 ATA 单证册项下货物，延期期限都为不超过 6 个月。因此，您可以直接向主管地海关申请办理第 4 次延期。

🌐 **网友：** 现在国际疫情形势严峻，网上海淘邮包在进境过程中有那么多人经手，广州海关的进境邮包多，请问广州海关怎么保障进境邮包的防疫安全呢？

🎤 **许广安：** 我们在进出境邮递物品监管领域全面推行"邮路分类""场所分区""防护分级"的疫情防控新举措。

"邮路分类"指根据邮件来源地的疫情轻重程度和管控情况实施精准管控。海关按照"高、中、低"风险邮路，根据分类采取不同消毒措施，邮件"先消毒后进场"，特别对"高风险邮路"邮件采取专区留置消毒、采样送检等方式，最大限度降低邮件在转运过程中受污染的可能。

"场所分区"则根据与邮件接触程度、病原微生物感染风险，将海关监管现场分为"高风险红色区域""中风险黄色区域""低风险绿色区域"。不同等级区域之间设置缓冲区，配置防护用品，实行正向畅通流动、逆向严格消毒的场所分区管理，减少病原微生物扩散风险。

"防护分级"根据岗位接触染疫风险情况将现场作业人员分级管理，设置"一、二、三"级个人防护等级，明确不同岗位施行不同等级的防护装备和装备使用规则，最大限度保障人员防护安全。

通过以上措施守护千家万户的安全，也为邮政企业复工复产解除了后顾之忧。

🌐 **网友：** 办理分运行李有什么要求和条件吗？

🎤 **许广安：** 分运行李是指旅客在其进境后或出境前的规定期限内以托运方式运进或运出的本人行李物品。需要注意的是，国家禁止进出境的物品，不能办理分运行李手续；国家限制进出境的物品，应交验有关主管部门签发的进出境许可证件；办理分运行李的邮件还需符合"自用合理数量"的要求。

🌐 **网友**：受疫情影响，我有朋友本人还未回国，但行李物品已经先行寄回广州，请问这种情况要怎么办理分运行李手续？

🎤 **许广安**：您可联系邮政（热线电话：020 – 11183）告知具体情况，请邮政暂时拦截邮件不要退运，等本人回国后再进行办理。

🌐 **网友**：请问广州海关，针对你们的分运行李线上办理的改革，网上办理分运行李需要上传哪些证件信息？

🎤 **许广安**：通过"海关旅客指尖服务"小程序，需上传证件信息，包括护照首页和入境盖章页面（均为必填项）及其他需要提交的资料证明照片（如留学回国人员需提供领馆出具的"留学回国人员证明"和"本人毕业证书"等）。通过"关邮 e 通"网站，需上传收/寄件人的证件信息及图片。若收/寄件人均不是实际入境旅客，则需提供实际入境旅客的护照首页图片和收寄件人与实际入境旅客的关系证明（如户口本等）。

🌐 **网友**：我是广东的，想知道现在疫情消息满天飞，怎么能准确、快速地获取最新的出入境方面防疫措施？

🎤 **许广安**：广东地区可关注由广东省人民政府新闻办公室负责管理的微信公众号"广东发布"，留意最新推送。

🌐 **网友**：留学回国人员办理分运行李需要上传"留学回国人员证明"，但是我还没领到怎么办？

🎤 **许广安**：按照规定，留学回国人员需提供领馆出具的"留学回国人员证明"以及"本人毕业证书"。若还需要一段时间才能领取毕业证书和"留学回国人员证明"，您可告知邮政暂时拦截邮件，待收到毕业证书和

"留学回国人员证明"再办理相关手续。短期旅客分运行李业务可在回国半年内办理，超过半年后无法办理。如若实在无法提供此两份证明，则无法按照回国留学人员办理分运行李，只能按照普通旅客办理分运行李业务。

🌐 **网友**：办理分运行李有免税额度吗？

🎤 **许广安**：中国籍居民旅客办理分运行李的邮件和旅客入境时随身携带的物品，共有合计为 5000 元人民币的免税额度；非居民办理短期旅客分运行李的邮件和旅客入境时随身携带的物品，共有合计为 2000 元人民币的免税额度。不过，单件物品超过 1000 元人民币的除外。入境时申报了分运行李的，可以享受免税额度。如入境时未进行申报，将不能享受分运行李的免税额度。国家规定应当征税的 20 种商品不在免税额度范围内，包括：电视机、摄像机、录像机、放像机、音响设备、空调器、电冰箱（电冰柜）、洗衣机、照相机、复印机、程控电话交换机、微型计算机及外设、电话机、无线寻呼系统、传真机、电子计数器、打字机及文字处理机、家具、灯具和餐料。

🌐 **网友**：我公司准备采购了一批医用外科口罩和防护服想捐赠给国外合作企业，出口时需要注意什么？

🎤 **彭敏**：商务部、海关总署和国家药品监督管理局于 3 月 31 日发布公告 2020 年第 5 号《关于有序开展医疗物资出口的公告》，明确指出"为有效支持全球抗击疫情，保证产品质量安全、规范出口秩序，自 4 月 1 日起，出口新型冠状病毒检测试剂、医用口罩、医用防护服、呼吸机、红外体温计的企业向海关报关时，须提供书面或电子声明，承诺出口产品已取得我国医疗器械产品注册证书，符合进口国（地区）的质量标准要求。海关凭药品监督管理部门批准的医疗器械产品注册证书验放。"也就是生产这些口罩、防护服的企业一定是有注册证符合我国医疗器械标准，也符合进口国的质量标准的企业才可以，贵司购买口罩可参考此文件附件中的企业去采买。

🌐 **网友：** 我是澳洲华侨，我看到湖北因为连续两个多月的封城，生活物资也缺乏，想进口一批肉捐赠给湖北不知如何办手续？

🎤 **彭敏：** 肉类进口有很严格的规定，属于有准入要求的捐赠食品类别，我们国家有规定有准入要求的捐赠食品应当来自已获输华准入的国家或地区，具体名单可在海关总署官网上查询，未获准入的不得进口。也就是我们常说的，肉类需要国外的厂号备案。进来还需要进口食品卫生检验、进境动植物检疫等，建议不要盲目发运，进口前先咨询下当地海关。

🌐 **网友：** 外贸代理公司出口医用口罩也需要许可证和经营范围吗？

🎤 **葛基中：** 海关对企业经营范围和医疗器械许可没有任何要求。从事医疗器械经营活动的企业建议需要了解《医疗器械监督管理条例》（国务院令第 650 号）第四章医疗器械经营与使用中的第二十九条、第三十条、第三十一条、第三十二条的规定：从事第二类医疗器械经营的，由经营企业向所在地设区的市级人民政府食品药品监督管理部门备案。医疗器械经营企业、使用单位购进医疗器械，应当查验供货者的资质和医疗器械的合格证明文件，建立进货查验记录制度。从事第二类、第三类医疗器械批发业务以及第三类医疗器械零售业务的经营企业，还应当建立销售记录制度。

对经营范围有疑问的建议参看《中华人民共和国民法通则》第三章法人中的第四十二条企业法人应当在核准登记的经营范围内从事经营。根据《中华人民共和国对外贸易法》第二章对外贸易经营者第十二条对外贸易经营者可以接受他人的委托，在经营范围内代为办理对外贸易业务。

🌐 **网友：** 出口非医用口罩，外贸商、厂商的资质要求是什么？

🎤 **葛基中：** 出口企业须向海关申请办理进出口货物收发货人备案登记。

🌐 **网友：**出口贸易公司没资质，工厂有资质但没有进出口权，这种情况能报关么？

🎙 **葛基中：**建议工厂可以委托具有医疗器械经营资质的贸易公司代理出口。根据《中华人民共和国对外贸易法》第二章对外贸易经营者第十二条对外贸易经营者可以接受他人的委托，在经营范围内代为办理对外贸易业务。

🌐 **网友：**企业捐赠医用口罩是否申报为其他进出口免费？在企业资质、金额及数量方面有没有限制？

🎙 **葛基中：**企业如果捐赠给红十字会这种慈善机构的医用口罩是申报捐赠物资。如果是捐赠给国内子公司，是申报其他进出口免费的。根据其为生产企业还是外贸公司，提供不同的资质证明文件，申报金额数量方面没有限制，合理就行。

🌐 **网友：**出口医用一次性防护服（非无菌）到底属于一类医疗器械还是二类医疗器械？我们的客户是第一类医疗器械生产企业，备案表有这项产品，备注栏注明"仅在防控新冠肺炎期间"，那这种情况他们的防护服可以出口吗？

🎙 **葛基中：**建议您上国家药品监督管理局网站上查询一下这家企业的产品，上面会有显示是一类还是二类医疗器械的。然后按照商务部、海关总署、国家药品监督管理局2020年第5号公告《关于有序开展医疗物资出口的公告》自4月1日起，出口新型冠状病毒检测试剂、医用口罩、医用防护服、呼吸机、红外体温计的企业向海关报关时，须提供书面或电子声明，承诺出口产品已取得我国医疗器械产品注册证书，符合进口国（地区）的质量标准要求。

🌐 **网友：**出口防护服如何办理退税？

🎙 **葛基中：**退税是提供出口报关单以及国内增值税发票去国家税务部门

退税的。

⊕ **网友**：我公司是外贸公司，工厂供货是一类医用口罩，工厂是否必须有医疗器械注册证，我公司才可以代理出口？

🎤 **葛基中**：一类医用口罩是不实行注册管理的，提供一类医疗器械备案凭证即可。

⊕ **网友**：我在 2020 年 2 月上旬作为捐赠人在国外采买了一批口罩通过湖北省慈善总会捐给了医院，当时时间很紧急，海关直接登记放行，现在我要补办什么手续？

🎤 **彭敏**：您可联系湖北省慈善总会，他们有专门的志愿团队帮您办理免表和报关手续，需要您当时的捐赠意向书和捐赠证明及发票，运单等资料。

⊕ **网友**：我们是一家美资独资生产性企业，2020 年 3 月，疫情期间我们进了一批企业员工抗疫自用的防护口罩，现在国内疫情缓解口罩也不紧张了，但我们公司在美国和日本的关联企业急需口罩，我们能出口吗？

🎤 **葛基中**：尽管相关口罩是从美国进口的，但仅是抗疫目的的企业自用。现在企业不需要了，从企业经营范围严格地说，如果口罩经营超出贵司的经营范围，理论上说只能退运，但需要办理商检等证明，且只能退运美国，不能以其他贸易方式出口。只是退运商检证明比较麻烦，建议可以通过有经营资质的外贸公司代理出口日本或美国。

⊕ **网友**：有报道说很多口罩在欧洲被扣留或没收，贵公司有成功的防疫物资出口案例吗？

🎤 **葛基中**：是听说有口罩等物资被扣。欧洲对医疗器械的管理法规还是很完善的，希望我们出口的商家要了解进口国法律，千万不要伪报、瞒报伪劣防疫物资出口，守法才能便利。出口的防疫物资要在品名、数量、原产地和型号上做到单货一致。疫情至今，我公司申报出口包括阿里巴巴公益基金会或企业的 30 批次的口罩、面罩、防护服、试剂等，涉及美国、西班牙、德国、日本、韩国、土耳其、印度等 20 个国家（地区），一切顺利。我们正在采购、组织有境内外资质的防疫物资包机出口，如果大家也有这方面的需求，可以和我们联系。

🌐 **网友**：我们要给韩国关联公司寄医用酒精（75% 消毒酒精）自用，要什么资质吗？

🎙 **葛基中**：酒精涉及出口法检，一般需要在生产工厂所在地海关办理出口检验检疫。符合要求后，海关签发出口电子底账，企业才能出口。酒精同时涉及危险品，因此在出口时还需办理货物安全运输报告等资料。

🌐 **网友**：进口内窥镜机器做临床试验，还没国内注册证，有什么方法吗？是否要提前申请？

🎙 **葛基中**：应该有药品监督管理部门的行政受理单，以及送样通知。临床医学实验一般都是申请医疗器械注册证时开展，要向药品监督管理部门报备。

🌐 **网友**：贸易公司要出口一次性医用口罩，工厂有备案资质，您说的贸易公司需要有经营备案和经营许可，这个具体怎么理解？

🎙 **葛基中**：贸易公司经营一类医疗器械的，营业执照要有经营范围；二类医疗器械，企业要有经营备案凭证；三类医疗器械，企业要有经营许可证；办理二类和三类医疗器械经营备案和经营许可需要向企业注册所在地药品监督管理部门提出申请。

🌐 **网友**：请问广州海关，现在对于出口退运有没有新的政策规定？

🎙 **许广安**：目前按照海关总署的现行相关规定办理。

🌐 **网友**：请问欣海公司葛总，只是清洁目的的洗手液不是属于日化品而是属于非特殊用途化妆品吗?

🎙 **葛基中**:洗手液属于非特殊化妆品备案,有护肤功效的洗手液需要非特化妆品备案,有消毒功能的需要消字备案。建议企业向进口商注册地市场监督管理局问询。

🌐 **网友**:请问欣海公司有没有国外军机来上海接运防疫物资口罩出口的经验?有什么需要注意的吗?

🎙 **葛基中**:您好,我们有操作过印度尼西亚使用军机来上海接运防疫物资口罩回印度尼西亚的成功案例,需要注意的事项:

1. 由于军机没有运单代码,所以要先向地面代理申请运单代码,运单代码:运单前 3 位,每个航空公司代码,如汉莎 020、港龙 043;

2. 再由货代公司建立舱单;

3. 军机要有当地国防部文件以及驻大使馆的批文。

🌐 **网友**:请问欣海报关,如果国内子公司免费提供口罩给德国母公司,应该申报哪种贸易方式?

🎙 **葛基中**:建议用其他进出口免费进行申报。

🌐 **网友**:请问欣海报关,上海某大学免费提供口罩给美国某大学,应该申报哪种贸易方式。

🎙 **葛基中**:国外收货方为非营利机构(国防部、卫生部、医院、学校、慈善基金会等)用捐赠物资方式申报。

🎙 **周群**:好的,谢谢各位嘉宾,感谢各位网友的热情提问。

🎙 **沈建明**:感谢海关总署办公厅组织了本场发布会,感谢广大网友对武汉海关工作的关心和支持,武汉海关将坚决贯彻党中央决策部署,认真落实好海关总署和湖北省相关工作要求,一如既往全力保障防疫物资快速通关,帮助企业复工复产、解决难题,全力打好湖北保卫战、武汉保卫战。

🎙 **柳波**：感谢海关总署办公厅组织了本场发布会，感谢广大网友的参与和支持，让我们有机会较为全面地介绍上海海关全力保障防疫物资快速通关，支持企业复工复产的有关举措。上海海关一定会坚决贯彻党中央决策部署，认真落实好海关总署和上海市的工作要求，全力以赴、攻坚克难，统筹推进疫情防控和经济社会发展，请党和人民放心。

🎙 **许广安**：感谢海关总署办公厅组织的此次发布会，感谢网友们的热情参与，广州海关将继续认真贯彻落实党中央决策部署，在海关总署党委的指挥下，一如既往、全力以赴保障进出口疫情防控物资的快速通关，请党和人民放心。

🎙 **孙逊**：谢谢大家对顺丰的关注。在各级政府部门，包括各地海关的大力支持下，顺丰将继续为社会贡献力量！

🎙 **彭敏**：谢谢各位的关注，作为一个土生土长的武汉人，我们只是做了武汉人应尽的义务，各位为我们湖北人、武汉人所做的才是大义之举，借此机会，再次感谢各位！如果各位之后在通关问题上有什么要咨询的，锦江报关一定全力配合！再次感谢大家！

🎙 **李海峰**：谢谢大家对复星的关注。复星将在各级党委、政府特别是海关部门的领导、关心和支持下，继续为社会创造更多价值。

🎙 **葛基中**：目前，国外口罩供应需求不断。欣海报关作为首批提出在上海口岸提供免费清关服务的企业，前期不仅完成了来自澳大利亚、马来西亚、印度尼西亚等69个国家（地区）捐赠的超5000万件防护物资的清关。目前欣海报关也在为防疫物资的出口保驾护航，已经成功为西班牙、澳大利亚、德国、加拿大、美国、新加坡、巴西等20个国家（地区）近500万件防疫物资办理出口。疫情无情，人间有爱，大家守望相助，是人类命运共同体的最真实写照。我们坚信，在大家的共同努力下，一定能够早日战胜疫情。

🎙 **林道为**：谢谢大家对南方航空的支持。我们将继续以南航"加速度"

服务疫情防控大局，一手抓疫情防控，一手抓复工复产，坚决打赢疫情防控的人民战争总体阻击战。

后 记

  2020 年 4 月 2 日，海关总署举办主题为"上下一心 关企同心战'疫'必胜"的在线访谈，上海、武汉、广州海关，以及顺丰速运有限公司、湖北锦江报关公司、复星集团、上海欣海报关有限公司、中国南方航空广州白云国际物流有限公司派员参加，介绍保障抗"疫"物资通关情况。访谈使用网络视频连线方式，与网友交流并解答问题。访谈访问量 165 万余次，独立 IP 1568 个，网友提问 197 个，实时答复 101 个问题。

发挥跨境电商优势　助力外贸克难前行

◎ 主　　题：发挥跨境电商优势　助力外贸克难前行
◎ 时　　间：2020 年 6 月 3 日　10：00
◎ 嘉　　宾：宁波海关党委委员、副关长　孙向阳
◎ 主持人：海关总署办公厅　周　群

• 导语 •

　　新型冠状病毒肺炎疫情突如其来，打乱了人们正常的生产、生活节奏，严重威胁到广大人民群众的生命安全和身体健康，给我国外贸进出口业务带来了巨大冲击。海关总署迅速贯彻习近平总书记重要讲话精神，坚决落实党中央、国务院决策部署，迅速行动、持续用力，自2020年1月以来，先后出台多项政策措施，全力服务疫情防控大局，支持企业复工复产。跨境电子商务（简称"跨境电商"）这一新业态，凭借线上交易、非接触式交货、交易链条短等优势，在传统外贸因疫情受到较大冲击时持续快速增长，成为外贸发展新亮点。3月底，为进一步优化营商环境、促进贸易便利化，帮助跨境电商进出口企业积极应对新冠肺炎疫情影响，海关总署发布《关于全面推广跨境电子商务出口商品退货监管措施有关事宜的公告》（海关总署公告2020年第44号）、《关于跨境电子商务零售进口商品退货有关监管事宜的公告》（海关总署公告2020年第45号），优化跨境电商进出口退货监管流程。

身临其境　看看我们曾经聊过的

主持人嘉宾交流

🎤　**周群：**宁波是全国首批 5 个跨境电商试点城市之一，是第二批跨境电商综合试验区（简称"跨境电商综试区"）城市，自 2012 年跨境电商试点以来，宁波海关始终秉持"包容、审慎、创新、协同"，持续创新监管模式、优化监管流程，坚持监管与服务并重，不断优化营商环境，助力宁波跨境电商业务发展长期处于试点城市前列。2019 年，宁波海关制定了《宁波海关促进跨境电商网购保税进口高质量发展若干意见》，助力宁波依托"口岸""开放""产业""物流"的优势，发展成为网购保税进口仓储规模最大、电商平台最全、商品品类丰富的龙头城市。2019 年，宁波海关放行跨境电商网购保税进口清单 1.09 亿票，货值 203.00 亿元，占全国比重分别为 25.04% 和 25.20%，同比分别增长 28.39% 和 41.30%，全国差不多每 4 单跨境电商网购保税进口订单就有 1 单是在宁波海关放行的。

　　为全力支持跨境电商企业疫情防控复工复产，挖掘外贸新增长点，宁波海关深入开展企业调研、精准施策，在以往支持服务措施的基础上，出台了《宁波海关支持跨境电商扩围发展十大举措》，进一步强化海关政策制度和措施的有效供给，支持跨境电商网购保税进口、特殊区域出口业务模式创新发展。2020 年一季度，宁波海关放行跨境电商网购保税进口申报清单 2657 万票，同比增长 24.41%，商品总值 53.73 亿元，增长 40.46%；继续呈现强势增长态势。

　　今天，我们在海关总署新闻发布厅连线宁波海关党委委员、副关长孙向阳，他曾在 2017~2018 年代表中国海关担任世界海关组织（WCO）电子商务工作组主席。此次访谈，以宁波海关为例全面解读海关支持跨境电商发展最新政策，介绍宁波跨境电商网购保税进口发展概况，分享宁波海关促进跨境电商发展相关举措和成效，与广大网友一起互动交流如何更好地服务跨境电子商务行业，使其健康发展。欢迎广大网友踊跃参与。

新型冠状病毒肺炎疫情对我国外贸进出口业务带来了巨大冲击。海关总署贯彻习近平总书记重要讲话精神，坚决落实党中央、国务院决策部署，迅速行动、持续用力，自2020年1月以来，先后出台多项政策措施，全力服务疫情防控大局，支持企业复工复产。

跨境电商这一新业态，凭借线上交易、非接触式交货、交易链条短等优势，成为外贸发展新亮点。3月底，为进一步优化营商环境、促进贸易便利化，帮助跨境电商进出口企业积极应对新冠肺炎疫情影响，海关总署发布2020年44号、45号公告，优化跨境电商进口退货监管措施，全面复制推广跨境电商出口退货监管措施。

宁波海关始终秉持"包容、审慎、创新、协同"，持续创新监管模式、优化监管流程，坚持监管与服务并重，不断优化营商环境，助力宁波跨境电商业务发展长期处于试点城市前列。2019年，制定了《宁波海关促进跨境电商网购保税进口高质量发展若干意见》。2019年，宁波海关放行跨境电商网购保税进口清单1.09亿票，货值203.00亿元，占全国比重分别为25.04%和25.20%，同比分别增长28.39%和41.30%，全国差不多每4单跨境电商网购保税进口订单就有1单是在宁波海关放行的。

宁波海关出台了《宁波海关支持跨境电商扩围发展十大举措》，进一步强化海关政策制度和措施的有效供给，支持跨境电商网购保税进口、特殊区域出口业务模式创新发展。2020年一季度，宁波海关放行跨境电商网购保税进口申报清单2657万票，同比增长24.41%，商品总值53.73亿元，增长40.46%，继续呈现强势增长态势。

🎙 **周群：** 大家好！这里是中国海关门户网站在线访谈，我是主持人周群。今天我们在海关总署新闻发布厅，和大家一起围绕"发挥跨境电商优势 助力外贸克难前行"这一主题开展互动交流。今天我们邀请到的嘉宾是宁波海关党委委员、副关长孙向阳。孙关长，请先和网友们打个招呼吧。

🎙 **孙向阳：** 主持人、各位网友，大家好！很荣幸能作为此次在线访谈的嘉宾向大家介绍宁波海关在服务助力跨境电商发展方面的工作措施和成效。在海关总署的坚强领导下，宁波海关坚持从高水平开放的高度思考新业态发展，从促进外贸稳定发展出发，积极促进跨境电子商务健康发展，努力使之成为宁波市外贸发展的一道亮丽的风景线。希望能通过这次在线访谈活动，让广大网友进一步了解海关是如何做好监管与服务工作的。

🎙 **周群：** 好的。我们了解到，跨境电子商务作为一种新兴业态，发展非常迅猛，已成为我国外贸稳定健康发展的重要力量。请孙关长介绍下目前跨境电子商务有几种模式。

🎙 **孙向阳：** 简单来说，跨境电商是指分属于不同国境（关境）的主体，通过互联网平台达成交易、线上完成跨境支付，再通过跨境物流方式实现商品交付的新型国际贸易方式。目前主要有四种进出口模式，分别为网购保税进口、特殊区域出口、直购进口和一般出口。

网购保税进口：指电子商务企业将整批商品运入海关特殊监管区域或保税物流中心（B型）（简称区域/中心）内并向海关报关，海关实施账册管理。境内个人网购区内商品后，电子商务企业、支付企业和物流企业分别将电子订单、支付凭证、电子运单等传输给海关，电子商务企业或其代理人向海关提交清单办理申报手续，海关验放出区后账册自动核销。

特殊区域出口：指电子商务企业把整批商品报关进入海关特殊监管区域或保税物流中心（B型），企业可实现退税。境外个人跨境网购后，电子商务企业或其代理人、物流企业分别向海关传输交易、收款、物流等电子信息，电子商务企业或其代理人向海关提交清单办理申报手续。海关验放出区离境后，电子商务企业定期将已放行清单归并成出口报关单，凭此办理结汇手续。跨境电子商务综试区海关采取汇总统计方式通关，其他海关采取汇总申报方式通关。

直购进口：指境内个人跨境网购后，电子商务企业或电子商务交易平台企业、支付企业、物流企业分别向海关传输交易、支付、物流等电子信息，进出境快件运营人、邮政企业在承诺对数据真实性承担法律责任的前提下，可以代传交易、支付等电子信息。跨境电子商务商品运抵监管场所后，电子商务企业或其代理人向海关提交清单办理申报和纳税手续。

一般出口：指境外个人跨境网购后，电子商务企业或其代理人、物流企业分别向海关传输交易、收款、物流等电子信息。电子商务企业或其代理人向海关提交清单办理申报手续，跨境电子商务综试区海关采取"简化申报，清单核放，汇总统计"方式通关，其他海关采取"清单核放，汇总申报"方式通关。

跨境电子商务的几种模式

跨境电商是指分属于不同国境（关境）的主体，通过互联网平台达成交易、线上完成跨境支付，再通过跨境物流方式实现商品交付的新型国际贸易方式。目前主要有四种进出口模式，分别为网购保税进口、特殊区域出口、直购进口、一般出口。

指电子商务企业将整批商品运入海关特殊监管区域或保税物流中心（B型）（简称区域/中心）内并向海关报关，海关实施账册管理。境内个人网购区内商品后，电子商务企业、支付企业和物流企业分别将电子订单、支付凭证、电子运单等传输给海关，电子商务企业或其代理人向海关提交清单办理申报手续，海关验放出区后账册自动核销。

指电子商务企业把整批商品报关进入海关特殊监管区域或保税物流中心（B型），企业可实现退税。境外个人跨境网购后，电子商务企业或其代理人、物流企业分别向海关传输交易、收款、物流等电子信息，电子商务企业或其代理人向海关提交清单办理申报手续。海关验放出区离境后，电子商务企业定期将已放行清单归并成出口报关单，凭此办理结汇手续。跨境电子商务综试区海关采取汇总统计方式通关，其他海关采取汇总申报方式通关。

指境内个人跨境网购后，电子商务企业或电子商务交易平台企业、支付企业、物流企业分别向海关传输交易、支付、物流等电子信息，进出境快件运营人、邮政企业在承诺对数据真实性承担法律责任的前提下，可以代传交易、支付等电子信息。跨境电子商务商品运抵监管场所后，电子商务企业或其代理人向海关提交清单办理申报和纳税手续。

指境外个人跨境网购后，电子商务企业或其代理人、物流企业分别向海关传输交易、收款、物流等电子信息。电子商务企业或其代理人向海关提交清单办理申报手续，跨境电子商务综试区海关采取"简化申报，清单核放，汇总统计"方式通关，其他海关采取"清单核放，汇总申报"方式通关。

一般出口

🎙 **周群**：感谢孙关长的详细介绍，让大家了解了跨境电商目前已有的模式，大家可以根据自己的实际情况来选择合适的模式开展此项业务。除了业务类型外，还有一个问题是大家比较关注的，就是目前有哪些商品可以开展跨境电商？

🎙 **孙向阳**：海关总署对跨境电商零售进口实施正面清单管理。2019 年发布的"正面清单"有 1413 个 8 位 HS 编码，基本涵盖了日常消费品，其中部分商品仅能够通过网购保税进口方式开展。跨境电商出口除禁限类商品不能开展外，其他没有限制。但是目前涉及出口许可证管理、法检商品以及涉及出口税收管理的商品暂时无法通过跨境电商零售方式出口，可以通过跨境电商海外仓方式出口。

🎙 **周群**：听了孙关长的介绍，看来目前能开展跨境电商的商品种类还是蛮齐全的。经过这么多年的不断探索发展，跨境电商的政策也发生了一些变化，孙关长能给广大网友概括下近期新政策有哪些变化是需要重点关注的吗？

🎙 **孙向阳**：近年来国家支持跨境电商等新型贸易业态发展，从 2012 年

开展跨境电商的商品

2019年发布的"正面清单"有1413个8位HS编码，基本涵盖了日常消费品，其中部分商品仅能够通过网购保税进口方式开展。跨境电商出口除禁限类商品不能开展外，其他没有限制。但是目前涉及出口许可证管理、法检商品以及涉及出口税收管理的商品暂时无法通过跨境电商零售方式出口，可以通过跨境电商海外仓方式出口。

开始，国家发展改革委组织开展电子商务示范城市专项试点，其中海关总署牵头跨境电子商务试点。2012 年 12 月，海关总署在郑州召开跨境电子商务服务试点工作启动部署会，标志着试点工作全面启动，首批试点城市包括宁波、郑州、杭州、上海、重庆 5 个城市。从海关监管意义上讲，2012 年是跨境电商的元年。截至 2015 年年底，陆续批准设立了广州、天津、福州、平潭、深圳 5 个试点城市。

同时，2015 年起，国家开始设立跨境电子商务综合试验区。2015 年 3 月，在杭州设立第一个跨境电商综试区。到目前一共设立了 5 批跨境电商综试区，总共 105 个，分别为：2016 年 1 月设立第二批，天津、宁波等 12 个城市；2018 年 7 月设立第三批，北京等 22 个城市；2019 年 12 月设立第四批，石家庄等 24 个城市；2020 年 4 月设立第五批，雄安新区等 46 个城市和地区。

这么多年来，跨境电商政策确实发生了不少变化，大致分为三个阶段：

第一个阶段，从试点开始到 2016 年 4 月 7 日，这一阶段跨境电商从无到有，各试点海关都做了大量的创新和尝试，但总体上是按照个人物品政策进行监管，包括适用行邮税率、税款 50 元免征等。

第二个阶段，从 2016 年 4 月 8 日到 2018 年年底，这一阶段的政策和第一阶段相比有了很大变化，主要有按正面清单管理、征收综合税、限额管理。从 2016 年 5 月开始对试点城市商品准入实施过渡期政策："一线"进境时暂不验核通关单，暂不执行商品首次进口许可证、注册或备案要求。过渡期政策一直延续到 2018 年年底商务部等 6 部委制发《关于完善跨境电子商务零售进口监管有关工作的通知》（商财发〔2018〕486 号）。

第三个阶段，从 2019 年开始，我国跨境电商零售进口政策体系基本形成，包括监管模式、税收政策、准入管理等方面。国家出台了《中华人民共和国电子商务法》，对跨境电商进行了专门描述，跨境电商法律法规也进入常态化和稳定期，主要由商务部、发展改革委、财政部、海关总署、税务总局、市场监管总局联合印发的《关于完善跨境电子商务零售进口监管有关工作的通知》（商财发〔2018〕486 号）《关于完善跨境电子商务零售进口税收政策的通知》（财关税〔2018〕49 号）、"正面清单"、《关于跨境电子商务零售进出口商品有关监管事宜的公告》（海关总署公告 2018 年第 194 号）共同构成了跨境电商的法律法规体系。

跨境电商新政的变化

从 2012 年开始，国家发展改革委组织开展电子商务示范城市专项试点。

跨境贸易电子商务服务
试点工作启动部署会

2012 年 12 月，海关总署在郑州召开跨境电子商务服务试点工作启动部署会，标志着试点工作全面启动，首批试点城市包括宁波、郑州、杭州、上海、重庆 5 个城市。从海关监管意义上讲，2012 年是跨境电商的元年。截至 2015 年年底，陆续批准设立了广州、天津、福州、平潭、深圳 5 个试点城市。

2015年起，国家开始设立跨境电子商务综合试验区

2015年3月

在杭州设立第一个跨境电商综试区；

到目前一共设立了5批跨境电商综试区，总共105个，分别为：

2016年1月

设立第二批，天津、宁波等12个城市；

2018年7月

设立第三批，北京等22个城市；

2019年12月

设立第四批，石家庄等24个城市。

2020年4月

设立第五批，雄安新区等46个城市和地区。

跨境电商政策发生了不少变化，大致分为几个阶段：

第一个阶段

从试点开始到2016年4月7日，这一阶段跨境电商<u>从无到有</u>，各试点海关都做了大量的创新和尝试，但总体上是<u>按照个人物品政策进行监管，包括适用行邮税率、税款50元免征等</u>。

第二个阶段

从2016年4月8日到2018年底，这一阶段的政策和第一阶段相比有了很大变化，主要有按正面清单管理、征收综合税、限额管理，从2016年5月开始对试点城市商品准入实施过渡期政策："一线"进境时暂不验核通关单，暂不执行商品首次进口许可证、注册或备案要求。过渡期政策一直延续到2018年底商务部等6部委制发《关于完善跨境电子商务零售进口监管有关工作的通知》（商财发〔2018〕486号）。

第三个阶段

从2019年开始，我国跨境电商零售进口政策体系基本形成，包括监管模式、税收政策、准入管理等方面。国家出台了《中华人民共和国电子商务法》，对跨境电商进行了专门描述，跨境电商法律法规也进入常态化和稳定期，主要由《关于完善跨境电子商务零售进口监管有关工作的通知》（商财发〔2018〕486号)《关于完善跨境电子商务零售进口税收政策的通知》、"正面清单"、《关于跨境电子商务零售进出口商品有关监管事宜的公告》共同构成了跨境电商的法律法规体系。

🎤 **周群**：孙关长给广大网友介绍跨境电商的政策的同时还介绍了企业如何开展跨境电商业务，消费者如何购买跨境电商商品，讲解得很详细。3月底海关总署发布了《关于跨境电子商务零售进口商品退货有关监管事宜的公告》（海关总署公告 2020 年第 45 号）（以下简称《公告》），对跨境电商零售进口退货监管政策进行了调整，孙关长能给广大网友概括主要变化有哪些吗？

🎤 **孙向阳**：此次发布的跨境电商进口退货监管政策相比《关于跨境电子商务零售进出口商品有关监管事宜的公告》，调整内容如下：

一是将退货运抵时间延长了 15 天，退货运抵操作时间达到了 45 天，基本可以满足消费者和企业退货需求；同时将时间节点明确为《申报清单》放行时间。这样设置主要有三个利好：利好一是 30 天内退货企业提出退货申请、45 天内将商品退回，比之前增加了 15 天的退货物流操作时间，能够有效解决物流紧张特别是当前受新冠肺炎疫情影响物流派送时限延长的实际问题，更好满足企业和消费者的合理化诉求。利好二是明确海关放行之日为《申报清单》放行之日，解决了此前业内对"海关放行"存在的《申报清单》放行和包裹放行两种理解的分歧。利好三是通过增加退货申请操作对《申报清单》进行标记，在延长 15 天退货操作时间的同时，并未延长税款汇总周期，不会增加税款担保资金压力。

二是《公告》增加了"可以对《申报清单》内全部或部分商品申请退货"的表述，更加符合退货业务实际，消费者购买多件商品时，可以对其中部分商品进行退货，增加退货灵活性。

三是根据业务模式对退回场地进行了细化。《公告》明确退货运抵地点既包括原监管作业场所也包括原海关特殊监管区域或保税物流中心（B型），直购进口模式下对应退回海关监管作业场所，网购保税进口对应退回原海关特殊监管区域或保税物流中心（B型）。

四是《公告》增加了"跨境电子商务企业及其境内代理人应保证退货商品为原跨境电商零售进口商品，并承担相关法律责任"的表述，明确了验核退货商品是否为原跨境电商零售进口商品验核的责任人为跨境电子商务企业及其境内代理人。

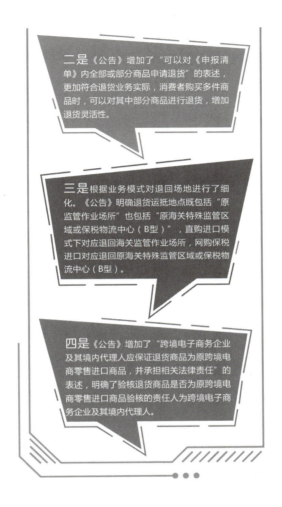

二是《公告》增加了"可以对《申报清单》内全部或部分商品申请退货"的表述，更加符合退货业务实际，消费者购买多件商品时，可以对其中部分商品进行退货，增加退货灵活性。

三是根据业务模式对退回场地进行了细化。《公告》明确退货运抵地点既包括"原监管作业场所"也包括"原海关特殊监管区域或保税物流中心（B型）"，直购进口模式下对应退回海关监管作业场所，网购保税进口对应退回原海关特殊监管区域或保税物流中心（B型）。

四是《公告》增加了"跨境电子商务企业及其境内代理人应保证退货商品为原跨境电商零售进口商品，并承担相关法律责任"的表述，明确了验核退货商品是否为原跨境电商零售进口商品验核的责任人为跨境电子商务企业及其境内代理人。

周群：谢谢孙关长的介绍。据了解，宁波在跨境电商行业起步较早，发展迅猛，尤其是在网购保税进口这方面，一直保持在全国前列。请孙关长给我们介绍下宁波跨境电商的发展现状。

孙向阳：宁波跨境电商网购保税进口业务从无到有、从小到大，自2013年11月开始第一票实单运行以来，业务量始终保持高速增长。2016年1月，国务院批准设立中国（宁波）跨境电子商务综合试验区。几年来，宁波综试区充分依托宁波市"港口、产业、开放"的综合优势，有力推动本地企业和传统外贸加快转型升级，通过互联网经济和港口经济的深度融合，有力促进经济更高质量发展。2019 年宁波跨境电商网购保税进口商品总值突破了 200 亿元，清单量也突破了 1 亿票，主要电商企业都在宁波落地。

宁波跨境电商的发展现状

自2013年11月开始第一票实单运行以来，业务量始终保持高速增长。2016年1月，国务院批准设立中国（宁波）跨境电子商务综合试验区。几年来，宁波综试区充分依托我市"港口、产业、开放"的综合优势，有力推动本地企业和传统外贸加快转型升级，通过互联网经济和港口经济的深度融合，有力促进经济更高质量发展。

🎤 **周群**：企业也反映宁波海关一直以来都非常支持跨境电商业务发展，请孙关长为网友简单介绍一下宁波海关是如何支持跨境电商发展的。

🎤 **孙向阳**：宁波海关长期以来都秉持"包容、审慎、创新、协同"的监管理念，深入企业开展调研，倾听行业发展意见，在收集了企业大量意见建议基础上，2019 年 6 月出台了《宁波海关促进跨境电商网购保税进口高质量发展的若干意见》，一共 8 条措施。分别是：实施区港联动，便捷跨境电商商品入区查检；创新税款担保方式，降低跨境电商企业资金压力；试点"新零售"，探索跨境电商多元化经营模式；实施货物状态互转、跨区点对点直转，拓展跨境电商物流分拨功能；探索"同仓存储、同包发货"，促进跨境电商融合发展；复制"四自一简"监管模式，加强跨境电商企业自主管理；落实质量追溯主体责任，提升跨境电商商品品质保障；开展"仓内留样检"业务，提升跨境电商商品质量安全保障。

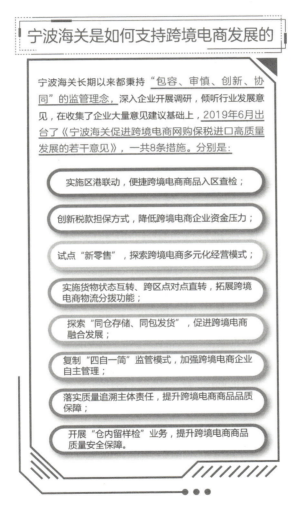

宁波海关是如何支持跨境电商发展的

宁波海关长期以来都秉持"包容、审慎、创新、协同"的监管理念，深入企业开展调研，倾听行业发展意见，在收集了企业大量意见建议基础上，2019年6月出台了《宁波海关促进跨境电商网购保税进口高质量发展的若干意见》，一共8条措施。分别是：

- 实施区港联动，便捷跨境电商商品入区查检；
- 创新税款担保方式，降低跨境电商企业资金压力；
- 试点"新零售"，探索跨境电商多元化经营模式；
- 实施货物状态互转、跨区点对点直转，拓展跨境电商物流分拨功能；
- 探索"同仓存储、同包发货"，促进跨境电商融合发展；
- 复制"四自一简"监管模式，加强跨境电商企业自主管理；
- 落实质量追溯主体责任，提升跨境电商商品品质保障；
- 开展"仓内留样检"业务，提升跨境电商商品质量安全保障。

🎤 **周群**：孙关长，刚才您提到了 2019 年宁波海关出台了 8 项措施支持跨境电商发展，其中有一条是"同仓存储、同包发货"，能不能给广大网友介绍一下措施的具体内容，企业和消费者能够得到哪些实惠呢？

🎤 孙向阳：好的，"同仓存储、同包发货"是我们 2019 年在企业调研中，有些企业提出来的一种业务需求，当时企业给我们反映，消费者想要同时购买跨境商品和国内电商商品需要分别下单，企业需要从不同的仓库分别配送，不仅增加了运营成本，也影响了消费者的购物体验，能不能想办法实现消费者同时购买跨境电商商品和国内电商商品时一次下单、一次打包、一次派送，这样不仅能提高消费者购物体验，还能减少包装浪费。我们在调研时了解到这一"痛点"后，创新做了认真研究，结合货物按状态仓储的监管措施，推出"同仓存储、同包发货"业务新模式，并将其列入宁波海关促进跨境电商网购保税进口高质量发展 8 项措施，率先批准杭州湾新区海关在辖区内开展试点。

由于高度贴合企业和消费者需求，"同仓存储、同包发货"业务模式自 2019 年 8 月正式试点以来，受到了跨境电商企业和消费者的一致认可，业务量增长迅猛。新模式试运行 5 个月，仅一般贸易进口商品单独发货就达 61.38 万单，货值 1.16 亿元。整体上降低了企业 15%～20%的物流成本，提升时效 1～3 天，为商家每年降低成本超过 150 万元。

现在，宁波海关已在关区内全面推广"同仓存储、同包发货"业务模式。接下来，宁波海关将以关区内海关特殊监管区域转型升级综合保税区为契机，充分发挥综合保税区统筹国际国内两个市场的作用，积极深化完善流程和系统，支持电商企业探索开展跨境进口商品"一盘货"卖全球业务，争取让国外消费者也能尽快享受到"同仓存储，同包发货"业务模式带来的网购跨境商品便利。

"同仓存储、同包发货"的具体内容

想办法实现消费者同时购买跨境电商商品和国内电商商品时<u>一次下单、一次打包、一次派送</u>，这样不仅能提高消费者购物体验，还能减少包装浪费。推出<u>"同仓存储、同包发货"业务新模式，并将其列入宁波海关促进跨境电商网购保税进口高质量发展8项措施，</u>率先批准杭州湾新区海关在辖区内开展试点。

自2019年8月正式试点以来，受到了跨境电商企业和消费者的一致认可，业务量增长迅猛。新模式试运行5个月，<u>仅一般贸易进口商品单独发货就达61.38万单，货值1.16亿元。整体上降低了企业15%~20%</u>的物流成本，提升时效1~3天，为商家每年降低成本超过150万元。

🎤 **周群**：新冠肺炎疫情对外贸影响还是很大的，跨境电商相对影响较小，还保持了较高的增长速度，据了解，在2020年这个形势下，宁波跨境电商依然保持了很高的增速，孙关长有什么经验可以给广大网友介绍一下。

🎤 **孙向阳**：新冠肺炎疫情对跨境电商也产生了很大的影响，2020年年初以来，不断有企业反映存在运营成本增加、干线物流受阻、后续货源紧张等问题，宁波海关立足企业实际，出台了若干措施支持跨境电商企业复工复产。

一、 试行"先理货、后入账"通关方式

鼓励企业在商品进境环节选择"两步申报"模式通关，概要申报放行后提离港区并运输至特殊监管区域（中心）内理货，根据理货结果进行完整申报，海关放行后即可入账销售，实现快速提离港区、快速入库理货、即时上架销售。

二、 开辟绿色专用通道

对疫情防控需要的跨境电商进口消费品和复工复产进口物资，开辟快速通关专用窗口，实施 7×24 小时预约加班制度，确保疫情防控、复工复产进口物资即到即放，确保跨境电商零售进口渠道疫情防控及保障民生消费品正常供应。

三、 实行"网上受理、远程办公"作业模式

疫情期间，跨境电商企业通过"网上受理、远程办公"方式实现"不见面、无接触"办理跨境电商进出口海关相关手续；对需要当面办理税款担保、缴纳税款的，暂可通过传真、电子邮件等方式传输相关凭证办理，纸质单证在疫情结束后一个月内提交。

四、 支持多种担保模式，免收税款滞纳金

支持企业采用银行保函、关税保证保险等模式开展税款担保；疫情期间允许企业在原担保到期后使用银行保函进行税款担保，降低企业资金周转压力；受疫情影响无法在规定缴款期限内缴纳税款的，可以在疫情结束后 3 个月内补缴税款，海关免征税款滞纳金。

五、 优化布控查验

疫情期间进一步强化风险分析，聚焦重大安全准入风险，提高指令的针对性和精准度；建立应急解控机制，对被布控指令捕中的防疫和重点生活物资实现实时解控，确保通关顺畅；优化查验方式，依托 X 光机实施非入侵式查验，减少包裹开拆比例。

宁波跨境电商保持很高增速的经验

宁波海关立足企业实际，出台了若干措施支持跨境电商企业复工复产。

一、试行"先理货、后入账"通关方式

鼓励企业在商品进境环节选择"两步申报"模式通关，概要申报放行后提离港区并运输至特殊监管区域（中心）内理货，根据理货结果进行完整申报，海关放行后即可入账销售，实现快速提离港区、快速入库理货、即时上架销售。

二、开辟绿色专用通道

对疫情防控需要的跨境电商进口消费品和复工复产进口物资，开辟快速通关专用窗口，实施7×24小时预约加班制度，确保疫情防控、复工复产进口物资即到即放，确保跨境电商零售进口渠道疫情防控及保障民生消费品正常供应。

三、实行"网上受理、远程办公"作业模式

疫情期间，跨境电商企业通过"网上受理、远程办公"方式实现"不见面、无接触"办理跨境电商进出口海关相关手续；对需要当面办理税款担保、缴纳税款的，暂可通过传真、电子邮件等方式传输相关凭证办理，纸质单证在疫情结束后一个月内提交。

四、支持多种担保模式，免收税款滞纳金

支持企业采用银行保函、关税保证保险等模式开展税款担保；疫情期间允许企业在原担保到期后使用银行保函进行税款担保，降低企业资金周转压力；受疫情影响无法在规定缴款期限内缴纳税款的，可以在疫情结束后三个月内补缴税款，海关免征税款滞纳金。

五、优化布控查验

疫情期间进一步强化风险分析，聚焦重大安全准入风险，提高指令的针对性和精准度；建立应急解控机制，对被布控指令捕中的防疫和重点生活物资实现实时解控，确保通关顺畅；优化查验方式，依托X光机实施非入侵式查验，减少包裹开拆比例。

六、简化临时仓库、车辆备案手续

在疫情防控和复工复产期间，针对人力资源短缺、理货面积不足等导致丰理货商品仓储资源不足的问题，在告知海关前提下，允许非跨境电商专用仓库存放跨境电商商品；针对部分已备案车辆无法反甬导致快递包裹运力不足问题，在告知海关前提下，允许非备案车辆运输快递包裹，保障包裹及时出区送达消费者。

六、　简化临时仓库、车辆备案手续

在疫情防控和复工复产期间，针对人力资源短缺、理货面积不足等导致未理货商品仓储资源不足的问题，在告知海关前提下，允许非跨境电商专用仓库存放跨境电商商品；针对部分已备案车辆无法反甬导致快递包裹运力不足问题，在告知海关前提下，允许非备案车辆运输快递包裹，保障包裹及时出区送达消费者。

七、　暂停现场实货盘查

在疫情防控和复工复产期间存在的违反海关监管规定行为，跨境电商企业可进行远程网上主动披露，海关在线受理；海关暂不开展现场实货盘查，统筹调整仓库库存比对频率，跨境电商企业在疫情结束后 3 个月内提交自盘报告；对在理货、分拣、打包等环节产生库存差异，及时纠正没有造成危害后果的，不予行政处罚。

🎤　**周群：**孙关长，听说 2020 年宁波海关为全力支持跨境电商企业防控疫情复工复产，挖掘外贸新增长点，助推落实宁波市"225"外贸双万亿行动计划，宁波海关在以往支持服务措施的基础上，又推出了支持宁波跨境电商进出口业务发展十条举措，这里能给我们介绍一下吗？

孙向阳：是的，跨境电商有着互联网基因，一直以来变化非常快，业务模式也是层出不穷，我们在充分调研的基础上，结合宁波特点推出了若干措施，分别是：

一、 出口方面

1. 全力支持跨境电商出口多模式发展。支持有业务需求、监管条件成熟的辖区开展跨境电商零售出口业务，试点开展特殊区域跨境电商出口业务，一般贸易或加工贸易方式出口进入海关特殊监管区域或保税物流中心（B 型）〔以下简称"区域（中心）"〕的货物，用于包裹零售出口的和出口海外仓零售的，均可按 1210 贸易方式申报出口。支持在海关特殊监管区域内开展跨境电商出口集拼业务，实现宁波地区跨境电商出口多模式发展。

2. 完善跨境电商出口"海陆空邮 + 信息"多维度联动。充分利用宁波舟山港的航线运力优势，推进关区跨境电商出口商品由空运、邮路转关至海运监管模式，通过海运口岸开展跨境电商零售出口业务。破解宁波空港航线短缺的限制，加强与其他海关尤其是长三角各海关的电子数据转关协调配合。探索研究在转关业务中使用电子关锁施验封，实现转关自动核销，助力宁波地区跨境零售出口商品转关至其他空港口岸出境。跨境电商综合试验区内企业，出口海外仓（含特殊区域出口海外仓零售）的货物可在企业主管地海关报关，优先查验。如需查验由受理出口跨境电商清单或出口货物报关单（出境备案清单）的海关实施，出境地海关一般不再实施查验。

3. 推动跨境电商出口退货多渠道贯通。制定符合宁波特点的监管方案，建立高效、安全、便捷的跨境出口商品多条退货途径。在前期试点的基础上，组织实施跨境电商出口海外仓、跨境电商包裹出口、特殊区域跨境电商出口等模式退货工作，实现跨境电商出口的正向与逆向物流闭环，促进宁波跨境电商企业大胆"走出去"，加速拓展海外终端消费市场。

二、 进口方面

1. 推进特殊区域跨境电商"一盘货"模式多方位销售。电商企业从国外采购存入区域（中心）的商品除面向国内消费者外，还可向国外消费者进行终端销售，并按照特殊区域跨境电商包裹零售出口办理海关手续，转关运输至口岸出境。通过流程和程序创新，积极推进特殊区域跨境电商"一盘货"业务模式落地。

2. 探索跨境电商"先理货、后入账"多角度监管。针对跨境电商进口产品品种多、采购方式多、境外供货商多、企业难以准确申报等问题，试点"先理货、后入账"业务模式，实现快速提离港区、快速入库理货、即时上架销售。鼓励大型电商企业集中在宁波设置物流中心和产业链管理中心，实现通关、理货、运输、仓储、交易等多环节高度集约化作业。

3. 拓展"保税展示＋跨境电商"多层次交易。助力建设宁波跨境电商贸易大通道，中东欧博览会大平台，服务境外优质商品"走进来"。针对中东欧博览会及有关展会实际需求建设网上博览会、开设常年展，选定部分关区内企业作为试点企业，按网购保税进口模式办理参展商品进境申报手续，提供担保后申报出区展示；参展商品在展会期间可通过跨境电商平台线上交易，按网购保税进口方式办理通关手续、核减账册底账数据，提升消费者购物体验感。

4. 提供跨境电商零售进口退货多元化措施。主动创新退货管理措施。在明确电商企业承担商品质量安全的主体责任的前提下，支持在有条件的区域（中心）设立"退货仓"，开展退货集中理货，实现"分批入区、集中理货、准确申报"。优化退货监管流程，加快推进优化后跨境电子商务零售进口商品退货监管政策在宁波落地。

三、 综合方面

1. 多措并举，帮扶跨境电商企业加快复工复产。对于疫情防控、群众生活和复工复产跨境电商进口物资，实行 7×24 小时预约通关，减少检查比例，优先查验排班，实现该类物资通关"零延时"。实行"网上受理、远程办公"作业模式，跨境电商业务通过"网上全流程作业"，实现"无接触通关"。在告知海关的前提下，跨境电商企业查验时可免于到场，或委托监管作业场所经营人、运输工具负责人到场协助海关实施查验。

支持多种担保模式，免收税款滞纳金。支持企业采用银行保函、关税保证保险等模式开展税款担保；疫情期间允许企业在原担保到期后使用银行保函进行税款担保，降低企业资金周转压力；受疫情影响无法在规定缴款期限内缴纳税款的，可以在疫情结束后 3 个月内补缴税款，海关免征税款滞纳金。

2. 多管齐下，优化跨境电商进出口营商环境。加强对跨境电商行业的风险分析和稽查，引导企业开展自查和主动披露，持续监测、分析并严厉打击跨境渠道公民身份信息被盗、虚假交易等违法违规行为，营造公正公平透明的市场竞争环境。

支持跨境电商企业自主备案。精简备案流程，对于管理规范的跨境电商平台企业优先开展认证培育。

针对"6·18""双 11"等电商促销季，做好业务态势监控、风险评估及技术保障，力求服务更优化，措施更有力，通关更顺畅。

支持宁波跨境电商进出口业务发展若干举措

一、出口方面

1.全力支持跨境电商出口多模式发展。

支持有业务需求、监管条件成熟的辖区开展跨境电商零售出口业务，试点开展特殊区域跨境电商出口业务，一般贸易或加工贸易方式出口进入海关特殊监管区域或保税物流中心（B型）（以下简称"区域（中心）"）的货物，用于包裹零售出口的和出口海外仓零售的，均可按1210贸易方式申报出口。支持在海关特殊监管区域内开展跨境电商出口集拼业务，实现宁波地区跨境电商出口多模式发展。

2.完善跨境电商出口"海陆空邮+信息"多维度联动。

充分利用宁波舟山港的航线运力优势，推进关区跨境电商出口商品由空运、邮路转关至海运监管模式，通过海运口岸开展跨境电商零售出口业务。破解宁波空港航线短缺的限制，加强与其他海关尤其是长三角各海关的电子数据转关协调配合。探索研究在转关业务中使用电子关锁施验封，实现转关自动核销，助力宁波地区跨境零售出口商品转关至其它空港口岸出境。跨境电商综合试验区内企业，出口海外仓（含特殊区域出口海外仓零售）的货物可在企业主管地海关报关，优先查验。如需查验由受理出口跨境电商清单或出口货物报关单（出境备案清单）的海关实施，出境地海关一般不再实施查验。

3. 推动跨境电商出口退货多渠道贯通。

制订符合宁波特点的监管方案，建立高效、安全、便捷的跨境出口商品多条退货途径。在前期试点的基础上，组织实施跨境电商出口海外仓、跨境电商包裹出口、特殊区域跨境电商出口等模式退货工作，实现跨境电商出口的正向与逆向物流闭环，促进宁波跨境电商企业大胆"走出去"，加速拓展海外终端消费市场。

二、进口方面

1. 推进特殊区域跨境电商"一盘货"模式多方位销售。

电商企业从国外采购存入区域（中心）的商品除面向国内消费者外，还可向国外消费者进行终端销售，并按照特殊区域跨境电商包裹零售出口办理海关手续，转关运输至口岸出境。通过流程和程序创新，积极推进特殊区域跨境电商"一盘货"业务模式落地。

2. 探索跨境电商"先理货、后入账"多角度监管。

针对跨境电商进口产品品种多、采购方式多、境外供货商多、企业难以准确申报等问题，试点"先理货、后入账"业务模式，实现快速提离港区、快速入库理货、即时上架销售。鼓励大型电商企业集中在宁波设

置物流中心和产业链管理中心，实现通关、理货、运输、仓储、交易等多环节高度集约化作业。

3. 拓展"保税展示+跨境电商"多层次交易。

助力建设宁波跨境电商贸易大通道，中东欧博览会大平台，服务境外优质商品"走进来"。针对中东欧博览会及有关展会实际需求建设网上博览会、开设常年展，选定部分关区内企业作为试点企业，按网购保税进口模式办理参展商品进境申报手续，提供担保后申报出区展示；参展商品在展会期间可通过跨境电商平台线上交易，按网购保税进口方式办理通关手续、核减账册底账数据，提升消费者购物体验感。

4. 提供跨境电商零售进口退货多元化措施。

主动创新退货管理措施。在明确电商企业承担商品质量安全的主体责任的前提下，支持在有条件的区域（中心）设立"退货仓"，开展退货集中理货，实现"分批入区、集中理货、准确申报"。优化退货监管流程，加快推进优化后跨境电子商务零售进口商品退货监管政策在宁波落地。

三、综合方面

1. 多措并举，帮扶跨境电商企业加快复工复产。

对于疫情防控、群众生活和复工复产跨境电商进口物资，实行7*24小时预约通关，减少检查比例，优先查验排班，实现该类物资通关"零延时"。实行"网上受理、远程办公"作业模式，跨境电商业务通过"网上全流程作业"，实现"无接触通关"。在告知海关的前提下，跨境电商企业查验时可免于到场，或

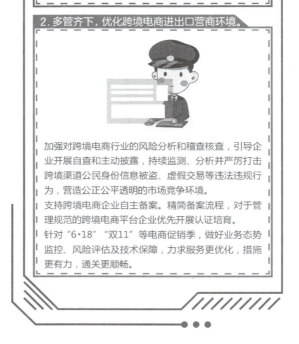

委托监管作业场所经营人、运输工具负责人到场协助海关实施查验。

支持多种担保模式，免收税款滞纳金。支持企业采用银行保函、关税保证保险等模式开展税款担保；疫情期间允许企业在原担保到期后使用银行保函进行税款担保，降低企业资金周转压力；受疫情影响无法在规定缴款期限内缴纳税款的，可以在疫情结束后3个月内补缴税款，海关免征税款滞纳金。

2. 多管齐下，优化跨境电商进出口营商环境。

加强对跨境电商行业的风险分析和稽查核查，引导企业开展自查和主动披露，持续监测、分析并严厉打击跨境渠道公民身份信息被盗、虚假交易等违法违规行为，营造公正公平透明的市场竞争环境。

支持跨境电商企业自主备案。精简备案流程，对于管理规范的跨境电商平台企业优先开展认证培育。

针对"6·18""双11"等电商促销季，做好业务态势监控、风险评估及技术保障，力求服务更优化，措施更有力，通关更顺畅。

🎤 **周群：** 感谢孙关长。相信很多网友都感受到了海关在支持跨境电商发展方面所做的努力。现在已经有不少网友提问，接下来的时间，我们留给广大网友，看看他们都有些什么问题。

网友提问摘录

🌐 **网友：** 跨境电商商品相比更便宜，品类也更加丰富，但同时还总是担心安全问题，请问海关是如何保证消费者利益的？

🎙 **孙向阳**：海关总署按照商务部　发展改革委　财政部　海关总署　税务总局　市场监管总局《关于完善跨境电子商务零售进口监管有关工作的通知》（商财发〔2018〕486号）文件，"政府部门、跨境电商企业、跨境电商平台、境内服务商、消费者各负其责"的原则，实施有效监管。目前对于跨境电商零售进口商品，我们是按个人物品进行监管，同时采取企业及产品备案、抽样检测、发布风险预警、退货、下架等风险防控措施。2019年，宁波海关共抽检了跨境电商共计500批次的进口商品，采取了从跨境电商监管仓库备货区域线下抽检和从电商平台购买线上抽检两种方式，涵盖食品、保健品、母婴用品、服装鞋类、玩具等市民所关心的热点商品，并将监测样品送至专业有资质的实验室进行检测。同时，我们要求跨境电商企业严格落实质量安全管理的主体责任、要求电商平台建立商品质量安全风险防控机制，保证商品质量可靠、来源渠道可追溯，切实保障消费者权益。

🌐 **网友**：我公司是一家从事日用品进口销售的贸易公司，现在想做跨境电商进口业务，请问我需要做哪些准备？

🎙 **孙向阳**：参与跨境电商的企业种类很多，境外跨境电商企业需要有境内代理人，电商平台企业或者国外电商的境内代理人、物流企业、支付企业需向海关传输交易、支付、物流等电子信息。所有参与进口业务的企业都应当向所在地海关办理报关单位注册登记。

🌐 **网友**：我公司是一家快递企业，想做跨境电商网购保税进口业务，谈了几个仓库，他们也有意向把业务交给我们公司，请问我需要向海关注册吗？

🎙 **孙向阳**：根据《关于进口阿根廷鲜食葡萄植物检疫要求的公告》（海关总署公告2019年第194号），你们公司应该属于物流企业，需要向所在地海关办理注册登记，要向海关提供国家邮政管理部门颁发的"快递业务经营许可证"等证明文件。具体可以拨打当地 12360 或到所在地海关企业管理部门进行咨询。

⊕ **网友**：孙关长您好，我们公司是一家电商企业，在美国亚马逊网站上开店，主要销售日用品、圣诞礼品等，业务规模还可以，在美国租了一个 1 万平方米的仓库，以前出口的时候都是按照一般贸易方式申报的，现在以跨境电商出口海外仓形式申报，需要向海关备案吗？

🎤 **孙向阳**：听您介绍，您公司出口到海外仓再进行线上销售的形式是属于跨境电商出口海外仓业务模式，如果要按跨境电商出口海外仓申报，需要事先到注册地海关办理跨境电商出口海外仓企业备案，需提供以下材料：

1. "跨境电商海外仓出口企业备案登记表"和"跨境电商海外仓信息登记表"，一仓一表，一式一份，可以到注册地海关领取；

2. 海外仓证明材料：海外仓所有权文件（自有海外仓）、海外仓租赁协议（租赁海外仓）、其他可证明海外仓使用的相关资料（如海外仓入库信息截图、海外仓货物境外线上销售相关信息）等；

3. 如果有当地商务部门认定海外仓的证明材料可以一并提供。

⊕ **网友**：我是一位消费者，经常网上购物，有时候企业会提示我购买的跨境电商商品相关消息，我都直接点已阅读，听了您的介绍了解到我还有跨境电商额度，我想问一下我怎么查询我的额度呢？

🎤 **孙向阳**：很多消费者在网上购物的时候都是看好商品直接购买，一些提示不会仔细看，有的时候购买了跨境商品业务不清楚，可以通过"国际贸易单一窗口"查询个人消费额度，历年购买的商品都可以查看。网址为：https：//app. singlewindow. cn/ceb2pubweb/sw/personalAmountHJ，输入姓名、身份证号、验证码即可查询本年已用额度和可用额度，注册登录后查询个人消费详情。

🌐 **网友**：孙关长，您在介绍宁波海关支持措施的时候提到，2019 年出台过"实施货物状态互转"的措施，我想问一下是不是普通保税物流货物可以转成跨境电商商品？

🎙 **孙向阳**：是的，"实施货物状态互转"是 2019 年我们推出的 8 条措施中的内容，主要是针对一些供应链企业在进口商品时无法确定最终通过哪种渠道销售，或者有些企业本来想做一般贸易进口的，后来想转做跨境电商的需求提出来的措施。可以通过不同属性账册间数据互转，将普通保税物流货物转为跨境电商，前提需要满足正面清单、从其他国家或地区进口，以及跨境电商零售进口要求的准入条件。

🌐 **网友**：我公司是一家传统消费品出口企业，新冠疫情对我公司影响非常大，国外订单量取消了 50%，复工复产后很多产品都积压在车间了，现在我们在努力通过线上方式打开销路，您提到 2020 年宁波出台的十大举措第一条就是"全力支持跨境电商出口多模式发展"，能详细介绍一下吗？

🎙 **孙向阳**：我们这条措施是在跨境电商出口业务模式发展的基础上提出来的，我们在调研中发现，国际物流派送是跨境电商企业的一大痛点，尤其是新冠肺炎疫情暴发以来，国际运费大幅上涨，我们就在思考能不能把所有要出口的商品集中在一个仓库，然后根据需求组合起来发货到国外，这就有了"全力支持跨境电商多模式发展"这条措施。意思就是根据企业需求，在海关特殊监管区域内设立一个集中仓库，国内企业可以把货物先存入仓库完成退税，再根据销售渠道以小包裹或货物形式运输到境外，也可以和国内已经打包好的包裹一起集中拼箱，运输到境外。帮助企业在海关特殊监管区域内集货，形成出口规模，降低国际运输费用。

🌐 **网友**：一年一度的"6·18"又要到了，2019 年"双 11"当天宁波跨境电商突破了 1000 万票，2020 年我们公司"6·18"单量也会大幅增长，请问孙关长，"6·18"期间会做哪些保障呢？

🎙 孙向阳：每年"双 11""6·18"电商大促，海关都会加强监管通关保障，这么多年下来，宁波海关在大促期间跨境电商系统运行还是很平稳的。2020 年"6·18"期间，我们会根据预估单量做好监管通关工作，包括建立有效沟通联系机制、开展系统历史数据清理、系统实单压力测试、数据传输通道保障、现场监管资源配置等。

🌐 网友：孙关长您好，我想以跨境电商零售方式进口宠物饲料，请问现在海关还验核"饲料进口登记证"吗？

🎙 孙向阳：2018 年修订的《进出口饲料和饲料添加剂检验检疫监督管理办法》（海关总署令第 243 号附件 30）中，删除了原报检时提供饲料和饲料添加剂进口登记证的要求，海关在对宠物食品进口监管时不再验核农业部"饲料进口登记证"。

🌐 网友：我们公司是一家电商企业，目前在天津保税区做跨境电商，有超过一半的客户在长三角地区，现在我想将一些品类的商品从宁波发货，请问孙关长，宁波哪几个区域可以做相关业务？

🎙 孙向阳：目前宁波海关有 5 个隶属海关已经开展跨境电商业务，其中保税区、北仑港综合保税区、前湾综合保税区、梅山港综合保税区 4 个区域可以开展网购保税进口，机场海关可以开展直购业务，通关环境和基础配套都非常成熟了，您可以根据公司业务类型和需求选择进一步了解。

🌐 网友：孙关长您好，国外疫情很严重，到现在还没有得到有效控制，跨境包裹会不会有传播疫情的风险？

🎙 孙向阳：对于快递包裹是否存在传播风险社会上有很多观点，海关担负着口岸疫情防控的重要责任，在 2020 年 4 月下旬，宁波海关开展了为期 5 天的跨境电商、邮快件包裹新冠病毒污染监测工作，在三个业务现场提取了 1195 个包裹样本，进行了实验室检测，检测结果全部为阴性。由于受场地、时间限制等因素影响，我们开展的监测存在一定的局限性，但从监测结果整体来看通过跨境电商、邮快件包裹传播疫情的风险是比较低的。

🌐 **网友**：您好！我们经常开展一些促销活动，请问海关对跨境电商进口商品的优惠促销价格是如何认定的？

🎤 **孙向阳**：促销是电商最常见的营销方式，常见促销形式就有几十种甚至过百种。根据《财政部　海关总署　国家税务总局关于跨境电子商务零售进口税收政策的通知》（财关税〔2016〕18号）规定，海关以跨境电子商务零售进口商品的实际交易价格作为完税价格，这里实际交易价格包括商品零售价格、运费和保险费。目前，海关遵循以下原则对优惠促销价格进行认定：第一，按照实际交易价格原则，以订单价格为基础确定完税价格，订单价格原则上不能为零。第二，对直接打折、满减等优惠促销价格的认定应遵守公平、公开原则，即优惠促销应是适用于所有消费者，而非仅针对特定对象或特定人群的，海关以订单价格为基础确定完税价格。第三，在订单支付中使用电商代金券、优惠券、积分等虚拟货币形式支付的"优惠减免金额"，不应在完税价格中扣除，应以订单价格为基础确定完税价格。

🌐 **网友**：前几天大促，很多东西都很便宜，我在网上买了一些保健品，跟我平常在实体店买的同一款商品的外包装有点不一样。请问在跨境电商网上买到的是不是假货？

🎤 **孙向阳**：跨境电商平台销售的跨境商品是跨境电商企业在国外直接采购的商品，相关产品符合原产地有关质量、安全、卫生、环保、标识等标准或技术规范要求，但可能与我国标准存在差异。与一般贸易进口的商品可能存在版本不同、外包装不同的情况，有的可能无中文标签，消费者可通过网站查看商品中文电子标签。

🌐 **网友**：孙关长您好，请问蚊香能不能通过跨境电商方式进口？

🎤 **孙向阳**：最新的一批"正面清单"中新增了蚊香的税号38089111，从

2020 年开始，蚊香可以通过跨境电商方式进口。不过还要提醒企业朋友，有些驱蚊产品的正确归类应该是 38089119（零售包装杀虫剂），这个税号虽然在正面清单内，但"正面清单"中这个税号备注了"列入《中华人民共和国进出口农药管理名录》的商品除外"，在开展业务前，要确认商品的正确归类和是否属于"列入《中华人民共和国进出口农药管理名录》的商品"。

🌐 **网友**：我们公司是一家互联网支付企业，可以从事跨境电商支付业务吗？

🎤 **孙向阳**：支付企业如要参与跨境电子商务零售进口业务，应当依据海关报关单位注册登记管理相关规定，向所在地海关办理注册登记。如支付企业为银行机构的，应具备银保监会或者原银监会颁发的"金融许可证"；支付企业为非银行支付机构的，应具备中国人民银行颁发的"支付业务许可证"，支付业务范围应当包括"互联网支付"。

🌐 **网友**：您好，我是一名消费者，我有个问题一直很疑惑，跨境电商的单次限额是 5000 元，可是我在网上经常看到一些超过 5000 元跨境电商商品，我想问一下这些商品能通过跨境电商方式进口吗？

🎤 **孙向阳**：从 2019 年 1 月 1 日起，新的税收政策将跨境电子商务零售进口商品的单次交易限值由人民币 2000 元提高至 5000 元，年度交易限值由人民币 20000 元提高至 26000 元。完税价格超过 5000 元单次交易限值但低于 26000 元年度交易限值，且订单下仅一件商品时，可以自跨境电商零售渠道进口，但是需要按照货物税率全额征收关税和进口环节增值税、消费税，交易额计入年度交易总额。

🌐 **网友**：请问，我购买了跨境商品，与商家协商退货退款后，我的跨境电商年度个人额度会返还吗？

🎤 **孙向阳**：根据《关于跨境电子商务零售进口商品退货有关监管事宜的公告》（海关总署公告 2020 年第 45 号），消费者与企业协商退货后，退货企业在《申报清单》放行之日起 30 日内向海关申请退货，并且在《申报清单》放行之日起 45 日内将退货商品运抵原海关监管作业场所的，消费者的个人年度交易累计金额会予以返还调整。

🌐 **网友**：我是一名消费者，刚通过网络平台购买了一罐进口奶粉，罐子上标示的是外国的标准，请问这个正常吗？

🎤 **孙向阳**：根据规定，跨境进口商品须符合原产地有关质量、安全、卫生、环保、标识等标准或技术规范要求，但可能与我国标准存在差异。消费者自行承担相关风险。

🌐 **网友**：我是一名消费者，刚通过网络平台购买了一件跨境进口商品，收到包裹后发现没有中文标签，请问这个正常吗？

🎤 **孙向阳**：根据规定，跨境电商企业须履行对消费者的提醒告知义务，会同跨境电商平台在商品订购网页或其他醒目位置向消费者提供风险告知书，消费者确认同意后方可下单购买。您可以登录商品订购网页查看是否包括下述内容"相关商品直接购自境外，可能无中文标签，消费者可通过网站查看商品中文电子标签"。

🌐 **网友**：1. 请问宁波海关是否设定了"跨境电商零售进口商品重大质量安全风险应急处理机制"，如有，可否简单阐述？

2. 假如宁波海关接到关于跨境电商零售进口相关企业违规事项的举报，一般多久会核实处理？

3. 六部门《关于完善跨境电子商务零售进口监管有关工作的通知》提到：海关责令相关企业对不合格或存在质量安全问题的商品采取风险消减措施，对尚未销售的按货物实施监管，并依法追究相关经营主体责任。假如跨境电商相关企业销售侵犯知识产权的假货，海关部门除监管货物外，还可以如何追责呢？

🎤 **孙向阳**：根据海关总署按照商务部 发展改革委 财政部 海关总

署　税务总局　市场监管总局《关于完善跨境电子商务零售进口监管有关工作的通知》（商财发〔2018〕486 号）文件规定，"政府部门、跨境电商企业、跨境电商平台、境内服务者、消费者各负其责"的原则，实施有效监管。目前对于跨境电商零售进口商品，我们是按个人物品进行监管，同时采取企业及产品备案、抽样检测、发布风险预警、退货、下架、通报、约谈企业等风险防控措施。2019 年，我关共抽检了跨境电商共计 500 批次的进口商品，采取了从跨境电商监管仓库备货区域线下抽检和从电商平台购买线上抽检两种方式，涵盖食品、保健品、母婴用品、服装鞋类、玩具等市民所关心的热点商品，并将监测样品送至专业有资质的实验室进行检测。同时，我们要求跨境电商企业严格落实质量安全管理的主体责任、要求电商平台建立商品质量安全风险防控机制，保证商品质量可靠、来源渠道可追溯，切实保障消费者权益。

宁波海关接到关于跨境电商零售进口相关企业违规事项的举报，会第一时间对举报事项进行核查，核查结果第一时间反馈；12360 业务咨询一般当场答复，如不能当场答复的业务咨询 7 个工作日内予以答复。

对存在侵犯知识产权风险的货物，我们根据相关规定对货物进行暂扣，向权利人通报，根据最终权利裁定情况进行后续处理。

🌐 **网友**：听说宁波获批综保区，会有哪些利好的海关政策出台？

🎤 **孙向阳**：宁波海关在总结前期调研成果的基础上，以地方发展和企业需求为导向，即将出台《宁波海关支持和促进综合保税区高水平开放高质量发展若干措施》，包括完善政策、优化监管、拓展功能、深化改革等 24 项措施，届时请关注宁波海关政策发布。

🌐 **网友**：我们公司是一家第三方检测公司，可以从事跨境电商的检测业务吗？

🎤 **孙向阳**：电商企业、电商平台均需要建立商品质量安全风险防控机制，可能涉及跨境电商商品检测，都是市场化运作。

🌐 **网友**：孙关长，我们公司是从事 9610 跨境进口直邮的电商，针对日本非疫区的食品包裹，是否需要提供日本官方的原产地证？如果需要的话，我们作为电商没法拿到日本官方的原产地证，请问在满足监管要求的前提下，有没有便利措施？

🎙 **孙向阳**：对于以跨境电子商务形式进口自日本的食品，根据原质检总局 2011 年第 44 号公告等要求，仍需官方出具原产地证明，凡来自禁止进口 10 个都县的食品或无法提供原产地证明等文件的，不管是以网购保税、还是直购进口形式，都是不得入境的。

🌐 **网友**：孙关长您好，我想问下，海关未来在跨境电商的业务风险管控上会做哪些创新和尝试，会不会与企业和属地海关有更频繁的交流和互动？

🎙 **孙向阳**：海关的风险防控工作，未来会更注重与企业、现场及更多其他海关内外部单位的联动和信息共享，利用更多元的数据开展交叉验证风险分析以提升防控的精准度，并尽可能前推后移防控阵线提高通关时效。一方面维护消费者的权益，另一方面维护守法企业的公平竞争的市场环境。

🌐 **网友**：孙关长您好，请问对于进口欧洲榉木板材（低风险）的查验比率能否从 50% 下降到 20%？客户普遍反映查验率过高，实际查验率估计在 60% ~ 70%，而且查验箱量在 80%。

🎙 **孙向阳**：榉木板材不在跨境电商"正面清单"内，要通过一般贸易方式进口。海关对进出口货物实施风险管理，根据具体情况确定风险等级，是否查验根据具体风险确定。

🌐 **网友**：孙关长，义乌保税仓发出的海蓝之谜是假货，请问贵关可以查处吗?

🎤 **孙向阳**:网友您好,您反映的问题很重要,宁波海关一直非常关注跨境电商商品质量安全问题,您可以拨打 0574 - 12360 反映具体企业名称等详细情况。根据管辖范围,义乌属于杭州海关管辖范围,您也可以直接向杭州海关反映。

🌐 **网友**:孙关长,您好!我们公司是跨境电商企业。最近发现一些跨境商品和"正面清单"描述有出入,例如,足贴,根据其组成和原理应归入3824999990,HS 在"正面清单"之内,但是根据相应备注说明,这个 HS 仅限于"暖宝宝、暖宫贴、肩颈贴"等几个产品,足贴不在其中,但是足贴跟肩颈贴按照产品情况看属于同类产品,请问这个足贴是否允许进口?

🎤 **孙向阳**:网友您好,感谢关注。跨境电商零售进口商品"正面清单"由多部委共同制定,最新"正面清单"有 1413 个 8 位 HS 编码。足贴类商品 2019 年海关进行过一次归类预裁定,将其归入 38249999 项下。我们监控发现目前大多数企业将该类商品申报其他税号进口。若企业认定为产品与预裁定不一致、对海关归类认定有异议的,可以向现场海关提出归类认定。另外,我们建议企业在进货前通过"中国海关归类化验"App 进行查证,尽可能降低产品归类造成的不合规风险。

🎤 **周群**:感谢嘉宾的介绍和各位网友的积极参与。通过这次在线访谈活动,我们了解了宁波海关支持跨境电商发展的最新政策,也看到了宁波海关在促进跨境电商发展方面做出的努力和取得的成效。

🎤 **孙向阳**:谢谢大家!宁波海关将不断创新监管模式、优化监管流程、改善营商环境,为持续推动跨境电商发展、助力外贸克难前行贡献海关力量。对于网友后续提问,请拨打宁波海关统一服务热线 0574 - 12360 进行咨询。

🎤 **周群**:今天的在线访谈到此结束,请大家继续关注中国海关门户网站

www. customs. gov. cn。再见!

后 记

　　2020 年 6 月 3 日,海关总署举办主题为"发挥跨境电商优势 助力外贸克难前行"的在线访谈,全面解读海关支持跨境电商发展最新政策,介绍宁波跨境电商网购保税进口业务发展概况,并在线答疑。访谈访问量 45.9 万人次,独立 IP 1229 个,网友提问 40 个,现场答复 27 个。

以"五关"建设为核心　打造最具国际竞争力的"一流海关"

◎ 主　题：以"五关"建设为核心　打造最具国际竞争力的
　　　　　"一流海关"
◎ 时　间：2020 年 6 月 11 日　10∶00
◎ 嘉　宾：天津海关党委书记、关长　赵　革
◎ 主持人：海关总署办公厅　周　群

导语

　　党的十九届四中全会通过的《中共中央关于坚持和完善中国特色社会主义制度　推进国家治理体系和治理能力现代化若干重大问题的决定》（以下简称《决定》）提出，"建设更高水平开放型经济新体制"。　《决定》对"实施更大范围、更宽领域、更深层次的全面开放"做出专门部署，提出明确要求。海关在"建设更高水平开放型经济新体制"方面该如何发挥作用？海关总署党委书记、署长倪岳峰在2020年年初接受《人民日报》专访时特别提出：要打造先进的、在国际上最具竞争力的海关监管体制机制。

身临其境　看看我们曾经聊过的

主持人嘉宾交流

🎤 **周群**：大家好！这里是中国海关门户网站在线访谈，我是主持人周群。今天我们连线天津海关，与大家一起围绕"以'五关'建设为核心，以'一流海关'为目标，探索先进的、最具国际竞争力的海关管理体制机制和治理能力"这一主题开展互动交流。今天我们邀请到的嘉宾是天津海关党委书记、关长赵革。赵关长，请先和网友们打个招呼吧。

🎤 **赵革**：主持人、各位网友，大家好！非常高兴参加中国海关门户网站在线访谈，感谢网友们一直以来对天津海关工作的关注和支持。希望能通过这次在线访谈活动，向广大网友分享一些天津海关在落实政治建关、改革强关、依法把关、科技兴关、从严治关的"五关"建设要求、探索创建"一流海关"工作方面的情况，希望通过聆听广大网友的意见、建议，共同为现代化的海关管理体制机制建设出谋划策。

🎤 **周群**：赵关长，天津海关创建"一流海关"工作质量评价指标体系的背景是什么，这个指标体系又与"五关"建设有怎样的关系呢？

🎤 **赵革**：深化体制改革、推动政府职能转变，是党中央的改革要求。党的十九届四中全会通过的《中共中央关于坚持和完善中国特色社会主义制度　推进国家治理体系和治理能力现代化若干重大问题的决定》提出，"建设更高水平开放型经济新体制"。打造先进的、在国际上最具竞争力的海关监管体制机制，才能更加适应更大范围、更宽领域、更深层次的全面开放。如何构建新型海关监管体制机制，让海关更好履职尽责、促进外贸高质量发展，是天津海关一直在思索的问题。

天津海关始终把推进"政治建关、改革强关、依法把关、科技兴关、从严治关"作为重中之重。我们深切感受到，只有把"五关"建设好了，才能称得上是"一流海关"；要抓好"五关"建设，绝不能仅仅停留在概念和口号上，而是要把工作量化、具体化，找到实实在在的抓手，找到具体衡量的标准。"一流海关"工作质量评价指标体系，就是天津海关为了更好落实"五关"建设要求，正在探索的工作运行系统和争先创优着力点。

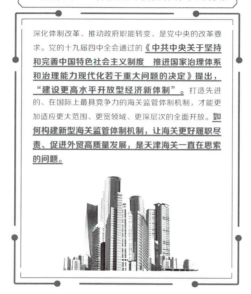

"一流海关"工作质量评价指标体系的背景

深化体制改革、推动政府职能转变，是党中央的改革要求。党的十九届四中全会通过的《中共中央关于坚持和完善中国特色社会主义制度 推进国家治理体系和治理能力现代化若干重大问题的决定》提出，"建设更高水平开放型经济新体制"。打造先进的、在国际上最具竞争力的海关监管体制机制，才能更加适应更大范围、更宽领域、更深层次的全面开放。如何构建新型海关监管体制机制，让海关更好履职尽责、促进外贸高质量发展，是天津海关一直在思索的问题。

指标体系与"五关"建设的关系

天津海关始终把推进"政治建关、改革强关、依法把关、科技兴关、从严治关"作为重中之重。只有把"五关"建设好了，才能称得上是"一流海关"；要抓好"五关"建设，绝不能仅仅停留在概念和口号上，而是要把工作量化、具体化，找到实实在在的抓手，找到具体衡量的标准。"一流海关"工作质量评价指标体系，就是天津海关为了更好落实"五关"建设要求，正在探索的工作运行系统和争先创优着力点。

🎙 **周群**：您能简要介绍一下"一流海关"工作质量评价指标体系的设计思路吗？

🎙 **赵革**：好的。正如我前面提到的，抓好"五关"建设，是建设在国际上最具竞争力的海关监管体制机制的根本路径。"五关"建设是相辅相成、有机协调的整体，要想真正实现海关总署党委的战略目标，就要用系统的思维，建立适合"五关"建设要求的工作目标体系和衡量标准系统，通过这一体系和系统实现建设"一流海关"纲举目张的效果。

为此，从 2018 年开始，天津海关立足天津关区实际，着眼长远、对标国际国内先进水平，以"对标达标"为思路，探索建立天津海关创建"一流海关"工作质量评价指标体系。在这一体系中，我们确定了政治统领、把关能力、服务能力、工作效率、创新能力、法治工作、廉政建设、综合保障等 8 个重点领域评价指标；这 8 个重点领域实际上正是"五关"建设的具体体现。

我们将这 8 个重点领域评价指标又分解为更为细化的具体指标，逐项明确目标值，建立评价模型，将宏观、抽象的管理工作具体化、数字化，每月对各项指标进行动态监控和分析评估。通过持续不懈地推进"对标达标"，为提升各条线工作质量提供重要支撑，将"五关"建设各项要求落到实处，推动实现"一流海关"建设总目标。

》"一流海关"工作质量评价指标体系的设计思路《

抓好"五关"建设,是建设在国际上最具竞争力的海关监管体制机制的根本路径。"五关"建设是相辅相成、有机协调的整体,要想真正实现总署党委的战略目标,就要用系统的思维,建立适合"五关"建设要求的工作目标体系和衡量标准系统,通过这一体系和系统实现建设"一流海关"纲举目张的效果。

政治统领 + 把关能力 + 服务能力 + 工作效率 + 创新能力 + 法治工作 + 廉政建设 + 综合保障

"五关"建设的具体体现

从2018年开始 天津海关立足天津关区实际,着眼长远、对标国际国内先进水平,以"对标达标"为思路,探索建立天津海关创建"一流海关"工作质量评价指标体系。确定了**政治统领、把关能力、服务能力、工作效率、创新能力、法治工作、廉政建设、综合保障等8个重点领域评价指标;这8个重点领域实际上正是"五关"建设的具体体现。**

这8个重点领域评价指标又分解为更为细化的具体指标,逐项明确目标值,建立评价模型,将宏观、抽象的管理工作具体化、数字化,每月对各项指标进行动态监控和分析评估。通过持续不懈地**推进"对标达标",为提升各条线工作质量提供重要支撑,将"五关"建设各项要求落到实处,推动实现"一流海关"建设总目标。**

例如，计划培养一名世界一流的百米运动员，这是工作目标；但在培养过程中，不把重点直接放在运动员百米能跑到多少秒上，而是列出详细的培养计划和提升项目，把要培养运动员的心率、步幅、频率等作为提升指标，把这些指标逐一对标世界一流运动员水平，如果通过训练，运动员每一项指标都能达到世界一流，那他的百米成绩也具有达到世界一流运动员的能力和水平。

打造"一流海关"目标好比培养一流的百米运动员；建立指标体系、细化具体指标好比提升心率、步幅、频率等指标。**建立这套体系是一种自我评价和自我期许，通过一些指标的引领带动，提升关区管理能力和工作水平，把海关总署"五关"建设要求落实好，更好朝着"一流海关"目标迈进。**

🎤 **周群：**听了您的介绍，我们感觉还是有些专业，您能否为网友更加通俗地解释一下？

🎤 **赵革：**好的主持人，我们打个比方。例如，我们计划培养一名世界一流的百米运动员，这是我们的工作目标；但在培养过程中，我们不把重点直接放在运动员百米能跑多少秒上，而是列出详细的培养计划和提升项目，比如我们把培养运动员的心率、步幅、频率等作为提升指标，把这些指标逐一对标世界一流运动员水平，如果通过训练，我们运动员每一项指标都能达到世界一流，那他的百米成绩也具有达到世界一流运动员的能力和水平。

　　所以，我们打造"一流海关"目标好比培养一流的百米运动员；建立指标体系、细化具体指标好比提升心率、步幅、频率等指标。我们建立这套体系是一种自我评价和自我期许，通过一些指标的引领带动，提升关区管理能力和工作水平，把海关总署"五关"建设要求落实好，更好朝着"一流海关"目标迈进。

🎙 **周群**：这个例子很形象，我想广大网友对评价指标体系有了更直观的认识。那么您能具体介绍一下，"一流海关"指标体系设计的原则吗？

🎙 **赵革**：在建设"一流海关"指标体系中，我们遵循了以下几个原则：

一是注重代表性、可比性和引领性。指标选取上，不追求"大而全"，而是选取某一项工作领域中最具有代表性、引领性的指标设定。指标尽量选取能够与国际、国内先进水平相比的指标，目的就是对标先进、找准标杆、争创一流。

二是本着"相对稳定、动态调整"的原则。创建"一流海关"不是一个一蹴而就的过程，要求我们要有一个着眼长远的整体规划，因此我们的评价体系就要保持相对稳定；同时，也要根据每个阶段的工作实际、工作落实情况进行相应调整，使指标更加符合实际、更有效引领工作。

三是"不求完美、但求有效"。我们不求建立一个完美的模型，因为在现实工作中，我们无法找到能够代表工作的所有指标并依此建立一个有效的评价模型；我们选取的都是能够对工作起到带动性、引领性作用的指标。

四是指标体系并非考核评比，而是自我期许、自我评价。我们给这个衡量标准明确定位：它不是一个考核或评比，而是一种目标，一种能引领大家共同努力的标准。

五是指标数据获取客观、可靠，可计算、可有效提取。有些指标数据可以通过海关总署通报、现有系统直接获取，有些指标需要通过客观的评价，尽量避免主观因素的影响。

》"一流海关"指标体系设计的原则《

在建设"一流海关"指标体系中，我们遵循了以下几个原则：

一是注重代表性、可比性和引领性

指标选取上，不追求"大而全"，而是选取某一项工作领域中最具有代表性、引领性的指标设定。指标尽量选取能够与国际、国内先进水平相比的指标，目的就是对标先进、找准标杆、争创一流。

二是本着"相对稳定、动态调整"的原则

创建"一流海关"不是一个一蹴而就的过程，要有一个着眼长远的整体规划，评价体系就要保持相对稳定；同时，也要根据每个阶段的工作实际、根据工作落实情况进行相应调整，使指标更加符合实际、更有效引领工作。

三是"不求完美、但求有效"

不求建立一个完美的模型，因为在现实工作中，无法找到能够代表工作的所有指标并依此建立一个有效的评价模型；选取的都是相对来说能够对工作起到带动性、引领性的指标。

四是指标体系并非考核评比，而是自我期许、自我评价

给这个衡量标准明确定位：它不是一个考核或评比，而是一种目标，一种能引领大家共同努力的标准。

五是指标数据获取客观、可靠,可计算、可有效提取

有些指标数据可以通过总署通报、现有系统直接获取,有些指标需要通过客观的评价,尽量避免主观因素的影响。

🎙 **周群**:刚才,您提到了指标选择中要坚持代表性、可比性的原则,您能举例说明一下吗?

🎙 **赵革**:如在"政治建关"中,如何体现快速贯彻党中央重大决策部署、落实海关总署党委工作要求?我们没有选择开了多少会、写了多少心得体会这些指标,而是选取了"落实速度"这一指标,关注党中央和海关总署党委工作部署落实到位的速度,因为"政治建关"的好坏最终要体现在行动和成效上。这也与海关总署"马上就办、真抓实干"的要求相一致。

再如,如何加强党的基层组织建设?我们就尝试通过党建品牌创建解决这一问题。党建品牌创建工作,是我们基层党组织建设的重要成果,同时兼具历史可比性和横向可比性,可以在与自身的纵向对比及与其他单位的横向对比中,清晰反映出我们的基层组织建设情况。2019 年,我们有 7 个基层党组织获评市级机关党建"示范点"和"示范阵地",占全市机关获评总数的 10%,获评数量在市级机关系统内排名第一,在品牌创建中全关形成了"多点开花"的可喜局面。

> 指标选择中要坚持代表性、可比性的原则

在"政治建关"中，选取了**"落实速度"**这一指标，关注党中央和海关总署党委工作部署落实到位的速度，因为**"政治建关"的好坏最终要体现在行动和成效上。这也与海关总署"马上就办、真抓实干"的要求相一致。**

加强党的基层组织建设，尝试通过党建品牌创建解决这一问题。党建品牌创建工作，是基层党组织建设的重要成果，同时兼具历史可比性和横向可比性，可以在与自身的纵向对比及与其他单位的横向对比中，清晰反映出基层组织建设情况。

2019年，有7个基层党组织获评市级机关党建"示范点"和"示范阵地"，占全市机关获评总数的10%，获评数量在市级机关系统内排名第一，在品牌创建中全关形成了"多点开花"的可喜局面。

🎤 **周群：** 在我们指标体系建设中，指标目标值设定都有哪些考虑？

🎤 **赵革：** 在设定指标目标值时，国际有标准的，对标国际一流标准；没有国际标准的，对标国内一流标准。所有指标根据目前世界同类港口情况、全国所处位置，通过对标国际标准，参考全国海关、全国海运口岸海关中最高水平或者某个位次的数值作为目标值。

例如，在进出口企业都非常关注的通关时间上，天津海关对标新加坡通关时效标准，将进口通关时间目标值设定为30小时。目前天津口岸进口通关时间已由2017年的约130小时，压缩至2020年4月的32.36小时，取得了很大的成效，也排在了全国主要海运口岸进口通关时间的前列；对标国内先进海运口岸，目前进口、出口提前申报率均位居主要海运口岸前列。

指标目标值设定

在设定指标目标值时，国际有标准的，对标国际一流标准；没有国际标准的，对标国内一流标准。所有指标根据目前世界同类港口情况、全国所处位置，通过对标国际标准，参考全国海关、全国海运口岸海关中最高水平、或者某个位次的数值作为目标值。

在进出口企业都非常关注的通关时间上，对标新加坡通关时效标准，将进口通关时间目标值设定为30小时。目前天津口岸进口通关时间已<u>由2017年的约130小时，压缩至2020年4月的32.36小时，取得了很大的成效，也排在了全国主要海运口岸进口通关时间的前列；对标国内先进海运口岸，目前进口、出口提前申报率均位居主要海运口岸前列。</u>

🎤 **周群：**赵关您能否整体介绍一下，通过具体实践，推动工作的实际效果如何？

🎤 **赵革：**经过一年多的实践，指标体系对天津海关工作的引领作用发挥明显，促进了各项工作"质"和"量"的提升，使天津海关管理能力和整体工作水平都得到较大幅度提高。或者说在指标引领下，关区各部门各单位通过采取一系列有效的工作举措，提升了工作水平，反映在指标上就是整体工作成效大幅提升。

从指标体系来看，整体工作指数值从 2018 年的 70.64 跃升到 2019 年的 94.45，提升了 34.01%，提升幅度超过三分之一。

为了争创一流，各部门主动对标国际国内先进水平，自加压力，研究设定了年度工作目标值、实施并细化工作措施、不断优化和规范作业流程，完善工作机制。据统计，在 2019 年的 33 项细化指标中有 26 项完成达标，达标率达到 81.25%；有 21 项实现同比提升，比例超过 80%，平均增幅达到 68.06%。

反映在工作中出现了 3 个可喜变化：一是工作的目标意识和达标意识明显提高，各责任部门都高度重视每月指标的完成情况，不断地想办法、定措施；二是全关上下比学赶帮超的氛围和劲头明显增强，职能处和隶属关多批次组队外出学习交流；三是推动工作的"招法"不断创新，更加务实管用，出了很多实招。

经过一年多的实践，指标体系对工作的引领作用发挥明显，**促进了各项工作"质"和"量"的提升，管理能力和整体工作水平都得到较大幅度提高。**

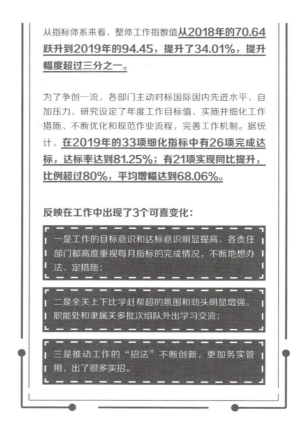

从指标体系来看，整体工作指数值**从2018年的70.64跃升到2019年的94.45，提升了34.01%，提升幅度超过三分之一。**

为了争创一流，各部门主动对标国际国内先进水平，自加压力，研究设定了年度工作目标值、实施并细化工作措施、不断优化和规范作业流程，完善工作机制。据统计，**在2019年的33项细化指标中有26项完成达标，达标率达到81.25%；有21项实现同比提升，比例超过80%，平均增幅达到68.06%。**

反映在工作中出现了3个可喜变化：

一是工作的目标意识和达标意识明显提高，各责任部门都高度重视每月指标的完成情况，不断地想办法、定措施；

二是全关上下比学赶帮超的氛围和劲头明显增强，职能处和隶属关多批次组队外出学习交流；

三是推动工作的"招法"不断创新，更加务实管用，出了很多实招。

🎙 **周群：**您前面也提到了，"一流海关"指标体系是做好"五关"建设工作的抓手。在"五关"建设中的"政治建关"方面，通过体系引领，目前成效如何？

🎙 **赵革：**从工作推进落实看，天津海关"政治建关"呈现出几个明显变化：

一是政治意识明显增强，"两个维护"的思想和行动更加坚定自觉。天津海关将学习习近平新时代中国特色社会主义思想作为首要政治任务，完善了党委理论学习中心组学习、支部集体学习的相关制度，政治理论学习常态化机制更加完善。将学习落实习近平总书记重要指示批示精神作为关党委会和关区形势分析及工作督查例会"第一议题"，做到第一时间学习、第一时间研究、第一时间落实。反映到细化指标上，2019 年全年重大决策部署落实速度从 8.90 天压缩至 6.39 天，2020 年第一季度进一步压缩为 3.9 天/件。政治意识的增强，也带动了工作作风的强化，比如我们部门之间协商办结时效已压缩至 0.89 天，比 2018 年 12 月压缩近 60%；机关对基层提交的请示办结时间从 2019 年年初的 7 天压缩为现在的 3.59 天，关区马上就办、真抓实干的作风进一步养成。

二是广大干部职工政治自觉性显著提高，队伍的精气神得到了提振。面对国内疫情防控重心转移到外防输入上来，特别是天津作为首都机场国际航班的第一入境点，天津空港口岸的防疫任务和压力激增的情况，有 871 名干部职工递交了"请战书"，申请前往抗疫一线，有许多同志是默默地克服了许多自身或家庭的困难主动请缨的。在战"疫"一线，许多同志发扬了不怕艰苦、不惧危险、敢打打拼、连续作战的作风，涌现出了好多好人好事，整个关区始终保持着高昂的士气。在机场疫情防控一线，还成立了临时党支部，党员纷纷亮标准、亮身份、亮承诺，用自己的平凡之躯筑起战胜疫情的坚强堡垒，让党旗在防控疫情战斗的第一线高高飘扬。

三是全关范围抓党建的意识空前提高。2019 年全年共创建 18 个关区示范品牌和 31 个培育品牌；7 个基层党组织获评市级机关党建"示范点"和"示范阵地"。以品牌创建的这一个"点"，带动了干部队伍的整个"面"，品牌建设实现全覆盖、一片红。

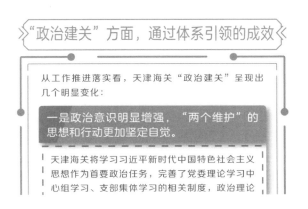

"政治建关"方面，通过体系引领的成效

从工作推进落实看，天津海关"政治建关"呈现出几个明显变化：

一是政治意识明显增强，"两个维护"的思想和行动更加坚定自觉。

天津海关将学习习近平新时代中国特色社会主义思想作为首要政治任务，完善了党委理论学习中心组学习、支部集体学习的相关制度，政治理论学习常态化机制更加完善。将学习落实习近平总书记重要指示批示精神作为关党委会和关区形势分析及工作督查例会"第一议题",做到第一时间学习、第一时间研究、第一时间落实。反映到细化指标上,2019年全年重大决策部署落实速度从8.90天压缩至6.39天,2020年第一季度进一步压缩为3.9天/件。

二是广大干部职工政治自觉性显著提高,队伍的精气神得到了提振。

面对国内疫情防控重心转移到外防输入上来,特别是天津作为首都机场国际航班的第一入境点,天津空港口岸的防疫任务和压力激增的情况,有871名干部职工递交了"请战书",申请前往抗疫一线,有许多同志是默默地克服了许多自身或家庭的困难主动请缨的。在战"疫"一线,许多同志发扬了不怕艰苦、不惧危险、敢打打拼、连续作战的作风,涌现出了好多好人好事,整个关区始终保持着高昂的士气。在机场疫情防控一线,还成立了临时党支部,党员纷纷亮标准、亮身份、亮承诺,用自己的平凡之躯筑起战胜疫情的坚强堡垒,让党旗在防控疫情战斗的第一线高高飘扬。

三是全关范围抓党建的意识空前提高。

2019年全年共创建18个关区示范品牌和31个培育品牌;7个基层党组织获评市级机关党建"示范点"和"示范阵地"。以品牌创建的这一个"点",带动了干部队伍的整个"面",品牌建设实现全覆盖、一片红。

🎙 **周群：**赵关长，您能否介绍一下，在"改革强关"方面，通过指标引领取得了什么样的工作成效？

🎙 **赵革：**一方面，我们积极参与海关总署改革工作。我们认识到，主动承担海关总署的改革试点工作，是天津海关建设"一流海关"的必然需要，也是口岸大关应有的责任和担当。经过主动争取，天津海关承担了海关总署《海关全面深化业务改革 2020 框架方案》中的"两步申报""两段准入""两轮驱动" 3 项改革试点任务。在工作实践中，探索形成了问题分析、应急处置、以及改革联系配合等多项工作机制，特别是建立了关党委委员"挺进"改革最前沿，机关职能部门"挺进"服务最前线，现场一线关员"挺进"监管最前端的"三挺进"工作机制，及时疏导解决了改革过程中出现的各类新情况、新问题，为关区推进重大改革任务探索出途径、积累了经验，主动当好"扛旗人"，跑好"第一棒"，为全国海关的业务改革"蹚出雷、找出因、闯出路"。

还有海关总署的区块链验证试点项目。区块链技术的发展和应用，是当今世界科技发展的一个潮流，体现着科技强国战略的要求，同时也代表着世界海关技术应用的一个发展方向。海关总署对区块链验证试点项目高度重视，2018年便把这个工作列入了海关科技工作要点。海关总署将验证试点任务交给天津海关，体现了海关总署党委对天津海关的信任和关心。天津海关对标世界一流港口标准，提升口岸科技研发应用水平，着力打造"智慧海关"，力争借助区块链这一新技术，为海关系统转变监管理念和方式蹚出一条新路，努力提升海关监管效能。目前区块链技术应用已扩展到海运冻肉、AOG 先出区后报关业务、特殊区域货物管理和通关担保业务等 8 个业务场景。

另一方面，我们持续加强关区改革创新。为深入贯彻落实习近平总书记考察天津港提出的"志在万里，努力打造世界一流的智慧港口、绿色港口"的重要指示要求，2019 年天津海关推行实施了以"船边直提"为核心的一系列海运口岸进出口货物物流通关改革，支持天津港口岸效率达到全国领先水平、港口智能化达到国际一流水准；2020 年，我们在原有改革探索基础上，又充分借鉴互联网经济模式和规模经济优势，协同天津港集团确定了建设"集疏港智慧平台"的业务改革工作思路，通过应用智能新科技、打造物流新流程、树立时效新标准，对标国际最先进港口作业模式，助力天津港朝着世界一流智慧港口、绿色港口发展。

》"改革强关"方面取得的工作成效 《

一方面，积极参与总署改革工作。 主动承担海关总署的改革试点工作，是建设"一流海关"的必然需要，也是口岸大关应有的责任和担当。经过主动争取，承担了海关总署《海关全面深化业务改革2020框架方案》中的 **"两步申报" "两段准入" "两轮驱动"3项改革试点任务。** 在工作实践中，探索形成了问题分析、应急处置、以及改革联系配合等多项工作机制，特别是 **建立了关党委委员"挺进"改革最前沿，机关职能部门"挺进"服务最前线，现场一线关员"挺进"监管最前端的"三挺进"工作机制，** 及时疏导解决了改革过程中出现的各类新情况、新问题，为关区推进重大改革任务探索出途径、积累了经验，**主动当好"扛旗人"，** 跑好 **"第一棒"，** 为全国海关的业务改革 **"趟出雷、找出因、闯出路"。**

海关总署的区块链验证试点项目。 区块链技术的发展和应用，是当今世界科技发展的一个潮流，体现着科技强国战略的要求，同时也代表着世界海关技术应用的一个发展方向。海关总署对区块链验证试点项目高度重视，2018年把这个工作列入了海关科技工作要点。天津海关对标世界一流港口标准，提升口岸科技研发应用水平，着力打造"智慧海关"，力争借助区块链这一新技术，为海关系统转变监管理念和方式趟出一条新路，努力提升海关监管效能。**目前区块链技术应用已扩展到海运冻肉、AOG先出区后报关业务、特殊区域货物管理和通关担保业务等8个业务场景。**

另一方面，持续加强关区改革创新。 为深入贯彻落实习近平总书记考察天津港提出的**"志在万里，努力打造世界一流的智慧港口、绿色港口"** 的重要指示要求，2019年推行实施了以"船边直提"为核心的一系列海运口岸进出口货物物流通关改革，支持天津港口岸效率达到全国领先水平、港口智能化达到国际一流水准；2020年，我们在原有改革探索基础上，又充分借鉴互联网经济模式和规模经济优势，协同天津港集团确定了建设**"集疏港智慧平台"的业务改革工作思路，** 通过应用智能新科技、打造物流新流程、树立时效新标准，对标国际最先进港口作业模式，**助力天津港朝着世界一流智慧港口、绿色港口发展。**

🎤 **周群：** 说起改革创新，众所周知，天津自贸试验区就是一片创新的"试验田"。那么在这片"试验田"中，天津海关做了哪些探索？

🎤 **赵革：** 天津海关坚持问题导向、需求导向和效果导向，2019年，推出了28项自主创新举措，16项落地实施，1项被国务院列为"最佳实践案例"，1项在全国复制推广。经第三方测评，具有可复制可推广价值的创新举措，占天津市 40%。出台融资租赁管理办法，为全国海关填补了制度空白；平行汽车进口和融资租赁继续保持全国第一；"船边直提"重箱比例达到 8.08%，进口货物通关时间平均压缩至 3 小时以内；"四位一体、航母放飞"查验工作机制不断完善；旅检现场先期机检全面启动。

通过这几年的实践，我们深刻感受到，政策创新已进入由单一性创新向复合性创新、由单部门创新向多部门联合创新的升级转变，简单的、单一领域、单一部门的创新已经基本完成，持续推进制度创新，需要着力解决好综合性、牵一发而动全身的矛盾和问题，需要实行跨区域、跨部门、跨领域的密切协同。

基于以上形势和认识，自 2019 年开始，天津海关与自贸试验区管委会和东疆管委会加强协作，围绕地方政府和企业所急所盼，积极开展联合研究，完成了保税维修、二手车出口、海工平台去库存、邮轮配送等 7 项政策创新并落地实施。其中，"二手商用车出口业务新模式"已被列为海关总署第六批自贸创新措施拟在全国复制推广；物流金融、异地委托监管等多项创新被天津市或商务部纳入自贸区创新实践案例。2020 年，我们还将继续加强这方面的工作，全面提升改革的质量和效益，更多将改革的政策红利转化为企业的生产力。

天津自贸试验区的探索

天津海关坚持问题导向、需求导向和效果导向，2019 年，推出了 28 项自主创新举措，16 项落地实施，

1项被国务院列为"最佳实践案例"，1项在全国复制推广。经第三方测评，具有可复制可推广价值的创新举措，占天津市40%。出台融资租赁管理办法，为全国海关填补了制度空白；平行汽车进口和融资租赁继续保持全国第一；"船边直提"重箱比例达到8.08%，进口货物通关时间平均压缩至3小时以内；"四位一体、航母放飞"查验工作机制不断完善；旅检现场先期机检全面启动。

通过这几年的实践，**政策创新已进入由单一性创新向复合性创新、由单部门创新向多部门联合创新的升级转变，简单的、单一领域、单一部门的创新已经基本完成，**持续推进制度创新，需要着力解决好综合性、牵一发而动全身的矛盾和问题，需要实行跨区域、跨部门、跨领域的密切协同。

基于以上形势和认识，自2019年开始，与自贸试验区管委会和东疆管委会加强协作，围绕地方政府和企业所急所盼，积极**开展联合研究，完成了保税维修、二手车出口、海工平台去库存、邮轮配送等7项政策创新并落地实施。**其中，**"二手商用车出口业务新模式"已被列为总署第六批自贸创新措施拟在全国复制推广；**物流金融、异地委托监管等多项创新被天津市或商务部纳入自贸区创新实践案例。2020年，还将继续加强这方面的工作，全面提升改革的质量和效益，更多将改革的政策红利转化为企业的生产力。

🎙 **周群**：在强化海关监管方面，天津海关做了哪些工作，取得了哪些成效？

🎙 **赵革**：依法把关是海关作为口岸监管部门的重要职责，强化口岸监管、守护国门安全是创建"一流海关"的一个重要指标。我们细化了各项执法把关工作的具体监管措施，例如，围绕严厉打击"洋垃圾"走私，我们建立起境外防、口岸堵、后续查的三道防线，建立健全了"固废清港行动"长效机制，推行"清单式"管理，坚持新增超期货物"责令退运处置期限"制度，持续抓好滞港"洋垃圾"清理。天津港已经连续两年做到了滞港固废零增长，有力守卫了天津港的"碧水蓝天"。

再如，在保障首都机场国际分流航班入境任务中，我们在口岸检疫执法工作过程中，也始终秉持了"一流海关"衡量标准的理念，不是简单地说"把关要严"，而是把所有的监管手段、监管方法具体化，设定一个自我检测的指标。如登临检疫需要几个人，不是人越多就能够把控得越严；登临检疫过程需要多长时间，也不是说时间越短、检得越快就越好。另外，这个设定的指标也不是一成不变的，每个航班任务完成后，我们的现场指挥部都会对此次保障工作进行复盘，检视指标设定的科学性，对不科学、不客观的，结合实际进行调整。同时，随着现场各个环节的磨合度越来越高，随着现场关员操作的熟练程度越来越高，指标也会随着实际任务需要调整。实践证明，这个"一流"指标设定的理念，对提升现场疫情防控工作效能起到了较好地引导作用。天津空港口岸境外疫情防控海关工作时长从一开始的每个航班平均要 5、6 个小时，现在已经提到了 2 个小时左右。提速的同时，把关的效果也得到保持，自 3 月 21 日承担首都机场国际航班分流入境任务以来，天津海关共保质保量完成北京分流入境航班卫生检疫 57 架次，有效守护了入京"第一道关口"。

🎙 **周群**：在优化服务、促进外贸经济发展方面，天津海关做了哪些努力呢？

🎤 **赵革**：党的十九届四中全会明确提出要"改善营商环境"，把这项工作作为推进国家治理体系和治理能力现代化的内容之一进行了部署。优化口岸营商环境是"改善营商环境"的一个重要方面，这项工作开展的好坏，是包括海关等口岸监管部门在内的相关政府部门的治理能力、治理水平的客观反映，也是一个国家或地区软实力的体现。

我们把优化口岸营商环境、提升跨境贸易便利化作为海关服务外贸经济发展的主要抓手，对照国际一流标准，按照海关总署工作部署，大力推进口岸制度创新和治理能力建设。结合天津口岸实际，我们成立了专项行动领导小组，明确47项具体任务，实施挂图作战。实施"全天候预约通关服务"和"延时加班查验"，建立当日申报报关单"日清"机制，叠加运用"提前申报""汇总征税""进境船载大宗散装粮食边检边卸边放"等通关便利措施，释放改革红利。落实查验无问题免收费政策，拓展"单一窗口"服务功能，优化税收征管模式，降低通关成本。加强与京津两地商务、北京海关、天津港集团的联系密切配合，协同联动，形成合力。

》天津海关在优化服务、促进外贸经济发展方面的努力《

党的十九届四中全会明确提出要"改善营商环境"，把这项工作作为推进国家治理体系和治理能力现代化的内容之一进行了部署。优化口岸营商环境是"改善营商环境"的一个重要方面，这项工作开展的好坏，是包括海关等口岸监管部门在内的相关政府部门的治理能力、治理水平的客观反映，也是一个国家或地区软实力的体现。

把优化口岸营商环境、提升跨境贸易便利化作为海关服务外贸经济发展的主要抓手，对照国际一流标准，按照海关总署工作部署，大力推进口岸制度创新和治理能力建设。结合天津口岸实际，成立了专项行动领导小组，明确47项具体任务，实施挂图作战。实施"全天候预约通关服务"和"延时加班查验"，建立当日申报报关单"日清"机制，叠加运用"提前申报""汇总征税""进境船载大宗散装粮食边检边卸边放"等通关便利措施，释放改革红利。落实查验无问题免收费政策，拓展"单一窗口"服务功能，优化税收征管模式，降低通关成本。加强与京津两地商务、北京海关、天津港集团的联系密切配合，协同联动，形成合力。

🎤 **周群**：谢谢赵关长。我还注意到，天津海关创新了《法制建议书》工作模式，并且将其纳入"一流海关"指标体系中。请您介绍一下，为什么选取这个指标，又发挥了什么样的作用呢？

🎤 **赵革**：机构改革后，由于各项配套制度建设与实际工作需求之间存在滞后性，法制建设方面又缺少比较有效的抓手，为了有效防范化解工作风险，提高法治工作水平，我们借鉴司法建议工作模式，本着"解决一个问题、完善一个制度、消除一类风险"的原则，创新实施"法制建议书"工作模式。针对天津海关所属各单位执行海关法律、行政法规、规章等制度中存在的业务问题或者漏洞，以《法制建议书》的形式向有关部门指出风险、提出建议、提供依据，并跟进督促、评估问题整改质量。

例如，针对《法制建议书》指出的保证金征收风险及执法不统一问题，相关整改部门实地调研、认真研究，通过制度的"立改废"，堵塞了相关漏洞，先后共废止相关业务文件 3 份，制定新业务文件 2 份。2019 年全年，天津海关共制发《法制建议书》11 份，内容既涉及保证金征收、涉案货物查扣等执法领域，同时也涵盖合同签订、闲置资产管理等非执法领域，所涉问题目前均已进行整改，取得了良好效果。

实践证明，《法制建议书》是我们依法把关的有效载体。通过法制建议工作，关区"尊法、学法、守法、用法"的法治意识得到提升，营造了运用法治思维和法治方式开展工作的良好法治氛围，关区法制建设水平进一步改善。

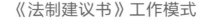

《法制建议书》工作模式

机构改革后，由于各项配套制度建设与实际工作需求之间存在滞后性，法制建设方面又缺少比较有效的抓手，为了有效防范化解工作风险，提高法治工作水平，借鉴司法建议工作模式，本着"解决一个问题、完善一个制度、消除一类风险"的原则，**创新实施《法制建议书》工作模式**。针对天津海关所属各单位执行海关法律、行政法规、规章等制度中存在的业务问题或者漏洞，**以《法制建议书》的形式向有关部门指出风险、提出建议、提供依据，并跟进督促、评估问题整改质量。**

针对《法制建议书》指出的保证金征收风险及执法不统一问题，相关整改部门实地调研、认真研究，通过制度的"立改废"，堵塞了相关漏洞，先后共废止相关业务文件3份，制定新业务文件2份。**2019年全年，共制发《法制建议书》11份，内容既涉及保证金征收、涉案货物查扣等执法领域，同时也涵盖合同签订、闲置资产管理等非执法领域，所涉问题目前均已进行整改，取得了良好效果。**

实践证明，《法制建议书》是依法把关的有效载体。**通过法制建议工作，关区"尊法、学法、守法、用法"的法治意识得到提升，营造了运用法治思维和法治方式开展工作的良好法治氛围，关区法制建设水平进一步改善。**

🎤 **周群：** 在科技创新方面，天津海关在"一流海关"的工作目标推动下做了哪些工作，取得了哪些成效？

🎤 **赵革：** "一流海关"建设中，科技要大显其能，要充分聚合新技术新智慧，力争实现向科技要人力，向科技要资源，向科技要效益。

例如，近几年，将废塑料加工成再生颗粒出口到我国，成为塑料"洋垃圾"走私的新形式。而原有的每批向实验室送检的监管模式，一定程度上可能影响通关效率。为了做到现场快速鉴别，我们联合研发企业共同研制了现场快速鉴别设备。这款现场快速鉴别设备，集合了实验室三种大型设备的技术，而且实现了小型化，便于携带到现场使用，可实现"一次进样、一键检测、一键出结果"。设备填补了高分子材料现场原位检测的国内外空白，主要技术指标达到国际先进水平。根据测算，目前90%以上的进口塑料颗粒批次可以只通过几分钟的快速筛查而不必送实验室检测就可以实现通关放行，通关效率可以大幅提高。

再如，实验室建设方面，2019年我们申报了三个海关总署重点实验室、四个风险验证评价实验室、一个天津市重点实验室。目前，已建成中国首家综合性"儿童行为学实验室"，毒理学安全性评价实验室成为海关总署首批重点实验室之一，组建了持续性环境污染物检测实验室。天津市口岸非传统安全风险防控重点实验室获得天津市认定，实现了天津海关在天津市重点实验室申报领域零的突破，也使天津海关在口岸非传统安全风险防控领域走在了国内前列。国家级进出口商品质量安全风险验证评价实验室（危险货物及包装）也获得了海关总署批复，成为新海关首批七个商品风险验证评价实验室之一。

我们正在推进海关科技综合实验大楼建设，将固废鉴别、海关区块链应用创新、国门生物安全、大型仪器共享等11个功能板块集聚，目的是集中实验室检测资源，提高检测资源利用率，推动现代检验检测服务业聚集发展，在支撑海关高效执法的同时，更好为地方企业发展、产品研发等提供科学权威的技术服务。

在疫情防控期间，我们充分利用信息化手段提高防控效率，大数据采集与旅客入境检疫流程相结合，自主研发出入境人员健康管理信息系统，用科技的盾牌严守国门第一道防线。通过借力大数据，天津海关对进境人员平均单次流行病学调查时间缩短到3分钟，大幅压缩50%；航班整体通关效率得到大幅提升，海关统计速度和精度都实现了质的飞跃。

"一流海关"的推动下，科技创新方面的工作与成效

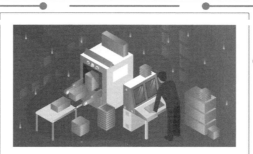

近几年，将废塑料加工成再生颗粒出口到我国，成为塑料洋垃圾走私的新形式。而原有的每批向实验室送检的监管模式，一定程度上可能影响通关效率。为了做到现场快速鉴别，联合研发企业共同研制了现场快速鉴别设备。这款现场快速鉴别设备，集合了实验室三种大型设

备的技术，而且实现了小型化，便于携带到现场使用，可实现**"一次进样、一键检测、一键出结果"**。设备填补了高分子材料现场原位检测的国内外空白，主要技术指标达到国际先进水平。根据测算，**目前90%以上的进口塑料颗粒批次可以只通过几分钟的快速筛查而不必送实验室检测就可以实现通关放行，通关效率可以大幅提高。**

实验室建设方面，2019年申报了**三个总署重点实验室、四个风险验证评价实验室、一个天津市重点实验室**。目前，**已建成中国首家综合性"儿童行为学实验室"，毒理学安全性评价实验室成为总署首批重点实验室之一，组建了持续性环境污染物检测实验室**。天津市口岸非传统安全风险防控重点实验室获得天津市认定，实现了天津海关在天津市重点实验室申报领域零的突破，也使天津海关在口岸非传统安全风险防控领域走在了国内前列。**国家级进出口商品质量安全风险验证评价实验室（危险货物及包装）也获得了总署批复，成为新海关首批七个商品风险验证评价实验室之一。**

正在推进海关科技综合实验大楼建设，将固废鉴别、海关区块链应用创新、国门生物安全、大型仪器共享等11个功能板块集聚，目的是**集中实验室检测资源，提高检测资源利用率，推动现代检验检测服务业聚集发展，在支撑海关高效执法的同时，更好为地方企业发展、产品研发等提供科学权威的技术服务。**

在疫情防控期间，充分利用信息化手段提高防控效率，大数据采集与旅客入境检疫流程相结合，自主研发出入境人员健康管理信息系统，用科技的盾牌严守国门第一道防线。**通过借力大数据，天津海关对进境人员平均单次流行病学调查时间缩短到3分钟，大幅压缩50%；航班整体通关效率得到大幅提升，海关统计速度和精度都实现了质的飞跃。**

🎙 **周群：** 在从严治关方面，天津海关为了实现创建"一流海关"目标，又做了哪些工作呢?

🎙 **赵革：** 我们特别关注违纪行为受到党政纪追究及严重违法行为情况这两项指标，目的就是为了通过指标体系狠抓"两个责任"落实，不断完善制度体系，用足用好"四种形态"，强化对权力运行的制约和监督。我们先后建立完善了线索排查、案情分析制度，形成了与督察内审和党委巡察协作配合机制、风险持续消除工作机制；出台派驻纪检组与驻在单位工作联系沟通制度，明确派驻监督工作指引，实现对隶属海关派驻监督全覆盖，共制发监督建议书50份，提出意见建议310条，派驻监督的"探头"作用有效发挥。

天津海关为实现创建"一流海关"目标的工作

特别关注违纪行为受到党政纪追究及严重违法行为情况这两项指标，目的就是为了**通过指标体系狠抓"两个责任"落实，不断完善制度体系，用足用好"四种形态"，强化对权力运行的制约和监督。**

先后建立完善了线索排查、案情分析制度，形成了与督察内审和党委巡察协作配合机制、风险持续消除工作机制；

出台**派驻纪检组与驻在单位工作联系沟通制度，**明确派驻监督工作指引，实现对隶属海关派驻监督全覆盖，共制发监督建议书50份，提出意见建议310条，派驻监督的"探头"作用有效发挥。

🎤 **周群：** 我还注意到，在指标体系中，有一项是"预算执行率"。能介绍一下将"预算执行率"列入指标体系的具体考量吗？

🎤 **赵革：** 通常来讲，我们讲到预算执行，基本就是考虑花钱的问题。但我们设计这一指标的考虑是，通过预算执行来带动关区重点工作落实，只有重点工作推动落实了，才能执行预算；预算执行率提高了，也反映天津海关各专项工作启动快、进展好、完成效率高。在工作中，我们坚持早分解、早督促、早落实，按月通报进度；特别是针对政府采购和基建项目，对内加强各部门协同形成合力，对外积极向海关总署请示汇报，紧密与财政部驻津监管局沟通，紧盯基建项目预算执行，有力提升了关区预算执行水平。

"预算执行率"列入指标体系的具体考量

设计这一指标的考虑是，通过预算执行来带动关区重点工作落实，只有重点工作推动落实了，才能执行预算；预算执行率提高了，也反映各专项工作启动快、进展好、完成效率高。在工作中，坚持早分解、早督促、早落实，按月通报进度；特别是针对政府采购和基建项目，对内加强各部门协同形成合力，对外积极向总署请示汇报，紧密与财政部驻津监管局沟通，紧盯基建项目预算执行，有力提升了关区预算执行水平。

🎤 **周群**：这样看来，通过"一流海关"工作质量评价指标体系的设立，对海关监管服务工作的促进力度是非常大的。

🎤 **赵革**：是的。一年多以来的实践充分证明，探索"一流海关"工作质量评价指标体系，推进"对标达标"各项工作，是天津海关创建"一流海关"、落实"五关"建设要求的有效抓手，是提升管理能力的重要途径，是我们坚持自我加压、提高自我期许、进行自我评价的有益实践，有力引领和促进了关区整体工作质量的提升。

体系的设立对海关监管服务工作的促进

一年多以来的实践充分证明，探索"一流海关"工作质量评价指标体系，推进"对标达标"各项工作，是天津海关创建"一流海关"、落实"五关"建设要求的有效抓手，是提升管理能力的重要途径，是坚持自我加压、提高自我期许、进行自我评价的有益实践，有力引领和促进了关区整体工作质量的提升。

🎤 **周群**：下一步，在加强"五关"建设、创建"一流海关"方面，天津海关有怎样的展望和规划？

🎤 **赵革**：面向未来，天津海关将更加紧密地团结在以习近平同志为核心的党中央周围，不忘初心，牢记使命，落实"五关"建设总要求，朝着打造"一流海关"的工作目标不断迈进。

一是坚持将党的领导贯穿到海关治理的全过程，坚持不懈用习近平新时代中国特色社会主义思想武装头脑指导实践，坚决贯彻落实习近平总书记重要指示批示精神，推动党风廉政建设各项工作严格落实。

二是坚持将改革攻坚体现到海关治理的各领域，持续深化关区物流通关改革，深度推进"船边直提"和"抵港直装"作业模式，积极探索区块链技术应用，强化科技应用创新。

三是坚持将服务发展贯彻到海关治理的全方位，持续推进自贸试验区制度创新和复制推广，积极服务经济发展新模式，为地方外贸和经济高质量发展贡献海关智慧。

四是坚持将防控风险嵌入到海关治理的各环节，不断筑牢口岸安全防线，提升国际旅行卫生健康服务水平；继续保持打击走私高压态势，严厉打击象牙等濒危物种、洋垃圾、涉枪涉毒等走私行为。

五是坚持将制度创新落实到海关治理的全链条，下力推进制度"供给侧结构性改革"，积极配合海关总署行政规章和规范性文件修订工作，固化管理模式和业务流程，在制度创新中彰显先进管理理念。

天津海关将继续凝心聚力、砥砺奋进，为推进海关制度创新和治理能力建设、为决胜全面建成小康社会作出应有的贡献，力争交出一份"一流海关"的靓丽成绩单。

加强"五关"建设、创建"一流海关"

面向未来，天津海关将更加紧密地团结在以习近平同志为核心的党中央周围，不忘初心，牢记使命，落实"五关"建设总要求，朝着打造"一流海关"的工作目标不断迈进。

一是坚持将党的领导贯穿到海关治理的全过程，坚持不懈用习近平新时代中国特色社会主义思想武装头脑指导实践，坚决贯彻落实习近平总书记重要指示批示精神，推动党风廉政建设各项工作严格落实。

二是坚持将改革攻坚体现到海关治理的各领域，持续深化关区物流通关改革，深度推进"船边直提"和"抵港直装"作业模式，积极探索区块链技术应用，强化科技应用创新。

三是坚持将服务发展贯彻到海关治理的全方位，持续推进自贸试验区制度创新和复制推广，积极服务经济发展新模式，为地方外贸和经济高质量发展贡献海关智慧。

四是坚持将防控风险嵌入到海关治理的各环节，不断筑牢口岸安全防线，提升国际旅行卫生健康服务水平；继续保持打击走私高压态势，严厉打击象牙等濒危物种、洋垃圾、涉枪涉毒等走私行为。

五是坚持将制度创新落实到海关治理的全链条，下力推进制度"供给侧结构性改革"，积极配合海关总署行政规章和规范性文件修订工作，固化管理模式和业务流程，在制度创新中彰显先进管理理念。

天津海关将继续凝心聚力、砥砺奋进，为推进海关制度创新和治理能力建设、为决胜全面建成小康社会作出应有的贡献，力争交出一份"一流海关"的靓丽成绩单。

🎙 **周群**：嗯，非常感谢赵关长的解读，让我们对"一流海关"建设、对海关管理体制机制和治理能力建设更多的认识。不知不觉，我们在线访谈的时间已经过去大半了。我们看到，网友们对今天的主题也很感兴趣，提问非常踊跃，下面我们来看一下网友还有哪些问题。

网友提问摘录

🌐 **网友**：赵关长您好，天津海关在 2019 年推广实施了"船边直提"作业改革，2020 年有没有新的举措和措施啊？

🎙 **赵革**：有的。第一，和天津港集团优化码头预约提箱流程，优化企业实际作业体验。联合开发微信服务号"船放直提"功能，企业可及时掌握卸船进度，合理安排提箱时间，大家可以关注"天津海关 12360 热线"微信公众号输入"船边直提"进行查询具体的操作流程及联系人。第二，拓展"船边直提"业务种类和适用范围，将"船边直提"延伸到进口分拨货物、海铁联运过境货物，特别是海铁联运过境货物从运抵天津港到等待装车发运的时间从原来的 2～3 天作业压缩至 1 天以内，进一步畅通天津港铁路运输大通道。第三，启动天津港"集疏港智慧平台"建设，构建起具有天津口岸特色的"港口大脑"。当前，已完成平台整体规划，下一步将加快平台核心功能开发，不断完善平台功能应用。

🌐 **网友**：赵关长您好，我了解到，天津海关在统筹疫情防控和促外贸稳增长工作中大力开展了"支部联系企业"活动，您能谈一谈这项活动的开展情况吗？

🎙 **赵革**：开展"支部联系企业"，是我们 2019 年开展"不忘初心、牢记使命"主题教育的一项工作，2020 年我们持续深化这项活动，目的是将服务企业、服务群众的工作落实落细落地。主要有三个方面的内容：一是宣传党中央、国务院，以及海关总署、天津海关促进外贸稳增长的一系列措施，宣传海关最新法规政策；二是深入了解企业生产经营活动情况及存在的困难，听取企业对海关工作的意见、建议，不断改进海关工作；三是帮助企业解决实际问题，支持企业复工复产和外贸稳增长。为了使活动扎实有效开展，各隶属海关建立了主要领导负责的"支部联系企业"活动组织推进机制。例如，4月，我们结合统筹疫情防控和推进企业复工复产，开展了支部联系企业"大走访大调研"工作，选取关区未复工复产或进出口贸易明显下降的1815家外贸企业开展调研，先后组织了5场宣讲会，近200家企业参加，制定并实施了53项支持企业复工复产措施，其中减免滞报金一项措施共为企业节省1900余万元，一定程度上缓解了企业的资金压力。持续清理检验检疫环节收费，预计年内直接减轻企业负担5937万元，间接减轻企业负担17.80万元，助力企业减负增效。

🌐 **网友：**赵关长您好，我想问一下，作为口岸卫生检疫执法部门，海关如何在此次新冠肺炎疫情防控的防输入方面发挥作用的？

🎙 **赵革：**从新冠肺炎疫情防控工作一开始，外防输入就是我们海关工作的重中之重，比如说成功处置"歌诗达赛琳娜"号入境邮轮发热事件，就是取得很好的防控成效的例子。

面对更加严重的境外疫情发展形势，和高频次大流量的疫情严重的国家（地区）入境航班处置任务，尤其是承接了首都分流航班任务之后，我们全关区总动员、分梯队支援一线，我们强化疫情风险分析和结果运用，精准布控，分类精准实施入境人员管理，实施"一机一策""一船一案"。

在航行途中，我们要求交通工具运营方发放"出/入境健康申明卡"，加强旅客健康状况监测，加强抵港前健康申报。在入境交通工具登临检疫和旅检通道卫生检疫中，通过健康申报、体温监测、医学巡查、流行病学调查、医学排查和采样检测等具体措施，对人员进行分类判定，及时按规定移交地方卫生部门。

按照目前的卫生检疫措施，我们对于入境人员的卫生检疫工作是"顶格"开展的，对入境人员100%流调和100%采样进行核酸检测，入境后全部实施 14 天医学隔离观察，真正做到铁桶般无缝管道式的管理。

🌐 **网友**：请问，我前几天在海关总署网站看到发布《关于进口印度尼西亚火龙果植物检疫要求的公告》，公告中明确："自本公告发布之日起，允许符合检疫要求的印度尼西亚火龙果进口"，作为贸易公司，我们现在可以和对方签订贸易合同，开展贸易吗？

🎤 **赵革**：海关总署网站发布某个国家某种水果的植物检疫要求后，并不代表可以直接开展贸易。

如需开展贸易，进口企业还应注意以下方面：

1. 在签订贸易合同前，进口水果企业应申请并取得"进境动植物检疫许可证"，取得"进境动植物检疫许可证"方可签订贸易合同。

2. 按照双边协议要求，输出国家（地区）官方管理机构还应向海关总署提交相关企业名单，待海关总署审核批准，并在官方网站公布符合要求的企业名单后（可在海关总署网站查询）。进口企业在签订合同时应注意拟开展贸易的外方企业的果园或包装厂等相关企业是否经过海关总署批准并公布。

进口印度尼西亚火龙果检疫要求公告虽然已经发布，但截至目前，海关总署尚未公布经审核批准的相关企业名单，进口企业如有进口相关产品意向，还请关注海关总署网站，避免进口货物来自未经批准的企业，造成经济损失。

🌐 **网友**：我们公司是一家新注册的企业，想从意大利进口红酒，海关有什么要求，进口流程是什么？进口时是否批批检验？

🎤 **赵革**：根据《中华人民共和国食品安全法》及相关法律法规要求，我国对食品进口商实施备案管理，食品进口商（包括酒类）对进口食品安全负主体责任，进口商进口前应首先对产品进行审核，确保符合我国法律法规和国家标准的要求。进口酒类作为预包装食品，还应该按照《食品安全国家标

准　预包装食品标签通则》GB 7718 要求，在产品上加贴合格的中文标签。

进口流程主要包括：货物运抵后到海关进行申报、海关对进口食品的随附单证进行验核、对海关系统抽批抽中的产品进行现场查验或实验室检验，如果没有抽批抽中的，凭进口商"合格保证"直接"审单放行"，并出具"入境检验检疫证明"。

🌐 **网友**：我们是东疆租赁企业，受疫情影响，需将租赁资产（飞机）转移至境外，在国内承租人不发生变化的情况下，请问如何操作？

🎤 **赵革**：租赁企业与境外企业发生租赁资产交易且承租企业不发生变化的，承租企业应当凭租赁变更合同等相关资料向海关办理合同备案变更、担保变更等相关手续。企业可以根据需要向综合保税区海关按照以下方式办理申报手续：

1. 承租企业或租赁企业可以采取申报、租赁货物不实际进出境的通关方式办理进出境申报手续，运输方式填报"其他"（代码"9"）。

2. 对同一许可证件项下的租赁进口货物，企业可不再重新出具许可证件。

3. 对注册在综合保税区内的租赁企业进出口飞机、船舶和海洋工程结构物等不具备实际入区条件的大型设备，可予以保税，由海关实施异地委托监管。

🌐 **网友**：赵关长您好，请问天津海关在推动"海关改革2020"业务改革框架方案措施在天津落地方面做了哪些具体工作？

🎤 **赵革**：您好，感谢您的提问。天津海关坚持"改革协同"理念，统筹谋划推进重点改革任务。一是把对接"两步申报""两段准入"作为推动落实"两轮驱动"的重要抓手和突破点，建立关区科学随机抽查和人工精准布控动态调整机制，启动数据过滤网项目，强化人工布控精准度。二是在天津海关 12360 热线增设"查验查询"功能，企业可及时获取口岸检查及目的地检查指令类型、查验方式和查验关区，以保证"两段准入"监管有效实施。三是针对新业务系统上线后的新要求，进一步明确涉检货物的监管方式和流程；制定核生化爆风险、重大检疫风险报关单处置要求，切实防范化解重大风险；优化"口岸事中"环节查验指令冻肉和集装箱装矿产品的监管模式，提高贸易便利化水平。四是在推动宣传改革的同时注重收集企业需求和意见，有针对性地采取改进措施，积极引导企业利用"两步申报"等新模式。五是按照海关总署综合司成立业务运行专项工作小组部署要求，天津海关已牵头 9 个海关 10 余名技术业务专家组建"区块链 + 两步申报"改革小组。六是成立工作专班，监测调控现场改革实施情况；建立改革推进相关业务问题的归集、报送机制，通过上述措施保障关区业务改革平稳开展。随着"两步申报""两轮驱动""两段准入""两区优化""两类通关"改革的统筹推进，截至目前，天津关区共接受企业"两步申报"概要申报提离 4596 票，完整申报报关单 4433 票。

🌐 **网友：**我们企业的进出口货物通关时经常会有需要税收担保的情况，请问海关在担保创新和担保措施上有什么新的规定？

🎤 **赵革：**汇总征税是海关对进出口税收进行征缴的一种作业模式，与现行逐票征税模式不同，对经审核符合条件的进出口纳税义务人，海关可以对其一段时期内多次进出口产生的税款集中进行汇总计征。银行保函和保险公司的保险单均可以用作汇总征税业务。下一步，天津海关将大数据与区块链技术结合，降低金融机构的风控成本，帮助金融机构降低不良担保率。

🌐 **网友：**我从新闻中了解到，天津是一个重要的肉类进口口岸，海关在扩大肉类进口、保供稳价方面都做了哪些工作呢？

🎤 **赵革：**每年中国从 40 多个国家或地区进口各类肉类产品，大量优质、安全的肉类进入中国市场，这种趋势将持续发展并不断扩大。海关部门坚决落实习近平总书记重要指示，全面深化通关作业改革，不断加大通关便利，推动肉类贸易开放畅通。

一是科学优化企业注册登记模式。海关总署将境外生产企业注册工作由重事先审核向事先审核与事中监管并重转变，在严守安全底线的基础上，提高注册效率，保证监管效果。更多国家的肉类产品进入中国市场，满足消费升级需求，提升消费者获得感。二是持续优化进口肉类口岸通关，降低进口肉类查验比例。约八成进口肉类申报后实施审单放行，直接从港口提离至企业自有仓库。天津海关在进口肉类指定监管场地实行驻点式查验，做到"随到随检"，进口肉类平均通关时长大幅缩减。

海关坚决贯彻落实国家"保供稳价"的要求，为更多美味的肉类产品走上老百姓的餐桌做好保驾护航。

🌐 **网友**：赵关长您好，请问天津海关在打击"洋垃圾"走私方面有什么举措？

🎤 **赵革**：近年来，天津海关积极践行习近平总书记生态文明思想，坚决贯彻落实关于打击"洋垃圾"走私的重要指示批示精神，在海关总署的领导下，锲而不舍、一以贯之保持高压严打态势，净化天津口岸环境，始终把打击"洋垃圾"走私作为打私一号工程。2020年，天津海关积极落实海关总署党委部署，克服新冠肺炎疫情带来的不利影响，制订《禁止洋垃圾入境"蓝天2020"专项行动方案》，要求各相关部门、业务现场按照工作职责，将正面监管与严厉打击有机结合，形成关区管控打击"一盘棋"的工作局面。

2019年至今，天津海关缉私部门打击"洋垃圾"走私刑事立案49起，查扣固体废物3.6万吨，查证13.5万吨。其中，2019年12月查获的上海某公司走私禁止进口固体废物案中，海关现场查获涉案2.8万吨国家禁止进口固体废物，为2019年全国海关查获的最大一起走私"洋垃圾"案件。

同时，天津海关坚持"边打击、边退运"的工作原则，按照"固废清港"行动要求，加强与检察院、法院等部门及天津港集团等单位沟通协作，采取有力措施积极推动涉案固体废物的及时清退和无害化处置工作。2019 年以来，共退运涉案固体废物 1.5 万余吨，助力打赢蓝天保卫战。

🌐 **网友：**我公司是一家从事服务器维修的企业，有意在天津自贸区或者综保区投资建厂从事服务器全球维修，想了解一下保税维修的相关政策。

🎤 **赵革：**贵公司如选址在综合保税区内，根据 2020 年商务部、生态环境部、海关总署联合发布第 16 号公告《关于支持综合保税区内企业开展维修业务的公告》规定，企业可开展来自境外或境内海关特殊监管区域外的全球维修业务（公告附件列明的维修产品目录），除法律、行政法规、国务院的规定和国务院有关部门依据法律、行政法规的授权作出的规定准许外，不得开展国家禁止进出口货物的维修业务。由所在综合保税区管委会会同当地商务、海关等部门共同研究制定监管方案。除待维修货物及维修用材料外，企业自用设备及厂房也可享受保税政策。

如在天津自贸试验区内（非综合保税区）开展保税维修业务，应按照《关于在中国（天津）自由贸易试验区开展保税维修和再制造业务实施办法》（津商产业〔2019〕6 号）管理，由滨海新区商务主管部门负责保税维修项目的核准。贵公司可参考海关总署 2018 年对外发布《关于保税维修业务监管有关问题的公告》（海关总署公告 2018 年第 203 号）开展保税维修业务。

🌐 **网友：**我们公司一些业务是和与我们国家有互惠贸易协定国进行的，请问在这方面企业应该注意哪些问题？

🎤 **赵革：**第一，企业要关注相关自贸协定的文本内容，尤其是涉及关税优惠的原产地规则章节，熟悉本公司进出口产品是否可以享受关税减让优惠，如果是出口业务，那就需要熟悉本产品的原产地规则，确认本公司出口商品是否符合中国原产资格可以享受国外关税优惠；第二，如果是进口业务，需要与国外生产商确认是否可以取得符合自贸协定要求的原产地证书，只有取得原产地证书了才能在进口时享受关税优惠；第三，要熟悉海关报关单关于原产地证书信息的填制规范，以便顺利地享受自贸协定带来的关税优惠。

🌐 **网友：** 我想给出口货物进行提前申报，有什么具体要求？

🎙 **赵革：** 您好，根据"提前申报"政策规定，出口货物采取"提前申报"模式通关主要需满足以下要求：

一是企业必须是一般信用及以上资质；

二是企业应当先取得载货清单（舱单）数据；

三是提前申报出口货物必须在报关后 3 日内全部运抵海关监管作业场所；

四是进出口货物许可证件在海关接受申报之日应当有效。货物提前申报之后、实际进出之前国家贸易管制政策发生调整的，适用货物实际进出之日的贸易管制政策。

🌐 **网友：** 我们企业对商品归类及特殊商品如何计入完税价格有不确定的情况，请问海关在预裁定改革方面是如何规定的？

🎙 **赵革：** 您好，对您提出的问题，企业可以通过电子口岸"海关事务联系系统"或"互联网 海关"提交归类、价格和原产地的裁定申请，海关将出具预裁定决定书。通过预裁定的形式帮助企业提升贸易便利化程度，提升企业的合规性和税款可预见性，避免高资信企业因归类错误导致海关行政处罚和信用等级下调的风险。

🌐 **网友：** 我关注到海关总署近期发布了《关于调整进口铁矿检验监管方式的公告》（海关总署公告 2020 年第 69 号），请问该公告实施后对天津口岸进口铁矿有何影响？

🎙 **赵革：** 海关总署 2018 年发布《关于调整部分进口矿产品监管方式的

公告》（海关总署公告 2018 年第 134 号），自 2018 年 10 月 19 日起，将部分进口矿产品监管方式调整为"先放后检"。"先放后检"是指进口矿产品经现场检验检疫符合要求后，即可提离海关监管作业场所，然后再实施实验室检测并签发证书。天津海关深入贯彻落实海关总署"先放后检"改革举措，将实验室检测和货物通关由传统的"串联"模式改为"并联"模式，使得矿产品进口通关时长得以大幅压缩，加之天津港得天独厚的地理位置和港口优势，近年来对矿产品的吸引效应逐步显现。

海关总署发布 2020 年第 69 号公告，自 6 月 1 日起，将现行由海关对进口铁矿逐批实施抽样品质检验调整为依企业申请实施，此次调整进口铁矿检验监管方式是对"先放后检"改革举措的进一步深化，对不需要海关出具品质证书的，海关现场对货物实施检验检疫合格后直接放行，此举将进一步提升通关速度，降低企业通关成本。

🌐 **网友**：赵关长您好，我想问一下海关主动披露的办理途径有哪些呢？

🎙 **赵革**：您好，进出口企业、单位自查发现存在问题的，可以通过互联网上"互联网＋海关"中"企业管理和稽查"模块，填写提交《主动披露报告》；或者通过向海关直接递交纸质《主动披露报告》。

🌐 **网友**：赵关长您好，刚才您的谈话中几次提到了"风险"二字，请问风险在商品检验工作中的作用是什么？

🎙 **赵革**：2017 年 9 月 14 日，国务院发布《国务院关于完善进出口商品质量安全风险预警和快速反应监管体系切实保护消费者权益的意见》（国发〔2017〕43 号）。该文件是海关进出口商品检验工作改革发展的"指挥棒"，坚持以风险管理为核心的管理理念。主要包括风险信息采集、风险评估、风险监测、风险预警、风险处置等工作。简而言之，就是通过建设和完善风险预警体系，全面掌握进出口商品质量信息，有助于我们将有限的监管资源投放到更加关键、重要和敏感的监管领域，提升风险管理的精准度。

🌐 **网友**：我想了解一下，完善商品检验风险预警体系，能给消费者带来哪些好处？能为我们举些例子吗？

🎤 **赵革**：从现阶段来看，主要是在进出口商品质量风险的采集的基础上，进行风险研判，发布风险预警通报，提示消费者关注质量安全。例如，2020 年儿童节前夕，天津海关检出一批进口儿童牙刷不合格，对不合格牙刷实施了监督销毁。同时，采集了风险信息，并发布风险预警，提示消费者对相关产品予以关注，保障合法权益。另外，我再举 1 个出口口罩质量管控的例子。2020 年 5 月，天津海关检出两批 KN95 非医用口罩不合格，未准予出口。通过严控医疗防疫物资出口质量，有效维护了中国制造的形象。

🌐 **网友**：我们公司是一家出口加工区的企业，目前出口加工区已经转型升级为泰达综合保税区，请问升级为综合保税区后，对区内企业和区域发展有何利好？

🎤 **赵革**：2019 年，国务院出台了《关于促进综合保税区高水平开放高质量发展的若干意见》，提出综合保税区"五大中心"发展目标和 21 条政策措施，将综合保税区建设成为新时代全面深化改革开放的新高地。天津海关也将全力支持天津市综合保税区建设，加快推动综保区 21 条政策落地，充分发挥综保区优惠政策多、功能齐全、手续简化、开放层次高的优势，为地方政府引进检测维修、研发设计、服务贸易等高端业态在各综保区聚集发展提供助力。简单来讲，出口加工区升级为综合保税区后，对企业发展，乃至天津市的发展有以下三点利好：

一是转型升级为综合保税区，区内企业可以享受综合保税区的政策红利，如增值税一般纳税人、"四自一简"、进口汽车保税存储、仓储货物按状态分类监管等政策，更好地衔接国际国内两个市场，统筹两种市场、两种资源，也可吸引区外更多的企业到区内入驻。

二是综合保税区是培育新产业、引领新业态的孵化器。根据国务院支持综保区发展 21 条措施，区内企业可以开展研发设计、文化产业、检测维修再制造、服务外包等新兴业务，利用区内保税政策降低经营成本，享受更多便利。

三是综合保税区可率先复制推广自贸试验区的改革试点经验。对企业发展中的需求，在风险可控的前提下，海关将积极复制成功经验，创新监管制度，进一步优化区域营商环境，为区域高质量发展助力。

🌐 **网友**：据我所知，海关近年来对知识产权保护工作的力度不断加强，在刚刚闭幕的两会中，"加强知识产权保护"也再次写入 2020 年政府工作报告，那么天津海关在知识产权保护方面采取了哪些工作举措？有哪些亮点？

🎤 **赵革**：感谢您对知识产权海关保护工作的关注。

天津海关高度重视知识产权保护工作，将知识产权保护执法作为优化口岸营商环境，推动经济高质量发展的重要举措。近年来，在海关总署的领导下，天津海关紧扣国家创新驱动发展战略，"出实招、见成效"，竭力提升知识产权保护执法水平。

一是开展专项执法，严格边境保护执法。连续三年组织开展知识产权海关保护"龙腾"专项行动，从"风险查控""执法协作""企业培塑"等方面入手，强化执法力度、严格实货监管。上半年，按海关总署的统一部署，连续开展寄递渠道知识产权保护"蓝网行动"、出口转运货物知识产权保护"净网行动"，在全方位加强打击力度的基础上，突出对邮寄快递、第三方转运等重点渠道，以及药品、防疫医疗物资等重点商品的监控，形成打击侵权违法活动的"组合拳"。

2020 年以来，天津海关已对 143 批次的进出口货物、物品采取知识产权海关保护措施，立案调查侵权案件 23 起，扣留涉嫌侵犯知识产权货物

68 万余件，价值人民币 120 万元。5 月，在东莞某公司出口商品中查获涉嫌侵权胶带 57.5 万件。

二是深化企业培塑、助力自主品牌维权。强化对天津飞鸽、天津世纪五矿、金桥焊材等天津市重点培育的国际自主品牌企业的帮扶，引导企业借力海关保护执法，提升企业自主维权意识和维权能力，打击假冒侵权商品，2019 年以来，共查获侵犯天津市飞鸽集团有限公司"飞鸽"商标权侵权案件 4 起，查扣儿童自行车、自行车飞轮等侵权商品近 3 万件，有力地保护了自主品牌企业的海外市场。

🌐 **网友：**赵关长您好，我想问一下，在疫情防控工作中，海关是怎么跟地方相关部门相互配合的，境外输入病例能真正实现闭环管理吗？

🎤 **赵革：**我们按照天津市防控指挥部印发的《新冠肺炎疫情防控期间首都机场国际航班分流天津机场应对处置方案》，对于口岸发现的新冠肺炎确诊病例、疑似病例、有发热等症状者、密切接触者等"四类"人员进行判定后，和天津市联防联控机制其他相关部门密切配合，有效保障人员转运无缝衔接。对于外交人员入境检疫，我们更加注重工作方式方法，提前和外事部门沟通，了解并掌握外交人员信息，做好检疫准备。

对于出现发热、干咳等可疑症状者，及时通过 120 救护车转运至指定医疗机构发热门诊就诊。同时，天津海关将航班人员所有信息、天津留观诊治的"四类"人员信息和流行病学调查信息，及时上报指挥部专项工作组。入境人员诊断后，地方卫生部门也会及时向天津海关通报入境人员中的疑似病例、确诊病例和无症状感染者信息。

从目前分流航班和入境包机的处置工作看，我们与联防联控机制其他相关部门在人员移交、信息移交、信息反馈方面都是非常顺畅，实现了无缝对接、闭环管理，我们会继续严格开展海关卫生检疫工作，筑牢口岸检疫防线。

🌐 **网友：**赵关长您好，请问对于消费者非常关注的进口乳制品，天津海关都采取了哪些监管措施？

🎤 **赵革**：针对进口乳制品，天津海关按照《中华人民共和国食品安全法》和海关总署的规定，实施"进口前、进口时、进口后"三个环节的"全过程"监管措施。

"进口前"的监管措施包括：对进口乳制品的来源国家（地区）及生产企业进行审查，非准入国家（地区）和注册企业的乳制品不得进口，对部分类别乳制品如生乳、巴氏杀菌乳要实施入境前检疫审批。

"进口时"的监管措施包括：对进口乳制品的国外官方卫生证书进行审核，对进口乳制品按照布控指令实施现场查验和实验室检测，对安全卫生项目的不合格产品实施退运销毁，避免不合格产品流入国内市场。

"进口后"的监管措施包括：对进口乳制品企业实施后续核查，对不合格产品的进口商进行通报，要求其限期内整改。

2019 年，天津海关共检出不合格乳品 80 余吨，均实施了退运及销毁处理。

🌐 **网友**：在此次新冠疫情期间，天津海关在开展风险评估分析方面做了哪些工作？

🎤 **赵革**：首先，天津海关借助海关总署"云擎"系统，利用大数据手段，自主构建疫情防控模型，实现海关内外部数据中的旅客信息、航班信息、健康申报等信息有效服务疫情实战，实现信息快速共享、"智慧"疫情防控。

我们还结合海关总署提供的重点航班分析数据、全国口岸阳性案例检出数据、全国旅客进出境舱单、健康申报数据等综合信息，提前掌握航班计划，按照"一班一策"的思路，加强境外国家（地区）疫情风险信息收集，叠加风险分析维度，在航班抵达前对旅客开展快速风险评估，并适时调整风险布控作业模式，以精准为目标下达布控指令。

海关总署与六部委就完善出入境疫情防控工作机制联合下发文件，为各级联防联控机制能够依法依规、科学合理、各负其责、密切合作开展工作提供了重要的保障。天津海关据此进一步加强口岸安全风险联合防控，与公安、边检、航空等部门开展疫情防控信息互换共享，累计筛查比对分析天津口岸航班近 500 架次，联合排查高风险旅客并提交国家移民局统一布控，现已逐步建立起一套符合口岸特点的联合应急处置机制，口岸安全风险联合防控能力有效提升。

🌐　**网友**：在提升进出口商品检验效能方面，天津海关做了哪些工作，取得了哪些成效？

🎤　**赵革**：商品检验效能是海关以海关总署商品检验考核范围为标的，以创建"一流海关"为契机，全面提升进出口商品检验工作质量的重要内容。近年来，天津海关以检验效能指标为指引，以完善天津海关进出口商品质量安全风险预警监管体系为主线，在严把国门安全、改善营商环境两个维度做了大量工作。例如，天津海关构建了天津地区进出口商品风险预警体系，2020 年 1～5 月共采集风险信息 933 条，对汽车、非道路移动工程机械实施风险监测 52 批、发布风险预警通报 25 起，为进出口商品质量安全监管提供了保障。

🌐　**网友**：请问一般认证企业适用的管理措施有哪些？

🎤　**赵革**：您好，根据《中华人民共和国海关企业信用管理办法》及《海关总署关于实施〈中华人民共和国海关企业信用管理办法〉有关事项的公告》，一般认证企业适用如下管理措施：

1. 进出口货物平均查验率在一般信用企业平均查验率的 50% 以下；

2. 优先办理进出口货物通关手续；

3. 海关收取的担保金额可以低于其可能承担的税款总额或者海关总署规定的金额；

4. 进出口货物平均检验检疫抽批比例在一般信用企业平均抽批比例的

50% 以下（法律、行政法规、规章或者海关有特殊要求的除外）；

5. 出口货物原产地调查平均抽查比例在一般信用企业平均抽查比例的 50% 以下；

6. 优先办理海关注册登记或者备案以及相关业务手续，除首次注册登记或者备案以及有特殊要求外，海关可以实行容缺受理或者采信企业自主声明，免于实地验核或者评审。

7. 海关总署规定的其他管理措施。

🌐 **网友**：我公司拟从国外进口一种饲料添加剂，农业农村部已经颁发了"进口登记证"，为什么还不允许进口？

🎙 **赵革**：进口饲料添加剂到国内，需要解决两道程序问题：

一是办理"进口登记证"是解决是否可以在国内销售的问题。根据农业农村部《进口饲料和饲料添加剂登记管理办法》第三款规定：境外企业首次向中国出口饲料、饲料添加剂，应当向农业农村部申请进口登记，取得饲料、饲料添加剂进口登记证；未取得进口登记证的，不得在中国境内销售、使用。

二是饲料添加剂准入问题。为防范外来有害生物传入我国，保护我国农林牧业生态安全，海关总署对进口饲料和饲料添加剂的实施准入管理，只有纳入准入名单的产品方可进口。所以对于取得农业农村部"进口登记证"的饲料添加剂产品，还应该在海关总署公布的《允许进口饲料添加剂和预混料国家（地区）产品及注册企业名单》中方可进口，该名单可到海关总署官方网站进行查询下载。对于想进口已取得农业农村部"进口登记证"但尚未在海关总署准入名单内的产品，请由外方国家饲料添加剂主管部门向海关总署提出准入申请，由海关总署履行相关准入程序。

🌐 **网友**：请问高级认证企业适用的管理措施有哪些？

🎙 **赵革**：您好，根据《中华人民共和国海关企业信用管理办法》及《海关总署关于实施〈中华人民共和国海关企业信用管理办法〉有关事项的公告》，高级认证企业除适用一般认证企业管理措施外，还适用下列管理措施：

1. 进出口货物平均查验率在一般信用企业平均查验率的 20% 以下；

2. 可以向海关申请免除担保；

3. 减少对企业稽查、核查频次；

4. 可以在出口货物运抵海关监管区之前向海关申报；

5. 海关为企业设立协调员；

6. AEO 互认国家或者地区海关通关便利措施；

7. 国家有关部门实施的守信联合激励措施；

8. 因不可抗力中断国际贸易恢复后优先通关；

9. 进出口货物平均检验检疫抽批比例在一般信用企业平均抽批比例的 20% 以下（法律、行政法规、规章或者海关有特殊要求的除外）；

10. 出口货物原产地调查平均抽查比例在一般信用企业平均抽查比例的 20% 以下；

11. 优先向其他国家（地区）推荐食品、化妆品等出口企业的注册。

12. 海关总署规定的其他管理措施。

🌐 **网友**：请问在哪里可以查到企业的信用信息？

🎤 **赵革**：您好，企业可以通过"中国海关企业进出口信用信息公示平台"（网址：http：//credit. customs. gov. cn），查询到向社会公示在海关注册登记企业的信用信息。

🌐 **网友**：请问目前我国都与哪些国家（地区）实现了 AEO 互认国际合作？

🎤 **赵革**：您好，目前我国已与 15 个经济体 42 个国家（地区）实现 AEO 国际互认，主要包括新加坡、韩国、中国香港、欧盟、瑞士、新西兰、以色列、澳大利亚、日本、白俄罗斯、乌拉圭、哈萨克斯坦、蒙古国、阿联酋、巴西。

🌐 **网友**：我公司是一家进口企业，近期感觉抽中查验的情况比较多，请问是什么原因？

🎙 **赵革**：依照《中华人民共和国海关法》、《国境卫生检疫法》及其实施细则、《中华人民共和国进出境动植物检疫法》及实施条例、《中华人民共和国食品安全法》及实施条例、《中华人民共和国进出口商品检验法》及实施条例等法律法规，海关对进出境货物、物品实施查验和检验检疫。海关根据企业资信级别、风险水平，严格按照"双随机，一公开"制度，对进出口货物实施查验；欢迎广大网友对海关查验工作予以监督，对于任何对具体查验情况有疑问的网友也可以直接拨打 12360 海关热线咨询。

🌐 **网友**：我想了解一下出口海运货物提前申报的情况？

🎙 **赵革**：为进一步改善口岸营商环境，为进出口企业提供更加便捷的通关服务，自 2019 年 2 月起，天津海关开通海运出口货物"提前申报"作业模式。以往，出口货物运抵海关监管作业场所后才能申报，完成海关审核、税款缴纳、货物放行等手续后方可装船出口；实施"提前申报"后，海关将单据审核环节前置，货物到港后自动触发放行，进一步节省了出口货物通关时间。天津海关采取了一系列措施，如加强对企业的政策宣讲、通关现场建立提前申报企业通关绿色通道、提供节假日预约通关等，鼓励企业采取"提前申报"方式通关。

🌐 **网友**：天津海关在推进科技人才队伍建设方面有哪些举措？

🎙 **赵革**：天津海关把培养高层次人才和专家型人才作为人才培养的首要目标，成立了科技专家委，让"唯才是举、人尽其才"真正落地生根。同时，重视青年科技人才培育，重视科技后备力量的培养及储备，鼓励开展各种形式的技术交流培训。在 2020 年度海关总署科研项目申报中，天津海关青年科研人员申报项目占比达 50%。

🌐 **网友**：赵关长，天津海关在各项收费管理方面都采取了哪些措施呢？

🎤 **赵革**：天津海关对照国家和海关总署已出台的各项收费管理要求开展了全面清查，决不允许扩大收费范围、增加收费项目、提高收费标准，决不允许以任何名义、任何形式变相增加企业费用成本。我们成立了专项督导检查组，对重点单位进行检查走访，要求各单位（部门）提高政治站位，坚决杜绝违规收费行为。通过门户网站、收费大厅电子屏等方式进行收费公示，在天津海关门户网站、海关出入境检疫处理场所设立 12360 收费投诉咨询电话和 12358 天津市物价部门监督电话，畅通企业投诉咨询的渠道，主动接受社会监督。

🌐 **网友**：消费者如何选购市场上销售的进口预包装食品？

🎤 **赵革**：近年来，市场上进口食品的销售份额在不断增加。

建议消费者去正规的商家购买进口食品，了解进口食品的相关信息，包括看标签和看证书。

看标签就是看进口食品外包装有无中文标签。正常途径进口的食品都应当加贴或印制符合我国法律法规及食品安全国家标准的中文标签。中文标签上应列明食品名称、配料表、净含量、原产国或地区、生产日期、保质期、贮存方法、进口商或经销商名称、地址和联系方式等内容。

看证书就是看海关部门出具的入境检验检疫证明。检验检疫机构对经检验检疫合格的每批次进口食品，都会签发"入境货物检验检疫证明"。

如果消费者认为进口食品有质量安全问题，可向经销商索要入境检验检疫证明，可拨打 12360 电话向出具证明文件的海关进行证书真伪鉴定，同时可向购买地的市场监督管理部门投诉，若查实的确存在质量安全问题，可凭购物凭证进行退换货及索赔。

🌐 **网友**：听说天津口岸是我国进口动物的主要口岸，您能介绍一下进口动物的一般检疫程序吗？

🎤 **赵革**：多年来，海关总署依据中国国情，建立起了一套较为完备和成熟的制度体系，从流程上来看，主要包括检疫准入、检疫审批、境外预检、口岸现场检疫、隔离检疫等几个主要环节。这些环节对防止国外动物疫情传入我国，保护生态安全和人民群众身体健康方面发挥着重要作用。

1. 检疫准入：开放市场前，海关总署组织专家组进行动物疫病传入风险分析，对重点疾病传入、发生的可能性以及造成的后果进行评估，并提出与我国风险管理水平相适应的管理措施。在风险可控的情况下，磋商签署进口动物双边协定书，并对卫生证书的模板进行确认。

2. 检疫审批：货主或其代理人应在签订贸易合同之前，应申办"中华人民共和国进境动植物检疫许可证"。

3. 境外预检：根据进出境动植物检疫法和双边议定书的要求，海关总署将视情况选派预检兽医官赴出口国开展境外预检。

4. 口岸现场检疫：进口动物抵达口岸后，检疫人员进行现场检疫，主要是审核动物健康证书、并对动物进行临床检查，判定是否有临床传染病症状。

5. 隔离检疫：口岸现场检疫合格的进境动物将被运往许可证列明的指定隔离场，接受隔离检疫。在隔离检疫期间，对于进境种用大中家畜，海关检疫人员会实施 45 天 24 小时全天候监管，并采集样品进行实验室检测。隔离检疫期满，经检疫合格的动物，实施放行。

🌐 **网友**：在加强纪律建设方面，天津海关采取了哪些措施呢？

🎤 **赵革**：一是有效发挥政治统领作用。我们始终把政治建设摆在首位，不断增强"四个意识"，坚定"四个自信"，做到"两个维护"。将传达落实习近平总书记重要指示批示精神作为每月形势分析及工作督查例会第一议题，锲而不舍、一以贯之打击"洋垃圾"和象牙等濒危物种及其制品走私，优化口岸营商环境，积极开展对口帮扶困难村工作。二是持续整治

"四风"不断深化。认真贯彻落实习近平总书记"锲而不舍、持续发力、再创新绩"重要批示精神，严格执行中央八项规定及实施细则精神，组织开展专项整治，紧盯年节假期重要时间节点正风肃纪，聚焦公务用车封存、"私车公养"等问题，严防"四风"问题复发反弹。三是常态化开展案例警示教育。依托"天津海关警示教育平台"开展常态化案例警示教育，充分发挥违纪违法案例的震慑警示作用，教育引导全体干部职工进一步增强法纪意识、规矩意识和自律意识，筑牢拒腐防变的思想道德防线，做到知敬畏、存戒惧、守底线。

🌐 **网友**：在出口货物通关方面，天津海关有哪些便利措施？

🎤 **赵革**：您好，目前天津海关已经实行出口码头运抵、提前申报模式，在货物所有人或其代理人在确认集装箱货物出口预配舱单已上传至海关新舱单系统后，即可全天候向海关申报，企业根据船舶航次、集港时间自主判断集港预期，出厂后即可直接运抵码头集港，同时海关放行信息同步发送报关、货主企业和码头公司，码头公司提前操作配舱作业，实现海关监管对物流无干扰，码头压缩作业等待时间。同时，在有条件的码头实行了出口顺势机检查验作业，机检查验已经不必将货物提离码头。

🌐 **网友**：海关统计数据何时公布？社会公众何时可查询最新海关月度统计数据？

🎤 **赵革**：海关总署会在每年 12 月发布下一年度海关统计数据的公布时间表，社会公众可登录海关总署网站查阅。根据 2019 年 12 月发布的《海关总署关于 2020 年中国海关统计数据公布时间的公告》，社会公众可查询 2020 年海关月度统计数据的最早时间，都是下一月的 25 日。

🌐 **网友**：境外疫情短期内没有消减趋势，当下海关部门如何实现境外疫情防控常态化？

🎤 **赵革**：口岸疫情防控进入了持久战阶段，要求我们防控标准不降、尺度不减，继续实施铁桶般无缝管道式的防控措施。我们不断总结经验，建立完善口岸疫情防控常态化机制。

一、 口岸疫情防控领导机制

天津海关和各级隶属关持续强化口岸疫情防控领导机制，关内相关部门共同参与，保证全关疫情防控"一盘棋"。

二、 人员支援保障机制

统筹关区全部人力资源，建立关区支援保障机制。有效开展相关专业背景人员在空港旅检、海港卫生检疫岗位疫情防控业务实训，通过跟班作业锻炼队伍，做好人员储备。

三、 疫情防控物资保障机制

通过自主采购、争取上级部门和地方政府支持等多种方式，确保口岸一线所需的一次性防护口罩、医用防护服、医用手套等疫情防控急需物资支持。

四、 全球传染病疫情监测机制

密切关注境外疫情发展态势，全面搜集全球疫情信息和人员交通工具流动等情况，重点对全球新冠肺炎及其他疫情风险进行评估，实施精准布控。

五、 现场检疫流程布局优化机制

科学合理调整现场布局和检疫流程，建立海空两港口岸登临检疫、流行病学调查、采样、分流、处置等不同岗位分工负责、协同高效的现场作业程序。

六、 防护消毒巡查监督机制

建立有效的人员防护和消毒工作巡查机制，设立感染控制组专门队伍，进行有效的防护和消毒监督，保证"打胜仗，零感染"。

七、 信息化支持机制

利用进境旅客申报的电子化健康信息，应用于进境旅客通关各环节。通过信息化手段，压缩通关时间，提升通关效率。

八、 联防联控机制

与卫生健康、边检、机场、港口公司等部门分别建立完善联防联控合作机制，确保疫情防控无缝对接、闭环管理。

🌐 **网友**：赵关长您好！请问海关验货收费吗？

🎤 **赵革**：海关对查验货物不收取任何费用。按照天津市开展免除查验没有问题外贸企业吊装移位仓储费用全面试点工作实施方案，在天津海运口岸实施查验的无问题集装箱（重箱）货物，免除外贸企业在海关查验环节发生且与海关查验工作直接相关的吊装、移位、仓储费用。

🌐 **网友**：我想了解一下，目前海关通关、物流、查验信息基本都可在"单一窗口"进行一站式查询，但是货物送检信息还无法查询，请问是否有计划让企业在"单一窗口"查询能够送检信息？

🎤 **赵革**：为便利企业，天津海关会尽可能将与企业相关信息通过"单一窗口"推送。关于送检信息，因系统正在整合期间，目前尚不具备条件。下一步我们将充分考虑业务需求，逐步整合开发相关功能，进一步便利企业办理进出口业务。

🌐 **网友**：如今在市场上经常可以见到贴着"洋标签"的进口水果，比如南非火参果、日本晴王葡萄等卖相不错、价格昂贵的水果。作为一名普通消费者，如何鉴别是否真的是进口水果？

🎤 **赵革**：由于新鲜水果容易传带有害生物，因此我国对进口新鲜水果实施了检疫准入管理制度，对不同国家和地区的进口水果种类有着严格规定。普通消费者可以从以下几点鉴别是否为真的进口水果：

1. 查产地。并非所有国家（地区）的水果种类都可以进入我国市场，消费者可以通过海关总署网站查询获得我国检疫准入的水果种类，以及对应的输出国家（地区）。比如允许从日本进口的水果只有苹果和梨，那日本晴王葡萄就不是真的进口水果；允许从南非进口的水果有柑橘类、葡萄和苹果，并没有火参果。

2. 瞧长相。很多进口水果拥有自己的品牌，水果上的标签通常纯外文，此外加工工艺良好，水果采摘后会马上进行冷藏加工，因此保鲜度好，颜值较高。

3. 看身份。海关对进口水果检疫合格后，会签发入境检验检疫证明，证明该批水果符合我国要求，可以上市销售。消费者如果对商家销售的进口水果有疑问，可以要求商家出示海关签发的入境检疫证明，以此来鉴别水果是否为真的进口水果。

🌐 **网友**：我在回国前已经连续 14 天填写了身体和旅居史信息，我想问一下在进境时还需要向海关进行"健康申明卡"的申报吗？

🎤 **赵革**：您好，如您在回国前 14 天已连续进行了健康信息填写，进境时仍需向海关进行"健康申明卡"的申报。

1 月 26 日，全国海关重新启动了出入境人员健康申报制度，明确了旅客应如实准确申报的义务以及所承担的法律责任。进出境旅客可通过微信版健康小程序和"互联网 + 海关"网页版进行"健康申明卡"信息填报工作，申报记录会生成一个 18 位条形码或二维码，在经过海关卫生检疫检查时主动出示即可。为方便快捷通关，网上申报可提前 24 小时进行。

🌐 **网友**：赵关长，您好，2017 年 4 月 1 日，雄安新区成立，天津作为雄安新区最近的出海口以及京津冀协同发展的重要节点城市，天津海关在推动雄安新区打造改革开放新高地方面以及支持雄安新区发展方面有何重要举措？

🎤 **赵革**：首先，感谢您的提问。

2019 年 10 月，京津冀三地海关签署了《北京海关　天津海关　石家庄海关支持雄安新区全面深化改革和扩大开放合作备忘录》，合作事项涵盖服务雄安新区高标准建设国际贸易"单一窗口"，"智慧海关"建设，推进京津冀物流监管一体化，提升京津冀贸易便利化水平，支持雄安新区建设有雄安特色的海关特殊监管区域，支持雄安新区贸易创新发展等。

　　天津海关打破区域差异壁垒，提供给天津企业的政策措施，雄安新区企业在同等条件下同步享受。对雄安新区注册企业委托天津关区企业从事异地加工贸易业务免征风险保证金；在津冀关区实施粮食便利化监管措施；支持白沟市场采购贸易化；支持雄安新区企业和物资自天津港口岸实施"船边直提"，畅通雄安新区海运物流通道。

　　2019 年年底天津海关隶属新港海关协助雄安海关开通了雄安海关建关后第一票进口通关货物、第一票"船边直提"，货物自天津口岸直接卸货装船，整体通关时间不足 3 小时；2020 年年初协助雄安海关试点成功第一票"两步申报"报关单。这些业务改革措施，有效缩短了货物整体通关时间，取得了良好效果。

　🌐　**网友**：赵关长，您好。现在通关一体化，给企业带来了很大的便利。但是也给企业带来一些困扰，如审单放行的货物，由哪个关区负责检验检疫证明的拟证、核签工作？是否有文件依据？

　🎙　**赵革**：您好，感谢您对海关业务的关心。对于需实施检验检疫的进口货物，由实施检验检疫的关区拟制证稿，对于实施审单放行的货物，由申报地海关拟制证稿。

　🌐　**网友**：您好，请问从港澳地区回天津，还需要隔离 14 天吗？是在天津隔离吗？谢谢！

　🎙　**赵革**：根据天津市联防联控机制疫情防控要求，从港澳地区回津，需要在天津隔离 14 天。

　🎙　**周群**：好的，感谢赵关长的解答，谢谢网友的热情提问。由于时间关系，我们今天的访谈就到这里了。

　🎙　**赵革**：谢谢广大网友的关注和支持！未来，天津海关将在创建"一流海关"工作中再上新台阶，为探索更具国际竞争力的海关监管模式和管理体制机制不断努力。如果大家有更多的问题，欢迎拨打天津海关统一服务热线 022 – 12360 进行咨询。谢谢大家！

后 记

2020 年 6 月 11 日，海关总署举办主题为"以'五关'建设为核心 打造最具国际竞争力的'一流海关'"的在线访谈，访谈采用网络视频连线方式，在线解答网友关注的问题。截至访谈结束时，访问量突破 91 万人次，独立 IP 900 个，网友提问 69 个，实时答复 46 个。

创新机制　科技战"疫"

◎ 主　题：创新机制　科技战"疫"
◎ 时　间：2020 年 6 月 18 日　10：00
◎ 嘉　宾：厦门海关党委委员、副关长　张冬冬
　　　　　时任厦门海关卫生检疫处处长　徐　辉
　　　　　时任厦门海关隶属机场海关关长　高值清
◎ 主持人：海关总署办公厅　周　群

导语

    2020年，一场突如其来的新冠肺炎疫情席卷荆楚大地，继而蔓延全国。在以习近平同志为核心的党中央坚强领导下，14亿中国人民众志成城、团结一心，打响了疫情防控的人民战争、总体战、阻击战。经过艰苦努力，付出巨大牺牲，湖北保卫战、武汉保卫战取得决定性成果，疫情防控阻击战取得重大战略成果，统筹推进疫情防控和经济社会发展工作取得积极成效。

身临其境　看看我们曾经聊过的

主持人嘉宾交流

🎤 **周群：** 海关是国家进出境监督管理机关，国境卫生检疫是国家公共卫生体系的重要一环。疫情发生后，全国海关马上就办、真抓实干，万众一心、众志成城，采取有力措施，严格口岸防控，严防疫情传播，取得了阶段性成果。海关总署署长、党委书记倪岳峰强调，要总结疫情防控经验，完善机制，健全制度，着力探索建设符合实际、科学高效、成熟管用的重大疫情和口岸公共卫生应急管理机制。

2020年一场突如其来的新冠肺炎疫情席卷荆楚大地，蔓延波及全国。在以习近平同志为核心的党中央坚强领导下，**14亿中国人民众志成城、团结一心，打响了疫情防控的人民战争、总体战、阻击战。** 经过艰苦努力，付出巨大牺牲，湖北保卫战、武汉保卫战取得决定性成果，疫情防控阻击战取得重大战略成果，统筹推进疫情防控和经济社会发展工作取得积极成效。

海关是国家进出境监督管理机关，国境卫生检疫是国家公共卫生体系的重要一环。疫情发生后，全国海关马上就办、真抓实干，万众一心、众志成城，采取有力措施，严格口岸防控，严防疫情传播，取得了阶段性成果。倪岳峰署长强调，**要总结疫情防控经验、完善机制，健全制度，着力探索建设符合实际、科学高效、成熟管用的重大疫情和口岸公共卫生应急管理机制。**

　　各位网友，大家好！这里是中国海关门户网站在线访谈栏目，我是主持人周群，今天我们在海关总署新闻发布厅连线厦门海关副关长、党委委员张冬冬同志，厦门海关卫生检疫处处长徐辉同志，厦门海关隶属机场海关关长高值清同志，来分享厦门海关开展防疫工作的经验做法，欢迎广大网友热情参与。张关长、徐处长、高关长欢迎你们！

🎙 **张冬冬**：主持人好，各位网友好！

🎙 **徐辉**：主持人好，各位网友好！

🎙 **高值清**：主持人好，各位网友好！

🎙 **周群**：张关长您好，欢迎参与今天的在线访谈。从一月底开始，全国上下迅速进入"防疫时间"。能不能请您简要介绍一下，厦门海关开展疫情防控的总体情况？

🎙 **张冬冬**：好的。厦门口岸是沿海十大口岸之一，在此次口岸疫情阻击战中，厦门海关共有 5 个旅检口岸、13 个海运货检口岸直接承担防控任务，涉及 9 个隶属海关，南北海岸线长 1400 多千米，可谓点多、线长、面广，任务重、压力大、困难多，疫情防控形势较为严峻。这跟我们的区位特点也有很大关系。厦门关区地处海上丝绸之路核心区、对台工作前沿，是联通欧美、东南亚国家和中国港澳台地区的重要交通枢纽，厦门高崎机场、泉州晋江国际机场是全国主要的旅客进出境口岸之一，厦金、泉金"小三通"监管着全国三分之一的来往中国台湾地区的旅客。福建是我国的第二大侨乡，全世界有闽籍华人华侨 1580 万，遍布世界各地，人员进出频繁，2019 年监管进出境人员 807.86 万人次。面对严峻形势，厦门海关党委坚决贯彻落实习近平总书记重要指示批示精神和党中央重大决策部署，严格执行海关总署党委和省市工作部署，闻令而动、遵令而行，全面动员、尽锐出战，全力以赴打好口岸防输入阻击战。截至 6 月 7 日，厦门海关共检疫进出境人员 40.66 万人次，开展流行病学调查 35889 人次，采样 32173 人次。

厦门口岸是沿海十大口岸之一，在此次口岸疫情阻击战中，共有<u>5个旅检口岸、13个海运货检口岸直接承担防控任务，涉及9个隶属海关，南北海岸线长1400多千米。</u>门关区地处海上丝绸之路核心区、对台工作前沿，是联通欧美、东南亚国家和中国港澳台地区的重要交通枢纽，厦门高崎机场、泉州晋江国际机场是全国主要的旅客进出境口岸之一，厦金、泉金"小三通"监管着全国1/3的来往中国台湾地区的旅客。福建是我国的第二大侨乡，全世界有闽籍华人华侨1580万，遍布世界各地，人员进出频繁，<u>2019年监管进出境人员807.86万人次。</u>面对严峻形势，厦门海关党委坚决贯彻落实习近平总书记重要指示批示精神和党中央重大决策部署，严格执行总署党委和省市工作部署，闻令而动、遵令而行，全面动员、尽锐出战，全力以赴打好口岸防输入阻击战。截至6月7日，厦门海关共检疫进出境人员**40.66万人次，开展流行病学调查35889人次，采样人数32173人次。**

　　🎙 **周群：**我们知道这次疫情事发突然、发展迅速，给我国公共卫生治理体系带来重大考验、形成重大冲击。请问厦门海关面对突如其来的疫情，是怎样迅速组织应对的？

　　🎙 **张冬冬：**是的，这次新冠肺炎疫情是新中国成立以来在我国发生的传播速度最快、感染范围最广、防控难度最大的一次重大突发公共卫生事件。疫情发生以后，党中央审时度势、综合研判，及时提出疫情防控的总要求、总目标，加强对疫情防控工作的统一领导、统一指挥、统一行动，坚持全国一盘棋、统筹各方面力量开展疫情防控，经过全国上下的艰苦努力，全国疫情防控阻击战取得重大战略成果。疫情发生以来，全国海关马上就办、真抓实干，采取有力措施，严格口岸防控，严防疫情传播，为实现疫情防控和经济社会发展双胜利作出了应有贡献。

厦门海关认真贯彻党中央决策部署，按照海关总署党委工作要求，第一时间响应、第一时间部署、第一时间启动，迅速进入战斗状态。总的来说，厦门海关疫情防控做到了"早、快、细、严"。部署早，"谋划早一步，主动不止一步"，早在 2019 年 12 月，我们在调研中发现，关区 2 个机场等重要旅检监管现场没有卫生专业背景的关领导，就及时进行了调整充实，海关总署党委还选派了卫生专业背景干部充实厦门海关党委班子。这段时间的抗疫实践表明，及时恰当的干部调整补充，为关区抗疫斗争发挥了关键作用。2020 年 1 月 21 日接到海关总署部署当日，我们连夜召开紧急会议，成立疫情应对领导小组，制定 8 项具体措施，紧急劝阻 13 名拟赴鄂干部职工，关长和分管卫生、监管、后勤的 3 位副关长取消休假全程在岗、靠前指挥，切实加强对疫情防控工作的组织领导。1 月 22 日全关 256 名医学相关专业人员全部取消休假，进行战前集训。行动快，1 月 23 日上午，在得知 1 名关员的父亲自武汉来厦门被诊断为疑似病例（后被确诊）后，果断决定大楼提前半天放假，实施全面消杀，排查与这名关员有过接触的 26 名关员，全部实施居家留观，有效阻断疫情传播。1 月 22 日，我们率先全国海关开辟"绿色通道"，为防控物资入境特事特办，实行 7×24 小时全天候通关。2 月初，我们紧急动员关区力量筹措防控物资，有力保障了关区一线抗疫人员防护物资需求。落实细，从疫情发生到 2 月底，在不到一个半月的时间里，先后召开 25 次指挥部（领导小组）和专项工作会议，下发近 50 个专项通知，每天都有关领导到业务一线督导或者通过视频检查，沉到现场研究对策、解决问题，确保各项防控要求抓实、抓细、抓落地。措施严，牢固树立底线思维，坚持"宁可十防九空、不能万一失防"，迅速制定应急方案和处置流程，优化关区旅检通道设置，完善现场检疫检测软硬件设施，严格实施检疫监管措施，加强与地方联防联控，用专业执法全力把好"出口关"和"入口关"。

厦门海关迅速组织应对突如其来的疫情

○ 厦门海关认真贯彻党中央决策部署，按照海关总署党委工作要求，第一时间响应、第一时间部署、第一时间启动，迅速进入战斗状态。

○ 厦门海关疫情防控做到了**"早、快、细、严"。部署早，"谋划早一步，主动不止一步"**，2019年12月，在调研中发现，关区2个机场等重要旅检监管现场没有卫生专业背景的关领导，就及时进行了调整充实，总署党委还选派了卫生专业背景干部充实党委班子。

○ 2020年1月21日接到海关总署部署当日，**成立疫情应对领导小组，制定8项具体措施，**紧急劝阻13名拟赴鄂干部职工，关长和分管卫生、监管、后勤的3位副关长取消休假全程在岗、靠前指挥，切实加强对疫情防控工作的组织领导。

○ 1月22日全关**256名医学相关专业人员全部取消休假，进行战前集训。**

○ 1月23日上午，在得知1名关员的父亲自武汉来厦门被诊断为疑似病例（后被确诊）后，果断决定大楼提前半天放假，**实施全面消杀，排查与这名关员有过接触的26名关员，**全部实施居家留观，有效阻断疫情传播。

1月22日，率先全国海关**开辟"绿色通道"，为防控物资入境特事特办，**实行7×24小时全天候通关。

2月初，**紧急动员关区力量筹措防控物资，**有力保障了关区一线抗疫人员防护物资需求。

从疫情发生到2月底，在不到一个半月的时间里，先后**召开25次指挥部（领导小组）和专项工作会议，下发近50个专项通知，**每天都有关领导到业务一线督导或者通过视频检查，沉到**现场研究对策、解决问题，**确保各项防控要求抓实、抓细、抓落地。措施严，牢固树立底线思维，**坚持"宁可十防九空、不能万一失防"，**迅速制定应急方案和处置流程，优化关区旅检通道设置，完善现场检疫检测软硬件设施，严格实施检疫监管措施，加强与地方联防联控，用专业执法全力把好"**出口关"和"入口关"。**

🎙 **周群：** 通过您的介绍，我们对厦门海关在疫情初期的应对工作有了一个全面的了解。3月，口岸逐渐成为疫情防控主战场，徐处长能不能介绍下厦门海关在防输入过程中面临哪些挑战？

🎙 **徐辉：** 应对这样大规模的疫情，我们也没有经验，防控之初，工作中也存在不少短板和问题。一是专业人员结构性短缺。旅检现场具有医学背景人员（含编外人员）占比相对较低，且一些具有医学背景的关员缺乏专业岗位实践积累，导致能够熟练掌握样品采集和现场快速筛查等技能的关员更为紧缺。二是部门配合衔接不紧。协同配合机制不够完善，防控力量相对分散，没能形成一个"拳头"。三是科技应用短板明显。在风险预警、数据统计等方面信息化手段不足，现场手工作业工作强度很大，特别是数据整理和报送，海关数据组每天都要工作到凌晨。即使这样，还难免出现差错。

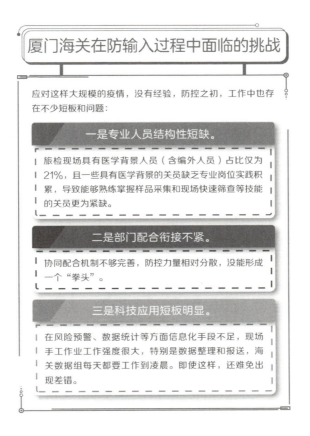

厦门海关在防输入过程中面临的挑战

应对这样大规模的疫情，没有经验，防控之初，工作中也存在不少短板和问题：

一是专业人员结构性短缺。

旅检现场具有医学背景人员（含编外人员）占比仅为21%，且一些具有医学背景的关员缺乏专业岗位实践积累，导致能够熟练掌握样品采集和现场快速筛查等技能的关员更为紧缺。

二是部门配合衔接不紧。

协同配合机制不够完善，防控力量相对分散，没能形成一个"拳头"。

三是科技应用短板明显。

在风险预警、数据统计等方面信息化手段不足，现场手工作业工作强度很大，特别是数据整理和报送，海关数据组每天都要工作到凌晨。即使这样，还难免出现差错。

🎙 **周群**：那么厦门海关是如何顶住压力、克服困难，开展防输入阻击战的？

🎙 **张冬冬**：海关总署署长、党委书记倪岳峰指出："要在实战中不断发现问题、总结经验、完善机制、健全制度。"在境外疫情风险高、输入风险陡增的形势下，我们组织开展了疫情防控"补转提"行动，组织全关各单位主要负责人线上专题讨论，反思短板、查摆不足，共收集各类问题97个，为我们补短板、强弱项提供了精准指引，为解决这些问题，我们认为"战时须有战时机制"，为此：一是在总关升级指挥管理体系。总关指挥机制实现由"防控工作组"到"指挥部热线"再到"大办公机制"的三级跃升，不断增强总关指挥中心系统功能，提高对现场突发情况应急处置的统一指挥质量和效率。二是在业务现场全力提升实战能力。果断在旅检现场建立网格化管理模式，坚持"严格执行技术方案就是执行工作纪律，不严格执行技术方案就是违反工作纪律"，严格落实"三查、三排、一转运"，让专业的人做专业的事，把最专业的人挑选和定岗到关键岗位，确保现场执行处置专业高效、坚强有力。三是在外部协作方面推动闭环管理。推动地方政府完善机场防疫工作指挥机制，升级与卫健等部门的合作机制，全面规范入境人员处置流程，做到无缝衔接、不留死角，确保从"国门"到"家门"的全闭环防控监管到位。

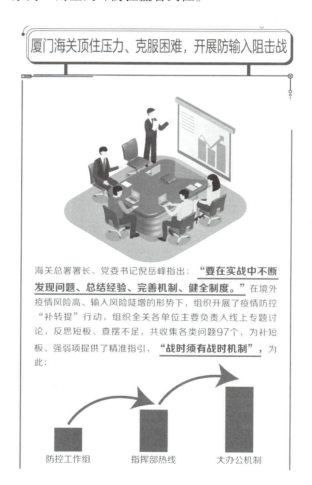

厦门海关顶住压力、克服困难，开展防输入阻击战

海关总署署长、党委书记倪岳峰指出：**"要在实战中不断发现问题、总结经验、完善机制、健全制度。"** 在境外疫情风险高、输入风险陡增的形势下，组织开展了疫情防控"补转提"行动，组织全关各单位主要负责人线上专题讨论，反思短板、查摆不足，共收集各类问题97个，为补短板、强弱项提供了精准指引，**"战时须有战时机制"**，为此：

防控工作组　　指挥部热线　　大办公机制

一是在总关升级指挥管理体系。

总关指挥机制实现由"防控工作组"到"指挥部热线"再到"大办公机制"的三级跃升，不断增强总关指挥中心系统功能，提高对现场突发情况应急处置的统一指挥质量和效率。

二是在业务现场全力提升实战能力。

果断在旅检现场建立网格化管理模式，坚持"严格执行技术方案就是执行工作纪律，不严格执行技术方案就是违反工作纪律"，严格落实"三查、三排、一转运"，让专业的人做专业的事，把最专业的人挑选和定岗到关键岗位，确保现场执行处置专业高效、坚强有力。

三是在外部协作方面推动闭环管理。

推动地方政府完善机场防疫工作指挥机制，升级与卫健等部门的合作机制，全面规范入境人员处置流程，做到无缝衔接、不留死角，确保从"国门"到"家门"的全闭环防控监管到位。

🎙 **周群**：在这场口岸疫情防控阻击战中，你们旅检现场可以说是真正的"主战场"，刚才您提到在旅检现场建立了网格化管理模式，什么是网格化管理？

🎙 **张冬冬**：网格化管理曾在非典期间社区防疫中发挥了重要作用，习总书记在此次防控疫情的系列重要讲话中也专门提到这个网格化管理，我们吸收网格化管理的理念，通过理论和实践相结合，尝试把它应用在海关卫生检疫监管上。网格化管理首先是一种"矩阵式"管理理念，它最大的特点就是系统化，也是整体思维的一种具体体现。在平时的旅检工作中，我们可以按照线条式进行平面管理，像我们的机场旅检，是三个旅检科实行轮班制，每个科都要负责全流程，但是在"战时"状态下，由于入境旅客量和检疫工作程序的骤增，就会出现整体战线拉长、局部压力过大、作业能力超负荷、相互联动被割裂的状态，科长往往要首尾兼顾、容易顾此失彼，关员要奔跑于多个环节、工作效率大大降低，旅客通关则很容易出现拥堵。时间一久，整体防疫阵线容易被拖垮，现场会陷入"人海战""疲劳战"，既不利于疫情防控，也不符合管理规律。

我们实行的网格化管理，打破原有处、科级行政限制，设总关、机场两级指挥部，下面设组、班、工位，人攻其位、位入其格、格入其网，组与组联动、班与班对应、点到点支援，一方面加大人力等资源的投入倾斜和专业人员的精准输入，一方面实现精准化最优化管理调度，既能实现一个点上的术业专攻，提升工作的熟练度和准确性，又能实现点、线、面的整体策应，实现立体式的管理，这是一种基于管理制度层面的变革。

网格化管理模式

网格化管理首先是一种"矩阵式"管理理念，它最大的特点就是系统化，也是整体思维的一种具体体现。在平时的旅检工作中，可以按照线条式进行平面管理，机场旅检，是三个旅检科实行轮班制，每个科都要负责全流程，但是在"战时"状态下，由于入境旅客量和检疫工作程序的骤增，就会出现整体战线拉长、局部压力过大、作业能力超负荷、相互联动被割裂的状态，科长往往要首尾兼顾、容易顾此失彼，关员要奔跑于多个环节、工作效率大大降低，旅客通关则很容易出现拥堵。时间一久，整体防疫阵线容易被拖垮，现场会陷入"人海战""疲劳战"，既不利于疫情防控，也不符合管理规律。

网格化管理，打破原有处、科级行政限制，设总关、机场两级指挥部，下面设组、班、工位，人攻其位、位入其格、格入其网，组与组联动、班与班对应、点到点支援，一方面加大人力等资源的投入倾斜和专业人员的精准输入，一方面实现精准化最优化管理调度，既能实现一个点上的术业专攻，提升工作的熟练度和准确性，又能实现点、线、面的整体策应，实现立体式的管理，这是一种基于管理制度层面的变革。

🎤 **周群**：您刚才说网格化是一种管理制度层面的变革，您能不能具体讲讲推动这种变革背景和原因？

🎤 **张冬冬**：第一，我感到是形势所逼。3 月，厦门空港的入境旅客数已经跃升全国前几位，日均入境旅客达到了 2000 人，甚至出现 4 个小时内 5 个航班近 900 人进境的情况。我们知道空港对比陆路口岸来说，还是"限量级""小口径"的入境管道，入境人数带来的监管压力不是简单的数字累加，而是呈量级增长。这迫使我们必须在短期内大幅提升通关监管能力和效率，我们需要在"螺蛳壳里做道场"，唯一的办法就是要变革管理理念和模式，从管理思维这个根本下手。

第二，我认为是职责所在。海关是国门卫士，在外防输入的关键时刻就要起到安全屏障的作用。网格化管理不是为了改而改，而是就着问题来、奔着问题去的，在实践中我们一直坚持目标导向、结果导向，最后看的就是检出率有没有提高、安全防线有没有守住、旅客通关体验度有没有提升、现场关员有没有持续保持战斗力，以这些作为我们实施调整优化的准绳，我们遵循先立后破、不立不破的原则，在整体框架的基础上，做好衔接切换，确保每个环节都能榫卯无缝对接。

第三，我觉得是使命所系。习近平总书记指出，危与机并存，度过危就是机。这场抗疫战斗我们不仅要在"战术层面"打赢这场防输入阻击战，还要在"战略层面"思考如何进一步完善我们的治理制度和能力。我们有改革创新的传统，也是一个体量适中的"试验田"，我们有条件、有能力，也有必要在实践中探索形成一套更加安全、高效的战时通关流程和模式，为以后应对类似应急事件，甚至是为新海关旅检口岸卫生检疫监管体制机制建设打前阵、探新路。

管理制度层面变革的背景和原因

第一，是形势所逼。

3月，厦门空港的入境旅客数已经跃升全国第三，日均入境旅客达到了2000人，甚至出现4个小时内5个航班近900人进境的情况。空港对比陆路口岸来说，还是"限量级""小口径"的入境管道，入境人数带来的监管压力不是简单的数字累加，而是呈量级增长。必须在短期内大幅提升通关监管能力和效率，需要在"螺蛳壳里做道场"，唯一的办法就是要变革管理理念和模式，从管理思维这个根本下手。

第二，是职责所在。

海关是国门卫士，在外防输入的关键时刻就要起到安全屏障的作用。网格化管理不是为了改而改，而是就着问题来、奔着问题去的，在实践中一直坚持目标导向、结果导向，最后看的就是检出率有没有提高、安全防线有没有守住、旅客通关体验度有没有提升、现场关员有没有持续保持战斗力，以这些作为实施调整优化的准绳，遵循先立后破、不立不破的原则，在整体框架的基础上，做好衔接切换，确保每个环节都能榫卯无缝对接。

第三，是使命所系。

习近平总书记指出，危与机并存，度过危就是机。这场抗疫战斗不仅要在"战术层面"打赢这场防输入阻击战，还要在"战略层面"思考如何进一步完善治理制度和能力。厦门海关，有改革创新的传统，也是一个体量适中的"试验田"，有条件、有能力，也有必要在实践中探索形成一套更加安全、高效的战时通关流程和模式，为以后应对类似应急事件，甚至为新海关旅检口岸卫生检疫监管体制机制建设打前阵、探新路。

🎤 **周群：**能不能请高关长简单介绍下，网格化管理的具体架构是什么？

🎤 **高值清：**具体架构分为三个层面。在总关，实行"大办公机制"，这是融决策与执行为一体的实体化运作指挥平台，总关党委直接进驻指挥，10 个职能部门主要负责人及业务骨干常态化进驻办公，设立 3 部热线电话，按照"集中联合处置、统一下达指令、全程监控指挥"的原则，为现场防控提供"一站式"支撑。在机场海关，成立前线指挥部，张冬冬副关长到机场海关指挥，设立前线指挥部办公室，进行靠前指挥督导。在业务现场，按照检疫业务流程，重新划分 7 个专项工作组，每组分 3 个班。对应"网格化"管理模式的 7 个组、21 个班和 10 种业务岗位，分别制定岗位作业说明书，逐一明确 75 个工作要点和细化标准。

网格化管理的具体架构

具体架构分为三个层面:

在总关,实行"大办公机制",这是融决策与执行为一体的实体化运作指挥平台,总关党委直接进驻指挥,10个职能部门主要负责人及业务骨干常态化进驻办公,设立3部热线电话,按照**"集中联合处置、统一下达指令、全程监控指挥"**的原则,为现场防控提供**"一站式"**支撑。

在机场海关,成立前线指挥部,张冬冬副关长到机场海关指挥,设立前线指挥部办公室,进行靠前指挥督导。

在业务现场,按照检疫业务流程,重新划分7个专项工作组,每组分3个班。对应"网格化"管理模式的7个组、21个班和10种业务岗位,分别制定岗位作业说明书,逐一明确75个工作要点和细化标准。

🎙 **周群**：网格化对海关旅检工作来说是一个全新的管理模式，那么网格化管理在现场具体是如何展开的？

🎙 **高值清**：我简单介绍下现场工作的七个组：

登临组：第一时间进入机舱，排查风险预警人员和有症状旅客，把好入境第一道关口。

通道组：严格开展医学巡查，实施两道体温监测，利用旅客"健康申明卡"进行快速识别和有效拦截。

流调组：工位一字排开，经过严格训练的关员迅速捕获风险信息，科学进行旅客分流。

采检组：在这最危险的岗位，集中了全关区最优秀的检疫关员，他们用专业水平，采集所有入境旅客的鼻咽拭子，送实验室检测，发现的疑似病例、有症状等人员开展详细医学排查及转运移交等工作。

行李监管组：坚决打击借"疫"走私。

调度组：专司现场网格化管理的运行监控，通过全程可视化指挥，保障全链条畅通无阻。

综合保障和数据统计组：负责通道消杀、物资保障、防护培训和数据管理。

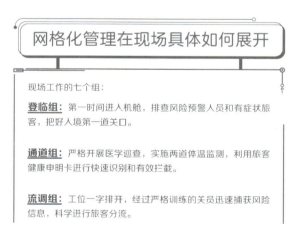

采检组：在这最危险的岗位，集中了全关区最优秀的检疫关员，他们用专业水平，采集所有入境旅客的鼻咽拭子或血样，送实验室检测。

行李监管组：坚决打击借"疫"走私。

调度组：专司现场网格化管理的运行监控，通过全程可视化指挥，保障全链条畅通无阻。

综合保障和数据统计组：负责通道消杀、物资保障、防护培训和数据管理。

🎤 **周群：**那么网格化管理的具体成效如何？

🎤 **高值清：**网格化管理是面向实践的管理模式，看的是最后的效果。总的来说，网格化管理在提升质量和效率上效果都比较显著，集中表现为"五个更"：

一是现场防控网络更密。网格化管理将辖区分成不同区域，采取定区域、定人员的方式，确保执法全覆盖、监管无盲点，有效提升了一线执法水平。3月18日，厦门海关在入境旅客中检出首例阳性病例，紧接着，阳性病例不断检出，越来越密集。二是关员人均负荷更轻。每一个岗位都明晰岗位职责，每一位关员都清楚掌握操作标准，单个关员需要掌握的技术和要求大幅减少，工作质量和效率也大幅提升，最大程度发挥"专人专责"的优势。三是旅客通关更快。航班通关时长大幅缩减至1~2个小时，平均登临检疫时间压减至16.6分钟，单个旅客平均流调时长压减至5分钟以内，厦门口岸入境体验度在现场和网上都得到了广大旅客的点赞。四是协调配合更有序。各组上岗班次固定配合，处级干部任组长、科级干部任班长，管理半径大幅压减，管理范围"抬头可见"，现场协调配合并然有序。五是组织管理更容易。网格化管理可以根据航班、旅客人员数量对一线关员进行精准调配，为专业化分工和大批支援人员随时参战提供了建制准备和组织基础。

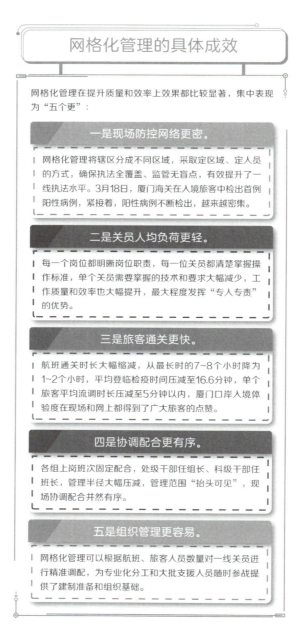

网格化管理的具体成效

网格化管理在提升质量和效率上效果都比较显著，集中表现为"五个更"：

一是现场防控网络更密。

网格化管理将辖区分成不同区域，采取定区域、定人员的方式，确保执法全覆盖、监管无盲点，有效提升了一线执法水平。3月18日，厦门海关在入境旅客中检出首例阳性病例，紧接着，阳性病例不断检出，越来越密集。

二是关员人均负荷更轻。

每一个岗位都明晰岗位职责，每一位关员都清楚掌握操作标准，单个关员需要掌握的技术和要求大幅减少，工作质量和效率也大幅提升，最大程度发挥"专人专责"的优势。

三是旅客通关更快。

航班通关时长大幅缩减，从最长时的7~8个小时降为1~2个小时，平均登临检疫时间压减至16.6分钟，单个旅客平均流调时长压减至5分钟以内，厦门口岸入境体验度在现场和网上都得到了广大旅客的点赞。

四是协调配合更有序。

各组上岗班次固定配合，处级干部任组长、科级干部任班长，管理半径大幅压减，管理范围"抬头可见"，现场协调配合并然有序。

五是组织管理更容易。

网格化管理可以根据航班、旅客人员数量对一线关员进行精准调配，为专业化分工和大批支援人员随时参战提供了建制准备和组织基础。

🎤 **周群**：推动网格化管理是一个系统工程，能取得这么好的成效肯定也离不开各方面的支撑，能不能请张关长介绍一下相关的做法？

🎤 **张冬冬**：网格化管理本身是监管制度层面的改革，涉及面广、系统性强，可谓牵一发而动全身。总的来说，以指挥管理为主轴，下面主要包括五个方面的支撑体系：科技化信息化支撑体系、人力资源管理体系、现场专业硬件体系、全流程安全防护和综合保障体系、动态模式切换和常态化制度体系。其中，科技化信息化是我们网格化管理的神经系统，也是提升网格化管理质量与效率的一把"金钥匙"。

推动网格化管理各方面的支撑

网格化管理本身是监管制度层面的改革，涉及面广、系统性强，可谓牵一发而动全身。总的来说，以指挥管理为主轴，下面主要包括五个方面的支撑体系：**科技化信息化支撑体系、人力资源管理体系、现场专业硬件体系、全流程安全防护和综合保障体系、动态模式切换和常态化制度体系。**其中，科技化信息化是我们网格化管理的神经系统，也是提升网格化管理质量与效率的一把"金钥匙"。

🎤 **周群**：那么具体是如何应用科技来支撑网格化管理的呢？

🎤 **张冬冬**："科技是第一生产力"，我们坚持"坚持向科技要效率"的理念，从网格化管理实际需要出发，多措并举，推动科技抗疫。一是加强大数据技术应用。建立高风险国家、地区、人员、航班、船舶数据池，自主编写数据自动比对程序，与旅客舱单系统实时数据进行对碰，确定高风险参数数据，确保现场各个组班能够接收到更加精准的布控信息。二是加强信息系统运维保障。成立 24 小时运维保障小组，强化监控摄像头、音视频单兵系统、视频会议系统的配备和维护，在指挥部建立旅检、海运等专题展示场景，为指挥部直接指挥到现场各班组提供技术支撑。三是提升实验室疫病检测能力。实验室检测能力是这次口岸疫情防控的关键因素之一，疫情发生后我们迅速采购了全自动核酸提取仪、超低温冰箱、调剂离心机和 PCR 仪等关键设备，同时加强与地方疾控中心、医院以及社会第三方检测机构检测合作，确保检得快、检得出。

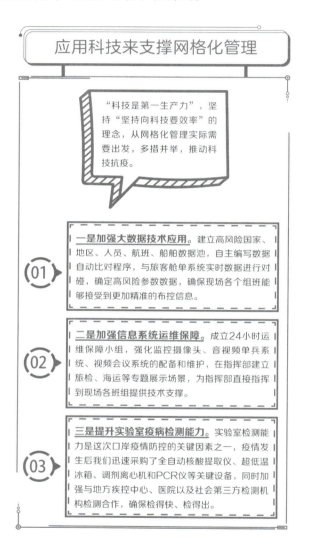

🎤 **周群**：从您刚才的介绍可以看出，网格化管理对信息技术应用有很大需求，那么在这方面有没有具体项目呢？

🎤 **张冬冬**：有的，将信息化融入网格化管理十分重要，我们网格化的每个组都对这方面有很强烈的需求。特别是针对疫情防控手工作业工作量大、差错率高、效率低问题，我们组织技术骨干迅速开发了"海关检疫E码通"平台，这是依托现代网络信息技术建立的一个综合性管理平台，实现了入境卫生检疫全流程信息化、数字化管理，保证了网格化管理各组班之间的互联互通。通过平台可快速获取旅客信息，自动生成数据，形成全要素旅客健康管理台账，并与地方疫情防控平台对接，实现风险精确预警和全链条联防联控。入境人员通过出示健康码"一码通关"，实现"数据多跑路、人员少接触、旅客无滞留"。平台上线以来，无症状旅客"快速流调"平均时长缩减至90秒，最大限度发挥了"科技＋管理"作用。应用成效得到海关总署领导肯定，《光明日报》等媒体也做了报道。

网格化管理对信息技术应需求方面的具体项目

将信息化融入网格化管理十分重要，网格化的每个组都对这方面有很强烈的需求。特别是针对疫情防控手工作业工作量大、差错率高、效率低问题，组织技术骨干迅速开发了**"海关检疫E码通"平台，**这是依托现代网络信息技术建立的一个综合性管理平台，实现了入境卫生检疫全流程信息化、数字化管理，保证了网格化管理各组班之间的互联互通。通过平台可快速获取旅客信息，自动生成数据，形成全要素旅客健康管理台账，并与地方疫情防控平台对接，**实现风险精确预警和全链条联防联控。**入境人员通过出示**健康码"一码通关"，**实现**"数据多跑路、人员少接触、旅客无滞留"。**平台上线以来，无症状旅客"快速流调"平均时长缩减至90秒，最大限度发挥了**"科技＋管理"作用。**应用成效得到海关总署领导肯定，《光明日报》等媒体也做了报道。

🎤 **周群**：海关检疫工作主要集中在旅检通道，刚才张关长提到现场专业硬件体系建设，请问高关长，我们机场海关在旅检现场通道建设方面是怎么做的？

🎤 **高值清**：面对空港口岸不断变化的防控形势和需求，我们在旅检现场进行全通道改造来强化网格化管理。厦门机场 T3 航站楼投入使用年限较长，旅检通道狭长，仅数十米，施展空间极其有限，面对严格的检疫要求，原先的卫生检疫区域布局无法适应监管需要，也不利于提升旅客通关体验。对此我们打破空间布局，重新划分旅客测温通道、流调区、采样区、留观区等不同区域，根据流程顺势"织网组格"，由各组分别进驻、全权负责，并合理配置相应监管资源，为主动管理和系统管理提供了条件。

机场海关在旅检现场通道的建设

面对空港口岸不断变化的防控形势和需求，在旅检现场进行全通道改造来强化网格化管理。厦门机场T3航站楼投入使用年限较长，旅检通道狭长，仅数十米，施展空间极其有限，面对严格的检疫要求，原先的卫生检疫区域布局无法适应监管需要，也不利于提升旅客通关体验。打破空间布局，重新划分旅客测温通道、流调区、采样区、留观区等不同区域，根据流程顺势"织网组格"，由各组分别进驻、全权负责，并合理配置相应监管资源，为主动管理和系统管理提供了条件。

🎤 **周群**：刚才我们谈了科技和硬件支持，那么我们再说一说人员支持，请徐处长介绍一下网格化管理模式下，人员如何统筹精准调配？

🎤 **徐辉**：自疫情发生以来，我们科学统筹做好疫情防控人员保障工作，一开始就迅速建立了包含关区一线人员、预备人员、应急人员梯队的全员支援保障体系，随着疫情防输入压力增大，我们结合现场的网格化管理，进一步精准调配关区人力资源，累计选派调配12批183人次医护背景、外语等专业人员支援疫情防控一线。

一是统一调配医护背景人员。全面摸清关区医护背景人员底数，建立225人的医护背景人员数据库，精细掌握人员分布、年龄层次、重点岗位专业能力等情况，在不影响各单位工作正常运转的情况下，最大限度地将医护背景人员抽调支援疫情防控一线，其中抽调62名医护背景人员支援机场海关。二是机动调配样本采集人员。针对样本采集人员紧缺的情况，建立样本采集机动支援队伍，实施全关区集中管理、机动调配工作机制，先后集中抽调5批次37人次参与机场海关疫情防控应急工作。三是合理调配自愿报名人员。向关区全体干部职工发出增援倡议，全关638人主动报名支援一线，勇做"逆行者"，特别是一大批80后、90后年轻干部危急关头、挺身而出，在大战中经受磨炼、增长才干。

网格化管理模式下，人员的统筹精准调配

自疫情发生以来，科学统筹做好疫情防控人员保障工作，一开始就迅速建立了包含关区一线人员、预备人员、应急人员梯队的全员支援保障体系，随着疫情防输入压力增大，结合现场的网格化管理，进一步精准调配关区人力资源，累计选派调配12批183人次医护背景、外语等专业人员支援疫情防控一线。

一是统一调配医护背景人员。

全面摸清关区医护背景人员底数，建立225人的医护背景人员数据库，精细掌握人员分布、年龄层次、重点岗位专业能力等情况，在不影响各单位工作正常运转的情况下，最大限度地将医护背景人员抽调支援疫情防控一线，其中抽调62名医护背景人员支援机场海关。

二是机动调配样本采集人员。

针对样本采集人员紧缺的情况，建立样本采集机动支援队伍，实施全关区集中管理、机动调配工作机制，先后集中抽调5批次37人次参与机场海关疫情防控应急工作。三是合理调配自愿报名人员。向关区全体干部职工发出增援倡议，全关638人主动报名支援一线，勇做"逆行者"，特别是一大批80后、90后年轻干部危急关头、挺身而出，在大战中经受磨炼、增长才干。

周群：我们这么多人员战斗在抗疫一线，一些岗位还有很大的感染风险，做好关员个人防护的压力肯定很大，那么网格化管理模式下，厦门海关是怎样确保"零感染"的呢？

徐辉：我们始终将关员自身安全放在优先位置来抓，坚持"细节决定成败，一线防控无小事"的理念，按顶格标准全面落实各项防护要求，确保"打胜仗、零感染"。一是强化技术方案落实，对现场不戴口罩、不服从管理现象，以"零容忍"态度严厉通报4起反面典型，把"执行技术方案就是执行工作纪律"的意识嵌入人心。二是根据网格化功能模块把现场划分为污染区、缓冲区、清洁区和休息区等不同区域，由专家审定各区域防护标准，严格执行对应的消杀管理等制度。三是强调细节管理，我们注意到穿、脱防护服环节存在较大的感染风险，就马上实行穿、脱分区管理，并以下口令形式集体统一穿、脱防护服；我们观察到卫生间是现场最容易交叉感染的部位，就立即申请增设海关工作人员专用卫生间；我们发现海关制式皮鞋容易钩挂防护服裤脚，就为现场关员统一购置软底布鞋。总之，一丝不苟抓好每个细节，努力把交叉感染的可能性降到最低。

网格化管理模式下,厦门海关确保"零感染"

始终将关员自身安全放在优先位置来抓,坚持"细节决定成败,一线防控无小事"的理念,按顶格标准全面落实各项防护要求,确保"打胜仗、零感染"。

一是强化技术方案落实,对现场不戴口罩、不服从管理现象,以"零容忍"态度严厉通报4起反面典型,把"执行技术方案就是执行工作纪律"的意识嵌入人心;

二是根据网格化功能模块把现场划分为污染区、缓冲区、清洁区和休息区等不同区域,由专家审定各区域防护标准,严格执行对应的消杀管理等制度;

三是强调细节管理,注意到穿、脱防护服环节存在较大的感染风险,就马上实行穿、脱分区管理,并以下口令形式集体统一穿、脱防护服;观察到卫生间是现场最容易交叉感染的部位,就立即申请增设海关工作人员专用卫生间;发现海关制式皮鞋容易钩挂防护服裤脚,就为现场关员统一购置软底布鞋。总之,一丝不苟抓好每个细节,努力把交叉感染的可能性降到最低。

🎤 **周群**：疫情已经持续了很长时间，前面提到网格化管理的成效之一就是减轻了关员人均负荷。张关长，您能不能再详细介绍一下厦门海关在减轻关员负担、保持队伍士气方面是怎么做的？

🎤 **张冬冬**：在这次疫情防控阻击战中，我们并不单纯地把检出率多少、通关时间多短作为抗疫效果的衡量指标，我们也十分关注一线关员的劳动强度，明确提出一线人员的工作负荷下降是我们的重要政绩。

网格化管理能减轻关员负荷主要是由于实行"专人专岗专责"，具体体现在两个方面：一方面，每位关员需要掌握的专业要求大幅减少。以数据组为例，网格化前，现场检疫关员在航班结束后，需继续完成数据录入、报送、核对等各项工作，网格化后下设数据组，实现了专人专岗专责，关员告别了既要卫生检疫，又要通宵数据处理的历史。另一方面，每个环节都有更多时间和精力研究本岗位的业务，可以持续优化流程、提升效能，最终压减整体工作时间，以登临检疫环节为例，网格化管理下，登临组可以事先重点关注旅客预警信息，实行分类分批放行制度，每个入境航班平均登临用时较网格化管理实施前压缩近一个小时，人员工作负担大幅减轻。

在保持队伍士气方面，我们也是高度重视，关心关爱防控一线工作人员，积极构建与疫情防控常态化相适应的工作机制，做好打持久战的准备。一是认真开展心理疏导，厦门海关关长、党委书记郑巨刚与现场各班、各组负责人一一通话，传达关党委的关心慰问，我本人在现场也经常利用工作间隙与大家谈心谈话，给一线同志鼓励鼓劲；二是建立健全与现场连续作战相适应的个性化保障机制，做到保障24小时不间断，并合理安排轮休，确保一线战斗力；三是成立疫情防控一线临时党支部，把党建与疫情防控工作融合起来抓，建立每日晨会制度，畅通问题反映渠道，及时征求现场关员工作意见建议，准确掌握一线干部职工思想动态，凝聚众志成城共克时艰的强大正能量。同时大力宣传前线防控人员"抗疫"事迹，并及时对3批疫情防控有功集体和个人进行表彰奖励。

虽然已经长时间连续作战，但目前关区一线同志仍然情绪高涨、精神饱满。

厦门海关减轻关员负担、保持队伍士气

在这次疫情防控阻击战中，不单纯地把检出率多少、通关时间多短作为抗疫效果的衡量指标，也十分关注一线关员的劳动强度，明确提出一线人员的工作负荷下降是我们的重要政绩。

网格化管理能减轻关员负荷主要是由于**实行"专人专岗专责"，具体体现在两个方面：**

一方面，每位关员需要掌握的专业要求大幅减少。以数据组为例，网格化前，现场检疫关员在航班结束后，需继续完成数据录入、报送、核对等各项工作，网格化后下设数据组，实现了专人专岗专责，关员告别了既要卫生检疫，又要通宵数据处理的历史。

另一方面，每个环节都有更多时间和精力研究本岗位的业务，可以持续优化流程、提升效能，最终压减整体工作时间，以登临检疫环节为例，网格化管理下，登临组可以事先重点关注旅客预警信息，实行分类分批放行制度，每个入境航班平均登临用时较网格化管理实施前压缩近一个小时，人员工作负担大幅减轻。

保持队伍士气方面，也是高度重视，关心关爱防控一线工作人员，积极构建与疫情防控常态化相适应的工作机制，做好打持久战准备。

一是认真开展心理疏导，厦门海关关长、党委书记郑巨刚与现场各班、各组负责人——通话，传达关党委的关心慰问，在现场也经常利用工作间隙与大家谈心谈话，给一线同志鼓励鼓劲；

二是建立健全与现场连续作战相适应的个性化保障机制，做到保障24小时不间断，并合理安排轮休，确保一线战斗力；

三是成立疫情防控一线临时党支部，把党建与疫情防控工作融合起来抓，建立每日晨会制度，畅通问题反映渠道，及时征求现场关员工作意见建议，准确掌握一线干部职工思想动态，凝聚众志成城共克时艰的强大正能量。同时大力宣传前线防控人员"抗疫"事迹，并及时对3批疫情防控有功集体和个人进行表彰奖励。虽然已经长时间连续作战，但目前关区一线同志仍然情绪高涨、精神饱满。

🎤 **周群：**通过前面的介绍，我们能感受到网格化管理确实是管用好用的现场管理模式，那么在常态化疫情防控形势下，厦门海关将如何进一步深化网格化管理？

🎤 **张冬冬：**当前，境外疫情暴发增长态势仍在持续，我国外防输入压力持续加大，国内疫情反弹的风险始终存在，口岸防控中仍然面对着新的形势和挑战。常态化疫情防控中，我关将充分总结吸收网格化管理的实践经验，将网格化管理的理念融入日常管理中，实现网格化在疫情防控管理中的灵活运用，做到制度完备、科学规范、运行有效，持续提升现场管理运行效能。一方面根据不同的航班及旅客入境情况，制定疫情常态化防控保障方案，对网格化及时"变阵"，在"网格化"管理基础上采取"矩阵式"调配模式，按照工作需求动态调配工作人员，确保人员使用的灵活性和人力资源的集约化，提升整体监管效能。另一方面对现场通道和硬件再次升级改造，对旅检现场入境检疫流程进行整合调整，将"健康申明卡"审核与流行病学调查合并同台操作，提高现场通关效率。总之，我们将根据常态化疫情防控形势，因时因势优化网格化管理策略，继续毫不放松抓紧抓实抓细疫情防控常态化，不获全胜决不轻言成功。

厦门海关将进一步深化网格化管理

当前，境外疫情暴发增长态势仍在持续，我国外防输入压力持续加大，国内疫情反弹的风险始终存在，口岸防控中仍然面对着新的形势和挑战。**常态化疫情防控中，将充分总结吸收网格化管理的实践经验，将网格化管理的理念融入日常管理中，实现网格化在疫情防控管理中的灵活运用，做到制度完备、科学规范、运行有效，持续提升现场管理运行效能。**

一方面根据不同的航班及旅客入境情况，制定疫情常态化防控保障方案，对网格化及时"变阵"，在"网格化"管理基础上采取"矩阵式"调配模式，按照工作需求动态调配工作人员，确保人员使用的灵活性和人力资源的集约化，提升整体监管效能。

另一方面对现场通道和硬件再次升级改造，对旅检现场入境检疫流程进行整合调整，将"健康申明卡"审核与流行病学调查合并同台操作，提高现场通关效率。将根据常态化疫情防控形势，因时因势优化网格化管理策略，继续毫不放松抓紧抓实抓细疫情防控常态化，不获全胜决不轻言成功。

🎤 **周群**：我们在线访谈的时间已经过去大半了。下面我们来看一下网友还有哪些问题。

网友提问摘录

🌐 **网友**：今天正好是"6·18"，厦门海关有没有出台哪些服务举措呢？

🎤 **张冬冬**：2020 年"6·18"期间，我们提前采取措施做好服务保障工作：一是提前研判做好准备。主动对接辖区的电商、物流和仓储企业，调研国际疫情对物流影响，把握电商业务动态和预估业务量；联合电子口岸、场所运营人等多部门模拟测试，制定梳理紧急预案，确保"6·18"期间各系统平稳运行。二是保障物流通畅。支持邮政打通中欧厦门班列运邮通路，缓解运能不足，提高运输时效；规范引导企业通过货运包机等方式出口，协助开辟海运通道，保障海、陆、空、邮物流顺畅。三是优化监管服务提升效率。依托快件通关管理系统、进出境快件身份验核模块、CT机检设备智能审图等信息化智能监管手段，减少人工干预，提升通关效率；设立通关联络专员，及时了解企业需求，解决通关实际困难；设立快速通关通道，优先办理跨境电商商品的审单、查验等监管手续；通过优化物流审单、查验环节，加强促销期间的监管力量，为企业提供"5 + 2"通关服务。

🌐 **网友**：关长您好，请问哪里可以查到自己的跨境电商额度？

🎤 **张冬冬**：这位网友，可以通过"海关跨境电子商务年度个人额度查询"查询个人消费额度，还可以查看历年购买的商品，网址为 https：//app. singlewindow. cn/ceb2pubweb/sw/personalAmount，输入姓名、身份证号、图片验证码即可查询。

🌐 **网友**：我想给在美国的亲友寄一些口罩，海关这边有什么限制吗？

🎤 **张冬冬**：个人可以邮寄口罩等防疫物品到国外，但是不得夹带法律规定的禁限类物品或酒精等易燃易爆物品，防疫物品中，酒精及消毒液是不能通过邮寄出境的。同时要关注邮件限值，根据《关于调整进出境个人邮递物品管理措施有关事宜》（海关总署公告 2010 年第 43 号）规定，个人寄往中国港澳台地区的物品，每次限值为 800 元人民币；寄自或寄往其他国家和地区的物品，每次限值为 1000 元人民币。此外，建议你提前了解目的地国家是否因疫情影响而暂停寄递业务及目的国进口申报规定。

🌐 **网友**：关长，您好，我是一名留学生，想问一下是不是每名入境人员都要进行核酸检测？收费吗？

🎤 **徐辉**：根据国务院联防联控机制综合组发布的《关于加快推进新冠病毒核酸检测的实施意见》，八类重点人群必须"应检尽检"，重点人群中包括了境外入境人员，口岸海关对所有入境人员实施 100% 采样核酸检测。目前入境时的核酸检测是免费的。

🌐 **网友**：企业在哪里可以了解最新的政策信息？

🎤 **张冬冬**：可以登录海关总署网站查询，也可以通过 12360 服务热线或各政务公开电话咨询相关政策。

🌐 **网友**：前几天从首尔入境厦门，体验感非常好，海关关员很耐心很专业，我们过海关也很快。但是发现好像有人在现场施工，会不会对海关防疫有影响？

🎤 **高值清**：谢谢对海关防疫工作的认可，你提到的现场施工其实是我们正在进行的海关卫生检疫区域改造。我们根据不断变化的防控形势和需求，及时对现场卫生检疫区进行改造，包括拆除现场的花圃，增设电子审单台等。改造期间，我们与空港建立了密切的合作机制，拟定详细的改造时间推进表，制订改造方案，定期督促施工工作，确保改造及时完成，同时旅客通关有序进行，不影响现场防疫。

🌐 **网友**：我是即将回国的留学生，这几天都在网上搜索入境检疫的信息，听说进境以后要采样，我看采样的模拟图好像很恐怖，有点害怕怎么办？

🎙 **张冬冬**：这是一名非常用心的旅客，功课做得很充分。确实，对采样感到恐惧的旅客不占少数。对我们关员来说，采样其实也是一个挑战。因为每天从厦门空港口岸进境的旅客成百上千，我们现场采检关员既要保证采样的质量，也要避免刺激旅客的鼻咽导致喷嚏或干呕，确保旅客采样的舒适度。我们的采样岗位，集结了全关区最专业的团队，有非常精湛娴熟的采样关员，会充分考虑旅客的感受，使用最为高效、舒适的采样技巧。只要在采样时大家放松心态，相信关员，避免紧张，入境各流程听从指挥，配合关员，采样一定可以又快又好地完成。

🌐 **网友**：我近期也有回国计划，看媒体报道，从厦门空港口岸入境可以实现一码通关，速度很快，这个码是什么码？

🎙 **高值清**：这个"一码通关"的码，其实是依托旅客海关电子健康申报形成的健康申报二维码。

🌐 **网友**：看到前面有人问"一码通关"，我的问题也和这个相关，想知道旅客能提前进行相关操作吗？

🎙 **高值清**：可以提前 24 小时申报。

🌐 **网友**：我家孩子在国外留学，因为疫情影响停课了，如果这时候回国，行李能多带一些回来吗？

🎙 **高值清**：这位家长，如果孩子有超量携带的行为，请主动申报，如果需要办理分离运输行李，请在通关过程中及时到海关柜台进行分离运输行李申报。

🌐 **网友**：我是一家企业的负责人，前期复工复产的时候得到机场海关的帮助，关员深夜值守加班加点，为我们复工复产的进口原材料进行验放。在疫情期间，作为企业，我们非常感谢海关无微不至的帮扶，我们有信心在进出口贸易方面更上一层楼。

🎙 **高值清：** 感谢您对我们工作的肯定。

🌐 **网友：** 我们公司现在因为疫情原因订单减少，没办法在手册有效期内及时履行完毕加贸手册，手册快要超期了，该怎么办？

🎙 **张冬冬：** 可以向海关申请延期。

🌐 **网友：** 各位领导，我们公司是一家出口保鲜食用菌的企业，受疫情影响出口单量波动较大，请问如果疫情期间我们公司出口食用菌单子被抽中法检，贵关能否给予一定的便利，先对抽中的单子给予放行，降低企业的时间成本？

🎙 **徐辉：** 疫情期间，厦门海关开辟了保鲜蔬菜等重点季节性产品出口"绿色通道"，针对命中抽样送检批次，保障外勤施检资源，主动对接企业需求，实施"随约随检"政策，最大程度减少出口产品等待时间，帮助企业降低成本减少损失。

🌐 **网友：** 70％的异丙醇消毒液出口时是否需要提供医疗器械注册证？

🎙 **徐辉：** 海关总署公告 2020 年第 53 号（以下简称 53 号公告）明确对医用消毒剂实施出口商品检验。目前，药监部门未将异丙醇消毒液列入《医疗器械分类目录》进行管理，此类商品出口时海关无须验核医疗器械注册/备案证明。如果此类商品属于我国《危险化学品目录》（2015 年版）所列明的危险化学品的，应当依据《中华人民共和国进出口商品检验法》《危险化学品安全管理条例》相关规定实施出口商品检验。

🌐 **网友：** 对于更换登轮的船员，海关会进行何种检疫程序？

🎙 **徐辉：** 除船代提交登轮船员的常规申请材料外，还需该船员人员管理公司出具的健康申明。船员登轮前要经过海关实施体温检测及流行病调查，建议备齐 14 天内乘坐的交通工具的票据，若经核酸检测，建议出示核酸检测报告。

⊕ **网友**：疫情出现以来，企业都遇到了前所未有的挑战，尤其是疫情国际蔓延，我们企业面临订单急剧萎缩等运营难题，急需资金周转。之前收到短信，可以申请"关数 e"普惠金融方案，可以具体介绍一下吗？

🎤 **徐辉**：2018 年 1 月起，厦门海关针对中小微企业融资难问题，充分发挥自贸试验区先行先试政策优势，加大对中小微企业的创新支持，携手金融机构及第三方金融科技服务商，全国首创通关数据科技应用平台"关数 e"，用中小微外贸企业自身的通关历史记录帮助其申请贷款。具体申请事宜可以直接向属地海关的企管窗口咨询。

⊕ **网友**：我们是从事疫苗研发的生物医药企业，我公司研发及生产所需一些关键设备需要进口，目前进口税率较高，请问有什么途径可以将企业困难反馈解决？

🎤 **徐辉**：建议直接咨询属地海关综合业务部门，如果是行业性问题，可以通过税政调研建议，将你们企业反馈的税率设置问题反馈至国务院税则委员会。

⊕ **网友**：疫情期间每一份出口订单都来之不易，每一份出口产地证带来的关税减免对我们来说都非常重要，现阶段办理原产地证业务是否有更便捷的方式？

🎤 **张冬冬**：当前，厦门海关已全面推广原产地证书自助打印业务，共有 16 类原产地证书可实现自助打印。企业只需登录"单一窗口标准版门户网站"即可选择自助打印系统自助打印原产地证。前期准备工作有：申领中国电子口岸卡，上传电子印章和签字及配备彩色双面打印机。2020 年疫情期间（2020 年 3 月），厦门海关在厦门 100 多个"E 政务"便民服务站上线原产地自助打印功能，遍布便利店、地铁站、政务服务中心、火车站等市民活动场所，非常方便的。

🌐 **网友**：消毒湿巾是否算危险品？

🎙 **张冬冬**：出口产品是否为危险品可向有资质的检测实验室申请产品危险特性分类鉴别，海关依照相关法律法规对出口危险货物及其包装进行检验监管。常见的含有 70% 酒精的消毒湿巾，属于含易燃液体的固体类危险货物，联合国危险货物编码为 UN3175。

🌐 **网友**：对防疫物资的申报要求，经营单位的资质要求和需要提供的相关资料是什么？

🎙 **徐辉**：目前，我国涉及防疫物资出口的监管文件共 3 份，《关于有序开展医疗物资出口的公告》（商务部　海关总署　国家药品监督管理局公告 2020 年第 5 号）、海关总署公告 2020 年第 53 号、《关于进一步加强防疫物资出口质量监管的公告》（商务部　海关总署　国家市场监督管理总局公告 2020 年第 12 号）3 份文件中涉及的物资没有种类上交叉，因此如果要申报出口防疫物资，可以分以下步骤：1. 先对需要出口的物资做一个简单的归类，以此确定适用哪个文件；2. 确定适用文件后，按照文件要求提供相应的企业资质、产品资质；3. 在确认所有资质真实有效后，提供相应的贸易材料（合同、发票等），将所以资料整理后向相应海关申报。

🌐 **网友**：是否开放外籍船员更换？中国籍船员更换下地，隔离时间如何计算？

🎙 **徐辉**：目前，对国际航运船舶，原则上不允许外籍船员登陆。依照六部委《关于精准做好国际航行船舶船员疫情防控工作的通知》，对于已经在海上航行超过 14 天，且健康状况正常的，经过入境检疫没有问题的中国籍船员允许入境。对于在海上航行不满 14 天的中国籍船员，入境后要按照港口所在地防控疫情要求进行隔离观察，补足 14 天期限。

🌐 **网友**：我的产品通过 "6·18" 活动被国外客户购买出口去国外，但是我的包装上没有 CE 标识，不能卖，我能标上 CE 标识吗？

🎤 **徐辉**：防疫物资出口，企业对自己申报的产品负主体责任，海关要求企业如实申报即可。

🌐 **网友**：我是船员家属，请问现在厦门港是否更换船员？

🎤 **徐辉**：厦门海关根据厦门市相关工作要求，由船舶代理公司提前向水运工作专班提出申请，工作专班同意后，海关部门根据布控指令登船进行体温检测、流行病学调查以及采样等检疫工作后，交由地方转运接收单位转运至指定场所进行分类安置。

🌐 **网友**：换班船员下船，海关进行核酸检测是否收费？

🎤 **张冬冬**：目前入境换班船员的核酸检测是不收取费用的。

🌐 **网友**：疫情防控期间是不是都不派查了？

🎤 **徐辉**：为支持企业复工复产，疫情防控期间海关对账册盘仓时间做了调整，但这并不意味着放弃监管，完全不派查了。海关在监管时如发现需要派查的情形，还是会依法作出派查动作。

🌐 **网友**：请问提前申报是不是可以快速通关？

🎤 **张冬冬**：提前申报，是海关为了加速企业通关，在进出口货物到达海关监管场所之前进行单证审核，使货物到达海关监管场所就能放行（满足放行条件时）的一项便利通关措施。相较于非提前申报，提前申报模式的平均通关时间更短。以进口为例，如果企业在货物抵港前已完成申报缴税等步骤，则货物抵港后，在无须查验的情况下，企业只需完成码头要求的相关操作，即可以提货。

🌐 **网友**：请问厦门海关运用了哪些科技手段来抗击疫情？

🎤 **张冬冬：**厦门海关采用"海关检疫 E 码通"，海关以旅客电子健康申报形成的健康申报码为依托，在健康码审核，流行病学调查，采样二维码标签绑定，扫描放行，密切接触者的自动判断，无症状旅客的流行病学调查时间缩减至 90 秒，采样管信息绑定 10 秒，旅客平均通关时间压缩在 30 分钟/100 人。

🌐 **网友：**请问厦门海关运用了哪些手段来抗击疫情？

🎤 **徐辉：**谢谢您的关注，厦门海关通过以下几种方式抗击疫情：一是强化党委领导，打造战时指挥体系；打破口岸现场建立网格化管理模式。二是开发上线"海关检疫 E 码通"，强化科技支撑，通过旅客健康申报时生成的二维码，实现现场卫生检疫作业全流程标准化、精细化、无纸化，同时有效避免旅客滞留，减少交叉感染风险。三是加强与我关区通航的国家（地区）的风险研判，提高检疫拦截精准度。四是强化实验室建设，提升技术支撑水平。五是加强与属地联防联控机制沟通协调，完善人员闭环管理。具体可以请网友关注"厦门海关"官方网站。

🌐 **网友：**疫情对保税区出口影响很大，现在海运和空运舱位很难订，而且费用高。听说中欧班列也可以出口，请问保税区企业能走中欧班列吗？

🎤 **张冬冬：**可以。

🌐 **网友：**听说流行病学调查很复杂，海关面对新冠肺炎疫情的挑战如何创新流调方式方法呢？

🎤 **徐辉：**厦门海关利用"一码通关"系统，通过扫描二维码，即可完成对旅客的电子健康信息读取、采样二维码电子标签读取与绑定、健康码扫描闸机放行、密切接触者自动判定等。也正是这个"码"，无症状旅客快速流行病调查平均用时缩减至 90 秒钟，请网友放心，您的关注就是我们的动力。

🌐 **网友**：减免税业务现在是否可以实行不见面审批？

🎤 **张冬冬**：疫情期间，减免税业务可通过不见面审批方式办理，企业可通过"互联网＋海关"提交减免税申请，需要正本资料的，可通过 EMS 邮寄。审核结果可在"互联网＋海关"查询。

🌐 **网友**：请问海关有通过什么方式能做到精准判断感染的高风险人员呢？

🎤 **徐辉**：厦门海关通过加强收集分析国际疫情信息，科学分析，与加强对通航国家（地区）的疫情发展形势开展风险研判，提前做好风险布控，锁定重点航线、重点人群，实现口岸精准检疫。

🌐 **网友**：张关长您好！主持人好！想了解一下，2020 年的核销盘仓是否仍会下厂？

🎤 **张冬冬**：2020 年疫情期间，可以不下厂核销盘仓。

🌐 **网友**：请问厦门海关在帮扶企业复工复产方面有什么政策优惠吗？

🎤 **张冬冬**：厦门海关通过多项举措精准帮扶企业复工复产和促进外贸稳增长。第一时间出台了《帮扶企业"防疫情、稳外贸"十四条措施》，分别从保障防疫物资快速通关、促进民生物资优先供给、支持关区企业复工复产、优化海关服务水平等四个方面给予帮扶。此外，厦门海关严格落实海关总署帮扶企业复工复产上的各项要求，积极配合地方政府对企业的帮扶举措。详细内容可通过海关总署、厦门海关门户网站、微信平台等了解。

🌐 **网友**：机场作为人流量较大的区域，厦门海关在疫情防控上有什么特殊的做法吗？

🎤 **高值清**：机场海关采取了网格化的卫生检疫管理方案，并在通关流程上嵌入信息化系统，采取"海关 E 码通关"（P – VEMD）提高旅客的卫生检疫效率。

🌐 **网友**：请问现在还能进口冰鲜海产品吗？

🎤 **张冬冬**：符合海关对进口冰鲜海产品准入要求的，可以进口。

🌐 **网友**：晋江机场什么时候恢复通航？

🎤 **徐辉**：感谢这位网友的关注，晋江机场复航时间烦请以民航系统公布的时间为准。

🌐 **网友**：我近期也有回国计划，看媒体报道，从厦门空港口岸入境可以实现一码通关，速度很快，这个码是什么码？

🎤 **高值清**：海关健康申报码，可以通过微信小程序，海关指尖申报提交生成。

🌐 **网友**：你好，企业目前因违规处于立案状态，办理加工贸易是否需要缴纳保证金？

🎤 **张冬冬**：按照《中华人民共和国海关加工贸易货物监管办法》的规定，加工贸易企业因违规处于立案状态的，向海关办理手册设立手续时可以要求企业提供相当于应缴税款金额的保证金或银行、非银行金融机构保函。

🌐 **网友**：海关怎么加入啊？我也想做国门卫士，抗击疫情！

🎤 **张冬冬**：海关是中央直属机关，根据中央组织部部署组织开展每年度考录工作，大家可关注国家公务员局、海关总署或各直属海关官方网站了解考录相关信息！欢迎报考厦门海关！

🌐 **网友**：您好，请问海关的 E 码通平台是否有手机 App 应用？

🎤 **高值清**：您好，旅客只需要通过海关指尖申报微信小程序进行个人健康情况的电子申报即可。

🌐 **网友**：厦门海关在疫情防控中有没有什么感人的故事？

🎤 **高值清**：感谢网友关心，大家对口岸疫情防控工作的全力支持就是最感人的故事。

🌐 **网友**：受疫情影响，加工贸易手册无法按期核销，怎么办？

🎤 **张冬冬**：可以向海关申请加工贸易手册延期。

🌐 **网友**：危险化学品进出口是否还需要批批抽查？

🎤 **张冬冬**：海关对进口危险化学品及其包装按照"口岸查验、目的地检验"，对出口危险化学品及其包装按照"产地检验、口岸查验"模式进行检验监管，按照相关规定，需要批批抽查检验。

🌐 **网友**：请问买进口化妆品需要注意什么？

🎤 **张冬冬**：您好！购买进口化妆品需要注意事项：一是是否有加施或印制规范的中文标签；二是标签是否有标注进口许可批件号；三是可以要求商家提供海关出具入境货物检验检疫证明进行核对。

🌐 **网友**：深加工结转的供应商是否只能为国内供应商？

🎤 **张冬冬**：加工贸易深加工结转是境内加工贸易企业之间加工贸易货物的结转。

🌐 **网友**：请问厦门海关辖区目前总共有几条客轮国际航线？

🎤 **张冬冬**：你好！目前厦门海关关区内的客运国际航线均已停航，复航时间待主管部门通知。

🌐 **网友**：我们是从事疫苗研发的生物医药企业，我们公司研发及生产所需一些关键设备需要进口，目前进口税率较高，请问有什么途径可以将企业困难反馈解决？

🎤 **张冬冬**：建议直接咨询属地海关综合业务部门，如果是行业性问题，可以通过税政调研建议，将你们企业反馈的税率设置问题反馈至国务院关税税则委员会。

🌐 **网友**：疫情期间，企业认证有没有新的政策变化？

🎤 **张冬冬**：疫情期间，对于新申请认证的企业，海关可暂停企业的实地认证；对于已经适用认证企业管理的重新认证工作，暂停实地认证，待疫情结束后根据海关总署的安排统一开展。

🌐 **网友**：东南卫视曾经报道过机场海关监管多批防疫物资出口，驰援全球各国抗疫。在防疫物资出口上，机场海关有哪些亮点？

🎤 **高值清**：在防疫物资出口方面，机场海关通过政策宣讲、12360 海关热线为企业答疑解惑，加大对企业的政策指导和宣传力度，引导企业规范申报；密切与市场监督管理局、商务局协作，加强质量监管，共同维护防疫物资的出口良好秩序，严把防疫物资出口质量关。

🌐 **网友**：近来海关什么事项列入秒批秒办？

🎤 **张冬冬**：您好，原产地企业备案业务列入秒批秒办事项。

🌐 **网友**：听说厦门海关开发了旅客快速通关 App，目前运行效果如何？

🎤 **高值清**：您好，目前实现现场卫生检疫作业全流程标准化、精细化，整体通关时间下降 30% 以上，有效避免旅客滞留，减少交叉感染风险。

🌐 **网友**：旅客是否会因为防疫导致滞留机场或通关时间延长？

🎤 **高值清**：谢谢关注该问题，目前我们通过科技投入，人力投入，通关时效一再压缩，为旅客提升通关感受，不存在滞留等问题。

🌐 **网友**：现在办理产地证业务能不能全程实现不见面办理呢？

🎤 **张冬冬**：目前我关已有 16 类原产地证书可自助打印，这类原产地证业务基本实现全程不见面办理。

⊕ **网友**：现在厦门整体通关时效怎么样呢？

🎙 **张冬冬**：2020 年 5 月，厦门关区进出口海关、整体通关时间全国排名均达到历史最优水平。下一步，我关将继续推进提升通关效率等优化口岸营商环境相关工作。

⊕ **网友**：请问厦门海关在核酸检测方面都采取了那些便捷举措？

🎙 **徐辉**：我们集结了全关最专业的团队，业务最精湛娴熟的关员，确保入境人员采样的舒适度，既保证采样质量，又做到"检得出，检得准，检得快"。

⊕ **网友**：2020 年的疫情是否造成厦门海关人手不足？

🎙 **徐辉**：我们主动求变，结合现场网格化管理模式，进一步精准调配关区人力资源。

后 记

2020 年 6 月 18 日，海关总署举办主题为"创新机制 科技战'疫'"的在线访谈，介绍海关创新机制，运用科技手段，坚决打赢疫情防控人民战争、总体战、阻击战的做法，访谈使用网络视频连线方式，与网友交流并解答问题。访谈访问量 289 万余次，独立 IP 1515 个，网友提问 341 个，实时答复 57 个。

保障种猪引进　助力稳产保供

◎ 主　　题：保障种猪引进　助力稳产保供
◎ 时　　间：2020 年 6 月 29 日　14：30
◎ 嘉　　宾：贵阳海关党委委员、副关长　孙永泉
◎ 主持人：海关总署办公厅　周　群

导语

　　养猪业是关乎国计民生的重要产业。自2018年非洲猪瘟疫情以来，国内发生疫情178起，生猪产业受到重创，母猪存栏量遭到了断崖式的下跌，严重影响了生猪市场供给和产能恢复。国家统计局数据显示，2019年全国猪肉产量4255万吨，同比下降21.3%；年末生猪存栏31041万头，同比下降27.5%；生猪出栏54419万头，同比下降21.6%。受非洲猪瘟疫情影响，全国进境种猪在2018年和2019年出现大幅下降，进境数量同比分别减少31.2%和86.8%。

身临其境　看看我们曾经聊过的

主持人嘉宾交流

🎤 **周群：**党中央、国务院对非洲猪瘟疫情防控和猪肉保供稳价工作高度重视，习近平总书记在主持召开中央政治局会议听取生猪稳产保供工作汇报时，明确要求防止脱销断档，价格不要大涨。在中央经济工作会上，习近平总书记再次强调指出，要做到保供稳价，务必尽早见效。新冠肺炎疫情发生后，习近平总书记多次对疫情防控作出系列重要指示批示，要求统筹做好新冠肺炎疫情防控和经济社会发展工作，有效降低新冠肺炎疫情对经济的影响。加快生猪生产，种猪是关键。从非洲猪瘟无疫国引进种猪，成为国内养殖行业的重要良种来源。

自2018年非洲猪瘟疫情以来，生猪产业受到重创，母猪存栏量遭到了断崖式的下跌，严重影响了生猪市场供给和产能恢复。国家统计局数据显示，2019年全国猪肉产量4255万吨，同比下降21.3%；年末生猪存栏31041万头，同比下降27.5%；生猪出栏54419万头，同比下降21.6%。受非洲猪瘟疫情影响，全国进境种猪在2018年和2019年出现大幅下降，进境数量同比分别减少31.2%和86.8%。

党中央、国务院对非洲猪瘟疫情防控和猪肉保供稳价工作高度重视，习近平总书记在主持召开中央政治局会议听取生猪稳产保供工作汇报时，明确要求防止脱销断档，价格不要大涨。在中央经济工作会上，习近平总书记再次强调指出，要做到保供稳价，务必尽早见效。

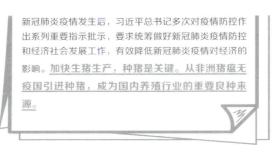

新冠肺炎疫情发生后，习近平总书记多次对疫情防控作出系列重要指示批示，要求统筹做好新冠肺炎疫情防控和经济社会发展工作，有效降低新冠肺炎疫情对经济的影响。加快生猪生产，种猪是关键。从非洲猪瘟无疫国引进种猪，成为国内养殖行业的重要良种来源。

大家好！这里是中国海关门户网站在线访谈，我是主持人周群。今天，我们来到贵阳海关，与网友一起互动交流，来了解贵阳海关是如何千方百计保障境外种猪安全进境，采取了哪些便利化措施。

贵州地处云贵高原，东靠湖南，南邻广西，西毗云南，北连四川和重庆，是全国首个国家级大数据综合试验区，国家生态文明试验区，内陆开放型经济试验区，交通强国建设试点地区，世界知名山地旅游目的地和山地旅游大省，长江经济带重要组成部分。贵州是全国唯一没有平原支撑的省份，素有"八山一水一分田"之说，境内山脉众多，重峦叠嶂，绵延纵横，山高谷深，独特的喀斯特地貌，是防控疫情疫病传播的天然屏障，常年气候温暖湿润，最热月（7月）平均气温一般是22℃～25℃，有利于减少进境动物应激反应。贵州生态地理多种优势叠加，成为吸引国内生猪养殖龙头企业来黔投资的重要因素之一。

2020 年，贵州省计划从境外分 5 批引进 9000 头种猪，贵阳海关已顺利监管了 2 批共 2686 头种猪入境。其中，3 月 26 日从法国引进的 500 头种猪，属贵州首次从境外引进种猪；5 月 25 日至 29 日，从丹麦分 3 架包机引进的 2186 头种猪，是近年来全国单批引进数量最大的一次引种。为了保障进境种猪顺利，严防疫情风险叠加，贵阳海关以制度体系化、责任标准化、服务精细化为抓手，深化监管、风险、检疫、查验等各业务领域之间制度、措施的优化整合，推进种猪进境"全链条"监管。

贵阳海关保障境外种猪安全进境的便利化措施

贵州地处云贵高原，东靠湖南，南邻广西，西毗云南，北连四川和重庆，是全国首个国家级大数据综合试验区，国家生态文明试验区，内陆开放型经济试验区，交通强国建设试点地区，世界知名山地旅游目的地和山地旅游大省，长江经济带重要组成部分。贵州是全国唯一没有平原支撑的省份，**素有"八山一水一分田"之说，境内山脉众多，重峦叠嶂，绵延纵横，山高谷深，独特的喀斯特地貌，是防控疫情疫病传播的天然屏障，常年气候温暖湿润，最热月（7月）平均气温一般是22℃~25℃，有利于减少进境动物应激反应。**贵州生态地理多种优势叠加，成为吸引国内生猪养殖龙头企业来黔投资的重要因素之一。

今年，贵州省计划**从境外分5批引进9000头种猪，贵阳海关已顺利监管了2批共2686头种猪入境。**其中，3月26日从法国引进的500头种猪，属贵州首次从境外引进种猪；5月25日至29日，从丹麦分3架包机引进的2186头种猪，是近年来全国单批引进数量最大的一次引种。为了保障进境种猪顺利，严防疫情风险叠加，贵阳海关以**制度体系化、责任标准化、服务精细化为抓手，深化监管、风险、检疫、查验等各业务领域之间制度、措施的优化整合，推进种猪进境"全链条"监管。**

今天我们邀请到了贵阳海关副关长、党委委员孙永泉，就贵阳海关保障贵州从境外引进种猪、助力当地生猪生产这一主题开展互动交流。孙关您好，欢迎您的到来，请先和网友们打个招呼吧！

孙永泉：谢谢主持人！各位网友，大家好！很高兴参加中国海关门户网站在线访谈，感谢大家长期以来对贵阳海关工作的关注和支持！在海关总署的坚强领导下，贵阳海关从做好"六稳"工作、落实"六保"任务的方向出发，全力保障种猪引进，积极助力生猪生产。非常希望能够通过这次在线访谈活动，让广大网友进一步了解贵阳海关在保障种猪进口、加快生猪生产等方面所做的一些工作。欢迎广大网友积极参与提问。

周群：咱们这次从法国、丹麦等国家引进的种猪被网友们亲切的叫作"洋八戒"，它们经过境外选种和预检，"风尘仆仆"从万里之遥的欧洲来到中华大地、来到多彩贵州，广大网友最好奇的是种猪漂洋过海进入中国，需要在海关办理哪些手续？

孙永泉：为了防止疫情疫病跨境传播，保障我国人民健康和农业生产安全，从境外引进种猪，必须要符合我国相关法律要求和双边议定书规定。一方面，进口企业需要事先向海关申请进境动物隔离场使用证和进境动植物检疫许可证，确定种猪的产地、品种、数量、运输路线，以及入境后的指定隔离检疫场所和检疫条件等要求。另一方面，出口国官方需要按照双边议定书的规定，对种猪进行农场检疫和隔离检疫，确认种猪符合我国的动物检疫和卫生要求，并出具官方检疫证书，逐头载明种猪的身份信息、免疫情况和境外检疫结果等。满足上述条件后，境外的种猪就取得了进境的"通行证"。种猪入境后，我们还有一系列的监管，比如口岸临床检查、押运监管、隔离检疫以及减免税货物的后续监管等。

种猪进入中国需要在海关办理的手续

为了防止疫情疫病跨境传播，保障我国人民健康和农业生产安全，从境外引进种猪，必须要符合我国相关法律要求和双边议定书规定。

一方面，进口企业需要事先向海关申请**进境动物隔离场使用证和进境动植物检疫许可证**，确定种猪的产地、品种、数量、运输路线，以及入境后的指定隔离检疫场所和检疫条件等要求。

另一方面，出口国官方需要按照双边议定书的规定，**对种猪进行农场检疫和隔离检疫，确认种猪符合我国的动物检疫和卫生要求，并出具官方检疫证书，逐头载明种猪的身份信息、免疫情况和境外检疫结果等**。满足上述条件后，境外的种猪就取得了进境的"通行证"。种猪入境后，我们还有一系列的监管，比如**口岸临床检查、押运监管、隔离检疫以及减免税**货物的后续监管等。

🎤 **周群**：据我所知，贵州省虽然引进过种羊、陆生野生动物、海洋动物等，但却是第一次监管进境种猪，您能不能向我们介绍一下，为保障种猪顺利进境，贵阳海关采取了哪些通关便利措施呢？

🎤 **孙永泉**：这次从境外引进种猪，确实是贵州历史上的头一次！所以，为了保障这么大数量的种猪顺利进境，贵阳海关按照《海关全面深化业务改革 2020 框架方案》，对进境种猪实施"两步申报""两段准入"，企业第一步凭提单概要申报即可提货，运至指定隔离场后海关实行"准许入境"监管，大幅压缩了口岸通关时长。以丹麦种猪进境为例，在确保安全的前提下，使引进的种猪最快速度到达指定隔离场，贵阳海关把种猪企业作为"一对一"复工复产帮扶对象，以制度体系化、责任标准化、服务精细化为抓手，事先制定了详细的全链条合成监管方案预案。飞机到达后，我们在 25 分钟内完成登临检查并迅速开舱，2 小时完成口岸装卸，采用双组押运监管，1.5 小时内将种猪押运至指定隔离场，种猪从落地到进入隔离场，全程不超过 4 小时，押运途中没有发生 1 头种猪死亡，极大提升了企业的获得感和满意度。

贵阳海关采取便利措施保障种猪顺利进境

为了保障这么大数量的种猪顺利进境，贵阳海关按照《海关全面深化业务改革2020框架方案》，对进境种猪实施"两步申报""两段准入"，企业第一步凭提单概要申报即可提货，运至指定隔离场后海关实行"准许入境"监管，大幅压缩了口岸通关时长。

以丹麦种猪进境为例，在确保安全的前提下，使引进的种猪最快速度到达指定隔离场，贵阳海关把种猪企业作为"一对一"复工复产帮扶对象，以制度体系化、责任标准化、服务精细化为抓手，事先制定了详细的全链条合成监管方案预案。飞机到达后，**在25分钟内完成登临检查并迅速开舱，2小时完成口岸装卸，采用双组押运监管，1.5小时内将种猪押运至指定隔离场，种猪从落地到进入隔离场，全程不超过4小时，押运途中没有发生1头种猪死亡，**极大提升了企业的获得感和满意度。

🎙 **周群：** 这么大规模的引进，为了保障种猪安全，贵阳海关集全关之力，制定了周密的措施，您刚才提到了一个新词儿——海关"全链条合成监管"，这个合成与平时我们理解的海关监管有哪些不一样？具有哪些优势？

🎙 **孙永泉：** 机构改革后，海关总署署长倪岳峰多次强调要实现海关原有管理职责和检验检疫管理职责的深度融合、有机融合，着力推进改革系统集成、协同高效，让各项改革相得益彰、发生"化学反应"，达到"1＋1＞2"的效果。为此，贵阳海关首次创新提出"全链条"海关合成监管理念，

"全链条合成监管"

机构改革后，要实现海关原有管理职责和检验检疫管理职责的深度融合、有机融合，着力推进改革系统集成、协同高效，让各项改革相得益彰、发生"化学反应"，达到"1+1＞2"的效果。为此，创新提出"全链条"海关合成监管理念，深化监管、风险、检疫、查验等各业务领域之间制度、措施的优化整合，以事前两步申报、一次提离，事中各环节监管指令明确、分步实施，事后隔离检疫与减免税货物后续监管即时衔接为目标，建立进境种猪海关监管"三单两图"全表单作业指引，即报关受理4项要素清单、现场作业16项核查清单、防疫消毒2项技术清单、全链条海关监管作业流程图、人员现场岗位职责及防护要求设置图，做到监管流程环环相扣、作业要求条条明晰、监管岗位人人有责。与传统海关监管模式相比，尽管监管对象和工作环节不变，但是"合成监管"的质效水平更高。

深化监管、风险、检疫、查验等各业务领域之间制度、措施的优化整合，以事前两步申报、一次提离，事中各环节监管指令明确、分步实施，事后隔离检疫与减免税货物后续监管即时衔接为目标，建立进境种猪海关监管"三单两图"全表单作业指引，即报关受理 4 项要素清单、现场作业 16 项核查清单、防疫消毒 2 项技术清单、全链条海关监管作业流程图、人员现场岗位职责及防护要求设置图，做到监管流程环环相扣、作业要求条条明晰、监管岗位人人有责。与传统海关监管模式相比，尽管监管对象和工作环节不变，但是"合成监管"的质效水平更高。打个比方，就像我们把一个个的跑步单项赛合成了一个接力赛，每一棒都能预知上一棒的时间、方向、任务，保证接棒顺利，再交与下一棒，直到完成比赛，中途无等待时间，从而形成更加高效的监管闭环。

🎤 **周群**：根据《中华人民共和国进出境动植物检疫法》规定，种猪进境之后，要在指定的隔离检疫场所进行隔离检疫。隔离检疫期间还会实行 24 小时海关工作人员驻场监管。广大网友一定想了解下，海关驻场兽医官是如何对种猪进行隔离检疫监管的？如何有效防范非洲猪瘟危害种猪安全？

🎤 **孙永泉**：种猪入境后，需要在指定的隔离场进行为期 45 天的隔离检疫，主要目的是严防国外动物疫病传入。海关在隔离场内派驻兽医官，对进境动物进行全天候的健康状况检查和疫情疫病监测，逐头采集种猪的血液等样本送检，监督企业严格执行各项防疫要求以及管理制度，对疑似传染病阳性动物进行隔离，对确诊的阳性动物立即进行无害化处理，实现疫情疫病的早发现、早隔离、早处置。如果发现重大动物疫病，则立即向上级汇报启动应急处置预案，按预案进行处置。当前，进境种猪既要严防外来疫病传入，也要严防非洲猪瘟疫情发生。首先，我们着重完善关区非洲猪瘟疫情应急处置预案，与地方农业农村等部门建立联动机制，加强对转运沿线以及隔离场周边疫情监测。其次，海关在种猪进境前 10 天，即派驻兽医官，监督企业对隔离场全场进行 3 次预防消毒，每次消毒的药剂和方法均有严格的规定；所有入场的人员，包括海关驻场的人员，在入场前除了要开展人畜共患病检查、新冠肺炎疫情筛查，还要严格执行洗消程序，并对所有带入的物品进行消毒处理。最后，种猪到达机场前，我们监督企业对装卸区域和装载车辆等进行预防消毒；转运时，我们实行全程押运双组监管，帮助企业协调公安、交通等部门提供道路通行保障，第一时间将种猪押运至隔离场，避免转运途中和其他动物发生间接接触；种猪入场后，我们还会抽取种猪的样品开展非洲猪瘟疫情监测。这些措施，最大限度地降低了非洲猪瘟疫情传播的风险，有力保障了非洲猪瘟的"零感染"。

种猪隔离检疫监管，防范非洲猪瘟

种猪入境后，需要在指定的隔离场进行**为期45天的隔离检疫**，主要目的是**严防国外动物疫病传入**。海关在隔离场内派**驻兽医官，对进境动物进行全天候的健康状况检查和疫情疫病监测**，逐头采集种猪的血液等样本送检，监督企业严格执行各项防疫要求以及管理制度，对疑似传染病阳性动物进行隔离，对确诊的阳性动物立即进行无害化处理，实现疫情疫病的早发现、早隔离、早处置。如果**发现重大动物疫病**，则立即向上级汇报**启动应急处置预案，按预案进行处置**。当前，**进境种猪既要严防外来疫病传入，也要严防非洲猪瘟疫情发生**。

首先

着重完善关区非洲猪瘟疫情应急处置预案，与地方农业农村等部门建立联动机制，加强对转运沿线以及隔离场周边疫情监测。

其次

海关在种猪进境前10天，即派驻兽医官，监督企业对隔离场全场进行3次预防消毒，每次消毒的药剂和方法均有严格的规定；所有入场的人员，包括海关驻场的人员，在入场前除了要开展人畜共患病检查、新冠肺炎疫情筛查，还要严格执行洗消程序，并对所有带入的物品进行消毒处理。

最后

种猪到达机场前，监督企业对装卸区域和装载车辆等进行预防消毒；转运时，实行全程押运双组监管，帮助企业协调公安、交通等部门提供道路通行保障，第一时间将种猪押运至隔离场，避免转运途中和其他动物发生间接接触；种猪入场后，还会抽取种猪的样品开展非洲猪瘟疫情监测。

这些措施，最大程度地降低了非洲猪瘟疫情传播的风险，有力保障了非洲猪瘟的"零感染"。

🎤 **周群**：2020 年还遇上了新冠肺炎疫情，这是新中国成立以来我国遭遇的传播速度最快、感染范围最广、防控难度最大的重大突发公共卫生事件。我们想知道在监管种猪入境的过程中，贵阳海关又是如何防止新冠肺炎疫情从境外输入的呢？

🎤 **孙永泉**：您提到的这个问题也是我们在监管当中给予特别重视和重点关注的，在具体的实操过程中，贵阳海关严格按照海关总署等六部委关于精准做好国际航空货运机组人员疫情防控工作通知的要求，通过"三项措施"切实防范疫情风险。第一项措施是开展风险研判、做好机组精准检疫，打有准备之仗。在货运包机抵运前通过与航空公司、移民局等部门联动，收集机组人员旅行史等相关信息，扎实做好执飞机组人员流行病学分析，提高防控精准度。第二项措施是与地方政府联动，按联防联控要求对机组人员进行封闭管理，卫生检疫合格后放行。飞机抵达后，口岸海关对机组开展卫生检疫，采样进行核酸检测，在检测结果出来前按照联防联控工作机制移交地方政府（双龙管委会），对机组人员实施封闭管理（如果检测结果为阴性，则按照要求解除管控），确保入境机组人员管理形成闭环。第三项措施是从严做好地面人员防护，防止出现交叉感染，做到"打胜仗、零感染"。这里需要再提到我们建立的"三单两图"全表单作业指引，从《全链条海关监管作业流程图》可以看出，在包机入境前，卫检部门指导保健中心，对参与包机保障的所有防控人员均采样开展新冠肺炎核酸检测，防止带"病"上岗；从《人员现场岗位职责及防护要求设置图》可以看出，现场监管时，我们对所有现场人员按岗位进行了防护要求的设置，口岸一线采样、登临检疫等人员防护是顶格配置；从《防疫消毒 2 项技术清单》可以看出，完成货物和人员的监管后，口岸现场区域还要实施严格的终末消毒处理。

监管种猪入境中，防止新冠肺炎疫情境外输入

贵阳海关严格按照海关总署等六部委关于精准做好国际航空货运机组人员疫情防控工作通知的要求，通过"**三项措施**"切实防范疫情风险。

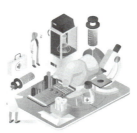

第一项措施是开展风险研判、做好机组精准检疫，打有准备之仗。通过在货运包机抵运前通过与航空公司、移民局等部门联动，收集机组人员旅行史等相关信息，扎实做好执飞机组人员流行病学分析，提高防控精准度。

第二项措施是与地方政府联动，按联防联控要求对机组人员进行封闭管理，卫生检疫合格后放行。飞机抵达后，口岸海关对机组开展卫生检疫，采样进行核酸检测，在检测结果出来前按照联防联控工作机制移交地方政府（双龙管委会），对机组人员实施封闭管理（如果检测结果为阴性，则按照要求解除管控），确保入境机组人员管理形成闭环。

第三项措施是从严做好地面人员防护，防止出现交叉感染，做到"打胜仗、零感染"。

"三单两图"全表单作业指引，从《全链条海关监管作业流程图》可以看出，在包机入境前，卫检部门指导保健中心，对参与包机保障的所有防控人员均采样开展新冠肺炎核酸检测，防止带"病"上岗；从《人员现场岗位职责及防护要求设置图》可以看出，现场监管时，对所有现场人员按岗位进行了防护要求的设置，口岸一线采样、登临检疫等人员防护是顶格配置；从《防疫消毒2项技术清单》可以看出，完成货物和人员的监管后，口岸现场区域还要实施严格的终末消毒处理。

🎤　**周群**：2019 年，全国生猪出栏量同比下降了 21.6%，市场猪肉供应相对偏紧。2020 年，贵州已经成功引进 2686 头种猪，那么在全部隔离检疫结束投入生产后，对促进咱们市场上的猪肉供给有什么积极作用呢？

🎤　**孙永泉**：加快生猪生产，种猪是关键。从境外引进种猪，是国内养殖行业的重要良种来源之一。以贵州首次进境的 500 头种猪为例，这批种猪已经于 5 月 9 日结束隔离检疫正式投产，据有关企业数据测算，该批种猪 1 年内，可生产纯种母猪 4000 头、纯种公猪 2000 头，将惠及贵州松桃、正安、册亨等原贫困县，对带动生猪养殖业加快复工复产，做好猪肉保供稳价，持续推进脱贫攻坚和产业振兴有着重要的产业支撑作用。

引进种猪投入生产后对猪肉供给的积极作用

加快生猪生产，种猪是关键。贵州首次进境的500头种猪，已经于5月9日结束隔离检疫正式投产。据有关企业数据测算，该批种猪1年内，可生产纯种母猪4000头、纯种公猪2000头，惠及贵州松桃、正安、册亨等原贫困县，对**带动生猪养殖业加快复工复产，做好猪肉保供稳价，持续推进脱贫攻坚和产业振兴有着重要的产业支撑作用。**

🎤 **周群**：我国是生猪生产和消费大国，猪肉在居民肉类消费结构中的占比高达 62.7%。所以加快生猪恢复生产，对保障人民生活、保持经济平稳运行和社会大局稳定都是有着重要意义的。那您是否能给我们透露下，接下来贵州省还会有几批次的引进种猪计划，规模大概是多少？

🎤 **孙永泉**：接下来，贵州预计还会再分 3 批引进约 6500 头种猪，目前企业的隔离场还在建设中，前期贵阳海关已多次派员对企业的选址和建设进行指导，企业建成后贵阳海关将派员进行预验收，通过后将按程序报请海关总署正式验收。贵阳海关将继续认真落实海关总署一系列支持种猪进口便利化措施，持续完善"全链条"合成监管制度机制，在严格落实非洲猪瘟疫情防控的基础上，帮助企业尽快从境外引进优良种猪资源，为生猪恢复生产争取时间、提供保障。

贵州省的引进种猪计划

贵州预计还会再**分3批，引进约6500头种猪**，目前企业的隔离场还在建设中，前期贵阳海关已多次派员对企业的选址和建设进行指导，企业建成后贵阳海关将派员进行预验收，通过后将按程序报请海关总署正式验收。贵阳海关将继续认真落实海关总署一系列**支持种猪进口便利化措施，持续完善"全链条"合成监管制度机制，在严格落实非洲猪瘟疫情防控的基础上，帮助企业尽快从境外引进优良种猪资源，为生猪恢复生产争取时间、提供保障。**

🎤　**周群**：的确，贵阳海关为了贵州当地生猪产业尽快恢复生产做出了很多努力。咱们都知道，贵州省是贫困发生率较高、环境较艰苦的高海拔地区，是全国脱贫攻坚主战场。除了生猪产业，2020 年贵阳海关还出台了哪些措施支持地方产业发展助力贵州打赢脱贫攻坚歼灭战？

🎤　**孙永泉**：2020 年以来，贵阳海关认真贯彻落实习近平总书记在脱贫攻坚决战决胜座谈会上重要讲话精神，为助推贵州省脱贫攻坚打赢"冲刺 90 天歼灭战"，我们出台了《贵阳海关支持提升贵州贫困地区进出口企业通关便利化水平助力脱贫攻坚的七条措施》，从支持贫困地区特色农产品出口、参与粤港澳大湾区"菜篮子"工程建设、用好进出口优惠政策、加强技贸措施监测和指导、推广便利通关作业模式等几个方面支持贵州重点扶贫产业发展。目前，贵阳海关结对的 4 个帮扶村都实现了整村脱贫摘帽，定点帮扶工作取得了阶段性胜利。

贵阳海关支持地方产业发展的措施

扶贫

贫困人口

致富之路

2020年以来，贵阳海关认真贯彻落实习近平总书记在脱贫攻坚战决战决胜座谈会上重要讲话精神，为助推贵州省脱贫攻坚打赢"冲刺90天歼灭战"，出台了《贵阳海关支持提升贵州贫困地区进出口企业通关便利化水平助力脱贫攻坚的七条措施》，从支持贫困地区特色农产品出口、参与粤港澳大湾区"菜蓝子"工程建设、用好进出口优惠政策、加强技贸措施监测和指导、推广便利通关作业模式等几个方面支持贵州重点扶贫产业发展。目前，贵阳海关结对的4个帮扶村都实现了整村脱贫摘帽，定点帮扶工作取得了阶段性胜利。

🎙 **周群**：不知不觉访谈时间已经过去大半，网友们的提问也很踊跃，让我们来看看大家都有什么问题吧。

网友提问摘录

🌐 **网友**：贵阳海关是如何保障种猪的检疫安全的？

🎤 **孙永泉**：感谢网友提问。贵阳海关按照《海关全面深化业务改革2020框架方案》，对进境种猪实施"两步申报""两段准入"，为保障进境种猪顺利，严防疫情风险叠加，贵阳海关通过"全链条"监管，深化监管、风险、检疫、查验等各业务领域之间制度、措施的优化整合，推进种猪进境"全链条"监管。种猪入境后，我们还有一系列的监管，比如口岸查验、押运监管、隔离检疫监管以及减免税货物的后续监管等。

🌐 **网友**：除了入境旅客要接受卫生检疫，携带的物品也需要海关卫生检疫吗？

🎤 **孙永泉**：是的，根据《国境卫生检疫法》及其实施细则，入境、出境的旅客、员工个人携带或者托运可能传播传染病的行李和物品，应当接受海关的卫生检疫监管。对来自疫区或者被传染病污染的各种食品、饮料、水产品等应当实施卫生检疫处理或者销毁。如果旅客携带了特殊物品，也是需要履行卫生检疫程序的。

🌐 **网友**：请问能否从国外引进种牛、种马？

🎤 **孙永泉**：感谢网友提问。我们是可以从国外引进种牛、种马的。除了在农业部门办理相关手续外，根据《中华人民共和国进出境动植物检疫法》《中华人民共和国进出境动植物检疫法实施条例》等相关要求，通过检疫审批等程序，经海关检疫监管合格后，种用动物即可投入繁殖。

🌐 **网友**：从国外引进的种猪会不会发生"水土不服"的情况？

🎤 **孙永泉**：不会。引进种猪的企业以及隔离场均严格按照养殖场/隔离场要求进行建设，饲养人员也会对引进种猪进行科学饲养，不会发生"水土不服"的情况。

⊕ **网友**：从国外引进的种猪价格会很高吗？

🎤 **孙永泉**：从国外引进种猪的价格主要受种猪本身价格和运输成本等因素影响，会根据市场需求发生变化。

⊕ **网友**：非洲猪瘟是从非洲传过来的吗？

🎤 **孙永泉**：非洲猪瘟是由非洲猪瘟病毒感染家猪和野猪引起的一种传染病，这种病毒最初确实是在非洲发现的，也"名副其实"诞生于非洲，但不代表 2018 年传入中国的非洲猪瘟一定来自非洲。

⊕ **网友**：除了法国、丹麦等国家，请介绍下目前还有哪些国家的种猪比较优质？

🎤 **孙永泉**：目前英国、美国、加拿大以及欧洲部分国家均有种猪向我国输入，品种包括杜洛克、皮特兰、大白、长白等。

⊕ **网友**：从目前的形势看，引进种猪是不是今后一个时期我国保障"猪肉安全"的一个重要途径？

🎤 **孙永泉**：非洲猪瘟发生以来，我国能繁母猪存栏量下降，直接从国外引进优质种猪，可以助力生猪加快恢复生产。谢谢网友关注。

⊕ **网友**：日本、韩国等国家都提倡吃本土的牛肉、猪肉，认为对身体健康好，我们中国人如果长期食用国外的猪品种，会不会不健康呢？

🎤 **孙永泉**：只要符合食品安全国家标准的猪肉，都不会对健康造成危害。谢谢您的提问。

⊕ **网友**：现在疫情期间从国外回贵州会被隔离吗？

🎤 **孙永泉**：感谢网友的提问。海关总署对于入境人员的卫生检疫有明确规定，《贵州省新冠肺炎疫情常态化防控工作实施方案》对境外来黔人员管控也作出了明确的规定。从贵阳、遵义还有铜仁机场直接入境的境外来黔人员，入境时要接受海关"三查、三排、一转运"的卫生检疫措施，入境后一律实施 14 天的集中隔离，进行医学观察和健康监测。对于从省外入境中转入黔的，已在省外隔离 14 天的，到我省后须再进行一次核酸检测，检测阴性者可正常通行，不再进行隔离。

🌐 **网友**：可以从国外带猪肉回国吗？

🎤 **孙永泉**：感谢您的提问。根据《中华人民共和国禁止携带、邮寄进境的动植物及其产品名录》规定，猪肉及其制品属于禁止携带、邮寄进境的物品，是不可以从国外带回国的。

🌐 **网友**：从国外购买宠物猪需要什么手续？

🎤 **孙永泉**：根据相关规定，我国允许携带入境的宠物仅限于犬和猫，不论是您所说的宠物猪，还是网友们认为可以作为宠物的一些其他特殊的动物如蜥蜴、蜘蛛、荷兰猪等，不在我国允许携带入境的宠物范围之内，都是不可以直接从国外购买带回国的。未经检疫评估的活动物可能携带疫情疫病，而且一旦逸散繁殖可能会造成外来物种入侵。守护国门生物安全人人有责，希望广大网友能遵守相关规定，和海关一起共同保护国门生物安全，保护我国物种资源与生物多样性，共同防范动植物疫病疫情和外来有害生物的传入。

🌐 **网友**：如何开办生猪养殖企业？

🎤 **孙永泉**：建议咨询当地农业部门。谢谢您的提问。

🌐 **网友**：海关在防控非洲猪瘟中采取了哪些措施？

🎤 **孙永泉**：海关对非洲猪瘟防控工作高度重视，采取了一系列措施，严防非洲猪瘟的传入传出。

在入境方面采取的主要措施有：1. 加强口岸重点环节防控，对来自非洲猪瘟疫区的运输工具、携带物、邮件、跨境电商产品 100% 实施现场查验，对运输工具餐厨垃圾、泔水要求 100% 无害化处理，查获疫区猪肉制品 100% 送样检测并做无害化处理；2. 加强进口活猪及产品的监管，对所有进口肉类产品及肠衣产品，必须按照风险布控指令要求实施 100% 查验，并严格落实在第一进境地指定或认可查验场所进行检疫的要求，不允许转至其他口岸实施检疫，猪肉及其制品增加非洲猪瘟检测项目；3. 进一步强化打击走私工作力度，重点围绕走私境外疫区的猪等动物及其制品的违法犯罪活动，部署开展专项打击行动，严防境外非洲猪瘟疫区动物及其产品走私入境。

在出境方面采取的措施主要有：1. 加强宣传，提高群众对非洲猪瘟的防控意识，避免携带猪肉及猪肉制品出境；2. 做好供我国港澳地区活猪及产品监管工作，排查防疫隐患，封堵防疫漏洞，加强非洲猪瘟监测、现场监管及运输监管工作；3. 压实出口食品企业主体责任，强化检疫监管，完善溯源体系，核查原料来源。

⊕ **网友**：除了贵州，其他省份是不是也可以引进种猪？

🎤 **孙永泉**：可以的，引进种猪需要符合我国相关法律法规和规定要求。

⊕ **网友**：什么是种猪？

🎤 **孙永泉**：种猪不是一个单独的物种，区别于用于屠宰取肉的肉猪，它是专门用于繁殖下一代的猪。选择优良的种猪，也是生猪生产经营的重要一环。

⊕ **网友**：种猪都是公的吗？

🎤 **孙永泉**：种猪既包括种公猪也包括种母猪，主要用于繁殖仔猪。

⊕ **网友**：孙关您好，请问我带宠物坐飞机怎么入境？需要办什么手续？

🎤 **孙永泉**：这是很多网友都比较关注的问题。首先，需要向大家强调的是，根据《关于进一步规范携带宠物入境检疫监管工作的公告》（海关总署公告 2019 年第 5 号）要求，可携带入境的宠物仅限于犬或猫，且 1 名携带人每次入境仅限携带 1 只宠物。其次，物主携带宠物进境后，需要向现场海关申报，办理进境宠物通关手续，需向海关提供输出国家或地区官方动物检疫机构出具的有效检疫证书和狂犬病疫苗接种证书，以及进境宠物应当具有的电子芯片。最后，对符合免予隔离检疫条件的，宠物入境后将免予隔离检疫，对不符合免予隔离检疫条件的，宠物必须从指定口岸入境并在指定隔离场隔离检疫 30 天。

🌐 **网友**：孙关长您好，我们当地想引进一些哈萨克斯坦的活牛，请问在签合同以前要注意哪些方面的问题？

🎤 **孙永泉**：谢谢您的提问。按照《中华人民共和国进出境动植物检疫法》规定"通过贸易、科技合作、交换、赠送、援助等方式输入动植物、动植物产品和其他检疫物的，应当在合同或者协议中订明中国法定的检疫要求"。目前我国尚未与哈萨克斯坦就活牛贸易签订检疫协定，因此，还不能从哈萨克斯坦引进活牛。

🌐 **网友**：您好，请问引进的种猪有没有受到非洲猪瘟的影响？

🎤 **孙永泉**：谢谢网友。引进的种猪没有受到非洲猪瘟的影响。第一，引进种猪的国家要求没有非洲猪瘟。第二，进境种猪隔离场建设要求不能在动物疫病疫区内，种猪引进前会对隔离场进行全面的防疫消毒。第三，种猪入境过程中会对运输工具、转运工具、人员、场地进行严格消毒；运输到隔离场的路线要求不能通过相关疫区，运输工具要求相对封闭，运输人员均受到严格管理。第四，种猪进入隔离场后将进行 45 天的隔离检疫监管，隔离检疫合格后方允许放行。

🌐 **网友**：我们经常会在种猪介绍上看见"曾祖代""祖代""父母代""商品代"这些名词，它们是什么意思，有什么区别呢？

🎤 **孙永泉**：这些名词看起来确实比较复杂，不好区分，但其实它们都只是育种学上的概念，是对某一阶段具有某种特点的畜禽的称呼。简单说，"商品代"的父母辈是"父母代"，以此类推，"父母代"的父母辈是"祖代"，"祖代"的父母辈是"曾祖代"。"曾祖代"和"祖代"都是纯种猪，分别用于纯繁和扩繁，而杂交则可丰富子代的遗传基础，将猪种的优良基因集于杂交种一身，创造新的遗传类型。大家在市面上购买的猪肉来自"商品代"，比如目前最普遍的三元商品猪，有些是以长白和大白两个品种杂交后的母猪与杜洛克纯种公猪杂交而形成商品猪。为从境外引进优良种源，进境种猪通常会选用纯种的"曾祖代"或"祖代"。谢谢您的提问。

⊕ **网友**：看了介绍，海关辛苦了，又要防止境外新冠输入，又要防止动物疫情传播。请问目前可以从哪些国家引进种猪？

🎤 **孙永泉**：谢谢网友。根据目前我国与境外签订的议定书，法国、丹麦、美国、加拿大、英国、新西兰、爱尔兰、奥地利、比利时、芬兰、荷兰、瑞典等国家均可以向中国输入种猪。

⊕ **网友**：我们国家为什么不自主培育品种？

🎤 **孙永泉**：《国务院办公厅关于稳定生猪生产促进转型升级的意见》（国办发〔2019〕44号）明确提出，加强现代生猪良种繁育体系建设，实施生猪遗传改良计划，提升核心种源自给率，提高良种供应能力。

⊕ **网友**：2020年除了贵州大批量进口种猪，还有哪些地区进口了种猪，规模是多少？

🎤 **孙永泉**：谢谢网友提问。2020年，包括贵州在内，福建、广东、云南、山西、吉林等省份也有种猪入境，总数约8500余头。

⊕ **网友**：请问国外的猪和国内的猪有什么区别？

🎤 **孙永泉**：感谢网友提问。猪的差异主要是品种方面的差异，各品种的猪在产仔率和产肉率等方面会有不同特点。国内和国外均有具备不同特点的品种。就目前商品猪而言，有外三元和内三元等不同品种，外三元就是国外品种杂交。

⊕　**网友**：为什么种猪进来后需要隔离？

🎤　**孙永泉**：根据《中华人民共和国进出境动植物检疫法》规定，种猪进境之后，要在指定的隔离检疫场所进行隔离检疫。主要目的是严防国外动物疫病传入。

⊕　**网友**：请问进口种猪需要先取得什么资质？

🎤　**孙永泉**：除了在农业部门办理相关手续外，根据《中华人民共和国进出境动植物检疫法》《中华人民共和国进出境动植物检疫法实施条例》等相关要求，通过检疫审批等程序，经海关检疫监管合格后，种用动物即可投入繁殖。

⊕　**网友**：进口不同的动物手续都是一样的吗？

🎤　**孙永泉**：根据不同的动物有不一样的要求。

⊕　**网友**：请问海关要负责种猪的疾病预防吗？

🎤　**孙永泉**：疾病预防工作由当地农业部门指导开展。

⊕　**网友**：比起国内的种猪，国外的种猪有什么优点？

🎤　**孙永泉**：谢谢网友，据了解，国外种猪优点是生长快，瘦肉率高，屠宰率高。

⊕　**网友**：孙关长您好，请问种猪入境贵州有哪些口岸可以直接通关？

🎤　**孙永泉**：谢谢网友提问。在全国通关一体化情况下，可以在全国任何一个海关办理报关手续。目前，贵州仅有贵阳龙洞堡国际机场是经国务院批准的正式开放口岸，种猪可以经该口岸直接入境。

🌐 **网友**：现在疫情期间还能进口种猪吗？

🎤 **孙永泉**：在新冠疫情期间，符合我国进境种猪相关法律法规，履行相关程序的种猪均可以进口。

🎤 **周群**：感谢孙关今天的介绍，感谢网友的关注。今天的在线访谈到此结束，请大家继续关注中国海关门户网站 www. customs. gov. cn。

🎤 **孙永泉**：谢谢广大网友的积极参与。同时再次感谢大家对贵阳海关工作的关心和支持。黔关人将牢记重托，不辱使命，真抓实干，助推贵阳海关各项事业在新的起点上实现更大的进步，在促进发展中发挥更大的作用。

后 记

2020 年 6 月 29 日，海关总署举办主题为"保障种猪引进 助力稳产保供"的在线访谈，介绍贵阳海关克服疫情影响保障境外种猪安全进境有关情况，访谈使用网络视频连线方式，与网友交流并解答问题。访谈访问量 65.7 万人次，独立 IP 575 个，网友提问 48 个，现场答复 32 个。

在大战大考中书写合格答卷

◎ 主 题：在大战大考中书写合格答卷

◎ 时 间：2020 年 7 月 9 日 10：00

◎ 嘉 宾：沈阳海关党委委员、副关长 吴 刚

沈阳海关综合业务处处长 马晓龙

沈阳海关所属沈阳桃仙机场海关关长 张云飞

沈阳海关所属沈阳桃仙机场海关旅检三科副科长

陈 钊

◎ 主持人：海关总署办公厅 周 群

导语

　　当前境外疫情暴发增长态势仍在持续，我国外防输入压力持续加大。全国海关继续毫不放松做好防范境外疫情输入工作，不断完善防控工作机制，健全适应常态化防控需要的口岸公共卫生体系。加大风险分析力度，提高风险布控精准性。受境外疫情扩散蔓延影响，我国外贸发展面临形势复杂严峻。海关积极支持外贸企业复工复产达产，全力以赴促进外贸稳增长，服务经济社会发展大局。

身临其境　看看我们曾经聊过的

主持人嘉宾交流

🎤 **周群**：大家好！这里是中国海关门户网站在线访谈，我是主持人周群。今天，我们在海关总署新闻发布厅邀请了沈阳海关副关长、党委委员吴刚，综合业务处处长马晓龙、沈阳桃仙机场海关关长张云飞和旅检三科副科长陈钊，围绕"在大战大考中书写合格答卷"这一主题，与广大网友一起互动交流。欢迎广大网友踊跃参与。现在我们先请沈阳海关副关长吴刚和网友们交流。

当前境外疫情暴发增长态势仍在持续，我国外防输入压力持续加大。全国海关继续毫不放松做好防范境外疫情输入工作，不断完善防控工作机制，健全适应常态化防控需要的口岸公共卫生体系。加大风险分析力度，提高风险布控精准性。受境外疫情扩散蔓延影响，我国外贸发展面临形势复杂严峻。海关积极支持外贸企业复工复产达产，全力以赴促进外贸稳增长，服务经济社会发展大局。

🎤 **吴刚**：主持人、各位网友，大家好！非常高兴参加中国海关门户网站的在线访谈活动，感谢网友们一直以来对沈阳海关工作的关注和支持。希望通过此次在线访谈，能够与广大网友进行深入交流，让大家对沈阳海关推进口岸疫情防控，促进外贸稳增长方面所做的各项工作有所了解。

🎤 **周群**：请问吴刚副关长，沈阳海关都采取了哪些措施担负起疫情输入的防控责任？

🎤 **吴刚**：沈阳海关坚决贯彻落实海关总署工作部署，按照辽宁省联防联控机制有关要求，将防止疫情输入作为当前工作的重中之重。目前，沈阳海关已对来自口岸重点防控国家的交通工具百分之百进行风险布控，百分之百实施指定地点登临检疫，对所有入境人员百分之百严格实施"三查、三排、一转运"的口岸检疫措施。

"三查"即"健康申明卡"核查、体温监测筛查和医学巡查三个筛查环节。"三排"是指严格实施流行病学排查、医学排查、实验室检测排查三个排查环节。检疫处置环节落实"一转运"。对入境的新冠肺炎确诊病例、疑似病例、密切接触者、有发热和呼吸道症状者，转运定点医院或移交地方联防联控机制实施隔离观察并做好交接记录。对其他人员，一律按照属地管理要求移交地方实施隔离、医学观察等措施。下一步沈阳海关将进一步加强与辽宁省、沈阳市两级疫情防控指挥部的紧密配合，引导出入境人员配合接受海关国境卫生检疫，将各项防控举措抓紧抓实抓细，在沈阳关区口岸切实筑牢国境卫生检疫防线，坚决遏制疫情通过口岸传播扩散。

沈阳海关对疫情输入防控采取的措施

沈阳海关坚决贯彻落实海关总署工作部署，按照辽宁省联防联控机制有关要求，将防止疫情输入作为当前工作的重中之重。目前，沈阳海关已对来自口岸重点防控国家的交通工具百分之百进行风险布控，百分之百实施指定地点登临检疫，对所有入境人员百分百严格实施<u>"三查、三排、一转运"</u><u>的口岸检疫措施。</u>

<u>"三查"</u>即健康申明卡核查、体温监测筛查和医学巡查三个筛查环节。

<u>"三排"</u>是指严格实施流行病学排查、医学排查、实验室检测排查三个排查环节。

检疫处置环节落实"一转运"。对入境的新冠肺炎确诊病例、疑似病例、密切接触者、有发热和呼吸道症状者，转运定点医院或移交地方联防联控机制实施隔离观察并做好交接记录。对其他人员，一律按照属地管理要求移交地方实施隔离、医学观察等措施。

沈阳海关将进一步加强与辽宁省、沈阳市两级疫情防控指挥部的紧密配合，引导出入境人员配合接受海关国境卫生检疫，将各项防控举措抓紧抓实抓细，在沈阳关区口岸切实筑牢国境卫生检疫防线，坚决遏制疫情通过口岸传播扩散。

🎤 **周群：**目前，疫情防控形势积极向好的态势正在向各领域拓展，全力做好统筹疫情防控和经济社会发展已成为紧要工作任务，请吴刚副关长介绍一下沈阳海关在这方面工作的总体情况。

🎤 **吴刚：**目前，正值统筹推进疫情防控及经济社会发展各项工作的关键时期，同时也是海关各项改革以及优化口岸营商环境促进跨境贸易便利化的各项政策措施红利的集中释放期。沈阳海关紧密围绕习近平总书记对统筹推进疫情防控和经济社会发展的重要批示指示要求，在做好前期各项改革措施、便利通关措施及稳外贸工作举措政策储备的基础上，根据海关总署印发的《关于统筹做好口岸疫情防控和通关便利化工作措施清单》等文件要求，针对当下疫情防控及稳外贸工作中的"难点"和"堵点"问题，进一步加强措施统筹、实施多层次、多角度工作对接，叠加政策红利，加强跟踪问效，打通政策落实的"最后一公里"，坚决打赢疫情防控人民战争、总体战、阻击战，做好"六稳""六保"工作，稳定外贸基本盘，在持续支持辽宁扩大对外开放中充分体现海关作用。

做好统筹疫情防控和经济社会发展

正值统筹推进疫情防控及经济社会发展各项工作的关键时期，同时也是海关各项改革以及优化口岸营商环境促进跨境贸易便利化的各项政策措施红利的集中释放期。沈阳海关紧密围绕习近平总书记对统筹推进疫情防控和经济社会发展的重要批示指示要求，在做好前期各项改革措施、便利通关措施及稳外贸工作举措政策储备的基础上，根据海关总署印发的**《关于统筹做好口岸疫情防控和通关便利化工作措施清单》**等文件要求，针对当下疫情防控及稳外贸工作中的"难点"和"堵点"问题，**进一步加强措施统筹、实施多层次、多角度工作对接，叠加政策红利，加强跟踪问效，打通政策落实的"最后一公里"，坚决打赢疫情防控人民战争、总体战、阻击战，做好"六稳""六保"工作，稳定外贸基本盘，在持续支持辽宁扩大对外开放中充分体现海关作用。**

🎤 **周群**：刚才，吴刚副关长介绍了沈阳海关在统筹推进疫情防控和经济社会发展方面的总体工作情况，下面请沈阳海关综合业务处处长马晓龙介绍一下沈阳海关在稳定外贸发展方面的具体做法。

🎤 **马晓龙**：沈阳海关作为辽沈地区稳定外贸发展的重要一环，主要从以下几个方面助力辽沈地区外贸稳定发展。一是加强措施统筹，务求精细。统筹推进关区稳外贸、支持复工复产和通关便利化等方面工作，努力化解疫情对外贸进出口的不利影响。制定工作方案 3 个，细化措施 43 项，加强与海关总署对应司局的工作对接。二是加强措施落地，务求实效。组建业务专家团队，主动对口帮扶，全力保障企业有序复工复产，开展"一对一"在线问诊 4 批次，覆盖企业百余家，解决问题 19 个。综合运用非接触方式开展业务，确保第一时间办理完成各项通关手续，积极落实惠企政策。一季度，沈阳关区进口整体通关时间 55.18 小时，优于全国平均水平，同比 2017 年压缩 70.13%。叠加"两步申报""两段准入"及"延时、错时预约通关"改革政策红利，强化应急通关处置，保障疫情防控期间中欧班列（沈阳）双向运行。中欧班列（沈阳）开行数量和运输货值均呈现逆势增长态势。三是加强工作对接，务求全面。与地方相关部门信息共享，联合研处。密切监测疫情对辽沈地区对外贸易的影响，做好预警，提出对策。加强与海关总署联系，保障疫情防控期间进出口医疗物资、大宗资源类商品、保障民生物资快速通关及出境疫情防控物资质量安全监管工作有效衔接。

🎤 **周群**：近期国际物流运输尤其是邮路渠道不畅通，企业出口产品在国外无法正常清关，外贸企业都非常关心这方面的情况，沈阳海关有没有遇到过此类问题？怎么解决的？

稳定外贸发展方面的具体做法

沈阳海关作为辽沈地区稳定外贸发展的重要一环，主要从以下几个方面助力辽沈地区外贸稳定发展。

一是加强措施统筹，务求精细。

统筹推进关区稳外贸、支持复工复产和通关便利化等方面工作，努力化解疫情对外贸进出口的不利影响。制定工作方案3个、细化措施43项，加强与总署对应司局的工作对接。

二是加强措施落地，务求实效。

组建业务专家团队，主动对口帮扶，全力保障企业有序复工复产，开展"一对一"在线问诊4批次，覆盖企业百余家，解决问题19个。综合运用非接触方式开展业务，确保第一时间办理完成各项通关手续，积极落实惠企政策。一季度，沈阳关区进口整体通关时间55.18小时，优于全国平均水平，同比2017年压缩70.13%。叠加"两步申报"、"两段准入"及"延时、错时+预约通关"改革政策红利，强化应急通关处置，保障疫情防控期间中欧班列（沈阳）双向运行。中欧班列（沈阳）开行数量和运输货值均呈现逆势增长态势。

三是加强工作对接，务求全面。

与地方相关部门信息共享，联合研处。密切监测疫情对辽沈地区对外贸易的影响，做好预警，提出对策。加强与总署联系，保障疫情防控期间进出口医疗物资、大宗资源类商品、保障民生物资快速通关及出境疫情防控物资质量安全监管工作有效衔接。

🎙 **马晓龙**：这些都是在疫情防控期间，外贸出口比较普遍的问题。5月初，沈阳海关联合大连海关保障海运直航美洲临时邮路开通。成立联合工作专班，对接转关手续、监管方案。与邮局、港务部门密切配合，严格落实途中监管措施，专人监装监卸，实现邮件在沈阳验放，以总包形式转关至大连海运出口。5月13日，首批311个邮袋共5955千克国际邮件在大窑湾口岸装运出境，发往美洲。5 月中旬，沈阳某种苗出口企业向日本出口的两批 4269.9 千克、货值 33593.1 美元的蔬菜种子受疫情影响，国际快递邮路不畅，产品在日本到港后，邮寄的植物检疫证书仍未到达，国外客户无法清关提货，国内出口企业面临高额滞港费用和违约风险。得知情况后，沈阳海关立即启动应急通关机制，联系海关总署，积极与日方沟通，通过官方邮箱将证书扫描件发至日本农业、林业和渔业部官方邮箱，为企业提供证明，帮助企业产品在日本顺利通关。同时举一反三，畅通问题解决渠道，建立快速处置机制。

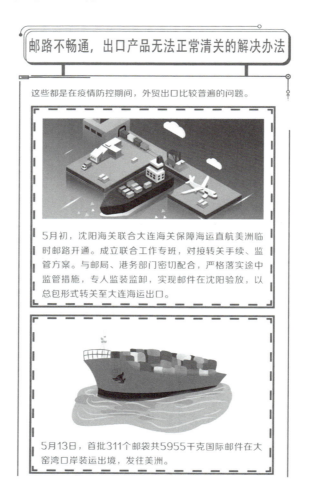

5月中旬，沈阳某种苗出口企业向日本出口的两批4269.9千克、货值33593.1美元的蔬菜种子受疫情影响，国际快递邮路不畅，产品在日本到港后，邮寄的植物检疫证书仍未到达，国外客户无法清关提货，国内出口企业面临高额滞港费用和违约风险。沈阳海关立即启动应急通关机制，联系海关总署，积极与日方沟通，通过官方邮箱将证书扫描件发至日本农业、林业和渔业部官方邮箱，为企业提供证明，帮助企业产品在日本顺利通关。同时举一反三，畅通问题解决渠道，建立快速处置机制。

🎙 **周群**：很多外贸企业对国家及海关出台的政策措施存在不甚了解的情况，沈阳海关如何解决这方面的问题？

🎙 **马晓龙**：2月中旬沈阳海关配合地方政府对辽沈地区9家具有代表性的重点企业进行了疫情对企业生产经营影响、疫情对"一带一路"重点项目的影响以及企业对海关工作需求情况调研。从调研反馈的情况来看，企业对海关的工作需求主要体现在：一是需加大对疫情防控期间企业复工复产的帮扶力度；二是需要立足企业具体需求及外贸运行态势进一步丰富细化复工复产的帮扶措施；三是需指导企业运用好海关各项保障企业快速通关、口岸减费降税政策措施，降低企业成本，提升产品国际竞争力，巩固国际市场占有率。发挥海关职能及技术优势帮助企业提升产品核心竞争力。

在关区工作步入常态化之前，沈阳海关全力以赴采取多种方式确保政令畅通。做好12360服务热线接听工作，利用微信、微博新媒体平台积极宣传海关政策及便利措施，积极回应社会关切；通过视频会议方式召开出口防疫物资监管政策宣讲会，向进出口企业宣讲促外贸稳增长相关措施、出口防疫物资监管政策，解答企业现场提出的问题，指导企业合理安排生产经营，促进防疫物资有序出口，减少经营风险；召开"讲政策、送服务、解难题"现场会。就当前及今后一段时期内统筹疫情防控及经济社会发展，扎实推进"六稳""六保"工作，帮助解决沈阳地区"走出去"企业面临的困难，助力企业复工复产，积极回应企业及地方政府有关外贸及服务型外贸开展、跨境电商、减税降费等方面的问题及诉求，并就当前沈阳海关稳定外贸发展助力企业复工复产的相关政策进行现场解读。

外贸出台的政策措施不甚了解的解决办法

2月中旬沈阳海关配合地方政府对辽沈地区9家具有代表性的重点企业进行了疫情对企业生产经营影响、疫情对"一带一路"重点项目的影响以及企业对海关工作需求情况情况调研。企业对海关的工作需求主要体现在：

一是需加大对疫情防控期间企业复工复产的帮扶力度；

二是需要立足企业具体需求及外贸运行态势进一步丰富细化复工复产的帮扶措施；

三是需指导企业运用好海关各项保障企业快速通关、口岸减费降税政策措施，降低企业成本，提升产品国际竞争力，巩固国际市场占有率。发挥海关职能及技术优势帮助企业提升产品核心竞争力。

在关区工作步入常态化之前，沈阳海关全力以赴采取多种方式确保政令畅通。

做好12360服务热线接听工作，利用微信、微博新媒体平台积极宣传海关政策及便利措施，积极回应社会关切；

通过视频会议方式召开出口防疫物资监管政策宣讲会，向进出口企业宣讲促外贸稳增长相关措施、出口防疫物资监管政策，解答企业现场提出的问题，指导企业合理安排生产经营，促进防疫物资有序出口，减少经营风险；

召开"讲政策、送服务、解难题"现场会。

扎实推进"六稳""六保"工作，帮助解决沈阳地区"走出去"企业面临的困难，助力企业复工复产，积极回应企业及地方政府有关外贸及服务型外贸开展、跨境电商、减税降费等方面的问题及诉求，并就当前沈阳海关稳定外贸发展助力企业复工复产的相关政策进行现场解读。

🎤 **周群**：知识产权在我们身边无处不在，近几年国家也越来越重视知识产权保护。海关作为国家知识产权保护的重要一环，请问沈阳海关是如何开展这方面工作的？

🎤 **马晓龙**：沈阳海关在海关总署统一部署下，结合沈阳关区实际情况，不断提高精准打击能力，提升执法效能，2019年，共采取知识产权保护措施2200余次，实际扣留进出境侵权货物（物品）2078批次，涉及货物（物品）2198件，扣留货物批次和数量同比分别增加49.6%和39.9%。

2020年年初以来，沈阳海关扎实推进知识产权海关保护工作，以"龙腾行动2020"为抓手，在实现打赢疫情防控阻击战的同时，强力推进知识产权保护专项行动，保持打击侵权高压态势。当前，沈阳海关开展针对货运渠道、跨境电商渠道及寄递渠道知识产权海关保护行动。2020年1～6月，共采取知识产权保护措施428次，实际扣留进出境侵权货物（物品）

428 批次，涉及货物（物品）458 件。

接下来，沈阳海关在做好疫情防控常态化工作的同时，继续推进企业复工复产达产，组织实施知识产权保护专项行动，提升保护水平和成效，推动营商环境改善。

对国家知识产权保护开展的工作

不断**提高精准打击能力，提升执法效能，2019年，**共采取知识产权保护措施2200余次，实际扣留进出境侵权货物（物品）2078批次，涉及货物(物品)2198件，扣留货物批次和数量同比分别增加49.6%和39.9%。

年初以来，沈阳海关扎实推进知识产权海关保护工作，以**"龙腾行动2020"**为抓手，在实现打赢疫情防控阻击战的同时，强力推进知识产权保护专项行动，保持打击侵权高压态势。当前，沈阳海关开展针对货运渠道、跨境电商渠道及寄递渠道知识产权海关保护行动。

2020年1~6月，共采取知识产权保护措施428次，实际扣留进出境侵权货物（物品）428批次，涉及货物(物品)458件。

沈阳海关在**做好疫情防控常态化工作的同时，继续推进企业复工复产达产，组织实施知识产权保护专项行动，提升保护水平和成效，推动营商环境改善。**

🎙 **周群**：请问沈阳桃仙机场张云飞关长，沈阳海关作为严防境外疫情输入的第一关，是如何与地方有效衔接形成防控闭环的呢？

🎙 **张云飞**：沈阳海关充分发挥海关职能优势和联防联控机制作用，做好信息共享和工作互助，通过联防联控工作机制，与地方卫生部门、边检、公安、外事、机场股份公司等部门无缝衔接，形成了严格的闭环管控。一方面，第一时间将口岸发现的确诊病例、疑似病例、有发热、咳嗽等症状患者移交地方卫生健康部门指定医疗机构进一步隔离治疗，将其他人员按照属地管理要求移交地方实施隔离、医学观察等措施，形成严格的"口岸检疫"闭环。另一方面，加强与联防联控部门数据和信息共享，实现重点旅客精准布控、精准拦截。与地方外事部门建立入境外交人员采样工作联系配合机制，有效开展了对外交人员的卫生检疫工作；积极与航空公司深化合作，加强对入境航班和机组人员管理，协调地方防疫部门在核酸检测结果确定以前妥善安置机组人员；与机场公安分局共同建立完善口岸现场维稳和应急突发事件处置工作机制，确保有效处置各类突发情况；与边检部门建立配合协作机制，共同管控现场通关秩序，防止因人员逆流、滞留导致交叉感染，并做好外籍人员拒绝采样等情况的处置工作；及时向省交通厅、市卫健委提供海关的数据支持，为打赢疫情防控人民战争、总体战、阻击战做出海关贡献。

沈阳海关与地方有效衔接形成防控闭环

沈阳海关**充分发挥海关职能优势和联防联控机制作用，做好信息共享和工作互助，通过联防联控工作机制，与地方卫生部门、边检、公安、外事、机场股份公司等部门无缝衔接，形成了严格的闭环管控。**

一方面， 第一时间将口岸发现的确诊病例、疑似病例、有发热、咳嗽等症状患者移交地方卫生健康部门指定医疗机构进一步隔离治疗，将其他人员按照属地管理要求移交地方实施隔离、医学观察等措施，形成严格的"口岸检疫"闭环。

另一方面， 加强与联防联控部门数据和信息共享，实现重点旅客精准布控、精准拦截。

★ 与地方外事部门建立入境外交人员采样工作联系配合机制，有效开展了对外交人员的卫生检疫工作；

★ 积极与航空公司深化合作，加强对入境航班和机组人员管理，协调地方防疫部门在核酸检测结果确定以前妥善安置机组人员；

★ 与机场公安分局共同建立完善口岸现场维稳和应急突发事件处置工作机制，确保有效处置各类突发情况；

★ 与边检部门建立配合协作机制，共同管控现场通关秩序，防止因人员逆流、滞留导致交叉感染，并做好外籍人员拒绝采样等情况的处置工作；

★ 及时向省交通厅、市卫健委提供海关的数据支持，为打赢疫情防控人民战争、总体战、阻击战做出海关贡献。

🎤 **周群：** 目前旅客在海关的通关时间是多久？沈阳海关在提升旅客通关效率方面做了哪些工作？

🎤 **张云飞：** 沈阳海关采取有效措施提升口岸通关效率，优化进出境旅客通关体验，在旅检现场建立了"流水线"式工作机制，细化体温监测、医学排查、采样送检等岗位流程，安排专人现场引导，确保旅客通关各环节有序衔接；不断充实旅检一线人员力量，据疫情进展陆续从关区各部门抽派近百人支援旅检现场，并主动协调地方增派 10 余位医护人员，同时为一线岗位调配了熟悉外语的工作人员和智能翻译工具，保障与旅客顺畅沟通；提升现场硬件设施，增开测温通道、流行病学调查点位及核酸检测采样室，合理划分旅客等待区域，降低聚集传播风险的同时缩短旅客等待时间；主动加强与卫健委、疾控中心、机场股份、边检、航空公司等部门联络配合，健全联防联控工作机制，确保各流程有序衔接，提升现场监管效能。目前，平均两个小时到三个小时就能完成一架次 200 人到 300 人航班的卫生检疫工作，现场监管工作井然有序、高效顺畅。

沈阳海关提升旅客通关效率的工作

优化进出境旅客通关体验，在旅检现场建立了"流水线"式工作机制，细化体温监测、医学排查、采样送检等岗位流程，安排专人现场引导，确保旅客通关各环节有序衔接；

不断充实旅检一线人员力量，据疫情进展陆续从关区各部门抽派近百人支援旅检现场，并主动协调地方增派10余位医护人员，同时为一线岗位调配了熟悉外语的工作人员和智能翻译工具，保障与旅客顺畅沟通；

提升现场硬件设施，增开测温通道、流行病学调查点位及核酸检测采样室，合理划分旅客等待区域，降低聚集传播风险的同时缩短旅客等待时间；

主动加强与卫健委、疾控中心、机场股份、边检、航空公司等部门联络配合，健全联防联控工作机制，确保各流程有序衔接，提升现场监管效能。

目前，平均两个小时到三个小时就能完成一架次200人到300人航班的卫生检疫工作，现场监管工作井然有序、高效顺畅。

沈阳海关依法履行职责，快速放行各类入境疫情防控物资，不"暂扣"，不"截留"，不"征用"。疫情以来，沈阳海关认真贯彻落实习近平总书记关于做好新型冠状病毒感染的肺炎疫情防控工作重要指示精神，全力做好涉及新型冠状病毒感染的肺炎疫情物资快速通关工作。在通关现场设立进口疫情物资快速通关专用窗口，开通绿色通道，坚持全时守候，对专门用于疫情防控治疗的进口药品、消毒物品、防护用品、医疗器械等，做到即到即提，实现疫情物资通关"零延时"。特殊情况可先登记放行，再补办相关手续，属于疫情捐赠物资的，补办减免税手续。

网传的沈阳海关扣留口罩传闻

沈阳海关依法履行职责，快速放行各类入境疫情防控物资，不"暂扣"，不"截留"，不"征用"。

疫情以来，沈阳海关认真贯彻落实习近平总书记关于做好新型冠状病毒感染的肺炎疫情防控工作重要指示精神，全力做好涉及新型冠状病毒感染的肺炎疫情物资快速通关工作。

在通关现场设立进口疫情物资快速通关专用窗口，开通绿色通道，坚持全时守候，对专门用于疫情防控治疗的进口药品、消毒物品、防护用品、医疗器械等，做到即到即提，实现疫情物资通关"零延时"。

特殊情况可先登记放行，再补办相关手续，属于疫情捐赠物资的，补办减免税手续。

🎤 **周群**：沈阳海关对检测出的阳性旅客如何处置的？如何提高检出率？

🎤 **陈钊**：沈阳海关进行核酸检测结果呈阳性的旅客均在第一时间通报至沈阳市卫生部门，最终结果由地方相关部门统一发布。

沈阳海关通过组织培训、开展实操演练等方式持续提升口咽拭子、鼻咽拭子采样工作水平，确保动作规范、样本有效；积极与地方医院协调，选派专业采样护士编入旅检一线班组，统一采样标准，提高采样速度和通关效率；使用专用植绒鼻咽拭子替换原有的聚丙纤维拭子，提高病毒吸附能力的同时减少旅客不适反应；同时组建课题研究小组，分析确诊病例流行病学调查和病程演化特点，有效开展"精准化"检疫。

沈阳海关进行核酸检测结果呈阳性的旅客均在第一时间通报至沈阳市卫生部门，最终结果由地方相关部门统一发布。

通过组织培训、开展实操演练等方式持续提升口咽拭子、鼻咽拭子采样工作水平，确保动作规范、样本有效；

积极与地方医院协调，选派专业采样护士编入旅检一线班组，统一采样标准，提高采样速度和通关效率；

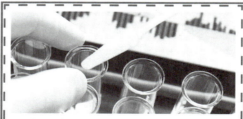

使用专用植绒鼻咽拭子替换原有的聚丙纤维拭子，提高病毒吸附能力的同时减少旅客不适反应；

组建课题研究小组，分析确诊病例流行病学调查和病程演化特点，有效开展"精准化"检疫。

海关对所有出入境人员严格实施 100% 健康申报。进出境旅客办理健康申报可采取电子和纸质填报方式，电子数据与纸质数据具有同等效力，为避免现场聚集、接触带来的传染风险，同时减少通关等候时间，建议旅客通过微信搜索"海关旅客指尖服务"进入小程序，提前填写电子健康申报。

此外，海关总署会同最高人民法院、最高人民检察院、公安部、司法部联合发布《关于进一步加强国境卫生检疫工作　依法惩治妨害国境卫生检疫违法犯罪的意见》，强调在进一步加强国境卫生检疫行政执法工作的同时，明确了《刑法》第三百三十二条规定的"妨害国境卫生检疫罪"有关法律适用问题。根据《意见》，旅客不如实填报"健康申明卡"可能以"妨害国境卫生检疫罪"处罚，旅客在进行健康申报及流行病学调查时务必保证信息真实有效性。

健康申报电子码

海关对所有出入境人员严格实施100%健康申报。进出境旅客办理健康申报可采取电子和纸质填报方式，电子数据与纸质数据具有同等效力，为避免现场聚集、接触带来的传染风险，同时减少通关等候时间，建议旅客通过**微信搜索"海关旅客指尖服务"进入小程序，**提前填写电子健康申报。

海关总署会同最高人民法院、最高人民检察院、公安部、司法部联合发布《关于进一步加强国境卫生检疫工作 依法惩治妨害国境卫生检疫违法犯罪的意见》，强调在进一步加强国境卫生检疫行政执法工作的同时，明确了刑法第三百三十二条规定的"妨害国境卫生检疫罪"有关法律适用问题。根据《意见》，旅客不如实填报"健康申明卡"可能以"妨害国境卫生检疫罪"处罚，旅客在进行健康申报及流行病学调查时务必保证信息真实有效性。

🎤 **周群**：谢谢几位嘉宾的解答。现在已经有不少网友提问，接下来的时间，我们留给网友，看看他们都有些什么问题。

网友提问摘录

🌐 **网友**：目前，沈阳桃仙国际机场的进出境航班在逐步恢复吗？

🎙 陈钊：您好，目前沈阳桃仙国际机场的进出境航班正在逐步恢复中。目前，沈阳桃仙机场口岸每周有 5 架入境国际航班，分别来自加拿大温哥华、韩国首尔、日本东京，其中有 2 架为北京分流航班；3 架出境国际航班，分别前往韩国首尔、日本东京。

🌐 网友：海关通过什么方式确定高风险旅客？

🎙 陈钊：您好，海关对入境旅客来自的国家或地区疫情发展情况开展风险研判，并通过开展流行病学调查、医学排查等措施实现对重点航线、重点人员的精准检疫。

🌐 网友：现在还能进口冰鲜海产品，比如三文鱼吗？

🎙 张云飞：可以，符合海关对进口海产品准入要求的都可以。

🌐 网友：入境的时候如果有发烧等症状，需要被转运，个人的托运行李将被如何处理？

🎙 陈钊：您好，在进境卫生检疫环节，如果旅客一旦出现发烧等需要转运的情况，并且旅客有托运行李，现场海关关员会与航空公司联系，将旅客的托运行李取出，一并随旅客转运。

🌐 网友：家里老人从国外回来，不会使用手机填写小程序怎么办？

🎙 陈钊：您好，如果老人随身携带手机，可以在老人登机前由家人帮助填写好相关信息，保存好二维码截图，入境现场有海关关员帮助旅客进行申报，只要提供准确的个人相关信息即可。确有需要，也可指导帮助旅客现场填写。

🌐 网友：出口呼吸机配件是否属于 53 号公告管理范畴？

🎙 马晓龙：海关总署公告 2020 第 53 号所列呼吸机是指呼吸机整机，不包括诸如湿化仪、面罩、管路等呼吸机配件。

🌐 **网友**：医用隔离衣、医用手术衣是否按照 53 号公告所列医用防护服实施检验？

🎤 **吴刚**：53 号公告明确对医用防护服实施出口商品检验。医用隔离衣、医用手术衣与医用防护服在管理类别、外观结构、适用标准等方面存在差异，系不同种类商品，不按照医用防护服实施出口商品检验。

🌐 **网友**：出国回来能否携带月饼、肉等类产品入境？

🎤 **陈钊**：因其存在传播口蹄疫、禽流感及其他检疫性疫病的风险，我国是禁止携带、邮寄肉类、蛋等制品入境的。含有各种肉类或蛋黄的月饼，也在禁止之列，一旦截获，都要作退运出境或销毁处理。

🌐 **网友**：请问我们想进口新鲜水果，该怎么操作？

🎤 **吴刚**：根据《进境水果检验检疫监督管理办法》，拟进口的新鲜水果必须在《获得我国检验检疫准入的新鲜水果种类及输出国家地区名录》中；在签订进境水果贸易合同或协议前，应当申请办理"中华人民共和国进境动植物检疫许可证"；许可证获批后，可与国外发货人签订贸易合同，并进口。

🌐 **网友**：为什么种子、苗木不能携带入境？

🎤 **吴刚**：种子、苗木不是不能携带入境，如果因生产、科研等需要引进植物种子种苗的，请依法提前办理检疫审批手续，邮寄进境的应如实填写邮包内容物，并随附官方植物检疫证书及检疫审批单。如果不能提供官方植物检疫证书及检疫审批手续，海关将依法对其实施截留。

🌐 **网友**：为什么不能携带水果入境？

🎤 **陈钊**：根据《中华人民共和国禁止携带、邮寄进境的动植物及其产品名录》，新鲜水果属于禁止携带、邮寄入境物。

🌐 **网友**：海关对国际航行船舶船员如何实施检疫监管？

🎙 **吴刚**：一是海关会同交通运输主管部门、直属海事局根据自身职责，建立相关联防联控机制，做好国际航行船舶船员出入境管理。二是要求国际航行船舶在航行、停泊期间，要做好疫情防控，实行在船封闭管理、要落实船长负责制，加强对在船船员健康状况的监测。三是在船舶靠港后，除正常的中国籍船员换班、对伤病船员紧急救助必需等之外，不安排船员上岸活动；严禁无关人员上下船。对确需下船的换班船员、伤病急需救治船员在做好个人防护的前提下，做好检疫监管和相关保障工作。6 月 23 日，锦州海关对一艘来自日本的入境船舶紧急实施靠泊检疫工作，积极与地方疫情防控部门密切配合，对船舶上 1 名因急腹症需下船就医船员快速进行测温、医学排查、流行病学调查、样本采集等工作，确保该船员及时就医。

🌐 **网友**：对留学生包机等重点临时航班，海关有哪些措施？

🎙 **张云飞**：海关按照"一机一案"的原则制订工作方案，科学研判境外疫情输入风险，全力做好留学生包机、外交人员包机、医疗急救包机、货运包机以及北京分流航班等卫生检疫工作。依托智慧卫检、运输工具、旅客通关三个系统精准锁定重点航班和高风险人员，在确保检疫有效性的基础上，积极优化入境检疫流程，提高人员通关效率，防范人员聚集带来的交叉感染风险，切实维护国门安全。

🌐 **网友**：目前，除新冠肺炎外，埃博拉出血热、拉沙热等其他传染病仍在境外传播蔓延，请问海关在口岸是如何防控的？

🎙 **吴刚**：海关在做好口岸新冠肺炎疫情防控的同时，按海关总署要求做好埃博拉出血热、中东呼吸综合征、霍乱、疟疾、登革热等重点关注传染病疫情防控工作，切实将口岸各项防控措施和要求落实到位。一是制定完善有关方案、预案，确保口岸发生重大疫情时做到及时响应、快速处置；

二是指定专人在航班到达前查看"智慧卫生检疫系统""旅客通关管理系统"中的疫情布控信息，按布控指令要求做好受控人员后续处置工作；三是加强出入境人员体温监测、医学巡查和流行病学调查，仔细甄别是否来自埃博拉出血热、拉沙热、中东呼吸综合征等重点关注传染病疫区；四是对发热或有症状人员加强医学排查，并根据排查结果按照《口岸传染病排查处置技术方案》要求实施采样送检、病例转运等工作。

🌐 **网友**：疫情期间企业经营压力大，办理进出口保证金及保函业务时资金占用严重，该如何解决？

🎤 **马晓龙**：这是疫情期间企业比较关注的问题。根据《关于开展关税保证保险通关业务试点的公告》（海关总署　银保监会公告 2018 年第 155 号），保证保险业务已在全国海关推广，该险种的出台专门解决企业办理银行保函授信占用或保证金时资金占用问题，同时办理迅速，性价比较高，贵公司可采取关税保证保险方式解决。

🌐 **网友**：在疫情期间对企业税收方面是否有相应的优惠政策？

🎤 **马晓龙**：一是对于在规定期限内缴纳税款确有困难的，经审核企业提交的书面延期申请（最长 3 个月）和缴税计划，可准予企业延期缴税；对于 2020 年 1~4 月申报进口的担保放行货物，海关最长可延期 3 个月向担保机构索赔。二是对企业在海关核准的缴税计划内缴税的，根据《关于明确税款滞纳金减免相关事宜的公告》（海关总署公告 2015 年第 27 号）的要求，可予以减免滞纳金。减免滞纳金期间自缴款期限届满之日起不超过 3 个月。三是可根据税委会公告，对美加征关税排除的商品申请退税。

🌐 **网友**：假冒伪劣产品对市场环境有着巨大的危害，消费者对此深恶痛绝，沈阳海关作为进出口产品的把关机构，有什么具体的做法？

🎤 **马晓龙**：2020 年年初以来，沈阳海关按照海关总署工作安排，主动对接地方市场监督管理部门工作要求，不断加大打假力度，突出打击重点，丰富打假手段，并做好行政执法与刑事司法的有效衔接；加强对重点进出口商品的检验监管，持续提高企业失信信息采集率和进出口商品不合格检出率；严厉打击生产经营不讲诚信、进出口逃避监管、伪造和骗取检验检疫证书等违法犯罪行为；认真执行退运货物调查和处理管理办法、出口工业产品退运货物追溯调查管理工作实施办法以及被国外通报相关产品质量安全事件调查处理规定，加强对问题产品的溯源调查工作，及时查清原因并制定实施有效的预防及纠正措施；密切跟踪国内外市场动态，将有过质量违法记录、国内外消费者投诉、国内外媒体曝光、国外通报和召回、质量安全控制体系不健全、抽查不合格的企业及产品。列入重点检验监管范围，采取具有针对性的措施实施严密检验监管。

🌐 **网友**：我是一名外贸从业人员，公司与俄罗斯有着不少外贸业务往来，想了解一下中欧班列（沈阳）是否有新变化，鲜活产品进口的相关情况。

🎤 **马晓龙**：沈阳是东北地区中心城市，重要的物流集散地。中欧班列作为连接沈阳和"一带一路"沿线国家和地区的重要纽带，在扩大交流和对外开放等方面具有举足轻重的作用。考虑其重要作用，沈阳海关不断推进"两段准入"改革，以改革创新破解中欧班列及鲜活易腐商品通关难题。持续跟进参与海关总署"两段准入"改革，配合完成相关作业信息化系统开发，并与"中欧班列"工作相结合，加强与地方政府的联系配合，同步深化改革内容，突显改革红利。中欧班列（沈阳）已成为企业进出口运输的新选择，开行数量和运输货值均呈现逆势增长态势。推动"两段准入"监管改革在落实落细，深入研究论证确定以桃仙机场海关为试点现场，以进口水果、（冰）鲜活水生动物等鲜活易腐商品为突破点开展"特定附条件放行"改革试点，推动叠加使用"提前申报""两步申报"等改革措施，目前试点工作整体运行情况平稳，受到良好社会评价。

⊕ **网友**：刚刚听到您讲"专家组"的有关情况，能否请再展开详细介绍一下"专家组"的具体运行情况？

🎤 **马晓龙**：好的。成立"专家组"初衷主要是形成一对一对接机制，以问题需求为导向，细化措施，专项负责集中解决企业在复工复产过程中遇到的"难点""堵点"问题，全力对接地方政府工作和支持企业复工复产。对关区所辖企业梳理分类，将主要税源及地方支柱型企业、涉及防疫物资生产企业、涉及民生物资生产企业作为重点予以帮扶。以网络视频会议的形式取代传统的书面调研和实地走访，在解决问题的同时避免增加企业工作压力以及因人员接触带来的疫情防护负担。建立工作台账实施建、销账管理，对于线上不能直接给予答复的由对接专家领受工作，建立对应工作台账并统一跟踪了解问题解决情况和企业满意度，逐笔进行"销账"管理。现已对百家实现精准对接，通过排查77家普遍存在的"难点"和"堵点"问题，涉及综合、关税、动植、商检、监管、企管等方面业务。对11家企业提出帮扶需求较为复杂的开展"在线问诊"（其中9家为重点企业），浑南、铁西、锦州、葫芦岛、铁岭等现场海关积极参与"助诊"，共同解答进口物流选择、对美加征关税排除操作、出口防疫物资通关流程、加工贸易手册延期等19个方面的问题。

⊕ **网友**：旅客携带进境的行李或者进境的货物是否会存在病毒？

🎤 **张云飞**：目前，沈阳桃仙空港口岸已安排专业的消杀公司对旅客行李及进出境货物、监管场地等进行消毒，沈阳海关将落实口岸卫生检疫职能，做好定期采样检测工作。

⊕ **网友**：疫情期间外籍人员可以进境吗？出境是否有影响？

🎤 **张云飞**：面对新冠肺炎全球蔓延，各国出台了一系列应对措施，沈阳海关立足本职，坚决做好口岸疫情防控工作。关于持有的签证及居留许可证是否有效等问题，建议旅客在出入境前咨询国家移民管理局等相关部门，并主动了解目的地政策情况。

⊕ **网友**：沈阳海关多久可以提供核酸检测结果？核酸检测是否收费？地方是否承认海关核酸检测结果？

🎤 **张云飞**：在入境航班检疫监管时，沈阳海关一般在 8 小时以内可以完成核酸检测。沈阳海关为入境人员在口岸提供的核酸检测是免费的。目前，沈阳海关临床基因扩增实验室已通过辽宁省卫生健康服务中心技术审核，其检测结果与地方是互认通用的，即地方承认海关的核酸检测结果。

⊕ **网友**：疫情期间旅客出境都需要哪些手续？

🎤 **张云飞**：疫情期间旅客出境时，需进行健康申报，海关核验旅客的健康申报卡，并进行体温监测和医学巡查，对无异常的旅客正常放行。提醒出境旅客提前了解目的地国家（地区）的进境及隔离要求，以免耽误行程。

⊕ **网友**：疫情期间旅客在沈阳海关进境都有哪些流程和要求？

🎤 **张云飞**：目前，沈阳海关认真落实"三查、三排、一转运"措施。海关卫生检疫人员实施对航空器登临检查完毕后，会引导旅客下机，旅客接受两道体温监测、医学巡查、"健康申明卡"核验、流行病学调查、采样登记、样本采集等环节后，按照属地联防联控机制要求，将确诊病例、疑似病例、有发热/咳嗽等症状患者移交地方卫生健康部门指定医疗机构进一步诊治，其他人员按照属地管理要求移交地方至指定地点实施集中隔离观察。

⊕ **网友**：海关人员直接与境外人员接触，是否存在感染及传播病毒风险？

🎤 **陈钊**：沈阳海关采取多项措施确保一线疫情防控人员个人安全防护要求落实到位。一是提高个人安全防护意识，坚持开展安全防护培训，以班前会、集中学习和现场教学等多种方式，做到安全防护培训全员化、常态化；二是确保安全防护装备保障充足，根据现场实际情况和风险等级提高人员的防护标准；三是强化安全防护监督检查，上岗前由各组长进行检查，在岗工作期间安排专人进行安全防护巡视，离岗后开展脱卸防护服监督，避免因疏忽大意发生防护不到位的问题；四是落实污染控制管理，规划改造脱卸防护装备的区域，细化脱卸防护装备流程，与专业公司建立医疗垃圾、污染废弃物处理合作机制，杜绝产生二次污染风险。

🌐 **网友**：国内疫情形势有所好转，企业复工复产，海关在物资出口方面是否有限制呢？政策上有哪些要求呢？

🎤 **陈钊**：日前，商务部、海关总署、国家药品监督管理局发布 2020 年第 5 号公告，引导企业有序开展新冠病毒检测试剂、医用口罩、医用防护服、呼吸机、红外体温计等医疗物资出口。4 月 25 日，商务部、海关总署、国家市场监督管理总局发布 2020 年第 12 号公告，加强非医用口罩出口质量监管，同时进一步规范医疗物资出口秩序。海关将依据上述两个公告中涉及的"一证书""三清单""三声明"对出口防疫物资进行验放。为切实保证出口防疫物资质量安全，坚决打好疫情防控全球阻击战，沈阳海关从风险布控、单证审核、现场查验、后续处置等多个环节入手，持续强化对出口防疫物资的质量安全监管。

沈阳海关在加强防疫物资出口质量监管力度的同时，采取有效措施优化物资出口通关流程，第一时间设立了防疫物资快速通关窗口，安排专人进行"一对一"指导，加强与报关代理公司对接，提前办理通关手续，积极协调物流公司及航空公司，确保符合规定的物资能够快速通关。

🌐 **网友**：我想进口一批法定检验医疗器械，听说未经检验不得销售，不准使用，为规范我单位进口流程管理，可否对销售使用进行界定，以避免不必要的麻烦？

🎙 **马晓龙**：《中华人民共和国进出口商品检验法实施条例》第十六条规定，法定检验的进口商品在未实施检验完毕前不得销售、使用。销售指的是将进口商品售卖给他人，使商品所有权发生转移。使用是指对进口商品的加工、装配、组装、调运、安装、调试等多种形式。违反本条规定销售或使用未报检或未经检验的法定进口商品的，将没收违法所得并处货值5%至20%的罚款。

🌐 **网友**：沈阳海关在自贸试验区发展中发挥了什么作用？

🎙 **马晓龙**：沈阳海关基于自贸试验区内企业的发展需求，通过创新或复制推广海关监管制度，优化通关监管流程，解决企业在进出口环节里的痛点、难点问题，以此推动区内经济发展。2019年至今沈阳海关推出了15项自贸试验区海关监管制度创新举措，其中2项由国务院向全国复制推广，5项由辽宁省向全省复制推广，3项在全省开发区复制推广，这些举措也在当前疫情形势下对企业的复工复产起了显著的推动作用

🌐 **网友**：海关再次暂停多家企业肉品输华，有哪些企业？

🎙 **马晓龙**：以海关总署门户网站发布的《符合评估审查要求的国家或地区输华肉类产品名单》为准。

🎙 **吴刚**：感谢海关总署给我们这样一个平台和广大网友互动。再次感谢广大网友对沈阳海关工作给予的关注和支持。下一步，沈阳海关将继续发挥职能作用，在统筹疫情防控和经济社会发展工作中贡献海关力量。

🎙 **马晓龙**：很高兴今天能和广大网友进行近距离的互动。感谢广大网友对沈阳海关工作的支持，谢谢！

🎙 **张云飞**：感谢热心网友对机场海关工作的关注和支持，我们将按照海关总署的部署，继续做好口岸疫情防控工作，努力在大战大考中书写合格答卷！

🎤 **陈钊**：感谢各位网友对口岸新冠肺炎疫情防控的关注，作为口岸一线疫情防控人员，我们将把好国门，保障好人民生命安全，让旅客安心回国回家！

🎤 **周群**：感谢各位嘉宾，感谢各位网友，本期访谈到此结束。再见。

后 记

2020 年 7 月 9 日，海关总署举办主题为"在大战大考中书写合格答卷"的在线访谈，介绍沈阳海关筑牢口岸检疫防线、支持外贸企业复工复产达产、全力做好统筹疫情防控和经济社会发展工作情况，并在线答疑。访谈访问量 26.7 万人次，独立 IP 498 个，网友提问 55 个，现场答复 29 个。

见证开放　服务开放——为推进更高水平的对外开放贡献海关力量

◎ 主　题：见证开放　服务开放——为推进更高水平的对外开放贡献海关力量

◎ 时　间：2020 年 8 月 26 日　15：00

◎ 地　点：深圳海关

◎ 嘉　宾：深圳海关党委书记、关长　陈小颖

◎ 主持人：海关总署办公厅　周　群

　　深圳经济特区成立以来的40年，是国家走向富强、民族走向振兴的40年。改革开放破浪前行，中国海关事业蓬勃发展，深圳海关在深圳经济特区快速崛起、波澜壮阔的发展历程中，与深圳经济特区一同，开风气之先、领时代之新，见证开放、服务开放，为促进改革开放事业做出了积极贡献。

身临其境　看看我们曾经聊过的

主持人嘉宾交流

🎤 **周群：** 大家好！这里是中国海关门户网站在线访谈，我是主持人周群。今天我们来到改革开放的前沿——深圳，和大家一起，围绕"见证开放、服务开放，为推进更高水平的对外开放贡献海关力量"这一主题，开展互动交流。

当前，新冠肺炎疫情给我国经济社会发展带来了前所未有的冲击和挑战，海关总署倪岳峰署长要求，全国海关要深入学习领会、认真贯彻落实习近平总书记重要指示批示精神，增强"四个意识"、坚定"四个自信"、做到"两个维护"，继续巩固口岸疫情防控和促进外贸稳增长工作成果，在推动形成以国内大循环为主体、国内国际双循环相互促进的新发展格局中充分发挥海关作用。

深圳经济特区成立40年，是国家走向富强、民族走向振兴的40年。改革开放破浪前行，中国海关事业蓬勃发展，深圳海关在深圳经济特区快速崛起、波澜壮阔的发展历程中，**与深圳经济特区一同，开风气之先、领时代之新，见证开放、服务开放，为促进改革开放事业做出了积极贡献。**

新冠肺炎疫情给我国经济社会发展带来了前所未有的冲击和挑战，海关总署倪岳峰署长要求，**全国海关要深入学习领会、认真贯彻落实习近平总书记重要指示批示精神，增强"四个意识"、坚定"四个自信"、做到"两个维护"，继续巩固口岸疫情防控和促进外贸稳增长工作成果，在推动形成以国内大循环为主体、国内国际双循环相互促进的新发展格局、促进高质量发展中充分发挥海关作用。**

今天，我们邀请了深圳海关关长、党委书记陈小颖参加此次访谈，全面介绍深圳海关 40 年来见证开放、服务开放的辉煌历程，以及按照党中央、国务院的决策部署，按照海关总署的部署要求，在做好常态化口岸疫情防控的基础上，落实"六稳""六保"工作的相关举措和成效，与广大网友一起交流互动，探讨在深圳经济特区成立 40 周年新的历史节点上，如何为服务更高水平开放和更高质量发展贡献海关力量。欢迎广大网友踊跃参与。陈关长，请先和网友们打个招呼吧。

🎙 **陈小颖：** 主持人、各位网友，大家好！很荣幸受邀参加此次在线访谈，与大家分享深圳海关与深圳经济特区一同发展的 40 年历程。希望能通过这次在线访谈活动，让广大网友进一步了解海关是如何参与改革开放，肩负党和国家赋予的重要使命的。

🎙 **周群：** 今年是深圳经济特区成立 40 周年。深圳经济特区经历的 40 年，也是深圳海关在中国海关事业蓬勃发展背景下，不断改革创新、建设现代化海关的 40 年。您能给大家介绍下 40 年来深圳海关的发展历程吗？

🎙 **陈小颖：** 深圳经济特区在改革开放大潮中应运而生，肩负着改革开放"窗口"和"试验田"的光荣历史使命。它在 40 年间创造了一连串的发展奇迹，GDP 从 1980 年的 2.7 亿元增长到 2019 年的 2.7 万亿元，增长近 1 万倍。我们见证了深圳从一个中国南海之滨的小镇，发展成为一座现代化大城市，创造了世界工业化、现代化、城市化奇迹的过程。在这个历史进程中，深圳海关坚定不移地走中国特色社会主义道路，坚定不移地贯彻落实党中央改革开放的决策部署，按照海关总署党委的部署要求，牢记把好国门、服务开放的光荣使命，发挥身处改革开放最前沿的区位优势，与特区同行，不断解放思想、锐意创新，全面履行海关各项职能，深入参与国家经济社会发展各项建设，努力为改革开放做出应有贡献。

深圳海关的发展历程

深圳经济特区在改革开放大潮中应运而生，肩负着**改革开放"窗口"和"试验田"**的光荣历史使命。它在40年间创造了一连串的发展奇迹，GDP从1980年的2.7亿元增长到2019年的2.7万亿元，增长近1万倍。见证了深圳从一个中国南海之滨的小镇，发展成为一座现代化大城市，**创造了世界工业化、现代化、城市化奇迹的**过程。

深圳海关坚定不移地走中国特色社会主义道路，坚定不移地贯彻落实党中央改革开放的决策部署，按照海关总署党委的部署要求，牢记**把好国门、服务开放**的光荣使命，发挥身处改革开放最前沿的区位优势，与特区同行，不断解放思想、锐意创新，全面履行海关各项职能，深入参与国家经济社会发展各项建设，努力为改革开放做出应有贡献。

　　回顾起来，深圳海关走过了一段波澜壮阔的历程。1980 年 8 月 26 日，第五届全国人民代表大会常务委员会第十五次会议通过了由国务院提出的《广东省经济特区条例》，深圳成为第一个经济特区。从那时起，深圳海关这个百年老关的发展就与特区这片改革开放的"热土"紧密相连，步入了崭新的发展历程。也是从那时起，深圳海关成为特区建设和发展的重要参与者和见证者，在落实改革开放、推动改革开放、实践改革开放的进程中不断发展壮大，扮演着越来越重要的角色。深圳特区在艰苦条件下起步，深圳海关的前身、当时的九龙海关，大胆改革探索，以敢闯敢试的先行之志，创造了很多个第一：针对"三来一补"产业发展和吸引外商投资的需要，在深圳支持建设了全国最早的保税区、全国第一家出口监管仓、第一个全国性的保税资料市场；为加快口岸货物通关，引入了全国海关首个大型集装箱检查设备，辅助作业；适应深港两地越来越频繁的旅客往来，率先在罗湖桥头试行红绿通道敞开式验放，这也被视为中国海关旅检改革的里程碑。1997 年，我们迎来了香港回归，深圳海关由九龙海关更名为深圳海关，这一更名意义重大，也给了深圳海关人以莫大的鼓舞和激励。随着我国正式加入世界贸易组织，深圳在建设我国社会主义市场经济体制中迈出了更大步伐，深圳海关也推出了一系列适应形势发展需要、更为大胆开拓的改革创新举措，首创"富士康监管模式"，大幅提高了企业的通关速度和国际市场竞争力，这一模式后来成为海关保税加工和保税物流监管的基本作业模式；率先在皇岗口岸启动通道自动核放系统，车辆验放进入"读秒"时代，被称为公路口岸监管模式的历史性变革；在深圳湾创新实施"一地两检"模式，借鉴国际先进经验创新实施企业客户协调员制度，与欧盟海关启动安智贸项目，深圳海关落实国家战略部署，大胆解放思想，以开放的心态服务开放，助力深圳特区在改革开放征程中大步迈进、结出丰硕成果。

1980年8月26日，第五届全国人民代表大会常务委员会第十五次会议通过了由国务院提出的《广东省经济特区条例》，**深圳成为了第一个经济特区。**
也是从那时起，深圳海关成为了特区建设和发展的重要参与者和见证者，在**落实改革开放、推动改革开放、实践改革开放**的进程中不断发展壮大，扮演着越来越重要的角色。

1997年，香港回归，深圳海关由九龙海关更名为深圳海关，这一更名意义重大，也给了深圳海关人以莫大的鼓舞和激励。

我国正式加入WTO，深圳在建设我国社会主义市场经济体制中迈出了更大步伐，深圳海关也推出了一系列适应形势发展需要、更为大胆开拓的改革创新举措，首创**"富士康监管模式"**，大幅提高了企业的通关速度和国际市场竞争力，这一模式后来成为海关保税加工和保税物流监管的基本作业模式；率先在皇岗口岸启动通道自动核放系统，车辆验放进入"读秒"时代，被称为**公路口岸监管模式的历史性变革；在深圳湾创新实施"一地两检"模式**，借鉴国际先进经验创新实施企业客户协调员制度，与欧盟海关启动安智贸项目，深圳海关落实国家战略部署，大胆解放思想，以开放的心态服务开放，助力深圳特区在改革开放征程中大步迈进、结出丰硕成果。

　　党的十八大以来，以习近平同志为核心的党中央带领全党全国各族人民，坚定不移地朝着中华民族伟大复兴的目标前行。党的十九大把习近平新时代中国特色社会主义思想确立为党的指导思想，党在政治上、理论上、组织上、实践上取得了一系列重大成果，为新时代开启新征程、创造新辉煌提供了行动纲领。海关总署提出"五关"建设要求和"十六字"准军建设目标，为建设中国特色社会主义新海关绘就了宏伟蓝图。随着机构改革、海关党的领导体制改革的实施推进，新海关职能更广、使命更光荣、责任更重大，加快建设国际上先进的、最具竞争力的海关监管体制机制成为现实所需。与此同时，深圳也迎来了"双区"建设的重大历史机遇。深圳海关在海关总署党委的坚强领导下，深入学习贯彻习近平新时代中国特色社会主义思想，坚决落实习近平总书记对海关工作、对深圳工作的重要指示批示精神，把"五关"建设与服务国家发展战略、服务"双区"建设有机贯通，与深圳海关自身强关建设有机贯通，提出了"树先锋

党的十八大以来，以习近平同志为核心的党中央带领全党全国各族人民，坚定不移地朝着中华民族伟大复兴的目标前行。

海关总署提出"五关"建设要求和"十六字"准军建设目标，为建设中国特色社会主义新海关绘就了宏伟蓝图。

深圳海关在海关总署党委的坚强领导下，深入学习贯彻习近平新时代中国特色社会主义思想，坚决落实习近平总书记对海关工作、对深圳工作的重要指示批示精神，把"五关"建设与服务国家发展战略、服务"双区"建设有机贯通，与深圳海关自身强关建设有机贯通，提出了**"树先锋意识、走强关之路、展时代风采"**的工作目标，坚持强化监管、优化服务，在一代代先辈奋斗成果的基础上，实现了深圳海关事业的新发展。

积极对接落实**全国通关一体化改革**，适应大湾区物流特点和需要，创新实施了**"离港空运服务中心""东西部港区一体化""城际组合港""同船运输+整船换装""国际中转集拼"**等一大批改革措施，助力大湾区要素流动打通大动脉、畅通微循环。紧紧围绕国家建设自贸试验区的使命任务，加大自贸区海关监管制度创新力度，30项创新措施纳入省级以上复制推广经验，3项纳入国务院复制推广经验。对标**世界银行**评估标准，大力优化口岸营商环境，推进提效降费、促进贸易便利化，深圳口岸进出口整体通关时间较2017年分别压缩了53.97%、84.75%，提前完成国务院部署的压缩任务。

意识、走强关之路、展时代风采"的工作目标，坚持强化监管、优化服务，在一代代先辈奋斗成果的基础上，实现了深圳海关事业的新发展。我们积极对接落实全国通关一体化改革，适应大湾区物流特点和需要，创新实施了"离港空运服务中心""东西部港区一体化""城际组合港""同船运输整船换装""国际中转集拼"等一大批改革措施，助力大湾区要素流动打通大动脉、畅通微循环。紧紧围绕国家建设自贸试验区的使命任务，加大自贸区海关监管制度创新力度，30项创新措施纳入省级以上复制推广经验，3项纳入国务院复制推广经验。对标世界银行评估标准，大力优化口岸营商环境，推进提效降费、促进贸易便利化，深圳口岸进出口整体通关时间较2017年分别压缩了53.97%、84.75%，提前完成国务院部署的压缩任务。深圳海关举全关之力参与"双区"建设，围绕建设国际科技创新中心、推动规则相互衔接、促进要素高效便捷流动等目标任务，实施"智慧监管计划"和"口岸提速行动"，在深港科技创新合作区等创新载体建设、支持科创产业和先进制造业发展、加强口岸建设促进基础设施互联互通等多层面深度参与,着力增强深圳核心引擎功能。同时,坚决打击走私,持续滚动开展"国门利剑""蓝天"专项行动,打响全国海关打击"洋垃圾"走私第一枪,查办大批涉税千万元以上重特大走私罪案,行政违规、走私行为和刑事三类案件立案数常年位居全国海关前列,"智慧缉私"在全国海关推广,有力维护了国家生态安全和经贸秩序。在口岸疫情疫病防控、维护进出口食品安全、保障进出口商品质量、确保供港生活物资安全稳定供应等各方面把好国门、当好卫士,维护国家安全和发展利益。

深圳海关举全关之力参与"双区"建设,围绕建设国际科技创新中心、推动规则相互衔接、促进要素高效便捷流动等目标任务,实施"智慧监管计划"和"口岸提速行动",在深港科技创新合作区等创新载体建设、支持科创产业和先进制造业发展、加强口岸建设促进基础设施互联互通等多层面深度参与,着力增强深圳核心引擎功能。

坚决打击走私,持续滚动开展"国门利剑""蓝天"专项行动,打响全国海关打击"洋垃圾"走私第一枪,查办大批涉税千万元以上重特大走私罪案,行政违规、走私行为和刑事三类案件立案数常年位居全国海关前列,"智慧缉私"在全国海关推广,有力维护了国家生态安全和经贸秩序。在口岸疫情疫病防控、维护进出口食品安全、保障进出口商品质量、确保供港生活物资安全稳定供应等各方面把好国门、当好卫士,维护国家安全和发展利益。

今年以来,面对突如其来的新冠肺炎疫情危机和大考,面对严峻复杂的外部形势和深圳 40 年不遇的外贸下行压力,深圳海关坚决贯彻落实习近平总书记重要指示批示精神和党中央决策部署,按照海关总署党委的统一指挥，与地方联防联控机制密切配合，加强党的领导，充分发挥"两个作用"，全关同志上下一心、勇当"逆行者"，不仅在口岸筑起了坚不可摧的检疫防线，迄今为止做到了"一个不漏、一个不倒"，在保障防疫物资通关、支持企业复工复产、促进外贸稳增长等各条战线同样全力作战，想方设法做好"六稳"工作、落实"六保"任务，取得了很好的成效，为夺取疫情防控和经济社会发展"双胜利"做出了应有贡献。

今年以来，面对突如其来的新冠肺炎疫情危机和大考，面对严峻复杂的外部形势和深圳40年不遇的外贸下行压力，深圳海关坚决贯彻落实习近平总书记重要指示批示精神和党中央决策部署，**按照海关总署党委的统一指挥，与地方联防联控机制密切配合，加强党的领导，充分发挥"两个作用"，全关同志上下一心、勇当"逆行者"**，不仅在口岸筑起了坚不可摧的检疫防线，迄今为止**做到了"一个不漏、一个不倒"**，在保障防疫物资通关、支持企业复工复产、促进外贸稳增长等各条战线同样全力作战，千方百计做好"六稳"工作、落实"六保"任务，取得了很好的成效，为夺取疫情防控和经济社会发展"双胜利"做出了应有贡献。

40 年来，深圳海关和深圳经济特区共命运、同成长。深圳海关经历的这 40 年是深圳经济特区快速崛起、蓬勃发展的 40 年，是艰苦奋斗、夯基固本的 40 年，也是先行示范、引领发展的 40 年。深圳海关队伍体量从 800 多人增长到 8000 多人，各项业务迅猛发展，监管进出境货运、运输工具、行邮物品、企业和加工贸易管理、后续稽查、打击走私等各项业务成绩连年位居全国海关前列。

40年来，深圳海关和深圳经济特区共命运、同成长。深圳海关经历的这40年是深圳经济特区快速崛起、蓬勃发展的40年，是艰苦奋斗、夯基固本的40年，也是先行示范、引领发展的40年。**深圳海关队伍体量从800多人增长到8000多人，各项业务迅猛发展，监管进出境货运、运输工具、行邮物品、企业和加工贸易管理、后续稽查、打击走私等各项业务**成绩连年位居全国海关前列。

🎙 **周群**：深圳经济特区的 40 年发展历程波澜壮阔，深圳海关 40 年来与深圳经济特区共成长，见证着深圳经济特区发展的伟大征程。回顾历史，深圳海关获得了哪些经验或者说精神财富呢？

🎙 **陈小颖**：回顾 40 年的发展历程，我们有很多感悟和收获，集中概括起来主要有 4 个方面。

第一，"不忘初心、牢记使命"是激励一代代深圳海关人持续奋进、英勇奋斗的根本动力。40 年来，深圳海关最主要的一个收获是坚持把初心和使命铭于心、立于言、践于行，贯穿到服务特区建设和深圳海关事业发展的全过程，始终坚守人民立场，牢记一切权力来自人民、服务于人民，把"人民海关为人民"作为根本价值追求，把人民群众满意作为衡量工作的最高标准。始终不忘共产党人的理想信念和精神追求，永筑听党指挥、政治坚定的忠诚之魂，把对党的忠诚体现到日常工作中，落实到实际行动上，确保深圳海关队伍永葆对党绝对忠诚的政治本色。始终牢记党和人民交给光荣职责和神圣使命，牢固树立总体国家安全观，坚决落实党中央决策部署，坚决执行总署党委的各项工作任务，不折不扣地履行好不同历史时期深圳海关的历史使命，在急难险重的斗争中冲在前面、勇担重任，为特区发展作出海关应有的贡献。

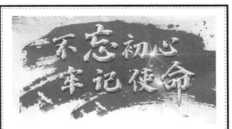

深圳海关取得的精神财富

回顾40年的发展，有很多感悟和收获，集中概括起来主要有4个方面：

第一，"不忘初心、牢记使命"是激励一代代深圳海关人持续奋进、英勇奋斗的根本动力。最主要的一个收获是坚持把初心和使命铭于心、立于言、践于行，贯穿到服务特区建设和深圳海关事业发展的全过程，始终坚守人民立场，牢记一切权力来自于人民、服务于人民，把"人民海关为人民"作为根本价值追求，把人民群众满意作为衡量工作的最高标准。始终不忘共产党人的理想信念和精神追求，永筑听党指挥、政治坚定的忠诚之魂，把对党的忠诚体现到日常工作中，落实到实际行动上，确保深圳海关队伍永葆对党绝对忠诚的政治本色。始终牢记党和人民交给光荣职责和神圣使命，牢固树立总体国家安全观，坚决落实党中央决策部署，坚决执行总署党委的各项工作任务，不折不扣地履行好不同历史时期深圳海关的历史使命，在急难险重的斗争中冲在前面、勇担重任，为特区发展作出海关应有的贡献。

　　第二，"敢闯敢试、敢为人"先是深圳海关站在改革前沿、引领风气之先的不竭源泉。从改革开放的试验田和示范窗口，到粤港澳大湾区核心引擎、中国特色社会主义先行示范区，党和人民在不同的历史阶段都对深圳经济特区建设寄予厚望，赋予其引领中国改革发展重托。深圳海关始终深刻认识特区建设对国家发展全局的重要战略意义，牢牢把握不同历史时期特区承担的战略任务，准确定位深圳海关在其中承担的使命、身处的位置、应发挥的作用，切实把贯彻党中央建设特区的战略意图，作为制定各项政策措施的出发点和落脚点。也正是特区敢闯敢试、敢为人先的改革创新精神，激励了一代代深圳海关人在改革开放中不断先行先试，贡献"深圳智慧""深圳经验"，在海关改革创新中勇当排头兵。

第二，"敢闯敢试、敢为人先"是深圳海关站在改革前沿、引领风气之先的不竭源泉。从改革开放的试验田和示范窗口，到粤港澳大湾区核心引擎、中国特色社会主义先行示范区，党和人民在不同的历史阶段都对深圳经济特区建设寄予厚望，赋予其引领中国改革发展重托。深圳海关始终深刻认识特区建设对国家发展全局的重要战略意义，牢牢把握不同历史时期特区承担的战略任务，准确定位深圳海关在其中承担的使命、身处的位置、应发挥的作用，切实把贯彻党中央建设特区的战略意图，作为制定各项政策措施的出发点和落脚点。也正是特区敢闯敢试、敢为人先的改革创新精神，激励了一代代深圳海关人在改革开放中不断先行先试，贡献"深圳智慧""深圳经验"，在海关改革创新中勇当排头兵。

第三，"马上就办、真抓实干"是深圳海关事业发展行稳致远、进而有为的作风保障。40 年来深圳经济特区的快速腾飞和深圳海关的长足进步，无不是建立在深圳海关人日复一日、日积月累的辛勤和汗水上。通过一代代深圳海关人的积累和传承，求真务实成为深圳海关人身上最亮眼的标签，"马上就办、真抓实干"成为深圳海关人人秉持的作风，效率意识成为深圳海关与深圳这座城市不可分割的精神符号。这些都为深圳海关事业永续发展提供了源源不竭的动力，为深圳海关坚决贯彻落实党中央决策部署、服务特区经济社会发展提供了强有力的支撑。

　　第四，"忠诚干净、勇于担当"是深圳海关队伍经受考验、抵御风险的宝贵经验。实践证明，建设一支经得住各种风险考验、政治坚强、业务过硬、党和人民完全可以信赖的队伍是深圳海关不断推进改革与发展、取得事业进步的重要保障。按照海关总署准军建设"十六字"目标，深圳海关聚焦作风建设，着力锻造队伍令行禁止纪律作风，全面加强清廉海关建设，坚持严管厚爱有机统一，积极营造风清气正的政治生态，打造一心一意谋发展、心无旁骛干事创业的良好氛围，持续激励干部队伍的创造力、凝聚力、战斗力，形成了一个想干事、能干事、干成事的优良传统，形成了一支忠诚、干净、担当的干部队伍，这也是深圳海关伴随深圳特区40年建设发展所积累的宝贵财富。

第三，"马上就办、真抓实干"是深圳海关事业发展行稳致远、进而有为的作风保障。通过一代代深圳海关人的积累和传承，求真务实成为深圳海关人身上最亮眼的标签，"马上就办、真抓实干"成为人人秉持的作风，效率意识成为深圳这座城市不可分割的精神符号。这些都为深圳海关事业永续发展提供了源源不竭的动力，为坚决贯彻落实党中央决策部署、服务特区经济社会发展提供了强有力的支撑。

第四，"忠诚干净、勇于担当"是深圳海关队伍经受考验、抵御风险的宝贵经验。建设一支经得住各种风险考验、政治坚强、业务过硬、党和人民完全可以信赖的队伍是不断推进改革与发展、取得事业进步的重要保障。按照海关总署准军建设"十六字"目标，聚焦作风建设，着力锻造队伍令行禁止纪律作风，全面加强清廉海关建设，坚持严管厚爱有机统一，积极营造风清气正的政治生态，打造一心一意谋发展、心无旁骛干事创业的良好氛围，持续激励干部队伍的创造力、凝聚力、战斗力，形成了一个想干事、能干事、干成事的优良传统，形成了一支忠诚、干净、担当的干部队伍，这也是深圳海关伴随深圳特区40年建设发展所积累的宝贵财富。

🎙 **周群**：这40年的经验和财富确实十分宝贵。站在新的起点上，深圳当前又迎来了粤港澳大湾区和中国特色社会主义先行示范区"双区"建设的重大使命、重大机遇，深圳海关是如何把握新使命、新机遇的？

🎙 **陈小颖**：粤港澳大湾区建设和支持深圳建设中国特色社会主义先行示范区，是习近平总书记亲自谋划、亲自部署、亲自推动的重大国家战略。党中央、国务院对"双区"建设有一系列的规划和部署，海关总署也已经作出具体的工作安排，要求深圳海关全力服务好"双区"建设。深圳海关作为成长在特区的海关，服务"双区"建设更加责无旁贷，必须发挥好新时代新海关的职能作用，主动作为，当好"双区"建设的先行者、建设者、参与者、贡献者。

今年是"双区"建设全面铺开、纵深推进的关键一年。深圳海关在全力以赴做好口岸疫情防控和促进外贸稳增长工作的同时，牢记"双区"建设使命责任，加大海关制度集成创新力度，推出"1331"赋能工程，积极助力发挥"双区驱动效应"，为特区成立40周年献礼。

"1"，落地1个方案——支持深圳建设中国特色社会主义先行示范区框架方案。立足深圳未来所需，一揽子推出涵盖监管制度创新、监管模式改革、区域协同联动、执法方式变革等多领域18类创新举措62项具体措施。目前，方案已经海关总署批复同意，扩大减免税享惠主体、区外保税维修、深化加工贸易监管改革等 17 项第一阶段支持措施正在稳步推进落地。

第一个"3"，对接 3 大平台——前海蛇口自贸片区平台、深港科技创新合作区平台和光明科学城平台。其中在前海蛇口自贸片区，通过自贸制度创新、支持保税港区转型升级，着力打造高端装备设备融资租赁中心、高端电子元器件保税检测维修中心、跨境电商全链条发展中心、ICT 物料供应链中心等"四个中心"，汽车平行进口基地、高端船舶维修基地"两个基地"，将妈湾智慧港建设成为先行示范区标杆项目。在深港科技创新合作区，组织专门团队量身打造特殊监管模式，最大程度便利区内深港要素跨境流动。在光明科学城，深圳海关目前已与地方政府对接，共同就引进大科学装置、支持科技创新研发、促进科研成果转化、知识产权边境保护、建设国际中医药港等具体项目进行研究，并将推出一揽子措施支持有关项目落地。

第二个"3"，服务 3 类产业——高端制造产业、高精尖科技产业和新业态新兴产业。深圳海关结合深圳各类产业基础、产业优势和区位特点，着力在西部支持发展"保税国际会展"、跨境电商、平行进口汽车等新业态新兴产业，培育壮大新的增长点；在中部通过发挥海关技贸、税政、AEO 认证等职能优势，实施"互联网＋网上稽核查"等创新监管模式，全力支持先进制造业发展。在东部积极探索实施集成电路全产业链保税监管，支持高精尖科技产业发展，推出系列精准帮扶措施，助力加速解决重点产业"卡脖子"问题。

最后一个"1"，推动口岸一体联动——打造海、陆、空、铁、邮全方位开放格局。海运方面，通过城际组合港、东西部港区一体化，推进建设"国际海运中转分拨集拼中心"，复制推广"船边直提""抵港直装""整船换装＋同船运输"业务模式，助力提升港口物流运作效率和产业集群效应，增强大湾区海港群国际竞争力。陆运方面，针对疫情影响，研发建设驾驶员智慧验放系统，推动卫生检疫前置，叠加"分层查验""不接触查验"等措施，全力提升通关效率。围绕跨境交通"东进东出、西进西出"布局，积极参与老旧口岸改造和深圳湾 24 小时通关，建设净化口岸环境，优化口岸布局，着力打造"四最"口岸。8 月 26 日上午，又一新的口岸——莲塘口岸正式启用货运功能服务，作为粤港澳加强跨境交通联系的三大关键基建设施之一，莲塘口岸的开通也意味着粤港澳基础设施互联互通取得重大突破性进展，将有力促进深港之间更紧密联系。空运方面，支持深圳机场抢抓疫情之下大湾区航空物流结构调整机遇，大力推动航空物流"客改货"业务及进口冷链平台建设，创新陆空联运模式，积极推动建设国际空港货运枢纽。铁路、邮路方面，推动打通"湾区号""深赣欧"中欧班列通道和"海上新邮路"出海通道，积极拓宽国际物流干线，为保障国际物流畅通做好战略布局。

🎤 **周群**：这些措施确实特别具有创新性和示范性。深圳是一个外向型城市，疫情期间的防输入压力特别大，同时作为外贸大市，外贸形势也非常严峻。深圳海关是如何做好统筹疫情防控和促进外贸稳增长工作的？

🎤 **陈小颖**：新冠肺炎疫情发生以来，习近平总书记亲自指挥、亲自部署，多次主持召开会议研究统筹推进疫情防控和经济社会发展工作，并就加强口岸疫情防控、促进外贸稳增长做出一系列重要指示批示，为我们指明了努力方向、提供了根本遵循。海关总署把统筹口岸疫情防控和促进外贸稳增长作为当前至关重要的工作，要求要同步加强，做出了一系列工作部署。正如主持人所说，深圳作为一个外向型经济高度发达的城市，在口岸疫情防控，特别是防输入方面、在促进外贸稳增长方面确实面临更大压力、更严峻挑战。为此，深圳海关在海关总署的有力指挥下，坚持两手抓、两手都要硬，尽锐出战，奋力夺取"双胜利"。

一方面，锲而不舍、一以贯之，毫不放松加强口岸疫情防控。从最开始的外防输出、内防扩散，到现阶段的外防输入、内防反弹，深圳海关疫情防控经历了早期内港两地疫情防控的高人流、高难度，留学生经香港、深圳的两个机场大批量回国，载有 6000 多名国内外乘客的邮轮入境，每天都有发热症状旅客和密切接触者航班入境的阶段，之后每天常态化对上万名深港跨境货车司机、数百名国际船舶船员和货机机组人员检疫，跨境学童、来华复工外国人"快捷通道"、归国留学生包机入境检疫通关等的阶段，还承担着保障防疫物资快速通关、加强出口医疗物资质量监管、防范埃博拉、鼠疫、登革热、中东呼吸综合征疫情等各类叠加风险。在对人检疫的同时，按照海关总署统一部署，深圳海关以最严格、最规范措施实施进口冷链食品及包装检测。全关同志克服困难、连续作战，筑起了牢不可破的口岸检疫防线。世界卫生组织官员在对深圳机场口岸疫情防控工作考察后评价，"中国海关为全球公共卫生安全做出了突出贡献"。

另一方面，坚定信心、迎难而上，全力以赴促进外贸稳增长。深圳海关坚决贯彻落实习近平总书记关于支持企业复工复产、做好"六稳"工作、落实"六保"任务的重要讲话和重要指示批示精神，认真落实中央减税降费部署，大力优化口岸营商环境，打通海关总署有关改革和支持措施落地"最后一公里"，2 月率先出台支持企业复工复产 20 项措施，随后又出台了做好"六稳"工作、落实"六保"任务促进外贸高质量发展 20 条措施、精准帮扶供应链企业 10 项措施，全力帮助企业纾困解难，很多措施为企业带来了真金白银的益处。比如，通过延长税款缴纳期限、免征滞纳金、免除担保等，为深圳企业延期缴税约 22.4 亿元、免除担保 43.3 亿元，直接释放或节省企业资金约 127.8 亿元。通过技术性贸易措施应对工作，促使欧盟原计划于 2020 年 5 月 26 日实施的《医疗器械法规》推迟一年实施，惠及出口货值超过 200 亿元人民币，使 20% 的医疗器械中小企业保住了订单。截至 2020 年 7 月，深圳外贸在全国 5 大外贸城市中率先实现正增长，在逆势中取得了非常不容易的成绩。

🎤 **周群**：接下来，深圳海关准备在哪些方面攻坚克难、不断发展，为特区成立 40 周年再出发提供助力？

　　🎤　陈小颖：接下来，深圳海关以习近平新时代中国特色社会主义思想为指导，按照海关总署党委"五关"建设要求，紧密对接特区建设实际和发展需求，着力抓好以下几个方面。

　　一是坚持政治建关。坚决贯彻落实习近平总书记重要讲话和批示指示精神，增强"四个意识"、坚定"四个自信"、做到"两个维护"，把总书记对海关工作和对深圳工作的重要指示批示精神作为行动纲领，锲而不舍、一以贯之抓落实，助力特区更好地贯彻党中央的战略意图、沿着正确的方向快步前进。

　　二是坚持改革强关。积极对接落实海关总署《海关全面深化业务改革2020 框架方案》，着力打造国际上先进的、最具竞争力的海关监管体制机制，不断深化海关制度创新和治理能力建设。落实"双区"建设重点任务，以"1331"赋能工程为抓手，务实推进重点项目落地，力争率先形成突破。持续巩固提升口岸营商环境改革成效，大力压缩口岸通关时间、推进提效降费，打造"四最"深圳口岸，不断提升贸易便利化水平。

　　三是坚持依法把关。落实总体国家安全观，推进强化监管、优化服务在更高水平有机统一，在疫情防控常态化的同时，针对外部形势变化因时因势做好应对准备，全面履行好海关在维护政治、经济、社会、文化、生态安全等方面的职责。因应构建以国内大循环为主体、国内国家双循环相互促进的新发展格局需要，优化职能实现方式，更好服务经济社会发展。

　　四是坚持科技兴关。加快推进总署科技兴关"样板间"建设，不断孵化新项目、提升实战应用能力。全力推进"智慧海关"建设，在口岸监管、后续监管、征税、打私、卫、动、食、商各业务条线实现智能化，以更优质的海关公共服务为广大进出口企业赋能，为保产业链供应链安全稳定提供支撑。

　　五是坚持从严治关。压紧压实全面从严治党主体责任，深化强基提质工程，扎实推进准军队伍建设和纪律作风建设，建设清廉海关，加强文明创建，不断改进政风行风，打造一支忠诚、干净、担当的干部队伍，为特区整装再出发、推进更高水平扩大开放提供坚强政治保障。

🎙 **周群**：访谈时间马上过半，我们一起来看一下网友的热情问答。

网友提问摘录

🌐 **网友**：1210 电商业务推展情况怎么样？目前深圳海关有哪几个保税仓可以开展 1210 电商业务？

🎙 **陈小颖**："1210"电商业务主要是保税备货模式，目前深圳海关在关区内海关特殊监管区域和 B 型保税监管场所都可以开展该项业务。

🌐 **网友**：福田保税区何时可以开展跨境电商业务？

🎙 **陈小颖**：福田保税区今年已经开通跨境电商 1210 业务。

🌐 **网友**：深圳海关支持跨境电商新业态的举措主要有哪些？目前深圳关区跨境电子商务 9610 业务、1210 业务发展的情况如何？进出口单量有多少？在全国的排名如何？深圳关区可以开展跨境电商 9610 出口业务的主要通关监管场所有哪些？

🎙 **陈小颖**：深圳海关严格贯彻党中央国务院关于加快跨境电子商务新业态发展的部署要求，发挥深圳市跨境电商企业集中、跨境电商贸易体量庞大、"陆海空"国际物流发达等优势，围绕"加快布点、解决堵点、连接断点、创新试点"四个重点，促进关区跨境电商业务提质增量，充分引领粤港澳大湾区跨境电商业态发展。2020 年截至 7 月，已累计验放跨境电商零售进出口商品近 3 亿票，货值 130 亿元人民币。

一是加快布点，打造跨境电商综合试验区"全业态"。积极推动关区内跨境电商监管场所优化布局，合理有序开展监管场所建设，完善监管作业流程，促进关区跨境电商规模化、规范化发展。推进跨境电商场站升级改造，优化区域分布，引进智能仓库、立体分拣矩阵等先进设施，吸引优质企业集聚园区。今年深圳关区开展跨境电商业务的监管场站达到 8 个，分别是前海保税区、盐田综合保税区、机场海关保税物流中心（B 型）、福田保税区、邮局海关、以及龙岗、惠州跨境电商中心。

二是解决堵点，开辟跨境物流新路径，助力"走出去"。该关拓展"陆海空铁"立体式物流联运渠道，依托东西部港区联动、对接"中欧班列"、开通邮快件"海上邮路"等，满足跨境电商出口物流多元化需求。发展"多程联运"缓解邮路紧张；服务企业拓展"空中通道"，打造新增全货机航线航班绿色通道，与深圳机场集团构建高效协作机制，支持全货机航线。

三是连接断点，解决企业后顾之忧，确保货物"退得回"。积极实施跨境电商出口商品退货监管新政策，针对跨境电商出口商品退货难的问题，通过优化监管模式，助力构建高效、安全、快捷的跨境电商出口退货渠道，打通跨境电商出口退货堵点，使跨境电商商品"出得去、退得回"，助力外贸高质量发展。

四是创新试点，探索业务新模式，支持企业"通全球"。积极开展"跨境电商 B2B 出口"试点工作，将跨境电商便利措施从寄递渠道延伸至货运渠道。试点首月，就累计验放跨境电商 B2B 出口货物共 211 万票。积极推动跨境电商零售 9610 进口业务试点工作，完善业务模式短板，促进跨境电商全模式发展。探索开展电商货物与普通保税货物同仓存储、账册互转的"全球中心仓"试点，出口电商包裹可以根据自身的物流需求，灵活选择物流渠道，实现不同贸易形态、不同企业、不同商品的"海拼""陆拼""空拼"，大幅节省企业运营费用，压缩通关时间，满足企业多元化发展需求。

🌐 **网友**：减负降费这个话题广大网友最为关心，能具体谈谈在这方面深圳海关采取了哪些措施？取得了怎样的效果？

🎙 **陈小颖**：减负降费一直是深圳海关促外贸稳增长的重要抓手，我们做了以下几个方面的工作。

一是全面落实收费公示制度。对照海关总署下发的"海关下属事业单位、社会团体经营服务性收费集中公示表"规定的收费项目，全面梳理深圳海关收费目录清单，确保"收费项目进清单、清单之外无收费"。

二是加强收费监督检查。根据国务院以及海关总署部署要求，在全关区范围内多次开展涉企收费专项检查，有效防范风险。并通过门户网站、国际贸易"单一窗口"对收费目录清单及相关政策依据集中公示，各收费业务点均按要求公示收费内容、标准及监督投诉电话，主动接受社会监督。

三是减免或降低部分检疫处理费用。减免入境苗木滴灌、供港回空车辆消毒、船舶检疫处理等项目收费，"三免一降"。

此外，今年为帮扶企业应对疫情，对于关区 1~4 月申报进口的担保放行货物，如企业在规定期限内缴纳税款确有困难，准予企业最长延期 3 个月缴税，上半年共准予 16 家企业延期缴税 2.4 亿元。同时，积极做好税款滞纳金减免工作，对疫情期间企业在海关核准的缴税计划内缴税的，减免相关税款滞纳金，减免滞纳金期间自缴款期限届满之日起最长 3 个月。今年上半年深圳关区实际减征增值税已达上百亿。

🌐 **网友：**疫情暴发以来，世界各国在不同程度上减少了航运、海运的运力，严重影响国际物流供应链，深圳的外贸企业肯定受影响特别大。深圳海关在畅通国际物流供应链方面，做了哪些工作？

🎤 **陈小颖：**疫情对国际物流确实产生了非常多的不利影响，为此深圳海关立足海关职能进行了一系列创新改革，想方设法保障供应链畅通。

在航运方面，创新陆空联运模式，积极推动深圳机场建设国际空港货运枢纽。

一是支持深圳机场通过跨境快速通关、舱单分拨等模式实现"陆空联运"，支持企业承接香港机场外溢业务，依托深港机场间航线密度大、单机运力强和运作效率高等优势，深挖国际转运资源，开展"陆空联运"过境业务。目前相关业务已正常运作。

二是支持机场海关通过"客转货"缓解空运运力不足的问题。针对疫情期间国际航线明显减少情况，支持航空公司将深圳机场固定客运航线转为空机载货，联合深圳机场规划"客转货"停机坪，实行独立区域监管，提前掌握出口货物和载货客机信息，针对腹舱载货和客腹舱载货情况，分类制定监管方案，提高货物监管、装载效率，保障国际航空货运能力提升。

深圳海关在海运方面的动作更多，试点推出了"抵港直装""船边直提""东西部港区一体化""惠盐组合港"等促进粤港澳大湾区物流便利化新模式。

一是推广"船边直提""抵港直装"业务模式。依托提前申报模式，前置办理码头、船公司、运输准备等手续，实现货到放行、船边直提，口岸通关"零延时"。通关时间得以大幅压缩，企业物流成本明显降低。上半年，"船边直提""抵港直装"，快速放行水果、汽车工业品、以及紧急物资共 1332 吨。

二是推广实施"东西部港区一体化"改革。支持粤港澳大湾区物流便利化，实现深圳关区东西部港区互联互通、优势互补，打通海运、空运口岸海关与前海湾保税港区、盐田综保区之间的物流，助力深圳枢纽港建设。目前已开通"盐田港—前海湾保税港区""宝安机场—前海湾保税港区"两条物流线路，下一步将根据企业需求拓展到其他物流线路。

三是推出"惠州港—盐田港"组合港模式。贯彻《粤港澳大湾区发展规划纲要》，推出"惠州港—盐田港"组合港模式，打破监管场所限制，形成以深圳盐田港为枢纽、惠州港为支线的"组合港"模式，实现港口资源互补，扩大盐田港作为枢纽港的覆盖范围，缓解盐田港区道路运输压力，取得巨大的社会和经济效益。采用组合港模式后，每个集装箱可节约运输成本 300 元~500 元，同时通过减少陆路运输每年能为港口疏通 25 万车次货柜车辆。

🌐 **网友**：最近跨境电商再次成为热点，成为稳外贸的一个新亮点，深圳海关在支持跨境电商业态发展创新方面有哪些举措？

🎤 **陈小颖**：一是优化场所布点。在蛇口和邮局海关开展跨境电商业务的基础上，加快推动龙岗、惠州和盐田跨境电商监管场所建设项目，完善监管作业流程，促进关区跨境电商规模化、规范化发展。二是打通物流堵点，创新"海运中欧班列"新路径，解决跨境电商物流堵点，通过盐田港、蛇口港"海上新邮路"和陆路转关至重庆的中欧班列新路径有效疏解物流不畅。三是连接退货断点，稳步开展跨境电商出口商品退货。成功开展跨境电商商品退回特殊区域和退回国内两种业务，针对疫情期间跨境电商订单退货多的情况，全程信息化自动校验退货申请，确保应退快退。四是开展业务试点，积极开展9610业务进口试点和B2B出口业务试点。在蛇口和邮局海关顺利验放深圳海关首批跨境电商直购进口商品。开展B2B出口监管试点，首月共验放B2B出口清单和报关单211万票，居全国第一。

🌐 **网友**：在当前国外市场受疫情影响需求萎缩的情况下，中央要求大力促进出口转内销，深圳海关采取了哪些措施助力出口产品转内销？

🎤 **陈小颖**：受全球疫情影响，各国消费需求被持续抑制，海外市场需求短期内明显萎缩，不少企业面临外贸订单减少，运营资金压力大等困难。针对企业实际困难，深圳海关从缓解资金压力、帮扶企业生产、便利货物内销3个方面着手，出台了《深圳海关支持加工贸易发展促进内销便利化的若干措施》，内容共12条，推动加工贸易企业充分利用国际、国内两个市场，实现内外贸一体化发展。

1. 优化担保管理，缓解企业资金压力。对于企业设立加工贸易手册，除法律、法规、规章等规定必须收取担保的之外，海关原则上不要求企业提供担保，累计免收风险担保金 9.8 亿元。根据企业集团化运作特点和业务分立的实际情况，积极组合叠加各类政策措施，优化大型加贸企业担保管理，为重点企业减免担保金达 19 亿元。对高级认证生产型企业的全工序外发加工等加贸业务免于收取担保金。推广"关税保证保险"等新型担保，有效缓解企业资金压力。

2. 优化监管模式，营造良好营商环境。推进企业集团加工贸易监管改革。实现加工贸易货物在集团内的成员企业之间自主存放、调拨、流转，不作价设备灵活调配使用，料件串换无须事先经海关核准，外发加工无须备案，全工序外发加工免收担保等政策红利。深化"以企业为单元"监管，对于联网监管企业无须每年下厂核销，有效降低制度性成本。简化外发加工物流管理，降低企业物流成本。

3. 促进内销便利化，支持企业开拓国内市场。免征缓税利息，深圳关区已有 1000 多家企业享受上述优惠政策。推广加工贸易内销集中征税，业务手续频次大幅减少。简化内销业务单证资料，企业申报内销报关单、保税核注清单时，除另有规定外，无须上传合同、装箱单、提单等相关单证资料。加强归类、价格、原产地预裁定服务。上半年，关区共有近 1500 家企业办理加工贸易内销业务，内销货值 64.05 亿元。

🌐 **网友**：深圳海关为促进外贸稳增长推出了哪些"先行先试"政策措施？

🎤 **陈小颖**：支持深圳建设中国特色社会主义先行示范区，是习近平总书记亲自谋划、亲自部署、亲自推动的重大战略。深圳是改革开放的窗口城市，海关处于改革开放的最前沿和交汇点，深圳海关应当担负起全力支持先行示范区建设的责任。

围绕《中共中央　国务院关于支持深圳建设中国特色社会主义先行示范区的意见》，深圳海关牢牢把握先行示范区建设的重点任务，在海关总署的指导下，立足海关进出境监督管理职能，大胆探索、勇于创新，在促进外贸稳增长方面出台了一些先行先试的支持措施。

在监管模式创新方面，深圳海关首创免税进口科研设备流动监管模式，解决科研设备流动"痛点"问题；对符合条件的高新技术企业进口法检设备、料件试行采用更便捷的"企业提供合格保证，海关开展符合性验证"的检验模式；采用"企业自检自控海关监督管理"模式实施集装箱适载检验，降低整体抽查比例33%；推出便利跨境车辆的"线上车管"，大大促进了大湾区要素资源高效流动；创新 MCC 前海、全球中心仓、"保税邮轮物料供应""惠盐组合港"等监管模式，有效增强了深圳核心引擎功能。

在加大科技应用方面，深圳海关以场所智能管控改革、机检设备应用、查验作业信息化为抓手，全面推进"智慧监管"；依托人脸识别系统、"智慧卫检"和"智慧疫情监测"，升级建设"智慧旅检 3.0"；智慧审签实现 8 类原产地证"秒签"；通过对接企业 ERP、WMS，深化"互联网 + 网上稽核查"。

在强化深港合作方面，深圳海关与香港各方探索开展了 26 个合作项目。比如，与香港海关联合开展"跨境一锁"项目；与香港食卫局（卫生署）联合开展"一检双放"卫生检疫查验模式、水生动物疫病检测等，在两地产生了较大的经济社会效益。特别是在新冠肺炎疫情防控中，深圳海关与香港卫生署就疫情防控达成 6 项共识，并实行健康申报卡填写前置工作机制，有效强化了口岸卫生检疫防线。

除了以上急用先行的措施以外，深圳海关还全面参与综合授权改革，主动回应深圳市建设国际科技创新中心、发展战略性新兴产业的具体诉求，从支持外贸发展方面向深圳市提出了多项首创性、示范性的改革事项，向国家层面上报请示。

🌐 **网友**：主动披露会对企业产生不良影响？例如会被行政处罚？或者被降低企业信用等级？我们公司是上市公司，这给我们带来的影响还挺大的。

🎙 **陈小颖**：涉及少缴或漏缴税款的事项，企业在违规行为发生日起三个月内发现并及时向海关提交主动披露的，不会面临行政处罚；对于超过三个月才发现并披露的少缴、漏缴税款行为，涉税额占应缴纳税款比例不超过 10%，或者涉税额不超过 50 万元的，同样不会被行政处罚。所以，企业在进口货物放行后发现的进出口涉税问题，只要符合上述相关规定，就不会被处罚和降级。企业主动披露且被海关处以警告或者 50 万元以下罚款的行为，不作为海关认定企业信用状况的记录。

🌐 **网友**：除降低费用外，我们外贸企业还关心通关时间成本，只有口岸营商环境好、通关便利程度高，企业才能在对外贸易中赢得先机。深圳海关在优化口岸营商环境方面有哪些措施？

🎙 **陈小颖**：感谢您对口岸营商环境的关注。优化营商环境是党中央、国务院在新形势下做出的重大决策部署。深圳海关一直高度重视优化口岸营商环境工作，紧扣跨境贸易指标，持续压缩边境合规时间，降低边境合规成本，为企业纾困解难。

一方面，深圳海关通过优化通关作业流程，全力压缩通关时间。深圳海关全面推广世行认可的"提前申报""两步申报"改革，在公路口岸提前申报大幅度优于全国水平的基础上，实现深圳海运提前申报率创历史新高。深圳海运进、出口提前申报率已分别由今年年初的 26.38%、2.17% 大幅提升至 40.04%、30.97%，并继续保持上升势头。深圳率先试点"两步申报"改革，关区"两步申报"进口报关单量长期位于全国前列。以进口红酒为例，从货物到港开始报关，经过查验、出证书等环节，采取"两步申报"至少可以节省 3 天左右时间。

推广进口货物"船边直提"和出口货物"抵港直装"，从卸船到出闸的操作时间由 4 小时~6 小时缩减至 5 分钟~8 分钟；出口集装箱全程口岸停留时间不到 3.5 小时，较传统的"堆场运抵报关装船"模式缩短了 1

天~2天。

另一方面，深圳海关通过创新服务方式，大幅提升企业获得感。深圳海关完善"互联网政务服务"，开发"i深关"移动App，提供8大功能113项服务，实现海关业务"指尖查""掌上办"；实现海关监管查验与港口作业的信息双向交互；试点企业ERP与减免税申报系统对接。

做好企业帮扶，建立两个层级的"海关—企业—政府"协调机制，开展营商环境政策宣讲，覆盖8000余家企业，帮助企业充分了解政策。对企业、群众、基层反映的疑难问题，依托12360服务热线、通关现场业务咨询窗口、关企协调员实施"首问负责、归口管理"，严格落实对外答复时限要求，确保"件件有着落、事事有回音"。

🌐　网友：跨境电商零售出口退货入境需要征税吗？

🎤　陈小颖：跨境电子商务包裹出口商品（9610出口），如不涉及退税或者能够提供国税部门未退税证明、退税已补税证明，经审核为原出口电商商品1年内退回的，准予不征税复运进境，跨境电商包裹出口商品可单独运回也可批量运回。

特殊区域跨境电商包裹出口商品（1210出口），如不涉及退税或者能够提供国税部门未退税证明、退税已补税证明，经审核为原电商出口商品1年内退回的，准予复运进境并可不征税办理二线出区手续，跨境电商包裹出口商品可单独运回也可批量运回。

🌐　网友：我是一名中国公民，听说意大利的帕尔马火腿很出名，准备回国时携带5千克~10千克帕尔马风干火腿作为礼物送给国内的朋友们。请问我回国入关可以正常将其携带入境吗？

🎤　陈小颖：为严防动物疫病传入，保护我国畜牧业安全，根据《中华人民共和国进出境动植物检疫法》及其实施条例、《出入境人员携带物检疫管理办法》、《中华人民共和国禁止携带、邮寄进境的动植物及其产品名录》等有关法律法规规定，"（生或熟）肉类（含脏器类）及其制品"禁止旅客携带入境。帕尔马火腿是由猪腿制作而成的猪肉产品，属于"（生或熟）肉类（含脏器类）及其制品"范畴，因此帕尔马火腿是禁止旅客通过携带的方式从意大利带回国的。

🌐 **网友：** 疫情防控期间，企业面临多重压力，部分案件的发生可能是由于企业对海关法律法规掌握不足。海关在处罚时是否可以考虑疫情以来企业的实际困难？

🎤 **陈小颖：** 疫情发生以来，深圳海关深切关注国内外社会经济形势的变化，扎实做好"六稳"工作，落实"六保"任务，在前期出台帮扶企业复工复产 20 条措施等工作基础上，又推出 20 条精准帮扶企业重点措施。其中，针对疫情防控期间企业的违规案件，深圳海关以减轻企业负担、促使物资尽快投入使用为原则，宽严相济，从简从快办理违规案件；对不涉及出口防疫物资的违规案件，原则上不采取扣留货物、收取保证金等措施（除国家禁止进出境的货物物品，涉及人身财产安全、健康、环境保护项目不合格的进出口商品，以及侵犯知识产权等情况外），对情节轻微并及时纠正、没有造成实际危害后果的，依法不予行政处罚或减轻处罚；对于企业提出延期或分期缴纳罚款申请的，酌情考量、加快审批。

🌐 **网友：** 疫情暴发以来，国际海运受到严重冲击，中欧班列运量却实现逆势增长。深圳海关在支持中欧班列业务发展方面有何举措？

🎤 **陈小颖：** 深圳海关认真开展深圳中欧班列业务调研和评估工作，积极推动深圳市政府重启中欧班列的方案，就海关支持中欧班列相关措施向地方政府进行专报，并多次走访主管中欧班列的地方交通运输部门，介绍海关支持中欧班列相关措施，提出发展建议，了解地方政府相关工作情况。深圳海关参加地方交通运输部门组织的研究推动落实中欧班列工作会议，成立多部门共同参与的跨部门联动工作小组，按照"政府牵头、成立平台企业、多种扶持政策组合拳"的方式推进深圳中欧班列启动，支持中欧班列发展。"深赣欧"中欧班列业务已于 5 月 12 日启动运行，以深圳为始发地的中欧班列"湾区号"已于 8 月 18 日启动运行。

🌐 **网友**：我们公司想开展中转集拼业务。请问深圳海关在支持国际中转集拼业务发展方面有什么措施？

🎤 **陈小颖**：深圳海关围绕"中央要求、湾区所向、海关所长"总体思路，服务企业市场需求，从物流的关键节点上发力，畅通物流链，护住基本盘，培育增长极，依托集拼分拨业务，发挥港、区、仓的联动优势，实现互联互通、优势互补。目前深圳海关已分别在蛇口、盐田开展"MCC 前海""MCC 盐田"业务，促进中转集拼发展，打造粤港澳大湾区新物流模式，推动建设全球供应链核心枢纽。"MCC 前海"，一是建设前海离港空运服务中心，打造大湾区空港货运登机口；二是建设国际中转分拨集拼中心，打造高端航运服务集聚区；三是建设"全球中心仓"，打造高水平对外开放门户枢纽。"MCC 盐田"，6 月 22 日深圳海关在盐田综合保税区正式启动 MCC 盐田（第一期）综合业务改革。

🌐 **网友**：我们公司是一家外贸企业，今年因需申请上市、申请领取地方补贴，需要向相关部门提供本公司的海关进出口外贸数据，如何申请查询？

🎤 **陈小颖**：根据国家法律及海关相关规定，海关面向社会公众提供的统计数据仅限于贸易统计口径，且不包含进出口收发货人及其代理人数据项目。进出口收发货人如需查询本企业向海关申报的海关统计原始资料，请向申报地海关提出调阅单证申请。如果是个人或社会团体向海关提出不含企业信息的数据需求，可通过发送电子邮件至 szctjfw@ customs. gov. cn 办理数据查询业务，也可登录海关总署门户网站自助查询。

🌐 **网友**：疫情期间如何办理报关差错复核？

🎤 **陈小颖**：首先，因报关单删改退而产生的报关差错记录在报关单的"申报单位"上。其次，企业可登录海关"关企合作平台"（http：//jcf. chinaport. gov. cn/jcf）中"企业报关差错管理"模块查询报关差错记录情况。对于因海关归类、审价、公式定价或大宗散货尾款调整等技术性原因，以及由于外商取消订单导致出口货物退关、计算机网络原因造成数据错误或丢失、不可抗力情况导致被退单或需修改、撤销报关单的，报关单位可以自相关报关差错记录之日起 15 个工作日内，通过"关企合作平台"向海关申请复核，并具体标注申请复核理由，无须到现场提交纸本申请和相关说明材料。海关在 3 个工作日内对网上申请进行复核，对符合条件的记录予以更正，复核更正的报关差错记录不作为海关认定企业信用状况的记录。另外，对于"提前申报"后修改进口日期，以及由于装运、配载等原因造成货物变更运输工具的，系统已实现不予记录报关差错。对于企业发现因"提前申报"的上述原因被记录报关差错，可通过以上途径申请复核。对于企业因受疫情影响，不能及时在差错记录 15 天内提出的，以及企业涉及疫情防控物资进出口产生的差错，海关将予以放宽条件受理，及时予以在线复核。

🌐 **网友**：我们公司前段时间内部审计发现进口货物少报了部分运费，可是货物已经放行了，还有什么方式可以补救吗？

🎤 **陈小颖**：可以主动披露。如果是涉及少缴或漏缴税款的事项，企业在违规行为发生日起三个月内发现并及时向海关提交主动披露的，不会面临行政处罚；对于超过三个月才发现并披露的少缴、漏缴税款行为，如果涉税额占应缴纳税款比例不超过 10% 或者涉税额不超过 50 万元的，同样不会被海关行政处罚。

🌐 **网友**：什么是跨境电商 B2B 出口？我们想开展这个业务，有什么具体要求？

🎙 **陈小颖**：跨境电商 B2B 出口是指境内企业通过跨境物流将货物运送至境外企业或海外仓，并通过跨境电商平台完成交易的贸易方式。跨境电商 B2B 包括跨境电商直接出口（监管代码 9710）和跨境电商出口海外仓（监管代码 9810）两种模式。开展 9710 和 9810 业务的企业按照海关报关单位注册登记的要求完成注册，并勾选跨境电商企业类型。此外，开展 9810 业务的企业还需要在主管地海关完成海外仓的备案。

🌐 **网友**："i 深关"推出了哪些特色业务功能？通关时遇到和困难，可以通过"i 深关"咨询客服吗？第一次通关，"i 深关"上可以查到个人通关的注意事项吗？

🎙 **陈小颖**：关于"i 深关"可以提供的便利，下面简单举两个例子：

一是为企业提供海陆空全流程单据状态及单证信息查询功能。登录"i 深关"后，可以按货主单位（收发货人或消费使用单位）、船舶代理公司等不同身份，通过输入固定单号查询该单处置流程概况。此外，申报单位还可查询舱单申报信息、报关单申报信息、处置流程细节，货主单位还可查询舱单申报信息、报关单申报信息、处置流程细节，船舶代理公司、空运舱单传输人或代理人可查询舱单申报信息，司机可查询该单处置流程细节。

二是其他。譬如向用户提供货运异常处置意见及部分处置结果，并提供预约及排队功能；提供通关导航、常见问题答疑、热点推送等特色服务。

对于通关时遇到的和困难，"i 深关"提供丰富的业务咨询途径。如提供一键故障申报、在线智能咨询及在线人工咨询、拨打热线电话等业务咨询途径。

在线智能咨询可以动态提取用户输入的业务关键词，自动推送业务操作指南。在线人工咨询负责根据相关操作指南回复简要问题，并收集指向性问题，通过处置单方式由相关现场海关或处室予以回复。

"i 深关"上可以查到个人通关的注意事项。进入"i 深关"首页，在旅客资讯通模块中，可以自助查询包含出入境携带物品、防疫物资通关（邮寄、行邮去向）、国门生物安全等 300 余项旅检通关常见问题的答案。

⊕ **网友**：我们公司是一家食品出口企业，听说深圳海关的食品集装箱适载检验工作有一些改变，能详细介绍一下吗?

🎙 **陈小颖**：深圳海关创新监管模式，对海运出境食品集装箱适载检验采用"企业自检自控＋海关监督管理"模式实施集装箱适载检验，整体抽查比率降低了 33%。

⊕ **网友**：深圳海关的"进口直提"和"出口直装"政策能够给企业带来哪些便利?

🎙 **陈小颖**："船边直提"是指通过提前申报，前置办理码头、船公司、运输准备等各项手续，实现货到放行、船边直提。出口货物"抵港直装"是指通过提前申报、闸口触发运抵、根据指令分流放行和查验货物，使海关放行货物可直接装船离境。深圳海关通过实施"进口直提"和"出口直装"进一步压缩货物通关时间，推动优化深圳口岸营商环境，提升口岸通关便利化水平。企业有相关具体需求的，可以咨询现场海关或者拨打海关 12360 热线，我们会给您更详尽的解释。

⊕ **网友**：对于国际航行船舶船员，海关现在采取哪些疫情防控措施?

🎙 **陈小颖**：1. 入境时审核全体船员"健康申明卡"、登临检疫时对所有船员实施体温监测、对 14 天内有境外换班史的船员加强流行病学调查、对无法排除染疫嫌疑的实施采样检测。2. 所有离船入境船员需进行核酸检测，结果为阴性后由入境口岸所在区现场指挥部点对点封闭式转接，确保闭环运作，于指定地点进行集中隔离医学观察。3. 所有转内贸船舶船员需进行核酸检测，结果为阴性后为其办理改营手续。4. 检疫发现"四类人员"的，按照联防联控要求对其进行转诊或隔离观察；经船方申请，海关也可同意相关人员在船上隔离留观。

⊕　**网友**：我是一名往来中国港澳地区小船船员，请问抵达港口采取哪些措施后才能入境？

🎤　**陈小颖**：对于往来中国港澳地区小船船员，抵港后入境需采取以下措施：1. 全体船员如实申报"健康申明卡"，配合海关进行体温监测、流行病学调查、实施核酸检测，确认核酸结果为阴性方可入境；2. 对所有入境的往来中国港澳地区小型船舶船员原则上安排居家医学观察，不具备居家条件的船员由航运公司在口岸所在地城市安排集中管理医学观察，其间纳入社区工作小组实施网格化管理。

⊕　**网友**：近期跨境货车司机疫情管控措施频繁调整，请问现在货车司机入境时有哪些要求？

🎤　**陈小颖**：近期中国香港疫情形势严峻，跨境货车司机属于豁免入境隔离人员，为做好跨境货车司机全流程健康管理，保障疫情防控期间供港生产生活物资稳定供应，经粤港双方沟通协商，深圳市人民政府提出了相关管理要求和服务保障措施，详见《深圳市人民政府口岸办公室关于强化深港跨境货车司机健康管理和服务保障措施的告知书》。可以关注"深圳口岸发布"微信公众号，了解地方政府出台的具体措施和要求。跨境货车司机入境时，有以下要求：1. 根据省市专班要求，跨境货车司机入境前取得72小时内核酸阴性结果，在"粤省事"平台如实申报个人健康信息及运输目的地；2. 入境时通过配合测温、"健康申明卡"申报、流行病学调查、采样等海关检疫工作，通过"粤省事"平台，展示72小时内核酸阴性结果证明由海关验核。

⊕　**网友**：我是一名跨境货车司机，如遇海关查验无法及时返港，应该如何处理？

🎤　**陈小颖**：因海关查验无法及时返港的货车司机，由现场海关将司机姓名、联系方式等信息通报现场指挥部或工作组，由现场指挥部及时对接本区驿站酒店联系人，各驿站安排专车到口岸指定地点做好接送转运工作。留宿司机应保持手机畅通，听从安排入住指定驿站。跨境司机也可通过"粤省事"微信小程序，进行入境申报界面查询指定服务驿站名称、地址、联系电话等信息。

🌐 **网友**：我是一名跨境货车司机，入境前核酸结果过期应如何处理？

🎙 **陈小颖**：根据《深圳市口岸办关于在深圳湾口岸为核酸检测结果超期跨境货车司机提供采样服务的温馨提示》，如果核酸检测结果已经过期，自 2020 年 4 月 11 日起，跨境货车司机可自行驾驶货车前往深圳湾口岸采样点接受核酸检测采样后返回中国香港，等待正式检测结果出具后，即可正常通关入境。

🌐 **网友**：疫情期间，海关在口岸查验环节有哪些助企措施？

🎙 **陈小颖**：疫情期间，深圳海关想方设法提高查验效率，支持企业复工复产，主要采取以下措施：一是对防疫物资、居民生活物资、企业急需生产物资、鲜活及易变质产品等货物主动给予优先查验，有效压缩上述品类中控货物的通关时长；二是开展"分层查验"，依托风险管理理念，科学精准开展布控查验，加大非侵入式设备应用，提高机检无异常直接放行比例；三是创新处置模式，选取了部分隶属海关试点，对查验发现问题的货物，经海关评估风险可控的，允许企业申请先提离货物，再办理删改退等单证手续。

🌐 **网友**：进（出）口的货物为真空包装，一旦开拆就会损坏，海关查验时能不能不开拆？

🎙 **陈小颖**：一般情况下，对于能够满足海关查验指令要求的真空包装产品，海关不会开拆，也请企业在查验前提前告知海关查验关员本产品是真空包装。深圳海关目前正在大力推广非侵入式查验，对于不宜人工开拆的货物，海关会优先采取大型集装箱检查设备、货检 X 光机等方式实施非侵入式查验；对于确需开拆的，依企业申请，海关可实施监管区外查验，派员到企业指定的具备查验条件的地点实施查验。

🌐 **网友**：深圳海关如何发挥统计职能作用，强化统计分析和监测预警能力，统筹做好分析研判应对工作，助力企业接单、履约、拓市场？

🎤 **陈小颖**：深圳海关从积极开展各项国家重大发展战略和地方发展战略研究、加强疫情期间外贸监测研究工作、巩固完善内外合作研究机制等方面入手，发挥"数据研究"的优势，打造高质量的研究支撑平台，助力关区外贸企业开拓市场。一是强化外贸重点领域的分析研究工作，服务宏观经济决策和地方经贸发展。今年以来，围绕应对中美经贸摩擦、新冠肺炎疫情、落实"六稳""六保"等重点任务，对我国和地方外贸主要市场、医药品、医疗器械等防疫物资、出口转内销等情况，在进出口分析基础上，结合海关职能提出疫情防控及恢复外贸的意见建议，服务国家宏观决策。二是强化疫情期间深圳外贸监测，摸清企业状况、了解企业困难，助力地方经济发展。开展疫情对外贸影响及企业复工复产进程的分析研究，及时获取港口、航线运作等一手资料，摸清企业复工复产情况和遇到的问题，主动联系属地海关和其他直属海关了解企业复工复产恢复情况及其供应链、产业链发展现状。今年以来，通过电话、座谈、设计发放问卷等形式，深圳海关共组织调研企业逾 700 家次，研究深圳市外贸可能面临的调整和变化，提出有针对性的政策建议，有序推动上下游企业协同复工，有效应对疫情影响。三是提高分析的针对性和精准性，助力地方精准施策、挖掘外贸增长点。对各区域重点企业、重点商品、重点贸易方式，以及外贸企业出口转内销、跨境电商等多项专题开展分析研究，助力地方在落实"六稳""六保"方面精准施策、挖掘跨境电商等外贸增长点。

🌐 **网友**：二季度以来深圳外贸情况转好，主要体现在哪些方面？有哪些亮点？

🎙 **陈小颖**：今年二季度以来深圳外贸好转主要体现在三个方面。一是一般贸易快速恢复，保税物流持续增势。深圳一般贸易由一季度下降 13.9% 转为二季度增长 19.5%，7 月增速加快至 27.4%；保税物流持续快速增势，二季度增长 19.4%，较一季度上升 8.5 个百分点，7 月保持 11.4% 的快速增长。二是防疫相关商品出口量迅猛增长。二季度以来，海外疫情的快速蔓延拉动深圳各类防疫物资商品出口量迅猛增长。前 7 个月累计出口含医用口罩在内的纺织品总量增长 4.6 倍；医疗仪器及器械、医药材及药品二季度出口值均为一季度的 2 倍以上，前 7 个月累计出口值分别增长 55.2% 和 45%，均较上半年增速进一步加快。三是居民消费持续回暖推动消费品快速增长。前 7 个月进口农产品、化妆品等消费品分别增长 35.1%、41.7%，其中，7 月农产品、化妆品增速分别为 42%、14%。

🌐 **网友**：今年以来，深圳市与"一带一路"沿线国家和地区进出口额保持增长。能否介绍深圳企业对"一带一路"沿线国家和地区进出口的具体表现？

🎙 **陈小颖**："一带一路"倡议提出以来，深圳发挥自身优势，积极参与高质量共建"一带一路"，取得一定成效。据海关统计，今年前 7 个月，深圳市对"丝绸之路经济带"和"21 世纪海上丝绸之路"沿线国家和地区进出口值 3556.5 亿元人民币，比去年同期（下同）增长 4.9%。其中，出口值 1795.9 亿元，下降 0.7%；进口值 1760.6 亿元，增长 11.3%。其中，民营企业充分发挥其机制灵活、市场反应敏感等优势，加大了对"一带一路"沿线市场的开拓力度，其外贸领军作用进一步凸显。海关数据显示，前 7 个月深圳市民营企业对"一带一路"沿线国家和地区进出口值 2399.7 亿元，增长 5.9%，占 67.5%，拉动全市对"一带一路"沿线国家和地区进出口增长 3.9 个百分点。

🌐 **网友**：我们公司是一家外贸企业，今年因需申请上市/申请领取地方补贴，需要向相关部门提供本公司的海关进出口外贸数据，如何申请查询？

🎙 陈小颖：可通过发送电子邮件至 szctjfw@ customs. gov. cn 办理数据查询业务，也可登录海关总署门户网站自助查询。

🌐 网友：深圳制造业进出口恢复情况如何？

🎙 陈小颖：二季度以来，深圳制造业全面复工复产，相关产品出口明显好转，原料及设备进口快速增长，7 月增势进一步巩固。其中，电脑等自动数据处理设备及其零部件出口由一季度下降 21.9% 转为二季度增长 17%，7 月增速加快至 24%；家用电器由一季度下降 25.2% 转为二季度增长 7.9%，7 月增速加快至 36%。电子产业运行好转带动上游相关元件和设备进口快速增长。其中，二季度集成电路、电容器进口增速分别较一季度加快 14.6 个百分点、18.8 个百分点，7 月分别增长 5.9%、22.5%；半导体制造设备进口由降转增，二季度迅猛增长 89%，7 月增速加快至 1.8 倍。此外，服装、塑料制品、家具等劳动密集型产品出口在 7 月由降转增。

🌐 网友：请问今年以来深圳民营企业进出口表现怎样？

🎙 陈小颖：据海关统计，今年前 7 个月，深圳民营企业进出口值 9738.5 亿元，比去年同期增长 6.1%，占同期全市外贸总值的 60.5%，而同期外商投资企业和国有企业进出口值均在下降。从月度趋势看，3 月 ~7 月深圳民营企业进出口值连续 5 个月实现单月同比正增长，其中 7 月份进出口值 1572.8 亿元，同比增长 12%，环比增长 2.3%。民营企业是今年以来推动深圳外贸增长的主要动力。

🌐 网友：近年来我国跨境电商取得长足发展，特别是今年以来跨境电商为企业应对疫情发挥着重要作用。请问目前深圳跨境电商业务开展成效如何？

🎙 陈小颖：深圳海关严格贯彻党中央国务院关于加快跨境电子商务新业

态发展的部署要求，发挥深圳市跨境电商企业集中、跨境电商贸易体量庞大、"陆海空"国际物流发达等优势，围绕"加快布点、解决堵点、连接断点、创新试点"四个重点，促进关区跨境电商业务提质增量，充分引领粤港澳大湾区跨境电商业态发展。截至 2020 年 7 月，深圳海关已累计验放跨境电商零售进出口商品近 3 亿票。7 月 1 日开始，积极开展"跨境电商B2B 出口"试点工作，将跨境电商便利措施从寄递渠道延伸至货运渠道。试点首月，累计验放跨境电商 B2B 出口货物共 211 万票，位居全国第一。

🌐 **网友**：近年来，我国与东盟贸易快速发展，东盟仅次于中国香港地区，成为深圳第二大贸易伙伴，且在疫情影响下我国与东盟的贸易值仍保持较快增速。请问能否介绍一下目前双边贸易的有关情况？

🎤 **陈小颖**：据海关统计，2020 年前 7 个月，深圳市对东盟进出口值2483.8 亿元人民币，比去年同期（下同）增长 11.9%。其中，对东盟出口值 822.7 亿元，增长 8.7%；自东盟进口值 1661.1 亿元，增长 13.5%。其中，马来西亚、越南、泰国为前三大贸易伙伴，合计占比约七成。我国与东盟进出口值增长有以下几个主要原因。一是电子制造产业联系紧密，带动相关产品进出口值大幅增长。今年前 7 个月，深圳市自东盟进出口集成电路值 826.2 亿元，增长 22.4%，占自东盟进口总值的 33.3%。其中，对东盟出口集成电路值 31.3 亿元，增长 16.4%；自东盟进口集成电路值794.9 亿元，增长 22.6%。集成电路进出口贸易活跃，拉动深圳市与东盟贸易增长 6.8 个百分点。二是对越南、泰国进出口稳步增长，前 7 个月进、出口值分别快速增长 20.4% 和 22.7%，合计拉动同期深圳市对东盟贸易整体增长 8.4 个百分点。三是 2019 年 10 月，《中华人民共和国与东南亚国家联盟关于修订〈中国—东盟全面经济合作框架协议〉及项下部分协议的议定书》全面生效，进一步释放自贸区红利，与东盟农产品贸易快速增长。今年前 7 个月，深圳市与东盟农产品进出口值 140.3 亿元，同比增长57%，拉动与东盟贸易增长 2.3 个百分点。

⊕　**网友**：我们公司是做跨境电商物流的，请问什么时候可以直接从深圳海关港口申报电商货物？

🎙　**陈小颖**：深圳海关已于 7 月 1 日开展跨境电商 B2B 出口业务。企业需要通过港口直接出口跨境电商货物的，可通过 9710/9810 贸易方式申报出口。

🎙　**网友**：目前内销选择性征收关税政策只在综合保税区实施，这个优惠政策无法扩充至全部加贸企业吗？

🎙　**陈小颖**：依据《关于扩大内销选择性征收关税政策试点的公告》（财政部　海关总署　税务总局公告 2020 年第 20 号）规定，"为统筹内外贸发展，积极应对新冠肺炎疫情影响，现将有关事项公告如下：自 2020 年 4 月 15 日起，将《财政部　海关总署　国家税务总局关于扩大内销选择性征收关税政策试点的通知》规定的内销选择性征收关税政策试点，扩大到所有综合保税区。"

⊕　**网友**：请问"疫苗接种或预防措施国际证书"的办理部门在哪？具体应如何办理？

🎙　**陈小颖**：您可以在深圳国际旅行卫生保健中心办理，具体业务请咨询深圳国际旅行卫生保健中心，电话是 83774007，地址是罗湖区和平路和平大厦。

⊕　**网友**：请问美容用的肉毒素、胎盘素针剂能够携带或者邮寄入境吗？

🎙　**陈小颖**：根据海关总署《出入境特殊物品卫生检疫管理规定》，携带或邮寄入境的美容用肉毒素、胎盘素针剂属于出入境特殊物品。旅客携带或邮寄美容用肉毒素、胎盘素针剂入境前应办理出入境特殊物品卫生检疫审批手续，入境时应主动向海关申报，并经卫生检疫合格方准入境。

⊕　**网友**：普通市民是否可以从中国香港购买免疫球蛋白针剂携带过关？

🎤 陈小颖：免疫球蛋白针剂属于生物制品，根据《出入境特殊物品卫生检疫管理规定》，携带自用且仅限于预防或者治疗疾病用的血液制品或者生物制品出入境的，不需办理卫生检疫审批手续，但需出示医院的证明；允许携带量以处方或者说明书确定的一个疗程为限。

🌐 网友：有哪些特殊物品禁止过境，有无相关文件规定？

🎤 陈小颖：为筑牢口岸检疫防线，保障我国生物安全，根据《国境卫生检疫法》及其实施细则规定，微生物、人体组织、生物制品、血液及其制品等特殊物品生物安全风险较高，禁止过境。2019 年 11 月 21 日，海关总署对外发布了《关于禁止特殊物品过境相关事宜的公告》（海关总署公告 2019 年第 180 号）予以明确。

🌐 网友：我想在机场航站楼内开一家餐饮店，如何办理卫生许可证？

🎤 陈小颖：办理餐饮店的卫生许可请登录深圳海关官方网站，查询"口岸卫生许可证核发"审批办事指南，根据指南的要求准备申请材料。然后，登录"互联网＋海关"（网址 http：//online. customs. gov. cn/），点击"卫生检疫"—"国境口岸卫生许可证核发"链接，进入"海关公共服务平台"，注册并提交申请材料。

🌐 网友：我在口岸经营餐饮店，因疫情原因没有提前 1 个月办理卫生许可证延续，现在卫生许可证马上到期了，请问还能办理许可证延续吗？

🎤 陈小颖：作为深圳海关做好"六稳"工作、落实"六保"任务精准帮扶企业重点措施，疫情期间，口岸生产经营者在卫生许可证有效期内但未能在期限届满 30 日前向海关提出"国境口岸卫生许可证"延续申请的，无须按照新申请卫生许可证程序办理，可直接办理延续手续。

🎤 网友：今年上半年，受疫情影响，深圳外贸经历了一些状况，虽然 3 月以来逐渐回暖、企稳向好，但是当前全球疫情形势依然严峻，总体上外需仍然不振。深圳外贸出口能否继续保持优势？外贸在深圳经济发展中的作用是否会减弱？

🎤 陈小颖：当前深圳外贸发展面临的不确定、不稳定因素仍然较多，叠加中美经贸摩擦的影响，未来进出口形势依然复杂严峻。但我们也要看到，二季度以来，深圳制造业逐步复工复产，相关产品出口明显好转，原料及设备进口快速增长，7 月增势进一步巩固，当月进出口规模和增速也都创下年内单月新高。今年前 7 个月深圳外贸已经实现正增长，成为我国前 5 大外贸城市中今年第一个实现增长的城市，表明其外贸发展具有较强的韧性。深圳海关将继续大力落实海关总署"六稳""六保"有关工作要求，助力地方经贸发展。

🌐 网友：请问对于进口酒的抽样检验，高价酒能否不抽样或者少抽样？

🎤 陈小颖：海关依法对进出口食品实施抽样检验。在满足检验所需样品的基础上，可按照最低数量抽样，检测留样可在规定时间内退回。

🌐 网友：我们公司是一家进出口企业，在疫情期间申报了一批担保放行的货物，在规定的期限缴纳税款有困难，请问可以延期缴纳税款吗？

🎤 陈小颖：根据深圳海关"六保""六稳"帮扶企业措施，对于在 2020 年 1～4 月申报进口的担保放行货物，企业在规定期限内缴纳税款确实有困难的，可以提交书面延期申请（最长三个月）和缴税计划，经海关审核后准予延期缴税。具体可登录深圳海关官网，在"通知通告"板块中查看深圳海关做好"六稳"工作，落实"六保"任务精准帮扶企业重点措施。

🌐 网友：我是一名留学生，打算从中国香港入境深圳，现在有什么政策？需要做核酸检测吗？

🎤 陈小颖：按照广东省疫情防控指挥部规定，自 2020 年 3 月 27 日 6 时起，对所有经广东口岸入境人员（含港澳台地区，含中转旅客）实行核酸检测全覆盖。

🌐 **网友**：请问出国旅游购买的合法物品是否能自行携带或者寄快递回国，有什么需要注意的？

🎙 **陈小颖**：对于携带进境的物品，一是旅客要履行申报义务，主动向海关申报；二是禁限物品不能携带，海关发布的禁止、限制物品和《中华人民共和国禁止携带、邮寄进境的动植物及其产品名录》列明的物品不能携带入境；三是物品不能超过自用合理的限度；四是超过海关总署公告 2010 年第 54 号验放标准的物品还要履行纳税义务。通过寄递方式邮寄回国的物品，除禁止进境的物品（枪支、毒品等）之外，以及《中华人民共和国禁止携带、邮寄进境的动植物及其产品名录》规定的不得寄递的物品（主要包括动植物及其产品等）外，其他均可以寄递回国。通过快邮件渠道，从国外寄回，每个包裹价值不超过人民币 1000 元；从我国港澳地区寄回，每个包裹价值不超过人民币 800 元。

🌐 **网友**：我是一名普通市民，前几天从深圳机场入境，现在在宝安区隔离，在这里我想衷心地对深圳海关说一句感谢。我想尽办法从国外回到祖国的怀抱，一下飞机就感受到了中国海关严密的检疫流程，细致周到的服务和温暖贴心的照顾。在我带着大包小包还有两个孩子，在入境的过程中，在每一个节点都有热心的机场海关关员主动为我提供帮助。工作人员帮我哄着孩子完成核酸检测工作，在现场指挥的关员还主动跟我们聊天，安抚我们的情绪，让我们紧张的心情得到了很大的缓解。再次表达感谢！

🎙 **陈小颖**：感谢对深圳海关工作的关注和肯定，深圳海关将一如既往地保障口岸安全畅通，为广大进出境旅客提供通关便利。

🌐 **网友**：海关出具的原产地证与贸促会出具的有什么区别？

🎙 **陈小颖**：海关出具的原产地证书与贸促会出具的原产地证书格式和作用是一样的，只是签证机构不同。其中，海关可签发中国—巴基斯坦自贸协定原产地证书，贸促会不能签发。

🌐 **网友**：我们公司是贸易企业，从国外进口的商品有内销也有再出口的，现在分放在保税区和国内仓库很不方便，物流和时间成本都增加了。海关有什么好的解决方案？

🎤 **陈小颖**：从整合物流成本和节省时间的角度，建议可以充分利用保税区连接两个市场的作用，在保税区仓库保税存储货物，按照货物销售流向，再选择仓储转口或征税内销！

🌐 **网友**：请问9710/9810业务目前在深圳机场海关、邮局海关开展情况如何？报关行参与报关需要具备什么样的条件？

🎤 **陈小颖**：目前，9710和9810业务，邮局海关主要以申报清单模式办理，也可以申报报关单模式办理，业务量较大，运作顺畅。在机场海关B型保税监管场所，近期已启动1210业务，具备9710/9810业务监管条件。报关行代理申报9710/9810报关单，根据《关于开展跨境电子商务企业对企业出口监管试点的公告》（海关总署公告2020年第75号）等文件要求，跨境电商企业、跨境电商平台企业、物流企业等参与跨境电商B2B出口业务的境内企业，应当依据海关报关单位注册登记管理有关规定，向所在地海关办理注册登记。

🎤 **周群**：感谢嘉宾的介绍和各位网友的积极参与。通过这次在线访谈活动，我们了解了深圳海关全力以赴促外贸稳增长的措施和成效，也看到了深圳海关为"双区"建设做出的努力。

🎤 **陈小颖**：谢谢大家！深圳海关将不断创新监管模式、优化监管流程、改善营商环境，助力外贸克难前行贡献海关力量。

🎤 **周群**：今天的在线访谈到此结束，请大家继续关注中国海关门户网站www. customs. gov. cn。再见！

后　记

　　2020 年 8 月 26 日，海关总署在深圳海关举办主题为"见证开放　服务开放——为推进更高水平的对外开放贡献海关力量"的在线访谈，介绍该关与深圳经济特区同发展，见证开放、服务开放的 40 年历程，以及 2020 年以来统筹口岸疫情防控和促进外贸稳增长工作情况和下一步服务"双区"建设的举措，并在线解答网友关注的问题。访谈实时访问量 71 万余次，独立 IP 1856 个，网友提问 195 个，实时答复 54 个。

"一带一路"上的"钢铁驼队"

◎ 主　　题："一带一路"上的"钢铁驼队"
◎ 时　　间：2020 年 10 月 29 日　15：00
◎ 嘉　　宾：时任乌鲁木齐海关党委书记、关长　丁吉豹
◎ 主持人：海关总署办公厅　周　群

导语

　　在时空隧道穿越千年的新疆大地上，古老商队的驼铃声已渐行渐远，丝绸之路往日络绎不绝、驼铃声声的商队变成今天呼啸而过、汽笛不绝的"钢铁巨龙"。"一带一路"倡议的提出与推进，延续了通过陆路开展东西方国家交流与合作的方式，今天的新疆已是我国向西开放的重要门户，也是重要的陆路国际双向商贸物流通道，中欧班列已成为新时代的"钢铁驼队"。今天，我们走进乌鲁木齐海关，举办题为"'一带一路'上的'钢铁驼队'"在线访谈活动，与网友一起互动交流，深入了解乌鲁木齐海关如何助力中欧班列高效通关、保障国际物流通道畅通运行。欢迎广大网友积极参与。

身临其境　看看我们曾经聊过的

主持人嘉宾交流

🎤 **周群**：大家好！这里是中国海关门户网站在线访谈，我是主持人周群。

2013年，习近平主席在哈萨克斯坦和印度尼西亚提出建设"一带一路"倡议。随着"一带一路"倡议的推进，中欧班列逐渐成为国际物流陆路运输的骨干方式，成为连接亚欧经贸发展的桥梁纽带，稳步推动我国与"一带一路"沿线各国（地区）双向贸易的开展。一列列中欧班列沿古丝绸之路呼啸而过，驶向中亚、西亚、南亚及欧洲各国。驻守边疆口岸的乌鲁木齐海关关员，在"两个百年目标"中国梦的感召激励下，发扬"四特精神"，逐梦天山南北，坚持守正创新，在保障我国与丝绸之路经济带沿线国家（地区）的互联互通中发挥了积极作用。

在时空隧道穿越千年的新疆大地上，古老商队的驼铃声已渐行渐远，丝绸之路往日络绎不绝、驼铃声声的商队变成今天呼啸而过、汽笛不绝的"钢铁巨龙"。"一带一路"的提出与推进，延续了通过陆路开展东西方国家的交流与合作，今天的新疆已是我国向西开放的重要门户，也是重要的陆路国际双向商贸物流通道，中欧班列已成为新时代的"钢铁驼队"。

2013年，习近平主席在哈萨克斯坦和印度尼西亚提出建设"一带一路"倡议。驻守边疆口岸的乌鲁木齐海关关员，在"两个百年目标"中国梦的感召激励下，发扬"四特精神"，逐梦天山南北，坚持守正创新，在保障我国与丝绸之路经济带沿线国家（地区）的互联互通中发挥了积极作用。

今天我们邀请到了乌鲁木齐海关关长、党委书记丁吉豹同志，就乌鲁木齐海关推动中欧班列快速健康发展这一主题开展互动交流。丁关长您好，欢迎您的到来，请先和网友们打个招呼。

🎙 **丁吉豹**：主持人、各位网友，大家好！很高兴参加中国海关门户网站在线访谈，感谢大家长期以来对乌鲁木齐海关工作的关注和支持，希望通过此次在线访谈活动，让广大网友进一步了解乌鲁木齐海关关员讲政治、顾大局、爱本职、做奉献、守纪律的精神风貌，在服务"一带一路"建设、推动中欧班列快速健康发展中所做的一些工作。欢迎广大网友积极参与提问。

🎙 **周群**：据我所知，中欧班列自 2011 年开通到现在已经 9 年了。您能不能介绍一下，这 9 年来，作为"一带一路"建设卓有成效的项目——中欧班列从新疆口岸进出境的整体情况？

🎙 **丁吉豹**：首先给网民们介绍一下什么是中欧班列。它是指按照固定车次、线路等条件开行，往来于中国与欧洲及"一带一路"沿线各国的集装箱国际铁路联运班列。凭借运时短、运能大、经济环保、安全高效的优势，中欧班列成为"一带一路"建设的先行者。全国有西、中、东 3 条中欧班列进出通道，即西部通道由我国中西部经阿拉山口、霍尔果斯口岸出境，中部通道由我国华北地区经二连浩特出境，东部通道由我国绥芬河、满洲里口岸出境。目前，全国近七成中欧班列从新疆阿拉山口、霍尔果斯口岸出境，开行线路 44 条，分别为渝新欧班列、蓉新欧班列、长安号班列、郑新欧班列、合新欧班列、汉新欧班列、义新欧班列、厦新欧班列、湘新欧班列、赣州班列、南京北班列、连云港班列、胶州班列、烟台班列、济南南班列、金华南班列、湾区号、兰州号、石龙班列、横岗班列、新乡班列、大朗班列、青岛港班列、淄博班列、银川班列、徐州班列、金华班列、苏州班列、济南班列、潍坊班列、穗新欧；乌西—中亚五国、俄罗斯、意大利、土耳其、德国、伊朗、法国、荷兰、西班牙、波兰、阿联酋，乌西班列，西行班列（石河子—克列斯特）。

2011 年 3 月，第一列"渝新欧"班列从新疆阿拉山口口岸出境。作为

"一带一路"建设的一项重要务实合作举措，全国各省（自治区、直辖市）相继开通中欧班列，数量呈井喷式增长。2016年6月，新疆霍尔果斯铁路口岸正式对外开放，成为中欧班列进出的另一条通道，大大增加了新疆口岸的过货能力。多年来，乌鲁木齐海关为中欧班列的通行创造最佳条件，在阿拉山口铁路口岸和霍尔果斯铁路口岸，海关实行24小时预约通关。从2011年的全年开行14列到2019年的全年开行7186列，从新疆口岸进出的中欧班列数量增长迅猛，中欧班列成为"一带一路"倡议的"领头羊"。

"一带一路"中欧班列从新疆口岸进出境的情况

中欧班列是指按照固定车次、线路等条件开行，往来于中国与欧洲及"一带一路"沿线各国的集装箱国际铁路联运班列。凭借**运时短、运能大、经济环保、安全高效的优势，中欧班列成为"一带一路"建设的先行者。**

全国有西中东3条中欧班列进出通道：西部通道由我国中西部经阿拉山口、霍尔果斯口岸出境，中部通道由我国华北地区经二连浩特出境，东部通道由我国绥芬河、满洲里口岸出境。目前，全国近七成中欧班列从新疆阿拉山口、霍尔果斯口岸出境，开行线路44条。

2011年3月，第一列"渝新欧"班列从新疆阿拉山口口岸出境。作为"一带一路"建设的一项重要务实合作举措，全国各省（自治区、直辖市）相继开通中欧班列，数量呈井喷式增长。

2016年6月，新疆霍尔果斯铁路口岸正式对外开放，成为中欧班列进出的另一条通道，大大增加了新疆口岸的过货能力。

多年来，乌鲁木齐海关为中欧班列的通行创造最佳条件，在阿拉山口铁路口岸和霍尔果斯铁路口岸，海关实行24小时预约通关。

从2011年的全年开行14列到2019年的全年开行7186列，从新疆口岸进出的中欧班列数量增长迅猛，中欧班列成为"一带一路"倡议的"领头羊"。

"一带一路"建设的累累硕果

亚欧之间的物流通道主要包括海运通道、空运通道和陆运通道，**中欧集装箱货运直达班列比传统的海运省时间，比空运省运费，以其运距短、速度快、安全性高**的特征，以及**安全快捷、绿色环保、受自然环境影响小、可直达枢纽城市**的优势，成为国际物流中陆路运输的骨干方式。

中欧班列的迅速发展壮大，带动了我国内陆地区开放型经济发展，我国促进了与沿线国家的务实合作，完善了国际物流运输体系，成为国际陆路运输的"中国方案"。

自2011年至2019年，经新疆口岸进出**中欧班列17136列，总货运量1146.07万吨。**

仅2020年1~9月，通过新疆口岸进出的**中欧班列7024列，货运量546.1万吨，货值378.8亿美元，同比增长37.7%、37.3%和17.1%。**

🎙 **周群**：中欧班列开行数量增长迅速，成绩喜人，反映我国推进"一带一路"建设的累累硕果。

🎙 **丁吉豹**：亚欧之间的物流通道主要包括海运通道、空运通道和陆运通道，中欧集装箱货运直达班列比传统的海运省时间，比空运省运费，以其运距短、速度快、安全性高的特征，以及安全快捷、绿色环保、受自然环境影响小、可直达枢纽城市的优势，成为国际物流中陆路运输的骨干方式。中欧班列的迅速发展壮大，带动了我国内陆地区开放型经济发展，促进了我国与沿线国家（地区）的务实合作，完善了国际物流运输体系，成为国际陆路运输的"中国方案"。据乌鲁木齐海关统计，自 2011 年至 2019 年，经新疆口岸进出中欧班列 17136 列，总货运量 1146.07 万吨。仅 2020 年 1～9 月，通过新疆口岸进出的中欧班列 7024 列，货运量 546.1 万吨，货值 378.8 亿美元，同比增长 37.7%、37.3% 和 17.1%。

🎙 **周群**：近年来，乌鲁木齐海关积极促进中欧班列健康发展，探索创新模式，针对中欧班列运行后遇到发展瓶颈，实施一系列优化创新举措，能否请您具体介绍一下？

🎙 **丁吉豹**：乌鲁木齐海关着眼于中欧班列发展中存在的运行成本高、规模效益不好等突出问题，研究制定了"海关 E 物流"方案，指导研发了"关检铁公共服务平台"，通过缩小监管单元、允许补货补轴和内外贸货物同车运输，推动创新中欧班列运行模式。2017 年 12 月 20 日，联合成都海关对"蓉欧"班列在新疆开展集拼集运业务进行了首次实单测试，向实现中欧班列集拼集运常态化运行迈出了关键一步。培育选取新疆本地企业参与"安智贸"项目，2019 年 10 月 22 日，通过"渝新欧"集拼集运班列正式开通"乌鲁木齐—阿拉山口—鹿特丹（荷兰）"安智贸试点航线。该班列作为全国第二条参与中欧班列在乌鲁木齐集拼集运的线路，实现乌鲁木齐至欧洲多个地区、多个国家之间货物一次通关、一次报验，集装箱及箱内货物进行全程监控的安全便利智能化的国际贸易运输链，对助推中欧班列在乌鲁木齐集拼集运业务上的规模，畅通"一带一路"沿线海关"信息共享、监管互认、执法互助"具有重要意义。

针对中欧班列发展瓶颈的优化创新举措

乌鲁木齐海关着眼于中欧班列发展中存在的运行成本高、规模效益不好等突出问题，研究制定了"海关E物流"方案，指导研发了"关检铁公共服务平台"，通过缩小监管单元、允许补货补轴和内外贸货物同车运输，推动创新中欧班列运行模式。

2017年12月20日，联合成都海关对"蓉欧"班列在新疆开展集拼集运业务进行了首次实单测试，向实现中欧班列集拼集运常态化运行迈出了关键一步。培育选取新疆本地企业参与"安智贸"项目。

2019年10月22日，通过"渝新欧"集拼集运班列正式开通"乌鲁木齐—阿拉山口—鹿特丹（荷兰）"安智贸试点航线。该班列作为全国第二条参与中欧班列在乌鲁木齐集拼集运的线路，实现乌鲁木齐至欧洲多个地区、多个国家之间货物一次通关、一次报验，集装箱及箱内货物进行全程监控的安全便利智能化的国际贸易运输链，对助推中欧班列在乌鲁木齐集拼集运业务上的规模，畅通"一带一路"沿线海关"信息共享、监管互认、执法互助"具有重要意义。

🎤 **周群**：中欧班列运输的进出口商品主要有哪些？请您简单介绍一下。

🎙 **丁吉豹**：中国生产的太阳能组件、笔记本电脑、液晶显示板、计算机配件、服装百货等货物通过中欧班列运往欧洲各国，欧洲国家的高档汽车、设备零配件、棉纱、奶粉等通过返程班列源源不断地进入中国市场，丰富人民群众的生活。

🎙 **周群**：2020 年，新冠肺炎疫情在全球蔓延，海运、空运物流受疫情影响较大，中欧班列替代效应显现，成为贯通中欧、中亚供应链的重要运输方式。您能具体介绍一些这方面的情况吗？

🎙 **丁吉豹**：疫情暴发后，中欧班列总体经历了"大幅下降—逐步回升—全面增长"的过程，保障国际产业链和供应链稳定的作用愈发凸显，班列运输的稳定性和时效性，一定程度上及时缓解了疫区国家（地区）防护物资不足的问题。同时，疫情防控期间，在公路和航空运输无法保障时效的情况下，部分原空运出境邮件转由搭载中欧班列出境，乌鲁木齐海关推动利用中欧班列运邮，积极协同中欧班列节点城市所在地海关、邮政等单位，开辟邮递物品铁路出境临时邮路。一列列满载着防疫物资和邮包的中欧班列在阿拉山口、霍尔果斯海关快速通关放行，这些日夜不停穿梭在中国和中亚、欧洲大陆之间的国际列车，以其跨境运输的独特优势，成为保障中欧贸易往来、畅通国际防疫物资运输的重要物流通道。

据统计，2020 年 1～9 月，中哈铁路运邮 101 节集装箱，中俄铁路运邮 37 节集装箱，合计疏运出口国际邮件约 1179.5 吨，有效支撑了我国至中亚五国及欧洲国家的邮件运输，确保了中哈两国邮政间国际邮件总包双向正常交换；监管"义新欧""渝新欧"等班列疏运邮递物品 3661 万件，同比增长 81 倍，重量 8469 吨，同比增长 32 倍；验放中欧班列载运跨境电商清单共计 2850.1 万单，同比增长 3.7 倍，货值约 1.11 亿美元，同比增长 3.8 倍。

新冠肺炎疫情下中欧班列替代效应

疫情爆发后，中欧班列总体经历了"**大幅下降—逐步回升—全面增长**"的过程，保障国际产业链和供应链稳定的作用愈发凸显，班列运输的稳定性和时效性，一定程度上及时缓解了疫区国家防护物资不足的问题。

疫情防控期间在公路和航空运输无法保障时效的情况下，部分原空运出境邮件转由搭载中欧班列出境，乌鲁木齐海关推动**利用中欧班列运邮，积极协同中欧班列节点城市所在地海关、邮政等单位，开辟邮递物品铁路出境临时邮路**。以其跨境运输的独特优势，成为保障中欧贸易往来、畅通国际防疫物资运输的重要物流通道。

2020年1~9月，中哈铁路运邮101节集装箱，中俄铁路运邮37节集装箱，合计疏运出口国际邮件约1179.5吨，有效支撑了我国至中亚五国及欧洲国家的邮件运输，确保了中哈两国邮政间国际邮件总包双向正常交换；监管"义新欧""渝新欧"等班列疏运邮递物品3661万件，同比增长81倍，重量8469吨，同比增长32倍；验放中欧班列载运跨境电商清单共计2850.1万单，同比增长3.7倍，货值约1.11亿美元，同比增长3.8倍。

🎙 **周群**：疫情防控期间，乌鲁木齐海关为保障中欧班列正常通行促进复工复产，做了哪些工作？

🎙 **丁吉豹**：2020年2月，海关总署党委印发出台海关支持中欧班列发展的10条措施后，乌鲁木齐海关立即贯彻实施，结合关区实际，研究细化了12项具体举措，积极指导地方和企业充分利用中欧班列这一战略通道，努力化解疫情对外贸进出口的不利影响。

一是加强政策宣讲，优化监管作业流程。加强政策宣传解读，关区各现场建立与企业的联系协调机制，帮助企业尽快复工复产。全面整合优化监管通关环节，实施入境班列铁路换装作业与企业申报、海关查检手续同步进行，实现海关监管与铁路作业无缝衔接。对H986图检发现异常，确需人工查验的班列货物，优先安排进行查验，查验（包括验核封志）时收发货人可免于到场。

二是实行"五简"措施，降低通关时间和成本。简化申报内容，免填出口货物报关单运输工具名称，免填入境班列境内车厢编号，企业无须确定境内运输工具编号直接完成申报，有效降低企业申报等待时间；简化报关次数，对于中欧班列舱单中运单为同一进出境口岸、日期、车次、境内收发货人、合同、品名的，实行归并申报，1~9月我关累计归并17669个舱单数据，同比增长48.67%，极大地降低企业申报次数，提升企业申报效率；简化作业审批，企业可以通过"单一窗口"不到场提交传输人备案、舱单归并、舱单分票等审批信息，减轻企业往来于现场的通行成本；简化验放手续，推行转关作业无纸化，系统验核相关电子放行指令，取消运单签章环节，减少夜间人工放行等待时间；简化验核数量，采取抽核方式核对进出境中欧班列封志，压缩整体通关时间约1 小时。

三是应对生产企业出口需求，支持中欧班列枢纽站点建设。积极引导辖区大型钢材生产企业在"家门口"完成钢材组货集结和出口申报，对大规格特型钢材量身定制专门监管方案，通过转关模式抵达口岸后直接出口放行。相比传统在口岸申报模式，"产地组货集结专列转关发运"的模式，为企业减轻了仓储费和滞留费的负担，通关时效大幅压缩。通过不断释放海关最新的政策红利，为传统钢材产业去产能、提效能、稳出口再添动力。"产地组货集结 + 发运"模式的运行，将吸引更多的新疆本地货源在"家门口"搭载中欧班列出口，提升乌鲁木齐国际陆港区枢纽站点组货能力，切实服务新疆"一带一路"核心区对外开放格局从通道经济向产业经济转变。

四是录制海关总署课程，加强沟通交流。根据海关总署教培中心安排，推荐关区长期从事铁路货运业务的业务骨干，录制《海关支持中欧班列发展的措施》系列课程之"减少报关次数降低报关成本""支持建设中欧班列枢纽站点"的全国海关教育培训课程，详细介绍"舱单归并"与"内外贸混编运输"有关情况，对海关总署促进中欧班列发展的相关措施进行了详细解读。

疫情期间保障中欧班列正常通行

今年2月，海关总署党委印发《**海关支持中欧班列发展的措施**》后，乌鲁木齐海关立即贯彻实施，结合关区实际，研究细化了12项具体举措，积极指导地方和企业充分利用中欧班列这一战略通道，努力化解疫情对外贸进出口的不利影响。

一是加强政策宣讲，优化监管作业流程

加强政策宣传解读，关区各现场建立与企业的联系协调机制，帮助企业尽快复工复产。全面整合优化监管通关环节，实施入境班列铁路换装作业与企业申报、海关查检手续同步进行，实现海关监管与铁路作业无缝衔接。对H986图检发现异常，确需人工查验的班列货物，优先安排进行查验，查验（包括验核封志）时收发货人可免于到场。

二是实行"五简"措施，降低通关时间和成本

简化申报内容，免填出口货物报关单运输工具名称，免填入境班列境内车厢编号，企业无需确定境内运输工具编号直接完成申报，有效降低企业申报等待时间；简化报关次数，对于中欧班列舱单中运单为同一进出境口岸、日期、车次、境内收发货人、合同、品名的，实行归并申报；简化作业审批，企业可以通过"单一窗口"不到场提交传输人备案、舱单归并、舱单分票等审批信息，减轻企业往来于现场的通行成本；简化验放手续，推行转关作业无纸化，系统验核相关电子放行指令，取消运单签章环节，减少夜间人工放行等待时间；简化验核数量，采取抽核方式核对进出境中欧班列封志，压缩整体通关时间约1小时。

三是应对生产企业出口需求，支持中欧班列枢纽站点建设

积极引导辖区大型钢材生产企业在"家门口"完成钢材组货集结和出口申报，对大规格特型钢材量身定制专门监管方案，通过转关模式抵达口岸后直接出口放行。相比传统在口岸申报模式，"产地组货集结+专列转关发运"的模式，为企业减轻了仓储费和滞留费的负担，通关时效大幅压缩。通过不断释放海关最新的政策红利，为传统钢材产业去产能、提效能、稳出口再添动力。"产地组货集结+专列转关发运"模式的运行，将吸引更多的新疆本地货源在"家门口"搭载中欧班列出口，提升乌鲁木齐国际陆港区枢纽站点组货能力，切实服务新疆"一带一路"核心区对外开放格局从通道经济向产业经济转变。

四是录制海关总署课程，加强沟通交流

根据海关总署教培中心安排，推荐关区长期从事铁路货运业务的业务骨干，录制《海关支持中欧班列发展的措施》系列课程之"减少报关次数降低报关成本""支持建设中欧班列枢纽站点"的全国海关教育培训课程，详细介绍"舱单归并"与"内外贸混编运输"有关情况，对海关总署促进中欧班列发展的相关措施进行了详细解读。

🎙 **周群**：作为口岸地海关，您能介绍一下乌鲁木齐海关是如何与中欧班列始发地加强联系配合、共同促进中欧班列健康发展的吗？

🎙 **丁吉豹**：我们积极主动与各中欧班列始发地海关加强联系沟通，建立联合配合机制，共同促进中欧班列的快速发展。一是内外联动，支持中欧班列拓展业务范围。以"义新欧""渝新欧"等中欧班列为运输载体，开展跨境电商转关业务，落实海关总署有关跨境电子商务综合试验区以总运单开展转关作业的要求，简化转关作业手续，提升中欧班列载运跨境电商货物的通关效率。二是互联互通，促进中欧班列高效集约开行。乌鲁木齐海关紧密结合新疆特殊的地缘优势、战略优势、资源优势，围绕"一带一路"建设，以落实《中共中央 国务院关于新时代推进西部大开发形成新格局的指导意见》《西部陆海新通道总体规划》《海关支持中欧班列发展的措施》为契机，向全国海关发出了《乌鲁木齐海关关于进一步健全和完善与中欧班列始发地海关协作机制的函》，旨在积极促进中欧班列高效集约开行。目前在前期与重庆、郑州、杭州、西安、兰州等中欧班列始发地海关建立支持中欧班列发展的联络协调机制的基础上，新增 9 个直属海关与我关取得联系，为进一步深化中欧班列沿线海关互联互通和协同共治，激发蛰伏的发展潜能，共同助力区域内更高水平的全面开放提供有力保障。

🎙 **周群**：从新疆始发的中欧班列情况怎么样？

🎙 **丁吉豹**：新疆毗邻 8 个国家，优越的区位优势使新疆成为中欧班列的重要参与者和受益者。目前，新疆始发的中欧班列有 13 条，分别是乌西—

中亚五国、俄罗斯、意大利、土耳其、德国、伊朗、法国、荷兰、西班牙、波兰、阿联酋，乌西班列，西行班列（起点石河子，终点克列斯特）。1~9 月，乌鲁木齐海关监管新疆始发的中欧班列 376 列，同比增长 3.3%，贸易额 26.8 亿美元，同比增长 74.3%。出口商品主要为汽配、三聚氰胺、服装、五金、百货和设备等。进口商品的种类不断丰富，除传统的机织地毯、纺织机械等，新增加了润滑油、液压翻转犁、幼苗移栽机、锭胆、能量单元组件、橄榄油、线型低密度聚乙烯、固液分离机等，体现出国内复工复产企业对进口商品旺盛的需求。

从新疆始发的中欧班列情况

新疆毗邻8个国家，优越的区位优势使新疆成为中欧班列的重要参与者和受益者。 新疆始发的中欧班列有13条，分别是乌西—中亚五国、俄罗斯、意大利、土耳其、德国、伊朗、法国、荷兰、西班牙、波兰、阿联酋，乌西班列，西行班列（起点石河子，终点克列斯特）。

1~9月，乌鲁木齐海关监管新疆始发的中欧班列376列，同比增长3.3%，贸易额26.8亿美元，同比增长74.3%。出口商品主要为汽配、三聚氰胺、服装、五金、百货和设备等。进口商品的种类不断丰富，除传统的机织地毯、纺织机械等，新增加了润滑油、液压翻转犁、幼苗移栽机、锭胆、能量单元组件、橄榄油、线型低密度聚乙烯、固液分离机等，体现出国内复工复产企业对进口商品旺盛的需求。

🎙 **周群**：每年有大量的中欧班列从新疆口岸进出，对助力新疆外向型经济发展发挥了什么作用？

🎙 **丁吉豹**：借助中欧班列的快速发展，乌鲁木齐海关发挥乌鲁木齐集结新疆货源的优势，推动新疆特色产业的快速发展。量身打造"和田—喀什—乌鲁木齐"集拼集运货运班列监管模式，对班列的监管单元由"列"变为"节"，以此实现班列集结、货物集拼、空箱换重箱、内外贸货物同车运输等便利化措施，确保货物在乌鲁木齐国际陆港区集结后，按集拼集运方式转关出境，助力新疆特色农副产品走出国门。2019年9月1日，首列"和田—喀什—乌鲁木齐"集拼集运货运班列从中欧班列乌鲁木齐集结中心开行。借助于集拼集运模式，新疆地产的番茄酱、核桃等扶贫产品通过"和田—喀什—乌鲁木齐"集拼集运货运班列货物运往意大利、德国、俄罗斯3个欧洲国家和土耳其、哈萨克斯坦等4个"一带一路"沿线国家，运输成本大幅降低，时效性显著提高，货物损耗减少。以新疆的番茄酱为例，在过去，出口需要先运至天津港，再通过海运的方式抵达欧洲、东南亚等地，现在货物可在中欧班列乌鲁木齐集结中心聚集，通过集拼集运方式直接出口，较海运节省一半时间，外贸企业运输成本也大幅降低了。新疆本地货物种类从最初的电子产品、日用百货已扩展到机械制品、化工产品、食品、冷链、小商品等200多个品类，为新疆地产优质商品走出国门开辟了一条快捷通道。据乌鲁木齐海关统计，自首列集拼集运货运班列发运以来，截至2020年9月30日，乌鲁木齐海关共计监管"和田—

喀什—乌鲁木齐"集拼集运货运班列 30 列，货运量 4.29 万吨，主要商品为番茄酱、苹果汁、核桃、小家电、服装等。

新疆果业集团和田基地公司副总经理如则麦麦提·努日介绍，目前，新疆核桃已销往 18 个国家（地区），最大的市场是俄罗斯和土耳其。之前是通过陆运或海运发到目的地，运输成本较高，如今直接将货物拉到乌鲁木齐国际陆港区，就可直接装箱出口，相比传统汽运方式，集拼集运货运班列方式成本节省 30%，且速度快、周期短、破损少。

今年，我关引导新疆宝钢集团新疆八一钢铁有限公司采取"产地组货集结专列转关发运"模式，在乌鲁木齐国际陆港区完成钢材组货集结和出口申报，通过转关模式抵达出境口岸后直接放行，为企业节省在出境口岸的仓储和滞留费用。以往，该企业出口的钢材都是从乌鲁木齐启运后，在口岸进行申报，钢材停留在口岸产生的仓储费和滞留费给企业造成不小的负担。针对每批钢材属于同一进出境口岸、同一日期、同一车次、同一境内收发货人、同一合同、同一品名的货物，我关积极引导报关企业将该公司出口钢材归并申报为一票报关单，为企业节约了大量申报时间和成本。由于出口的冷硬钢卷尺寸较大，吊装至现有封闭集装箱内存在困难，我关还为出口冷硬钢卷量身定制了监管方案，允许使用特殊定制的集装箱进行装载，使该批钢材落地阿拉山口口岸后即可直接办理海关放行手续，与铁路编组出境环节无缝对接，实现该趟班列接力运输、阶梯直达、顺利出境。今年以来，已有 2600 余吨新疆产冷硬钢卷搭乘中欧班列钢材专列从乌鲁木齐国际陆港区组货集结，出口俄罗斯。

🎙 **周群**：今年，中欧班列的快速发展带动新疆跨境电商贸易的快速发展，具体情况如何？

🎙 **丁吉豹**：跨境电商作为一种新业态，近年来在内陆中东部地区发展迅猛。处于"一带一路"建设重要节点的阿拉山口口岸，凭借全国运行数量最多且到达全球线路最广的中欧班列的优势，有着得天独厚的地缘优势，具有发展跨境电商的巨大市场潜力。2020 年，乌鲁木齐海关顺应地方发展实际、积极响应企业诉求，组织专人积极开展跨境电商业务探索，保障跨境电商零售出口业务（9610）及"保税电商 A"业务（1239）在阿拉山口落地，实现跨境电商业务在阿拉山口从"一空二白"到"茁壮成长"的跨越式发展，为丰富地方经济结构、促进跨境电商良性发展提供了强大支持。

中欧班列对助力新疆外向型经济发展的作用

借助中欧班列的快速发展，乌鲁木齐海关发挥乌鲁木齐集结新疆货源的优势，推动新疆特色产业的快速发展。**量身打造"和田—喀什—乌鲁木齐"集拼集运货运班列监管模式，对班列的监管单元由"列"变为"节"，以此实现班列集结、货物集拼、空箱换重箱、内外贸货物同车运输**等便利化措施，确保货物在乌鲁木齐国际陆港区集结后，按集拼集运方式转关出境，助力新疆特色农副产品走出国门。

2019年9月1日，首列**"和田—喀什—乌鲁木齐"集拼集运货运班列从中欧班列乌鲁木齐集结中心开行**。借助于集拼集运模式，新疆地产的番茄酱、核桃等扶贫产品通过"和田—喀什—乌鲁木齐"集拼集运货运班列货物运往意大利、德国、俄罗斯3个欧洲国家和土耳其、哈萨克斯坦等4个"一带一路"沿线国家，**运输成本大幅降低，时效性显著提高，货物损耗减少。**

截至2020年9月30日，乌鲁木齐海关共计监管"和田-喀什-乌鲁木齐"集拼集运货运班列30列，货运量4.29万吨，主要商品为番茄酱、苹果汁、核桃、小家电、服装等。

目前，新疆核桃已销往18个国家，最大的市场是俄罗斯和土耳其。之前是通过陆运或海运发到目的地，运输成本较高，如今直接将货物拉到乌鲁木齐国际陆港区，就可直接装箱出口，**相比传统汽运方式，集拼集运货班列方式成本节省30%，且速度快、周期短、破损少。**

今年，引导新疆宝钢集团新疆八一钢铁有限公司采取**"产地组货集结+专列转关发运"**模式，在乌鲁木齐国际陆港区完成钢材组货集结和出口申报，通过转关模式抵达出境口岸后直接放行，为企业节省在出境口岸的仓储和滞留费用。

针对每批钢材属于同一进出境口岸、同一日期、同一车次、同一境内收发货人、同一合同、同一品名的货物，积极引导**报关企业将该公司出口钢材归并申报为一票报关单**，为企业节约了大量申报时间和成本。

由于出口的冷硬钢卷尺寸较大，吊装至现有封闭集装箱内存在困难，还为出口冷硬钢卷**量身定制了监管方案，允许使用特殊定制的集装箱进行装载**，使该批钢材落地阿拉山口口岸后即可直接办理海关放行手续，与铁路编组出境环节无缝对接，**实现该趟班列接力运输、阶梯直达、顺利出境。**

今年以来，已有2600余吨新疆产冷硬钢卷搭乘中欧班列钢材专列从乌鲁木齐国际陆港区组货集结，出口俄罗斯。

一方面我们主动担当作为，打好工作提前量。在缺少先行经验的情况下，主动担当、提前谋划，在贯彻落实海关总署关于支持跨境电商发展举措上，充分学习借鉴北京、郑州、深圳等地先进经验，先后组织 2 次外出学习调研、5 次跨境电商专题研讨。结合口岸实际，找准关键环节，高效对症施策，有针对性地开展了风险参数维护、数据测试、问题研判、方案优化等工作。主动参与当地跨境电商分拣清关中心规划设计及建设，提前对接地方政府及场地运营方，落实场地规范化建设要求。实时跟踪指导各项硬件设施建设过程，动态性调整建设方案，确保了各项硬件设施符合海关监管查验要求，保障跨境电商业务顺利落地。另一方面，我们不断完善监管措施，做好服务促发展。一是为保障新业务的顺利开展，从申报审核、布控查验和卡口核放等方面，集中梳理跨境电商通关流程，绘制流程图，明晰各部门职责。二是实现跨境电商出入区货物与乌鲁木齐海关物控系统的联网工作，保证物流信息全流程记录，满足海关全流程监管要求。三是试行跨境电商车号登记备案作业模式，便于铁路部门根据海关放行情况进行列车编组，缩减公路运输司机等候时间。同时，我们坚持以问题为导向，务实服务企业，保障跨境电商业务快速通关。一是设置跨境电商专门窗口和企业联络人，联合铁路、企业组建跨境电商工作交流群，跟踪货物物流信息，实时通报货物申报、物流、换装及放行情况，及时与企业对接通关事宜。二是实行 7×24 小时预约式通关，监管场地卡口 24 小时值守放行，以工作时间延长换取通关空间拓展，确保实现当天到达、当天验放，让企业运营发展轻装上阵、快速通关。三是查检部门指定专人全时值班，保证电商货物随到随验。

1～9 月，我关监管跨境电商直购出口清单 3179.8 万单，同比增长 169 倍；货值约 1.06 亿美元，同比增长 128 倍。统计显示，我关累计监管 9610 出口商品清单数从 2018 年的 57.7 万单、2019 年的 77.9 万单迅速攀升至 2020 年 9 月已突破 3000 万单，达到 3179 万单；9610 出口目的国也由最初的哈萨克斯坦、俄罗斯等国家和地区扩大到比利时、德国、英国等国家和地区，出口商品以玩具、家具、服饰、日用杂品等产品为主。

硬件设施不断成熟完善，监管流程不断创新简化，使跨境电商业务迅速在阿拉山口口岸蓬勃发展。2020 年 1 月 21 日，阿拉山口口岸首次开展出口跨境电商业务；5 月 19 日，从阿拉山口口岸出口跨境电商包裹突破 1000 万件；6 月 28 日，从阿拉山口口岸出口跨境电商包裹突破 2000 万件，提前实现全年目标；10 月 9 日，从阿拉山口口岸出口跨境电商包裹突破 3000 万件，货值近亿美元。

中欧班列带动新疆跨境电商贸易的快速发展

跨境电商作为外贸新兴业态持续保持着蓬勃发展的态势，作为一种新业态，近年来在内陆中东部地区发展迅猛。处于"一带一路"建设重要节点的**阿拉山口口岸，凭借全国运行数量最多且到达全球线路最广的中欧班列的优势，有着得天独厚的地缘优势，具有发展跨境电商的巨大市场潜力。**

一方面主动担当作为，打好工作提前量

在缺少先行经验的情况下，主动担当、提前谋划，在贯彻落实海关总署关于支持跨境电商发展举措上，充分学习借鉴北京、郑州、深圳等地先进经验，先后组织2次外出学习调研、5次跨境电商专题研讨。结合口岸实际，找准关键环节，高效对症施策，有针对性地开展了风险参数维护、数据测试、问题研判、方案优化等工作。主动参与当地跨境电商分拣清关中心规划设计及建设，提前对接地方政府及场地运营方，落实场地规范化建设要求。实时跟踪指导各项硬件设施建设过程，动态性调整建设方案，确保了各项硬件设施符合海关监管查验要求，保障跨境电商业务顺利落地。

另一方面，不断完善监管措施，做好服务促发展

一是为保障新业务的顺利开展，从申报审核、布控查验和卡口核放等方面，集中梳理跨境电商通关流程，绘制流程图，明晰各部门职责。

二是实行 7×24 小时预约式通关，监管场地卡口24小时值守放行，以工作时间延长换取通关空间拓展，确保实现当天到达、当天验放，让企业运营发展轻装上阵、快速通关。

三是查检部门指定专人全时值班，保证电商货物随到随验。

1～9月，监管跨境电商直购**出口清单3179.8万单，同比增长169倍；货值约1.06亿美元，同比增长128倍。**
硬件设施不断成熟完善，监管流程不断创新简化，使跨境电商业务迅速在阿拉山口口岸蓬勃发展。
今年1月21日，阿拉山口口岸**首次开展出口跨境电商业务；**
5月19日，从阿拉山口口岸出口跨境电商包裹突破1000万件；
6月28日，从阿拉山口口岸出口跨境电商包裹突破2000万件，提前实现全年目标；
10月9日，从阿拉山口口岸出口跨境电商包裹突破3000万件，货值近亿美元。

跨境电商运营企业阳光捷通（北京）贸易服务有限公司反映，阿拉山口出口跨境电商"公铁联运模式"铁路"站到站"模式日趋完善，跨境电商货物通过公路运输到阿拉山口，在阿拉山口报关，转铁路运输15天可抵达欧洲，相比海运39天的运输时间，铁路货运时间更短，而价格只有空运的20%，为企业节省了大量时间、降低了物流成本。

🎤 周群：2020年7月1日，"铁路两系统"上线运行，对中欧班列的发展有什么积极作用？

🎤 丁吉豹：2020年6月4日，一车搭乘中欧班列的本地报关出口玩具在办完放行手续后顺利由霍尔果斯铁路口岸出境，这标志着新疆口岸新一代海关与铁路部门系统成功实现数据互联互通。

海关"铁路两系统"是指海关舱单、运输工具铁路子系统，于去年 11 月，选择在满洲里海关试点推行。该系统与新一代铁路数字口岸运用系统实现了实时联网数据对接，是海关总署与国家铁路集团总公司为推动便利化通关采取的重大举措，对实现铁路口岸大出大入、优化口岸营商环境具有十分重要的意义。

2020 年 4 月，乌鲁木齐海关根据海关总署要求，积极推动"铁路两系统"在新疆口岸试点，前期成立了专项工作组，制订完善工作方案和应急预案，不断建立健全联系配合机制，持续开展企业座谈，强化系统培训，于 5 月 29 日在系统测试环境开展联调测试，6 月 4 日正式测试成功，并于 7 月 1 日前在霍尔果斯、阿拉山口口岸顺利完成系统切换。

通过关铁新一代系统实现数据对接，可以全面加强海关、铁路、企业之间信息化建设水平，三者间信息交互更加便利，真正贯通了海关与铁路"总对总"数据通道，实现电子信息"多跑路"，企业"少跑腿"，出境列车的作业时间由原来的 15～20 分钟压减到现在系统读秒完成。同时，通过数据交互验证，减少了现场人工作业环节，监管模式更加优化，作业效率大幅提升，充分体现了精准、高效的工作理念。目前，我关铁路监管作业现场已初步实现无纸化作业，企业可以通过互联网向海关提交审批信息，海关在线完成对应审批，有效减少了企业在通关环节的人工和时间成本。

🎙 **周群**：听说中欧班列积极尝试采用"铁路—公路—铁路"多式联运方式，为中欧班列创新发展提供更多发展机会。您能具体介绍一下吗？

🎙 **丁吉豹**：2020 年 6 月 18 日，首批中欧班列"中吉乌"公铁联运国际货运集装箱从伊尔克什坦口岸出境，这也是国内首次采用"铁路—公路—铁路"方式组织开展跨境多式联运业务。

"中吉乌"国际货运班列 6 月 5 日从兰州东川出发，经铁路运至新疆喀什后，经公路自伊尔克什坦口岸出境至吉尔吉斯奥什，再由铁路运抵乌兹别克斯坦首都塔什干，全程运输约 7~10 天，节约 5 天左右的时间。此次班列去程装运出口电器产品，回程装运进口棉纱，实现了真正意义上的点到点重去重回往返运输，拓展了企业产品的空间，提升了辐射力，同时为打造以"铁—公—铁"多程联运方式为特色的南疆区域集装箱枢纽中心奠定了基础。乌鲁木齐海关制订专门通关方案，优化通关作业模式，对班列实行优先办理、优先查验、优先放行。

"铁路两系统"对中欧班列的发展的积极作用

2020年6月4日，一车搭乘中欧班列的本地报关出口玩具在办完放行手续后顺利由霍尔果斯铁路口岸出境，这标志着新疆口岸新一代海关与铁路部门系统成功实现数据互联互通。

海关"铁路两系统"是指海关舱单、运输工具铁路子系统，于去年11月，选择在满洲里海关试点推行。该系统与新一代铁路数字口岸运用系统实现了实时联网数据对接，是海关总署与国家铁路集团总公司为推动便利化通关采取的重大举措，对实现铁路口岸大出大入、优化口岸营商环境具有十分重要的意义。

2020年4月，乌鲁木齐海关根据海关总署要求，积极推动"铁路两系统"在新疆口岸试点，前期成立了专项工作组，制订完善工作方案和应急预案，不断建立健全联系配合机制，持续开展企业座谈，强化系统培训，于5月29日在系统测试环境开展联调测试，6月4日正式测试成功，并于7月1日前在霍尔果斯、阿拉山口口岸顺利完成系统切换。

通过关铁新一代系统实现数据对接，可以全面加强海关、铁路、企业之间信息化建设水平，三者间信息交互更加便利，真正贯通了海关与铁路"总对总"数据通道，实现电子信息"多跑路"，企业"少跑腿"，出境列车的作业时间由原来的15～20分钟压减到现在系统读秒完成。同时，通过数据交互验证，减少了现场人工作业环节，监管模式更加优化，作业效率大幅提升，充分体现了精准、高效的工作理念。目前，铁路监管作业现场已初步实现无纸化作业，企业可以通过互联网向海关提交审批信息，海关在线完成对应审批，有效减少了企业在通关环节的人工和时间成本。

"铁路—公路—铁路"多式联运方式

2020年6月18日，首批中欧班列"中吉乌"公铁联运国际货运集装箱从伊尔克什坦口岸出境，这也是**国内首次采用"铁路-公路-铁路"方式组织开展跨境多式联运业务。**

"中吉乌"国际货运班列6月5日从兰州东川出发，经铁路运至新疆喀什后，经公路自伊尔克什坦口岸出境至吉尔吉斯奥什，再由铁路运抵乌兹别克斯坦首都塔什干，全程运输约7~10天，节约5天左右的时间。此次班列去程装运出口电器产品，回程装运进口棉纱，实现了**真正意义上的点到点重去重回往返运输，拓展了企业产品的空间，提升了辐射力**，同时为打造以"铁—公—铁"多程联运方式为特色的南疆区域集装箱枢纽中心奠定了基础。乌鲁木齐海关制订专门通关方案，优化通关作业模式，对班列实行优先办理、优先查验、优先放行。

🎤 **周群**：中欧班列焕发出勃勃生机，下一步乌鲁木齐海关对于继续支持和促进中欧班列高质量发展有什么计划？

🎤 **丁吉豹**：乌鲁木齐海关将认真学习贯彻第三次中央新疆工作座谈会精神，做好"六稳"工作，落实"六保"任务，扎实推进海关总署各项改革任务，以深化《海关全面深化业务改革2020框架方案》为牵引，以促进便利化为主线，以科技创新为支撑，在推动形成双循环新发展格局中充分发挥作用。特别要发挥地缘区位优势，全力保障海关总署铁路舱单/运输工具管理系统上线运行，重点围绕支持中欧班列拓展业务范围、支持中欧班列多式联运业务发展、推动中国与哈萨克斯坦"关铁通"项目上线实施等深化双多边监管国际合作，进一步减负增效降低制度性交易成本，不断提升中欧班列西向通道贸易便利化水平，服务"一带一路"建设，续写丝绸之路辉煌的新篇章。

🎙 **周群**：访谈时间马上过半，我们一起来看一下网友的热情提问。

网友提问摘录

🌐 **网友**：疫情期间对企业税收方面是否有相应的优惠政策？

🎙 **丁吉豹**：关于因疫情影响企业无法按期缴税，延期缴税、减免相应滞纳金的政策，请参考海关总署公告 2015 年第 27 号《关于明确税款滞纳金减免相关事宜的公告》，企业进口的防疫物资的减免税优惠政策，请参考《关于防控新型冠状病毒感染的肺炎疫情进口物资免税政策的公告》（财政部　海关总署　税务总局联合公告 2020 年第 6 号）。

⊕ **网友**：我是机场辖区一家企业的负责人，前期企业复工复产的时候得到机场海关的帮助，关员深夜值守加班加点，为我们复工复产的进口原材料进行验放。在疫情期间，作为企业，我们非常感谢海关无微不至的帮扶。

🎙 **丁吉豹**：感谢您的支持！

⊕ **网友**：新疆口岸通关了吗？阿拉山口口岸可以进出口货物吗？

🎙 **丁吉豹**：可以！

⊕ **网友**：我是塔什库尔干县的网友，请问乌鲁木齐海关在塔什库尔干县扶贫过程中做了哪些工作？

🎙 **丁吉豹**：首先是选优配强驻村干部，2014 年以来乌鲁木齐海关先后选派了 60 余名优秀干部到塔什库尔干县塔什库尔干乡、瓦恰乡开展访惠聚和精准扶贫工作。其次是投入 1500 余万元帮扶资金，扶持塔什库尔干县饲草种植、惠民桥、面粉厂、红关之星幼儿园、人居环境整治等扶贫项目，发挥了积极作用。再次是组织开展了爱心捐助、刺绣培训、建立"花儿为什么这样红"花卉产业基地，扶持发展帕米尔金草滩、盘龙古道等旅游项目，帮助塔什库尔干县富民增收，提升内生发展动力，巩固脱贫攻坚各项基础。

⊕ **网友**：目前中欧班列通关有没有受到喀什疫情影响？

🎙 **丁吉豹**：目前没有受到影响。

⊕ **网友**：海关对入境车辆司机采取了哪些措施来杜绝疫情传入我国？

🎙 **丁吉豹**：目前，新疆公路口岸主要采用甩挂、吊装、界桥交接等方式，有效避免了入境车辆司机接触。

🌐 **网友**：我想进口哈萨克斯坦马，请问需要在口岸隔离吗？

🎙 **丁吉豹**：需要隔离。

🌐 **网友**：请问乌鲁木齐海关目前疫情防控物资储备情况如何，能否保证当前开关要求？

🎙 **丁吉豹**：可以确保工作要求。

🌐 **网友**：中欧班列最远到哪个国家？

🎙 **丁吉豹**：最远到英国伦敦。

🌐 **网友**：保障中欧班列 24 小时通关的具体措施是什么？

🎙 **丁吉豹**：具体措施比较详细，建议您登录乌鲁木齐海关网站查阅，网址是 http：//urumqi. customs. gov. cn/。

🌐 **网友**：阿拉山口跨境电商货物也是搭载中欧班列出境吗？

🎙 **丁吉豹**：目前有铁路和公路两种方式。

🌐 **网友**：中欧班列经行乌鲁木齐关区，在助力"一带一路"建设方面，乌鲁木齐海关积累了哪些经验？

🎙 **丁吉豹**：目前，乌鲁木齐中欧班列集结中心发挥了较好的班列集结作用，对丝绸之路经济带核心区的发展起到了积极的作用。

🌐 **网友**："一带一路"倡议是中国扩大对外开放，特别是扩大对中东欧的贸易便利化的国家部署。在这个大背景下，乌鲁木齐海关在做好监管的同时，有什么深层次的思考吗？

🎙 **丁吉豹**：在做好监管的同时，乌鲁木齐海关优化海关作业流程，加强与始发地海关的协作，密切与铁路等部门的协作等。

⊕ **网友**：请您介绍一下哈萨克斯坦进口奶粉标签的要求。

🎙 **丁吉豹**：您好，感谢您的提问。哈萨克斯坦乳粉的中文标签和其他进口食品一样，需符合我国食品安全国家标准。进口婴幼儿配方乳粉的中文标签必须在入境前已直接印制在最小销售包装上，不得在境内加贴。

⊕ **网友**：进口食品的标签需要符合哪些标准？

🎙 **丁吉豹**：按照《中华人民共和国食品安全法》，进口食品的标签应该符合我国食品安全国家标准要求，具体包括 GB 7718—2011《食品安全国家标准　预包装食品标签通则》、GB 13432—2013《食品安全国家标准　预包装特殊膳食用食品标签》、GB 28050—2011《食品安全国家标准　预包装食品营养标签通则》3 个标准及其他相关标准中有关产品标签标识的内容。

⊕ **网友**：由于疫情，新疆口岸通关都受到了影响，海关是怎么做到让口岸公路运输顺畅的？

🎙 **丁吉豹**：乌鲁木齐海关在监管和服务两端同时发力，切实筑牢国门安全防线，稳步推进"甩挂"模式提质增效，为疫情期间畅通口岸运输通道提供强有力保障。一是关区各现场充分利用"单一窗口"和"互联网＋海关"实现业务"指尖办理"减少人员接触，同时针对各口岸甩挂运输监管实际，优化信息化系统验放流程，有效预防外籍挂车在境内长期滞留的风险，进一步提升海关通关作业效能；二是积极配合地方政府，完善"甩挂"场地设置标准化、优化通关流程、加大机械化设备使用，提高口岸通行效能，同时进一步推行监管环节无纸化业务办理，提升各类系统使用效能，同时加大对视频监控设备的使用，减少现场人工作业压力；三是密切关注待开关口岸动态信息，及时根据口岸防疫政策，同步指导现场海关完成有关货物、人员监管方案的制订，同时结合口岸通关实际特点，进一步发掘 TIR 运输、多式联运潜力，促进全疆各口岸进出口贸易便利化。

🌐 **网友**：我是一名综保区民营企业负责人，想问一下海关对企业应对疫情影响有哪些帮扶措施？

🎤 **丁吉豹**：今年，受新冠疫情影响，新疆外贸形势复杂严峻。乌鲁木齐海关紧紧围绕党中央提出的"六稳""六保"工作部署，主动帮扶企业在困境中寻找商机，精准聚焦三个靶向，助力综合保税区企业复工复产。一是以政策为靶向。根据《国务院关于促进综合保税区高水平开放高质量发展的若干意见》（国发〔2019〕3 号）以及海关总署在疫情期间的相关政策，结合疆内综合保税区的发展实际，逐条分析、逐条研究、送政上门。主动对接相关单位和企业，推动区内优惠政策实际落地。二是以诉求为靶向。针对区内大型企业从国内购买原材料困难的实际诉求，精准为企业进行政策画像，进一步推广区内增值税一般纳税人资格试点工作，引导区内企业承接境内（区外）委托加工业务。如阿拉山口综保区承接葵花子仁、葵花子油委内加工业务，乌鲁木齐综保区承接番茄酱委内加工业务，霍尔果斯配套区承接大麦粉和全大麦粉委内加工业务，喀什综保区承接冷柜委内加工业务。三是以效果为靶向。结合量身定做的政策画像，开展效果评估，综合考虑区内政策和区外禀赋，建立长效反馈机制，为企业复工复产提供精准助力，引导企业苦练内功、危中寻机。通过上述措施，努力削减疫情对企业的影响。今后我关还将进一步升级服务质量，不断创新监管模式，提高办事效率，降低企业运营成本，进一步对冲疫情影响。

🌐 **网友**：我们公司是浙江的一家医疗企业，国内现在疫情防控形势持续向好，境外疫情日趋严峻，医疗器械由进口转向出口。海关对出口医疗物资质量有什么要求？

🎤 **丁吉豹**：商务部、海关总署、国家市场监督管理总局发布 2020 年第 12 号公告，自 2020 年 4 月 26 日起，产品取得国外标准认证或注册的新型冠状病毒检测试剂、医用口罩、医用防护服、呼吸机、红外体温计的出口企业，对于进口国（地区）有质量安全标准要求的，符合进口国（地区）

质量安全标准要求，报关时须提交电子或书面声明，承诺产品符合进口国（地区）质量标准和安全要求，海关凭商务部提供的取得国外标准认证或注册的生产企业清单验放。

🌐 **网友**：我们公司是一家报关公司，有一票货物，因为含量不符合目的国海关的进口许可证要求，客户无法清关，所以直接退回来了。请问这种情况是否要交进口关税？

🎙 **丁吉豹**：根据《中华人民共和国海关进出口货物征税管理办法》，因品质或者规格原因，出口货物自出口放行之日起 1 年内原状退货复运进境的，纳税义务人在办理进口申报手续时，应当按照规定提交有关单证和证明文件。经海关确认后，对复运进境的原出口货物不予征收进口关税和进口环节海关代征税。

🌐 **网友**：我们公司想进口白糖，请问需要什么样的资质可以申请白糖关税配额？

🎙 **丁吉豹**：根据商务部公告 2017 年第 59 号《关于 2018 年食糖进口关税配额申请和分配细则的公告》，可以申领的企业，一是国有贸易企业，二是具有国家储备职能的中央企业，三是持有 2017 年食糖关税配额且有进口实绩（不包括代理）的企业，四是 2016 年日加工原糖 600 吨以上（含 600 吨）或食糖年销售额 4.5 亿元以上（含 4.5 亿元）的食糖生产企业，五是以食糖为原料从事加工贸易的企业。

🌐 **网友**：我想邮寄两箱个人物品回国，10 月东西就到国内了，但我本人要 12 月才能回国。请问家人代收需要什么证件证明这两箱东西是自用的？

🎙 **丁吉豹**：个人邮寄物品如果按照分运行李方式办理进境手续，应根据《中华人民共和国海关法》和《中华人民共和国海关对进出境旅客行李物品监管办法》的有关规定，旅客分离运输行李到达指运口岸，海关应凭验旅客本人护照，旅客行李申报单或者规定的其他申请单证以及运输部门发给的提单，按照有关规定办理征免税验放手续。行李所有人在填制旅客行李申报单和邮件提单时要做到翔实、准确。另建议邮寄时收件人写本人姓名，待本人回国后凭归国护照办理领取邮件手续。

🌐 **网友**：我公司发现有企业仿冒我公司商标出口货物，已经向海关提出了扣货申请，海关受理了，但现在和对方谈好了处理方案，想撤回申请，请问海关允许吗？

🎤 **丁吉豹**：根据《中华人民共和国知识产权海关保护条例》，在海关认定被扣留的侵权嫌疑货物为侵权货物之前，知识产权权利人撤回扣留侵权嫌疑货物申请的，海关应当放行被扣留的侵权嫌疑货物。

🌐 **网友**：海关对过境货物运输路线有特殊规定吗？

🎤 **丁吉豹**：过境货物在进境以后、出境之前，应当按照运输主管部门规定的路线运输，运输主管部门没有规定的，由海关指定。根据实际情况，海关需要派员押运过境货物时，经营人或承运人应免费提供交通工具和执行监管任务的便利，并按照规定缴纳规费。

🌐 **网友**：企业可以在海关监管作业场所内存放非海关监管货物吗？

🎤 **丁吉豹**：可以，装卸、储存、集拼、暂时存放非海关监管货物的，应当与海关监管货物分开，设立明显标识，并且不得妨碍海关对海关监管货物的监管。监管作业场所经营企业应当根据海关需要，向海关传输非海关监管货物进出海关监管作业场所等信息。

🌐 **网友**：企业的运输车辆和货物可以随意进出海关监管作业场所吗？

🎤 **丁吉豹**：不可以，海关监管作业场所经营企业应当凭海关电子放行信息或者纸质放行凭证办理海关监管货物以及相关运输工具出入海关监管作业场所的手续，并且应当妥善保存货物进出以及存储等情况的电子数据或者纸质单证，保存时间不少于 3 年，海关可以进行查阅和复制。

🌐 **网友**：中哈合作中心是霍尔果斯口岸标志性区域，想咨询下基本情况以及需要什么证件、手续，在合作区购物有什么限制及要求？

🎤 **丁吉豹**：中哈合作中心是建立在中哈国界线两侧毗邻接壤区域，紧邻中哈霍尔果斯口岸的跨境经济贸易区和投资合作中心。该中心实行封闭式管理，总面积 5.28 平方公里，其中中方区域 3.43 平方公里，哈方区域 1.85 平方公里，主要功能是贸易洽谈、商品展示和销售、仓储运输、宾馆饭店服务、商业服务、金融服务、举办各类区域性国际经贸洽谈会等。配套区比照珠澳跨境工业园区珠海园区的税收、外汇等相关政策、功能定位和管理模式执行。

中哈合作中心中方区域已入驻签约项目 18 个，总投资约 240 亿元，拟用地面积 1949 亩，建筑面积 322.14 万平方米，涉及商品展示、酒店宾馆、餐饮娱乐、商业设施、金融服务等领域。其中，中方运营区域入驻项目 7 个，已建成投入运营项目 6 个，分别为大型商场 5 家（江源国际时代广场、中科国际购物中心、嘉联黄金口岸商业中心、金港国际购物中心、义乌国际商贸城），大型综合体 1 家（苏新中心）。大型商场已入驻商户千余家，以经营日用百货、服装、皮草、低端电子产品等为主；大型综合体拥有酒店式公寓、写字楼、商贸中心。中国免税品集团投建的中免商场在苏新中心商贸中心开业，主要销售国际品牌香水、烟、酒、化妆品、皮具、手表等高端商品。2016 年 7 月 1 日，哈方区域首个建设项目——中央金雕广场一期开业，形成了中哈双方良性互动的发展局面。

旅客凭借本人有效护照进入中哈合作中心，对尚未办理护照人员，凭借有效身份证办理临时通行证件，进入合作区。旅客随身携带物品从中哈合作中心进入中方境内的按照海关现行有关规定进行管理，每人每日一次携带物品免税额 8000 元人民币。

🌐 **网友**：游客从中哈合作中心携带烟、酒入境是限量的吗？

🎤 **丁吉豹**：根据规定，旅客可以携带香烟 400 支、雪茄 100 支或烟丝

500 克，12 度以上的酒精饮料 1500 毫升。注意 16 周岁以下旅客没有烟草、酒精制品免税额度。超出额度，仍属个人合理自用数量的征收行邮税。

🌐 **网友**：我是中哈合作中心的商户，中哈合作中心的分流集运模式是什么？

🎤 **丁吉豹**：具体来说，就是旅客出入区时在海关区域刷有效证件，旅客信息及出入区信息进入系统平台；在区内购物结账时，再次刷有效证件，采集旅客购物信息，此时，旅客可选择自提或者分流集运，如选择分流集运，购买商品由店铺送往分流集运监管查验中心，接受海关查验，最后由物流配送至国内收货地址。旅客不用担心购买物品多，携带不便问题，在中哈合作中心旅游、购物更便捷、舒适。按照要求，旅客在进出园区和区内购物时，须刷本人身份证件。

🌐 **网友**：在疫情影响下，海关在多个口岸推行"甩挂"监管模式，能否具体介绍一下？

🎤 **丁吉豹**：乌鲁木齐海关在伊尔克什坦、塔克什肯口岸一线推行的甩挂运输是指我方与毗邻国家（地区）一方货运车辆驶入指定的换挂区后卸下载货挂车，另一方货运车辆驶入换挂区进行换挂作业，完成换挂后各自返回。双方货车司乘人员全程不下车、不开窗，只进行车头的交换，且在换挂期间由海关、边检部门工作人员全程监督管理，通过实施"人货分离、分段运输、封闭管理"，实现"把人管住、让货畅通"的目标，有效防范境外疫情传播入境风险。

🌐 **网友**：我在口岸经营餐饮店，因疫情没有提前 1 个月办理卫生许可证延续，现在卫生许可证马上到期了，请问还能办理许可延续吗？

🎤 **丁吉豹**：作为做好"六稳"工作落实"六保"任务精准帮扶企业重点措施，疫情期间，口岸生产经营者在卫生许可证有效期内但未能在期限届满 30 日前向海关提出"国境口岸卫生许可证"延续申请的，无须按照新申请卫生许可证程序办理，可直接办理延续手续。

🌐 **网友**：请问从国外回来，能够携带美容用的肉毒素、胎盘素针剂或者邮寄入境吗？

🎙 **丁吉豹**：根据海关总署下发的《出入境特殊物品卫生检疫管理规定》，携带或邮寄入境的美容用肉毒素、胎盘素针剂属于出入境特殊物品。旅客携带或邮寄美容用肉毒素、胎盘素针剂入境前可提前咨询海关，办理出入境特殊物品卫生检疫审批手续，入境时应主动向海关申报，并经卫生检疫合格方准入境。

🌐 **网友**：期待乌鲁木齐海关介绍工作情况和服务外贸发展的举措。

🎙 **丁吉豹**：乌鲁木齐海关将会适时专门召开新闻发布会介绍服务外贸发展的最新举措。

🌐 **网友**：请问中欧班列能够到达欧洲哪些国家（地区）？

🎙 **丁吉豹**：中欧班列有重庆发往德国杜伊斯堡、成都发往波兰罗兹、郑州发往德国汉堡、武汉发往捷克和波兰、义乌发往西班牙马德里、西安发往波兰马拉舍维奇等线路。

🌐 **网友**：中欧班列是否只能发往欧洲？是否可发往其他国家（地区）？

🎙 **丁吉豹**：不仅中国与欧洲国家间开行的集装箱等铁路国际联运列车属于中欧班列，中国与蒙古国等东亚国家、越南等东南亚国家、伊朗等西亚国家、阿富汗等南亚国家、哈萨克斯坦等中亚国家间开行的集装箱等铁路国际联运列车也属于中欧班列，可以按照现行相关规定向海关申请办理转关手续，开展转关运输。

🌐 **网友**：发往欧洲的中欧班列经过哪些国家（地区）？

🎙 **丁吉豹**：发往欧洲的中欧班列从新疆的阿拉山口、霍尔果斯口岸，内蒙古的满洲里、二连浩特口岸以及黑龙江的绥芬河口岸出境，沿途经过哈萨克斯坦、俄罗斯、白俄罗斯和波兰，最终到达欧洲。

🌐 **网友**：在哪里可以查询到有哪些俄罗斯企业生产的奶粉可以进口？

🎙 **丁吉豹**：俄罗斯输华乳制品生产企业注册信息可通过以下方式查询，从互联网登录"海关总署—进出口食品安全—信息服务—业务信息—进口食品境外生产企业注册信息"。

🌐 **网友**：普通人能不能坐中欧班列旅游？

🎙 **丁吉豹**：不能乘坐。中欧班列是货运班列，不是客运班列，因此无法乘坐。

🌐 **网友**：中欧班列受到全球新冠肺炎疫情的影响了吗？

🎙 **丁吉豹**：受疫情影响，陆路停运、水空运禁运使得企业物流成本高涨，物流时间大幅延长，而铁路较少的转运环节有效降低了疫情扩散的可能，跨境铁路表现出稳定运营的态势，中欧班列开行量实现了逆势增长。

🌐 **网友**：我是重庆的网友，请问从重庆发出的中欧班列需要多久能够到达欧洲？

🎙 **丁吉豹**：该趟班列从重庆团结村站始发，由阿拉山口出境，途经哈萨克斯坦、俄罗斯、白俄罗斯、波兰至德国杜伊斯堡站，全程约 1.1 万公里，运行时间约 15 天。

🌐 **网友**：现在全球新冠肺炎疫情形势依然严峻，有没有疫情防护的货物搭载中欧班列出口到欧洲？

🎙 **丁吉豹**：目前几乎每天都有大量的疫情防护物资搭乘中欧班列运往欧洲各国，主要有一次性医用口罩、防护服、隔离眼罩、防护手套等。

🌐 **网友**：我想了解一下国内有哪些城市发运中欧班列？

🎙 **丁吉豹**：目前从新疆口岸经过的中欧班列主要有重庆（渝新欧）、成都（蓉新欧）、义乌（义新欧）、郑州（郑新欧）、西安（长安号）、厦门（厦新欧）、南昌（赣新欧）、南京（南京北班列）、合肥（合新欧）、武汉（汉新欧）、长沙（湘新欧）等线路。

🌐 **网友**：中欧班列装运的货物都有哪些？

🎙 **丁吉豹**：出口的班列主要装载有中国制造的服装、百货、家电、笔记本电脑、设备、汽车整车以及汽车零配件等，返程班列装载的货物主要为欧洲的婴儿奶粉、玩具、汽车整车、锯材、棉纱等。

🌐 **网友**：下一步乌鲁木齐海关将如何推动中欧班列更好发展？

🎙 **丁吉豹**：下一步，我们将发挥地缘区位优势，围绕支持中欧班列拓展跨境电商、邮包等业务范围，支持中欧班列多式联运业务发展，推动中国与哈萨克斯坦"关铁通"项目上线实施等深化双多边监管国际合作，进一步减负增效降低制度性交易成本，不断提升中欧班列西向通道贸易便利化水平，服务中欧班列高效通关，畅通西部国际物流通道。目前经阿拉山口开行的班列线路有 13 条，经霍尔果斯铁路口岸开行的班列线路有 18 条。新冠肺炎疫情发生以来，全球海运、空运和公路运输受疫情影响较大，中欧班列替代效应显现，成为贯通中欧、中亚供应链的重要运输方式，成为国际贸易和物流运输"大通道"。海关总署下发了支持中欧班列发展 10 条措施，乌鲁木齐海关结合实际推出了支持中欧班列发展 12 项措施，主动与中欧班列始发地海关深化跨关区协同合作，在业务现场推行 24 小时预约通关服务，设立中欧班列申报专用窗口，简化中欧班列通关手续，优化作业流程，实施海关、铁路"并联式"作业，创新班列货物查验模式，做到精准布控，班列口岸停留时间由 14 小时压缩至最快 6 小时。支持邮政企业利用铁路运输化解疫情防控带来严重影响，推动从霍尔果斯口岸以铁路运邮方式运输境外邮件，保障了新疆乃至全国邮政到中亚五国及欧洲等国家的邮件运输。

🌐 **网友**：乌鲁木齐海关在促进"一带一路"建设方面主要采取了哪些措施？取得了怎样的成效？

🎤 **丁吉豹**：根据海关总署应对疫情影响促进外贸增长相关规定，乌鲁木齐海关结合实际先后制定印发了《乌鲁木齐海关关于应对疫情影响促进外贸增长的 15 项工作举措》《乌鲁木齐海关关于支持中欧班列发展的十二项措施》《乌鲁木齐海关关于支持新疆综合保税区发展的八项措施》和《关于落实口岸疫情防控和通关便利化工作措施》。在全力做好疫情防控工作的同时，积极支持外贸企业复工复产，保障民生物资供给，努力把疫情影响降到最低。

🌐 **网友**：请问哈萨克斯坦的牛羊肉能进口吗？

🎤 **丁吉豹**：由于哈萨克斯坦发生绵羊痘和山羊痘疫情，海关总署和农业农村部发布了《关于防止哈萨克斯坦绵兰痘和山羊痘传入我国的公告》（2019 年第 97 号公告），暂停了哈萨克斯坦冷冻羊肉进口。目前，哈萨克斯坦冷冻牛肉可以进口。

🌐 **网友**：请问在疫情防控常态化情况下，如何在做好疫情防控的同时做好中欧班列快速验放工作？

🎤 **丁吉豹**：乌鲁木齐海关全力保障中欧班列高效通关。一是全面优化监管流程，简化申报内容，免填出口货物报关单运输工具名称、入境班列境内车厢编号，降低企业申报等待时间；支持入境班列铁路换装与企业申报、海关查检同步进行，实现海关铁路作业无缝衔接；优先查验班列货物。二是全面实行"五简"措施，降低班列通关时间和成本。三是实现铁路两系统上线，关铁实现信息共享，数据互联互通。

🌐 **网友**：请问南疆的中欧班列的发展态势如何？有常态化的计划吗？

🎙 **丁吉豹**：为促进新疆南疆地区劳动密集型产业和对外贸易发展，破解南疆交通运输瓶颈制约，打开南疆出口产品对外出口的便捷通道，乌鲁木齐海关积极支持南疆"和田—喀什—乌鲁木齐"货运班列，对班列的监管单元由"列"变为"节"等监管模式，实现班列集结、货物集拼、空箱换重箱、内外贸货物同车运输等便利化措施，在乌鲁木齐集结中心按集拼集运方式转关出境，助力新疆特色农副产品走出国门。

🌐 **网友**：我是新疆一本高校一名学习国际贸易专业的本科生，对于"一带一路"建设十分感兴趣。请问当代大学生应如何做好为我国"一带一路"经济带建设贡献自己的一份力量的准备？

🎙 **丁吉豹**：第三次中央新疆工作座谈会为"一带一路"建设和新疆的发展绘就了宏伟清晰的蓝图，新疆的对外开放战略地位更加突出，对高素质人才的需求也更加强烈，希望你把握机遇时机，立足专业优势，打牢专业基础，练就过硬本领，为将来投身新疆"一带一路"经济建设，把新疆打造成内陆开放高地贡献自己的力量。

🌐 **网友**：中欧班列跟传统的铁路运输有什么区别？

🎙 **丁吉豹**：中欧班列是按照固定车次、线路等条件开行，往来于中国与欧洲及"一带一路"沿线各国（地区）的集装箱国际铁路联运班列。

🌐 **网友**：今年活畜能进口吗？

🎙 **丁吉豹**：符合中国准入要求的可以进口。目前，从周边国家可以进口的活畜主要有哈萨克斯坦、吉尔吉斯斯坦、俄罗斯、蒙古国的马属动物。

🎙 **丁吉豹**：感谢海关总署给我们这样一个平台和广大网友互动。感谢广大网友对乌鲁木齐海关工作给予的关注和支持。下一步，乌鲁木齐海关将继续发挥职能作用，落实中央第三次新疆工作座谈会精神，在服务"一带一路"核心区建设，统筹疫情防控和经济社会发展工作中贡献海关力量。

· 2020

因时间有限，很多网友的回答来不及一一回复，相关内容请关注乌鲁木齐海关门户网站。再次感谢大家对乌鲁木齐海关工作的关心和支持，你们的关注就是我们的动力！谢谢大家！

🎤 **周群**：今天的在线访谈到此结束，请大家继续关注中国海关门户网站www. customs. gov. cn。再见！

后 记

2020 年 10 月 29 日，海关总署举办主题为"'一带一路'上的'钢铁驼队'"的在线访谈，访谈以网络视频连线方式，介绍乌鲁木齐海关助力中欧班列高效通关、保障国际物流通道畅通运行的工作情况。访问量达 67. 32 万余次，独立 IP 2002 个，网友提问 410 个，实时答复 50 个。

丝路节点　绿色通关

◎ 主　题：丝路节点　绿色通关
◎ 时　间：2020 年 11 月 18 日　10：00
◎ 嘉　宾：兰州海关党委委员、副关长　张　柯
◎ 主持人：海关总署办公厅　周　群

导语

　　甘肃省自古就是丝绸之路的战略通道和商埠重地，省内天水、平凉、金昌、酒泉、敦煌等市都是古丝绸之路上的重要节点。近年来，随着"一带一路"倡议的深入实施，甘肃省抢抓机遇，加大融入世界和区域经济合作发展的力度，着力推动十大生态产业发展，努力探索内陆欠发达地区经济转型升级、绿色发展崛起之路。

身临其境　看看我们曾经聊过的

主持人嘉宾交流

🎙 **周群：** 各位网友，大家好！这里是中国海关门户网站在线访谈栏目，我是主持人周群。今天我们邀请到了兰州海关党委委员、副关长张柯，就发挥新海关职责作用，主动作为，改革创新，强化监管，优化服务，打造绿色通关模式，全力支持甘肃省放大"一带一路"机遇优势，实现开放型经济高质量发展与各位网友互动交流。欢迎张关长！

🎙 **张柯：** 谢谢主持人！各位网友，大家好！很高兴做客中国海关门户网站在线访谈。希望通过今天的访谈，能够让大家更好地了解甘肃、更好地了解兰州海关在积极发挥职能作用，推动甘肃开放型经济高质量发展方面的举措和成效，并解答大家关心的问题。欢迎广大网友踊跃提问。

🎙 **周群：** 甘肃省位于西北内陆腹地，自古就是古丝绸之路上的战略通道，省内有多个市县都曾是古丝绸之路上的重要节点。我们请张关长简单介绍一下。

🎙 **张柯：** 好的。一般来讲，古丝绸之路分为东、中、西三段，东段从长安到玉门关、阳关；中段从玉门关、阳关以西至葱岭；西段从葱岭往西经过中亚、西亚直到欧洲。东段和中段均在汉代就已开辟，西段为唐代时开辟。甘肃省位于古丝绸之路的东段。东段自长安至敦煌，与中、西两段相比相对稳定，从长安、洛阳以西又分南北中三线，在今天的武威、张掖一带汇合后，经酒泉、瓜州至敦煌。

所以，除了我们熟知的武威、张掖、酒泉、瓜州、敦煌等河西走廊地区，甘肃省天水、平凉、庆阳等地都曾是古丝绸之路上的重要节点，都曾在历史上留下浓墨重彩的一笔。

甘肃省在古丝绸之路上的重要节点

古丝绸之路分为东、中、西三段，东段从长安到玉门关、阳关；中段从玉门关、阳关以西至葱岭；西段从葱岭往西经过中亚、西亚直到欧洲。东段和中段均在汉代就已开辟，西段为唐代时开辟。**甘肃省位于古丝绸之路的东段。东段自长安至敦煌，与中、西两段相比相对稳定，从长安、洛阳以西又分南北中三线，在今天的武威、张掖一带汇合后，经酒泉、瓜州至敦煌。**

🎙 **周群**：谢谢张关长，带我们回顾了古丝绸之路的路线图。张关长，我看了兰州海关机构设置，这几个古丝绸之路上的重要节点城市都设立了隶属海关。

🎙 **张柯**：是的。为支持甘肃省放大"一带一路"建设机遇优势，支持各节点城市释放发展潜能，全方位、全过程为进出口企业提供手续简便、安全快捷的服务，促进全省开放型经济发展，借机构改革东风，在海关总署党委大力支持下，兰州海关所属敦煌机场海关、兰州中川机场海关、平凉海关、金城海关相继正式开关。目前，兰州海关下设7个隶属海关，由东往西依次是平凉海关、天水海关、金城海关、兰州中川机场海关、金昌海关、酒泉海关、敦煌机场海关，从地图上看，正好将甘肃省在古丝绸之路上的几个重要节点城市联结起来，形成了以点带面，覆盖全省、东西贯通、协调发展的"绿色通道"，服务全省开放型经济发展能力与条件都得到极大提升。

为支持甘肃省放大"一带一路"机遇优势，**支持各节点城市释放发展潜能，全方位、全过程为进出口企业提供手续简便、安全快捷的服务，促进全省开放型经济发展，借机构改革东风，**在海关总署党委大力支持下，兰州海关所属敦煌机场海关、兰州中川机场海关、平凉海关、金城海关相继正式开关。目前，兰州海关下设**7个隶属海关，由东往西依次是：平凉海关、天水海关、金城海关、兰州中川机场海关、金昌海关、酒泉海关、敦煌机场海关，**从地图上看，正好将甘肃省在古丝绸之路上的几个重要节点城市联结起来，形成了以点带面，覆盖全省、东西贯通、协调发展的**"绿色通道"，**服务全省开放型经济发展能力与条件都得到极大提升。

🎤 **周群：**这 7 个隶属海关的设立，打通了"绿色通道"，实现了服务甘肃省外贸发展的全覆盖局面。这 7 个隶属海关根据辖区实际情况，在定位、职能发挥、业务开展等方面一定各有特色，请张关长分别介绍一下。

🎤 **张柯：**好的。7 个隶属海关结合各自辖区实际，积极发挥海关职能，强化监管，优化服务，有力推动特色产业发展，支持当地经济发展，各有特色和亮点。

兰州中川机场海关和敦煌机场海关作为口岸型和口岸综合型海关，立足兰州中川机场国际航空口岸和敦煌航空口岸 2 个开放航空口岸，着力发挥海关职能，筑牢国门安全屏障，服务口岸功能拓展。

金城海关、天水海关、酒泉海关、平凉海关、金昌海关 5 个属地型、（偏）属地综合型海关，在强化监管，做好海关各项监管工作的同时，立足辖区实际，积极服务当地经济发展。

🎤 **周群**：您刚才提到 7 个隶属海关各有特色和亮点，请您以其中一个隶属海关为例，简单介绍一下。

🎤 **张柯**：好的。比如敦煌机场海关，位于国家历史文化名城敦煌，于 2019 年 5 月 9 日正式挂牌开关，为敦煌及周边地区架起了一座与国际接轨的桥梁。敦煌机场海关自开关以来，主动作为，支持敦煌发挥历史文化和旅游资源优势，积极服务敦煌文博会成功举办，支持敦煌研究院举办国际文物展，促进东西方文化交流互鉴。支持敦煌构建口岸经济体系，通过"引领、培育、服务"三位一体，全力支持敦煌特色果品"走出去"。今年以来，敦煌红枣、甜瓜分别实现首次出口。

🎤 **周群**：谢谢张关长，介绍了 7 个隶属海关的职责定位和业务特色。在共建"一带一路"背景下，丝绸之路黄金段甘肃迎来了新的发展关键期。甘肃省在借力"一带一路"倡议，促进经济转型升级、实现绿色崛起方面有哪些优势？

7个隶属海关的职责定位和业务特色

7个隶属海关结合各自辖区实际，积极发挥海关职能，强化监管，优化服务，有力推动特色产业发展，支持当地经济发展，各有特色和亮点。

兰州中川机场海关和敦煌机场海关作为口岸型和口岸综合型海关，立足兰州中川机场国际航空口岸和敦煌航空口岸2个开放航空口岸，着力发挥海关职能，筑牢国门安全屏障，服务口岸功能拓展。

金城海关、天水海关、酒泉海关、平凉海关、金昌海关等5个属地型、（偏）属地综合型海关，在强化监管，做好海关各项监管工作的同时，立足辖区实际，积极服务当地经济发展。

🎤　张柯：前面已经提到，甘肃省是中华民族和华夏文化的重要发祥地之一，随着共建"一带一路"，甘肃省资源优势、区位优势、产业优势更加凸显，为实现绿色崛起奠定了坚实基础。

一是自然资源丰富，禀赋独特。甘肃是有色金属之乡，矿产资源储备和资源丰度位居全国第五，其中镍矿、钴矿等 11 种矿产储量名列全国第一。甘肃是全国四大中药材主产区之一，中药材种植面积和产量居全国首位，是全国最大的蔬菜、花卉外繁制种基地，外繁制种面积达 7 万多亩，全省苹果种植面积约 620 万亩、年产量约 490 万吨，面积和产量均居全国第二位。近年来，甘肃省已成为全国最大的高原夏菜生产基地和"西菜东调""北菜南运"的大型集散中心，跻身全国五大商品蔬菜基地之列，高原夏菜畅销国内外市场。

二是区位优势突出，货畅其流。甘肃省地处丝绸之路经济带黄金段，是西北铁路、公路、航空、管道兼备的综合性交通枢纽。借助"一带一路"建设、"南向通道"拓展，通道物流、特色产业发展潜力巨大。中欧班列从甘肃出发，沿丝绸之路到中亚和欧洲，形成了新丝绸之路上的高速通道，实现了西北与中东部，西南与西北、东南亚与中西亚，"一带"与"一路"的大联通。

三是产业基础深厚，特色鲜明。甘肃是中国石化工业的"摇篮"，随着西部大开发和中东部产业梯度转移，石油化工、有色冶金、机械制造等传统产业链条进一步延伸，产业集聚能力明显增强。此外，甘肃省在发展特色农产品产业、进境粮食储备加工等方面都具有突出优势。近年来，甘肃省坚持新发展理念，坚持高质量发展，以"抓重点、补短板、育动能、大开放"为支撑，充分发挥丝绸之路经济带的重要通道和节点作用，先后提出发展"十大生态产业"、抢占"五个制高点"等规划，旨在突出资源优势、放大区位优势、培育产业优势，走出一条内陆欠发达地区经济转型升级、绿色崛起的高质量发展之路。

促进经济转型升级、实现绿色崛起方面的优势

甘肃省是中华民族和华夏文化的重要发祥地之一，随着共建"一带一路"，甘肃省资源优势、区位优势、产业优势更加凸显，为实现绿色崛起奠定了坚实基础。

一是自然资源丰富，禀赋独特。

甘肃是有色金属之乡，矿产资源储备和资源丰度位居全国第五，其中镍矿、钴矿等11种矿产储量名列全国第一。甘肃是全国四大中药材主产区之一，中药材种植面积和产量居全国首位，是全国最大的蔬菜、花卉外繁制种基地，外繁制种面积达7万多亩，全省苹果种植面积约620万亩、年产量约490万吨，面积和产量均居全国第二位。近年来，甘肃省已成为全国最大的高原夏菜生产基地和"西菜东调""北菜南运"的大型集散中心，跻身全国五大商品蔬菜基地之列，高原夏菜畅销国内外市场。

二是区位优势突出，货畅其流。

甘肃省地处丝绸之路经济带黄金段，是西北铁路、公路、航空、管道兼备的综合性交通枢纽。借助"一带一路"建设、"南向通道"拓展，通道物流、特色产业发展潜力巨大。中欧班列从甘肃出发，沿丝绸之路到中亚和欧洲，形成了新丝绸之路上的高速通道，实现了西北与中东部，西南与西北、东南亚与中西亚，"一带"与"一路"的大联通。

三是产业基础深厚，特色鲜明。

甘肃是中国石化工业的"摇篮"，随着西部大开发和中东部产业梯度转移，石油化工、有色冶金、机械制造等传统产业链条进一步延伸，产业集聚能力明显增强。此外，甘肃省在发展特色农产品产业、进境粮食储备加工等方面都具有突出优势。近年来，甘肃省坚持新发展理念，坚持高质量发展，以"抓重点、补短板、育动能、大开放"为支撑，充分发挥丝绸之路经济带的重要通道和节点作用，先后提出发展"十大生态产业"、抢占"五个制高点"等规划，旨在突出资源优势、放大区位优势、培育产业优势，走出一条内陆欠发达地区经济转型升级、绿色崛起的高质量发展之路。

🎙 **周群**：请介绍一下"十大生态产业"的具体内容。

🎙 **张柯**：2018 年 1 月，中共甘肃省委十三届四次全会通过《关于构建生态产业体系推动绿色发展崛起的决定》，明确提出培育发展十大生态产业。十大生态产业具体分为三类：第一类是国家发力倡导，优先发展的绿色生态产业，包括节能环保产业、清洁生产产业、清洁能源产业；第二类是突出甘肃省特色，重点培育的绿色生态产业，包括循环农业、中医中药产业、文化旅游产业、通道物流产业、军民融合产业；第三类是紧盯发展趋势，着力提升的绿色生态产业，包括数据信息产业、先进制造产业。

🎙 **周群**：张关长，您刚才的介绍中还提到了抢占"五个制高点"，请问能具体介绍一下吗？

"十大生态产业"的具体内容

2018年1月，中共甘肃省委十三届四次全会通过《关于构建生态产业体系推动绿色发展崛起的决定》，明确提出培育发展十大生态产业。

十大生态产业具体分为三类：

第一类是国家发力倡导，优先发展的绿色生态产业，包括节能环保产业、清洁生产产业、清洁能源产业；

第二类是突出甘肃省特色，重点培育的绿色生态产业，包括循环农业、中医中药产业、文化旅游产业、通道物流产业、军民融合产业；

第三类是紧盯发展趋势，着力提升的绿色生态产业，包括数据信息产业、先进制造产业。

🎙 张柯：好的。2019 年，甘肃省委省政府提出打造"一带一路"文化、枢纽、技术、信息、生态"五个制高点"的规划。

一是齐心协力打造文化制高点，创建文旅发展新格局，放大文化旅游业综合效应，推动文化旅游业全面提质升级，实现甘肃由文旅资源大省向文旅产业强省的转变。

二是互联互通打造枢纽制高点，集聚国际国内各类要素，做大做强枢纽型经济，形成"铁公机、江海息"立体化的贸易通道，让甘肃成为"一带一路"建设西北陆海联动战略枢纽。

三是开拓创新打造技术制高点，集聚国际国内创新要素，形成一批高精尖的科技应用成果，铸造我国西部地区创新驱动发展新高地。

四是互惠互利打造信息制高点，建设数字经济强省，让甘肃成为服务我国西北，面向中西亚、南亚、中东欧等"一带一路"沿线国家和地区的通信枢纽、区域信息汇集中心和大数据服务输出地。

五是务实合作打造生态制高点，坚持把绿色作为甘肃发展的底色，建立健全生态保护与建设长效机制，加强黄河流域保护治理和高质量发展问题研究，推进全省绿色转型和绿色增长，建设"一带一路"倡议绿色发展崛起示范区。

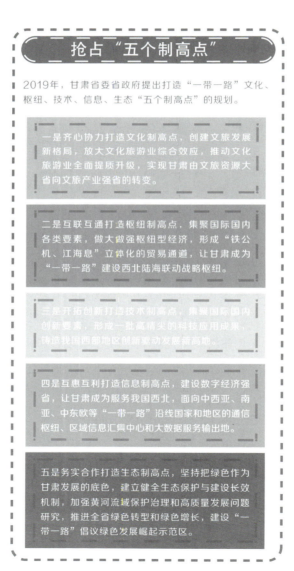

抢占"五个制高点"

2019年，甘肃省委省政府提出打造"一带一路"文化、枢纽、技术、信息、生态"五个制高点"的规划。

一是齐心协力打造文化制高点，创建文旅发展新格局，放大文化旅游业综合效应，推动文化旅游业全面提质升级，实现甘肃由文旅资源大省向文旅产业强省的转变。

二是互联互通打造枢纽制高点，集聚国际国内各类要素，做大做强枢纽型经济，形成"铁公机、江海息"立体化的贸易通道，让甘肃成为"一带一路"建设西北陆海联动战略枢纽。

三是开拓创新打造技术制高点，集聚国际国内创新要素，形成一批高精尖的科技应用成果，铸造我国西部地区创新驱动发展新高地。

四是互惠互利打造信息制高点，建设数字经济强省，让甘肃成为服务我国西北，面向中西亚、南亚、中东欧等"一带一路"沿线国家和地区的通信枢纽、区域信息汇集中心和大数据服务输出地。

五是务实合作打造生态制高点，坚持把绿色作为甘肃发展的底色，建立健全生态保护与建设长效机制，加强黄河流域保护治理和高质量发展问题研究，推进全省绿色转型和绿色增长，建设"一带一路"倡议绿色发展崛起示范区。

🎙 **周群：** 为促进甘肃省转型升级发展，甘肃省委省政府结合实际，规划布局，努力蹚出一条内陆欠发达地区经济转型升级、绿色崛起的高质量发展之路。我们都知道，兰州海关一直以来主动作为，积极对接甘肃省发展规划布局，强化监管、优化服务，支持甘肃省转型升级，发展绿色产业，探索绿色发展。张关长，请您介绍一下相关做法和成效。

🎙 **张柯：** 好的。近年来，兰州海关主动服务甘肃省发展战略，积极发挥海关职能，突出四个"新"，以高质量监管和服务促进甘肃省高水平开放、开放型经济高质量发展。

一是突出新职责。2019 年，兰州海关完成机构改革后，职责更宽广，队伍更壮大，事业进入崭新的发展阶段。兰州海关承担新职责，全力支持甘肃省开放平台建设。目前，甘肃省共有 2 个开放口岸，1 个临时对外开放的兰州铁路集装箱场站，全省建成 7 个海关指定监管场地，业务品类涵盖种子（种苗）、水果、冰鲜水产品、肉类、粮食、木材等；今年，甘肃（兰州）国际陆港汽车整车进口口岸通过验收，口岸功能更加齐全，为甘肃特色产业发展积蓄了力量。全力支持甘肃省开放通道建设，与重庆、南宁、贵阳等 14 地海关协调配合，凝聚合力，支持甘肃省与西部陆海新通道有效对接。同时，积极支持中欧、南亚公铁联运国际货运班列发展，支持甘肃省开放通道建设，支持全省构建内外兼顾、陆海联动、向西为主、多向并进的全方位开放格局。

二是支持新业态。积极推进国际邮政互换、快件、跨境电商"三合一监管中心"建设。同时，积极支持甘肃（兰州）国际陆港保税物流中心（B 型）申报建设，支持建设甘肃自由贸易试验区。积极支持甘肃省首批进口原油保税加工航煤顺利出口，有效填补甘肃开放领域空白。持续提升甘肃省作为"一带一路"建设重要节点的辐射力和影响力。

三是培育新动能。兰州海关制定出台《兰州海关促进农产品出口十二条措施》，从提效降费、技术帮扶、服务打造新通道等三个方面着手，制定 12 条具体措施，着力支持甘肃省特色农产品扩大出口。2019 年，甘肃省特色农产品出口值达 21.2 亿元，同比增长 5.5%。同时，兰州海关积极支持进口粮食、木材加工产业发展，支持兰州依托产业园和进境粮食指定监管场地，建设"西部粮都"，支持进境粮食、木材指定监管场地投入运营，促进产业集聚发展，培育外贸发展新动能。

四是打造新通道。以改革驱动高质量发展，创新监管模式，完善"双随机、一公开"监管，随机布控查验率达 100%；优化出口前监管，提供便捷出证服务，支持特色产品扩大出口；推广应用国际贸易"单一窗口"，主要申报业务应用率达到 100%；优化通关流程，全面上线预约通关网上办理平台，提供 7×24 小时预约通关等便捷通关服务；持续推进"提前申报""两步申报"等改革措施，拓展智能审图等非侵入式检查应用，压缩通关时长。

发展绿色产业，探索绿色发展

近年来，兰州海关主动服务甘肃省发展战略，积极发挥海关职能，突出四个"新"，以高质量监管和服务促进甘肃省高水平开放、开放型经济高质量发展。

一是突出新职责。

兰州海关完成机构改革后，职责更宽广，队伍更壮大，事业进入崭新的发展阶段。兰州海关承担新职责，全力支持甘肃省开放平台建设。目前，甘肃省共有 2 个开放口岸，1 个临时对外开放的兰州铁路集装箱场站，全省建成 7 个海关指定监管场地，业务品类涵盖种子（种苗）、水果、冰鲜水产品、肉类、粮食、木材等；今年，甘肃（兰州）国际陆港汽车整车进口口岸通过验收，口岸功能更加齐全，为甘肃特色产业发展积蓄了力量。全力支持甘肃省开放通道建设，与重庆、南宁、贵阳等14地海关协调配合，凝聚合力，支持甘肃省与西部陆海新通道有效对接。同时，积极支持中欧、南亚公铁联运国际货运班列发展，支持甘肃省开放通道建设，支持全省构建内外兼顾、陆海联动、向西为主、多向并进的全方位开放格局。

二是支持新业态。

积极推进国际邮政互换、快件、跨境电商"三合一监管中心"建设。同时，积极支持甘肃（兰州）国际陆港保税物流中心（B型）申报建设，支持建设甘肃自由贸易试验区。积极支持甘肃省首批进口原油保税加工航煤顺利出口，有效填补甘肃开放领域空白。持续提升甘肃省作为"一带一路"建设重要节点的辐射力和影响力。

三是培育新动能。

兰州海关制定出台《关于促进农产品扩大出口的措施》，从提效降费、技术帮扶、服务打造新通道等三个方面着手，制定12条具体措施，着力支持甘肃省特色农产品扩大出口。2019年，甘肃省特色农产品出口值达21.2亿元，同比增长5.5%。同时，兰州海关积极支持进口粮食、木材加工产业发展，支持兰州依托产业园和进境粮食指定监管场地，建设"西部粮都"，支持进境粮食、木材指定监管场地投入运营，促进产业集聚发展，

培育外贸发展新动能。

四是打造新通道。

以改革驱动高质量发展，创新监管模式，完善"双随机、一公开"监管，随机布控查验率达100%；优化出口前监管，提供便捷出证服务，支持特色产品扩大出口；推广应用国际贸易"单一窗口"，主要申报业务应用率达到100%；优化通关流程，全面上线预约通关网上办理平台，提供 7×24 小时预约通关等便捷通关服务；持续推进"提前申报""两步申报"等改革措施，拓展智能审图等非侵入式检查应用，压缩通关时长。

🎤 **周群：** 今年新冠肺炎疫情发生以来，外贸下行压力巨大。兰州海关在做好口岸疫情防控工作的同时，在支持全省外贸进出口克难前行方面主要有哪些做法，您能介绍一下吗？

🎤 **张柯：** 今年以来，为减轻疫情影响，兰州海关认真落实海关总署各项部署，结合甘肃省实际，及时细化制定了《兰州海关关于应对新冠肺炎疫情支持地方经济发展二十条措施》《兰州海关支持中欧班列发展的措施》《兰州海关关于做好"六稳"工作落实"六保"任务的措施》《兰州海关关于应对疫情影响做好稳外贸稳外资工作措施》等，释放政策叠加效应，持续优化口岸营商环境。通过简化通关作业流程，网上受理行政审批申请，远程指导企业申报难题，统一寄送检验检疫证书。推行"互联网＋稽核查""线上 ＋线下核查"等措施，聚焦支持企业复工复产达产，为全省外贸企业纾困解难，缓解企业经营困难，保障外贸产业链和供应链的畅通运转，支持甘肃省稳住外贸基本盘。

支持全省外贸进出口

今年以来，为减轻疫情影响，兰州海关认真落实海关总署各项部署，结合甘肃省实际，及时细化制定了《兰州海关关于应对新冠肺炎疫情支持地方经济发展二十条措施》《兰州海关支持甘肃中欧班列发展的措施》《兰州海关关于做好"六稳"工作落实"六保"任务的措施》《兰州海关关于应对疫情影响做好稳外贸稳外资工作措施》等，释放政策叠加效应，持续优化口岸营商环境。

通过简化通关作业流程，网上受理行政审批申请，远程指导企业申报难题，统一寄送检验检疫证书，推行"互联网+稽核查""线上+线下核查"等措施，聚焦支持企业复工复产达产，为全省外贸企业纾困解难，缓解企业经营困难，保障外贸产业链和供应链的畅通运转，支持甘肃省稳住外贸基本盘。

周群：请您介绍一下今年以来兰州海关在优化口岸营商环境方面的主要做法和成效。

张柯：今年以来，兰州海关充分发挥政策叠加优势，聚焦"快""简""惠"，切实为外贸企业提供便利，减轻疫情影响，支持企业复工复产达产，优化口岸营商环境。

一是突出"快"。优化通关流程，全面优化企业注册、审批、报关、查验等流程，对进口防疫物资开辟绿色通道，实现"零延时"通关。推行业务办理"无接触"、货物监管"秒放行"、产品检测"零延时"、企业帮扶"常在线"。对农产品、食品进口实行24小时预约通关，努力将疫情影响降至最低。进一步推广"提前申报""两步申报",持续压缩通关时长。今年前 10 个月,共计为 59 票进口货物办理"两步申报",征收税款 1.13 亿元人民币。

二是突出"简"。精简单证材料,深化"放管服"改革,从简从速办理企业注册登记或备案手续;精简证明材料,免予企业在进出口申报环节提交合同、装箱单等随附单证。对于办理业务须验核纸质材料的,允许先提供电子文档后补交纸质材料。推行单证无纸化,为企业提供进口货物检验、检疫证书信息网上查询、打印服务。对符合条件的中欧班列舱单,允许企业归并报关。方便企业办理海关知识产权备案,不再要求企业提供相应的货物证明材料。

三是突出"惠"。释放政策红利,持续落实国家相关税收政策,宣传、引导外贸企业享受各项税收优惠。今年前 10 个月,共计为进出口企业减免征各类税款 4.3 亿元。持续推进汇总征税、自报自缴、关税保证保险等税收征管改革。今年以来,宣传引导甘肃 4 家企业新增开通汇总征税担保,数量增长 100%。成功试点甘肃省首家企业集团财务公司税收担保,切实减轻企业压力。今年前 10 个月,甘肃省进出口企业采用银行、企业集团财务公司保函和关税保证保险担保税款金额共计 12.4 亿元,有效缓解企业资金压力。

🎙 **周群**:支持特色农产品产业发展方面,兰州海关主要有哪些做法和成效?

🎙 **张柯**:甘肃省是农业省份,特色农产品资源优势突出。兰州海关结合实际,持续发力,着力支持特色农产品扩大出口。今年以来,在受疫情影响全省外贸下行压力巨大的情况下,农产品出口持续保持逆势增长态势,有力拉动了全省外贸增长。

优化口岸营商环境

兰州海关充分发挥政策叠加优势，聚焦**"快" "简" "惠"**，切实为外贸企业提供便利，减轻疫情影响，支持企业复工复产达产，优化口岸营商环境。

一是突出"快"。

优化通关流程，全面优化企业注册、审批、报关、查验等流程，对进口防疫物资开辟绿色通道，实现"零延时"通关。推行业务办理"无接触"、货物监管"秒放行"、产品检测"零延时"、企业帮扶"常在线"。对农产品、食品进口实行24小时预约通关，努力将疫情影响降至最低。进一步推广"提前申报""两步申报"，持续压缩通关时长。今年前10个月，共计为59票进口货物办理"两步申报"，征收税款1.13亿元人民币。

二是突出"简"。

精简单证材料，深化"放管服"改革，从简从速办理企业注册登记或备案手续；精简证明材料，免予企业在进出口申报环节提交合同、装箱单等随附单证。对于办理业务须验核纸质材料的，允许先提供电子文档后补交纸质材料。推行单证无纸化，为企业提供进口货物检验、检疫证书信息网上查询、打印服务。对符合条件的中欧班列舱单，允许企业归并报关。方便企业办理海关知识产权备案，不再要求企业提供相应的货物证明材料。

三是突出"惠"。

释放政策红利，持续落实国家相关税收政策，宣传、引导外贸企业享受各项税收优惠。今年前10个月，共计为进出口企业减免各类税款4.3亿元。持续推进汇总征税、自报自缴、关税保证保险等税收征管改革。今年以来，宣传引导甘肃4家企业新增开通汇总征税担保，数量增长100%。成功试点甘肃省首家企业集团财务公司税收担保，切实减轻企业压力。今年前10个月，甘肃省进出口企业采用银行、企业集团财务公司保函和关税保证保险担保税款金额共计12.4亿元，有效缓解企业资金压力。

一是精准施策，帮扶企业复工复产。持续落实《兰州海关促进农产品出口十二条措施》，全面摸排辖区企业出口计划，针对性制定帮扶措施。建立专职协调员制度，"一对一"帮扶企业解决复工复产难题。

二是优化举措，持续提升通关效率。对出口农产品降低查验比率，实施系统抽批管理。对系统未抽中的农产品，实施"审单放行"。对系统抽中需查验的农产品，确保在限定的最短时长内完成查验；对系统抽中需进行实验室检测的农产品，采取过程监管工作模式，针对输入国要求可提前取样检测。各隶属海关设置农产品专门窗口，为种子等符合条件的特色农产品开通转关通道，并提供省内异地签证及证书邮寄等服务，将出口农产品检验检疫证书拟制和签发时限压缩 50%。在条件具备、申请材料符合要求的情况下，企业进口货物减免税备案时间由 10 个工作日压缩为 5 个工作日。

三是精准研判，指导企业对外注册。加强疫情对外贸影响的分析研判，实时跟踪梳理疫情期间各国对我国进口食品和船舶入港检疫管控措施，强化风险信息收集和分析研判，帮助企业掌握国外法律法规及技术标准要求，有效规避风险。加强技术中心实验室能力建设，成功应对欧盟和美国种子进口新规，通过优化调整入境口岸、快速通关的方式，很好地协调解决了种子进口难的问题。支持帮扶企业开拓多元化国际市场，指导帮扶 11 家包装厂和 12 家果园获得向澳大利亚、墨西哥出口资质。疫情发生以来，甘肃庆阳小杂粮、陇南鲟鱼、平凉植物提取物等特色农产品实现首次出口，苹果、新鲜蔬菜出口市场持续拓宽，有效提振了稳外贸稳外资信心。今年前 10 个月，甘肃省特色农产品出口 14.6 亿元，年内延续了增长态势。

支持特色农产品产业发展的做法和成效

甘肃省是农业省份，特色农产品资源优势突出。 兰州海关结合实际，持续发力，着力支持特色农产品扩大出口。今年以来，在受疫情影响全省外贸下行压力巨大的情况下，农产品出口持续保持逆势增长态势，有力拉动了全省外贸增长。

一是精准施策，帮扶企业复工复产。

持续落实《**兰州海关促进农产品出口十二条措施**》，全面摸排辖区企业出口计划，针对性制定帮扶措施。建立专职协调员制度，"**一对一**"**帮扶**企业解决复工复产难题。

二是优化举措，持续提升通关效率。

对出口农产品降低查验比率，实施系统抽批管理。对系统未抽中的农产品，实施"审单放行"。对系统抽中需查验的农产品，确保在限定的最短时长内完成查验；对系统抽中需进行实验室检测的农产品，采取过程监管工作模式，针对输入国要求可提前取样检测。各隶属海关设置农产品专门窗口，为种子等符合条件的特色农产品开通转关通道，并提供省内异地签证及证书邮寄等服务，将出口农产品检验检疫证书拟制和签发时限压缩50%。在条件具备、申请材料符合要求的情况下，企业进口货物减免税备案时间由10个工作日压缩为5个工作日。

三是精准研判，指导企业对外注册。

加强疫情对外贸影响的分析研判，实时跟踪梳理疫情期间各国对我国进口食品和船舶入港检疫管控措施，强化风险信息收集和分析研判，帮助企业掌握国外法律法规及技术标准要求，有效规避风险。加强技术中心实验室能力建设，成功应对欧盟和美国种子进口新规，通过优化调整入境口岸、快速通关的方式，很好地协调解决了种子进口难的问题。支持帮扶企业开拓多元化国际市场，指导帮扶11家包装厂和12家果园获得向澳大利亚、墨西哥出口资质。疫情发生以来，甘肃庆阳小杂粮、陇南鲟鱼、平凉植物提取物等特色农产品实现首次出口，苹果、新鲜蔬菜出口市场持续拓宽，有效提振了稳外贸稳外资信心。今年前10个月，甘肃省特色农产品出口14.6亿元，年内延续了增长态势。

🎙 **周群**：请介绍一下兰州海关在支持甘肃省培育外贸发展新动能方面的举措和成效。

🎙 **张柯**：在支持甘肃省传统特色产业发展的同时，兰州海关积极支持畅通国际物流供应链，培育外贸发展新动能，促进全省稳外贸稳外资。

一是积极支持中欧班列发展。出台《兰州海关支持中欧班列发展的措施》，从支持企业自主选择通关模式、推动降低通关合规成本、促进中欧班列多式联运业务发展、支持利用中欧班列扩大进口、支持重点指定监管场地运营发展等11个方面发力，应用顺势监管新模式，对中欧班列随到、随审、随验、随放。主动协调口岸海关，与乌鲁木齐海关签订《支持中欧班列发展合作备忘录》，协同监管中欧班列运输进境的粮食等转关货物，促进中欧班列运行和进境粮食指定监管场地发挥效益。2020 年 6 月 5 日，首列中欧班列"中吉乌"公铁联运国际货运班列在甘肃（兰州）国际陆港成功首发，标志着甘肃省第二条公铁联运国际贸易通道全线贯通、甘肃省中欧班列发展打开全新局面，对于完善公铁联运运输机制、开辟新型国际贸易途径都具有深远意义。

二是积极支持兰州新区综合保税区发展。会同兰州市商务厅、新区管委会等部门做好综保区绩效评估工作。建立综保区重大项目专职协调员制度，"点对点"定制个性化监管服务方案。积极支持综保区粮油、木材加工等产业发展。今年前 10 个月，兰州新区综合保税区进出口 15.5 亿元。10 月当月，兰州新区综保区进出口 1.5 亿元，同比增长 1.7 倍。其中，出口 5027 万元，同比增长 5.1 倍，出口主要商品包括编程控制器、闪速存储器、液晶显示板等；进口 9734 万元，同比增长 1.1 倍，进口主要商品包括电容器、电器装置零件、液晶显示板等。

三是积极支持跨境电商发展。支持内陆关区中小跨境电商间整合共享合作，有效缓解辖区跨境电商企业供货渠道不通畅、电商市场占有率份额低等问题，支持本地企业与国内"拼多多"等平台展开合作，支持引进跨境电商资本、市场、运维、管理。同时，结合中国（天水）跨境电子商务综合试验区获批有利契机，加强监管与服务有机融合，推动关区跨境电商业务蓬勃发展。今年前 10 个月，在全省外贸整体下行压力巨大的情况下，甘肃省跨境电商进口同比增长 19.1 倍。

四是坚持扩大内需这个战略基点。简化监管手续，扩大税收优惠，支持企业出口转内销。支持加工贸易转型升级，开展集团保税监管试点，促进加工贸易内销便利化。

支持甘肃省培育外贸发展新动能

在支持甘肃省传统特色产业发展的同时，兰州海关积极支持畅通国际物流供应链，培育外贸发展新动能，促进全省稳外贸稳外资。

一是积极支持中欧班列发展。

出台《兰州海关支持中欧班列发展的措施》，从支持企业自主选择通关模式、推动降低通关合规成本、促进中欧班列多式联运业务发展、支持利用中欧班列扩大进口、支持重点指定监管场地运营发展等11个方面发力，应用顺势监管新模式，对中欧班列随到、随审、随验、随放。主动协调口岸海关，与乌鲁木齐海关签订《支持中欧班列发展合作备忘录》，协同监管中欧班列运输进境的粮食等转关货物，促进中欧班列运行和进境粮食指定监管场地发挥效益。2020年6月5日，首列中欧班列"中吉乌"公铁联运国际货运班列在甘肃(兰州)国际陆港成功首发，标志着甘肃省第二条公铁联运国际贸易通道全线贯通、甘肃省中欧班列发展打开全新局面，对于完善公铁联运运输机制、开辟新型国际贸易途径都将具有深远意义。

二是积极支持兰州新区综合保税区发展。

会同兰州省商务厅、新区管委会等部门做好综保区绩效评估工作。建立综保区重大项目专职协调员制度，"点对点"定制个性化监管服务方案。积极支持综保区粮油、木材加工等产业发展。今年前10个月，兰州新区综合保税区进出口15.5亿元。10月当月，兰州新区综保区进出口1.5亿元，同比增长1.7倍。其中，出口5027万元，同比增长5.1倍，出口主要商品包括编程控制器、闪速存储器、液晶显示板等；进口9734万元，同比增长1.1倍，进口主要商品包括电容器、电器装置零件、液晶显示板等。

三是积极支持跨境电商发展。

支持内陆关区中小跨境电商间开展整合共享合作，有效缓解辖区跨境电商企业供货渠道不通畅、电商市场占有率份额低等问题，支持本地企业与国内"拼多多"等平台展开合作，支持引进跨境电商资本、市场、运维、管理。同时，结合中国〔天水〕跨境电子商务综合试验区获批有利契机，加强监管与服务有机融合，推动关区跨

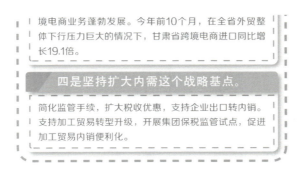

境电商业务蓬勃发展。今年前10个月，在全省外贸整体下行压力巨大的情况下，甘肃省跨境电商进口同比增长19.1倍。

四是坚持扩大内需这个战略基点。

简化监管手续，扩大税收优惠，支持企业出口转内销。支持加工贸易转型升级，开展集团保税监管试点，促进加工贸易内销便利化。

🎤 **周群**：今年以来，甘肃省外贸进出口形势怎么样？请张关长介绍一下。

🎤 **张柯**：2020年上半年，甘肃省外贸下行压力非常大。上半年，甘肃省外贸进出口总值170.2亿元，与2019年同期相比（下同）下降9.6%。

自2020年6月起，甘肃省外贸开始回暖向好，前10个月，甘肃外贸进出口年内首次实现正增长。总体来看，甘肃省外贸企稳向好，正向着积极乐观的方向发展。

甘肃省外贸进出口形势

2020年上半年，甘肃省外贸下行压力还是非常大的。**上半年，甘肃省外贸进出口总值170.2亿元，与去年同期相比（下同）下降9.6%。**

自2020年6月起，甘肃省外贸开始回暖向好，前10个月，甘肃外贸进出口年内首次实现正增长。总体来看，**甘肃省外贸企稳向好，正向着积极乐观的方向发展。**

🎤 **周群**：外贸企稳向好，形势转好。下一步，兰州海关将从哪几个方面努力，更好地服务甘肃省开放型经济高质量发展？

🎤 **张柯**：目前甘肃省外贸企稳向好，但是，甘肃省外贸发展还有许多制约因素，形势依然严峻。兰州海关将深入贯彻落实党的十九届五中全会精神，正确看待常态化疫情防控对于外贸进出口的影响，正确看待错综复杂的国际环境带来的新矛盾新挑战，切实增强机遇意识和风险意识，准确识变、科学应变、主动求变，主动发挥海关职能，推动甘肃省开放型经济实现更高质量、更有效率、更加公平、更可持续、更为安全的发展。

一是积极支持甘肃省构建新发展格局。推动形成以国内大循环为主体、国内国际双循环相互促进的新发展格局。发挥海关处在对外开放第一线的桥梁和纽带作用，以推动高质量发展为主题，深入推进"放管服"改革，持续简化监管手续，深入推进"两步申报""提前申报"改革，扩大税收优惠，发挥技术性贸易措施作用，促进加工贸易内销便利化，服务扩大进口，支持出口。

二是积极支持甘肃省更高水平对外开放。支持甘肃省依托"一带一路"建设标志性机遇，做好"开放"文章。认真落实综合保税区各项政策措施，促进综合保税区高水平开放，高质量发展。推动甘肃省现有开放平台发挥更大效能，进一步拓展开放通道，支持国际班列常态化运行，使国内市场和国际市场更好联通，打造国际合作和竞争新优势。

三是持续优化口岸营商环境。认真落实海关总署各项便利政策，结合甘肃省实际，持续优化通关流程，压缩通关时长。结合特色农产品、粮食、木材、矿产品等特色产业发展持续创新监管模式，压缩海关通关时间，为企业提供便利。

甘肃省开放型经济高质量发展

兰州海关将深入贯彻落实党的十九届五中全会精神，正确看待常态化疫情防控对于外贸进出口的影响，正确看待错综复杂的国际环境带来的新矛盾新挑战，切实增强机遇意识和风险意识，准确识变、科学应变、主动求变，主动发挥海关职能，推动甘肃省开放型经济实现更高质量、更有效率、更加公平、更可持续、更为安全的发展。

一是积极支持甘肃省构建新发展格局。

推动形成以国内大循环为主体、国内国际双循环相互促进的新发展格局。发挥海关处在对外开放第一线的桥梁和纽带作用，以推动高质量发展为主题，**深入推进"放管服"改革**，持续简化监管手续，**深入推进"两步申报""提前申报"改革，扩大税收优惠，发挥技术性贸易措施作用，促进加工贸易内销便利化，服务扩大进口，支持出口。**

二是积极支持甘肃省更高水平对外开放。

支持甘肃省依托"一带一路"标志性机遇，做好"开放"文章。**认真落实综合保税区各项政策措施，促进综合保税区高水平开放，高质量发展。**推动甘肃省现有开放平台发挥更大效能，进一步拓展开放通道，支持国际班列常态化运行，使国内市场和国际市场更好联通，打造国际合作和竞争新优势。

三是持续优化口岸营商环境。

认真落实海关总署各项便利政策，结合甘肃省实际，持续优化通关流程，压缩通关时长。**结合特色农产品、粮食、木材、矿产品等特色产业发展持续创新监管模式，压缩海关通关时间，为企业提供便利。**

🎤 **周群**：就促进甘肃省高水平开放、开放型经济高质量发展，兰州海关有哪些建议？

🎤 张柯：一是持续放大"一带一路"机遇优势。有效发挥甘肃省位于"一带一路"建设重要节点的区位优势，在持续扩大向西开放的同时，构建全方位开放格局，推动全省开放型经济高质量发展。

二是有效发挥国有企业引领带动作用。国有企业是甘肃省的外贸主体，要有效发挥国有企业在"稳外贸"方面的引领带动作用，发挥"龙头"效应，带动中小企业发展。

三是有效发挥现有开放平台效能。加大兰州新区综保区招商引资力度，引进培育龙头企业，形成产业集群，培育有色金属、集成电路等特色产业加工贸易，推动特色加工贸易产业"集群化"。积极发挥已建成的进境粮食、木材等7个指定监管场地作用，加快汽车整车口岸正式运营，扩大指定监管场地平台运营效能。

四是加快推动重点开放项目建设，填补全省空白。加快建设甘肃（兰州）国际陆港保税物流中心（B型），建设甘肃自由贸易试验区和国际邮政互换、快件、跨境电商"三合一监管中心"建设，加快建设天水跨境电商综合试验区，积极发挥开放平台带动作用，促进全省外贸高质量发展。

五是建立与"逐步形成以国内大循环为主体、国内国际双循环相互促进的新发展格局"相适应的外贸进出口机制。支持大型企业建立国际业务部门，专门负责境外投资、进出口业务等相关工作。

六是持续优化营商环境。结合我省外贸发展实际，打造以有色金属、农产品等特色产品为重点、符合甘肃实际的进出口通道营商环境，促进特色产业转型升级发展。

🎤 周群：访谈时间马上过半，我们一起来看一下网友的提问。

网友提问摘录

🌐 网友：兰州海关具体办哪些业务？

🎤 张柯：请网友登录兰州海关门户网站（网址 http：//lanzhou. customs.

gov. cn）查询兰州海关主要业务及工作职责。

🌐 **网友**：兰州没有海为什么有海关？

🎙 **张柯**：按照《中华人民共和国海关法》，中华人民共和国海关是国家的进出关境监督管理机关。国家在对外开放的口岸和海关监管业务集中的地点设立海关。据此，不仅在沿海沿边，在海关监管业务集中的内陆城市也可以设立海关机构。

🌐 **网友**：海关报关单位网上申请办理渠道在哪儿？

🎙 **张柯**：您可以通过市场监管部门"多证合一"系统、中国国际贸易"单一窗口"（网址 http：//www. singlewindow. cn）或者"互联网＋海关"（网址 http：//online. customs. gov. cn）提交申请，无须到海关现场提交纸质材料。

🌐 **网友**：海关企业信用信息年度报告的报送时间是什么时候？

🎙 **张柯**：每年 1 月 1 日～6 月 30 日。

🌐 **网友**：请问如何成为海关认证企业？

🎙 **张柯**：您可以查阅《中华人民共和国海关企业信用管理办法》（海关总署令第 237 号）以及配套执行的《海关认证企业标准》（海关总署公告 2018 年第 177 号、2019 年第 229 号）和《海关认证企业标准指南》，上述内容可登录海关总署官网查询，您也可以咨询属地海关企业管理部门。

🌐 **网友**：如何查询海关企业信用信息公示内容？

🎙 **张柯**：可通过"中国海关企业进出口信用信息公示平台"（网址 http：//credit. customs. gov. cn）或"互联网＋海关"（网址 http：//online. customs. gov. cn）查询。

🌐 **网友**：请问海关报关企业注册登记的有效期是多久？

🎙 张柯：长期。

🌐 **网友**：如果企业想进口植物油需要在海关做特殊的资质备案吗？国外的供货商企业是否也需要在中国海关做相关的资质备案？

🎙 张柯：进口植物油时，国内收货人需办理进口食品收货人备案，国外出口商要办理境外出口商代理人备案。

🌐 **网友**：我们公司准备新备案一家出口食品生产企业，请问现在备案需提供哪些资料？

🎙 张柯：海关总署于 2019 年 12 月 1 日起对"出口食品生产企业备案核准"实施"审批改备案"改革，企业只需填写完整的"出口食品生产企业备案申请表"。办理方式——海关现场办理/"互联网 + 海关"（网址 http://online. customs. gov. cn）/中国出口食品生产企业备案管理系统（网址 http：//qgs. customs. gov. cn：10080/efpe）。

🌐 **网友**：企业加工贸易出口的成品，在账册核销后如果要退货回来（两种情况：1. 品质不良；2. 客户取消订单），贸易方式应该报什么？

🎙 张柯：加工贸易出口货物可在核销周期内退换。问题中的情况要结合具体退回货物的情况处置。如果退回的货物要继续复出口，可以以维修物品方式申报；如果退回物品不再出口，可结合是否收付汇，不收汇的可以其他进出口贸易方式申报，要收汇的可按一般贸易方式申报进口。请贵公司结合具体情况，以合适的贸易方式向海关申报。

🌐 **网友**：兰州海关如何报考？兰州海关在什么位置？

🎙 张柯：报考兰州海关需要参加国家公务员录用统一考试。兰州海关位于甘肃省兰州市安宁区银安路 9 号。

🌐 **网友**：请问海关监管作业场所（场地）的设立依据及设置标准是

什么？

🎙 张柯：企业需要根据《中华人民共和国海关监管区管理暂行办法》
（海关总署令第 232 号）及海关总署公告 2017 年第 37 号向主管地海关提出
海关监管作业场所的设立申请。申请企业需根据《海关监管作业场所（场
地）设置规范》（海关总署公告 2019 年第 68 号）及《海关监管作业场所
（场地）监控摄像头设置规范》（海关总署公告 2019 年第 69 号）要求进行
建设，海关根据设置规范验收通过后，申请企业方可取得海关监管作业场
所（场地）的运营资质。

🌐 网友：请问 2020 年 1 ~ 10 月甘肃进出口的形势怎么样？

🎙 张柯：2020 年前 10 个月，甘肃省外贸进出口总值 302.5 亿元，与去
年同期相比（下同）增长 0.1%，其中出口总值 68.3 亿元，下降 35.5%，
进口总值 234.2 亿元，增长 19.3%。

🌐 网友：我是一名兰州大学的美国留学生，近期计划返校，想问一下带
宠物猫入境需要什么手续？

🎙 张柯：您只能携带一只宠物进境，且需提供贵国官方动物检疫机构出
具的有效检疫证书和狂犬病疫苗接种证书。如果您的宠物具有有效电子芯
片，经现场检疫合格，且您来自美国夏威夷及关岛地区；或者您的宠物具
有有效电子芯片，且能提供采信实验室出具的狂犬病抗体检测报告（抗体
滴度或免疫抗体量须在 0.5 IU/ml 以上）并经现场检疫合格的可直接入境。

🌐 网友：我要去刚果（金）出国劳务，办理出国体检和打疫苗在什么
地方？

🎙 张柯：办理出国体检和疫苗接种具体可以咨询甘肃国际旅行卫生保健
中心，电话是 0931 - 8658120，地址是甘肃省兰州市城关区嘉峪关东路
387 号。

🌐 **网友**："保税仓库（出口监管仓库）注册登记证书"有效期多久？

🎤 **张柯**：3 年。

🌐 **网友**：保税物流中心（A 型）经营企业应当在"保税物流中心（A 型）注册登记证书"有效期满多久前办理延期手续？

🎤 **张柯**：30 日。

🌐 **网友**：请问减免税业务办理时限是多久？

🎤 **张柯**：根据《中华人民共和国海关进出口货物减免税管理办法》（海关总署令第 179 号）第十四条，"海关应当自受理减免税审批申请之日起 10 个工作日内做出是否准予减免税的决定。有下列情形之一，不能在受理减免税审批申请之日起 10 个工作日内做出决定的，海关应当书面向减免税申请人说明理由：（一）政策规定不明确或者涉及其他部门管理职责需要与相关部门进一步协商、核实有关情况的；（二）需要对货物进行化验、鉴定以确定是否符合减免税政策规定的；（三）因其他合理原因不能在本条第一款规定期限内作出决定的。有本条第二款规定情形的，海关应当自情形消除之日起 15 个工作日内作出是否准予减免税的决定"。

🌐 **网友**：企业申请设立加工贸易手册，应向海关提供哪些单证资料？

🎤 **张柯**：具体包括，1. 经营企业自身有加工能力的，应当提交主管部门签发的"加工贸易企业生产能力证明"；2. 经营企业委托加工的，应当提交经营企业与加工企业签订的委托加工合同、主管部门签发的加工企业"加工贸易企业生产能力证明"；3. 经营企业对外签订的合同。

🌐 **网友**：我是留学生，现在准备回国，我大学用的生活物资需要申报吗？兰州没有邮办，我怎么邮寄行李？

🎤 **张柯**：如果你随身携带行李应控制在合理数量范围内，分离运输行李需要向主管地海关进行申报。兰州海关没有设立邮办，行李应在第一入境地海关邮办办理清关手续。

🌐 **网友**：我们公司想尝试"两步申报"，但概要申报提货后又担心忘记完整申报，系统有没有什么提示？

🎙 **张柯**：如果担心忘记完整申报，您可以进入"两步申报"中的"一次录入"模块，勾选"辅助提交"，完成报关单的全部申报要素和随附单证电子信息的提交确认，系统将自动按照"两步申报"的模式先甄别排查处置安全准入风险，允许货物提离，再分析处置税收风险，完成报关单的放行结关。

🌐 **网友**：兰州海关工资待遇怎么样？考试有哪些专业限制？

🎙 **张柯**：海关公务员的工资福利按照国家相应规定标准执行，报考兰州海关需参加国家公务员录用统一考试，具体录用职位有不同的专业要求。

🌐 **网友**：国家规定不再执行 20 种商品停止减免税规定，现在进境旅客携带 20 种商品范围内的物品进境能减免税吗？

🎙 **张柯**：根据《关于不再执行 20 种商品停止减免税规定的公告》（财政部 海关总署 税务总局公告 2020 年第 36 号），自公告发布之日（2020 年 8 月 5 日）起，申报进口的货物或申报进境的物品属于 20 种商品范围的不再执行"无论任何贸易方式、任何地区、企业、单位和个人进口，一律停止减免税"的规定。根据《关于进境旅客所携行李物品验放标准有关事宜》（海关总署公告 2010 年第 54 号），进境旅客携带 20 种商品范围内的物品进境，可以在规定限值内予以免税，单一品种限自用、合理数量（烟草制品、酒精制品另按有关规定办理）。

🌐 **网友**：不作价设备的监管年限是几年？

🎙 **张柯**：不作价设备自进口之日起至退运出口或按海关规定解除监管之日止，属于海关监管货物，海关监管年限为 5 年。在海关监管年限内，不作价设备不得擅自在境内销售、串换、转让、抵押或移作他用。

⊕ **网友**：请问我们公司 2017 年 11 月成为 AEO 高级认证企业，2020 年重新认证，要求提供的记录是 2017～2019 年还是 2018～2020 年的记录？

🎤 **张柯**：重新认证企业，抽查自成为认证企业或最近一次重新认证后每一年的相关记录，也就是贵公司自 2017 年 11 月起的相关记录。

⊕ **网友**：我们公司为集团化的公司，有一些制度是集团共用的。请问我们分、子公司在认证时，可以直接引用集团的制度文件吗？

🎤 **张柯**：可以直接使用集团公司文件，集团公司文件需要标注适用范围，包括分公司或者子公司。

⊕ **网友**：请问企业只要是进出口货物收发货人，就可以在"单一窗口"申请自主报关业务吗？还是需要申请注册为报关企业？

🎤 **张柯**：注册为进出口货物收发货人的企业在完成了报关人员备案，并且办理了电子口岸操作员卡后可以在单一窗口网站进行自主报关，不需要注册为报关企业。

⊕ **网友**：个人可以携带多少人民币入境？

🎤 **张柯**：不超过 2 万元人民币。

⊕ **网友**：知识产权海关备案有效期是多少年？

🎤 **张柯**：10 年。

⊕ **网友**：减免税货物监管期限从什么时候计算？

🎤 **张柯**：自货物进口放行之日计算，相关文件《中华人民共和国海关进出口货物减免税管理办法》（海关总署令第 179 号）。

⊕ **网友**：个人行邮税起征点是否包含 50 元？

🎤　张柯：包含。

🌐　网友：赌博用的筹码可以进境吗？

🎤　张柯：根据《关于〈中华人民共和国禁止进出境物品表〉和〈中华人民共和国限制进出境物品表〉有关问题解释》（海关总署公告 2013 年第 46 号），赌博用筹码属于"中华人民共和国禁止进出境物品表"，所以禁止携带入境。

🌐　网友：向海关主动披露涉税违规行为应提供哪些材料？

🎤　张柯：进出口企业、单位向海关主动披露的，需填制"主动披露报告表"，并随附账簿、单证等材料，向原税款征收地海关或企业所在地海关报告。

🌐　网友：请问使用汇总征税，企业最晚在什么时间完成上月的汇总电子支付？

🎤　张柯：企业应于每月第 5 个工作日结束前完成上月应缴纳的汇总支付。

🌐　网友：海关对使用汇总征税的企业有何要求？

🎤　张柯：除失信企业外，均可使用汇总征税模式（高级认证、一般认证、一般信用）。

🌐　网友：适用汇总征税的企业需要到海关进行资格备案吗？

🎤　张柯：不需要。

🌐　网友：跨境电商个人年度限额？

🎤　张柯：每年个人年度限额为 26000 元人民币。

🌐　网友：海关做出的预裁定对已进口的货物适用吗？

🎤　张柯：不适用。

🎙 **周群**：感谢嘉宾的介绍和各位网友的积极参与。通过这次在线访谈活动，我们了解了兰州海关主动作为，支持甘肃省开放型经济发展的措施和成效，也看到了兰州海关今年以来全力以赴稳外贸稳外资的努力。

🎙 **张柯**：谢谢大家！兰州海关将不懈努力，接续奋斗，充分发挥"绿色通道""绿色产业""绿色通关"优势，持续优化服务，全力支持甘肃省突出资源优势、放大区位优势、培育产业优势，实现内陆欠发达地区经济转型升级、绿色崛起的高质量发展。后续提问，请广大网友拨打兰州海关服务热线 0931 – 12360 进行咨询。

🎙 **周群**：今天的在线访谈到此结束，请大家继续关注中国海关门户网站 www. customs. gov. cn。再见！

后 记

2020 年 11 月 18 日，海关总署举办主题为"丝路节点　绿色通关"的在线访谈，介绍兰州海关改革创新，支持甘肃省放大"一带一路"建设机遇优势、促进开放型经济高质量发展的工作情况。访问量达 129 万余次，独立 IP 1635 个，网友提问 115 个，实时答复 38 个。

扬帆自贸港——海关全力推动海南自由贸易港高标准建设高质量发展

◎ 主　　题：扬帆自贸港——海关全力推动海南自由贸易港高标准
　　　　　　建设高质量发展
◎ 时　　间：2020 年 11 月 25 日　15：00
◎ 嘉　　宾：海口海关党委书记、关长　施宗伟
◎ 主持人：海关总署办公厅　周　群

导语

　　支持海南逐步探索、稳步推进中国特色自由贸易港建设，分步骤、分阶段建立自由贸易港政策和制度体系，是习近平总书记亲自谋划、亲自部署、亲自推动的重大国家战略。2020年6月1日，《海南自由贸易港建设总体方案》（以下简称《总体方案》）正式发布。海关作为国家进出境监督管理机关，是海南自贸港建设的一支重要力量。

　　今天，我们在海关总署新闻发布厅远程连线海口海关关长、党委书记施宗伟。此次访谈，请施关长介绍海南自贸港有关情况以及海口海关支持海南自贸港建设相关举措和成效，与广大网友一起互动交流。

身临其境　看看我们曾经聊过的

主持人嘉宾交流

🎤 **周群：** 大家好！这里是中国海关门户网站在线访谈，我是主持人周群。北京现在已经进入寒冷的冬天，海南岛还温暖如春。今天我们在海关总署新闻发布厅，通过视频连线的方式和大家一起围绕"扬帆自贸港——海关全力推动海南自由贸易港高标准建设高质量发展"这一主题开展互动交流。今天我们邀请到的嘉宾是海口海关关长、党委书记施宗伟。施关长，请先和网友们打个招呼吧。

🎤 **施宗伟：** 主持人、各位网友，大家好！很荣幸能作为此次在线访谈的嘉宾向大家介绍海口海关服务海南自由贸易港建设有关工作。大家知道，2020 年 5 月 28 日，习近平总书记对海南自由贸易港建设做出重要批示。6月 1 日，《总体方案》发布，海南自由贸易港建设扬帆起航。海口海关深入学习贯彻落实习近平总书记重要讲话和重要指示批示精神，学习研究推进落实《总体方案》。在海关总署的坚强领导下，紧扣自由贸易港建设这一重大国家战略和海南最大实际，深化改革创新，强化监管优化服务，为保障海南自由贸易港建设起好步、开好局提供海关方案、贡献海关智慧。希望能通过这次在线访谈活动，让广大网友了解海南自由贸易港建设，进一步增进对海关监管的理解，积极支持海关工作。

🎤 **周群：** 施关长，能否请您给大家介绍一下，什么是自由贸易港？

🎤 **施宗伟：** 目前国际上对"自由贸易港"并没有统一的定义和标准，世界海关组织《经修订的京都公约》中使用的"自由区"表述及定义在国际上更为广泛——"自由区"系指缔约方境内的一部分，进入这一部分的任何货物，就进口税费而言，通常视为在关境之外。据不完全统计，当前世界上 135 个国家（地区）中存在超过 3000 个自由区/自由港，自由区/自由港成为全球贸易供应链的组成部分。世界著名的自由贸易港有中国香港、新加坡、迪拜等，它们在税收制度、贸易管制、海关监管上各有不

同、各有特色，但也有许多共性之处，我们归纳为五个方面，即开放程度高、税收水平低、营商环境优、监管制度简、安全防控有效。

🎙 **周群**：习近平总书记在"4·13"重要讲话中指出，海南建设自由贸易港要体现中国特色、符合中国国情、符合海南发展定位，学习借鉴国际自由贸易港的先进经营方式、管理方法。请施关长给我们介绍下海南自由贸易港的定位及特点。

🎙 **施宗伟**：国际典型自由贸易港的先进经营方式和管理理念为海南自由贸易港建设发展提供了宝贵的借鉴和参考，但海南自由贸易港与国际自由

自由贸易港

目前国际上对"自由贸易港"并没有统一的定义和标准，世界海关组织《经修订的京都公约》中使用的"自由区"表述及定义在国际上更为广泛：**"自由区"系指缔约方境内的一部分，进入这一部分的任何货物，就进口税费而言，通常视为在关境之外。**

据不完全统计，当前世界上135个国家（地区）中存在超过3000个自由区/自由港，自由区/自由港成为了全球贸易供应链的组成部分。

世界著名的自由贸易港有中国香港、新加坡、迪拜等，它们在税收制度、贸易管制、海关监管上各有不同、各有特色，但也有许多共性之处，我们归纳为五个方面：**开放程度高、税收水平低、营商环境优、监管制度简、安全防控有效。**

贸易港在战略定位、建设原则、制度设计方面均存在较大差异，是具有鲜明特点的中国特色自由贸易港。

习近平总书记在庆祝海南建省办经济特区30周年大会上强调，海南建设中国特色自由贸易港，要发挥自身优势，大胆探索创新，着力打造全面深化改革开放试验区、国家生态文明试验区、国际旅游消费中心、国家重大战略服务保障区。这"三区一中心"就是海南全面深化改革开放的战略定位，也是自由贸易港建设的目标定位。

🎙 **周群**：海南自由贸易港如何体现中国特色，请施关长和我们分享一下您的理解。

🎙 **施宗伟**：海南自由贸易港建设原则就是要体现中国特色、符合中国国情、符合海南发展定位，具体来说有以下几方面。

体现中国特色。海南自由贸易港要在扩大开放的同时，坚定走中国特色社会主义道路。海南自由贸易港的中国特色体现为，要坚持正确的方向，坚持以人民为中心，践行社会主义核心价值观。海南自由贸易港建设是国家开放型经济新体制的重要组成部分，体现全面开放新格局。调动各方面积极性和创造性，体现集中力量办大事的制度优势。

符合中国国情。改革开放40多年，我国在全面深化改革的许多方面面临瓶颈。国际贸易受制于一系列规则，包括区域和多边贸易体系、优惠贸易协定和各国政府，当前国际贸易体系逐步从全球多边贸易走向区域、双边贸易，世界贸易组织面临改革，中国正在加速推进与发达经济体的谈判，提升国际贸易体系话语权。一些发达国家主导的高标准双边投资贸易规则正在将国际贸易投资体系引向更高标准的贸易自由化、投资自由化、服务贸易自由化、更加强调公平竞争和权益保护的方向发展，其中的一些规则与我国所处的经济发展阶段和政府管理体制尚不能完全适应，但这些规则与我们要加快经济转型升级、建立服务型政府等发展方向具有一致性。海南自由贸易港承担着对标发达国家间目前已经实施的自贸区经贸规则和贸易制度，分步骤、分阶段开展压力测试的改革重任。

符合海南发展定位。海南自由贸易港紧密结合海南的资源条件和现实基础，聚焦打造以"旅游业、现代服务业、高新技术产业"为主导的、具有自身特色的自由贸易港产业体系，与前述国外自由贸易港所走过的转口贸易、产业发展、综合服务的历程有所不同。习近平总书记指出，海南发展不能以转口贸易和加工制造为重点，而要以发展旅游业、现代服务业、高新技术产业为主导，更加注重通过人的全面发展充分激发发展活力和创造力，并进一步明确，要围绕种业、医疗、教育、体育、电信、互联网、文化、维修、金融、航运等重点领域实现更大的开放和突破。

🎤 **周群**：海南自由贸易港推出了 11 个方面 39 项制度安排，内容非常的丰富，有哪些创新之处？

🎤 **施宗伟**：海南自由贸易港建设充分发挥海南自然资源丰富、地理区位独特以及背靠超大规模国内市场和腹地经济等优势，建立与高水平自由贸易港相适应的政策制度体系。《总体方案》从贸易自由便利、投资自由便利、跨境资金流动自由便利、人员进出自由便利、运输来往自由便利、数据安全有序流动等 11 个方面，共推出 39 项具体改革举措和制度安排，明确了兼顾"安全"与"便利"的"一线""二线"监管机制，并首次提出打造"海关监管特殊区域"，完全不同于全球自由贸易港现有海关监管制度机制体制，是中国独具特色的自由贸易港制度设计及改革实践经验。

🎤 **周群**：2020 年 6 月 1 日，《总体方案》公布，标志着建设海南自由贸易港正式进入全面实施阶段。海关总署高度重视海南自由贸易港建设，施关长能不能介绍一下海关为支持海南自由贸易港建设做了哪些工作。

🎤 **施宗伟**：建设自由贸易港对海南来说，是千载难逢的机遇，也是巨大挑战。海关作为国家进出境监督管理机关，服务海南自由贸易港建设，全力推进国家重大开放战略责无旁贷。在海关总署的坚强领导下，海关一直将海南自由贸易港建设放在党和国家全局高度上推动落实。

一是举全国海关之力迅速落实行动。海关总署党委坚决贯彻落实党中央、国务院决策部署，习近平总书记发表"4·13"重要讲话后，海关总署成立由倪岳峰署长任组长，相关署领导任副组长的海关支持海南全面深化改革开放工作领导小组，并印发《海关总署关于贯彻落实习近平总书记重要讲话精神支持海南全面深化改革开放的通知》，举全国海关之力支持海南自由贸易港建设。总署领导及相关司局多次到海南实地调研指导。2020 年 2 月 19 日，在新冠肺炎疫情防控的关键时期，倪岳峰署长专门召开专题会议研究部署支持海南自由贸易港建设 10 方面重点工作。《总体方案》发布后,我们第一时间组织对前期研究成果进行评估,并结合海南自由贸易港建设最新要求,提出《海南自由贸易港禁限管理制度的优化与创新研究》等 5 个课题研究工作,确保海南自由贸易港早期安排落地落实。

二是以制度创新深耕自贸开放"试验田"。我们将海南自由贸易港海关监管制度创新作为全面深化改革的重中之重,先后在全国率先推出境外游艇入境关税保证保险制度、优质农产品出口"动态验证 + 免证书免备案"、保税油品同船混装运输、临床急需进口药械多方协同追溯管理等多项创新成果。在海关总署的指导支持下,先后从全国选派 100 余名业务专家支援海口海关开展海南自由贸易港海关监管制度研究,参与海南自由贸易港建设方案设计,提出自由贸易港早期安排及监管政策有关建议,支持海南自由贸易港建设尽快实现早期收获。

三是以优化口岸营商环境拓展开放新格局。海口海关把优化口岸营商环境作为促进海南外贸健康发展的发力点,作为支持推进海南自由贸易港建设的聚焦点,组织赴上海、厦门、福州、广州等地实地调研,学习借鉴世界银行评估指标城市先进经验,向海南省委省政府献言献策,出台优化口岸营商环境提升跨境贸易便利化水平 12 项措施,努力推动打造适应自由贸易港建设需要的一流口岸营商环境。2020 年 1 ~ 9 月,海南口岸进口整体通关时间 57. 85 小时,较 2017 年压缩 54. 43% ;出口整体通关时间 1. 65 小时,较 2017 年压缩 98. 48% 。

海关支持海南自贸港建设的工作

建设自由贸易港对海南来说,是千载难逢的机遇,也是巨大挑战。海关作为国家进出境监督管理机关,服务海南自由贸易港建设,全力推进国家重大开放战略责无旁贷。在海关总署的坚强领导下,海关一直将海南自由贸易港建设放在党和国家全局高度上推动落实。

一是举全国海关之力迅速落实行动。

海关总署党委坚决贯彻落实党中央、国务院决策部署，习近平总书记发表"4·13"重要讲话后，海关总署成立由倪岳峰署长任组长，相关署领导任副组长的海关支持海南全面深化改革开放工作领导小组，并印发《海关总署关于贯彻落实习近平总书记重要讲话精神支持海南全面深化改革开放的通知》，举全国海关之力支持海南自贸港建设。总署领导及相关司局多次到海南实地调研指导。今年2月19日，在新冠肺炎疫情防控的关键时期，倪岳峰署长专门召开专题会议研究部署支持海南自贸港建设10方面重点工作。《总体方案》发布后，第一时间组织对前期研究成果进行评估，并结合海南自由贸易港建设最新要求，提出《海南自由贸易港禁限管理制度的优化与创新研究》等5个课题研究工作，确保海南自由贸易港早期安排落地落实。

二是以制度创新深耕自贸开放"试验田"。

将海南自贸港海关监管制度创新作为全面深化改革的重中之重，先后在全国率先推出境外游艇入境关税保证保险制度、优质农产品出口"动态验证+免证书免备案"、保税油品同船混装运输、临床急需进口药械多方协同追溯管理等多项创新成果。在海关总署的指导支持下，先后从全国选派100余名业务专家支援海口海关开展海南自由贸易港海关监管制度研究，参与海南自由贸易港建设方案设计，提出自由贸易港早期安排及监管政策有关建议，支持海南自由贸易港建设尽快实现早期收获。

三是以优化口岸营商环境拓展开放新格局。

海口海关把优化口岸营商环境作为促进海南外贸健康发展的发力点，作为支持推进海南自由贸易港建设的聚焦点，组织赴上海、厦门、福州、广州等地实地调研，学习借鉴世界银行评估指标城市先进经验，向海南省委省政府献言献策，出台优化口岸营商环境提

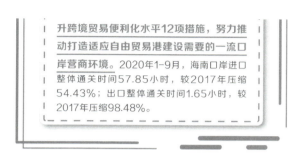

升跨境贸易便利化水平12项措施，努力推动打造适应自由贸易港建设需要的一流口岸营商环境。2020年1-9月，海南口岸进口整体通关时间57.85小时，较2017年压缩54.43%；出口整体通关时间1.65小时，较2017年压缩98.48%。

🎙 **周群**：我们常说自由贸易港是最高水平的开放形态，海南自由贸易港的开放和便利具体表现在哪些方面？

🎙 **施宗伟**：对比国内其他地区，海南自由贸易港的税收政策最优、货物贸易自由化便利化力度最大，将有效促进各类生产要素跨境自由有序安全便捷流动，构建现代产业体系，带动海南经济社会高质量发展，推动我国更深层次地对外开放。《总体方案》围绕贸易自由便利、投资自由便利、跨境资金流动自由便利、人员进出自由便利、运输来往自由便利、数据安全有序流动等6个方面做出了一系列制度安排，将有力促进资本、知识、技术、管理、数据等全球优质生产要素在海南集聚，为全球更高水平开放建立新规则，形成特色鲜明、具有较强竞争力的优势产业，为全国高质量发展提供典型示范。

🎙 **周群**："零关税"是海南自由贸易港货物贸易自由便利的一大特征，哪些商品实行"零关税"？会给我们带来哪些便利？

🎙 **施宗伟**：在贸易自由便利方面，对货物贸易实行以"零关税"为基本特征的自由化便利化制度安排。对服务贸易实行以"既准入又准营"为基本特征的自由化便利化政策，将有效促进货物、服务和技术自由流动。《总体方案》赋予了海南迄今为止我国最优的货物贸易"零关税"政策，即全岛封关运作前，对部分进口商品，免征进口关税、进口环节增值税和消费税。全岛封关运作、简并税制后，对进口征税商品目录以外、允许海南自由贸易港进口的商品，免征进口关税。特别是，早期安排阶段实行"一负三正"清单管理，覆盖面非常广，涉及社会生产的方方面面，既包含生产设备，又包含原辅料，既有交通运输、航运物流领域的，又有消费零售领域的，将促进生产要素自由流动，特别是提升旅游业、现代服务业和高新技术产业发展水平，增强产业竞争力。服务贸易"既准入又准营"，将有利于引进境外先进技术和服务，有利于发展现代服务业。例如，实施跨境服务贸易负面清单制度，给予境外服务提供者国民待遇，将有利于海南在服务业对外开放方面走在全国前列，也为国际服务业开放探索路径。建设海南国际知识产权交易所，规范探索知识产权证券化，在国内都是首创，为海南发展新型业态开辟了新路子。

🎤 **周群**：您刚才谈到《总体方案》围绕 6 个方面做出了一系列制度安排，来海南自由贸易港投资兴业是企业非常关注的，海南在投资自由便利方面有哪些举措？

🎤 **施宗伟**：在投资自由便利方面，海南大幅放宽自由贸易市场准入条件，实行"非禁即入"制，进一步激发各类市场主体的活力。实行"非禁即入"的意思是，除非有强制性的标准和法律的禁止，原则上政府取消许可和审批，对企业实行备案制、承诺制，承诺符合条件就可以开展业务。政府通过事中事后监管来履行监管义务，对于外商投资实行准入前国民待遇。相比自贸试验区来说，在投资自由方面进一步减少限制和禁止的规定，将有效吸引境内外投资者，为海南自由贸易港发展注入活力。

🎤 **周群**：跨境资金流动自由便利、人员进出自由便利、运输来往自由便利、数据安全有序流动也是自由贸易港开放便利的重要体现，海关在这方面如何发挥作用？

🎤 **施宗伟**：在跨境资金流动自由便利方面，强调金融服务实体经济，围绕贸易投资自由化便利化，分阶段开放资本项目，有序推进海南自由贸易港与境外资金自由便利流动。资金自由流动为货物自由与投资自由提供了充分的保障。海关将为海南自由贸易港跨境资金自由便利流动提供支持，并支持建设国际能源、航运、产权、股权等交易场所，支持发展离岸经济。

在人员进出自由便利方面，针对高端产业人才，实行更加开放的人才和停居留政策，目的是打造人才聚集的高地。海南自由贸易港的发展离不开人才，关键是通过人的全面发展充分激发发展活力和创造力。人才自由进出政策将为海南自由贸易港发展引进和储备人才。海关将制定便利化通关措施，为高层次人才提供出入境便利。

在运输往来自由便利方面，将实行高度自由便利开放的运输政策，推动建设西部陆海新通道国际航运枢纽和航空枢纽。建设"中国洋浦港"船籍港，开展船舶登记，将有利于吸引国际船舶来海南落户。同时，保税油加注、出口退税等政策与上述政策形成呼应，再度降低交通物流业成本，为产业发展增添活力。

在数据安全有序流动方面，要在确保数据流动安全可控的前提下，扩大数据领域开放，培育发展数字经济。有序扩大通信资源和业务开放，在我国来说是首创，目前我国对基础电信企业的要求由中方控股，因此海南自由贸易港将成为国内首个开放电信业的地方，对培育和发展数字经济意义重大。

🎤 **周群**：洋浦在探索"一线放开、二线管住"的管理制度。《总体方案》发布以来，洋浦外贸快速发展，2020 年 6 ～ 9 月同比增长 1.1 倍。请施关长给我们介绍下有关工作。

🎤 **施宗伟**：《总体方案》提出，2025 年前，在洋浦保税港区等具备条件的海关特殊监管区域率先实行"一线放开、二线管住"进出口管理制度。为落实上述任务，海关总署研究制定了《中华人民共和国海关对洋浦保税港区监管办法》，并于 2020 年 6 月 3 日正式对外发布。该方案允许在洋浦

海南自由贸易港的开放和便利

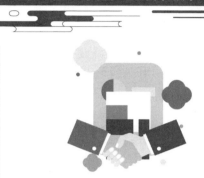

对比国内其他地区，海南自由贸易港的**税收政策最优、货物贸易自由化便利化力度最大**，将有效促进各类生产要素跨境自由有序安全便捷流动，构建现代产业体系，带动海南经济社会高质量发展，推动我国更深层次地对外开放。《总体方案》围绕**贸易自由便利、投资自由便利、跨境资金流动自由便利、人员进出自由便利、运输来往自由便利、数据安全有序流动**等6个方面做出了一系列制度安排，将有力促进资本、知识、技术、管理、数据等全球优质生产要素在海南集聚，为全球更高水平开放建立新规则，形成特色鲜明、具有较强竞争力的优势产业，为全国高质量发展提供典型示范。

一是在贸易自由便利方面

对货物贸易实行以**"零关税"**为基本特征的自由化便利化制度安排。对服务贸易实行以**"既准入又准营"**为基本特征的自由化便利化政策，将有效促进货物、服务和技术自由流动。《总体方案》赋予了海南迄今为止我国最优的货物贸易**"零关税"**政策：全岛封关运作前，对部分进口商

品，免征进口关税、进口环节增值税和消费税。 全岛封关运作、简并税制后，对进口征税商品目录以外、允许海南自由贸易港进口的商品，免征进口关税。特别是，早期安排阶段实行 **"一负三正"清单管理，** 覆盖面非常广，涉及社会生产的方方面面，既包含生产设备，又包含原辅料，既有交通运输、航运物流领域的，又有消费零售领域的，将促进生产要素自由流动，特别是提升旅游业、现代服务业和高新技术产业发展水平，增强产业竞争力。服务贸易"既准入又准营"，将有利于引进境外先进技术和服务，有利于发展现代服务业。实施跨境服务贸易负面清单制度，给予境外服务提供者国民待遇，将有利于海南在服务业对外开放方面走在全国前列，也为国际服务业开放探索路径。建设海南国际知识产权交易所，规范探索知识产权证券化，在国内来说都是首创，为海南发展新型业态开辟了新路子。

二是在投资自由便利方面

大幅放宽海南自由贸易市场准入条件，实行 **"非禁即入"制，** 进一步激发各类市场主体的活力。**实行"非禁即入"的意思是，除非有强制性的标准和法律的禁止，原则上政府取消许可和审批，对企业实行备案制、承诺制，承诺符合条件就可以开展业务。** 政府通过事中事后监管来履行监管义务，对于外商投资实行准入前国民待遇。相比自贸试验区来说，在投资自由方面进一步减少限制和禁止的规定，将有效吸引境内外投资者，为海南自由贸易港发展注入活力。

三是在跨境资金流动自由便利方面

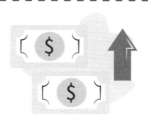

强调金融服务实体经济，围绕贸易投资自由化便利化，分阶段开放资本项目，有序推进海南自由贸易港与境外资金自由便利流动。**资金自由流动为货物自由与投资自由提供了充分的保障。**海关将为海南自由贸易港跨境资金自由便利流动提供支持，并支持建设国际能源、航运、产权、股权等交易场所，支持发展离岸经济。

四是在人员进出自由便利方面

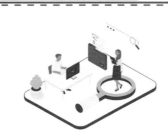

针对高端产业人才，实行更加开放的人才和停居留政策，目的是打造人才聚集的高地。海南自由贸易港的发展离不开人才，关键是通过人的全面发展充分激发发展活力和创造力。**人才自由进出政策将为海南自由贸易港发展引进和储备人才。**海关将制定便利化通关措施，为高层次人才提供出入境便利。

保税港区试行海南自由贸易港建设总体方案明确的加工增值税收政策，为全岛封关后实施该项政策开展压力测试，得到了广泛关注。同时，考虑到海南自由贸易港涉及商业消费等业态，对洋浦保税港区内设立的营利性商业设施等不做禁止性的规定，这也是一个巨大的突破。另外，复制推广了洋山特殊综合保税区简化一线申报、区内取消账册、优化二线管理、改革统计方法、支持发展国际中转集拼业务等相关举措。将海南自由贸易港部分政策在洋浦保税港区先行先试，将对洋浦保税港区高质量发展起到积极的促进作用，这既是打造海南自由贸易港先行区"样板间"，也是为海南自由贸易港政策全面实施开展压力测试。2020 年 9 月 28 日，洋浦保税港区公共信息服务平台上线，实现"一线"径予放行、"二线"单侧申报的改革标志性动作落地。2020 年 6 ～ 9 月，洋浦保税港区进出口总值 3.07 亿元，同比增长 111%，其中出口总值 1108 万元、增长 909.9%，进口总值 2.96 亿元、增长 104.9%。下一步，海关将积极做好监管服务工作，全力支持洋浦保税港区高水平开放高质量发展，及时总结评估洋浦保税港区先行先试的情况，逐步在海口综合保税区等海南省内符合条件的其他海关特殊监管区域推广实施成熟的方案。

🎙 **周群**：倪岳峰署长反复强调，管得住才能放得开。在管得住方面，海口海关采取了哪些措施为海南自由贸易港建设保驾护航？

🎙 **施宗伟**：《总体方案》指出，要制定实施有效措施，有针对性防范化解贸易、投资、金融、数据流动、生态和公共卫生等领域重大风险。涉及海关层面的重点是防范化解公共卫生、贸易和生态风险。

公共卫生风险防控。2019 年底以来，新冠肺炎疫情在全球范围肆虐，给全世界人民生命健康和经济社会发展带来巨大影响，同时也给海南自由贸易港建设敲响了警钟，国门检疫安全必须坚决把住，一刻都不能放松。《总体方案》就强化海南自由贸易港公共卫生风险防控和生态防控做出具体部署，提出了建设一流的国际旅行卫生保健中心、建立海关等多部门协作的境外疫病疫情和有害生物联防联控机制、提升进出口商品质量安全风险预警和快速反应监管能力、实行严格的进出境环境安全准入管理制度等多项措施。随着自由贸易港各个项目建设推进，人员货物进出将更加频繁，特别是随着全球动植物种质资源引进中转基地的建设发展，将引进中转大量野生动物。如何有效防止疫情疫病传入，保护人民群众生命安全和身体健康，保护海南生态环境，也要求海关在设计口岸疫情疫病防控制度和规划建设相关检疫设施时必须要超前思考。

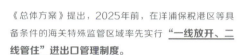

"一线放开、二线管住"的管理制度

《总体方案》提出，2025年前，在洋浦保税港区等具备条件的海关特殊监管区域率先实行**"一线放开、二线管住"进出口管理制度**。

海关总署研究制定了**《中华人民共和国海关对洋浦保税港区监管办法》，并于2020年6月3日正式对外发布。**该方案允许在洋浦保税港区试行海南自由贸易港建设总体方案明确的加工增值税收政策，为全岛封关后实施该项政策开展压力测试，得到了广泛关注。

考虑到海南自由贸易港涉及商业消费等业态，**对洋浦保税港区内设立的营利性商业设施等不做禁止性的规定**，这也是一个巨大的突破。**复制推广了洋山特殊综合保税区简化一线申报、区内取消账册、优化二线管理、改革统计方法、支持发展国际中转集拼业务等相关举措。**将海南自由贸易港部分政策在洋浦保税港区先行先试，将对洋浦保税港区高质量发展起到积极的促进作用，这既是打造海南自由贸易港先行区"样板间"，也是为海南自由贸易港政策全面实施开展压力测试。

2020年9月28日，洋浦保税港区公共信息服务平台上线，实现**"一线"径予放行、"二线"单侧申报的改革标志性动作落地。**2020年6~9月，洋浦保税港区进出口总值3.07亿元，同比增长111%，其中出口总值1108万元、增长909.9%，进口总值2.96亿元、增长104.9%。

贸易风险防控。《总体方案》首次提出"二线口岸"概念，并明确海南自由贸易港与内地之间进出的货物、物品、人员、运输工具等均需从口岸进出。通过高标准建设口岸基础和监管设施，经由海南社会管理信息化平台实现精准监管等措施，多措并举实现有效监管。反走私工作是海南全面深化改革开放、建设自由贸易港最重要的基础性工作之一。确保不发生系统性风险是海南自由贸易港建设应坚持的底线思维。《总体方案》明确海南自由贸易港反走私职责——海关负责口岸及其他海关监管区的监管和查缉走私工作。海南省政府负责全省反走私综合治理工作，对下级政府反走私综合治理工作进行考评，并要求建立与广东省、广西壮族自治区等地的反走私联防联控机制。

生态风险防控。习近平总书记在庆祝海南建省办经济特区30周年大会上的讲话明确指出，"海南要牢固树立和全面践行绿水青山就是金山银山的理念，在生态文明体制改革上先行一步，为全国生态文明建设做出表率。"保护生态环境就是保护生产力，改善生态环境就是发展生产力。党中央支持海南建设国家生态文明试验区，鼓励海南省走出一条人与自然和谐发展的路子，为全国生态文明建设探索经验。《总体方案》指出，实行严格的进出境环境安全准入管理制度，禁止洋垃圾输入。

同时，在海关总署的支持下，海口海关注重发挥科技在自由贸易港海关监管中的支撑作用，深入挖掘人工智能、大数据、云计算等方面的应用潜力，加强5G、区块链等技术在自由贸易港海关监管中的研究运用，加快建设自由贸易港海关信息化系统。在海关总署支援海南自由贸易港建设专家指导支持下，海口海关按照"职责明确、机制清晰、覆盖全面"的要求，以"科技应用人性化、指挥调度智能化、资源配置最优化、监管作业隐形化、物流监控可溯化和风险防控体系化"为海关监管目标，从实用性出发不断推进海南自由贸易港海关信息化系统建设。6 月 30 日，海南自由贸易港海关信息化系统 1.0 版上线。

在管得住方面，海口海关采取的措施

《总体方案》指出，要制定实施有效措施，有针对性防范化解贸易、投资、金融、数据流动、生态和公共卫生等领域重大风险。涉及到海关层面的重点是防范化解公共卫生、贸易、和生态风险。

公共卫生风险防控。

2019 年底以来，新冠肺炎疫情在全球范围肆虐，给全世界人民生命健康和经济社会发展带来巨大影响，同时也给海南自由贸易港建设敲响了警钟，国门检疫安全必须坚决把住，一刻都不能放松。《总体方案》就强化海南自由贸易港公共卫生风险防控和生态防控做出具体部署，提出了**建设一流的国际旅行卫生保健中心、建立海关等多部门协作的境外疫病疫情和有害生物联防联控机制、提升进出口商品质量安全风险预警和快速反应监管能力、实行严格的进出境环境安全准入管理制度等多项措施。**随着自贸港各个项目建设推进，人员货物进出将更加频繁，特别是随着全球动植物种质资源引进中转基地的建设发展，将引进中转大量野生动物。如何有效防止疫情疫病传入，保护人民群众生命安全和身体健康，保护海南生态环境，也要求海关在设计口岸疫情疫病防控制度和规划建设相关检疫设施时必须要超前思考。

贸易风险防控。

《总体方案》首次提出"二线口岸"概念，并明确海南自由贸易港与内地之间进出的货物、物品、人员、运输工具等均需从口岸进出。通过高标准建设口岸基础和监管设施，经由海南社会管理信息化平台实现精准监管等措施，多措并举实现有效监管。反走私工作是海南全面深化改革开放、建设自由贸易港最重要的基础性工作之一。确保不发生系统性风险是海南自由贸易港建设应坚持的底线思维。**《总体方案》明确海南自由贸易港反走私职责：海关负责口岸及其他海关监管区的监管和查缉走私工作。**海南省政府负责全省反走私综合治理工作，对下级政府反走私综合治理工作进行考评，并要求建立与广东省、广西壮族自治区等地的反走私联防联控机制。

生态风险防控。

习近平总书记在庆祝海南建省办经济特区30周年大会上的讲话明确指出，海南要牢固树立和全面践行绿水青山就是金山银山的理念，在生态文明体制改革上先行一步，为全国生态文明建设做出表率。保护生态环境就是保护生产力，改善生态环境就是发展生产力。**党中央支持海南建设国家生态文明试验区，鼓励海南省走出一条人与自然和谐发展的路子，为全国生态文明建**

设探索经验。《总体方案》指出，实行严格的进出境环境安全准入管理制度，禁止洋垃圾输入。

🎙 **周群**：2020 年 7 月 1 日，海南离岛免税政策实施新调整。最近"海南离岛免税"成了朋友圈的热词，大家常说到海南购物。请施关长给我们介绍一下最新调整的离岛免税购物政策内容。

🎙 **施宗伟**：2020 年 6 月 1 日，中共中央、国务院印发《海南自由贸易港建设总体方案》，提出"放宽离岛免税购物额度至每年每人 10 万元，扩大免税商品种类"。为落实《总体方案》要求，进一步释放政策效应，高质量建设自由贸易港，经国务院同意，财政部、海关总署、国家税务总局发布《关于海南离岛旅客免税购物政策的公告》（以下简称《公告》），这是《总体方案》发布后海南自由贸易港第一个实质性落地实施的重大政策，具有先导示范作用。

《公告》明确，离岛旅客每年每人免税购物额度为 10 万元，不限次；扩大免税商品种类，增加电子消费产品等 7 类消费者青睐商品；仅限定化妆品、手机和酒类商品的单次购买数量；旅客购买商品超出免税限额、限量的部分，照章征收进境物品进口税；具有免税品经销资格的经营主体可按规定参与海南离岛免税经营。

与此前政策相比，《公告》主要调整包括：一是免税购物额度从每年每人 3 万元提高至 10 万元。二是离岛免税商品品种由 38 种增至 45 种。三是取消单件商品 8000 元免税限额规定。四是以额度管理为主，大幅减少单次购买数量限制的商品种类。五是鼓励适度竞争，具有免税品经销资格的经营主体均可平等参与海南离岛免税经营。六是加强事中事后监管，明确参与倒卖、走私的个人、企业、离岛免税店将承担的法律责任。

🎙 **周群**：离岛免税新政实施四个月，销售情况如何？

🎙 **施宗伟**：7月1日至10月31日，海南离岛免税新政实施四个月，海口海关共监管离岛免税销售金额120.1亿元，同比增长214.1%；购物人次178.3万人次，增长58.8%；购物件数1286.9万件，增长139.7%。化妆品销售量、值均居首位。销售金额前三大类商品分别为化妆品、手表、首饰，销售金额分别为58.2亿元、14.7亿元、14.5亿元，分别增长164.5%、353.8%和404.7%，前三大类商品销售金额合计占同期离岛免税销售总额的72.8%。销售数量前三大类商品分别为化妆品、香水和首饰，销售数量分别为1078万件、61.4万件、21.1万件，分别增长144.6%、205.3%、116.2%。总体来看，离岛旅客对新政普遍持积极评价。

🎙 **周群**：海口海关作为监管部门，为了保障离岛免税政策顺利实施，采取了哪些措施？

🎙 **施宗伟**：离岛免税政策调整是海南自由贸易港早期收获的重要标志性成果之一，是落实政策惠民利民的重要举措。海口海关积极发挥处在监管第一线的优势，结合离岛免税政策施行9年来实际监管情况，主动为离岛免税政策调整提供决策参考及信息支持。

为营造海南自由贸易港建设守法便利、规范有序的良好法治环境，海口海关持续加强正面监管，加大打击违规力度。加强视频监控和店面巡查力度，在主要离岛通道实施全程跟随式监管，设立便衣巡察暗访岗，在海港等高风险离岛口岸上线人脸识别"防回潜"系统，对"回流"旅客精确甄别并快速处置。截至10月31日，海口海关已对701名拟将免税品带出隔离区的旅客实施拦截劝阻、宣讲海关监管规定，并监督其携带免税品离岛；对228名违规旅客实施3年不得免税购物资格惩罚，有效维护国内市场经济秩序平稳有序发展，切实保障离岛免税政策改革红利惠及于民。

离岛免税购物政策

2020年6月1日，党中央、国务院印发《海南自由贸易港建设总体方案》，提出"放宽离岛免税购物额度至每年每人10万元，扩大免税商品种类"。为落实《总体方案》要求，进一步释放政策效应，高质量建设自由贸易港，经国务院同意，财政部、海关总署、国家税务总局发布《关于海南离岛旅客免税购物政策的公告》，这是《总体方案》发布后海南自贸港第一个实质性落地实施的重大政策，具有先导示范作用。

《公告》明确

离岛旅客每年每人免税购物额度为10万元，不限次；

扩大免税商品种类，增加电子消费产品等7类消费者青睐商品；

仅限定化妆品、手机和酒类商品的单次购买数量；

旅客购买商品超出免税限额、限量的部分，照章征收进境物品进口税；

具有免税品经销资格的经营主体可按规定参与海南离岛免税经营。

与此前政策相比，《公告》主要调整包括：

 一是免税购物额度从每年每人3万元提高至10万元。

 二是离岛免税商品品种由38种增至45种。

三是取消单件商品8000元免税限额规定。

 四是以额度管理为主，大幅减少单次购买数量限制的商品种类。

 五是鼓励适度竞争，具有免税品经销资格的经营主体均可平等参与海南离岛免税经营。

六是加强事中事后监管，明确参与倒卖、走私的个人、企业、离岛免税店将承担的法律责任。

7月1日至10月31日，海南离岛免税新政实施四个月，海口海关共监管离岛免税销售金额120.1亿元，同比增长214.1%；购物人次178.3万人次，增长58.8%；购物件数1286.9万件，增长139.7%。化妆品销售量、值均居首位。销售金额前三大类商品分别为化妆品、手表、首饰，销售金额分别为58.2亿元、14.7亿元、14.5亿元，分别增长164.5%、353.8%和404.7%。前三大类商品销售金额合计占同期离岛免税销售总额的72.8%。销售数量前三大类商品分别为化妆品、香水和首饰，销售数量分别为1078万件、61.4万件、21.1万件，分别增长144.6%、205.3%、116.2%。总体来看，离岛旅客对新政普遍持积极评价。

保障离岛免税政策顺利实施的措施

离岛免税政策调整是海南自贸港早期收获的重要标志性成果之一，是落实政策惠民利民的重要举措。海口海关积极发挥处在监管第一线的优势，结合离岛免税政策施行9年来实际监管情况，主动为离岛免税政策调整提供决策参考及信息支持。

为营造海南自由贸易港建设守法便利、规范有序的良好法治环境，海口海关**持续加强正面监管，加大打击违规力度。加强视频监控和店面巡查力度，在主要离岛通道实施全程跟随式监管，设立便衣巡察暗访岗，在海港等高风险离岛口岸上线人脸识别"防回潜"系统，对"回流"旅客精确甄别并快速处置。**截至10月31日，海口海关已对701名拟将免税品带出隔离区的旅客实施拦截劝阻、宣讲海关监管规定，并监督其携带免税品离岛；对228名违规旅客实施3年不得免税购物资格惩罚，有效维护国内市场经济秩序平稳有序，切实保障离岛免税政策改革红利惠及于民。

海口海关会同地方政府全力推进落实有关对违反离岛免税政策规定人员的失信联合惩戒措施，确保海南离岛免税政策红利充分释放。目前，海南省社会信用体系建设联席会议工作办公室已印发方案，对利用旅客离岛免税购物额度套购、倒卖离岛免税品以及以非法牟利为目的、以代购等形式为他人非法销售牟利提供协助等7种行为的惩戒作出规定。

在此提醒广大海南离岛旅客，以牟利为目的为他人购买免税品，或将所购免税品在国内市场再次销售的；购买或者提取免税品时，提供虚假身份证件或旅行证件、使用不符合规定身份证件或旅行证件，或者提供虚假离岛信息的，海关将按照相关法律法规处理，同时，3年内不得享受离岛免税购物政策，并依照有关规定纳入相关信用记录。

🎙 **周群**：海南离岛免税购物纳入了信用管理？

🎙 **施宗伟**：是的。海口海关会同地方政府全力推进落实有关对违反离岛免税政策规定人员的失信联合惩戒措施，确保海南离岛免税政策红利充分释放。目前，海南省社会信用体系建设联席会议工作办公室已印发方案，对利用旅客离岛免税购物额度套购、倒卖离岛免税品以及以非法牟利为目的、以代购等形式为他人非法销售牟利提供协助等7种行为的惩戒做出规定。

在此提醒广大海南离岛旅客，以牟利为目的为他人购买免税品，或将所购免税品在国内市场再次销售的；购买或者提取免税品时，提供虚假身份证件或旅行证件、使用不符合规定身份证件或旅行证件，或者提供虚假离岛信息的，海关将按照相关法律法规处理，同时，3年内不得享受离岛免税购物政策，并依照有关规定纳入相关信用记录。

🎙 **周群**：《总体方案》为海南自由贸易港建设作出了明确的时间表、路线图。如何落实《总体方案》，争取尽快收获，请施关长给我们介绍一下海口海关做了哪些安排？

🎙 **施宗伟**：蓝图已绘就，奋进正当时。下一步，海口海关将以习近平总书记"4·13"讲话和中共中央、国务院《关于支持海南全面深化改革开放的指导意见》为指导，在海关总署的领导下，从国家战略高度深刻理解推动海南自由贸易港建设的紧迫性和必要性，切实增强主动性和责任感，解放思想，主动作为，研究建立与高水平自由贸易港相适应的海关监管制度体系。按照《总体方案》分步骤分阶段安排，2025 年前，重点围绕贸易投资自由化便利化，在有效监管基础上，有序推进开放进程，推动各类要素便捷高效流动，形成早期收获，适时启动全岛封关运作。2035 年前，进一步优化完善开放政策和相关制度安排，全面实现贸易自由便利、投资自由便利、跨境资金流动自由便利、人员进出自由便利、运输来往自由便利和数据安全有序流动，推进建设高水平自由贸易港。近期工作重点主要有以下几点。

一是推动零关税"四张清单"尽快落地。做好零关税进口商品政策研究工作，在海关总署指导下制定海关监管办法，同步谋划信息化系统建设，确保早期安排政策落地即可实施。

二是全力推动洋浦保税港区政策实施见效。配合总署制定加工增值认定标准及其操作细则，研究监管操作规程，提出信息化系统业务需求，配合公共信息服务平台建设，推动政策落地，并适时研究扩大试点。

三是推动重点区域重点产业高质量发展。加快推进全球动植物种质资源引进中转基地、一流的国际旅行卫生保健中心等重点项目建设。充分发挥海关技术优势和职能作用，在洋浦保税港区、海口综合保税区、博鳌乐城国际医疗旅游先行区等重点区域开展海关监管集成创新，引导海南企业用好"零关税"、保税加油、启运港退税等政策，积极推动重点产业把握新机遇、拓展新市场、培育新动能，构建支撑高质量发展的产业体系。

四是为全岛封关运作做准备。高标准建设开放口岸和"二线口岸"基础设施、监管设施，加大信息化系统建设和科技装备投入力度，实施精准监管。配合建设高标准的国际贸易"单一窗口"，加快一线放开，促进人员、货物、资金自由流动，支持海南自由贸易港做大流量。发挥海关特殊监管区域先行先试作用，支持地方政府按需增设海关特殊监管区域。积极参与海关总署有关海南自由贸易港海关监管顶层制度设计研究工作。

五是构建自由贸易港海关立体监管防线。对接海南省社会管理信息化平台和"人流、物流、资金流"信息管理系统，推动社管平台实战化建设。建立进出口商品风险预警快速反应机制，研究建立涵盖岛内、岛外重点领域的监控指挥工作体系。建立反走私立体防控体系，加快建立与广东、广西等地的反走私联防联控机制。保持打击走私高压态势，对走私犯罪行为实施精准打击。

落实《总体方案》

海口海关将以习近平总书记"4·13"讲话和中共中央、国务院《关于支持海南全面深化改革开放的指导意见》为指导，在海关总署的领导下，从国家战略高度深刻理解推动海南自贸港建设的紧迫性和必要性，切实增强主动性和责任感，解放思想，主动作为，研究建立与高水平自由贸易港相适应的海关监管制度体系。按照《总体方案》分步骤分阶段安排，**2025年前，重点围绕贸易投资自由化便利化，在有效监管基础上，有序推进开放进程，推动各类要素便捷高效流动，形成早期收获，适时启动全岛封关运作。2035年前，进一步优化完善开放政策和相关制度安排，全面实现贸易自由便利、投资自由便利、跨境资金流动自由便利、人员进出自由便利、运输来往自由便利和数据安全有序流动，推进建设高水平自由贸易港。**近期工作重点主要有：

一是推动零关税"四张清单"尽快落地。做好零关税进口商品政策研究工作，在海关总署指导下制定海关监管办法，同步谋划信息化系统建设，确保早期安排政策落地即可实施。

二是全力推动洋浦保税港区政策实施见效。配合总署制定加工增值认定标准及其操作细则，研究监管操作规程，提出信息化系统业务需求，配合公共信息服务平台建设，推动政策落地，并适时研究扩大试点。

三是推动重点区域重点产业高质量发展。加快推进全球动植物种质资源引进中转基地、一流的国际旅行卫生保健中心等重点项目建设。充分发挥海关技术优势和职能作用，在洋浦保税港区、海口综合保税区、博鳌乐城国际医疗旅游先行区等重点区域开展海关监管集成创新，引导海南企业用好"零关税"、保税加油、启运港退税等政策，积极推动重点产业把握新机遇、拓展新市场、培育新动能，构建支撑高质量发展的产业体系。

四是为全岛封关运作做准备。高标准建设开放口岸和"二线口岸"基础设施、监管设施，加大信息化系统建设和科技装备投入力度，实施精准监管。配合建设高标准的国际贸易"单一窗口"，加快一线放开，促进人员、货物、资金自由流动，支持海南自由贸易港做大流量。发挥海关特殊监管区域先行先试作用，支持地方政府按需增设海关特殊监管区域。积极参与海关总署有关海南自由贸易港海关监管顶层制度设计研究工作。

五是构建自贸港海关立体监管防线。对接海南省社会管理信息化平台和"人流、物流、资金流"信息管理系统，推动社管平台实战化建设。建立进出口商品风险预警快速反应机制，研究建立涵盖岛内、岛外重点领域的监控指挥工作体系。建立反走私立体防控体系，加快建立与广东、广西等地的反走私联防联控机制。保持打击走私高压态势，对走私犯罪行为实施精准打击。

🎤 **周群：**不知不觉，我们的访谈已经过去近一个小时了。在网站上，很多网友在关注今天的访谈，也向我们提出了一些问题。让我们看看他们都说了些什么。

网友提问摘录

🌐 **网友：**施关长，您好！经常听人说自由贸易港建设的关键是海关，海关不放开，自由贸易港搞不成。大家对海关工作非常关注。希望您给我们介绍一下海关在海南自由贸易港建设中的角色定位？

🎤 **施宗伟**：海关在海南自由贸易港建设中承担着监管与服务的双重重任，既要确保中央政策执行好，也要服务好海南建设发展。海南自由贸易港建设需要大家群策群力，需要社会各界的支持和参与。希望您一如既往地关注和支持海关工作，支持海南自由贸易港建设！

🌐 **网友**：海南免税店可以买什么？

🎤 **施宗伟**：离岛旅客可以在海南的离岛免税商店内购买化妆品、箱包、手表等 45 大类商品。每人年度总免税限额为 10 万元，其中化妆品每人每次限购 30 件，手机每人每次限购 4 件，酒每人每次限购 1500 毫升，其余商品无限制。

🌐 **网友**：请介绍下原辅料"零关税"政策执行时间。

🎤 **施宗伟**：2020 年 12 月 1 日起直到全岛封关运作前。

🌐 **网友**：享受原辅料"零关税"政策需满足什么样的条件？

🎤 **施宗伟**：在海南自由贸易港注册登记并具有独立法人资格的企业，进口用于生产自用、以"两头在外"模式进行生产加工活动或以"两头在外"模式进行服务贸易过程中所消耗的原辅料。

🌐 **网友**：享受原辅料"零关税"政策的商品范围是什么？

🎤 **施宗伟**：原辅料"零关税"政策实行正面清单管理。第一批"零关税"原辅料包括椰子等农产品、煤炭等资源性产品、二甲苯等化工产品及光导纤维预制棒等原辅料、以及飞机、其他航空器和船舶维修零部件共 169 项 8 位税号商品。清单内容由财政部会同有关部门根据海南实际需要和监管条件进行动态调整。

🌐 **网友**：原辅料"零关税"是否可转让或出岛？

🎙 **施宗伟**：原辅料"零关税"仅限海南自由贸易港内企业生产使用，接受海关监管，不得在岛内转让或出岛，因企业破产等原因，确需转让或出岛的，应经批准及办理补缴税款等手续。

🌐 **网友**：以"零关税"原辅料加工制造的货物如何管理？

🎙 **施宗伟**：以"零关税"原辅料加工制造的货物，在岛内销售或销往内地的，需补缴其对应辅料的进口关税、进口环节增值税和消费税，照章征收国内环节增值税、消费税。"零关税"原辅料加工制造的货物出口，按现行出口货物有关税收政策执行。

🌐 **网友**："零关税"设备、交通工具政策什么时候出台？对企业有何利好？

🎙 **施宗伟**：有关部门正在研究"零关税"设备、交通工具清单，政策内容以发布为准。政策实施后有利于降低企业进口经营成本，促进海南旅游业、现代服务业及高新技术产业发展。

🌐 **网友**：海关如何监管开展进口"零关税"原辅料业务的企业？

🎙 **施宗伟**：企业应当建立符合海关监管要求的计算机管理系统，实现与海关电子数据交换，自主备案商品信息、自主核定原辅料耗用情况，并向海关如实申报。海关将综合运用信息化系统手段，加强事中事后监管，积极、稳妥做好"零关税"原辅料监管工作。

🌐 **网友**：经营"零关税"原辅料过程中，企业通过自查发现有影响税款征收的违反海关监管规定行为，海关有没有相应容错机制保障？

🎙 **施宗伟**：海关已建立起相应的企业"主动披露"制度和容错机制，就进出口企业、单位在海关发现前主动披露影响税款征收的违反海关监管规定行为（以下简称涉税违规行为）的，且有下列情形之一的，依据《中华人民共和国行政处罚法》第二十七条的规定，海关不予行政处罚：

1. 在涉税违规行为发生之日起三个月内向海关主动披露，主动消除危害后果的；

2. 在涉税违规行为发生之日起三个月后向海关主动披露，漏缴、少缴税款占应缴纳税款比例 10% 以下，或者漏缴、少缴税款在人民币 50 万元以下，且主动消除危害后果的。

🌐 **网友**：海南加工增值 30% 政策什么时候出台？都有哪些企业可以适用这个政策？

🎤 **施宗伟**：根据《总体方案》，海南加工增值政策是全岛封关运作后实施的政策。为开展压力测试，目前在洋浦保税港区进行试点，即洋浦保税港区内鼓励类产业企业生产的不含进口料件或含进口料件在洋浦保税港区加工增值超过 30%（含）的货物，出区进入境内区外销售时，免征进口关税，照章征收进口环节增值税、消费税。目前，海关总署正在研究制定配套办法。

🌐 **网友**：岛内居民何时可以购买免税日用消费品？

🎤 **施宗伟**：根据《总体方案》，2025 年前，"对岛内居民消费的进境商品，实行正面清单管理，允许岛内免税购买"。目前，有关部门正在抓紧制定清单，将适时公布。

🌐 **网友**：请问施关长，岛内居民何时可以不用出岛就可以免税购买进口商品了？能买免税进口汽车吗？

🎤 **施宗伟**：根据《总体方案》，2025 年前实行部分进口商品"零关税"政策（即免进口关税、进口环节增值税和消费税），也就是我们常说的"三正一负""零关税"清单。目前已经发布了首张"零关税"清单——对岛内进口用于生产自用或以"两头在外"模式进行生产加工活动（或服务贸易过程中）所消耗的原辅料，实行"零关税"正面清单管理。您所关心的"岛内居民消费的免税进境商品正面清单",有关部门正在研究制定,将适时公布。至于进口汽车能否列入"岛内居民消费的免税进境商品正面清单",以有关部门最后公布的清单为准。

🌐 **网友**：国家批准中国国际消费品博览会以后每年都在海南举办,全国人民是不是都可以直接在博览会上购买展销的产品?

🎤 **施宗伟**：《总体方案》明确,举办中国国际消费品博览会,国家级展会境外展品在展期内进口和销售享受免税政策。目前,有关部门正在研究制定展品免税政策。国家已经批准 2021 年 5 月 7 日到 10 日在海口举办首届中国国际消费品博览会,届时广大消费者可以在政策范围内免税购买境外展品。

🌐 **网友**：请问海南自由贸易港政策实施后,是不是所有境外申报进口的货物都可以不受限制地进入海南自由贸易港,无须按照现行规定提供许可证件?

🎤 **施宗伟**：海南自由贸易港实施"一线放开、二线管住"、岛内自由的贸易自由便利政策,但"一线放开"并不意味着所有境外货物都可以不受限制进入海南自由贸易港。"一线"进(出)境环节要强化安全准入(出)监管,加强口岸公共卫生安全、国门生物安全、食品安全、产品质量安全管控。下一步在确保履行我国缔结或参加的国际条约所规定义务的前提下,国家将会制定出台海南自由贸易港禁止、限制进出口的货物清单,清单外的货物可自由进出,海关依法进行监管,清单内的限制进出口货物仍需按有关规定提供许可证件。

🌐 **网友**：海南自由贸易港"一线"放开后,是不是动植物及其产品、食品均可自由进入海南岛?

🎤 **施宗伟**：动植物及其产品因其涉及检疫风险,所以应符合我国检疫准入要求方可进入自由贸易港;"一线"进入自由贸易港的食品应符合我国法律、法规和食品安全国家标准要求。

🌐 **网友**：我们公司是一家外贸企业，现在可以从哪些国家（地区）进口屠宰牛，需要办理什么手续？

🎙 **施宗伟**：目前仅能从澳大利亚进口屠宰牛，且需要在进境后 14 天内屠宰完毕。中国已与缅甸签订进口屠宰肉牛的相关协议，但目前缅甸尚未完成有无疫区的建设，尚不满足议定书所确定的出口要求。本项目申请主要包含 3 个内容，一是进境口岸需是一类开放口岸，满足船舶停靠和查验装卸的要求；二是企业要有用于动物进境后隔离饲养的隔离场；三是企业要有配套的屠宰场。整体项目由海关总署验收合格后才能开展进口贸易。

🌐 **网友**：我们公司是从事植物引种，海口海关联合海南省农业农村和林业部门实施隔离圃考核互认，具体怎么操作？

🎙 **施宗伟**：具体做法是，引种单位到海口海关办理进境植物繁殖材料地方隔离检疫圃指定时，可凭已取得的海南省农业农村或林业部门检疫审批资格和隔离苗圃考核合格材料，向海口海关申请免于隔离检疫圃指定现场考核；向海南省农业农村或林业部门办理引种审批时，如在海口海关国家级隔离苗圃或专业圃隔离试种进境植物繁殖材料的，可申请免于隔离圃现场考核。

🌐 **网友**：离岛免税什么时候可以支持邮寄？

🎙 **施宗伟**：邮寄方式可以为离岛购物旅客提供更好的购物体验，海关已牵头免税企业、邮递物流企业完成了邮寄送达相关流程的设计及信息化系统的升级改造等相关工作，待离岛免税政策公告对提离方式予以调整修改后即可实施。

🌐 **网友**：据代理公司告知，目前海关总署已取消玉米糠、甜菜渣、椰糠等部分植物源性饲料和栽培介质的检疫审批，是否可从境外任意国家（地区）直接进口上述产品？

🎙 **施宗伟**：为服务进出口贸易，便利企业，经海关总署风险评估，确实取消了上述产品的进境动植物检疫审批要求，不再需要在进口前申请办理进境动植物检疫许可证。但是货物进境时仍应当按照规定向海关申报，依法接受检验检疫，检疫过程中仍需要核对相应产品的准入情况（即生产国家/地区/企业是否在海关总署准入名单之内），未获准入的不能进口。该准入名单可于海关总署网站动植物检疫司页面查询。

🌐 **网友**：出口饲料生产企业是否需要办理注册登记手续？

🎙 **施宗伟**：根据《中华人民共和国进出境动植物检疫法》《中华人民共和国进出境动植物检疫法实施条例》相关规定，对输入国家/地区有注册登记要求的，需向海关申请办理注册登记手续；自 2020 年 8 月底起，为深入贯彻国务院减税降费政策，落实"六稳""六保"工作任务，持续优化口岸营商环境，减轻企业负担，对输入国家/地区没有注册登记要求的，免于向海关注册登记。

🌐 **网友**：全球疫情还在蔓延，海南"一线"放开后，如何确保进境的人员、食品等是安全的？目前海南是如何监管的？自由贸易港全面建成后，如何监管？

🎙 **施宗伟**：自由贸易港总体方案要求，海南"一线"放开后，海关要进一步强化口岸公共卫生安全和食品卫生安全。当前境外疫情肆虐，海关是"外防输入"的第一道防线，海口海关坚决贯彻落实党中央、国务院决策部署，按照海关总署工作要求，坚持人物同防，强化口岸卫生检疫和进口冷链食品检疫工作，筑牢口岸检疫防线，巩固抗疫成果，严防疫情输入。

🌐 **网友**：《总体方案》出台后，海关对行政审批有什么便利化措施？

🎙 **施宗伟**：目前海关行政审批事项已实现 100% "一个窗口"和网上全流程办理，且"审批改为备案""实行告知承诺"事项最快可当场办结。

我们支持海南省审批服务综合窗口受理制改革，除了海关总署规定必须实施网上办理的行政许可审批事项外，我关驻省政务服务中心事项100%入驻省政务服务中心综合窗口。下一步我关将继续按照国务院"放管服"改革部署要求，持续推动简政放权，以更强力度、更实举措，将行政审批改革推向纵深。

🌐 **网友：** 海南自由贸易港发展与粤港澳大湾区如何建立更加密切的联系？

🎙 **施宗伟：** 海南自由贸易港处于我国国内国际双循环的交汇点，要充分发挥背靠祖国超大市场的优势，加强与内地的联系，特别是要加强与粤港澳大湾区协同、联动发展。

我关推广实施"提前申报""两步申报""船边直提、抵港直装"等通关改革政策提高通关效率。通过简化单证提高通关便利化水平，进出口环节验核的许可证件从86种减至44种，精简率达49%，并且我关已明确进出口环节除海关审核需要外无须提交合同、装箱清单、载货清单（舱单）等单证。此外，我关还结合海南实际，从加大对进出口企业的帮扶力度、加大对企业拓展海外市场的支持力度、加大对促进产业链供应链安全稳定的保障力度、加大对海南口岸营商环境的优化力度等4个方面出台了19条措施，全力支持外贸企业平稳健康发展。

🌐 **网友：** 因涉嫌走私被海关扣押的离岛免税化妆品还能发还吗？

🎙 **施宗伟：** 对扣押的离岛免税品，经查明确实与案件无关的，海关予以退还，但经法院审理认定为走私货物、物品，判决没收的，由海关缉私部门依法执行，上缴国库。

🌐 **网友：** 境外购买的安眠药物能否邮递入境？

🎙 **施宗伟：** 根据相关规定，对属于一类精神药物的安眠药不能邮递入境，海关会做退运处理；对属于二类精神药物的安眠药可以附条件邮递入境，总的原则是"自用、合理数量"，需要寄件人如实申报药物品名，收件人出具有效处方，一般不得超过 7 日用量，海关以处方数量验放药物。进出境人员随身携带、邮寄、快递的个人自用的少量药品，应当以自用、合理数量为限，并接受海关监管。

🌐 **网友**：我有一串携带多年的砗磲手链，出国探亲时能否携带出境？

🎙 **施宗伟**：砗磲是海洋中最大的双壳贝类之一，被称为"贝王"，被列入《濒危野生动植物物种国际贸易公约》附录 II，中国重点保护水生野生动物名录里也将砗磲贝列为一级国家保护海洋生物，所以砗磲手链不能携带出境。根据我国法律规定，邮寄或携带濒危野生动植物及其制品进境，必须持有国家濒管部门出具的证明并主动向海关申报，否则任何贸易方式或携带、邮寄砗磲及其制品进出境的行为均属违法。

🌐 **网友**：请问全岛封关后，海关如何加强监管防止全民走私？

🎙 **施宗伟**：一是加强反走私立法，完善自由贸易港反走私法律体系，为打击走私提供强有力的法治保障；二是加强风险分析，对可能出现的走私风险点，针对性地加强正面监管力度；三是海关缉私部门加强对各类走私行为的打击力度，联合广东、广西等地区海关共建环北部湾琼州海峡反走私联合作战体系，坚决将走私苗头扼杀在萌芽状态；四是海关联合地方执法单位，落实地方政府反走私综合治理主体责任，共同为海南自由贸易港保驾护航；五是加强反走私宣传教育，提高全民反走私意识。

🌐 **网友**：缉私部门查获的洋垃圾如何处置？

🎙 **施宗伟**：海关责令洋垃圾的进口者退运该洋垃圾；无法退运的，进口者应当依法承担未退运洋垃圾在境内无害化处置的费用。承运人对洋垃圾的退运、处置，与进口者承担连带责任。对于执法过程中查获的无法确定责任人的，依法移交查获地所在地县级以上地方人民政府组织处理。

⊕ **网友**：海南省可以从境外进口水果吗？

🎙 **施宗伟**：可以。进口水果首先要符合输入与输出国签署的双边协议的检疫要求。其次，据海关总署 2019 年第 212 号公告，口岸上需要设立满足动植物疫病疫情防控需要，对进境新鲜水果实施查验、检验、检疫的进境水果指定监管场地，目前海南省八所港口岸设立了进境水果指定监管场地，洋浦港口岸也正在建设进境水果指定监管场地。

⊕ **网友**：施关长，自由贸易港建设如火如荼，作为海南籍在校大学生，我们也想加入海关参与家乡建设，请问有什么渠道可以加入贵单位？

🎙 **施宗伟**：为服务海南自由贸易港建设，海口海关进一步引导和支持所属事业单位抓机遇、迎挑战，引进各类专业人才。目前我关所属事业单位引进专业人才主要分为两类，一是事业编制人员，二是非事业编制人员。两类人员的引进主要有如下方式。一是公开招聘。即通过媒体发布招聘公告，面向全社会招揽人才，一般需要经过笔试、面试、体检、考察、公示等环节；对于具有博士研究生学历、高级职称或紧缺人才可以实行考核招聘，也就是发布招聘公告后，直接对符合报名条件的考生进行考核、考察、体检和公示，确定引进人选，不需要进行笔试、面试。二是按照国家安置政策规定，接收安置人员，比如接收军队转业干部。三是调任。对原来具有公务员或事业编制身份的专业人才，满足本单位工作需求的，可以通过办理调任手续引进。目前，公开招聘是我关事业单位人才引进的主要方式。

海口海关所属事业单位引进的高层次人才，符合相关条件的，可以享受地方的优惠政策。目前，海南省出台的高层次人才优惠政策包含经费资助、落户、购房、购车、配偶就业、子女入学、出行便利、医疗保健等多项措施。详细内容可参考中共海南省委人才工作委员会《关于印发〈海南省人才团队建设实施办法（试行）〉〈海南省优化大师级人才服务保障实施办法〉和〈海南省新型智库建设管理办法〉的通知》（琼人才通〔2020〕

3 号）及相关文件。

🌐 **网友**：封关运作需要哪些前提条件？什么时候开始？这样我们海南人也可以买免税品了。

🎤 **施宗伟**：网友你好，你问的问题是众多网友所关心的。首先，封关运作时间取决于我们何时监管到位，监管到位后就可以封关运作。其次，现在海南居民就可以享受离岛免税政策购买免税品，不久后还可以享受本岛居民不出岛免税购买消费品政策，所以不用等到封关前海南居民就能购买免税品。

🌐 **网友**：请问什么时候正式施行免税购买汽车的政策？

🎤 **施宗伟**：对于运营用进口汽车，相关免税政策正在制定中，即将发布，敬请期待；对于个人自用的进口汽车是否可以免税，国家相关政策尚未明确。

🌐 **网友**：第一张清单已经出台，企业监管实时落地？

🎤 **施宗伟**：目前已经制定完成海关监管办法，对监管系统进行升级改造，各项前期准备工作已经就绪，等待 12 月 1 日正式实施。

🌐 **网友**："出台优化口岸营商环境提升跨境贸易便利化水平 12 项措施，努力推动打造适应自由贸易港建设需要的一流口岸营商环境"这些措施的详细介绍在哪里可以看到？

🎤 **施宗伟**：我关长期以来坚持把优化口岸营商环境作为支持海南省新一轮高水平对外开放的重点工作加以推进。出台的多项措施，网友可以通过 12360 热线电话咨询或者在海关业务现场向关员咨询。

🌐 **网友**：免税店中销售的白酒是出口白酒吗？

🎤 **施宗伟**：根据离岛免税政策规定，白酒不在离岛免税允许销售的免税酒类范围内。

🌐 **网友**：我最近在研究自由贸易港相关情况撰写论文，希望向海关申请海南近年外贸和离岛免税销售数据，可以通过什么渠道申请？

🎙 **施宗伟**：我关每月会定期在海口海关互联网站公布上个月的外贸统计数据，有需要的公众可以登录海关网站自主查询下载。为了便于社会公众了解海南离岛免税政策实施情况，我关从 2020 年 7 月起定期在海口海关互联网站公布每个月的离岛免税数据，有需要的公众可以自主查看。超出海关主动公开数据需求的数据查询需求，可在我关互联网站办事指南下载填写"海关统计数据查询服务专用申请表"至指定邮箱进行咨询。此外，海关总署也提供了全国海关统计数据在线查询平台，大家可根据需求通过我关网站链接自行查询。

🌐 **网友**：请问跨境电商业务在海南的发展情况如何？

🎙 **施宗伟**：在国家跨境电商政策的支持下，近年来海南跨境电商业务呈现高速发展态势。目前依托海口综合保税区及洋浦保税区，已开展跨境电商保税备货业务（1210 模式），2020 年 1~10 月，海口海关监管"跨境电商商品（1210 模式）"清单 67.99 万件（票）、增长 8.59 倍，货值 2.98 亿元、增长 13.19 倍，税款 2418.21 万元、增长 9.48 倍。

目前，海口海关正在积极支持三亚跨境电子商务综合试验区建设，全力支持跨境直购（9610 模式）以及跨境出口（9710、9810）等跨境新业态落地海南并快速发展。

🌐 **网友**：海关监管的企业大体分为哪几类？

🎙 **施宗伟**：海关主要监管的企业包括进出口收发货单位、报关企业、特定资质企业、出口食品生产企业、进口食品化妆品收货单位及与进出口有关的其他企业、组织、机构。

⊕ **网友**：请问海关和检验检疫局是同一家单位吗？

🎙 **施宗伟**：机构改革后，国家出入境检验检疫职责和队伍统一划入海关，现在我们是一家单位。

⊕ **网友**：自由贸易港建设有一段时间了，海南的外贸有什么亮点吗？

🎙 **施宗伟**：《总体方案》发布 5 个月以来，海南对外贸易进出口货物总值 360.8 亿元，同比增长 2.7%，其中进口增长 29.5%。总体来看，《总体方案》发布 5 个月来，主要有以下亮点。一是外贸值止跌回升，同比增速由 1～5 月的下降 13.6% 转为增长 2.7%，大幅提升了 16.3 个百分点。二是国际旅游消费中心建设初显成效。《总体方案》发布 5 个月来，跨境电商新业态和离岛免税业务快速发展拉动消费品进口迅速增加，5 个月来全省消费品进口值由 1～5 月的 65.4 亿元增加到 171.5 亿元，同比增速由 32.9% 提升到 175.4%，消费品在全省外贸进口总值中所占的比重也由 31.7% 提升到 60.2%。三是新备案企业快速增加，《总体方案》发布 5 个月来在海关新备案的外贸企业数量由 1～5 月的 523 家大幅增加到 2319 家，同比增速由 57.1% 提升到 713.7%，与此同时民营企业进出口增速由 1～5 月的 5.6% 提高到了 43.1%。四是全省外贸区域发展更趋均衡，5 个月来海口外贸增速由 1～5 月的下降 23.6% 转为增长 14.5%，三亚由下降 6.2% 转为增长 153.8%；两者在全省外贸总值中所占比重分别提升到 37.2% 和 25.6%。海南外贸洋浦一区独大的局面正在发生改变。

🎙 **网友**：现在免税店销售华为、小米等国产手机吗？

🎙 **施宗伟**：符合离岛免税政策要求的国产品牌均可进入离岛免税店销售。对于免税店是否有华为、小米手机销售，可向免税店进一步咨询。

⊕ **网友**：全岛封关后，海关监管模式上最大的改变是什么？

🎙 **施宗伟**：海南自由贸易港要在实现有效监管的前提下，建设全岛封关运作的海关监管特殊区域，实施"一线放开、二线管住、岛内自由"的海关监管模式。与现行的海关监管模式最大的不同是，海关不仅要对一线进出境环节进行监管，也要对二线进出岛环节和岛内实施监管。

"一线"进（出）境环节强化安全准入（出）监管，加强口岸公共卫生安全、国门生物安全、食品安全、产品质量安全管控。禁止限制进出口清单外货物、物品自由进出。进口征税商品目录外货物进入自由贸易港免征进口关税。

货物从海南自由贸易港进入内地，原则上按进口规定办理相关手续，照章征收关税和进口环节税。对鼓励类产业企业生产的不含进口料件或者含进口料件在海南自由贸易港加工增值超过30%（含）的货物，经"二线"进入内地免征进口关税，照章征收进口环节增值税、消费税。货物、物品及运输工具由内地进入海南自由贸易港，按国内流通规定管理。

岛内，海关对海南自由贸易港内企业及机构实施低干预、高效能的精准监管，实现自由贸易港内企业自由生产经营。实施"零关税"的货物，海关免于实施常规监管。

🌐 **网友：** 未来海关监管将运用哪些新技术手段？

🎙 **施宗伟：** 为实现"多手段、少手续、低干预、高效能"的监管目标，海关将以"智慧海关"建设为抓手，综合运用大数据、云计算、物联网、5G等前沿科技手段，建设海南自由贸易港海关智慧监管平台，不断提升监管效能，优化口岸营商环境。

🌐 **网友：** 《总体方案》中提到"岛内自由"，海关在对企业管理方面，会有什么创新或新的突破吗？

🎙 **施宗伟：** 全岛封关运作后，海关对海南自由贸易港内企业及机构实施低干预、高效能的精准监管，实现自由贸易港内企业自由生产经营。实施"零关税"的货物，海关免于实施常规监管。我们将学习借鉴国际先进经验做法，持续探索创新企业管理新举措，为守法企业打造良好营商环境。

🎙 **施宗伟**：谢谢网友的热情提问。感谢海关总署给我们这样一个平台和广大网友互动。感谢广大网友对海口海关工作给予的关注和支持。下一步，海口海关将继续深化改革创新，强化监管优化服务，永葆"闯"的精神、"创"的劲头、"干"的作风，在支持海南自由贸易港建设中贡献海关力量，在努力续写更多"春天的故事"中践行初心使命。再次感谢大家对海口海关工作的关心和支持！谢谢大家！

🎙 **周群**：感谢施关长的解答！今天的在线访谈到此也接近尾声了。希望今天的访谈内容能让各位网友更加了解海口海关全力以赴推动海南自由贸易港高标准建设高质量发展所作的努力和成效。同时，我们也希望广大网友更多关注和支持海关工作。今天的在线访谈到此结束，请大家继续关注中国海关门户网站 www. customs. gov. cn。再见！

后 记

2020 年 11 月 25 日，海关总署举办主题为"扬帆自贸港——海关全力推动海南自由贸易港高标准建设高质量发展"的在线访谈，介绍海口海关深化改革创新，强化监管优化服务，支持推动海南自由贸易港高标准建设高质量发展有关情况，并在线解答网友关注的问题。访问量达 109 万余次，独立 IP 861 个，网友提问 74 个，实时答复 45 个。

积极服务重大项目建设　促进外贸稳增长

◎ 主　题：积极服务重大项目建设　促进外贸稳增长
◎ 时　间：2020 年 11 月 27 日　10：00
◎ 嘉　宾：湛江海关党委书记、关长　郭　辉
◎ 主持人：海关总署办公厅　周　群

导语

　　湛江地处粤港澳大湾区、海南自由贸易港、广西北部湾经济区、西部陆海新通道等重大战略交汇区，正与海南相向而行，全力打造现代化沿海经济带，建设省域副中心城市。宝钢湛江钢铁、中科炼化、巴斯夫（广东）一体化基地及广东大唐国际雷州电厂等一系列重大项目建设发展如火如荼。今天，我们走进湛江海关，与网友一起互动交流，探讨在疫情防控和促进外贸稳增长的双重压力下，海关如何立足自身职责，强化监管优化服务，筑牢国门安全防线，"一业一策""一企一策"服务大项目建设，做到"管得住、放得开、效率高、成本低"。

身临其境　看看我们曾经聊过的

主持人嘉宾交流

🎤 **周群**：大家好！这里是中国海关门户网站在线访谈，我是主持人周群。我在海关总署新闻发布厅，通过视频连线祖国大陆最南端的湛江海关，和大家一起围绕"湛江海关积极服务重大项目建设　促进外贸稳增长"这一主题开展互动交流。今天我们邀请到的嘉宾是湛江海关关长、党委书记郭辉。郭辉关长，请先和网友们打个招呼吧。

🎤 **郭辉**：主持人、各位网友，大家好！很高兴参加中国海关门户网站在线访谈，感谢大家长期以来对湛江海关的关注和支持，希望能通过这次在线访谈活动，让广大网友进一步了解、熟悉海关工作情况。同时，我们也希望借助在线访谈的全方位互动，能听取广大人民群众、企业对海关的意见建议，共同为把好国门、促进外贸稳增长出谋划策、贡献力量。

🎤 **周群**：谢谢郭辉关长。湛江海关位于祖国大陆最南端，湛江市的外向型经济有哪些特点，发展形势如何？

🎤 **郭辉**：湛江是粤港澳大湾区、深圳先行示范区和北部湾城市群、海南自由贸易港之间的枢纽和衔接点，是唯一以地级市身份参与西部陆海新通道建设的城市，在国家和广东对外开放格局中的重要战略地位凸显。2020年10月14日，习近平总书记在深圳经济特区建立40周年庆祝大会上发出新的改革开放动员令，向世界宣示中国"改革不停顿、开放不止步"，这为广东发展指明了前进方向、提供了根本遵循。2020年10月26日至29日，党的十九届五中全会召开，审议通过了《中共中央关于制定国民经济和社会发展第十四个五年规划和二〇三五年远景目标的建议》（以下简称《建议》），深刻指明了今后一个时期我国发展的指导方针、目标任务、战略举措。全会提出，实行高水平对外开放，开拓合作共赢新局面。推动贸易和投资自由化便利化，推进贸易创新发展，推动共建"一带一路"高质量发展，积极参与全球经济治理体系改革。同时，海关总署党委要求全国海关深入领会新发展阶段、深入领会新发展格局，以推动高质量发展为主题，全面深化海关各领域改革，打造先进的、在国际上最具竞争力的监管体制机制，营造市场化、法治化、国际化营商环境，在促进国内国际双循环上实现新作为。广东省委省政府对湛江发展也给予高度关注、大力支持，省委省政府领导多次到湛江调研指导。因此，当前湛江面临非常好的发展机遇，正全力建设省域副中心城市、加快打造现代化沿海经济带重要发展极。

近年来，湛江加快打造世界级临港产业基地，一大批重大项目落地湛江，2020 年 6 月 16 日，总投资逾 440 亿元的中科炼化项目投产运营；宝钢湛江钢铁上半年超额完成产能目标，3 号高炉正加快建设，4 号、5 号高炉项目前期工作稳步推进；巴斯夫（广东）一体化基地正式启动，首批装置打桩开建。特别是巴斯夫（广东）一体化基地项目是中德两国总理共同见证签署的重要成果，也是我国重化工行业首个外商独资项目，具有标志性的意义。同时，广东第三大干线机场湛江国际机场全面开工建设，湛江港被列入国家新增 40 万吨铁矿石码头布局规划，大唐雷州电厂码头也即将对外开放。粤西地区产业大发展、口岸大开放，对我们进一步营造市场化、法治化、国际化营商环境提出更高要求。

2020 年以来，因为疫情影响，湛江市的外贸进出口受到一定的冲击，但形势逐步向好，前 10 个月中有 4 个月（2 月、3 月、6 月和 8 月）外贸进出口值正增长，其中 8 月增幅达到 39.7%。前 10 个月湛江市外贸进出口总值达到 328.7 亿元，其中进口 181.2 亿元，增长 10.5%。

🎤 **周群**：在新冠肺炎疫情冲击下，我国经济受到严重影响，请问湛江海关在做好"六稳"工作、落实"六保"任务，积极支持企业复工复产，促进外贸稳增长方面是如何做的？

🎤 **郭辉**：2020 年以来，我们围绕中央做好"六稳"工作、落实"六保"任务的决策部署，按照海关总署促进外贸稳增长十条措施、支持中欧班列

湛江市的外向型经济

湛江是粤港澳大湾区、深圳先行示范区和北部湾城市群、海南自贸港之间的枢纽和衔接点，**是唯一以地级市身份参与西部陆海新通道建设的城市，在国家和广东对外开放格局中的重要战略地位凸显。**

2020年10月14日，习近平总书记在深圳经济特区建立40周年庆祝大会上发出新的改革开放动员令，向世界宣示中国**"改革不停顿、开放不止步"**，这为广东发展指明了前进方向、提供了根本遵循。

《中共中央关于制定国民经济和社会发展第十四个五年规划和二〇三五年远景目标的建议》11月3日发布，建议稿由15个部分构成，分为三大板块，共60条。

2020年10月26日至29日党的十九届五中全会召

开，审议通过了《中共中央关于制定国民经济和社会发展第十四个五年规划和二〇三五年远景目标的建议》深刻指明了今后一个时期我国发展的指导方针、目标任务、战略举措。全会提出，实行高水平对外开放，开拓合作共赢新局面。推动贸易和投资自由化便利化，推进贸易创新发展，推动共建"一带一路"高质量发展，积极参与全球经济治理体系改革。同时，海关总署党委要求全国海关深入领会新发展阶段、深入领会新发展格局，以推动高质量发展为主题，全面深化海关各领域改革，打造先进的、在国际上最具竞争力的监管体制机制，营造市场化、法治化、国际化营商环境，在促进国内国际双循环上实现新作为。广东省委省政府对湛江发展也给予高度关注、大力支持，省委省政府领导多次到湛江调研指导。因此，当前湛江面临非常好的发展机遇，正全力建设省域副中心城市、加快打造现代化沿海经济带重要发展极。

2020年6月16日，总投资逾440亿元的中科炼化项目投产运营；宝钢湛江钢铁上半年超额完成产能目标，3号高炉正加快建设，4、5号高炉项目前期工作稳步推进；巴斯夫（广东）一体化基地正式启动，首批装置打桩开建。特别是巴斯夫（广东）一体化基地项目是中德两国总理共同见证签署的重要成果，也是我国重化工行业首个外商独资项目，具有标志性的意义。同时，广东第三大干线机场湛江国际机场全面开工建设，湛江港被列入国家新增40万吨铁矿石码头布局规划，大唐雷州电厂码头也即将对外开放。粤西地区产业大发展、口岸大开放，对我们进一步营造市场化、法治化、国际化营商环境提出更高要求。

2020年以来，因为疫情影响，湛江市的外贸进出口受到一定的冲击，但形势逐步向好，前10个月中有4个月（2月、3月、6月和8月）外贸进出口值正增长，其中8月增幅达到39.7%。前10个月湛江市外贸进出口总值达到328.7亿元，其中进口181.2亿元，增长10.5%。

发展及综合保税区发展等工作要求，结合广东省委、省政府"1＋1＋9"工作部署，统筹口岸疫情防控和促进外贸稳增长。2月出台"春风暖企"行动方案和促进外贸稳增长21条措施，9月制定进一步落实稳外贸稳外资工作59项细化措施，巩固深化"不忘初心、牢记使命"主题教育成果，按照倪岳峰署长"把'人民海关为人民'作为根本价值追求，把增进人民福祉作为海关工作的出发点和落脚点，把人民群众满意作为衡量海关工作的最高标准"的要求，以服务地方重大项目建设为抓手，成立支持大项目建设工作专班，深入企业"讲政策、送信息、听意见"，采取完善沟通协作机制、支持口岸扩大开放、提升通关便利化、落实减税降费政策、创新监管模式、保障全产业链发展等系列"组合拳"，坚持诚心、热心、耐心、恒心"四心"服务，为大项目建设提供从建设起步、到投产运营等全流程服务"套餐"，为促进地方经济建设、推动外贸稳增长贡献海关力量。

我们成立了湛江海关统筹口岸疫情防控和促进外贸稳增长工作指挥部，毫不放松抓好常态化疫情防控，特别是进入秋冬季以来，持之以恒做好安全防护工作，坚决防止职业暴露感染等安全防护事故发生，确保"打胜仗、零感染"。指挥部下设促进外贸稳增长工作组，成立支持湛江综合保税区建设、支持跨境电商综合试验区建设、支持地方大项目建设等6个工作专班，统筹宝钢湛江钢铁、中科炼化、巴斯夫、大唐雷电等地方大项目建设的海关事务。

完善关地企沟通协作机制，主动走访地方政府部门，及时掌握项目整体规划、推进进度及口岸通关诉求，推动将海关监管作业场所建设规划等要求提前融入项目整体建设规划中，及时为项目建设提出"海关方案"。

全面梳理项目建设所涉及的海关业务类别，细化任务，明确牵头部门；坚持"一业一策""一企一策"，建立项目问题需求台账，制定针对性服务举措，疫情期间共为宝钢湛江钢铁、中科炼化等解决13个便捷通关需求和困难。

大力支持跨境电商新业态发展。8月13日湛江海关获批成为第二批开展跨境电商 B2B 出口监管试点范围；出台《湛江海关支持跨境电商新业态发展促进外贸稳增长的九项措施》，从简化企业申报、便利企业通关、服务企业发展 3 个方面精准施策，优化粤西跨境电商营商环境；推动开展跨境电商公共服务平台立项建设，为新业态发展打好基础。

精准帮扶特色产业发展，强化海关技贸措施服务，助力小家电出口企业应对某国认证新规影响，促使该国推迟 6 个月执行，为相关企业技术改造、申请认证赢得时间，仅湛江市受益小家电企业就达 20 余家，出口额超过 2 亿元；优化农产品、食品检疫审批，助力关区三华李、黄皮、火龙果、荔枝原汁等特色农食产品实现 17 个"首次出口"。

积极压缩整体通关时间，促进优化口岸营商环境。前 9 个月我关进出口整体通关时间分别为 37.43 小时和 2.86 小时，海陆空各种运输方式的整体通关时间的绝对值优于全国平均水平，压缩比排名全国中上游。

🎤 **周群**：您提到湛江海关为服务地方重大项目建设形成了一套具有自身特色的"海关方案"，请简单介绍下湛江海关有哪些创新做法。

🎤 **郭辉**：湛江海关针对大项目海关监管场所和设备的特殊性，深入领会坚持系统观念，创新海关监管方式，破解企业发展难题。

一是针对宝钢湛江钢铁 C 型料场封闭式、无人化、智能化等特点，采用"前置查验区外监管"模式，将现场查验环节由堆场查验前移至船舱查验，减少企业物流成本约 3000 万元，指导企业完善监管作业场所建设，推动企业顺利通过新型无人化料场监管作业场所审批。

二是针对临港重工项目的进口设备特点，优化进口设备监管模式，指导企业做好合作制造项下异地进口大型设备报关和检验前期工作，对转运异地组装的设备在开箱查验时尽量保持外包装完整，节省异地转运组装设备重新包装时间。

三是提前介入巴斯夫项目建设，提供减免税等政策咨询服务，同时针对巴斯夫深度融入全球化产业链、供应链的特点，落实"智慧海关、智能边境、智享联通"理念，积极研究制订国际化通关服务方案，打造先进的、在国际上最具竞争力的监管体制机制，营造市场化、法治化、国际化的一流营商环境。

疫情下，湛江海关促进外贸稳增长

今年以来，围绕中央**做好"六稳"工作、落实"六保"任务**的决策部署，按照海关总署促进外贸稳增长十条措施、支持中欧班列发展及综合保税区发展等工作要求，结合广东省委、省政府**"1+1+9"工作部署，统筹口岸疫情防控和促进外贸稳增长。**

2月出台**"春风暖企"**行动方案和促进外贸稳增长21条措施，9月制定进一步**落实稳外贸稳外资工作59项细化措施，巩固深化"不忘初心、牢记使命"主题教育成果，**按照倪岳峰署长**"把人民海关为人民作为根本价值追求，把人民群众满意作为衡量海关工作的最高标准"**的要求，以服务地方重大项目建设为抓手，成立支持大项目建设工作专班，深入企业**"讲政策、送信息、听意见"，**采取**完善沟通协作机制、支持口岸扩大开放、提升通关便利化、落实减税降费政策、创新监管模式、保障全产业链发展等系列"组合拳"，坚持诚心、热心、耐心、恒心"四心"服务，为大项目建设提供从建设起步、到投产运营等全流程服务"套餐"，为促进地方经济建设、推动外贸稳增长贡献海关力量。**

成立了湛江海关统筹口岸疫情防控和促进外贸稳增长工作指挥部，毫不放松抓好常态化疫情防控，特别是进入秋冬季以来，持之以恒做好安全防护工作，坚决防止职业暴露感染等安全防护事故发生，确保**"打胜仗、零感染"**。指挥部下设促进外贸稳增长工作组，成立**支持湛江综合保税区建设、支持跨境电商综合试验区建设、支持地方大项目建设等6个工作专班，统筹宝钢湛江钢铁、中科炼化、巴斯夫、大唐雷电等地方大项目建设的海关事务**。

完善关地企沟通协作机制，主动走访地方政府部门，及时掌握项目整体规划、推进进度及口岸通关诉求，推动将海关监管作业场所建设规划等要求提前融入项目整体建设规划中，及时为项目建设提出**"海关方案"**。

全面梳理项目建设所涉及的海关业务类别，细化任务，明确牵头部门；坚持**"一业一策""一企一策"**，建立项目问题需求台账，制定针对性服务举措，疫情期间共为宝钢湛江钢铁、中科炼化等解决13个便捷通关需求和困难。

大力支持跨境电商新业态发展。8月13日湛江海关获批成为第二批开展跨境电商B2B出口监管试点范围；出台《**湛江海关支持跨境电商新业态发展促进外贸稳增长的九项措施**》，从简化企业申报、便利企业通关、服务企业发展3个方面精准施策，优化粤西跨境电商营商环境；推动开展跨境电商公共服务平台立项建设，为新业态发展打好基础。

精准帮扶特色产业发展，强化海关技贸措施服务，助力小家电出口企业应对某国认证新规影响，促使该国推迟6个月执行，为相关企业技术改造、申请认证赢得时间，仅湛江市受益小家电企业就达20余家，出口额超过2亿元；优化农产品、食品检疫审批，助力关区三华李、黄皮、火龙果、荔枝原汁等特色农食产品实现17个"首次出口"。

积极压缩整体通关时间，促进优化口岸营商环境。前9个月我关进出口整体通关时间分别为37.43小时和2.86小时，海陆空各种运输方式的整体通关时间的绝对值优于全国平均水平，压缩比排名全国中上游。

湛江海关自身特色的"海关方案"

湛江海关针对大项目海关监管场所和设备的特殊性，深入领会坚持系统观念，创新海关监管方式，破解企业发展难题。

一是针对宝钢湛江钢铁C型料场封闭式、无人化、智能化等特点，采用"前置查验+区外监管"模式，将现场查验环节由堆场查验前移至船舱查验，减少企业物流成本约3000万元，指导企业完善监管作业场所建设，推动企业顺利通过新型无人化料场监管作业场所审批。

二是针对临港重工项目的进口设备特点，优化进口设备监管模式，指导企业做好合作制造项下异地进口大型设备报关和检验前期工作，对转运异地组装的设备在开箱查验时尽量保持外包装完整，节省异地转运组装设备重新包装时间。

三是提前介入巴斯夫项目建设，提供减免税等政策咨询服务，同时针对巴斯夫深度融入全球化产业链、供应链的特点，落实"智慧海关、智能边境、智享联通"理念，积极研究制定国际化通关服务方案，打造先进的、在国际上最具竞争力的监管体制机制，营造市场化、法治化、国际化的一流营商环境。

🎙 **周群**：口岸对外开放是临港项目企业进口原料投产运营的前提条件，在推动口岸码头建设和对外开放过程中遇到什么困难？海关在这方面做了哪些努力？

🎙 **郭辉**：2020 年 5 月 26 日中科炼化码头获广东省口岸办批复同意临时开放，6 月 16 日该项目正式投产运营。我们主动提前介入中科炼化项目建设，对码头建设过程中的问题进行清单式管理，指导企业完善口岸功能设施设备，推动码头获批同意临时开放。

　　针对该企业特点，在企业生产阶段，切实强化危化品安全监管，指派专人对接协调，宣讲危化品检验监管政策，压实企业安全生产主体责任，指导企业定期排查场所设施设置和危险品货物储存运输情况，对安全隐患立行立改；研判应对外贸合同质量要求，提前开展空舱验舱，做好场地检验和口岸查验；优化出口成品油检验流程，快速出具检验证书，保障高效通关。10 月 22 日，经湛江海关检验合格，中科（广东）炼化有限公司生产的 3 万吨 92 号汽油出口，这是该公司建成投产后出口的首批成品油。

　　此前，我们先后推动宝钢湛江钢铁主原料码头、龙腾码头和成品码头共 3 个码头 6 个泊位于 2017 年通过对外开放验收，其中最早投运的主原料码头从取得港口试运行资质到正式对外开放验收仅仅用了 25 个月；提前介入巴斯夫项目配套码头扩大开放事宜，按照《国家口岸查验基础设施建设标准》等文件要求，提出海关监管设施和场所建设等方面的具体标准和要求；指导大唐雷州电厂按照口岸公共卫生核心能力建设和海关监管作业场所设置最新要求，加快推进海关监管作业场所建设。

🎤　**周群**：对已经投产运营的大项目，海关有哪些针对性的通关便利措施？

🎤　**郭辉**：在强化监管的同时，湛江海关针对钢铁产业进出口物流特点，高效服务宝钢湛江钢铁全面生产运营。一是对进口的大型生产设备，实施 7×24 小时、"5＋2"天不间断即到即办服务，提供"船边验放""上门查验"等便利化举措；二是对进口铁矿石实施"先放后检""边卸边检""整船申报、分批提取"等模式，允许进口矿产品完成现场检验检疫并符合要求后，即可提离海关监管作业场所，降低企业物流成本；三是通过一键报送自动采集和审单系统申报数据智能审单，免除海关现场读单和签字盖章环节，实现"让企业少跑腿，让数据多跑路"，对宝钢湛江钢铁出口钢卷实行"不落地"监管，节省企业转运成本。

推动口岸码头建设和对外开放

2020年5月26日中科炼化码头获广东省口岸办批复同意临时开放，6月16日该项目正式投产运营。

主动提前介入**中科炼化项目建设，**对码头建设过程中的问题进行清单式管理，指导企业完善口岸功能设施设备，推动码头获批同意临时开放。

针对该企业特点，在企业生产阶段，**切实强化危化品安全监管，**指派专人对接协调，宣讲危化品检验监管政策，**压实企业安全生产主体责任，指导企业定期排查场所设施设置和危险品货物储存运输情况，对安全隐患立行立改；研判应对外贸合同质量要求，提前开展空舱验舱，做好场地检验和口岸查验；优化出口成品油检验流程，快速出具检验证书，保障高效通关。**10月22日，经湛江海关检验合格，中科（广东）炼化有限公司生产的3万吨92号汽油出口，这是该公司建成投产后出口的首批成品油。

先后推动宝钢湛江钢铁主原料码头、龙腾码头和成品码头**共3个码头6个泊位于2017年通过对外开放验收，**其中最早投运的主原料码头从取得港口试运行资质到正式对外开放验收仅仅用了25个月；提前介入巴斯夫项目配套码头扩大开放事宜，按照《国家口岸查验基础设施建设标准》等文件要求，**提出海关监管设施和场所建设等方面的具体标准和要求；指导大唐雷州电厂按照口岸公共卫生核心能力建设和海关监管作业场所设置最新要求，加快推进海关监管作业场所建设。**

　　此外，我们培育推动宝钢湛江钢铁成为 AEO 高级认证企业，享受较低查验率、优先办理通关手续等通关便利。目前，湛江海关共有 AEO 高级认证企业 15 家，一般认证企业 46 家，在关区企业所占比率分别在全国直属海关中排名第 2 位和第 14 位。

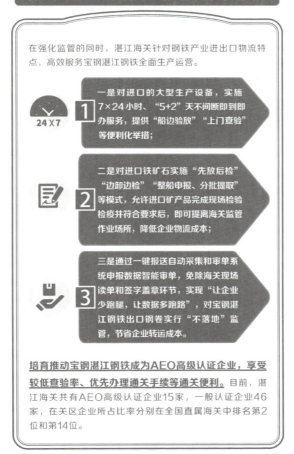

　　🎙 **周群**：在当前国际贸易受疫情等因素的冲击下，海关采取哪些措施帮助重大项目企业降低税费负担，减轻企业资金压力，释放企业经营活力？

🎤 **郭辉**：湛江海关认真贯彻中央减税降费决策部署，聚焦企业困难出真招、出实招，切实降低企业生产经营成本。一是采取提前介入、政策指引、驻点服务等方式做好鼓励项目、重大技术装备等进口税减免，累计为重大项目减免税款 1296.6 万元。二是根据宝钢湛江钢铁进口大宗散货特点，应企业申请先根据企业申报征收税款，并收取差额税款担保后放行，累计为企业减少资金延压 23 亿元。三是与宝钢湛江钢铁合作完成品质波动实验，减少铁矿石采样量，每年可为企业节约 89 万元成本。四是采取收取差额保证金方式为中科炼化办理进口原油税费担保，解决中科炼化总部银行保函无法使用的问题，减轻企业资金压力。

海关帮助重大项目企业降低税费负担

湛江海关认真贯彻中央减税降费决策部署，聚焦企业困难出真招、出实招，切实降低企业生产经营成本。

一是采取提前介入、政策指引、驻点服务等方式做好鼓励项目、重大技术装备等进口税减免，累计为重大项目减免税款1296.6万元。

二是根据宝钢湛江钢铁进口大宗散货特点，应企业申请先根据企业申报征收税款，并收取差额税款担保后放行，累计为企业减少资金延压23亿元。

三是与宝钢湛江钢铁合作完成品质波动实验，减少铁矿石采样量，每年可为企业节约89万元成本。

四是采取收取差额保证金方式为中科炼化办理进口原油税费担保，解决中科炼化总部银行保函无法使用的问题，减轻企业资金压力。

🎤 **周群**：新形势下，海关如何帮助大企业大项目打造全产业链发展新格局？

🎙 **郭辉**：湛江海关聚焦精准优质服务、延伸保税产业链，帮助大项目拓展配套业务，助力企业积极拓展上下游产业链。

一是助力宝钢湛江钢铁开展球团矿加工贸易业务。2018 年，宝钢湛江钢铁有限公司获批同意开展球团矿加工贸易业务，海关在强化监管的前提下，积极支持该公司开展该业务，帮助企业充分发挥富余产能、降低生产成本，2019 年为企业带来利润近 1.4 亿元。

二是全力推进湛江综保区申建。我们按照提高政治站位、夯实主体责任、优化体制机制、抓好执行落地等工作思路，结合湛江综保区申建实际情况，突出"严规范、高质量、有特色、促升级"申建原则，深度参与申建工作，支持地方政府做好园区规划、项目入区等工作，推动湛江巩固传统优势，再造新优势，共同将综保区打造成为湛江转型发展的示范、高质量发展的标杆、服务外贸的高地，为巴斯夫延伸石化产业链、打造世界顶级的石化一体化基地提供开放平台支持。

🎙 **周群**：始终保持打击走私高压态势，守好国门，为区域经济社会发展创造良性健康的发展环境是海关的一项重要职责。能否介绍一下 2020 年以来湛江海关打击走私工作开展情况？

🎙 **郭辉**：2020 年以来，湛江海关党委坚决贯彻落实习近平总书记重要指示批示精神，认真落实总署党委工作部署，按照倪岳峰署长 2019 年在我关调研时作出的"湛江海关监管打私风险高、责任大、任务重"的形势判断，深入领会统筹发展与安全，结合缉私管理体制调整实际，全方位推进"全员打私"工作，高压严打象牙等濒危野生动植物及其制品走私。

2020 年以来侦办走私濒危野生动植物及其制品案件 15 起，查扣犀牛角 1239.9 克、象牙制品 303.1 克、虎骨、羚羊角等珍贵动物制品 22.99 千克；锲而不舍、一以贯之严禁洋垃圾入境，先后参加海关总署"蓝天 2020"第一轮、第二轮集中打击行动，侦办走私洋垃圾刑事案件 10 起，其中查获的 8.8 万吨"硫铁矿渣"案件是"蓝天 2020"第二轮集中打击行动中查扣走私固体废物数量最多的案件，该批"硫铁矿渣"现已全部退运出境。2020 年 1～10 月，共缉私立案 478 起，案值 27.38 亿元，涉税 8.13 亿元。其中，刑事立案 89 起，同比增长 64.81%，案值 24.66 亿元，涉税 8.01 亿元；行政立案 389 起，同比增长 7.76%，案值 2.72 亿元，同比增长 894.62%，涉税 1190.8 万元，同比增长 371.23%。

另外，针对个别地区象牙等濒危物种及其制品走私问题，我们联合地方党政部门全面、系统地开展专项整治，坚持防源头、打露头、治苗头，构建关地联动、打防结合、群防群治的专项整治工作机制，狠抓任务落实，取得初步成效。今年抓获"7·5"象牙走私案在逃重要犯罪嫌疑人 1 名，实现该地区象牙走私刑事案件清零、该地区籍贯人员在全国参与象牙走私案件清零、有效管控风险地区和重点人员，当地已形成"不敢走私、不能走私、不想走私"的良好局面。

湛江海关打击走私工作开展情况

2020年以来，湛江海关党委坚决贯彻落实习近平总书记重要指示批示精神，认真落实总署党委工作部署，按照倪岳峰署长2019年在我关调研时作出的**"湛江海关监管打私风险高、责任大、任务重"**的形势判断，**深入领会统筹发展与安全，结合缉私管理体制调整实际，全方位推进"全员打私"工作**，高压严打象牙等濒危野生动植物及其制品走私。

2020年以来侦办走私濒危野生动植物及其制品案件15起，查扣犀牛角1239.9克、象牙制品303.1克、虎骨、羚羊角等珍贵动物制品22.99千克；锲而不舍、一以贯之严禁洋垃圾入境，先后参加海关总署"蓝天2020"第一轮、第二轮集中打击行动，侦办走私洋垃圾刑事案件10起，其中查获的8.8万吨"硫铁矿渣"案件是"蓝天2020"第二轮集中打击行动中查扣走私固体废物数量最多的案件，该批"硫铁矿渣"现已全部退运出境。今年1~10月，共缉私立案478起，案值27.38亿元，涉税8.13亿元。其中，刑事立案89起，同比增长64.81%，案值24.66亿元，涉税8.01亿元；行政立案389起，同比增长7.76%，案值2.72亿元，同比增长894.62%，涉税1190.8万元，同比增长371.23%。

针对个别地区象牙等濒危物种及其制品走私问题，联合地方党政部门全面、系统地开展专项整治，坚持防源头、打露头、治苗头，构建关地联动、打防结合、群防群治的专项整治工作机制，狠抓任务落实，取得初步成效。今年抓获"7·5"象牙走私案在逃重要犯罪嫌疑人1名，实现**该地区象牙走私刑事案件清零、该地区籍贯人员在全国参与象牙走私案件清零、有效管控风险地区和重点人员，当地已形成"不敢走私、不能走私、不想走私"**的良好局面。

🎤 **周群**：据了解，湛江海关积极推广应用"师傅带徒弟"新型学徒制培训法，提升干部队伍能力水平卓有成效，能否介绍下相关情况？

🎤 **郭辉**："师傅带徒弟"作为一种重要的技能传承方式在我国具有悠久的历史传统，至今仍有强大生命力。机构改革以来，面对新海关新形势，很多关员感到能力恐慌、本领恐慌。2018 年，人社部出台了关于推行新型学徒制的意见，要求以习近平新时代中国特色社会主义思想为指导，加快建设知识型、技能型、创新型劳动者。因此，2019 年开始，在扎实开展全员培训工作的基础上，湛江海关提出"师傅带徒弟"新型学徒制培训法。

港汇海关"师傅带徒弟"新型学徒制培训法主要采取"三一三"模式。即，三带——"党员带群众""专家带骨干""老带新"；一平台——成立业务专家挂牌的特色工作平台；重点聚焦解决三个难题——一般教学培训缺乏针对性、实操性和实时性的难题。推广以来，师徒结对 219 对，占全关干部人数的 54%，编制了涵盖运输工具监管、查检业务等 6 大类 46 项业务操作指引，建立了"马新华工匠人才创新工作室"等一批特色工作平台，培树了 10 名"湛关好师傅"，形成了"233"工作法等。通过该培训法，全面深化了全员培训质量，切实提升了基层一线人员的专业化水平，为队伍实战能力建设提供有效补充。

此外，"师傅带徒弟"新型学徒制通过强大的组织力保证，不但实现知识、技能的相互传授，也把海关人的好传统、好作风通过言传身教的方式不断接力，更把师傅们对海关事业的担当奉献精神和精益求精的"工匠精神"传承下去，能快速拉近大家的情感距离，激发精神共鸣，培树共同的职业理想，实现"化学反应"，真正推动队伍全面深度融合、"脱胎换骨"。2019 年 12 月 25 日，倪岳峰署长调研湛江海关时，详细询问了解了"师傅带徒弟"新型学徒制培训法开展情况，对其成效给予充分肯定并要求继续深化，不断创新人才培养的方式方法。

同时，我们深入领会全面加强党的领导，进一步加强党的建设，每位关党委成员联系 2 个基层支部联系点，持续深化"强基提质工程"，组织制订党支部标准化规范化建设工作手册，扎实推进"四强支部"建设，培育了"四化""红树林""361 企航"等一批湛关特色党建品牌，霞山海关监管二科党支部被授予"全国海关基层党建示范品牌"，3 个基层党组织被授予"全国海关基层党建培育品牌"。加强执法一线科长队伍建设，提任 2 名优秀执法一线科长分别担任隶属海关党委委员，占关区 8 个隶属海关的 25%。

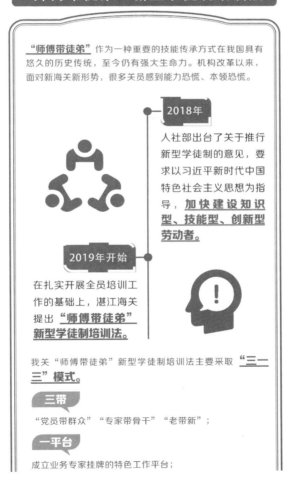

三个难题

一般教学培训缺乏**针对性、实操性和实时性**的难题。

推广以来，**师徒结对219对，占全关干部人数的54%，**编制了涵盖运输工具监管、查检业务等6大类46项业务操作指引，建立了**"马新华工匠人才创新工作室"**等一批特色工作平台，**培树了10名"湛关好师傅"，形成了"233"工作法等**。通过该培训法，全面深化了全员培训质量，切实提升了基层一线人员的专业化水平，为队伍实战能力建设提供有效补充。

"师傅带徒弟"新型学徒制通过强大的组织力保证，不但实现知识、技能的相互传授，也把海关人的好传统、好作风通过言传身教的方式不断接力，更把师傅们对海关事业的担当奉献精神和精益求精的"工匠精神"传承下去，能**快速拉近大家的情感距离，激发精神共鸣，培树共同的职业理想，实现"化学反应"，真正推动队伍全面深度融合、"脱胎换骨"**。

2019年12月25日，倪岳峰署长调研湛江海关时，详细询问了解了"师傅带徒弟"新型学徒制培训法开展情况，对**其成效给予充分肯定并要求继续深化，不断创新人才培养的方式方法**。

同时，深入领会全面加强党的领导，进一步加强党的建设，每位关党委成员联系2个基层支部联系点，持续深化**"强基提质工程"**，组织制订党支部标准化规范化建设工作手册，**扎实推进"四强支部"建设，培育了"四化""红树林""361企航"**等一批湛关特色党建品牌，**霞山海关监管二科党支部被授予"全国海关基层党建示范品牌"，3个基层党组织被授予"全国海关基层党建培育品牌"**。加强执法一线科长队伍建设，提任2名优秀执法一线科长分别担任隶属海关党委委员，占关区8个隶属海关的25%。

🎤 **周群：** 党的十九届五中全会审议通过了"十四五"规划《建议》，湛江海关如何在做好"十三五"规划收官工作的基础上乘势而上，为落实"十四五"规划开好局？

🎤 **郭辉：** 党的十九届五中全会站在"两个一百年"奋斗目标的历史交汇点上，擘画了下一个五年以及2035年的发展新蓝图，充分体现了以习近平同志为核心的党中央谋划未来的远见卓识和继往开来的历史担当。全会审议通过的《建议》，指明了今后一个时期我国发展的指导方针、目标任务、战略举措，是开启全面建设社会主义现代化国家新征程、向第二个百年奋斗目标进军的纲领性文件和行动指南。我们要认真学习领会全会精神，把思想和行动统一到全会精神上来，按照海关总署党委的工作部署，主动适应构建新发展格局的要求，始终保持奋进者姿态，马上就办、真抓实干，为建设社会主义现代化新海关贡献力量。

坚持底线思维，切实维护国门安全，在全面筑牢国家安全屏障上有新作为。持续深化全员打私，一以贯之高压严打洋垃圾、象牙等濒危物种及其制品走私。毫不放松抓好常态化疫情防控等工作，确保"打胜仗、零感染"，有效识别和防控口岸公共卫生风险、国门生物安全风险、进出口食品和消费品安全风险。树牢安全发展理念，切实做好危化品安全监管工作。积极开展供应链、贸易链大数据分析，提升风险防控效能。

全面深化改革创新，促进系统集成、协同高效，在推进全面深化改革上有新作为。大力推进"两步申报""两段准入"等改革，优化铁矿石和原油"先放后检"，提升"多方多赢"效果。强化监管优化服务，持续创新监管模式，积极服务巴斯夫等重大产业项目。推进智能审图应用，加强科技攻关和系统整合，提升精准监管、智能监管、有效监管水平。

持续做好稳外贸稳外资，促进更高水平对外开放，在促进国际国内双循环上有新作为。认真贯彻落实习近平总书记对湛江发展重要指示精神，积极支持湛江与海南相向而行，打造现代化沿海经济带。支持粤西参与粤港澳大湾区建设，帮扶主导特色产业开拓"一带一路"国家市场，积极参与西部陆海新通道建设。持续优化口岸营商环境，落实减税降费政策。发挥新海关职能作用，主动向企业、地方政府"讲政策、送信息、听意见"，优化技贸措施服务，加强 AEO 企业认证培育。推进湛江综保区建设，拓展跨境电商 B2B 出口业务，积极支持跨境电商综试区建设。

深化科技创新和法治建设，提升履职保障水平，在科技创新和法治建设上有新作为。提升实验室技术能力，加快推进海洋生物、精细化工重点实验室建设和保健中心改造项目，补齐实验室检测技术短板。加强科技人才队伍建设，健全激励机制，进一步激发创新活力。深化法治海关建设，推进规范性文件"立改废释"，打造管用适用的湛江海关制度体系。

切实加强党的建设，深化全面从严治党，在推进准军事化纪律部队建设上有新作为。深化"强基提质工程"，抓好党支部标准化规范化建设。强化执法一线科长队伍建设，用好"师傅带徒弟"新型学徒制培训法。切实强化"号令意识"，弘扬新海关职业精神，不断提升队伍凝聚力、战斗力和执行力。深化清廉海关建设，压紧压实管党治党责任，营造风清气正、干事创业、团结协作的政治生态。

做好"十三五"规划收官，落实"十四五"规划开好局

党的十九届五中全会站在"两个一百年"奋斗目标的历史交汇点上，擘画了下一个五年以及2035年的发展新蓝图，充分体现了以习近平同志为核心的党中央谋划未来的远见卓识和继往开来的历史担当。全会审议通过的《建议》，指明了今后一个时期我国发展的指导方针、目标任务、战略举措，是**开启全面建设社会主义现代化国家新征程、向第二个百年奋斗目标进军的纲领性文件和行动指南。**我们要认真学习领会全会精神，把思想和行动统一到全会精神上来，按照海关总署党委的工作部署，主动适应构建新发展格局的要求，始终保持奋进者姿态，马上就办、真抓实干，为建设社会主义现代化新海关贡献力量。

坚持底线思维，切实维护国门安全，在全面筑牢国家安全屏障上有新作为。

持续深化全员打私，一以贯之高压严打洋垃圾、象牙等濒危物种及其制品走私。

毫不放松抓好常态化疫情防控等工作，确保"打胜仗、零感染"，有效识别和防控口岸公共卫生风险、国门生物安全风险、进出口食品和消费品安全风险。

树牢安全发展理念，切实做好危化品安全监管工作。

积极开展供应链、贸易链大数据分析，提升风险防控效能。

全面深化改革创新，促进系统集成、协同高效，在推进全面深化改革上有新作为。

大力推进"两步申报""两段准入"等改革，优化铁矿石和原油"先放后检"，提升"多方多赢"效果。

强化监管优化服务，持续创新监管模式，积极服务巴斯夫等重大产业项目。

推进智能审图应用，加强科技攻关和系统整合，提升精准监管、智能监管、有效监管水平。

持续做好稳外贸稳外资，促进更高水平对外开放，在促进国际国内双循环上有新作为。

认真贯彻落实习近平总书记对湛江发展重要指示精神，积极支持湛江与海南相向而行，打造现代化沿海经济带。

支持粤西参与粤港澳大湾区建设，帮扶主导特色产业开拓"一带一路"国家市场，积极参与西部陆海新通道建设。

持续优化口岸营商环境，落实减税降费政策。

发挥新海关职能作用，主动向企业、地方政府"讲政策、送信息、听意见"，优化技贸措施服务，加强AEO企业认证培育。

推进湛江综保区建设，拓展跨境电商B2B出口业务，积极支持跨境电商综试区建设。

深化科技创新和法治建设，提升履职保障水平，在科技创新和法治建设上有新作为。

提升实验室技术能力，加快推进海洋生物、精细化工重点实验室建设和保健中心改造项目，补齐实验室检测技术短板。

加强科技人才队伍建设，健全激励机制，进一步激发创新活力。

深化法治海关建设，推进规范性文件"立改废释"，打造管用适用的湛江海关制度体系。

切实加强党的建设，深化全面从严治党，在推进准军事化纪律部队建设上有新作为。

深化"强基提质工程"，抓好党支部标准化规范化建设。

强化执法一线科长队伍建设，用好"师傅带徒弟"新型学徒制培训法。

> 切实强化"号令意识"，弘扬新海关职业精神，不断提升队伍凝聚力、战斗力和执行力。
>
> 深化清廉海关建设，压紧压实管党治党责任，营造风清气正、干事创业、团结协作的政治生态。

🎤 **周群**：不知不觉，我们的访谈已经过去近一个小时了。在网站上，很多网友在关注今天的访谈，也向我们提出了一些问题。让我们看看他们都说了些什么。

网友提问摘录

🌐 **网友**：2021 年有哪些税收优惠政策？

🎤 **郭辉**：近年来，湛江海关坚决落实国家"减税降费"决策部署，落实增值税税率下调政策，利用好原产地、减免税等税收优惠政策帮扶企业降低进出口成本。2021 年，湛江海关将继续落实国务院关税税则委员会新出台的相关税收政策，加强政策的宣传及应用指导，深化税收征管改革，帮助企业用好国家各项税收优惠政策。

🌐 **网友**：在国外看到很多漂亮的植物，它们的种子是否可以进口？

🎤 **郭辉**：植物种子属于《中华人民共和国禁止携带、邮寄进境的动植物及其产品名录》明确禁止携带进境动植物及其产品之一，通过携带或邮寄进境的植物种子须经国家有关行政主管部门审批许可，并具有输出国家或地区官方机构出具的植物检疫证书，经检疫合格后方可进境。

🌐 **网友**：湛江如何做好与海南相向而行工作？

🎤 **郭辉**：湛江海关坚决贯彻落实习近平总书记重要指示批示精神，与海口海关就加强两关合作、支持湛江与海南相向而行、共同服务海南自由贸易港建设达成了高度一致，商签合作备忘录，创新监管模式，做好一、二线监管联动的研究探索，共同防控海南离岛免税风险，全力推动湛江与海南相向而行。

🌐 **网友：** 受疫情和国际形势影响，部分国家对我国水产品、小家电设立贸易壁垒，可以介绍一下湛江海关近期帮扶水产品、小家电等产业发展的相关情况吗？

🎤 **郭辉：** 疫情以来，湛江海关充分发挥自身职能和技术优势，帮助关区特色企业破解贸易壁垒和技术难题。发挥湛江水产品技贸研究评议基地优势，疫情期间促成俄罗斯、哈萨克斯坦解除对我国水产品的进口限制措施，对澳大利亚、韩国、缅甸等国对我国鱼、虾及其产品的限制措施开展评议工作，帮扶水产企业有效规避贸易风险。协助小家电企业应对印度 BIS、沙特 SQM 强制认证新规，促成印度认证新规推迟 6 个月实施，为关区超过 20 家小家电企业赢得宝贵缓冲期。同时湛江海关积极发挥技术优势，指导支持水产企业在指定区域试行活鱼换水中转，助力企业将活鱼运输存活率从 50% 提升到 95%，有效解决供港活鱼成活率低的难题。

🌐 **网友：** 海关系统从 2019 年 8 月开始试点"两步申报"改革，能给我们介绍一下相关情况吗？

🎤 **郭辉：** 2019 年 6 月 12 日，国务院常务会议提出"继续简化一体化通关流程，实施进口概要申报、完整申报'两步申报'通关模式改革，大幅压缩通关时间"。2019 年 8 月 24 日，海关总署在部分海关开展"两步申报"改革试点。在"两步申报"通关模式下，企业将 105 个申报项目分为两步分别申报。第一步概要申报，对于不涉及进口禁限管制、检验或检疫的货物，企业只需申报 9 个项目，确认 2 个物流项目；对于涉及进口禁限管制、检验或检疫的，分别增加申报 2 个和 5 个项目，应税的须选择符合要求的担保备案编号。如果货物不需查验，即可提离；涉税货物已经提交税款担保的，或需查验货物海关已完成查验的，也可以提离。第二步完整申报，企业在规定时间内补充申报其他项目，办理缴纳税款等通关手续。企业如果使用"两步申报"办理通关手续，提货速度更快，减少了货物在码头的滞留时间，企业有更充裕的时间准备报关资料，减少申报差错。此外，海关总署还在"单一窗口"开发了"一次录入辅助提交"功能，企业通过这个功能可以实现"两步申报"模式的便捷申报，提高申报准确率。2019 年 11 月，湛江海关在全关区范围内启动了"两步申报"改革试点，希望广大企业积极参与。

　🌐　**网友：** 近年来，海关积极推进压缩货物整体通关时间工作，通关效率不断提升，企业也从中获益，想问一下这方面还需要我们企业怎么配合？

　🎤　**郭辉：** 2018 年 10 月，国务院印发《优化口岸营商环境促进跨境贸易便利化工作方案》，提出"到 2021 年底，整体通关时间比 2017 年压缩一半"的工作目标。近年，我们一直致力于压缩整体通关时间工作，包括海关内部各部门间通力协作配合，主动采取措施，精准施策拉紧作业链条；协调地方政府引导港口经营单位加大码头软硬件设备的投入，科学调度船舶、合理安排船期，压缩船舶等待靠泊时间，建立口岸装卸、仓储、运输、移箱、掏箱等高效生产作业标准，提高货物装卸效率等等，取得了较好的效果。2020 年 9 月关区进、出口整体通关时间较 2017 年分别压缩 62.68% 和 86.78%。2020 年，湛江海关还将继续密切与地方口岸部门和其他口岸单位的协同配合，多方共同努力做好压缩整体通关时间工作，进一步提升企业的获得感。希望相关行业协会能督促报关企业提前准备报关资料，及时取得相关许可证件，拉紧企业报关作业链条，共同为优化口岸营商环境做出贡献。

　🌐　**网友：** 综保区的相关优惠政策，对普通老百姓有什么影响？

🎙 **郭辉**：综合保税区是指经国务院批准，设立在内陆地区的具有保税港区功能的海关特殊监管区域。可以开展转口贸易，国际采购、分销和配送，国际中转，商品展示，研发、加工、制造，港口作业，储存进出口货物和其他未办结海关手续的货物，以及经海关批准的其他业务，推动打造成为具有全球影响力和竞争力的加工制造中心、研发设计中心、物流分拨中心、检测维修中心、销售服务中心。基本政策归纳起来主要是税收优惠政策、贸易管制政策、保税监管政策、外汇政策等。设立湛江综合保税区有利于提升开放水平、吸引国外投资、促进外贸增长、承接国际产业转移和探索改革创新。综保区的设立有助于促进粤西地区经济发展，提升人民生活水平。

🌐 **网友**：当前国际社会越来越注重知识产权保护，海关在进出口监管环节是如何开展知识产权保护工作的？国内企业在进出口过程中如何保护自主知识产权，有效防范侵权风险？

🎙 **郭辉**：海关主要依据《中华人民共和国海关法》《中华人民共和国知识产权海关保护条例》等法律法规开展知识产权保护工作。知识产权海关保护分为两种模式，即依申请保护和依职权保护。依申请保护是知识产权权利人发现侵权嫌疑货物即将进出口，向海关提出扣留申请，并向海关提供相当于货物价值的担保后，海关对货物实施扣留。依职权保护是海关在进出口环节发现涉嫌侵犯已在海关总署备案的知识产权的货物，书面通知知识产权权利人，如权利人提出扣留申请并按规定提供一定数额的担保金的，海关对货物实施扣留。根据《中华人民共和国海关行政处罚实施条例》规定，对于违反法律规定进出口侵权货物的，海关将没收侵权货物，并处货物价值 30% 以下罚款；构成犯罪的，依法追究刑事责任。为更好地保护自主知识产权，建议企业积极向海关总署申请知识产权备案，这是海关开展依职权保护的前提，是企业防范侵权风险的重要途径。

⊕ **网友**：关于关税保证保险这个新型担保模式，我希望能多了解一下相关政策。

🎤 **郭辉**：根据《中华人民共和国海关法》和《中华人民共和国保险法》等法律规定，从 2018 年 11 月 1 日起，海关总署、中国银行保险监督管理委员会在全国海关范围内开展关税保证保险改革试点。

关税保证保险是我国首例被保险人是政府机关的保险产品。该保险以进出口货物收发货人作为投保人，海关作为被保险人，企业向参加试点的保险公司购买关税保证保险后，凭借保险公司出具的"关税保证保险单"向海关办理税款类担保手续，即可实现"先放行后缴税"便利通关。

关税保证保险担保包括纳税期限担保和征税要素担保。纳税期限担保是指符合《中华人民共和国海关事务担保条例》第四条第一款第三项规定的担保事务；征税要素担保是指符合《中华人民共和国海关事务担保条例》第四条第一款第（一）、（二）、（五）项及第五条第一款第（二）、（三）、（四）项规定的担保事务。企业凭"关税保证保险单"放行后，应自报关单审结生成电子税款信息之日起 10 日内，按照《关于推广新一代海关税费电子支付系统》（海关总署公告 2018 年第 74 号）和《关于原海关电子税费支付系统停止使用的公告》（海关总署公告 2018 年第 117 号），通过新一代海关税费电子支付系统缴纳税款。此外，自 2019 年 1 月 1 日起，企业可凭"关税保证保险单"办理汇总征税；对于纳税期限担保，保险金额可根据企业税款缴纳情况在保险期间内循环使用。

⊕ **网友**：实施属地纳税人管理改革后，能为湛江的进出口企业带来什么便利？

🎤 **郭辉**：属地纳税人管理改革以提升属地进出口企业守法自律意识和纳税遵从度为目标，海关将致力于构建新型的征纳关系，提供多样化的纳税专业服务，切实为关企交流打造一条无障碍通道。湛江海关将为企业提供"五个有"的管理服务。

一是政策了解有渠道。湛江海关将搭建"一会一队一员一群"4 个渠道，引导企业用足用好税收优惠及征管便利化措施，具体是：定期举办政策宣讲会、现场推介会，全面解读相关的便利措施和政策；成立湛江海关税政服务队，下设专家服务、现场宣导和重点项目 3 个分队，有针对性开展政策宣传；建立兼职政策宣传员制度，培养报关中介企业和现场关员为兼职宣传员，对于符合税收征管改革条件但不参与改革的报关单"每票必问"，加强针对性指导；建立关企政策宣介微信群，让进出口企业第一时间获悉最新的税收政策。

二是守法意愿有保障。海关今年探索为 32 家重点属地纳税企业量身定制合规申报档案库，根据企业历史进出口信息，核定并提供主要进出口商品正确归类税号、规范申报要求、优惠贸易协定享惠提示等信息，提升企业守法自律、诚信纳税的意识和能力。

三是纳税疑难有指导。税政服务队专家服务分队将向属地纳税人按需提供预裁定、税收政策咨询、税政调研、归类尊重先例、合规申报指引等纳税专业服务；现场宣导分队将在隶属海关通关现场接受并解答属地企业在通关涉税担保、税收政策、关税便利措施等业务的疑难咨询，一般业务问题将在 3 个工作日内反馈企业，需上交关税职能部门或海关总署解答的业务疑难问题，将在 10 个工作日内反馈企业。

四是表达诉求有平台。海关通过联动商务部门、重点属地纳税企业、行业协会等部门，搭建"恳谈会"关企交流平台，以企业生存发展需求为了解导向，鼓励企业诉说"真困难"，提出"真期盼"。对于企业提出的困惑，恳谈会现场能够解决的问题马上解决，现场不能解决的问题经梳理研究后协同相关单位办理。

五是企业发展有扶持。聚焦重点属地企业建立"一企一策"服务模式，协助畅顺关企管理层互访渠道，针对重点属地纳税人个体差异提供有效建议，帮助企业降本增效提高市场竞争力，引导税源企业回流；为重点属地纳税人定制税收政策使用方案，推出"纳税全流程服务包"：通关前，税政服务队深入重点属地纳税企业，了解企业生产管理及进出口情况，给予一对一个性化政策指导，帮助企业全面了解一揽子税收征管政策；通关时，对重点属地企业实行"首办负责制"，由事前负责沟通企业的税政服务队员跟踪企业纳税进度，指导使用征管便利措施，协助解决通关纳税疑难；通关后，如涉及税收要素补充申报事宜，也由服务队负责全程协调指导。

🌐 **网友**：在国境口岸发现新冠肺炎病人时，海关都采取了哪些卫生检疫措施？

🎙 **郭辉**：根据《国境卫生检疫法》，海关对检疫传染病染疫人必须立即将其隔离，防止任何人遭受感染，隔离期限根据医学检查结果确定；对检疫传染病染疫嫌疑人应当将其留验，留验期限根据该传染病的潜伏期确定。因患检疫传染病而死亡的尸体，必须就近火化。

另外，出入境交通工具上发现传染病病人、疑似传染病病人，其负责人应当以最快的方式向当地口岸海关报告，海关接到报告后，会立即组织有关人员采取相应的卫生检疫处置措施。对出入境交通工具上的传染病病人密切接触者，依法予以留验和医学观察；或依照卫生检疫法律、行政法规的规定，采取控制措施。

🌐 **网友**：将新型冠状病毒感染的肺炎列入"检疫传染病"管理，对老百姓进出境有哪些影响？

🎙 **郭辉**：根据中华人民共和国国家卫生健康委员会公告 2020 年第 1 号规定，"经国务院批准，将新型冠状病毒感染的肺炎纳入《国境卫生检疫法》规定的检疫传染病管理"。

入境、出境的人员、交通工具、运输设备以及可能传播检疫传染病的行李、货物、邮包等物品，都应当接受检疫，经国境卫生检疫机关许可，方准入境或者出境，海关对来自疫区的、被检疫传染病污染的或者可能成为检疫传染病传播媒介的行李、货物、邮包等物品，应当进行卫生检查，实施消毒、除鼠、除虫或者其他卫生处理。

🌐 **网友**：我是加拿大的留学生，想携带宠物回国，有哪些要求？

🎤 **郭辉**：根据（海关总署公告 2019 年第 5 号）对宠物入境的相关要求，携带宠物入境有 6 个基本要求。1. 仅限犬和猫。2. 1 人每次入境仅可携带 1 只。3. 需提供输出国家或者地区官方动物检疫机构出具的有效检疫证书和狂犬病疫苗接种证书。4. 宠物应当具有电子芯片。5. 携带入境的宠物应当在海关指定的隔离场隔离检疫 30 天。6. 需隔离检疫的宠物应当从建设有隔离检疫设施的口岸入境。其中有 3 种情形可免于隔离检疫。1. 来自指定国家（地区）携带入境的宠物，具有有效电子芯片，经现场检疫合格。2. 来自非指定国家（地区），具有有效电子芯片和采信实验室出具的狂犬抗体检测报告并经现场检疫合格的。3. 携带导盲犬、导听犬、搜救犬的，具有有效电子芯片，携带人提供专业训练证明并经现场检疫合格的。目前指定的国家和地区有 19 个，包括新西兰、澳大利亚、斐济、夏威夷、关岛、冰岛、英国、日本、瑞士、新加坡、中国香港地区和中国澳门地区等，加拿大不包括在内。详情可查阅海关总署《关于进一步规范携带宠物入境检疫监管工作的公告》。

🌐 **网友**：满足哪些要求的国外乳制品可以进入中国？

🎤 **郭辉**：根据《进出口乳品检验检疫监督管理办法》，第一是准入要求，海关总署对首次申请进口的国家（地区）及其产品进行风险评估，只有风险在可接受范围内的国家（地区）的产品才准予进口。首次进口，指境外生产企业、产品名称、配方、境外出口商、境内进口商等信息完全相同的乳品从同一口岸第一次进口。

第二是企业注册要求，境外乳制品生产企业应当经出口国家或者地区政府主管部门批准设立，企业应保证其向中国出口的乳制品符合中国食品安全国家标准和相关要求。

第三是我国对进口食品的进口商、出口商或代理商实施备案管理，进口商应当有食品安全专业技术人员、管理人员和保证食品安全的规章制度。

第四是所有出口到中国的乳制品必须附带国外官方卫生证书、产品检测报告。国外卫生证书上应清楚列明乳制品原料来自健康动物、乳制品生产企业处于当地政府主管部门的监管之下、乳制品是安全的可供人类食用等内容。

第五是进口预包装乳品应当有中文标签、中文说明书，标签、说明书应当符合中国有关法律法规规定和食品安全国家标准。

第六是检疫许可要求，生乳、生乳制品、巴氏杀菌乳，以巴氏杀菌工艺生产加工的调制乳，需提交"进境动植物检疫许可证"。

符合以上要求的国外乳制品在入境口岸向海关申报进口，各地海关依据国家有关法规标准要求，对进口乳制品进行检验检疫，经检验检疫合格的才能进入中国市场。

🌐 **网友**：进口水产品的包装有哪些要求？

🎙 **郭辉**：根据《进出口水产品检验检疫监督管理办法》及相关规定，进口水产品的内外包装应使用无毒、无害材料，完好且不易破损。为保障消费者的知情权，内外包装上还应当有牢固、清晰、易辨的中英文标识，标明以下内容：1. 水产品的商品名和学名、规格、生产日期、批号和保存条件；2. 生产方式（包括海水捕捞、淡水捕捞、养殖）；3. 生产地区（包括海洋捕捞者的捕捞海域、淡水捕捞者的来源国家或者地区、养殖产品的最后养殖阶段所在国家或者地区）；4. 生产加工企业（捕捞船）名称及编号；5. 须标注目的地为中华人民共和国等内容。进口预包装水产品的中文标签应当符合我国食品标签的相关法律、行政法规、规章的规定以及国家技术规范的强制性要求。

🌐 **网友**：如何确保肉类产品是合法进口的？

🎙 **郭辉**：消费者可以登录海关总署网站查询"肉类产品检验检疫准入名单"（简称准入目录），选择准入目录内的肉类产品进行购买。消费者在购买进口肉类产品时可向商家索取由海关出具的"入境货物检验检疫证明"，并与所购买的产品信息进行比对，还可通过包装标识来甄别正规进口肉类产品。正规进口肉类产品外包装应当以中文注明品名、生产企业注册号、生产批号、规格、产地（具体到州/省/市）、目的地、生产日期、保质期、储存温度等内容；内包装应标明产地国、品名、生产企业注册号、生产批号等，与外包装信息一致。

🌐 **网友**：为什么有些葡萄酒中文标签上标示了保质期，有些没有？超过了保质期的葡萄酒是不是不可以饮用？

🎙 **郭辉**：我国《食品安全国家标准　预包装食品标签通则》（GB 7718—2011）第 4.3.1 条明确规定，酒精度大于等于 10% vol 的饮料酒可以免除标示保质期。也就是说，酒精度 10% vol 以上的葡萄酒是否标明保质期，可由进口商或生产商自主决定。实际上，保质期与葡萄酒的品质无关，无论保质期标的是一年还是十年，都不应作为判断这瓶酒品质的依据。在《国际葡萄与葡萄酒组织（OIV）法规》中，也没有对葡萄酒规定保质期。装瓶后的葡萄酒中的单宁、色素、胶体等物质在瓶内贮存中会继续发生凝聚等生化反应，酒会进一步成熟，还会产生正常的沉淀。部分消费者这方面知识不足，就误以为有沉淀的酒变质了。实际上，瓶装葡萄酒在不发生由于微生物（细菌、酵母）等引起的浑浊沉淀、不出现严重的氧化和失光的前提下，口感较为顺滑。对于经专业判断由微生物作用产生沉淀和过度氧化的葡萄酒属过期酒，不能饮用。

🌐 **网友**：我是一家钢铁企业原料进口部门的工作人员，想请海关的同志介绍一下海关总署调整进口铁矿检验监管方式的相关情况？

🎤 郭辉：2020 年 5 月 20 日，海关总署发布了《关于调整进口铁矿检验监管方式的公告》（海关总署公告 2020 年第 69 号），该公告自 2020 年 6 月 1 日起正式实施。

检验监管方式调整的主要方面：

1. 自公告实施之日起，海关对进口铁矿检验监管方式由逐批实施抽样品质检验调整为依企业申请实施；必要时，海关实施监督检验、开展有毒有害元素含量监测。

2. 进口铁矿收货人或者代理人需海关出具进口铁矿品质证书的，向海关提出申请，海关对进口铁矿实施现场检验检疫合格后实施现场抽样、实验室检测、出具品质证书。

3. 进口铁矿收货人或者代理人不需要海关出具进口铁矿品质证书的，海关在对进口铁矿实施现场检验检疫合格后直接放行。

4. 现场检验检疫主要包括放射性检测、外来夹杂物检疫及处理、疑似或掺杂固体废物排查。

🌐 网友：从境外旅游回来，有什么物品是不能携带进境的？禁止出境的物品又有哪些？

🎤 郭辉：海关禁止进境的物品主要有各种武器、仿真武器、弹药及爆炸物品；伪造的货币及伪造的有价证券；对中国政治、经济、文化、道德有害的印刷品、胶卷、照片、唱片、影片、录音带、录像带、激光视盘、计算机存储介质及其他物品（含赌博用筹码）；各种烈性毒药；鸦片、吗啡、海洛因、大麻以及其他能使人成瘾的麻醉品、精神药物；带有危险性病菌、害虫及其他有害生物的动物、植物及其产品；有碍人畜健康的、来自疫区的以及其他能传播疾病的食品、药品或其他物品，以及《中华人民共和国禁止携带、邮寄进境的动植物及其产品名录》（农业部　国家质量监督检验检疫总局公告 2012 年 1712 号）中列明的动植物及其产品和其他检疫物。

禁止出境的物品主要有列入禁止进境范围的所有物品；内容涉及国家秘密的手稿、印刷品、胶卷、照片、唱片、影片、录音带、录像带、激光视盘、计算机存储介质及其他物品；珍贵文物及其他禁止出境的文物；濒危的和珍贵的动物、植物（均含标本）及其种子和繁殖材料。

🌐 **网友**：填报报关单时，在什么情况下可以认为进出口行为中买卖双方存在特殊关系？

🎙 **郭辉**：根据《中华人民共和国海关进出口货物报关单填制规范》（海关总署公告 2019 年第 18 号）规定，有下列情形之一的，应当认为买卖双方存在特殊关系，应填报"是"，反之则填报"否"。

1. 买卖双方为同一家族成员的。

2. 买卖双方互为商业上的高级职员或者董事的。

3. 一方直接或者间接地受另一方控制的。

4. 买卖双方都直接或者间接地受第三方控制的。

5. 买卖双方共同直接或者间接地控制第三方的。

6. 一方直接或者间接地拥有、控制或者持有对方 5% 以上（含 5%）公开发行的有表决权的股票或者股份的。

7. 一方是另一方的雇员、高级职员或者董事的。

8. 买卖双方是同一合伙的成员的。

买卖双方在经营上相互有联系，一方是另一方的独家代理、独家经销或者独家受让人，如果符合前款的规定，也应当视为存在特殊关系。

出口货物免予填报，加工贸易及保税监管货物（内销保税货物除外）免予填报。

🌐 **网友**：什么是 AEO 制度？我国海关何时全面实施 AEO 制度？

🎙 **郭辉**：AEO 是"经认证的经营者"（Authorized Economic Operator）的英文缩写，AEO 制度是世界海关组织（WCO）为了实现《全球贸易安全与便利标准框架》，构建海关与企业的合作关系，对符合条件的企业提供本国和互认国海关的通关便利措施，分担守法和安全责任，保障供应链安全和贸易便利的制度安排。

2014 年 12 月 1 日起，《中华人民共和国海关企业信用管理暂行办法》（海关总署令第 225 号）正式实施，标志着中国海关 AEO 制度全面实施，2018 年海关总署修订下发了《中华人民共和国海关企业信用管理办法》（海关总署令第 237 号）和《海关认证企业标准》（海关总署公告 2018 年第 177 号），为新时代海关企业信用管理打下了坚实基础。

🌐　**网友**：企业如何成为 AEO 企业？

🎤　**郭辉**：企业要成为 AEO 企业，必须主动向海关提出申请。海关接受申请后，按照《海关认证企业标准》对企业实施认证，认证通过就可以成为 AEO 企业。企业可以在海关总署网站上查询《海关认证企业标准》。

🌐　**网友**：主动披露可享受怎样的"容错红利"？

🎤　**郭辉**：1. 涉嫌违反海关监管规定的，可以依法予以从轻、减轻行政处罚。

2. 违法行为轻微并及时纠正，没有造成危害后果的，不予行政处罚。

3. 对主动披露并补缴税款的进出口企业、单位，海关可以减免滞纳金。

4. 企业主动披露且被海关处以警告或者 50 万元以下罚款的行为，不作为海关认定企业信用状况的记录。

🌐　**网友**：在"互联网＋海关"平台进行稽查事项的办理，需要准备哪些资料？

🎤　**郭辉**：1. 需要使用企业电子口岸法人卡登陆，登录后可办理"稽核查事项"业务；若使用操作员卡登陆的话只能查看"海关通知"。

2. 建议使用谷歌浏览器，根据提示进行操作。

3. 企业要签署"企业同意书",并确认信息已发送至海关(电脑显示"海关接收成功"即可)。

🌐 **网友:** 我们公司是一家从事加工贸易的企业,因受疫情影响,许多对外订单被延误或取消,请问海关对这种情况有何新的政策来帮扶企业渡过难关?

🎙 **郭辉:** 为支持加工贸易发展,缓解企业困难,促进稳就业、稳外贸、稳外资,支持加工贸易企业开拓国内市场,经国务院同意,海关总署发布《关于暂免征收加工贸易货物内销缓税利息的公告》(海关总署公告 2020 年第 55 号),自 2020 年 4 月 15 日至 2020 年 12 月 31 日(以企业内销申报时间为准),对企业内销加工贸易货物的,暂免征收内销缓税利息。

同时海关总署发布《关于调整加工贸易内销申报纳税办理时限的公告》(海关总署公告 2020 年第 78 号),进一步放宽加工贸易内销申报纳税办理时限:

1. 对符合条件按月办理内销申报纳税手续的海关特殊监管区域外加工贸易企业,在不超过手册有效期或账册核销截止日期的前提下,最迟可在季度结束后 15 天内完成申报纳税手续。

2. 海关特殊监管区域内加工贸易企业,采用"分送集报"方式办理出区进入中华人民共和国关境内(海关特殊监管区域外)手续的,在不超过账册核销截止日期的前提下,最迟可在季度结束后 15 天内完成申报纳税手续,或按照现行规定进行申报纳税。

3. 按季度申报纳税不得跨年操作,企业需在每年 4 月 15 日、7 月 15 日、10 月 15 日、12 月 31 日前进行申报。

🌐 **网友:** 走私物品被罚没后是如何处置的?

🎙 **郭辉:** 目前海关罚没财物的处置方式主要有五种。一是公开拍卖。除国家法律法规有特殊规定的罚没财物,符合检验检疫要求,达到相关质量标准的，采取公开拍卖的处置方式。这也是海关处理罚没财物的主要处置方式。二是定向变卖。主要是国家规定的特殊商品，例如不符合国家质量标准的走私成品油，按相关规定定向变卖给中石化、中石油、中海油所属批发或生产企业。三是销毁。如卷烟、"三无船舶"、非法出版的音像制品以及检验不合格的食品等，采取销毁的处置方式。四是移交主管部门。如罚没的文物、濒危动植物及其制品移交给行政主管部门依法处理。五是转交公益机构。如罚没的侵犯知识产权货物，符合相关质量要求的，在消除侵权特征后可以转交红十字会进行公益活动。

🌐 **网友：**我们公司是一家外贸公司，2020 年 8 月湛江海关等 12 个直属海关获批跨境电商企业对企业（B2B）出口监管试点，能否具体介绍一下跨境电商 B2B 出口业务以及对开展企业有哪些资质要求？企业申报流程是怎样的？企业可以享受哪些通关便利？

🎤 **郭辉：**跨境电商企业对企业出口，是指境内企业通过跨境物流将货物运送至境外企业或海外仓，并通过跨境电商平台完成交易的贸易形式，企业根据海关要求传输相关电子数据。跨境电商 B2B 出口主要包括两种模式，企业可根据自身业务类型，选择相应方式向海关申报。一是 B2B 直接出口，即境内企业通过跨境电商平台与境外企业达成交易后，通过跨境物流将货物直接出口至境外企业。采用"9710"监管方式申报。二是出口海外仓，即境内企业先将货物通过跨境物流出口至海外仓，通过跨境电商平台实现交易后从海外仓送达境外购买者。采用"9810"监管方式申报。

跨境电商企业、跨境电商平台企业、物流企业等参与跨境电商 B2B 出口业务的境内企业，应当依据海关报关单位注册登记有关规定在海关办理注册登记，并在跨境电商企业类型中勾选相应的企业类型。开展跨境电商出口海外仓业务的企业，还应在海关办理出口海外仓业务模式备案。开展跨境电商出口海外仓业务的境内企业应在海关办理注册登记，且企业信用等级为一般信用及以上。

企业申报流程：对于单票金额超过人民币 5000 元，或涉证、涉检、涉税的跨境电商 B2B 出口货物，企业应通过 H2018 通关管理系统办理通关手续；对于单票金额在人民币 5000 元（含）以内，且不涉证、不涉检、不涉税的，企业可报送申报清单，校验通过后自动推送至跨境电商出口统一版系统。

企业可享受的通关便利：一是报关全程信息化，企业通过"单一窗口"或"互联网海关"网上传输交易订单、海外仓订仓单等电子信息，且全部以标准报文格式自动导入，报关单和申报清单均采用无纸化，简化企业申报手续。二是新增便捷申报通道，对单票金额在人民币 5000 元（含）以内且不涉证、不涉检、不涉税的货物，可通过跨境电商出口统一版系统以申报清单的方式进行通关，申报要素比报关单减少 57 项，清单无须汇总报关单，让中小微出口企业申报更为便捷、通关成本进一步降低。三是综试区简化申报，参照综试区所在地海关开展跨境电商零售出口（9610）简化申报的做法，在综试区所在地海关申报符合条件的 9710、9810 清单，可申请按照 6 位 HS 编码简化申报，且无须过后进行报关单汇总申报。四是物流和查验便利，跨境电商 B2B 出口货物可按照"跨境电商"类型办理转关，通过 H2018 通关管理系统通关的，同样适用全国通关一体化。企业可根据自身实际选择时效更强、组合更优的方式运送货物，同时可享受优先查验的便利。

🌐 **网友**：进出境物品的自用合理数量是如何认定的？

🎙 **郭辉**：依照规定，进出境旅客行李物品，应以"自用合理数量"为原则，超出自用、合理数量的，视为货物。其中"自用"，指旅客本人自用、馈赠亲友而非为出售或出租等；"合理数量"，指海关根据旅客的情况、旅行目的和居留时间所确定的正常数量。

🌐 **网友**：海关对进口大宗散货商品有没有出台新的政策？

🎙 **郭辉**：近年来海关总署为进一步改善营商环境、压缩口岸通关时长，提高贸易化便利水平，根据进口铁矿监管方式改革试行情况，经风险评估，发布了一系列有利于大宗散货商品改革的公告。

2018 年 10 月 19 日发布《关于调整部分进口矿产品监管方式的公告》（海关总署公告 2018 年第 134 号），决定对进口铁矿、锰矿、铬矿、铅矿及其精矿，锌矿及其精矿，采取"先放后检"监管方式。监管中发现存在安全、卫生、环保、贸易欺诈等重大问题的，海关将依法依规进行处置，并适时调整监管方式。

2019 年海关总署为深入贯彻落实国务院"放管服"改革要求，进一步优化口岸营商环境，提高贸易便利化水平，决定对进口大宗商品重量鉴定监管方式进行优化。发布了《关于调整进口大宗商品重量鉴定监管方式的公告》（海关总署公告 2019 年第 159 号），具体内容：自 2019 年 11 月 1 日起，将现行由海关对进口大宗商品逐批实施重量鉴定调整为海关依企业申请实施。必要时，海关依职权实施。

2020 年对进口铁矿品质检验监管方式进行优化发布了《关于调整进口铁矿检验监管方式的公告》（海关总署公告 2020 年第 69 号），具体内容为：自 2020 年 6 月 1 日起，将现行由海关对进口铁矿逐批实施抽样品质检验调整为依企业申请实施；必要时，海关实施监督检验、开展有毒有害元素含量监测，海关在对进口铁矿实施现场检验检疫合格后直接放行。

进口铁矿的检验监管从原来的逐批检验向依企业申请检验转变，大大加快了进口铁矿的通关流转速度，是海关落实国务院印发的《关于完善进出口商品质量安全风险预警和快速反应监管体系切实保护消费者权益的意见》，实现对进出口商品从目录管理向风险管理的重要举措，对于深入推进"放管服"改革，进一步优化口岸营商环境，提升贸易便利化水平，对特殊时期下推动企业复工复产具有重要意义。

🌐 **网友**：我们公司代理的船舶需要在锚地修理，如果申请免征吨税需要哪些手续和材料？

🎤 **郭辉**：根据《中华人民共和国船舶吨税法》的规定，修理、改造、终止运营或者拆解，并不上下客货的船舶，向海关提供海事部门、渔业船舶管理部门等部门、机构出具的具有法律效力的证明文件或者使用关系证明文件，申明免税或者延长吨税执照期限的依据和理由即可申请办理船舶吨税免征。

🌐 **网友**：我是一名留学生，近期将毕业回国，想购买汽车，可以享受哪些优惠？需要准备哪些材料？

🎤 **郭辉**：1. 凡在国外正规大学（学院）注册学习和进修（包括出国进修、合作研究）期限应按照在外学习、进修时间不少于 9 个月掌握；学成后在外停留时间不超过 2 年；自回国之日起 1 年内向海关提出购买国产免税小汽车的申请；已办妥境内长期居留证明；已取得国外大学颁发的毕（结）业证书。同时，有关车辆必须在汽车生产厂家购买，不能在 4S 店购买。

2. 购车所需资料（正本及复印件）：

（1）留学人员的有效护照；

（2）驻外使馆出具的"留学回国人员证明"；

（3）公安部门出具的境内居留证明（身份证、户口本及复印件）；

（4）海关认为需要提供的其他单证。

🌐 **网友**：我们公司是一家制造企业，出现故障出境维修的设备复进境怎么计算完税价格？

🎤 **郭辉**：根据《中华人民共和国海关审定进出口货物完税价格办法》第二十八条规定，"运往境外修理的机械器具、运输工具或者其他货物，出境时已向海关报明，并且在海关规定的期限内复运进境的，应当以境外修理费和料件费为基础审查确定完税价格"。

🌐 **网友**：我们公司是湛江做食用水生动物供应中国香港的，一直有养殖的海水鱼供港，近期想供应海上捕捞的野生鱼类到中国香港，该如何办理报关业务？

🎤 **郭辉**：根据《出境水生动物检验检疫监督管理办法》的规定，出境野生捕捞水生动物的货主或者其代理人应当在水生动物出境 3 天前向出境口岸（例如深圳）海关报关；如果需要在中转场暂养或包装出口的，向中转场所在地海关报关。

报关时需提供：1. 所在地县级以上渔业主管部门出具的捕捞船舶登记证和捕捞许可证；2. 捕捞渔船与出口企业的供货协议（含捕捞船只负责人签字）。

另外，海关也有便捷、统一的业务咨询渠道，企业也可拨打 12360 海关服务热线进行咨询。

🌐 **网友**：我们公司以前曾经作为动物隔离场进口过南美白对虾亲虾，但有两年没有做过进口虾业务了，现在想重新进口亲虾。听说海关增加了哪些新规定、新要求？

🎤 **郭辉**：根据《海关监管作业场所（场地）设置规范》（海关总署公告 2019 年第 68 号）、《海关监管作业场所（场地）监控摄像头设置规范》（海关总署公告 2019 年第 69 号）的要求，进境动物隔离检疫场纳入了海关监管作业场所管理，并已明确规定了进境种用水生动物的指定隔离检疫场，要符合海关监管作业场所设置规范。

与原来的要求不同的是：按进境动物检疫隔离场摄像头联网建设要求，在隔离场的出入口、装卸区域、隔离作业区等区域安装视频监控，接入海关视频监控平台。

摄像头的布点可以根据场区的实际情况在海关的指导下安装，申请隔离场使用证的其他要求及办理流程与原来相同。

⊕ **网友**：什么情况下企业可以申请主动披露？企业应如何主动披露？

🎤 **郭辉**：与进出口货物有关的企业、单位自查发现其进出口活动存在少缴、漏缴税款或者其他违反海关规定的情形，向海关进行主动披露的。海关在以下情况下可以主动披露：海关未掌握违法线索的并且未向企业送达"海关稽查通知书"，企业自查发现不符合海关管理规定的问题，并如实向海关主动书面报告的。

主动披露工作分为 4 个环节：企业自查并书面报告、海关受理、海关核实和海关处置。企业需填报"主动披露报告表"，同时提交能说明存在问题的报关单证、合同、发票、会计账簿、凭证、生产记录、中介审计报告等单证材料。海关稽查部门将采用检查企业文件资料、询问相关当事人、查阅企业账簿单证、调取企业通关数据、征求相关部门评估意见等方式对企业主动披露发现的问题进行核实，并根据核实情况分别做出处理。

根据《关于处理主动披露涉税违规行为有关事项的公告》（海关总署公告 2019 年第 161 号），明确了两种涉税违规行为可以不予处罚。一种是在涉税违规行为发生之日起三个月内向海关主动披露，并主动消除危害后果的；另一种是在涉税违规行为发生之日起三个月后向海关主动披露，漏缴、少缴税款占应缴纳税款比例 10% 以下，或者漏缴、少缴税款在人民币 50 万元以下，并主动消除危害后果的。

需要特别指出的是，如果企业在主动披露中被海关认为存在故意或者重大过失，未如实披露有关事项等情况，海关将不认定为主动披露。因此，建议企业慎重对待自查报告，必要时积极借助专业机构的帮助，对相关事项和证明材料进行审核，以确保顺利完成主动披露。

⊕ **网友**：荔枝、龙眼等水果出口要如何办理果园和加工厂注册登记？应提交哪些资料？

🎤 **郭辉**：依据《出境水果检验检疫监督管理办法》，在生产加工出口水果前，可通过"互联网＋海关"申请果园和包装厂注册登记。申请注册登记的果园应提交以下材料：1. "出境水果果园注册登记申请表"；2. 果园示意图、平面图。申请注册登记的包装厂，应提交以下材料：1. "出境水果包装厂注册登记申请表"；2. 厂区平面图，包装厂工艺流程及简要说明；3. 提供水果货源的果园名单及包装厂与果园签订的有关水果生产、收购合约复印件。

收到资料后，海关按照规定对申请材料进行审核，确定材料是否齐全、是否符合有关规定，作出受理或者不受理的决定。提交的材料不齐全或者不规范的，当场或者在接到申请后 5 个工作日内一次告知申请人补正。

申请资料齐全后，海关组织专家组进行现场考核。自受理申请之日起20 个工作日内，作出准予注册登记或者不予注册登记的决定。准予注册登记的，签发 "出境水果果园/包装厂注册登记证书"；不予注册登记的，告知不予注册登记的理由。湛江海关将通过注册登记的果园、包装厂名单上报海关总署备案。

🌐 **网友**：请问目前实行自助打印的原产地证种类有哪些？

🎙 **郭辉**：根据《关于扩大自助打印原产地证书范围的公告》（海关总署公告 2020 年第 63 号），自 2020 年 5 月 11 日起，在原有 15 种自助打印证书基础上，新增 3 种自助打印证书种类，到目前实施自助打印证书共18 种。

1. 中国—澳大利亚自贸协定原产地证书。

2. 中国—新西兰自贸协定原产地证书。

3. 中国—巴基斯坦自贸协定原产地证书。

4. 中国—智利自贸协定原产地证书。

5. 中国—瑞士自贸协定原产地证书。

6. 中国—冰岛自贸协定原产地证书。

7. 中国—格鲁吉亚自贸协定原产地证书。

8. 中国—新加坡自贸协定原产地证书。

9. 中国—韩国自贸协定原产地证书。

10. 海峡两岸经济合作框架协议原产地证书。

11. 《亚太贸易协定》原产地证书：输韩国。

12. 非优惠原产地证书。

13. 烟草真实性证书。

14. 转口证明书。

15. 加工装配证书。

16. 中国—东盟自贸协定原产地证书：输印度尼西亚。

17. 中国—东盟自贸协定原产地证书：输新加坡。

18. 《亚太贸易协定》原产地证书：输印度。

🌐 **网友**：请介绍海关支持复工复产措施。

🎙 **郭辉**：海关坚决贯彻落实党中央关于统筹推进疫情防控和促进外贸稳增长的部署，把支持企业抗疫复产、稳外贸稳外资作为工作重点。加强外贸形势的分析研究，通过深入企业调研，向地方政府征求意见，收集问题和需求。制定应对疫情影响促进关区外贸稳增长的 21 条措施，建立"一企一策"帮扶机制，开展"春风暖企"行动，全力支持企业复工复产。

🌐 **网友**：在单一窗口上打印的部分报关单每项货物都没有价格，请问可否在单一窗口上加上价格这项内容？

🎙 **郭辉**：海关为了保护企业商业秘密，默认隐藏货物价格，报关代理企业或其他人无法打印，但企业自身登陆单一窗口是可以打印的。

🌐 **网友**：什么是跨境电商直购进口？它与个人海淘相比较有何不同？

🎙 **郭辉**：跨境电商直购是指国内消费者（订购人）在跨境电商交易平台上购买零售商品，并由跨境电商企业或平台根据海关要求传输相关交易电子数据，向海关申报办理通关手续，并接受海关监管，监管代码是 9610。商品进境状态是小包裹。

　　个人海淘又叫海外/境外购物，指国内消费者通过境外购物网站购买海外商品，由海外购物网站通过国际快递发货，或是由转运公司代收货物再转寄回国，按照进境快件或邮件方式向海关申报办理通关手续，并接受海关监管。

　　跨境电商直购进口与个人海淘方式通过快件或邮件，在通关申报要求以及海关监管措施有所不同。

　　🌐 **网友**：我是中国籍居民旅客，在国外买了一个价值 1 万元的包自用，请问需要征税吗？

　　🎙 **郭辉**：按照规定，进境居民旅客携带在境外获取的个人自用物品超出 5000 元人民币的，经海关审核确属自用的，海关仅对超出部分的个人自用进境物品征税，对不可分割的单件物品，全额征税。因此，此包要全额征税。

　　🌐 **网友**：我购买的东西已经在国外缴税了，为何回国之后还要缴税？

　　🎙 **郭辉**：根据海关相关政策规定，对个人进境物品依法征收进口税，进口税从价计征。您在国外购买的商品当地征收的税款不能免除进境需缴纳进口税义务。

　　🌐 **网友**：湛江海关有哪些预防疫情输入的措施呢？

　　🎙 **郭辉**：湛江海关严格落实海关总署检疫工作要求，对于入境船舶，科学开展风险研判，并根据指令实施登临检疫；对于入境人员，实施验核"健康申明卡"、体温监测、医学巡查、流行病学排查、医学排查等工作，对判定为确诊病例、疑似病例、有症状人员和密切接触者的"四类人员"按规定转交地方联防联控部门。

　　对于拒绝执行卫生防疫机构依照《传染病防治法》提出的防控措施，引起新型冠状病毒传播或者有传播严重危险的，依照《刑法》第三百三十条的规定，以妨害传染病防治罪定罪处罚。

⊕ **网友**：我近期打算带着宠物柯基犬一起出国，请问通关有什么要求？

🎙 **郭辉**：携带宠物出境的，宠物携带者需要在临出发前 14 天向海关提交相关材料进行宠物出境申报。1. 具有当地兽医行政主管部门许可的宠物医院出具的狂犬病疫苗接种证书，证书有效期为一年；2. 出境宠物携带者的个人出境证明（护照）；3. 输入国家或者地区对入境伴侣动物有特殊检疫要求的，还需提供相应的证明材料。经核实宠物携带者提供的证明材料并检疫合格后，海关将会出具"动物卫生证书"，允许携带者携带宠物出境。需要特别注意不同国家或地区对入境宠物的检疫要求不同，具体请携带者提前向目的地国家（地区）了解、核实，以免因手续不全被目的国拒绝入境。

⊕ **网友**：湛江综合保税区什么时候批下来？

🎙 **郭辉**：湛江市正在全力申建综合保税区，湛江海关全力支持申建工作，目前相关申建工作正顺利推进中，具体情况请网友关注媒体报道。

⊕ **网友**：请问海关哪些通关项目实施了先放后验？

🎙 **郭辉**：目前海关已经对原油、铁矿、锰矿、铬矿、铅矿及其精矿、锌矿及其精矿等进口商品，采取"先放后检"监管方式。

⊕ **网友**：新冠疫情常态化，港口效率下降明显，湛江海关有没有更快捷高效的检疫方式，例如锚地检疫、7×24 小时检疫等，来促进地方经济发展？

🎙 **郭辉**：在扎实做好疫情防控常态化工作的前提下，湛江海关进一步优化口岸营商环境，优化提前申报核批流程，实施"两步申报""两段准入"改革，提升口岸通关效能。

⊕ **网友**：船员在海上漂了 14 天下船入境还要隔离吗？

🎙 **郭辉**：对入境的中国籍船员，抵港前在海上航行超过 14 天，且"船员船上隔离健康记录登记表"显示船员健康记录正常情况下，核酸检测结果为阴性并检疫合格的，在办结边检手续后，允许入境下船，不再实施集中隔离医学观察。

🌐　**网友**：请问在哪里可以查询海关统计数据？

🎙️　**郭辉**：社会公众可以通过"海关统计数据在线查询平台"查询数据。平台网址 http：//43.248.49.97。

🌐　**网友**：申请预先归类咨询服务，应该找哪个部门？

🎙️　**郭辉**：请联系湛江海关关税处税则估价科办理，具体业务可拨打 12360 海关服务热线咨询。

🌐　**网友**：请问目前快件进口的奶粉税会不会再调整？

🎙️　**郭辉**：快件进口奶粉应如实申报，海关按照依法审定的完税价格为基础进行征税。

🌐　**网友**：我们公司想进口植物油，想问一下需要办理备案吗？

🎙️　**郭辉**：根据《进口食品进出口商备案管理规定》要求，进口植物油应在进口前办理进口食品进出口商备案。

🌐　**网友**：请问进口鱼油要办理什么手续？

🎙️　**郭辉**：进口鱼油需来自"允许进口饲料国家（地区）及产品名单"（详情可登录海关总署网站—动植物检疫司—企业信息栏目查询），进口前需办理进境动植物检疫许可证，部分 HS 编码进口鱼油已取消检疫审批，详见《关于取消部分产品进境动植物检疫审批》（海关总署公告 2018 年第 51 号）。

🌐　**网友**：我想找朋友从中国香港寄一些美心月饼，可以入境吗？

🎙️　**郭辉**：含肉、蛋类的月饼不能携带或邮寄入境。根据《中华人民共和国禁止携带、邮寄进境的动植物及其产品名录》（农业部　国家质量监督检验检疫总局公告 2012 年 1712 号）相关规定，（生或熟）肉类（含脏器类）及其制品、蛋及其制品、水生动物产品都禁止携带、邮寄进境。因为部分月饼含有肉、蛋类成分，存在携带禽流感、口蹄疫及其他检疫性疫病传播的风险。

🌐 **网友**：请问海淘被海关征税会对个人的征信有影响吗？

🎙 **郭辉**：如实申报正常征税，对个人征信没有影响。

🌐 **网友**：我从国外带罐装燕窝可以入境吗？

🎙 **郭辉**：你好，罐头装的燕窝是可以携带入境。

感谢网友们积极参与、热情提问，感谢海关总署提供这么好的平台和机会，让我们深入交流互动。谢谢大家对海关工作的关心和支持。下一步，湛江海关将继续深入学习宣传贯彻党的十九届五中全会精神，不断强化监管优化服务，统筹口岸疫情防控和促进外贸稳增长，马上就办、真抓实干，为高质量发展高水平开放贡献力量。最后，再次感谢广大网友对海关工作的关心和支持！谢谢大家！

🎙 **周群**：感谢郭关长的解答！今天的在线访谈也接近尾声了，希望今天的访谈内容能让各位网友更加了解湛江海关在服务重大项目建设，促进外贸稳增长方面所作的努力和成效。同时，我们也希望广大网友更多关注和支持海关的工作。再次感谢各位的收看，感谢郭关长的到来！网友们，再见！

后 记

2020 年 11 月 27 日，海关总署举办主题为"积极服务重大项目建设 促进外贸稳增长"的在线访谈，介绍湛江海关促进高水平对外开放，不断强化监管优化服务，积极服务重大项目建设、促进外贸稳增长的相关举措和成效，并在线解答网友关注的问题。访问量达 147 万余次，独立 IP 1669 个，网友提问 212 个，实时答复 56 个。

构建汽车产业双循环发展新格局

◎ 主　　题：构建汽车产业双循环发展新格局

◎ 时　　间：2020 年 12 月 8 日　15：00

◎ 嘉　　宾：长春海关党委书记、关长　董　岩

　　　　　　哈尔滨海关党委书记、关长　卢厚林

◎ 主持人：海关总署办公厅　周　群

导语

　　近年来，海关总署认真贯彻落实习近平新时代中国特色社会主义思想和党的十九大及十九届二中、三中、四中、五中全会精神，着力营造良好进出口营商环境。东北是中华人民共和国的老工业基地，汽车产业在东北振兴中扮演着重要"角色"。今天，我们邀请到长春海关关长董岩和哈尔滨海关关长卢厚林，共同探讨海关如何进一步释放政策红利，支持汽车产业高质量发展。

身临其境　看看我们曾经聊过的

主持人嘉宾交流

🎤 **周群**：大家好，这里是中国海关门户网站在线访谈，我是主持人周群。今天，我们邀请到长春海关关长董岩和哈尔滨海关关长卢厚林，共同探讨海关如何进一步释放政策红利，支持汽车产业高质量发展。

🎤 **董岩**：主持人、各位网友，大家好！很高兴做客中国海关门户网站在线访谈。长春是"新中国汽车工业的摇篮"，希望通过今天的访谈，能够让大家更好地了解长春海关支持吉林省汽车产业高质量发展的相关情况，能解答大家的实际问题，我将在线回答网友的提问。

🎤 **卢厚林**：主持人、各位网友，大家好！很高兴做客中国海关门户网站在线访谈。作为中国第一大油田的所在地，大庆市被称为"天然百湖之城，绿色油化之都"，不仅拥有丰富的石油资源，还有出口到欧洲的"沃尔沃"汽车，希望通过今天的访谈，让大家更好地了解哈尔滨海关服务黑龙江省汽车产业融入"一带一路"建设的相关情况，解答大家的实际问题，欢迎广大网友踊跃提问。

🎤 **周群**：今天的访谈我们在海关总署通过视频连线的方式分别对长春、哈尔滨两关关长同时进行访谈，探讨如何构建汽车产业双循环发展的新格局，这一话题是海关在线访谈首次涉猎，十分契合当前时代背景，希望能够受到广大网友的关注。下面，我们首先连线长春海关。据我所知，汽车产业作为吉林省东北老工业基地的核心版块，承担着重要历史使命。2020年，吉林汽车产业更是在全球汽车市场低迷情况下强势崛起，重点企业加速发展，借助国际物流大通道"引进来""走出去"，凭借政策优势抢占国际市场。吉林汽车产业的崛起离不开长春海关的全力推动，请董岩关长向网友们简要介绍一下。

🎤 **董岩：** 正如主持人所说，汽车产业在吉林省的地位举足轻重。长春海关牢记习近平总书记"把民族汽车品牌搞上去"的殷切嘱托，始终将支持汽车产业发展，作为贯彻落实习近平总书记历次来吉林调研时重要讲话精神的具体抓手，不断优化海关服务，量身定制支持措施。在持续优化口岸营商环境、加快对外开放平台建设、畅通产业链供应链物流渠道等方面下足力气，采取系列有力措施，包括持续压缩整体通关时间、政务服务事项"不见面""一站式"办理、给予减免税政策支持、优化通关流程、推动物流通道与运输通道"互联互通"等。

2020 年 1 月至 10 月，吉林省汽车（包含底盘）及汽车零配件进出口416.6 亿元，同比增长 4.2%，占全省进出口总值的 38.5%。

🎤 **周群：** 这些数字让人为之振奋。优化营商环境是习近平总书记亲自把脉东北振兴，开出的祛病"良方"。2015 年以来，习近平总书记 3 次考察吉林，每次都要强调优化营商环境，把优化营商环境作为振兴东北的首要任务。2020 年习近平总书记在吉林调研时指出，推动吉林老工业基地振兴，要坚持从解放思想抓起，从创新体制机制入手，从优化营商环境破局。能否请董关长详细介绍一下长春海关在优化营商环境方面所做的工作？

🎤 **董岩：** 我从五个方面介绍长春海关大力优化营商环境的举措。

1. 着力提升行政效能，不断优化审批服务。整合海关办事大厅，实现一个办事大厅能够受理海关所有政务服务事项的设想。推行"前台综合受理、后台分类办理、统一窗口出件"的工作模式，实现政务服务"一窗通

吉林汽车产业的崛起

汽车产业在吉林省的地位举足轻重。长春海关牢记习近平总书记**"把民族汽车品牌搞上去"**的殷切嘱托，始终将支持汽车产业发展，作为贯彻落实习近平总书记历次来吉林调研时重要讲话精神的具体抓手，不断优化海关服务，量身定制支持措施。在**持续优化口岸营商环境、加快对外开放平台建设、畅通产业链供应链物流渠道**等方面下足力气，采取系列有力措施，包括**持续压缩整体通关时间、政务服务事项"不见面""一站式"办理、给予减免税政策支持、优化通关流程、推动物流通道与运输通道"互联互通"**等。

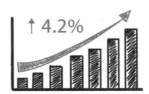

↑ 4.2%

2020年1月至10月，吉林省汽车（包含底盘）及汽车零配件进出口416.6亿元，同比增长4.2%，占全省进出口总值的38.5%。

办"。梳理出 69 项政务服务事项，其中 90% 实现"最多跑一次"。加大国际贸易"单一窗口"推广力度，实现主要业务应用全覆盖，无纸化申报率达到 100%。

2. 优化通关监管流程，提高通关便利化水平。一是精简单证，将口岸核查监管证件数量由 86 项减至 44 项，取消 84 项办事证明。二是深入推进"双随机、一公开"，进出口货物查验、常规稽查随机执行率达到 100%。三是推进两步申报、提前申报等通关便利化措施，优化通关流程，持续压缩整体通关时间，目前进出口通关时间为 28.61 小时和 1.47 小时，较 2017 年压缩 50% 以上。四是实行口岸分类验放，对进口汽车零部件直接采信 CCC 认证结果，对进口铁矿石实施"先放后检"模式，大幅提高通关效率、降低企业费用。

3. 大力推动降本减负，助力市场主体增添活力。积极落实国家减免税政策，对一汽集团等重点企业提供专项跟踪服务，切实发挥纳税人属地管理及企业协调员作用，2020 年以来共减免税款 1.2 亿元。创新海关税收征管模式，引入关税保证保险产品，惠及企业 13 家，累计担保总金额 4.5 亿元，有效缓解企业资金使用压力。

4. 持续支持扩大开放，推动吉林全面振兴发展。推动国务院关于综保区高质量发展的 21 条政策落地，复制推广自贸区改革试点经验，其中有需求的 22 项经验已全部完成复制。推动特殊监管区域升级发展，落实进口整车检验第三方采信、进口汽车零部件"先声明后验证"等系列改革措施。支持中欧班列（长满欧）高质量运行，2020 年 1 ~ 10 月，中欧班列（长满欧）共承运货物 11637 标箱，同比增长 25.9%；货运量 12.7 万吨，同比增长 58.1%；货值约 33 亿元人民币，同比增长 4.0%。

5. 统筹推进疫情防控，扎实推动复工复产。为有效降低新冠肺炎疫情对吉林省外贸企业影响，长春海关先后制发《支持外贸企业复工复产的十五条措施》《支持中欧班列发展的十五条细化措施》《支持综合保税区发展的措施》《统筹做好口岸疫情防控和通关便利化工作措施清单》《进一步落实稳外贸稳外资措施》等一系列政策性文件，累计推出 134 项举措，支持吉林省外贸企业复工复产。

下一步，长春海关仍将继续全面贯彻国务院、海关总署关于进一步优化营商环境、稳外贸稳外资的工作要求，紧紧围绕落实"六稳""六保"工作任务，结合海关工作实际，统筹做好疫情防控和促外贸稳增长各项工作，积极支持吉林更好融入共建"一带一路"，高水平开放高质量发展。

🎙 **周群：**从董关长的介绍中我们看到，长春海关在优化营商环境方面可谓是多措并举，同时也让我们深切地感受到了海关不遗余力支持外贸经济发展的决心。请问长春海关是如何为企业"量身定制"便利优惠措施的？

🎙 **董岩**：习近平总书记在企业家座谈会上提到，市场主体是经济的力量载体，保市场主体就是保社会生产力。

为企业做好服务，最直接、最有效的方式就是走近企业，了解企业需求。我们发挥调查研究作用，以大调研促进大发展。不仅关领导带头到企业调研，还责成职能部门组成专项调研工作组到企业调研，确保了解企业的所思、所需、所盼，有针对性地制定便企利企措施。

强化税政调研也是扶持企业的重要手段之一。多年来，我们立足吉林省外贸发展实际，以吉林省汽车产业为重点，围绕支持吉林产业振兴和扩大进出口贸易两个方面，深入组织开展《中华人民共和国进出口税则》（以下简称《税则》）修订调整工作。长春海关近几年积极倾听汽车零部件企业对税收政策执行情况的意见和建议，积极上报《税则》修订建议。仅2018年至2019年两年间，就上报了20篇有关汽车零部件税率调整的税政调研报告，涉及汽车变速箱、转向机、车用空调、门锁、照明和信号装置等产品，有力支持吉林省汽车产业，服务地方经济发展。其中4项建议被国务院税委会采用，据测算，每年可为吉林省整车企业和零部件企业减税达4亿元。

在国家一直对新能源汽车实施补贴政策的大背景下，作为纯电动汽车核心零部件的驱动电机，最惠国关税税率高于汽车零部件普遍税率，并未体现出国家对新能源汽车行业的引导和支持。经过调研，长春海关上报《关于对纯电动汽车用驱动电机新增子目、新增进口暂税的调研报告》，建议新增"纯电动汽车用驱动电机"增设暂定税率为5%（或3%）。如被采纳，有利于促进新能源汽车产业发展，降低关税成本，最终体现在销售价格中，使消费者享受到政策红利，也与国家提倡环保及节能的政策导向相吻合。

新能源汽车依托绿色、环保、节约能源等特点，符合国家可持续发展战略，已成为我国新型重要产业之一。目前，新能源电池开发和实验所用的设备技术要求高，国际上可提供此试验台系统，并且有整车厂试验经验的供应商，国内没有同类的替代产品，符合国家鼓励进口的先进设备。

新能源电池试验台，每个试验台系统成本大约为 500 万元人民币，每个实验中心需组装多套试验台系统，对企业研发投入要求较高，投资金额较大。新能源电池试验台的进口关税为 7% 、增值税为 13% ，税率较高。所以长春海关上报《关于对新能源电池试验台增列本国子目新增进口暂税的调研报告》，建议新增进口暂定税率为 3% 。进一步降低进口关税率，降低我国新能源电池研发成本，鼓励新能源电池产业发展，提升新能源产品国际竞争力。

🎙 **周群**：提到市场主体，经认证的经营者（AEO）是海关的高级认证企业。长春海关是如何落实 AEO 企业便利优惠措施的？

🎙 **董岩**：长春海关关区内的汽车产业高级认证企业有 3 家，分别是中国第一汽车集团进出口有限公司、一汽—大众汽车有限公司和海德世汽车拉索有限公司。

2014 年 12 月起，从原 AA 类企业正式过渡为高级认证企业，在扶持企业通过高级认证的过程中，长春海关组织专家力量对企业的认证团队进行了 "一对一" 的多次培育和辅导，逐条逐句解读《海关认证企业标准》，解答企业的问题及疑惑，为企业规范自身制度建设和管理提出合理化的意见建议。

为企业"量身定制"便利优惠措施

为企业做好服务，最直接、最有效的方式就是走近企业，了解企业需求。发挥调查研究作用，以大调研促进大发展。

<u>强化税政调研</u>也是扶持企业的重要手段之一。立足吉林省外贸发展实际，以吉林省汽车产业为重点，围绕支持吉林产业振兴和扩大进出口贸易两个方面，深入组织开展《中华人民共和国进出口税则》修订调整工作。长春海关近几年积极倾听汽车零部件企业对税收政策执行情况的意见和建议，积极上报《税则》修订建议。

在国家一直对新能源汽车实施补贴政策的大背景下，作为纯电动汽车核心零部件的驱动电机，最惠国关税税率高于汽车零部件普遍税率，并未体现出国家对新能源汽车行业的引导和支持。经过调研，长春海关上报<u>《关于对纯电动汽车用驱动电机新增子目、新增进口暂税的调研报告》</u>，建议新增"<u>纯电动汽车用驱动电机"增设暂定税率为5%（或3%）</u>。如被采纳，有利于促进新能源汽车产业发展，降低关税成本，最终体现在销售价格中，使消费者享受到政策红利，也与国家提倡环保及节能的政策导向相吻合。

新能源汽车依托绿色、环保、节约能源等特点，符合国家可持续发展战略，已成为我国新型重要产业之一。目前，新能源电池开发和实验所用的设备技术要求高，国际上可提供此试验台系统，并且有整车厂试验经验的供应商，国内没有同类的替代产品，符合国家鼓励进口的先进设备。

新能源电池试验台，每个试验台系统成本大约为500万元人民币，每个实验中心需组装多套试验台系统，对企业研发投入要求较高，投资金额较大。新能源电池试验台的进口关税为7%、增值税为13%：税率较高。所以长春海关上报《关于对新能源电池试验台增列本国子目新增进口暂税的调研报告》，建议新增进口暂定税率为3%。进一步降低进口关税率，降低我国新能源电池研发成本，鼓励新能源电池产业发展，提升新能源产品国际竞争力。

在适用海关优惠政策方面，长春海关利用网络平台向企业不定时推送新出台的相关政策，引导企业用足用好，为企业做好协调员工作，企业在通关过程中遇到问题，长春海关组建关企合作委员会，各业务部门设置联络员，积极为企业排忧解难。

在引导企业守法自律方面，除了利用每年的高级认证企业座谈会进行宣讲和征求意见外，还定期对企业进行回访，了解企业进出口状况，宣讲汽车行业适用的海关政策，释放红利，同时收集企业诉求，对管控薄弱点给予建设性指导，引导企业开展主动披露，帮助企业提升管理效能。

下一步，我们还将对有意向申请海关认证企业资质的一汽集团下属进出口企业，采取强化型、深入型、教师型的培育工作模式，按照"信用办法—认证标准—指标项目—指标重点—项目句词字—文件批改—实操"的流程进行深度培育，力求做到"选取一家，培育一家，成熟一家，通过一家"，对培育工作进行全流程"定位跟踪"，尽早使更多汽车企业跻身海关认证企业行列，享受更多优惠便利通关措施。

落实AEO企业便利优惠措施

2014年12月起，从原AA类企业正式过渡为高级认证企业，在扶持企业通过高级认证的过程中，**长春海关组织专家力量对企业的认证团队进行了"一对一"的多次培育和辅导，逐条逐句解读《海关高级认证企业标准》，解答企业的问题及疑惑，为企业规范自身制度建设和管理提出合理化的意见建议。**

在适用海关优惠政策方面

长春海关利用网络平台向企业不定时推送新出台的相关政策，引导企业用足用好，为企业做好协调员工作，企业在通关过程中遇到问题，长春海关组建关企合作委员会，各业务部门设置联络员，积极为企业排忧解难。

在引导企业守法自律方面

除了利用每年的高级认证企业座谈会进行宣讲和征求意见外，还定期对企业进行回访，了解企业进出口状况，宣讲汽车行业适用的海关政策，释放红利，同时收集企业诉求，对管控薄弱点给予建设性指导，引导企业开展主动披露，帮助企业提升管理效能。

还将对有意向申请海关认证企业资质的一汽集团下属进出口企业，采取强化型、深入型、教师型的培育工作模式，按照**"信用办法—认证标准—指标项目—指标重点—项目句词字—文件批改—实操"**的流程进行深度培育，力求做到**"选取一家，培育一家，成熟一家，通过一家"**，对培育工作进行**全流程"定位跟踪"**，尽早使更多汽车企业跻身海关认证企业行列，享受更多优惠便利通关措施。

🎤 **周群**：再次感谢董关长的介绍。我们都知道，海关除了通过提出税率调整建议促成企业得到实惠，还有为企业减税降费的其他举措，请董关长介绍一下。

🎤 **董岩**：在这个方面我们做了以下工作：

一是引导企业用足用好原产地优惠政策。充分发挥原产地证作为国际市场"经济护照"的功能，帮助企业在国际贸易竞争中发挥最大的减免税竞争优势。2020年1月至10月，我们共为汽车企业签发原产地证书1135份，涉及货值4595.1万美元，可享受进口国关税减免约229.3万美元。

二是引导企业用足用好通关便利化措施。鼓励汽车零部件企业在综保区内通过"保税仓储+分送集报"开展进出口物流作业。综保区内企业与境内区外企业、区内其他企业之间分批次进出的货物，可以先凭卡口核放单办理货物的实际进出口手续，再在规定期限内以备案清单或者报关单集中办理海关报关手续。"分送集报"模式减少了企业报关次数，缩短了企业货物的通关时间，提高了通关效率，节省了企业的物流成本。2020年1月至10月，长春兴隆海关分送集报业务二线集中申报货值4.3亿元，同比增长31.1%，货运量376.7吨，同比增长85.1%。

三是引导企业用足用好税收征管政策。综保区企业获得增值税一般纳税人资格。吉林省国税局、吉林省财政厅和长春海关已联合下发公告在兴隆综保区和珲春综保区开展增值税一般纳税人试点工作，区内企业申请成为一般纳税人资格试点企业后，试点企业与区外企业、其他试点企业之间的货物交易被视为国内购销交易，可开具增值税发票，境内货物到了综保区即可办理出口退税手续，试点企业享受内外两种税收模式，有效降低税收成本，更好地统筹利用国际国内两个市场、两种资源。大力支持一汽一大众新能源汽车项目建设，为符合国家规定的新能源汽车关键零部件产业进口生产设备给予减免税政策支持。"十三五"期间，减免税进口设备审批12.4亿美元，减免税款达11.6亿人民币。

🎤 **周群**：高效物流是进出口经济发展的重要支撑，接下来，请您为网友们介绍一下长春海关是如何通过进一步畅通汽车产业相关货物物流渠道、支持汽车零配件暂时进出境，以及优质服务留学生购车等实现支持汽车产业蓬勃发展的。

为企业减税降费举措

一是引导企业用足用好原产地优惠政策。

充分发挥原产地证作为国际市场"**经济护照**"的功能，帮助企业在国际贸易竞争中发挥最大的减免税竞争优势。

二是引导企业用足用好通关便利化措施。

鼓励汽车零部件企业在综保区内通过"**保税仓储+分送集报**"开展进出口物流作业。综保区内企业与境内区外企业、区内其他企业之间分批次进出的货物，可以先凭卡口核放单办理货物的实际进出口手续，再在规定期限内以备案清单或者报关单集中办理海关报关手续。"分送集报"模式减少了企业报关次数，缩短了企业货物的通关时间，提高了通关效率，节省了企业的物流成本。

三是引导企业用足用好税收征管政策。

综保区企业获得增值税一般纳税人资格。吉林省国税局、吉林省财政厅和长春海关已联合下发公告在兴隆综保区和珲春综保区开展增值税一般纳税人试点工作，区内企业申请成为一般纳税人资格试点企业后，试点企业与区外企业、其他试点企业之间的货物交易被视为国内购销交易，可开具增值税发票，境内货物到了综保区即可办理出口退税手续，试点企业享受到内外两种税收模式，有效降低税收成本，更好地统筹利用国际国内两个市场、两种资源。大力支持一汽—大众新能源汽车项目建设，为符合国家规定的新能源汽车关键零部件产业进口生产设备给予减免税政策支持。

🎤 **董岩**：1. 畅通汽车产业相关货物物流渠道方面，主要是支持中欧班列发展。长春海关坚决落实海关总署党委关于支持中欧班列发展的要求部署，进一步简化通关手续、优化业务流程、创新监管模式、引导地方用足用好各项政策，积极支持中欧班列发展取得明显成效，有力地促进了复工复产，化解疫情影响，中欧班列战略通道作用进一步发挥。

一是积极落实海关总署《海关支持中欧班列发展的措施》，结合省情和关区实际制定并下发《长春海关支持中欧班列发展的十五条细化措施》。

二是疫情期间 7×24 小时预约通关，充分利用对外贸易"单一窗口"和"互联网+海关"平台开通绿色通道，第一时间办理通关手续，进一步节约专列施封、装卸时间，确保专列货物随到、随检、随放。

三是结合"长满欧"班列物流实际，不断优化业务流程，推广"顺势监管"方式，通过智能查验与人工查验相结合的作业方式，提高监管效能，减少作业时间，有效提升货物查验、通关效率。

四是支持鼓励企业在属地办理清关手续，方便企业就近申报，加快验放速度，提升通关时效，增强企业获得感。

2. 支持汽车零配件暂时进出境方面。

一是长春海关全力支持一汽集团在兴隆综保区建设国家汽车检验研发新基地项目（这将是全国综保区首个国家级汽车检验研发基地）。

二是2020年通过印制发放业务办理指南、开展业务培训班、选取重点企业开展深入调研、建立专门台账、专岗负责等形式，提升企业熟练应用暂时进出境政策办理业务能力，助力吉林省汽车产业复产复工，指导长春汽车检测中心进口零配件通过保函进境，既可以"先放后征"，又可以"一笔担保、多次核销"，避免重复办理通关手续，加快货物通关速度，降低企业资金占用成本。

三是整合业务承接现场，把业务集中到一个业务现场进行办理，减少企业业务办理时间；对临近到期检测货物，提前提醒企业办理延期或复运出境手续，派员到货物存放地点进行延期审核，并及时帮助企业办理未完成检测货物延期，避免因滞报而产生的损失，使企业享受暂时进出境货物监管相关优惠政策。

3. 支持回国留学人员购买免税国产汽车方面。

2019 年，长春海关办理留学人员购车业务 4231 笔；2020 年 1 月至 10 月，长春海关办理留学人员购车业务 3968 笔，其中异地留学生购车业务 3670 笔，同比增长 19.4%；本地留学生购车业务 298 笔，同比增长 12.0%。

（1）政策解读。回国服务的留学人员购买国产小汽车，视同免税进口，免征其关键件或成套散件进口环节的关税、增值税，以及特别消费税和横向配套费、车辆购置附加费。

（2）采取有效措施释放政策红利。留学人员购车业务的政策性很强，直接关系到国家对留学人员政策的落实，长春海关一直高度重视此项工作。一是加强政策宣传，引导留学人员购买一汽生产用车。二是优化核批流程，进一步提高留学人员购车办理效率。2020 年以来，长春海关针对疫情蔓延形势，创新举措，采取"远程"验核、特殊情事"一事一议"等方式办理留学人员购车业务 369 笔，在提高留学归国人员获得感和归属感的同时促进了吉林省汽车消费量的增长。

畅通物流渠道、支持进出境以及服务留学生购车

一、畅通汽车产业相关货物物流渠道方面，主要是支持中欧班列发展。

长春海关坚决落实总署党委关于支持中欧班列发展的要求部署，进一步**简化通关手续、优化业务流程、创新监管模式、引导地方用足用好各项政策**，积极支持中欧班列发展取得明显成效，有力地促进了复工复产，化解疫情影响，中欧班列战略通道作用进一步发挥。

一是积极落实海关总署《海关支持中欧班列发展的措施》，结合省情和关区实际制定并下发《长春海关支持中欧班列发展的十五条细化措施》。

二是疫情期间 7×24 小时预约通关，充分利用对外贸易"单一窗口"和"互联网+海关"平台开通绿色通道，第一时间办理通关手续，进一步节约专列施封、装卸时间，确保专列货物随到、随检、随放。

三是结合"长满欧"班列物流实际，不断优化业务流程，推广"顺势监管"方式，通过智能查验与人工查验相结合的作业方式，提高监管效能，减少作业时间，有效提升货物查验、通关效率。

四是支持鼓励企业在属地办理清关手续，方便企业就近申报，加快验放速度，提升通关时效，增强企业获得感。

二、支持汽车零配件暂时进出境方面

一是长春海关全力支持一汽集团在兴隆综保区建设国家汽车检验研发基地项目（这将是全国综保区首个落位的国家级汽车检验研发基地）。

二是2020年通过印制发放业务办理指南、开展业务培训班、选取重点企业开展深入调研、建立专门台账、专岗负责等形式，提升企业熟练应用暂时进出境政策办理业务能力，助力吉林省汽车产业复产复工，指导长春汽车检测中心进口零配件通过保函进境，既可以"先放后征"，又可以"一笔担保、多次核销"，避免重复办理通关手续，加快货物通关速度，降低企业资金占用成本。

三是整合业务承接现场，把业务集中到一个业务现场进行办理，减少企业业务办理时间；对临近到期检测货物，提前提醒企业办理延期或复运出境手续，派员到货物存放地点进行延期审核，并及时帮助企业办理未完成检测货物延期，避免因滞报而产生的损失，使企业享受暂时进出境货物监管相关优惠政策。

三、支持回国留学人员购买免税国产汽车方面

（一）政策解读。

回国服务的留学人员购买国产小汽车，视同免税进口，免征其关键件或成套散件进口环节的关税、增值税，以及特别消费税和横向配套费、车辆购置附加费。

（二）采取有效措施释放政策红利。

留学人员购车业务的政策性很强，直接关系到国家对留学人员政策的落实，长春海关一直高度重视此项工作。

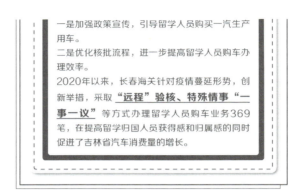

一是加强政策宣传，引导留学人员购买一汽生产用车。

二是优化核批流程，进一步提高留学人员购车办理效率。

2020年以来，长春海关针对疫情蔓延形势，创新举措，采取**"远程"验核、特殊情事"一事一议"** 等方式办理留学人员购车业务369笔，在提高留学归国人员获得感和归属感的同时促进了吉林省汽车消费量的增长。

 周详：刚才提到了支持汽车零部件产业发展，能否请您具体介绍一下？

董岩：近年来，长春海关始终将支持全省汽车产业发展作为工作的重中之重，特别是疫情期间，聚焦"六稳"、聚力"六保"，多措并举全力扶持汽车产业发展。

对汽车电动天窗等 8 个 HS 编码项下的进口汽车零部件，在检验时采信相关认证证书，原则上不再实施抽样送检。

对座椅安全带等 11 个 HS 编码项下的涉及免予办理强制性产品认证的进口汽车零部件实施"先声明后验证"便利化措施，可凭自我声明将货物提离口岸，后续再补录证明信息。

支持汽车零部件产业发展

对汽车电动天窗等8个HS编码项下的进口汽车零部件，在检验时采信相关认证证书，原则上不再实施抽样送检。

对坐椅安全带等11个HS编码项下的涉及免予办理强制性产品认证的进口汽车零部件实施"先声明后验证"便利化措施，可凭自我声明将货物提离口岸，后续再补录证明信息。

🎤 **周群**：进口整车检验监管是长春海关一项全新业务。能否请董关长介绍一下长春海关在支持整车口岸建设及进口整车检验监管等方面所做的工作？

🎙 **董岩**：为确保进口汽车质量安全，保障消费者切身利益，长春海关主要做了三个方面工作。

1. 推动汽车整车进口口岸顺利验收。指导整车进口口岸建设，确保建设质量达标。在汽车检测机构认可、进出口商品检验鉴定机构资质等方面协调海关总署争取政策支持，推动兴隆汽车整车进口口岸顺利通过验收。

2. 保障进口汽车质量安全。组织人员赴其他口岸学习成熟经验，完善作业指导书，优化业务流程，开展进口汽车检验业务演练，实施"双随机一公开""双人执法""双组作业""先车后证"，有效提高执法效率和执法能力，保障今年进口的1000辆奥迪整车质量安全。

3. 推广上海自贸区经验，支持汽车产业发展。落实进口汽车第三方检验结果采信制度，将长春兴隆综合保税区机动车检测有限公司确定为第三方采信机构。帮助一汽集团进出口公司协调海关总署，推动滞留口岸车辆快速通关，解决了5937辆、价值13亿元的整车滞留港口问题。为企业节省约2500万元的海关滞报金。

下一步，长春海关将继续指导整车口岸按照相关规定完成符合性整改场所建设，满足检验监管要求，支持长春兴隆整车进口口岸获得平行进口车试点资格。

支持整车口岸建设及进口整车检验监管

为确保进口汽车质量安全，保障消费者切身利益，长春海关主要做了以下三方面工作：

（一）推动汽车整车进口口岸顺利验收。

指导整车进口口岸建设，确保建设质量达标。在汽车检测机构认可、进出口商品检验鉴定机构资质等方面协调海关总署争取政策支持，推动兴隆汽车整车进口口岸顺利通过验收。

（二）保障进口汽车质量安全。

组织人员赴其他口岸学习成熟经验，完善作业指导书，优化业务流程，开展进口汽车检验业务演练，实施**"双随机一公开""双人执法""双组作业""先车后证"**，有效提高执法效率和执法能力，保障今年进口的1000辆奥迪整车质量安全。

（三）推广上海自贸区经验，支持汽车产业发展。

落实进口汽车第三方检验结果采信制度，将长春兴隆综合保税区机动车检测有限公司确定为第三方采信机构。

帮助一汽集团进出口公司协调海关总署，推动滞留口岸车辆快速通关，解决了5937辆、价值13亿元的整车滞留港口问题。为企业节省约2500万元的海关滞报金。

长春海关将继续指导整车口岸按照相关规定完成符合性整改场所建设，满足检验监管要求，支持长春兴隆整车进口口岸获得平行进口车试点资格。

🎙 **周群**：据我了解，长春海关为方便企业办事，专门在长春市汽车产业开发区设立了分支机构，能不能请董关长介绍一下这方面的情况？

🎙 **董岩**：早在 1998 年，长春海关和原吉林检验检疫局就在汽开区分别设立了专门受理汽车零部件报关报检的分支机构，2019 年长春兴隆海关正式揭牌成立后，整合汽开区关检业务，设置了专门的办事机构，为驻区外贸企业提供海关"一站式"服务，通过国际贸易单一窗口，绝大部分业务实现网上无纸化办理和"最多跑一次"。

🎙 **周群**：这个"专属"分支机构确实为企业提供了诸多便利，那么能不能请董关长从特色服务的角度谈一谈这个"专属"机构还提供哪些"定制性"举措？

🎙 **董岩**：1. 减税降费助汽车企业，"轻装上阵"。长春兴隆海关派员到全国优秀海关学习取经，共建联系机制，深入企业一线开展税源分析，了

解企业通关需求及异地申报的实际情况。2018 年至 2019 年，为一汽集团共减免税款 6869 万元人民币，为红旗系列车型的研发做出积极贡献。充分发挥原产地证作为国际市场"经济护照"的功能，2019 年长春兴隆海关共签发各类原产地证书 7415 份，可让企业享受进口国关税减免共计 1.4 亿元。

2. 支持"长满欧"班列、多式联运发展。一方面，通过简化通关手续，减少班列在口岸滞留时间。另一方面，复制推广自贸区创新制度，鼓励汽车零部件企业在综保区内通过"保税仓储＋分送集报"（分批出区、集中报关方式）开展进出口物流作业。鼓励企业通过"多式联运""海铁联运"等模式运输进口汽车零部件，为企业减少报关次数、降低物流成本，为内陆货物进出口提供便利。

3. 支持开放平台建设。以兴隆海关支持汽车产业发展 12 项措施为契机，支持长春整车进口口岸发展，并为下一步申请平行进口车口岸做足准备。2020 年，长春兴隆海关推出支持吉林省汽车产业发展 12 项措施。通过有效利用长春整车进口口岸 + 海关特殊监管区域 + 通道节点建设的优势，于 2020 年助力国际陆港公司首次启动 1000 台整车进口的承运任务，为长春平行进口车试点的获批奠定坚实基础。下一步将继续提升长春整车进口口岸的服务能力，助力吉林省建设东北地区进口汽车物流集散中心，将整车进口业务拓展为吉林省外向型经济发展新的增长极。

"专属"分支机构的"定制性"举措

一、减税降费助汽车企业"轻装上阵"

长春兴隆海关派员到全国优秀海关学习取经，共建联系机制，深入企业一线开展税源分析，了解企业通关需求及异地申报的实际情况。2018 年至 2019 年，为一汽集团共减免税款 6869 万元人民币，为红旗系列车型的研发做出积极贡献。充分发挥原产地证作为国际市场"经济护照"的功能，2019 年长春兴隆海关共签发各类原产地证 7415 份，可让企业享受进口国关税减免共计 1.4 亿元。

二、支持长满欧班列、多式联运发展

一方面，通过简化通关手续，减少班列在口岸滞留时间。另一方面，复制推广自贸区创新制度，鼓励汽车零部件企业在综保区内通过"保税仓储 + 分送集报"（分批出区、集中报关方式）开展进出口物流作业。

鼓励企业通过"多式联运""海铁联运"等模式运输进口汽车零部件，为企业减少报关次数、降低物流成本，为内陆货物进出口提供便利。

三、支持开放平台建设

以兴隆海关支持汽车产业发展 12 项措施为契机，支持长春整车进口口岸发展，并为下一步申请平行进口车口岸做足准备。2020 年，长春兴隆海关推出支持吉林省汽车产业发展 12 项措施。通过有效利用长春整车进口口岸 + 海关特殊监管区域 + 通道节点建设的优势，于 2020 年助力国际陆港公司首次启动 1000 台整

车进口的承运任务，为长春平行进口车试点的获批奠定坚实基础。下一步将继续提升长春整车进口口岸的服务能力，助力吉林省建设东北地区进口汽车物流集散中心，将整车进口业务拓展为吉林省外向型经济发展新的增长极。

🎤 **周群**：看来为支持吉林省汽车产业发展，长春海关确实做了大量卓有成效的工作。下面我们来连线哈尔滨海关。众所周知，新中国成立以来，大庆这座东北老工业城市一直以"油城"的称号闻名，不仅是在黑龙江，全国人民都听说过著名的"大庆精神""铁人精神"。近年来，沃尔沃汽车制造有限公司落户大庆，并且在全球汽车市场低迷的情况下，保持良好的发展态势。这离不开哈尔滨海关及所属大庆海关的全力支持，我们请卢厚林关长介绍一下。

🎤 **卢厚林**：正如主持人所说，大庆这座城市在共和国发展的历史上曾经留下过浓墨重彩的一笔。1978 年秋，邓小平同志在第三次视察大庆时指出"要把大庆油田建设成美丽的油田"。1979 年，大庆市正式更名设立，与改革开放一道走过了 42 年的风雨历程。时光荏苒，伴随着改革开放的铿锵步履，海关与大庆这座城市同呼吸、共命运，一同拼搏，共同成长，为振兴东北老工业基地贡献着自己的力量。

在固守着自身优势的同时，大庆也在不断寻找着转型升级的突破点，开启"二次创业"，使"非油经济"与"油经济"比肩傲立，力争成为全国资源型城市转型发展的排头兵。大庆沃尔沃汽车制造有限公司是在黑龙江省委省政府的大力支持下，于 2013 年 9 月 23 日落地大庆的，是国家发展和改革委员会为鼓励汽车行业国际合作发展所批准，由浙江吉利控股集团有限公司、上海吉利兆圆国际投资有限公司和沃尔沃汽车（中国）投资有限公司合资建设的整车生产项目。项目总投资 94.57 亿元，规划占地 84 万平方米。2017 年 4 月 12 日，首批沃尔沃 S90 豪华轿车从大庆工厂发运出口美国，是目前国内首个、也是唯一一个将产品出口至欧美发达成熟市场的豪华汽车生产厂商。几年来，哈尔滨海关一直致力于为大庆沃尔沃提供优质高效的通关服务，助力其快速发展。2020 年 1～9 月，大庆沃尔沃

汽车制造有限公司出口整车共 6356 台。其中，通过中欧班列出口整车专列
27 列，汽车 3497 台；通过海运出口 2859 台。如今，大庆沃尔沃轿车已经
成为"中国智造"的一张靓丽名片。

全力支持汽车市场保持良好的发展态势

大庆这座城市在共和国发展的历史上曾经留下过浓墨重彩的
一笔。1978年秋，邓小平同志在第三次视察大庆时指出
"要把大庆油田建设成美丽的油田"。1979年，大庆
市正式更名设立，与改革开放一道走过了42年的风雨历程。
时光荏苒，伴随着改革开放的铿锵步履，海关与大庆这座城
市同呼吸、共命运，一同拼搏，共同成长，为振兴东北老工
业基地贡献着自己的力量。

大庆沃尔沃汽车制造有限公司是在黑龙江省委省政府
的大力支持下，于2013年9月23日落地大庆的，是
国家发展和改革委员会为鼓励汽车行业国际合作发展
所批准，由浙江吉利控股集团有限公司、上海吉利兆
圆国际投资有限公司和沃尔沃汽车（中国）投资有限
公司合资建设的整车生产项目。

2017年4月12日，首批沃尔沃S90豪华轿车从大庆工厂发运
出口美国，是目前国内首个、也是唯一一个将产品出口至欧
美发达成熟市场的豪华汽车生产厂商。

几年来，哈尔滨海关一直致力于为大庆沃尔沃提供优质高效的通关服务，助力其快速发展。

2020年1~9月，大庆沃尔沃汽车制造有限公司出口整车共6356台。其中，通过中欧班列出口整车专列27列，汽车3497台；通过海运出口2859台。如今，大庆沃尔沃轿车已经成为"中国智造"的一张靓丽名片。

大庆只是海关服务黑龙江老工业基地转型升级的一个缩影。放眼中国北疆的广袤沃土，伴随着国家振兴东北老工业基地战略的稳步推进，哈尔滨海关的改革与黑龙江的开放发展一路随行。为全力服务东北振兴，哈尔滨海关党委主动作为、主动服务，充分发挥职能作用，全力助推黑龙江打造我国向北开放重要窗口。

大庆只是海关服务黑龙江老工业基地转型升级的一个缩影。放眼中国北疆的广袤沃土，伴随着国家振兴东北老工业基地战略的稳步推进，哈尔滨海关的改革与黑龙江的开放发展一路随行。为全力服务东北振兴，哈尔滨海关党委主动作为、主动服务，充分发挥职能作用，全力助推黑龙江打造我国向北开放重要窗口。

🎤 **周群**：从这些数字中不难看出大庆沃尔沃的良好发展势头。为了更好地服务企业，哈尔滨海关为大庆沃尔沃这样的重点企业制定了专属的个性化服务措施，请卢关长详细介绍一下。

🎤 **卢厚林**：为了支持企业发展，哈尔滨海关主要做了以下方面工作。

1. 提前谋划，超前服务。在 2011 年大庆沃尔沃项目启动伊始，哈尔滨海关就主动对接，超前服务，多次深入企业施工现场进行工作调研，与企业高管人员及大庆高新区有关负责人进行座谈，及时了解企业需求，普及相关政策法规，为项目的顺利推进建言献策。2013 年，在沃尔沃项目生产线和生产设备进入安装调试的关键时刻，哈尔滨海关及时联合商务、原检验检疫等部门指导帮助企业办理相关许可证件，协调查验、通关相关事宜，确保了生产线与设备进口以及安装调试的顺利进行。

2. 多方联动，精准施策。关检融合后，海关执法监管效能进一步提升。企业所在地的大庆海关按照"管得住、通得快"要求，量身打造便捷高效的监管服务举措，合理配置人力和监管设备资源，确保生产研发设备及汽车零部件随到随检、及时进厂。一是实施"审单放行 + 抽批检验 + 后续监管"新模式，简化流程，快速验放大批量进口零部件，保证了整车生产进度；二是签署合作备忘录，建立政检企合作机制，积极协调上级监管部门下放 CCC 免办权限，为企业节省往来哈尔滨的支出和时间成本；三是梳理优化海关通关作业流程，建立内部协调机制，大力压缩验估、接单审核、查验、放行等环节作业时间，推行实施"互联网 + 预约通关"模式，为企业提供"全天候申报"和"随到随验"的通关便利措施；四是开辟绿色通道，指导企业规范申报，帮助提供商品归类、完税价格确定等专业服务；五是积极推广汇总征税，经多次深入企业进行政策宣传和业务讲解，2018 年下半年起大庆沃尔沃采用汇总征税模式，优化了企业缴税方式，降低了企业通关资金占用成本，并大幅缩短货物通关时间；六是积极为企业做好原产地签证服务工作，为企业开展原产地政策和签证相关要求的专题培训，采取无纸化申报、专门窗口办理等便利化措施，自 2017 年下半年以来，共为企业办理中国—瑞士、中国—澳大利亚、中国—智利等区域性原产地证书 380 余份，帮助企业减免进口国关税 70 余万美元。

3. 优化环境，深促发展。我们为企业量身打造高效便捷的申报、监管和通关服务举措，企业出口货物海关优先受理申报、优先安排查验和抽样送检、优先签证放行，确保货物能快速及时出口通关；开辟中欧班列通关绿色通道，提供"全天候"快速通关放行，降低企业通关成本；落实关企协调员制度，指派业务骨干为企业提供全程跟踪服务，指导企业规范申报，帮助企业协调解决通关过程中遇到的困难和问题；畅通与口岸海关联系机制，互通监管信息，确保班列顺利发运；实施整车出口装运地报关、出境口岸查验一体化通关模式，及时做好验估、接单、放行等工作，帮助企业协调解决查验率过高、查验时间较长等问题。

哈尔滨海关为重点企业制定专属的个性化服务

为了支持企业发展，哈尔滨海关主要做了以下几方面工作：

一、提前谋划，超前服务

在2011年大庆沃尔沃项目启动伊始，哈尔滨海关就主动对接，超前服务，多次深入企业施工现场进行工作调研，与企业高管人员及大庆高新区有关负责人进行座谈，及时了解企业需求，普及相关政策法规，为项目的顺利推进建言献策。2013年，在沃尔沃项目生产线和生产设备进入安装调试的关键时刻，哈尔滨海关及时联合商务、原检验检疫等部门指导帮助企业办理相关许可证件，协调查验、通关相关事宜，确保了生产线与设备进口以及安装调试的顺利进行。

二、多方联动，精准施策

关检融合后，海关执法监管效能进一步提升。企业所在地的大庆海关按照"管得住、通得快"要求，量身打造便捷高效的监管服务举措，合理配置人力和监管设备资源，确保生产研发设备及汽车零部件随到随检、及时进厂。

一是实施"审单放行+抽批检验+后续监管"新模式，简化流程，快速验放大批量进口零部件，保证了整车生产进度；

二是签署合作备忘录，建立政检企合作机制，积极协调上级监管部门下放CCC免办权限，为企业节省往来哈尔滨的支出和时间成本；

三是梳理优化海关通关作业流程，建立内部协调机制，大力压缩验估、接单审核、查验、放行等环节作业时间，推行实施"互联网+预约通关"模式，为企业提供"全天候申报"和

"随到随验"的通关便利措施。

四是开辟绿色通道，指导企业规范申报，帮助提供商品归类、完税价格确定等专业服务；

五是积极推广汇总征税，经多次深入企业进行政策宣传和业务讲解，2018年下半年起大庆沃尔沃采用汇总征税模式，优化了企业缴税方式，降低了企业通关资金占用成本，并大幅缩短货物通关时间。

六是积极为企业做好原产地签证服务工作，为企业开展原产地政策和签证相关要求的专题培训，采取无纸化申报、专门窗口办理等便利化措施，自2017年下半年以来，共为企业办理中国—瑞士、中国—澳大利亚、中国—智利等区域性原产地证书380余份，帮助企业减免进口国关税70余万美元。

三、优化环境，深促发展

为企业量身打造高效便捷的申报、监管和通关服务举措，企业出口货物海关**优先受理申报、优先安排查验和抽样送检、优先签证放行，确保货物能快速及时出口通关；**

开辟中欧班列通关绿色通道，提供**"全天候"快速通关放行，降低企业通关成本；**

落实关企协调员制度，指派业务骨干为企业提供**全程跟踪服务，指导企业规范申报，**帮助企业协调解决通关过程中遇到的困难和问题；

畅通与口岸海关联系机制，互通监管信息，确保班列顺利发运；

实施整车出口**装运地报关、出境口岸查验一体化通关模式，及时做好验估、接单、放行等工作，**帮助企业协调解决查验率过高、查验时间较长等问题。

🎙 **周群**：哈尔滨海关在优化营商环境方面，可谓是多措并举、有的放矢，同时贴心地提供了专属优质服务。在疫情时期，哈尔滨海关为企业提供了哪些便利化服务措施？

🎙 **卢厚林**：新冠肺炎疫情发生以来，哈尔滨海关认真贯彻落实党中央、国务院各项部署，提高站位，担当作为，积极发挥海关把关服务职能，全力做好通关服务保障和稳外贸各项工作，努力把疫情对经济运行和外贸发展的影响降到最低。

疫情期间，我们认真落实海关总署《关于应对疫情影响促进外贸稳增长的十条措施》，结合黑龙江实际情况和需求，迅速研究出台了做好疫情防控促进黑龙江外贸创新发展的 12 条措施。2020 年 1 ~ 10 月，黑龙江省货物贸易进出口总值 1292.6 亿元人民币。其中，出口 293.7 亿元，增长 4.2%，高于同期全国出口 1.8 个百分点。

一是支持外贸企业复工复产。对进口粮食、食品、肉类等生活物资，企业复工复产急需设备和原材料，以及春耕备耕和农业生产急需的化肥、种子、农机具等进口物资，随到随验；调整输俄果蔬海关监管模式，保障疫情防控期间国内果蔬顺畅出口俄远东地区；积极与俄方相关部门沟通协调，促成俄罗斯恢复对华原木出口。

二是推进黑龙江自贸试验区创新发展。加快组织实施海关总署批复的"优化黑龙江边境自贸片区进境俄罗斯粮食检疫流程""俄罗斯低风险植物源性中药材试进口"等两项自贸区海关监管创新制度，推进相关优惠政策尽快落实落地；积极推动自贸创新举措与边民互市贸易进口商品落地加工有机结合，支持边境地区农产品加工产业集聚和边民增收。

三是持续优化口岸营商环境。积极落实黑龙江省"办事不求人"工作要求，在关区推广"办理海关事项不求人"服务品牌，充分运用国际贸易"单一窗口""互联网＋海关"等信息化平台，实现海关主要业务最大限度网上办理，采取一系列"非侵入监管、无接触服务"举措；积极发挥海关企业协调员的作用，对重点企业复工复产实行一对一帮扶；坚决执行企业通关滞报金、滞纳金减免政策，保证国家相关减税降费措施落到实处；开辟中欧班列通关绿色通道，提供"自主选择通关模式""舱单归并"等便捷通关服务。

特别是我们充分利用中欧班列这一战略通道，努力化解疫情对外贸进出口的不利影响；深入企业调研，切实解决企业复工复产中存在的问题和困难，征询对海关通关监管方面的意见建议；优化监管服务，保障疫情防控期间中欧班列稳定运行；收集国外疫情发展状况，及时向企业做好通报宣传，提醒妥善做好应对措施，努力降低疫情影响。

疫情时期，为企业提供的便利化服务措施

疫情期间，认真落实总署**关于应对疫情影响促进外贸稳增长的10条措施**，结合黑龙江实际情况和需求，迅速研究出台了**做好疫情防控促进黑龙江外贸创新发展的12条措施**。2020年1~10月，黑龙江省货物贸易进出口总值1292.6亿元人民币，其中，出口293.7亿元，增长4.2%，高于同期全国出口1.8个百分点。

一是支持外贸企业复工复产。

对进口粮食、食品、肉类等生活物资，企业复工复产急需设备和原材料，以及春耕备耕和农业生产急需的化肥、种子、农机具等进口物资，**随到随验**；调整输俄果蔬海关监管模式，保障疫情防控期间国内果蔬顺畅出口俄远东地区；积极与俄方相关部门沟通协调，促成俄罗斯恢复对华原木出口。

二是推进黑龙江自贸试验区创新发展。

加快组织实施海关总署批复的**"优化黑龙江边境自贸片区进境俄罗斯粮食检疫流程""俄罗斯低风险植物源性中药材试进口"**等两项自贸区海关监管创新制度，推进相关优惠政策尽快落实落地；积极推动自贸创新举措与边民互市贸易进口商品落地加工有机结合，支持边境地区农产品加工产业集聚和边民增收。

三是持续优化口岸营商环境。

积极落实黑龙江省"办事不求人"工作要求，在关区推广**"办理海关事项不求人"**服务品牌，充分运用国际贸易**"单一窗口""互联网+海关"**等信息化平台，实现海关主要业务最大限度网上办理，采取一系列**"非侵入监管、无接触服务"**举措；积极发挥海关企业协调员的作用，对重点企业复工复产实行一**对一帮扶**；坚决执行企业**通关滞报金、滞纳金减免政策**，保证国家相关减税降费措施落到实处；开辟中欧班列通关绿色通道，提供**"自主选择通关模式""舱单归并"**等便捷通关服务。

特别是充分利用中欧班列这一战略通道，努力化解疫情对外贸进出口的不利影响；深入企业调研，切实解决企业复工复产中存在的问题和困难，征询对海关通关监管方面的意见建议；优化监管服务，保障疫情防控期间中欧班列稳定运行；收集国外疫情发展状况，及时向企业做好通报宣传，提醒妥善做好应对措施，努力降低疫情影响。

🎤 **周群**：疫情期间，哈尔滨海关为企业复工复产做了不少努力。在您的介绍中，出现了很多次中欧班列，沃尔沃的发展离不开中欧班列的承载运营，接下来请您为我们介绍一下中欧班列的相关情况。

🎙️ **卢厚林**：承载沃尔沃轿车出口的中欧班列自 2017 年开通以来，大庆海关共监管中欧班列 225 列，集装箱标箱 18486 个，出口货物 6.9 万吨，货值 61.2 亿元，占据省内中欧班列业务的大半份额。主要货物为沃尔沃 S90 型号轿车及汽车零部件。2017 年 6 月 6 日，首列中欧班列承运着大庆沃尔沃汽车制造有限公司生产的沃尔沃 S90 型号轿车由大庆让胡路站发车，经满洲里口岸出口至比利时。2018 年 7 月至今，企业改采用"全通"模式，在哈尔滨海关进行申报，在满洲里口岸进行验放。中欧班列开通为东北振兴之路注入了新的内涵，破解了区位不利因素对黑龙江经济发展带来的瓶颈。为推动班列项目尽快落地运行，我们在项目初期便提前介入，将海关职能前置，为项目顺利开通保驾护航。一方面，成立中欧班列项目工作组，加强与地方政府和有关部门配合对接，立足海关职能，积极建言献策，做好协助策划和政策咨询工作；组织长久物流有限公司、哈欧国际物流公司前往满洲里海关协调通关事宜，多次组织班列运营公司和货物单位召开准备会议，确保中欧班列顺利开通。另一方面，主动"走出去"，先后赴成都海关、张家港海关、长春海关等单位学习汽车监管政策和先进经验，结合自身监管实际吸收转化；积极协调满洲里出境口岸，建立定期沟通联系机制，互通监管信息，就班列监管模式达成共识，实现班列通关优先审核、优先查验和优先放行。

近期，为推进海关总署出台的《海关支持中欧班列发展的措施》，支持"一带一路"建设，我们第一时间组织地方政府有关部门及相关企业进行专题宣讲，就目前中欧班列运营情况、存在的问题及下一步发展规划与政府有关部门、重点企业进行了深入的交流讨论，了解企业存在的问题，并提出下一步发展建议；为地方政府积极建言献策，争取吸引更多的本地甚至外地的货源企业投身到中欧班列的运营中来，进而带动上下游仓储、运输、服务配套等环节发展，形成产业规模化；加快推进大庆市海关监管作业场所（场地）建设，使本地货物实现属地验放，提高通关效率，节约企业成本；积极开展保税仓库、保税物流中心（B 型）建设，利用中欧班列及保税制度优势助推跨境电商、快件业务的发展；申请进境粮食、种苗、水果等指定监管场地的立项、验收，丰富中欧班列的运载维度和广度；与铁路等相关部门积极沟通，争取运费优势，商讨启动中欧班列枢纽站点或集结中心建设工作，实现中欧班列组货及内外贸货物混编运输业务，不断推进"一带一路"建设发展。

中欧班列的相关情况

承载沃尔沃轿车出口的中欧班列自2017年开通以来，大庆海关共监管**中欧班列225列，集装箱标箱18486个**，**出口货物6.9万吨，货值61.2亿元，占据省内中欧班列业务的大半份额**。主要货物为沃尔沃S90型号轿车及汽车零部件。

2017年6月6日

首列中欧班列承运着大庆沃尔沃汽车制造有限公司生产的沃尔沃S90型号轿车由大庆让胡路站发车，经满洲里口岸出口至比利时。

2018年7月至今

企业改采用**"全通"**模式，在哈尔滨海关进行申报，在满洲里口岸进行验放。中欧班列开通为东北振兴之路注入了新的内涵，破解了区位不利因素对黑龙江经济发展带来的瓶颈。为推动班列项目尽快落地运行，在项目初期便提前介入，将海关职能前置，为项目顺利开通保驾护航。

一方面

成立中欧班列项目工作组，加强与地方政府和有关部门配合对接，立足海关职能，积极建言献策，做好协助策划和政策咨询工作；组织长久物流有限公司、哈欧国际物流公司前往满洲里海关协调通关事宜，多次组织班列运营公司和货物单位召开准备会议，确保中欧班列顺利开通。

另一方面

主动"走出去"，先后赴成都海关、张家港海关、长春海关等单位学习汽车监管政策和先进经验，结合自身监管实际吸收转化；积极协调满洲里出境口岸，建立定期沟通联系机制，互通监管信息，就班列监管模式达成共识，实现班列通关优先审核、优先查验和优先放行。

为推进海关总署出台的《海关支持中欧班列发展的措施》，支持"一带一路"建设，第一时间组织地方政府有关部门及相关企业进行专题宣讲，就目前中欧班列运营情况、存在的问题及下一步发展规划与政府有关部门、重点企业进行了深入的交流讨论，了解企业存在的问题，并提出下一步发展建议；

为地方政府积极建言献策，争取吸引更多的本地甚至外地的货源企业投身到中欧班列的运营中来，进而带动上下游仓储、运输、服务配套等环节发展，形成产业规模化；

加快推进大庆市海关监管作业场所（场地）建设，使本地货物实现属地验放，提高通关效率，节约企业成本；

积极开展保税仓库、保税物流中心（B型）建设，利用中欧班列及保税制度优势助推跨境电商、快件业务的发展；

申请进境粮食、种苗、水果等指定监管场地的立项、验收，丰富中欧班列的运载维度和广度；

与铁路等相关部门积极沟通，争取运费优势，商讨启动中欧班列枢纽站点或集结中心建设工作，实现中欧班列组货及内外贸货物混编运输业务，不断推进"一带一路"建设发展。

🎤 **周群**：沃尔沃作为汽车企业，是哈尔滨关区之前没有过的企业类型，除了其他一些已经较为成熟的经验做法之外，还有哪些创新措施？

🎤 **卢厚林**：大庆沃尔沃汽车制造有限公司是哈尔滨海关辖区内首家汽车制造企业，以往的监管经验和帮扶措施供借鉴的地方不多。面对新局面、新挑战，我关一方面深入研究各项措施，落实海关总署出台的各项举措，一方面坚持向兄弟海关学习，持续为沃尔沃汽车做大做强护航保驾。最典型的举措，一是帮助沃尔沃公司开展"以企业为单元"加工贸易改革试点。实行以企业为单元的手册管理模式，改变了原有的以合同为单元的设立手册管理模式。沃尔沃进出口业务量大，如按以前以合同为单元模式申请手册，需要一本合同相应申请设立一本手册，需要对手册的有效期、料件、库存等进行精细监管，要投入较大的人力物力财力，才能避免违反相关监管规定。通过选择以企业为单元的手册管理模式后，企业只需申请设立一本"大手册"，将所有的合同纳入一本手册管理执行，大大降低了企业管理难度和违规风险，减少了进出口申报环节工作量。二是以企业需求为导向，进一步合理配置人力和监管设备资源，对沃尔沃进出货物实施优先检验、优先查验和优先放行，实现进口货物快速通关放行。通过设立关企联络员，通报海关最新监管政策措施，征求企业意见建议，及时帮助企业解决进出口监管中遇到的问题，扫清通关障碍。推行实施"互联网＋预约通关"模式，为企业提供"全天候申报"和"随到随验"的通关便利措施，进一步便利企业申报通关。针对企业实施整车出口装运地报关、出境口岸查验的一体化通关模式，及时做好验估、接单、放行等工作，努力帮助企业协调解决跨关区通关相关问题，便利企业货物搭乘中欧班列出口。三是主动与省商务部门进行对接，调研了解黑龙江省加工贸易产业发展情况和出台的相关政策措施，按照上级通知要求取消生产能力证明，颠覆以往的以合同为单元的保税形式，更加符合企业运营实际，进一步便利汽车零部件进口和整车出口。冰城海关注册备案处与大庆海关共同到大庆沃尔沃公司开展专题调研，现场解答企业提出的问题，帮助其做好旧系统账册数据清理、手册结案等工作，为试点顺利开展夯实基础。

此外，哈尔滨海关还对加工贸易改革做出了创新模式。一是集中内销补税申报时间由每月末放宽到次月 15 日，减少了月末整理数据的工作压力，企业节约了加班等计划外工资支出。二是积极推广以企业为单元加工贸易监管改革，减少了一个企业多本手册的管理难题和进出口申报环节工作量。三是取消生产能力证明，减少了企业单证、简化业务流程，企业进一步减负。四是在设立了工单制核销和自主报核模式，和现代企业的运营模式契合，管理机制更完善。五是增设补充申报环节，企业有了事后补报补救机会，企业诚信管理机制得到完善。

哈尔滨关区针对汽车企业的创新措施

大庆沃尔沃汽车制造有限公司是哈尔滨海关辖区内首家汽车制造企业，以往的监管经验和帮扶措施供借鉴的地方不多。面对新局面、新挑战，我关一方面深入研究各项措施，落实海关总署出台的各项举措，一方面坚持向兄弟海关学习，持续为沃尔沃汽车做大做强护航保驾。

一是帮助沃尔沃公司开展"以企业为单元"加工贸易改革试点。实行以企业为单元的手册管理模式，改变了原有的以合同为单元的设立手册管理模式。沃尔沃进出口业务量大，如按以前以合同为单元模式申请手册，需要一本合同相应申请设立一本手册，需要对手册的有效期、料件、库存等进行精细监管，要投入较大的人力物力财力，才能避免违反相关监管规定。通过选择以企业为单元的手册管理模式后，企业只需申请设立一本"大手册"，将所有的合同纳入一本手册管理执行，大大降低了企业管理难度和违规风险，减少了进出口申报环节工作量。

二是以企业需求为导向，进一步合理配置人力和监管设备资源，对沃尔沃进出货物实施优先检验、优先查验和优先放行，实现进口货物快速通关放行。通过设立关企联络员，通报海关最新监管政策措施，征求企业意见建议，及时帮助企业解决进出口监管中遇到的问题，扫清通关障碍。推行实施"互联网+预约通关"模式，为企业提供"全天候申报"和"随到随验"的通关便利措施，进一步便利企业申报通关。针对企业实施整车出口装运地报关、出境口岸查验的一体化通关模式，及时做好验估、接单、放行等工作，努力帮助企业协调解决跨关区通关相关问题，便利企业货物搭乘中欧班列出口。

三是主动与省商务部门进行对接，调研了解黑龙江省加工贸易产业发展情况和出台的相关政策措施，按照上级通知要求取消生产能力证明，颠覆以往的以合同为单元的保税形式，更加符合企业运营实际，进一步便利汽车零部件进口和整车出口。冰城海关注册备案处与大庆海关共同到大庆沃尔沃公司开展专题调研，现场解答企业提出的问题，帮助其做好旧系统账册数据清理、手册结案等工作，为试点顺利开展夯实基础。

哈尔滨海关还对加工贸易改革做出了如下创新模式：

 一是集中内销补税申报时间由每月末放宽到次月15日，减少了月末整理数据的工作压力，企业节约了加班等计划外工资支出。

 二是积极推广以企业为单元加工贸易监管改革，减少了一个企业多本手册的管理难题和进出口申报环节工作量。

 三是取消生产能力证明，减少了企业单证、简化业务流程，企业进一步减负。

 四是在设立了工单制核销和自主报核模式，和现代企业的运营模式契合，管理机制更完善。

 五是增设补充申报环节，企业有了事后补报补救机会，企业诚信管理机制得到完善。

🎤 **周群**：沃尔沃汽车制造有限公司是经认证的经营者（AEO），是海关的高级认证企业。哈尔滨海关是如何落实对高级认证企业的便利优惠措施的？

🎤 **卢厚林**：哈尔滨海关积极支持沃尔沃汽车制造有限公司申请海关 AEO 高级认证，主动为企业提供 AEO 高级认证咨询辅导，帮助企业对照海关 AEO 高级认证各项标准进行改进提高，积极与上级业务主管部门沟通协调，最终帮助企业顺利通过海关 AEO 高级认证，使得该企业进出口查验率大幅降低，有效降低企业港口、保险、物流等贸易成本，提升企业国际竞争力。此外，该企业还可以享受政府部门"联合激励"措施，比如银行授信额度显著提高等，为企业带来了实实在在的好处。

积极为企业做好原产地签证服务工作，及时向企业人员宣传讲解中国—东盟新版原产地证等签证相关要求，采取无纸化申报、专门窗口办理等便利化措施，简化签证手续，提高签证效率。

按照中央稳外贸工作系列部署，持续推进减税降费工作，提升高级认证企业通关便利化水平，通过推行高级认证企业免担保试点。根据《中华人民共和国海关企业信用管理办法》《关税司、综合司、企管司关于"两步申报"税款担保及高级认证企业免除担保事宜的通知》等有关规定，在关区为"两步申报"方式通关免担保、待办减免税、暂时进出境、定期申报等事项担保实施高级认证企业免除税款担保便利措施。

哈尔滨海关落实对高级认证企业的便利优惠措施

哈尔滨海关积极支持沃尔沃汽车制造有限公司申请海关AEO高级认证，主动为企业提供AEO高级认证咨询辅导，帮助企业对照海关AEO高级认证各项标准进行改进提高，积极与上级业务主管部门沟通协调，最终帮助企业顺利通过海关AEO高级认证，使得该企业进出口查验率大幅降低，有效降低企业港口、保险、物流等贸易成本，提升企业国际竞争力。此外，该企业还可以享受政府部门**"联合激励"措施，**比如银行授信额度显著提高等，为企业带来了实实在在的好处。

积极为企业做好**原产地签证服务工作，**及时向企业人员宣传讲解中国—东盟新版原产地证等签证相关要求，采取无纸化申报、专门窗口办理等便利化措施，简化签证手续，提高签证效率。

按照中央稳外贸工作系列部署，持续推进减税降费工作，提升高级认证企业通关便利化水平，通过推行高级认证企业免担保试点。根据**《中华人民共和国海关企业信用管理办法》《关税司、综合司、企管司关于"两步申报"税款担保及高级认证企业免除担保事宜的通知》**等有关规定，在关区为**"两步申报"方式通关免担保、待办减免税、暂时进出境、定期申报等事项担保实施高级认证企业免除税款担保便利措施。**

🎙 **周群**：为支持黑龙江省重点汽车产业发展，哈尔滨海关确实做了大量卓有成效的工作。不知不觉，我们的访谈的时间已经过半，再次感谢嘉宾的介绍。网友对今天的主题也很感兴趣，提问非常踊跃，下面我们来看一下网友提出的问题。

网友提问摘录

🌐 **网友**：请问如何成为海关认证企业？

🎙 **卢厚林**：您可以查阅《中华人民共和国海关企业信用管理办法》以及配套执行的《海关认证企业标准》和《海关认证企业标准指南》，上述内容可登录海关总署官网查询，也可以咨询属地海关企业管理部门。

🌐 **网友**：从国外进口肉类有检验检疫方面的管理规定吗？

🎙 **卢厚林**：我国有关进出口肉类检验检疫方面的具体规定可参考《进出口肉类产品检验检疫监督管理办法》。

🌐 **网友**：海关企业信用信息年度报告的报送时间是什么？

🎤 **卢厚林**：每年 1 月 1 日~6 月 30 日。

🌐 **网友**：企业进口植物油需要在海关做特殊的资质备案吗？国外的供货商企业是否也需要在中国海关做相关的资质备案？

🎤 **卢厚林**：不需要特殊备案，只需办理进口食品收货人备案；国外供货商需要在海关部门备案。

🌐 **网友**：企业申请设立加工贸易手册，应向海关提供哪些单证资料？

🎤 **卢厚林**：海关加工贸易金关二期系统上线后，企业通过"中国国际贸易单一窗口"，上传相关单证扫描件，即可办理相关业务，具体包括，1. 经营企业对外签订的合同；2. 经营企业自身有加工能力的，应当申报"加工贸易企业经营状况及生产能力证明"的电子数据；3. 经营企业委托加工的，应当提交经营企业与加工企业签订的委托加工合同，及加工企业"加工贸易企业经营状况及生产能力证明"的电子数据。4. 海关认为需要提交的其他证明文件和材料。

🌐 **网友**：请问企业只要是进出口货物收发货人，就可以在"单一窗口"申请自主报关业务吗？还需要申请注册为报关企业吗？

🎤 **卢厚林**：注册为进出口货物收发货人的企业在完成了报关人员备案，并且办理了电子口岸操作员卡后可以在"单一窗口"网站进行自主报关，不需要注册为报关企业。

🌐 **网友**：减免税货物监管期限从什么时候算起？

🎤 **卢厚林**：监管年限自货物进口放行之日起计算。特定地区、特定企业或者有特定用途的特定减免税进口货物，应当接受海关监管。特定减免税进口货物的监管年限，船舶、飞机为 8 年；机动车辆为 6 年；其他货物为 3 年。

🌐 **网友**：向海关主动披露涉税违规行为应提供哪些材料？

🎤 **董岩**：进出口企业、单位向海关主动披露的，需填制"主动披露报告表"，并随附账簿、单证等材料，向原税款征收地海关或企业所在地海关报告。

🌐 **网友：** 如何查询企业海关信用等级？

🎤 **卢厚林：** 1. 企业可以通过海关总署官网—"互联网＋海关"（网址 online. customs. gov. cn）—企业信息公示查询。2. 通过"中国海关企业进出口信用信息公示平台"（网址 credit. customs. gov. cn），查询海关注册登记企业的信用信息。

🌐 **网友：** 网上有很多海关车辆拍卖信息，是否可信？海关会扣留走私车吗？这些信息怎么查询？普通老百姓能买吗？价格怎么样？

🎤 **董岩：** 海关目前没有采用短信通知的方式发布拍卖公告，海关涉案财物拍卖工作接受财政部和审计部门的监督。至于"低价处理""内部流出"等说法，就更不可信了。

拍卖七日前，在海关总署门户网站、直属海关门户网站、当地报纸等可以查找到相关信息，包括拍卖地点、拍卖时间、拍卖标的、看样时间、拍卖行联系人等相关信息。

任何具有完全民事行为能力的自然人、法人以及其他组织，都可以在限期内申请看样、申请报名参加拍卖。简言之，不管是个人还是企业，只要登记报名并提供相应的材料和保证金，经审核确认后都能参加海关罚没物资的公开拍卖会。

拍卖前，海关会委托具备国家有关主管部门认定资质的价格评估机构对委托拍卖的涉案财物进行评估，再根据评估价设定拍卖保留价，但拍卖保留价不得低于评估价。

参加海关涉案财物拍卖会不一定能捡到便宜货，拍卖都是公平竞争、价高者得，如果拍品质量好又适用面广，就会出现拍卖场面火爆的情况，此时保持理性很重要。

海关查获的走私汽车可根据有关规定向海关总署申领"没收走私汽车、摩托车证明"该"证明书"一车一证。购买了该种汽车的买家可凭"证明书"到车管所办理上牌入户手续（与新车上牌相似）。

需要买家注意：一是对限制上牌的城市，要按当地要求取得上牌资格后才可以上牌入户；二是竞买的车辆排放标准是否符合规定（包括是否达到国 IV 排放标准限制、燃油供给系统为化油器等），是否可以在车管部门通过技术检测上牌入户的，风险由买受人自己承担。

🌐 **网友**：驻外使馆人员进境自用车辆提出书面申请有时间要求吗？

🎤 **卢厚林**：馆员应当自本人入境后 1 年内向其国内居住地的直属海关或者经直属海关授权的隶属海关提交书面申请。

🌐 **网友**：跨境电子商务企业对企业出口监管试点有哪些？

🎤 **卢厚林**：根据《关于开展跨境电子商务企业对企业出口监管试点的公告》（海关总署公告 2020 年第 75 号）、《关于扩大跨境电子商务企业对企业出口监管试点范围的公告》（海关总署公告 2020 年第 92 号），目前有北京、天津、南京、杭州、宁波、厦门、郑州、广州、深圳、黄埔、上海、福州、青岛、济南、武汉、长沙、拱北、湛江、南宁、重庆、成都、西安等直属海关开展跨境电商企业对企业出口监管工作试点。

🌐 **网友**：我是一个汽车零件进口企业，我们公司有一些零件需要从德国进口。我看到关长介绍中欧班列的通关便利，我们也想通过中欧班列进口汽车零件，请问在哪里可以办理通关业务？

🎤 **卢厚林**：2020 年，海关总署出台了十条支持中欧班列发展措施。其中一项举措是"除按规定需在进境地口岸实施检疫外，企业可自主选择在进出境地口岸办理中欧班列货物的清关手续，也可以选择在属地办理相关手续"。也就是说，你们公司通过中欧班列进口汽车零件，可以自主选择通过全国通关一体化、转关、口岸清关中任何一种方式通关。

🌐 **网友**：留学回国人员购买国产免税汽车需提供哪些单证？

🎤 **董岩**：在境外正规大学（学院）注册学习和进修（包括出国进修、合作研究）一学年（含一学年）以上，毕（结）业后 2 年内回到国内定居、工作的中国籍留学人员。其入境之日起 1 年内，可凭下列单证在本人免税限量内购买免税国产小汽车 1 辆。

1. 本人有效护照；
2. 我国驻外使领馆出具的"留学回国人员证明"；
3. 公安部门出具的境内居留证明（身份证、户口簿）；
4. 备案地海关要求提供的其他证明文件（毕、结业证书等）；
5. 填写"中华人民共和国海关进出境自用物品申请表"（一式四份）。

🌐 **网友**：留学人员购买国产免税汽车减免了哪些税费？

🎙 **董岩**：留学人员所购国产免税小汽车所免税费是指免征其关键件或成套散件进口环节的关税、增值税及车辆购置税等。

🌐 **网友**：留学人员免税购买的国产小轿车属于海关监管车辆吗？

🎙 **董岩**：不属于监管车辆，留学人员购买的免税国产汽车，海关不再进行年审和后续监管。

🌐 **网友**：目前教育部已发公告取消"留学回国人员证明"，在此情况下，留学回国人员办理免税购车需要提供哪些手续？

🎙 **卢厚林**：按照教育部公告，该证明取消后，相关部门和单位根据实际需要，可以通过"留学人员资源在教育部留学服务中心"开具的国外学历认证证书等认定留学人员的身份和经历。经海关总署与各部门沟通，目前可以凭留学人员提供的"国外学位学历认证书"替代"留学回国人员证明"办理留学人员购车手续。

🌐 **网友**：定居旅客可不可以申请自用小汽车入境？在哪里报关？

🎙 **卢厚林**：可以。定居旅客进境车辆向所在地（定居地）海关办理通关手续。

🌐 **网友**：非居民长期旅客自用物品在哪办理通关手续？

🎙 **卢厚林**：口岸海关或所在地海关办理。

🌐 **网友**：请问在国内可以买到大庆沃尔沃生产的汽车吗？或者通过什么

渠道可以买到？

🎤 **卢厚林**：国内是可以买到的，目前大庆沃尔沃生产的轿车有约一半在国内进行零售，全国沃尔沃 4S 店都可以买到。

🌐 **网友**：哈尔滨没有海怎么有海关？

🎤 **卢厚林**：按照《中华人民共和国海关法》，中华人民共和国海关是国家的进出关境监督管理机关。国家在对外开放的口岸和海关监管业务集中的地点设立海关。据此，不仅在沿海沿边，在海关监管业务集中的内陆城市也可以设立海关机构。

🌐 **网友**：请问报关企业注册登记的有效期是多久？

🎤 **董岩**：目前海关报关单位注册登记有效期为长期。

🌐 **网友**：普通人能不能坐中欧班列去旅游？

🎤 **董岩**：根据《中欧班列建设发展规划（2016—2020 年）》对中欧班列的定义，目前中欧班列为货运班列，尚未开通客运班列，因此游客暂时无法乘坐班列进行旅游。

🌐 **网友**：哈尔滨现在能不能开展汽车平行进口业务？

🎤 **卢厚林**：目前，黑龙江省只有绥芬河铁路口岸可以开展整车进口业务，进口量较少，相关企业可以充分利用绥芬河铁路口岸开展平行车进口业务。

🌐 **网友**：什么是车辆识别代号（VIN）？

🎤 **董岩**：VIN 俗称"车架号"，相当于汽车的"身份证号"。进口汽车的车辆识别代号（VIN）应符合我国国家标准《道路车辆 车辆识别代号（VIN）》（GB 16735）。车辆识别代号由 17 位字母、数字组成，通过其可以获得车辆相关信息，包括制造国家或地区、车辆制造厂、年份、生产顺序号等。

🌐 **网友**：购买进口汽车应注意哪些问题？

🎙 **董岩**：购买进口汽车应注意查看"货物进口证明书""进口机动车辆随车检验单"等相关信息。

🌐 **网友**：请问可不可以进口国外二手车？

🎙 **董岩**：按照《公布禁止进口的旧机电产品目录调整有关事项》（商务部、海关总署公告 2018 年第 106 号），车类列入禁止进口的旧机电产品目录，禁止进口。因此，国外二手车是禁止进口的。

🌐 **网友**：哈尔滨现在能够出口二手汽车吗？

🎙 **卢厚林**：根据 2019 年 4 月 26 日商务部、公安部、海关总署下发的《关于支持在条件成熟地区开展二手车出口业务的通知》，哈尔滨目前不是国家相关部门批准的出口二手车试点地区，不能出口二手汽车。

🌐 **网友**：我来自一家报关公司，请问进口汽车零部件海关有哪些新的便利化措施？

🎙 **卢厚林**：2019 年海关总署发布了三个关于进口汽车零部件通关便利化措施的公告。一是《关于对免予办理强制性产品认证的进口汽车零部件试点实施"先声明后验证"便利化措施的公告》（海关总署公告 2019 年第 87 号），规定座椅安全带、汽车天窗、车用制动器等 11 个 HS 编码项下的属于免予办理强制性产品认证情形的，海关可以凭进口商的符合免于强制性认证要求的自我声明受理申报，货物到达目的地后向属地海关补充提供相关市场监管部门的免于强制性产品认证证明，由属地海关进行验证。二是海关总署《关于对进口汽车零部件产品推广实施采信便利化措施的公告》（海关总署公告 2019 年第 157 号），规定对涉及强制性产品认证的部分汽车零部件海关在检验时采信认证认可部门认可的认证机构出具的认证证书，原则上不再实施抽样送检。主要有汽车天窗、制动器等，涉及 8 个 HS 编码。三是海关总署《关于推广实施进口汽车零部件产品检验监管便利化措施的公告》（海关总署公告 2019 年第 219 号），黑龙江省的企业在北京、天津、上海、重庆、广州、深圳、杭州和宁波口岸进口汽车天窗、制动器等 12 个 HS 编码的汽车零部件如果只涉及检验管理要求的，可以在口岸直接提离至省内目的地，由设置在省内目的地的海关实施检验；上述口岸进口的所有需要 CCC 认证的汽车零部件均采信认证认可部门认可的认证机构出具的认证证书，原则上不再抽样送检。

🌐 **网友**：以前买进口车的时候，要办理"入境货物检验检疫证明"，现在买进口车还需要办理这个证明吗？

🎤 **卢厚林**：现在海关对进口机动车只签发"货物进口证明书"和"进口机动车辆随车检验单"，无须办理其他证明。

🌐 **网友**：我从其他人手里买了一台行驶了 2 万公里的进口车，想知道怎么确定是否为合法渠道正常进口的车辆？

🎤 **董岩**：可先核对车辆与"货物进口证明书""进口机动车辆随车检验单"的一致性，如有疑问可以拨打 12360 海关 24 小时服务热线，提供车辆识别代号（VIN）查询。

🌐 **网友**：目前海关业务现场打印"海关进口货物滞报金专用票据"吗？

🎤 **卢厚林**：根据《关于滞报金票据电子化有关事宜的公告》（海关总署公告 2020 年第 10 号）第一条、第二条，进口货物收货人缴纳进口货物滞报金后可通过国际贸易"单一窗口"标准版、"互联网＋海关"自行打印版式"中央非税收入统一票据"。海关业务现场不再打印滞报金票据。

🌐 **网友**：是不是只有认证企业可以采用"两步申报"模式？

🎤 **董岩**：一般信用及以上的境内收货人均可适用"两步申报"通关模式办理业务。

🌐 **网友**：境外知识产权权利人如何办理知识产权海关备案？

🎤 **卢厚林**：境外知识产权权利人向海关总署办理知识产权海关保护备案的，应当由其在境内设立的办事机构或者委托境内代理人提出申请。知识产权权利人按照这一规定委托境内代理人提出申请的，应当出具规定格式的授权委托书，授权委托书格式文本可以登录知识产权海关保护系统查看。

⊕ **网友**：什么是汇总征税？

🎤 **董岩**：简单来说就是"货物先放行，次月集中缴税"。按照现行规定，企业进口一批货物，需要先缴纳相应的关税、进口环节增值税和消费税，货物才能放行。实行汇总征税模式后，企业进口货物可以先放行，次月第5个工作日前，再集中缴纳上月全部税款。

⊕ **网友**：企业怎么办理汇总征税总担保？

🎤 **董岩**：企业可以两种方式办理汇总征税总担保，到商业银行办理一份汇总征税总担保保函或者到保险公司办理一份关税保证保险保单。

⊕ **网友**：个人邮寄奶粉，海关征多少关税？

🎤 **卢厚林**：根据《关于调整进出境个人邮递物品管理措施有关事宜》（海关总署公告 2010 年第 43 号）的规定，个人邮寄进境物品，海关依法征收进口税，但应征进口税税额在人民币 50 元（含 50 元）以下的，海关予以免征。寄自或寄往其他国家和地区（非中国港澳台地区）的物品，每次限值为 1000 元人民币。"中华人民共和国进境物品完税价格表"中，奶粉的完税价格为 200 元/千克，税率为 13%。税款的计算公式为完税价格×税率。比如邮寄 3 罐奶粉（每罐 1 千克），完税价格为 600 元，应缴税款 78 元。

⊕ **网友**：如果有汽车企业想申领原产地证书，应如何办理？

🎤 **董岩**：首先，申请企业应在所在地的所属海关进行原产地企业备案；其次，企业备案审核通过后，可以在网上申领原产地证书；然后，按照原产地证书的申领流程，经办海关需要经过审核、调查等程序，如果符合原产地标准，就可以正常签发原产地证书了。

⊕ **网友**：重大技术装备税收优惠政策具体内容是什么？

🎤 **董岩**：对经认定符合享受重大技术装备进口税收政策条件的重大技术装备企业、承担核电重大技术装备自主化依托项目的业主，为生产"国家支持发展的重大技术装备和产品目录"所列装备或产品而确有必要进口

"重大技术装备和产品进口关键零部件、原材料商品目录"中所列商品的，免征关税和进口环节增值税。

🌐 **网友**：企业符合哪些条件可以享受重大技术装备税收优惠政策？

🎤 **董岩**：一般应为生产国家支持发展的重大技术装备或产品的企业。企业应具备独立法人资格、不存在违法和严重失信行为、具有核心技术和知识产权、具有且享受政策的重大技术装备和产品符合"国家支持发展的重大技术装备和产品目录"有关要求，并在申请时承诺具备较强的设计研发和生产制造能力，以及专业比较齐全的技术人员队伍。核电项目业主应为核电领域承担重大技术装备依托项目的业主。

🌐 **网友**：重大技术装备政策规定每三年对企业的免税资格进行复核，复核时间应该怎么推算？

🎤 **董岩**：对已享受政策的企业和核电项目业主的免税资格每三年集中进行一次复核。2020年已享受政策的企业和核电项目业主（不含2020年新享受政策企业和核电项目业主）应于2020年8月31日前按规定提交免税资格复核报告。以后的免税资格复核工作每3年开展1次，即2022年对2020年至2022年享受政策企业和核电项目业主的免税资格进行复核，2025年对2023年至2025年享受政策企业和核电项目业主的免税资格进行复核，以此类推。

🌐 **网友**：企业故意低报或高报进出口货物价格，会产生什么后果？

🎤 **董岩**：在进口环节，企业故意低报进口货物价格，按照相应税率计算的税收金额变小，就会少缴进口关税和环节税。在出口环节，企业低报价格，就会把应该结汇到境内的外汇金额变小，而把部分货款结存到境外银行，逃避国家外汇管制。有的企业在出口环节高报价格，以骗取国家的出口退税。企业将货物的实际成交价格故意低报或者高报，逃避海关税收或外汇结售汇。企业故意低报或高报进出口货物价格，属于价格瞒骗违法行为，要负法律责任。

⊕ **网友**：加工贸易内销保税货物的完税价格如何确定？

🎤 **卢厚林**：根据《中华人民共和国海关审定内销保税货物完税价格办法》相关规定，内销保税货物的完税价格，由海关以该货物的成交价格为基础审查确定。进料加工进口料件或者其制成品（包括残次品）内销时，海关以料件原进口成交价格为基础审查确定完税价格。来料加工进口料件或者其制成品（包括残次品）内销时，海关以接受内销申报的同时或者大约同时进口的与料件相同或者类似的保税货物的进口成交价格为基础审查确定完税价格。加工企业内销的加工过程中产生的边角料或者副产品，以其内销价格为基础审查确定完税价格。

⊕ **网友**：海关作出的预裁定对已进口的货物适用吗？

🎤 **董岩**：依据《中华人民共和国海关预裁定管理暂行办法》（海关总署令第 236 号），对已进口的货物不适用。

⊕ **网友**：申请海关预裁定，应通过什么途径提交"海关预裁定申请书"？

🎤 **董岩**：可以通过电子口岸"海关事务联系系统"（QP 系统）或"互联网 + 海关"提交。

1. 申请人可通过电子口岸门户网站—推荐应用中的"海关事务联系系统"提交；

2. 申请人可通过"单一窗口"货物申报模块下的"海关事务联系系统"进行提交；

3. 申请人可通过"互联网 + 海关"搜索"商品归类预裁定申请"提交。公告依据，《关于实施〈中华人民共和国海关预裁定管理暂行办法〉有关事项的公告》（海关总署公告 2018 年第 14 号）第三条。

⊕ **网友**：黑龙江自贸试验区获批以后，企业可以享受海关哪些优惠政策？

🎤 **卢厚林**：首先要梳理一下黑龙江自贸试验区的区内和区外的区别。根据《总体方案》，分成三个层次，一是自贸试验区内综合保税区；二是自贸试验区内非综合保税区；三是自贸试验区区外。所以，企业享受海关自贸创新举措的优惠也可以理解为三个层次。一是综合保税区"区内更特"。海关在综合保税区内打造独具特色的一般纳税人试点、保税维修、委托加工、保税展示交易、跨境电子商务网购保税进口、期货保税交割、融资租赁等新兴业态，制定了更便利企业生产经营的支持措施，办理这些业务的企业需在综合保税区内注册。二是自贸试验区的"区内更优"。结合黑龙江自贸试验区的定位，海关出台"证照分离"以及"优化黑龙江边境自贸片区进境俄罗斯粮食检疫流程"和"俄罗斯低风险植物源性中药材试进口"等方面的创新举措，以及先期出台的20条支持措施，都优先在自贸试验区内试点，实施更大程度的通关便利化。三是自贸试验区外的"复制推广"。优先在自贸试验区内进行创新制度的试点，一旦成熟复制推广至区外，让更多的企业享受政策红利。

🌐 **网友**：我在国外旅游，想买块手表带回国，手表税率是多少？

🎙 **董岩**：完税价格大于等于1万元，税率为50%；小于1万元，税率为20%。

🌐 **网友**：如何发挥企业集团财务公司担保效能？

🎙 **董岩**：企业集团财务公司担保，是指企业集团内进出口公司由集团财务公司提供税收保函，向海关申请办理担保通关手续。《企业集团财务公司管理办法》第二条规定，"财务公司是指以加强企业集团资金集中管理和提高企业集团资金使用效率为目的，为企业集团成员单位提供财务管理服务的非银行金融机构"。企业集团财务公司担保符合《中华人民共和国海关法》第六十八条"银行或者非银行金融机构的保函提供海关事务担保"的规定。企业集团财务公司担保申请，按照"一企一议"原则，由各关对企业集团财务公司资质、资金杠杆、企业内控等情况进行税收担保风险控制审定，研究制定管理和操作细则，将可行性研究报告和试点方案报送关税司审定。

目前，关税司已经同意一汽财务有限公司为其企业集团成员单位在长春关区的进出口业务提供海关税收担保的创新探索。

⊕ **网友**：我们公司拟从国外首次进口一批汽车零部件，由于首次进口商品归类无法确定，可否申请归类预裁定？

🎙 **董岩**：根据《中华人民共和国海关预裁定管理暂行办法》（海关总署令第 236 号）第七条规定，"申请人应当在货物拟进口 3 个月之前向其注册地直属海关提出预裁定申请。"根据《中华人民共和国海关预裁定管理暂行办法》（海关总署令第 236 号）第八条规定，"海关应当自收到《预裁定申请书》以及详细材料之日起 10 日内审核决定是否受理该申请，制发《中华人民共和国海关预裁定申请受理决定书》或者《中华人民共和国海关预裁定申请不予受理决定书》。申请材料不符合有关规定的，海关应当在决定是否受理前一次性告知申请人在规定期限内进行补正，制发《中华人民共和国海关预裁定申请补正通知书》。企业在收到《中华人民共和国海关预裁定申请补正通知书》之日起 5 日内，根据《中华人民共和国海关预裁定申请补正通知书》要求进行补正，并重新上传资料。申请人未在规定期限内提交材料补正的，视为未提出预裁定申请。"根据《中华人民共和国海关预裁定管理暂行办法》（海关总署令第 236 号）第十一条规定，"海关应当自受理之日起 60 日内制发《预裁定决定书》。《预裁定决定书》应当自送达申请人，并且自送达之日起生效。"当前，企业可登录"互联网 + 海关"平台（网址 http：//online. customs. gov. cn）提出申请。特殊情况下，申请人却有正当理由的，可以在货物你进出口前 3 个月内提出预裁定申请。

⊕ **网友**：选择电子支付/电子支付担保的进出口企业、单位如何进行缴税操作？

🎙 **董岩**：选择电子支付/电子支付担保的进出口企业、单位应在电子税费信息生成之日起 10 日内，通过电子支付平台向商业银行发送税费预扣指令；未在上述期限内发送预扣指令的，申报地海关现场将直接转为柜台支付并打印税款缴款书。

⊕ **网友**：进口整车是否可以办理转关？

🎙 **董岩**：按照《关于在汽车整车进口口岸之间开展进口汽车整车转关业

务的公告》（海关总署公告 2014 年第 5 号）规定，在汽车整车进口口岸之间可以办理进口汽车整车转关手续，同时应当符合下列条件。一是办理转关运输的进口整车应当具备全程提单；二是承运转关进口整车的运输企业及其运输工具应当在海关办理备案登记手续，并安装定位监控装置；三是进口整车转关应当采用符合海关监管要求和装卸标准的集装箱装载运输。

🌐 **网友**：我是留学生，回国的时候可以把在国外用的车带回国吗？

🎙 **董岩**：按照《公布禁止进口的旧机电产品目录调整有关事项》（商务部、海关总署公告 2018 年第 106 号），进口二手车列入禁止进口的旧机电产品目录，禁止进口。因此，留学生国外购买的汽车是不能带回国内的。如果您满足留学生免税购车资格，可以到主管海关申请留学生购车政策的优惠。

🌐 **网友**："两步申报"改革的主要内容是什么？

🎙 **董岩**：第一步概要申报，企业凭提单信息，提交满足口岸安全准入监管需要的必要信息进行概要申报，无须口岸检查的货物即可提离，涉税货物需提供有效税款担保；第二步完整申报，企业自运输工具申报进境之日起 14 日内，补充提交满足税收征管、合格评定、海关统计等整体监管需要的全面信息及单证。

🌐 **网友**：长春海关在吉林省继续深化"放管服"改革方面做了哪些工作？

🎙 **董岩**：长春海关在继续深化"放管服"改革方面，一是持续加强与吉林省市场监管厅的注销便利化、多证合一和多报送合一工作，通过大数据交换、共享实现企业在开办、申报《年度报告》和市场主体退出各个环节的便利化，实现一网通办，实现企业"零跑动"，数据"多跑路"，降低企业程序性运营成本。二是为省内所有高级认证企业设立专兼职协调员，负责与企业海关业务负责人的日常沟通与联系，对涉及企业相关的最新政策进行推送和解读，定期回访，召开座谈会收集企业的诉求，帮助企业对持续性符合《海关认证企业标准》开展培育、辅导，对应该整改的项目提出合理化的意见建议。

整合海关办事大厅，实现一个办事大厅能够受理海关所有政务服务事项。推行"前台综合受理、后台分类办理、统一窗口出件"的工作模式，实现政务服务"一窗通办"。规范梳理出 69 项政务服务事项，其中 90% 实现"最多跑一次"。加大国际贸易"单一窗口"推广力度，实现主要业务应用全覆盖，无纸化申报率达到 100%。取消 2 项行政审批事项，开展证照分离改革，对报关企业注册登记等 11 项事项优化审批服务。

🎤 **董岩**：感谢网友们对海关工作的关注与支持，感谢海关总署提供这么好的平台和机会，让我们与广大网友深入交流互动。下一步，长春海关将继续深入学习贯彻党的十九届五中全会精神，强化监管、优化服务，为推进吉林全面振兴全方位振兴贡献海关力量！最后，再次感谢广大网友的积极参与！谢谢！

🎤 **卢厚林**：感谢网友们积极参与、热情提问，感谢海关总署提供这么好的平台和机会，让我们深入交流互动。下一步，哈尔滨海关将继续深入学习贯彻党的十九届五中全会精神，深化改革创新，优化监管服务，为推进黑龙江全面振兴全方位振兴贡献海关力量！最后，再次感谢广大网友对海关工作的关心和支持！谢谢大家！

🎤 **周群**：谢谢网友的热情提问，感谢两位关长的解答！今天的在线访谈到此结束，请大家继续关注中国海关门户网站 www. customs. gov. cn。再见！

后 记

2020 年 12 月 8 日，海关总署举办主题为"构建汽车产业双循环发展新格局"的在线访谈，介绍海关发挥自身职能优势，服务长春"一汽"和大庆"沃尔沃"高效通关，支持汽车产业高质量发展等情况。访谈以网络视频方式在海关总署及长春、哈尔滨海关共同举行。访问量达 143 万余次，独立 IP 1775 个，网友提问 121 个，实时答复 53 个。

全力支持高端制造产业发展

◎ 主　题：全力支持高端制造产业发展
◎ 时　间：2020 年 12 月 15 日　15：00
◎ 嘉　宾：南京海关副关长　彭伟鹏
◎ 主持人：海关总署办公厅　周　群

导语

　　受全球新冠肺炎疫情冲击，世界经济严重衰退，产业链供应链循环受阻，我国的高端制造产业发展也面临着疫情带来的巨大冲击。海关总署认真贯彻落实习近平总书记重要讲话和指示批示精神，坚决落实党中央、国务院工作部署，精准吃透、全面落实"两会"精神，围绕做好"六稳"工作、落实"六保"任务，统筹推进疫情防控和经济社会发展工作，全力支持高端制造产业依托高水平开放平台实现高质量发展。

　　高端制造业是具有高技术含量和高附加值、强竞争力的产业，是一个国家核心竞争力的重要标志，是战略性新兴产业的重要一环。2020年1月9日，海关总署部署南京海关立足江苏自由贸易试验区苏州片区创新平台，以苏州工业园区支柱产业之一的集成电路产业为对象，在全国率先开展高端制造全产业链保税模式改革试点，试点以来取得显著成效。

　　今天，让我们一起来了解高端制造全产业链保税模式改革试点情况和南京海关贯彻落实海关总署决策部署，依托高水平开放平台推动高端制造产业高质量发展的情况。

身临其境　看看我们曾经聊过的

主持人嘉宾交流

🎤 **周群：**大家好，这里是中国海关门户网站在线访谈，我是主持人周群。

江苏省经济体量位居全国第二位，拥有雄厚的制造业集群。2020 年前三季度，江苏实现外贸进出口 32250.42 亿元，位居全国第二，外贸依存度为 43.7%，开放型经济在江苏整体经济中占有重要比重。自贸试验区、综保区、开发区作为对外开放的载体，其地位日益突出。南京海关紧密结合中央经济工作会议关于"打造一批有国际竞争力的先进制造业集群，提升产业基础能力和产业链现代化水平"的要求，充分利用对外开放平台的制度创新优势，高质量推进保税模式改革试点，服务江苏高端制造产业发展，加快推动产业转型升级。

今天我们在海关总署新闻发布厅和大家一起围绕海关"全力支持高端制造产业发展"这一主题开展互动交流。今天我们邀请到的嘉宾是南京海关副关长彭伟鹏。彭关长，请先和网友们打个招呼吧。

🎤 **彭伟鹏：**主持人、各位网友，大家好！很荣幸能作为此次在线访谈的嘉宾向大家介绍南京海关支持高端制造产业依托高水平开放平台实现高质量发展的工作举措和成效。在海关总署的坚强领导下，南京海关积极落实党中央、国务院决策部署，依托江苏自由贸易试验区、综合保税区高水平开放平台，聚焦集成电路、生物医药等产业集群，优化监管、创新模式，积极推动高端制造产业高质量发展，努力使之成为江苏实体经济发展的一道亮丽的风景线。希望能通过这次在线访谈活动，让广大网友进一步了解海关制度创新是如何支持产业发展的。

🎤 **周群：**高端制造全产业链保税模式改革试点是海关加工贸易及保税监管模式创新的最新成果。彭关长能给我们简单介绍一下高端制造全产业链保税模式改革试点的主要内容吗？

受全球新冠肺炎疫情冲击，世界经济严重衰退，产业链供应链循环受阻，我国的高端制造产业发展也面临着疫情带来的巨大冲击。海关总署认真贯彻落实习近平总书记重要讲话和指示批示精神，坚决落实党中央、国务院工作部署，精准吃透、全面落实"两会"精神，围绕做好"六稳"工作、落实"六保"任务，统筹推进疫情防控和经济社会发展工作，全力支持高端制造产业依托高水平开放平台实现高质量发展。

高端制造业是具有高技术含量和高附加值强竞争力的产业，是一个国家核心竞争力的重要标志，是战略性新兴产业的重要一环。

江苏省经济体量位居全国第二位，拥有雄厚的制造业集群。2020年前三季度，江苏实现外贸进出口32250.42亿元，位居全国第二，外贸依存度为43.7%，开放型经济在江苏整体经济中占有重要比重。自贸试验区、综保区、开发区作为对外开放的载体，其地位日益突出。南京海关紧密结合中央经济工作会议关于"打造一批有国际竞争力的先进制造业集群，提升产业基础能力和产业链现代化水平"的要求，充分利用对外开放平台的制度创新优势，高质量推进保税模式改革试点，服务江苏高端制造产业发展，加快推动产业转型升级。

🎙 **彭伟鹏：**高端制造全产业链保税模式改革试点，在集成电路等国家重点高端产业中，顺应产业链发展趋势，以龙头企业为核心，以信用管理为基础，以信息监管为手段，对产业链中关联度高的企业实施整体监管、全程保税、便利流转，增强高端制造产业竞争力，服务产业升级和经济高质量发展。

高端制造全产业链保税模式改革试点的主要举措包括 6 个方面：

一是实施科学动态的评估管理。建立产业链评估机制，促进产业链自律管理。

二是实施便利价值链延伸的创新管理。支持企业开展保税研发检测，支持产业链开展出境加工，优先适用保税维修政策，放宽外发加工限制。

三是实施自由流通的货物监管。精简物流申报手续，开展产业链直通式检疫，允许保税料件产业链内流转，优化评定方式。

四是实施优惠便捷的税收管理。放宽内销集中纳税期限，实行多元担保形式。

五是实施精准优质的服务管理。优化产业链信用管理，实施产业链废品销毁处置，实施退换成品专项管理，配备产业链协调员。

六是实施安全高效的整体监管。探索产业链保税一体化管理，实施包容审慎监管，推行产业链智慧后续监管模式，增建"单一窗口"产业链模块。

高端制造全产业链保税模式改革试点

高端制造全产业链保税模式改革试点，在集成电路等国家重点高端产业中，顺应产业链发展趋势，以龙头企业为核心，以信用管理为基础，以信息监管为手段，对产业链中关联度高的企业实施整体监管、全程保税、便利流转，增强高端制造产业竞争力，服务产业升级和经济高质量发展。

高端制造全产业链保税模式改革试点的主要举措包括6个方面：

 01 一是实施科学动态的评估管理。建立产业链评估机制，促进产业链自律管理。

二是实施便利价值链延伸的创新管理。支持企业开展保税研发检测，支持产业链开展出境加工，优先适用保税维修政策，放宽外发加工限制。

三是实施自由流通的货物监管。精简物流申报手续，开展产业链直通式检疫，允许保税料件产业链内流转，优化评定方式。

四是实施优惠便捷的税收管理。放宽内销集中纳税期限，实行多元担保形式。

五是实施精准优质的服务管理。优化产业链信用管理，实施产业链废品销毁处置，实施退换成品专项管理，配备产业链协调员。

06
六是实施安全高效的整体监管。探索产业链保税一体化管理，实施包容审慎监管，推行产业链智慧后续监管模式，增建"单一窗口"产业链模块。

🎤 **周群**：谢谢彭关长的介绍，我们能感受到这项改革释放政策红利的满满诚意。具体到实践环节，能否给我们介绍一下试点以来取得了哪些成效？

🎤 **彭伟鹏**：实践证明，高端制造全产业链保税模式改革试点经受住了新冠肺炎疫情的考验，维护了产业链稳定，畅通了产业链循环，有效增强了江苏地区集成电路等高端制造产业的抗风险韧性。试点以来，精简物流手续等 12 项优惠举措落地应用，改革释放的红利效应吸引了包括集成电路产业、新一代显示技术产业、生物医药产业等在内的一大批企业。2020 年 8 月 29 日，高端制造全产业链保税模式改革深化试点正式启动，目前有 5 家企业的"增链扩链"工作已经展开。

一是释放改革红利，助力企业进出口业务"逆增长"。前三季度，首批改革试点企业整体进出口总值为 102 亿元，增长 128%，推动苏州工业园区集成电路产业整体进出口额增长 33%。改革提振了企业信心，试点企业不断扩大投资、增加产能，三家试点企业将引进 40 亿元设备，扩产完成后预计产能将提升一倍以上，当地集成电路产业链进一步稳固。

二是精准优质服务，实现企业复工复产"零阻力"。配备产业链专属协调员为企业提供管家式服务，通过微信直连企业需求，同时在疫情期间建立"抗疫绿色通道"及时解决企业复工复产中遇到的限制性原料备案、系统故障、保税供应链维稳等问题10余个。

三是延伸产业价值链，提升企业创新发展"源动力"。良好的产业成长、政策扶持和信用培育机制使试点企业成为银行眼中潜在优质客户，吸引资金进入。试点以来，已有多家银行主动与试点企业商洽信贷业务，产业链新增授信额度已逾11亿元。

试点以来取得的成效

实践证明，高端制造全产业链保税模式改革试点经受住了新冠肺炎疫情的考验，维护了产业链稳定，畅通了产业链循环，有效增强了江苏地区集成电路等高端制造产业的抗风险韧性。试点以来，**精简物流手续等12项优惠举措落地应用，改革释放的红利效应吸引了包括集成电路产业、新一代显示技术产业、生物医药产业等在内的一大批企业。**2020年8月29日，高端制造全产业链保税模式改革深化试点正式启动，目前有5家企业的**"增链扩链"**工作已经展开。

一是释放改革红利，助力企业进出口业务"逆增长"。

前三季度，首批改革试点企业整体进出口总值为102亿元，增长128%，推动苏州工业园区集成电路产业整体进出口额增长33%。改革提振了企业信心，试点企业不断扩大投资、增加产能，三家试点企业将引进40亿元设备，扩产完成后预计产能将提升一倍以上，当地集成电路产业链进一步稳固。

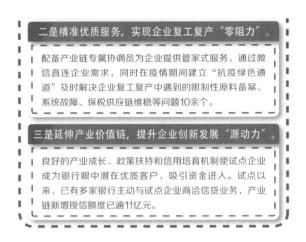

二是精准优质服务，实现企业复工复产"零阻力"。

配备产业链专属协调员为企业提供管家式服务，通过微信直连企业需求，同时在疫情期间建立"抗疫绿色通道"及时解决企业复工复产中遇到的限制性原料备案、系统故障、保税供应链维稳等问题10余个。

三是延伸产业价值链，提升企业创新发展"源动力"。

良好的产业成长、政策扶持和信用培育机制使试点企业成为银行眼中潜在优质客户，吸引资金进入。试点以来，已有多家银行主动与试点企业商洽信贷业务，产业链新增授信额度已逾11亿元。

🎤 **周群**：听完彭关长的介绍，我忍不住要为这项改革点赞。据我所知，生物医药产业也是江苏省重点发展的战略性新兴产业。南京海关在促进生物医药产业发展方面，有哪些举措？

🎤 **彭伟鹏**：生物医药产业是江苏省重点发展的战略性新兴产业，经过多年培育发展，江苏省拥有南京、苏州、泰州 3 个国家生物产业基地，培育了 7 个国家级生物医药（含医疗器械类）产业园区，形成了苏州工业园区、南京江北新区、泰州医药高新区、连云港经开区四大代表性生物医药产业集聚地，以及昆山小核酸特色化产业基地。随着近年来我国生物医药产业快速发展，国际间产业协作及科技交流日益频繁，全球生物医药产业格局正处在重塑的重要窗口期。南京海关立足关区实际，积极发挥职能作用，坚持以"强化监管，优化服务"为导向，通过政策支持、规范监管、优化服务等方式，助推江苏省生物医药产业发展。

具体来说，可以概括为四个方面：

一是政策支持，为企业发展"引路"。针对江苏生物医药产业持续增长的态势，且入境产品风险等级高的特点，积极优化准入流程，探索建立进出境特殊物品长效管理机制。2019 年 3 月，受海关总署委派赴德国开展全国海关首次输华人源血液产品境外风险评估工作，通过开展供应商、生产商生物安全控制体系的境外准入评估，从源头上有效控制疫情疫病的风险。作为海关总署特批的 D 级特殊物品行政许可事项调整的 4 个试点直属关之一，通过培训和考核，现已将 D 级特殊物品卫生检疫审批权限全部下放至 11 个隶属海关，下放数量位居全国海关之首。审批时长由规定的 20 个工作日缩短到平均时长 1.7 个工作日，最快当日办结。

二是规范监管，为企业发展"护航"。制定南京海关出入境特殊物品卫生检疫审批、检疫查验、风险评估等 4 项工作指引，对外更新特殊物品服务指南与工作流程。根据关区出入境高风险特殊物品的类别和种类，组建涵盖 60 余位风险评估专家的专业队伍，并积极向海关总署争取共享全国海关出入境特殊物品监管系统内的专家资源。加大传染病实验室投入，探索推进入境高风险特殊物品符合性和生物安全抽样检测工作。

三是制度创新，为企业搭建"平台"。在南京江北新区支持建设生物医药公共服务平台，积极探索并创新特殊物品快速进出口"一站式"监管模式，优化审批、查验和后续监管流程。在泰州支持打造综合保税区医药研发平台，立足泰州医药高新技术产业开发区的产能优势和泰州综合保税区的政策优势，找准生物医药产业保税研发业务这个重要的发力点和契合点，破解保税研发业务发展难题。目前，国家生命科学院大基因研究所项目已经正式入驻泰州综保区。

四是优化服务，为企业发展"提速"。强化政策宣传，通过关企 QQ 群、微信群、政策宣讲团等形式，及时发布、解读最新海关政策，指导企业了解政策变动情况。通过服务前置、走访调研，主动了解生物医药企业进出口需求，帮助企业了解审批工作流程，依法高效完成审批程序，节省审批时间。同时，深化"放管服"改革，推广提前申报，提高查验等各环节作业效率，持续压缩整体通关时间，提升出入境特殊物品口岸通行效率，更好服务生物医药产业发展。

2020 年 1～10 月，完成特殊物品卫生检疫审批 7043 批次，同比增长 121%，平均审批时长 1.6 天；开展高风险特殊物品风险评估 100 批次、

767 个产品；办理出口新冠检测试剂卫生检疫审批 1436 批次、6. 18 亿人份，货值 14. 34 亿美元。

南京海关促进生物医药产业发展方面的举措

生物医药产业是江苏省重点发展的战略性新兴产业，经过多年培育发展，江苏省拥有南京、苏州、泰州3个国家生物产业基地，培育了7个国家级生物医药（含医疗器械类）产业园区，形成了苏州工业园区、南京江北新区、泰州医药高新区、连云港经开区四大代表性生物医药产业集聚地，以及昆山小核酸特色化产业基地。随着近年来我国生物医药产业快速发展，国际间产业协作及科技交流日益频繁，全球生物医药产业格局正处在重塑的重要窗口期。南京海关立足关区实际，积极发挥职能作用，坚持以**"强化监管，优化服务"**为导向，通过政策支持、规范监管、优化服务等方式，助推江苏省生物医药产业发展。

可以概括为四个方面：

一是政策支持，为企业发展"引路"。

针对江苏生物医药产业持续增长的态势，且入境产品风险等级高的特点，积极优化准入流程，探索建立进出境特殊物品长效管理机制。2019年3月，受海关总署委派赴德国开展全国海关首次输华人源血液产品境外风险评估工作，通过开展供应商、生产商生物安全控制体系的境外准入评估，从源头上有效控制疫情疫病的风险。作为海关总署特批的D级特殊物品行政许可事项调整的4个试点直属关之一，通过培训和考核，现已将D级特殊物品卫生检疫审批权限全部下放至8个隶属海关，下放数量位居全国海关之首。审批时长由规定的20个工作日缩短到平均时长1.7个工作日，最快当日办结。

二是规范监管，为企业发展"护航"。

制定南京海关出入境特殊物品卫生检疫审批、检疫查验、风险评估等4项工作指引，对外更新特殊物品服务指南与工作流程。根据关区出入境高风险特殊物品的类别和种类，组建涵盖60余位风险评估专家的专业队伍，并积极向海关总署争取共享全国海关出入境特殊物品监管系统内的专家资源。加大传染病实验室投入，探索推进入境高风险特殊物品符合性和生物安全抽样检测工作。

三是制度创新，为企业搭建"平台"。

在南京江北新区支持建设生物医药公共服务平台，积极探索并创新特殊物品快速进出口"一站式"监管模式，优化审批、查验和后续监管流程。在泰州支持打造综合保税区医药研发平台，立足泰州医药高新技术产业开发区的产能优势和泰州综合保税区的政策优势，找准生物医药产业保税研发业务这个重要的发力点和契合点，破解保税研发业务发展难题。目前，国家生命科学院大基因研究所项目已经正式入驻泰州综保区。

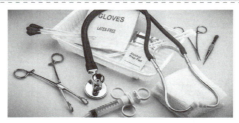

四是优化服务，为企业发展"提速"。

强化政策宣传，通过关企QQ群、微信群、政策宣讲团等形式，及时发布、解读最新海关政策，指导企业了解政策变动情况。通过服务前置、走访调研，主动了解生物医药企业进出口需求，帮助企业了解审批工作流程，依法高效完成审批程序，节省审批时间。同时，深化"放管服"改革，推广提前申报，提高查验等各环节作业效率，持续压缩整体通关时间，提升出入境特殊物品口岸通行效率，更好服务生物医药产业发展。

1-10月，完成特殊物品卫生检疫审批7043批次，同比增长121%，平均审批时长1.6天；开展高风险特殊物品风险评估100批次、767个产品；办理出口新冠检测试剂卫生检疫审批1436批次、6.18亿人份，货值14.34亿美元。

🎤 **周群：**今年的新冠肺炎疫情给外贸带来了巨大的冲击，您能不能给广大网友谈一谈今年南京海关在通关便利化方面有哪些做法？

🎤 **彭伟鹏：**提升通关便利化水平是优化营商环境、促进高端制造产业发展的重要举措。今年以来，南京海关化压力为动力，聚焦通关便利，密集出台促进外贸稳增长系列措施，全力保障快速通关。

一是全力保障防疫物资依规高效通关。开设通关绿色通道，设立疫情防控物资及其生产原料通关专用窗口，对特殊物品、紧急事项简化审批手续。针对一般防疫物资出口，我们组织力量对海关总署连续下发的公告文件要求进行系统梳理，以表格和思维导图形式厘清单证审核操作要点，及时印发《南京海关出口防疫物资单证审核操作指引》，及时通过海关发布、南京海关12360等微信公众号发布《出口防疫物资通关指南》，服务企业高效通关，微信阅读人数超2万人次。结合技贸措施研究，组织开展境外新冠疫情技贸措施影响专项问卷调查，及时收集翻译发布国外相关货物贸易限制措施 50 余条，针对性地帮助企业解决难题。

二是推动构建内陆多元立体国际物流体系。借助长三角一体化机制，监管部门大力推进转关作业无纸化，实现了与上海海关间的水运进口联运中转自动审放。支持江苏（苏州）国际铁路物流中心开展海铁联运业务，实现与上海洋山港、芦潮港"公转铁"的无缝对接。利用"义新欧"临时邮路，实现了与杭州海关间的临时出境邮路监管联动，缓解了出口邮件积压。会同上海海关采取进境粮食江海联运"协同检疫"工作模式，保障 14 船共 58.4 万吨粮食进口。做好新物流监控系统的运行保障，实现南京、苏州、连云港、徐州等地中欧班列高效智能验放。深化"车船直取"作业模式，加快港口集装箱周转效率，实现货物卸船至提离时间由 1～2 天压缩至 5～10 分钟。开辟绿色通道，引导企业通过"沪太通"水运直抵上海港，发挥"一港集散，两港联动"便利，缓解疫情期间陆路运输难题。

三是持续压缩整体通关时间。深入分析疫情防控期间通关时间反弹原因，每日开展"红黄绿"数据通报，加大工作力度克服新冠疫情带来的影响，突出管控重点，强化措施落实，优化企业申报方式，压缩查验放行时间，确保通关时间进一步稳定在正常区间。通过审核电子资料、GPS 定位、实时音视频数据传输等方式实现受理申报、现场查验、实验室检测同步进行，大幅度压缩通关时长。10 月，关区进口整体通关时间 56.75 小时，较 2017 年压缩 43.89%。

南京海关在通关便利化方面的做法

提升通关便利化水平是**优化营商环境、促进高端制造产业发展的重要举措。**今年以来，南京海关化压力为动力，聚焦通关便利，密集出台促进外贸稳增长系列措施，全力保障快速通关。

一是全力保障防疫物资依规高效通关。

开设通关绿色通道，设立疫情防控物资及其生产原料通关专用窗口，对特殊物品、紧急事项简化审批手续。针对一般防疫物资出口，我们组织力量对海关总署连续下发的公告文件要求进行系统梳理，以表格和思维导图形式厘清单证审核操作要点，及时印发**《南京海关出口防疫物资单证审核操作指引》，**及时通过海关发布、南京海关12360等微信公众号发布**《出口防疫物资通关指南》，**服务企业高效通关，微信阅读人数超2万人次。结合技贸措施研究，组织开展境外新冠疫情技贸措施影响专项问卷调查，及时收集翻译发布国外相关货物贸易限制措施50余条，针对性地帮助企业解决难题。

二是推动构建内陆多元立体国际物流体系。

借助长三角一体化机制，监管部门大力推进转关作业无纸化，实现了与上海海关间的水运进口联运中转自动审放。支持江苏（苏州）国际铁路物流中心开展海铁联运业务，**实现与上海洋山港、芦潮港"公转铁"的无缝对接。利用"义新欧"临时邮路，实现了与杭州海关间的临时出境邮路监管联动，缓**

解了出口邮件积压。 会同上海海关采取进境粮食江海联运"协同检疫"工作模式,保障14船共58.4万吨粮食进口。做好新物流监控系统的运行保障,实现南京、苏州、连云港、徐州等地中欧班列高效智能验放。**深化"车船直取"作业模式,** 加快港口集装箱周转效率,实现货物卸船至提离时间由1~2天压缩至5~10分钟。**开辟绿色通道,引导企业通过"沪太通"水运直抵上海港,发挥"一港集散,两港联动"便利,缓解疫情期间陆路运输难题。**

三是持续压缩整体通关时间。

深入分析疫情防控期间通关时间反弹原因,每日开展"红黄绿"数据通报,加大工作力度克服新冠疫情带来的影响,突出管控重点,强化措施落实,优化企业申报方式,压缩查验放行时间,确保通关时间进一步稳定在正常区间。通过**审核电子资料、GPS定位、实时音视频数据传输等方式实现受理申报、现场查验、实验室检测同步进行,大幅度压缩通关时长。** 10月,关区进口整体通关时间56.75小时,较2017年压缩43.89%。

🎤 **周群:** 营商环境没有最好,只有更好。除了提升通关便利化水平以外,企业问题清零也是南京海关优化营商环境的一个重要举措,您能否简要介绍一下?

🎤 **彭伟鹏:** 为打通服务企业"最后一公里",实现关企交流"零距离",2019年以来,南京海关优化营商环境出实招,聚焦为民服务解难题,探索创立了一套"企业问题清零机制",积极响应企业诉求,及时排忧解难,服务企业发展。

南京海关依托"企业问题清零机制",综合运用 12360 海关服务热线、在线问卷调研等线上沟通渠道,收集集成电路、生物医药等企业提出的各类问题和困难诉求,同步建立登记、处理、督查、反馈的处理闭环机制,有效疏解产业"堵点",破解行业"难点",缓解企业"痛点"。

面对新冠肺炎疫情,"企业问题清零机制"在支持企业复工复产稳外贸促增长方面发挥了重要作用,今年以来,通过"企业问题清零系统"一对一解决企业疑难问题 283 个,接听解答涉及疫情、企业复工复产政策咨询的电话超过 20000 个,通过 12360 微信、微博发布相关政策解读、海关公告和通关指南 961 篇次(原创 89 篇),阅读量超 198 万人次。

为打通服务企业**"最后一公里"**,实现关企交流**"零距离"**,2019 年以来,南京海关优化营商环境出实招,聚焦为民服务解难题,探索创立了一套**"企业问题清零机制"**,积极响应企业诉求,及时排忧解难,服务企业发展。

南京海关依托"企业问题清零机制",综合运用 12360 海关服务热线、在线问卷调研等线上沟通渠道,收集集成电路、生物医药等企业提出的各类问题和困难诉求,同步建立登

记、处理、督查、反馈的处理闭环机制，**有效疏解产业"堵点"，破解行业"难点"，缓解企业"痛点"。**

面对新冠肺炎疫情，"企业问题清零机制"在支持企业复工复产稳外贸促增长方面发挥了重要作用，今年以来，通过"企业问题清零系统"**一对一解决企业疑难问题283个**，接听解答涉及疫情、企业复工复产政策咨询的电话超过20000个，通过12360微信、微博发布相关政策解读、海关公告和通关指南961篇次（原创89篇），阅读量超198万人次。

🎙 **周群**：通过彭关长的介绍，我们能看到南京海关在积极优化营商环境稳外贸促发展等方面所做的工作卓有成效。

综合保税区、自贸试验区作为对外开放的载体，对于联通内外、推动江苏省开放型经济发展具有重要意义。江苏省拥有 20 个综合保税区，数量居全国之首。2019 年 8 月 2 日，国务院发布了《关于印发 6 个新设自由贸易试验区总体方案的通知》（国发〔2019〕16 号），江苏自由贸易试验区建设也正式拉开帷幕。据我所知，南京海关在推动江苏省综保区发展一直走在全国前列，在助推江苏省自由贸易试验区建设方面，也已经做出了很多探索和努力。彭关长，您能给我们简要介绍下南京海关是如何依托综保区、自贸试验区等高水平开放平台推动江苏省开放型经济高质量发展的吗？

🎙 **彭伟鹏**：南京海关党委高度重视综保区、自贸试验区等高水平开放平台建设，坚决贯彻落实党中央、国务院决策部署，认真落实《国务院关于促进综合保税区高水平开放高质量发展的若干意见》（以下简称《若干意见》）和《关于印发 6 个新设自由贸易试验区总体方案的通知》，全力支持推进江苏自贸试验区建设，大力推动集成电路、生物医药等高端产业发展。

一是落实重点改革新部署。全力落实江苏自贸试验区总体方案中涉及海关的各项任务，在压缩整体通关时间、促进自贸试验区与海关特殊监管区域联动发展、"两步申报"改革等任务方面已取得明显成效；同时积极配合地方政府开展支持在自贸试验区内设立南京综合保税区、建设整车进口口岸等任务的推进。国务院《若干意见》21 项措施中已有 15 项在我省落地，区内注册企业同比增长 13.1%，活跃企业数居全国第一。据统计，2019 年因《若干意见》实施而实现的进出口达 2186 亿元，对全省特殊区域进出口增长的贡献率为 24.4%。

二是点燃开放创新"新引擎"。充分发挥"保税 +"优势，积极拓展研发设计、检验检测、展览展示、保税维修、融资租赁、国际供应链物流等服务新业态，全球维修、"四自一简"等试点改革深入开展，一般纳税人试点成效居全国首位。

三是争创制度创新"新品牌"。推出空运直通港、中欧国际公路运输新模式、保税检测区内外联动模式、中欧班列"保税 出口"货物集装箱混拼等多项创新举措。"空运直通港"举措 2020 年 1 ~ 10 月已试点 211 票505 件货物，货物从航班落地到送达工厂仅需不到 11 小时，平均提速 6 小时左右，降低成本 15% ~ 25%；"中欧国际公路运输新模式"举措支持苏州片区内企业创立"中欧卡车航班"，经新疆霍尔果斯口岸出入境，通过定制卡车运输模式，在空运、海运、铁路运输之外打造出联通中国与欧洲国家的又一物流通道，在疫情期间保持每周定制 2 ~ 4 班次往来中欧，缓解了企业因海运、空运运力受限造成的运输困难，目前每月发运超 100 车次，累计进出口货值超过 30 亿元，同比增长 8 倍以上。

推动江苏省开放型经济高质量发展

南京海关党委高度重视综保区、自贸试验区等高水平开放平台建设，坚决贯彻落实党中央、国务院决策部署，认真落实**《国务院关于促进综合保税区高水平开放高质量发展的若干意见》**（以下简称《若干意见》）和**《关于印发6个新设自由贸易试验区总体方案的通知》**，全力支持推进江苏自贸试验区建设，大力推动集成电路、生物医药等高端产业发展。

一是落实重点改革新部署。

全力落实江苏自贸试验区总体方案中涉及海关的各项任务，在**压缩整体通关时间、促进自贸试验区与海关特殊监管区域联动发展、"两步申报"改革**等任务方面已取得明显成效；同时积极配合地方政府开展支持在自贸试验区内设立南京综合保税区、建设整车进口口岸等任务的推进。国务院《若干意见》21项措施中已有15项在我省落地，区内注册企业同比增长13.1%，活跃企业数居全国第一。据统计，2019年因《若干意见》实施而实现的进出口达2186亿元，对全省特殊区域进出口增长的贡献率为24.4%。

二是点燃开放创新"新引擎"。

充分发挥**"保税+"**优势，**积极拓展研发设计、检验检测、展览展示、保税维修、融资租赁、国际供应链物流等服务新业态，全球维修、"四自一简"**等试点改革深入开展，一般纳税人试点成效居全国首位。

三是争创制度创新"新品牌"。

推出**空运直通港、中欧国际公路运输新模式、保税检测区内外联动模式、中欧班列"保税+出口"货物集装箱混拼等多项创新举措。** "空运直通港"举措1-10月已试点211票505件货物，货物从航班落地到送达工厂仅需不到11小时，平均提速6小时左右，降低成本15%-25%；"中欧国际公路运输新模式"举措支持苏州片区内企业创立"中欧卡车航班"，经新疆霍尔果斯口岸出入境，通过定制卡车运输模式，在空运、海运、铁路运输之外打造出联通中国与欧洲国家的又一物流通道，在疫情期间保持每周定制2-4班次往来中欧，缓解了企业因海运、空运运力受限造成的运输困难，目前每月发运超100车次，累计进出口货值超过30亿元，同比增长8倍以上。

🎙 **周群**：谢谢彭关长。相信广大网友能从这一项项举措、一个个数字中发现，南京海关在优化监管、创新模式，积极推动高端制造产业高质量发展所做出的巨大努力。

不知不觉，我们在线访谈的时间已经过去大半了，下面我们把时间留给广大网友，看看他们都提出了哪些问题。

网友提问摘录

🌐 **网友**：海关证书现在还需要年审吗？

🎙 **彭伟鹏**：不需要年审。根据《关于实施年报"多报合一"改革》（国家市场监督管理总局　海关总署公告 2018 年第 9 号），在海关注册登记或者备案的报关单位（进出口货物收发货人、报关企业）、加工生产企业（含个体工商户、农民专业合作社）和减免税进口货物处于监管年限内的企业统一通过国家企业信用信息公示系统（www. gsxt. gov. cn）报送年报。

🌐 **网友**：请问我一个人从国外可以带两只狗回国吗？

🎙 **彭伟鹏**：不可以，一个人只能带一只。

🌐 **网友**：江苏自贸区有哪些优惠政策？

🎙 **彭伟鹏**：为支持江苏自贸试验区建设，2020 年，南京海关出台了 16 项支持措施，包括支持全产业链保税监管、对自贸区内企业优先开展企业信用认证、放宽特殊监管区域内企业保税监管业务办理时限等，从简化手续、优化作业环节等方面助力企业进出口业务发展。

🌐 **网友**：我的邮件状态为什么一直为"留存待验"？

🎙 **彭伟鹏**：国际邮件需经过海关查验监管，此时邮件会显示"留存待验"状态，待海关查验监管完毕后，会由邮政企业通过短信或者通知单等形式通知收件人办理相关海关手续。年底邮件量比较大，请收件人耐心等待通知，如长时间未更新物流信息，也可以联系南京或者苏州邮政局进一步了解邮包状态。

🌐 **网友**：请问海关在审定完税价格的时候，在哪些情况下会认为买卖双方存在特殊关系？

🎤 **彭伟鹏**：根据《中华人民共和国海关审定进出口货物完税价格办法》（海关总署令第 213 号）第十六条规定，"有下列情形之一的，应当认为买卖双方存在特殊关系：（一）买卖双方为同一家族成员的；（二）买卖双方互为商业上的高级职员或者董事的；（三）一方直接或者间接地受另一方控制的；（四）买卖双方都直接或者间接地受第三方控制的；（五）买卖双方共同直接或者间接地控制第三方的；（六）一方直接或者间接地拥有、控制或者持有对方 5% 以上（含 5%）公开发行的有表决权的股票或者股份的；（七）一方是另一方的雇员、高级职员或者董事的；（八）买卖双方是同一合伙的成员的。买卖双方在经营上相互有联系，一方是另一方的独家代理、独家经销或者独家受让人，如果符合前款的规定，也应当视为存在特殊关系"。

🌐 **网友**：我们公司最近租赁进口了一批货物，因生产上的需要，计划在境内使用转为进口，想了解一下税款怎样计征？

🎤 **彭伟鹏**：根据《中华人民共和国海关进出口货物征税管理办法》规定，海关对留购的租赁进口货物，按照审定进口货物完税价格的有关规定和海关接受申报办理留购的相关手续之日该货物适用的计征汇率、税率，审核确定其完税价格、计征应缴纳的税款。

🌐 **网友**：南京海关留存待验要多久？

🎤 **彭伟鹏**：如遇假期、节日、海淘购物"爆仓"等特殊情况，邮件会积压，需等待邮局将邮件送交海关检查。正常情况下，邮局提交海关的邮递物品，除需要办理海关手续等情况外，当天可以完成验放。如需办理海关手续，会由邮局负责通知收件人，请耐心等待通知。

🌐 **网友**：如何办理进口食品进口商备案？

🎙 **彭伟鹏**：办理进口食品进口商备案请参考《进口食品进口商备案指南》，具体网址为 https：//mp. weixin. qq. com/s/aAPUixfcpGs－fbjSQqJvIA。

🌐 **网友**：原产地证书可以自主打印吗？

🎙 **彭伟鹏**：自 2019 年 5 月 20 日起，出口企业向海关申报的原产地电子数据经审核通过后，直接使用彩色打印机和普通 A4 纸，即可自行打印出带有底纹、企业签章及签名、海关签章及签名的原产地证书。

🌐 **网友**：受疫情影响，我于 2020 年 2 月在英国旅游，不是留学生和访问学者，滞留 2 个月后回国。行李物品一直留在英国，现在运回来，是否有免税政策？

🎙 **彭伟鹏**：针对疫情特殊情况，海关特事特办，对于 2019 年 12 月以来（含 12 月）回国人员，允许在 2020 年年底前，将行李以分离运输方式运进。此种分运行李与旅客随身携带行李物品合并计算免税限额，如合计超出 5000 元人民币，则需征税。

🌐 **网友**：对报关记录有异议，应当如何申请复核？

🎙 **彭伟鹏**：《关于公布〈海关总署关于修改部分规章的决定〉的令》（海关总署令第 240 号）附件 37《中华人民共和国海关报关单位注册登记管理规定》第三十八条第二款规定："报关单位对报关差错记录有异议的，可以自报关差错记录之日起 15 日内向记录海关以书面方式申请复核。"

🌐 **网友**：我是一名留学生，请问邮寄邮包入境，怎么向海关申报分离运输行李？

彭伟鹏：在入境时需填写旅客行李物品申报单递交海关审核签章，在入境 180 天内需将分运行李通过邮寄等方式运进，凭入境时留存的申报单向分运行李进境地海关机构办理分运行李申报手续。

网友：进境邮包海关会消毒检测吗？

彭伟鹏：会按照规定消毒。

网友：请问出口食品生产企业备案核准有效期是多久？

彭伟鹏：您好！根据《关于开展"证照分离"改革全覆盖试点的公告》（海关总署公告 2019 年第 182 号）第一条及附件 2《出口食品生产企业备案核准》规定，"出口食品生产企业备案核准"实施"审批改为备案"改革。企业开展生产出口食品经营活动应持有营业执照并按要求进行备案，取消许可证有效期，改为长期有效。

网友：报关企业注册有效期现在是长期吗？

彭伟鹏：为进一步推进"放管服"改革，简化办事程序，降低企业制度性交易成本，根据《关于开展"证照分离"改革全覆盖试点的公告》（海关总署公告 2019 年第 182 号），自 2019 年 12 月 1 日起，在全国范围内取消报关企业、报关企业分支机构的报关有效期，改为长期有效。

网友：怎样查询我的跨境电商额度？

彭伟鹏：通过国际贸易单一窗口标准版应用中的跨境电商板块中"公共服务"可以查询。查询前应先进行个人用户注册。

网友：近日，南京海关在查验出口邮递物品时，发现大量可疑邮件，对其进行开拆查验，发现里面的货物包括"LV"挂件、"Gucci"皮带等，做工粗糙，明显系侵权商品。海关如何处理？

彭伟鹏：国家禁止侵犯知识产权的货物进出境，海关将依法查处侵权案件。对于确属侵权货物的依法予以没收，并处罚款。

⊕ **网友**：企业通过什么途径查询信用等级？

🎙 **彭伟鹏**：有两种方式查询进出口企业信用等级。第一种方式是登录中国海关官方网站查询，网址是 http：//online. customs. gov. cn，第二种方式是登录中国海关企业进出口信用信息公示平台查询，网址是 http：//credit. customs. gov. cn。

⊕ **网友**：进境邮包中查获 50 头活体蜘蛛，有的长达 10 厘米，怎么处理？

🎙 **彭伟鹏**：根据规定，活体蜘蛛为违禁物品，除非有进口许可和国外官方检疫证书，否则该行为属于非法邮寄进口。对于非法邮寄进口的活体物品，一律作销毁处理。

⊕ **网友**：我想从日本邮寄一套厨具回国，需要交税吗？

🎙 **彭伟鹏**：根据海关总署公告 2010 年第 43 号，从日本寄回的个人自用物品，每次限值不超过人民币 1000 元，可以按照物品进口税率征税进口。个人自用的一套厨具即使超值，经过海关审核认定确属自用的，仍然可以征税进口。经计算税款不超过 50 元时，可以免征，超过的，需全额征税。

⊕ **网友**：我们公司的信用等级为一般信用企业，请问能否采用"两步申报"的模式进行报关？

🎙 **彭伟鹏**：根据海关总署相关规定，一般信用企业可以采用"两步申报"模式进行报关。

⊕ **网友**：跨境电子商务平台企业申请认证企业应当符合什么标准？

🎙 **彭伟鹏**：根据《海关认证企业标准》（海关总署公告 2019 年第 229 号）第一条规定，跨境电子商务平台企业申请适用海关认证企业管理的，应当同时符合《海关认证企业标准》中的通用标准（详见海关总署公告 2018 年第 177 号）、进出口货物收发货人（详见海关总署公告 2018 年第 177 号）和跨境电子商务平台企业单项标准（详见海关总署公告 2019 年第 229 号）。

🌐 **网友：** 我们公司在 2 个月前申请了认证企业，因数据问题主动撤回，请问现在是否可以申请认证企业？

🎙 **彭伟鹏：** 不可以。根据《中华人民共和国海关企业信用管理办法》（海关总署令第 237 号）第十六条第二款和第三款规定，企业主动撤回认证申请的，视为未通过认证。未通过认证的企业 1 年内不得再次向海关提出认证申请。

🌐 **网友：** 我们公司想申请减免税项目，应向哪个海关申请办理？

🎙 **彭伟鹏：** 根据《中华人民共和国海关进出口货物减免税管理办法》规定，进出口货物减免税申请人（以下简称减免税申请人）应当向其所在地海关申请办理减免税手续，特殊情况除外。如投资项目所在地海关与减免税申请人所在地海关不是同一海关的，减免税申请人应当向投资项目所在地海关申请办理减免税手续。投资项目所在地涉及多个海关的，减免税申请人可以向其所在地海关或者有关海关的共同上级海关申请办理减免税手续。有关海关的共同上级海关可以指定相关海关办理减免税手续。

🌐 **网友：** 请问申请跨境电商零售进口商品退货，已向海关缴纳的税款是否可以退回？消费者个人年度交易累计金额会调整吗？

🎙 **彭伟鹏：** 根据《关于跨境电子商务零售进口商品退货有关监管事宜的公告》（海关总署公告 2020 年第 45 号），退货企业在《中华人民共和国海关跨境电子商务零售进口申报清单》（以下简称《申报清单》）放行之日起 30 日内申请退货，并且在《申报清单》放行之日起 45 日内将退货商品运抵原海关监管作业场所、原海关特殊监管区域或保税物流中心（B 型）

的，相应税款不予征收，并调整消费者个人年度交易累计金额。具体请联系跨境电商零售进口销售商沟通退货相关事宜，需及时按照海关上述规定办理手续。

⊕ **网友**：请问经海关批准暂时进境的哪些货物，在进境时向海关缴纳相当于应纳税款的保证金或者提供其他担保的，可以暂不缴纳关税？

🎤 **彭伟鹏**：《中华人民共和国海关暂时进出境货物管理办法》第三条规定了十三类适用范围，可以具体查询该规定。

⊕ **网友**：我们公司已向海关申请预裁定，海关所做出的预裁定是否会公开？

🎤 **彭伟鹏**：根据《中华人民共和国海关预裁定管理暂行办法》（海关总署令第236号）第十七条规定，除涉及商业秘密的外，海关可以对外公开预裁定决定的内容。

⊕ **网友**：两步申报的模式具体指什么？

🎤 **彭伟鹏**：在"两步申报"通关模式下，第一步，企业概要申报后经海关同意即可提离货物；第二步，企业在规定时间内完成完整申报。实施"两步申报"模式的同时，保留现有一次申报模式，企业可自行选择上述两种模式之一进行申报。

⊕ **网友**：我们公司打算开展进口货物的"两步申报"，请问应通过哪个平台操作该项业务？

🎤 **彭伟鹏**：可通过中国国际贸易"单一窗口"申报，网址是 https：//www. singlewindow.cn/。

⊕ **网友**：国外某教育机构打算捐赠一批光盘和图书给国内某大学图书馆，想了解一下这批光盘和图书该如何办理进口手续？

🎙️ **彭伟鹏**：根据海关总署相关规定，境外赠送进口的印刷品及音像制品，受赠单位应当向海关提交赠送方出具的赠送函和受赠单位的接受证明及有关清单。接受境外赠送的印刷品超过 100 册或者音像制品超过 200 盘的，受赠单位除向海关提交上述单证外，还应当取得有关行政主管部门的批准文件。海关对有关行政主管部门的批准文件电子数据进行系统自动比对验核。

🌐 **网友**：请问非居民长期旅客是否可以携带车辆入境？

🎙️ **彭伟鹏**：根据《关于公布〈海关总署关于修改部分规章的决定〉的令》（海关总署令第 240 号）附件 11《中华人民共和国海关对非居民长期旅客进出境自用物品监管办法》第二条规定，"非居民长期旅客进出境自用物品应当符合《非居民长期旅客自用物品目录》（以下简称《物品目录》），以个人自用、合理数量为限。《物品目录》由海关总署另行制定并且发布。其中，常驻人员可以进境机动车辆，每人限 1 辆，其他非居民长期旅客不得进境机动车辆"。

🌐 **网友**：从国外网站买的钓鱼用品，海关如何征税？

🎙️ **彭伟鹏**：根据《关于调整进出境个人邮递物品管理措施有关事宜》（海关总署公告 2010 年第 43 号），除我国港澳台地区外的其他国家和地区寄回的个人自用物品，每次限值不超过人民币 1000 元，可以按照物品进口税率征税进口。个人自用的一套钓鱼用品即使超值，经过海关审核认定确属自用的，仍然可以征税进口。

🌐 **网友**：请问企业在申请对美加征关税商品市场化采购排除工作中，报关单如何填制？

🎙️ **彭伟鹏**：根据《关于对美加征关税商品市场化采购排除通关事项的公告》（海关总署公告 2020 年第 36 号）第二条规定，"已获得市场化排除编号的收货人，申报排除商品时应当在报关单'随附单证及编号'项下的

'单证代码'栏选择反制措施排除代码'0'，并在'单证编号'栏输入 18 位排除编号，相关商品将不再加征对美 301 措施反制关税。收货人申报时未填写排除编号的，相关报关单商品如涉及加征对美 301 措施反制关税，将实施加征关税"。

🌐 **网友**：我们公司是综保区内企业，想要从区外运入一些办公用品，该批办公用品中有部分涉及监管证件，请问是否适用便捷进出区管理模式？

🎤 **彭伟鹏**：根据《关于简化综合保税区进出区管理的公告》（海关总署公告 2019 年第 50 号）规定，便捷进出区管理模式适用于境内入区的不涉及出口关税、不涉及贸易管制证件、不要求退税且不纳入海关统计的货物、物品。你们公司符合上述规定的入区货物、物品才可适用便捷进出区管理模式。

🌐 **网友**：长三角一体化，能否解决船用备件转关问题？

🎤 **彭伟鹏**：凡符合《关于规范转关运输业务的公告》（海关总署公告 2017 年第 48 号）要求的货物均可以向海关申请办理转关手续。

🌐 **网友**：我们公司是进出口外贸公司，自国外接到订单准备委托国内一家加工企业开展来料加工业务，请问需要到哪里办理手册？

🎤 **彭伟鹏**：根据《关于公布〈海关总署关于修改部分规章的决定〉的令》（海关总署令第 243 号）附件 17《中华人民共和国海关加工贸易货物监管办法》第十一条规定，经营企业应当向加工企业所在地主管海关办理加工贸易货物的手册设立手续。南京海关已经实施加工贸易集中审核作业模式，南京关区的企业可通过电子口岸单一窗口网上提交手册设立申请和相关资料，南京海关在线办理手册设立审核业务。

🌐 **网友**：我们公司有一些加工贸易废料需要办理内销手续，请问目前哪些废料可以在网上公开拍卖？

彭伟鹏：根据《关于全面推广加工贸易边角废料内销网上公开拍卖共管机制的公告》（海关总署公告 2018 年第 218 号）第二条规定，"本公告所称边角废料，包括加工贸易边角料、副产品和按照规定需要以残留价值征税的受灾保税货物，以及海关特殊监管区域内企业保税加工过程中产生的边角料、废品、残次品和副产品等保税货物"。

网友：综保区内企业开展委托加工业务，是否可以使用保税料件？

彭伟鹏：根据《关于支持综合保税区内企业承接境内（区外）企业委托加工业务的公告》（海关总署公告 2019 年第 28 号）第五条规定，"委托加工用料件原则上由区外企业提供，对需使用区内企业保税料件的，区内企业应当事先如实向海关报备"。

网友：我们公司进口的一批货物有质量问题，与合同规定不符，想要退换货，怎么办理通关？

彭伟鹏：相关办理要求及程序，可查询网址 https：//mp. weixin. qq. com/s/znGjxSc3ShYgPKer0_gcNw。

周群：感谢各位嘉宾的解答和各位网友的积极参与。今天的在线访谈到这里也接近尾声了。希望今天的访谈能让各位网友更加了解海关支持高端制造产业，依托高水平开放平台推动高端制造产业高质量发展的工作情况。再次感谢彭关长的到来！网友们，再见！

彭伟鹏：感谢大家的参与！南京海关的工作离不开各有关方面的关心、支持和理解。大家在访谈中对南京海关提出的宝贵意见和建议，也是对我们工作的提点和鞭策，我们会认真思考研究，不断提高海关服务地方经济高质量发展的水平。谢谢大家，再见！

后 记

2020 年 12 月 15 日，海关总署举办主题为"全力支持高端制造产业发展"的在线访谈，介绍高端制造全产业链保税模式改革试点和南京海关贯彻落实总署决策部署推动高端制造产业高质量发展的情况。访谈以网络视频方式在海关总署及南京海关共同举行。访问量达 46 万余次，独立 IP 843 个，网友提问 69 个，实时答复 39 个。